LA DÎME DU CORPS :
DOCTRINES ET PRATIQUES DU JEÛNE

Volume 1

Jeûnes anciens et orientaux
Jeûnes d'islam

BIBLIOTHÈQUE DE L'ÉCOLE DES HAUTES ÉTUDES
SCIENCES RELIGIEUSES

VOLUME
201

Illustration de couverture : Bouddha ascétique, fin de la période Ming (1368-1644), Blanc-de-Chine, Musée national danois.

LA DÎME DU CORPS : DOCTRINES ET PRATIQUES DU JEÛNE

Volume 1

Jeûnes anciens et orientaux
Jeûnes d'islam

sous la direction de Hocine Benkheira
et de Sylvio Hermann De Franceschi

BREPOLS

Collection

« Bibliothèque de l'École des Hautes Études, Sciences religieuses »

Cette collection, fondée en 1889 et riche d'environ deux-cents volumes, reflète la diversité des enseignements et des recherches menés au sein de la Section des sciences religieuses de l'École pratique des hautes études – PSL (Paris, Sorbonne). Dans l'esprit de la section qui met en œuvre une étude scientifique, laïque et pluraliste des faits religieux, on retrouve dans cette collection tant la diversité des religions et aires culturelles étudiées que la pluralité des disciplines pratiquées : philologie, archéologie, histoire, philosophie, anthropologie, sociologie, droit. Avec le haut niveau de spécialisation et d'érudition qui caractérise les études menées à l'EPHE, la collection *Bibliothèque de l'École des Hautes Études, Sciences religieuses* aborde aussi bien les religions anciennes disparues que les religions contemporaines, s'intéresse aussi bien à l'originalité historique, philosophique et théologique des trois grands monothéismes – judaïsme, christianisme, islam – qu'à la diversité religieuse en Inde, au Tibet, en Chine, au Japon, en Afrique et en Amérique, dans la Mésopotamie et l'Égypte anciennes, dans la Grèce et la Rome antiques. Cette collection n'oublie pas non plus l'étude des marges religieuses et des formes de dissidences, l'analyse des modalités mêmes de sortie de la religion. Les ouvrages sont signés par les meilleurs spécialistes français et étrangers dans le domaine des sciences religieuses (enseignants-chercheurs à l'EPHE, anciens élèves de l'École, chercheurs invités).

Les ouvrages publiés dans cette collection ont été soumis à une évaluation par les pairs à simple insu, par un membre spécialiste du comité éditorial et un spécialiste externe.

Method of peer review: single-blind undertaken by a specialist member of the Board and an external specialist.

D/2023/0095/175
ISBN 978-2-503-60652-1
e-ISBN 978-2-503-60653-8
ISSN 1784-2727
E-ISSN 2565-9324
DOI 10.1484/M.BEHE-EB.5.133942

Printed in the EU on acid-free paper.

TABLE DES MATIÈRES

III. Jeûnes d'islam

INTRODUCTION

Hocine Benkheira et Sylvio Hermann De Franceschi
EPHE, Université PSL

PRATIQUE THÉRAPEUTIQUE ET RITUELLE universellement répandue et plus ou moins étroitement reliée à des convictions spirituelles ou à des observances religieuses, le jeûne est un acte éminemment culturel dont les dimensions sont extrêmement variées d'une société à l'autre ou même d'un acteur à l'autre. D'après Friedrich Nietzsche (1844-1900), le jeûne est apparu en même temps que la religion. L'affirmation ne résiste pourtant pas devant les faits historiques, car le problème est plus complexe que ne voulait l'admettre le philosophe allemand. Sa thèse procède sans doute du fait qu'il ramène souvent la religion aux idéaux ascétiques – la pratique du jeûne en est, selon lui, la manifestation la plus éclatante. Du reste, l'opinion commune est à l'unisson : le jeûne serait indissociable de l'ascétisme, qui en serait le sens profond et universel. Il s'agit d'une généralisation excessive. Que le jeûne soit une pratique qui a été observée par de nombreux ascètes, le fait est indéniable, mais tout jeûne et tout dans le jeûne peut-il se résumer à cette seule signification ? Aussi loin que l'on remonte dans le passé, le jeûne semble être associé à la médecine, à la religion et aux conflits dans la société. L'observation demeure valable aujourd'hui. C'est pourquoi le jeûne, envisagé du point de vue de ses finalités, peut prendre trois visages : thérapeutique, « politique » et religieux. Dans ce triptyque, le jeûne motivé par des considérations religieuses et dont les formes sont très variées, est indubitablement celui qui a pris la plus grande place. Il faut toutefois se garder de séparer ces trois types de jeûne, car ils partagent des traits essentiels. Leurs objets respectivement visés permettent de les distinguer formellement : le jeûne thérapeutique vise le corps physique dans sa relation au monde naturel ; le jeûne politique vise le sujet en tant qu'être social, dans sa relation aux autres et par voie de conséquence au groupe ; le jeûne religieux vise le sujet dans sa relation à la divinité.

10.1484/M.BEHE-EB.5.134762

Le jeûne thérapeutique repose sur la présomption d'une causalité entre un mal qui atteint l'individu et ce qu'il a absorbé, que ce soit en mangeant, en buvant ou en avalant en général. On postule que de nombreux maux sont provoqués par la pénétration de substances nocives dans le corps humain, et la solution consiste dès lors à les en extraire. Quand il s'agit d'une matière avalée par la bouche – nourriture, boisson ou autre –, on peut se soumettre à un vomissement ou à un lavement. On expulse ainsi ce qui engendre le mal. Un schéma identique commande la lutte contre la possession : il faut chasser du corps l'occupant maléfique par un exorcisme. Le plus souvent toutefois, on estime que le mal, tout en provenant de ce qui est ingéré, est la conséquence d'un déséquilibre dans l'organisme physique entre les humeurs et les éléments naturels. Aussi le remède vise-t-il à rétablir l'équilibre naturel initial – c'est la définition même de la bonne santé sur le plan physique. Résultat qui peut être obtenu, soit en évitant nourritures et boissons nocives, soit en réduisant ou en augmentant la consommation de certaines d'entre elles, soit encore en en consommant d'autres. On peut également tenter de rétablir l'équilibre naturel de l'organisme de manière globale en l'exposant à une grande chaleur – en se rendant dans un hammam – ou à une grande fraîcheur – en se baignant dans une piscine. Le jeûne prend alors place dans une batterie de procédés qui visent à rétablir l'équilibre conforme à la nature du corps. Plus fréquemment encore, on peut recourir à un régime qui concerne non seulement l'alimentation, mais aussi le mode de vie – exercices physiques, sommeil. Ensemble d'actions qui témoignent d'une conception fondamentale selon laquelle le corps physique est en interaction avec le monde environnant, en particulier avec les êtres qui l'habitent, visibles – humains, animaux – ou invisibles – démons, en particulier –, ainsi qu'avec le monde naturel – plantes, minéral, liquides, airs. Même les sons et les images peuvent jouer un rôle. L'interaction entre le corps et le monde environnant peut prendre plusieurs formes, mais celle qui concerne le jeûne tient plus précisément au fait de manger ou boire. La distinction formelle entre boire et manger n'a aucune espèce d'importance ici. Le remède peut être alors un jeûne, qui consiste généralement à s'abstenir d'une catégorie d'aliments particulière, ou la pratique d'un régime alimentaire adapté. De ce point de vue, on peut relever l'analogie entre le jeûne et les prohibitions alimentaires qui n'ont pas une finalité thérapeutique. Dans ce dernier cas, on défend à *l'ensemble* des individus de manger certaines nourritures parce qu'elles sont présentées comme néfastes ou dangereuses sur un plan *non physique* ; dans l'autre on défend à *un individu* déterminé *certains* aliments parce qu'ils ne sont pas bénéfiques pour son organisme *physique* ou on lui en prescrit d'autres parce que précisément ils peuvent lui faire du bien. Entre les évitements religieux et ceux qui sont un caractère thérapeutique, on remarque d'abord que les premiers visent la totalité du groupe alors que les seconds sont tournés vers les individus ; ensuite, que les premiers concernent la dimension non physique des humains, alors que les seconds visent précisément le versant physique. Mais on ne doit pas négliger un point commun : il s'agit, dans un cas comme dans l'autre, de mettre en place une configuration telle que les échanges corps/monde ne conduisent pas à des troubles. Il s'agit donc de les surveiller, notamment en contrôlant les entrées du corps, la bouche, le nez, les oreilles. Un autre élément doit être souligné : le régime alimentaire peut influer sur les appétits et les désirs, et par là il peut également avoir un impact sur la dimension religieuse et morale. Ainsi, pour prendre un seul exemple, l'abstinence de la viande en général, des quadrupèdes en particulier, est parfois présentée comme une technique pour dompter la concupiscence, parce que la consommation de viande l'exciterait. Du même coup, cet évitement rendrait le sujet plus apte à saisir des vérités élevées. La thèse, présente en islam, est constamment rappelée dans le christianisme médiéval et encore dans les catholicismes de l'époque moderne.

La pratique du jeûne thérapeutique demeure vivante si on ne réduit pas le jeûne à une abstinence complète d'alimentation. La conception qui le porte est elle aussi vivante, même si elle s'est complexifiée et a été adaptée aux savoirs contemporains. La diététique est un savoir qui a droit de cité au sein de l'institution médicale. À ses côtés, cependant, ont fleuri les médecines dites « douces », qui peuvent exploiter aussi bien les recherches les plus récentes sur les compositions des aliments et de nombreuses substances, comme les herbes. Ainsi sont fabriqués des régimes visant à accroître la quantité des omégas 3 dans le corps ou au contraire à diminuer le cholestérol. Il est vrai que le combat moderne contre la maladie, dans la perspective adoptée par les médecines douces, passe principalement par l'incorporation de ce qui est insuffisamment présent dans le corps. Il s'agit donc non exclusivement d'évitement, mais au contraire parfois d'ingestion. Cependant le jeûne thérapeutique, en persistant, prend des significations nouvelles qui peuvent se rapprocher d'un contenu religieux. Ainsi fait-on l'éloge du jeûne parce qu'il combattrait le prétendu matérialisme de la société contemporaine, organisée autour de la consommation et de la jouissance. Une telle pratique dissimule ainsi une critique du capitalisme libéral, qui réduit le sujet à n'être qu'un consommateur, devenu un rouage dans une machine qui a ses propres buts, mais cette critique se fait souvent dans un vocabulaire dont les connotations sont clairement spiritualistes, et elle n'est donc pas sans évoquer la religion, comme si le jeûne et les privations alimentaires volontaires peinaient en définitive à s'abstraire de toute dimension religieuse.

Même s'il est peu répandu à l'état pur, le jeûne politique, qui est attesté principalement dans le monde indo-européen, notamment dans l'Inde ancienne, consiste à s'abstenir de nourriture et de boisson pour faire pression sur autrui, un débiteur qui tarde à s'acquitter de sa dette ou une autorité qui a abusé de son pouvoir ou de sa force, commettant ainsi une injustice. Il s'agit donc d'un jeûne dont le but est de réparer ou de corriger une atteinte au lien entre les membres d'un même groupe. Grâce à un jeûne complet ou presque, on met en scène la menace d'un suicide prolongé ou différé. On menace de se donner la mort ou on fait mine de se donner la mort parce qu'on est trop faible pour recourir à un autre moyen, menaçant ainsi l'autre de lui faire porter la responsabilité de sa propre mort. Être responsable de la mort d'un membre du groupe – même si on ne la lui a pas donnée à proprement parler – constitue un crime contre le groupe ; celui-ci peut au moins désapprouver le « coupable » ou lui reprocher sa conduite. Ce type de jeûne suppose également que la divinité est prise à témoin, comme une sorte d'arbitre fictif – rare, il révèle une signification importante des autres jeûnes : jeûner peut constituer un moyen de contraindre ou d'obliger autrui. Le jeûne politique oblige l'autre humain, et il est des jeûnes religieux dont la fonction est de contraindre la divinité à satisfaire une demande. Dans le monde contemporain, le jeûne politique a connu une nouvelle vie, tout en se sécularisant. Désormais, il est appelé « grève de la faim » – on se souvient ainsi de la grève de la faim irlandaise de 1981, destinée à faire pression sur Margaret Thatcher (1924-2013), alors Premier ministre. Le jeûne politique est devenu une arme du faible pour combattre le fort. Popularisé par Gandhi au cours de son combat pour l'indépendance de l'Inde, il est maintenant régulièrement utilisé comme arme pour la défense de diverses causes.

D'une grande variété, le jeûne religieux combine les traits principaux du jeûne thérapeutique et du jeûne politique. Toutefois, il comporte un trait caractéristique, qui procède d'une conception fondamentale : la scission du sujet entre une part qui recherche la vérité profonde de l'existence – esprit, âme, intellect – et une part qui recherche des satisfactions finies – corps physique, âme concupiscente. Pour réduire l'affrontement entre les deux parties, la seule solution est de lutter contre les passions physiques, et on peut dire qu'au cœur du jeûne religieux en tant que tel, il y a une *psychomachie*. Le sujet doit se livrer à un combat contre ses propres appétits, contre son ego, contre sa propre individualité en quelque sorte. Si le jeûne thérapeutique vise à établir l'harmonie entre le corps individuel et le cosmos, le jeûne religieux recherche alors, quant à lui, une fusion avec le Tout. Avec le jeûne thérapeutique, le jeûne religieux partage l'idée d'influer sur l'organisme physique, mais au lieu de rechercher la bonne santé, il tente d'obtenir la pureté physique et morale. Moins manger et parfois ne pas manger toute une journée apparaît comme un moyen de combattre les appétits de toutes sortes. Comme le jeûneur est appelé aussi à surveiller sa conduite et ses relations avec les autres, la période de jeûne ne constitue pas seulement un moment d'abstinence alimentaire, voire sexuelle, mais aussi un temps au cours duquel le sujet peut se livrer à une forme d'introspection en examinant avec un esprit critique ses désirs les plus intimes. La recherche de la pureté grâce au jeûne peut concerner le sacrificateur ou celui qui veut entrer en relation avec la divinité ou les esprits. On jeûne pour affaiblir l'organisme physique afin de réduire son influence sur le sujet et le rendre plus disponible pour communiquer avec les entités supérieures et non humaines. En affaiblissant le corps et en jugulant ses appétits, le jeûne facilite la communication avec la sphère du divin et peut intervenir dans un rituel de consécration ou d'initiation.

Le jeûne religieux partage également des éléments avec le jeûne politique, dans la mesure où, dans les deux cas, jeûner devient un moyen de pression. À juste titre ce type de jeûne est-il considéré comme un moyen de lutte pacifique – on parle parfois de « résistance passive » –, et il est souvent favorablement présenté aujourd'hui. Or le jeûne religieux peut avoir une dimension comparable. Un exemple classique en est donné par les jeûnes expiatoires : on échange un jeûne contre le pardon de ses fautes. On peut d'ailleurs observer que d'autres rituels ou d'autres épreuves sont aussi susceptibles d'être expiatoires : la prière, le pèlerinage, la charité, le martyre. À chaque fois, le principe est le même : on accomplit des actes qui impliquent le sujet dans sa complexité pour expier des péchés. Rien, évidemment, ne garantit que la divinité agrée la demande du sujet. C'est pourquoi le pénitent accompagne ses actions de demandes d'agrément explicites : en effet, on n'oblige pas facilement la divinité. La privation que le sujet s'inflige et la souffrance physique qui en résulte sont un moyen d'agir sur autrui – comme un cri, un appel, voire une remontrance. Signification qui est atténuée, certes, dans le cas d'un jeûne adressé à la divinité, mais la relation n'en demeure pas moins intéressée. Le sujet observe un jeûne *dans le but* d'obtenir quelque chose, donc d'*obliger* l'autre – quel qu'il soit – à accéder à sa demande. Cette dimension est parfois euphémisée : le jeûne est présenté comme *une offrande* pour laquelle la divinité récompense le fidèle. Or, si elle est acceptée, une offrande crée une obligation. Derrière la mortification, il y a donc bien la volonté d'obliger un autre. L'interprétation du phénomène du jeûne par le recours aux notions de mortification, d'ascèse ou de renoncement relève également très probablement d'un même processus d'euphémisation.

Les jeûnes thérapeutique et politique sont des formes de privations alimentaires qui se définissent exclusivement par la fin poursuivie. Il en va autrement de certains jeûnes religieux : parce qu'on ne peut pas toujours faire pression sur la divinité, notamment dans le cadre des religions du dieu unique et non anthropomorphe, le jeûne devient soit une offrande faite au dieu, soit une obligation à laquelle lui-même contraint ses serviteurs. Que le jeûne soit une offrande ou une obligation, dans les deux cas il s'agit d'une dénégation du jeûne comme moyen de pression sur la divinité. Quand on fait une offrande, celui à qui on la destine n'est en aucun cas obligé de l'accepter, mais s'il l'agrée, il est contraint de répondre à la demande du jeûneur. Quant au jeûne qui est une prescription, il oblige le fidèle, non le dieu – autrement dit, la relation est totalement inversée : ce n'est pas le fidèle qui prend l'initiative d'observer un jeûne pour satisfaire une demande, mais c'est plutôt le dieu qui exige de lui une telle action afin de répondre favorablement à ses demandes. Dans les deux cas du jeûne comme offrande et du jeûne comme prescription, on inverse la relation profonde entre le jeûneur et son dieu.

La caractéristique même du jeûne, c'est la privation, qui engendre une souffrance physique – soif, faim – ou psychique. Le jeûne est l'expérience *volontaire* de la faim. Le fidèle accepte de subir une telle situation, qui se traduit par une grande souffrance physique. L'acte de jeûner revient à faire l'offrande de sa souffrance physique à la divinité, soit en vue d'obtenir en échange la satisfaction d'une demande ou d'un vœu, soit encore en vue de témoigner sa soumission, soit encore en vue d'obtenir le pardon divin. Le jeûne est alors offert à l'Autre ; c'est pour cela qu'on peut le comparer à *un sacrifice*. Ainsi y a-t-il une analogie entre le jeûne et le combat armé – on risque sa vie, on vit des souffrances, pour Dieu ou la patrie, mais le jeûne est un sacrifice non sanglant, donc sans victime.

Il n'est donc pas possible de réduire le jeûne religieux à un échange, puisqu'il est évident qu'en cherchant à agir sur autrui, le jeûneur agit sur lui-même ainsi que sur son groupe. De là le fait qu'on ait associé le jeûne aux pratiques de mortification, parce que c'est le corps physique lui-même qui est visé et qu'on provoque ainsi une division au sein même du sujet en faisant du corps physique *l'autre*. Le sujet est affaibli, parfois amaigri. On a trop souvent tendance à insister sur cet aspect, et par là, l'échange est souvent dissimulé, voire dénié. Si le jeûne fait partie des pratiques de mortification, il constitue une action dirigée *contre* le corps physique. Le fait ne se vérifie pas seulement dans le cadre des religions et des systèmes de pensée qui tendent à dévaloriser le corps au profit de l'esprit ou de l'âme. Le jeûne ascétique est une expérience fondatrice de la liberté comme conquête, et non comme un simple droit octroyé par un pouvoir souverain ou concédé par une théologie du libre arbitre. En endurant les abstinences les plus élémentaires, le jeûneur, quand il y parvient, conquiert une liberté par rapport à son corps et à ses besoins les plus naturels. Le jeûne ascétique se présente comme un combat contre soi, contre ses appétits et contre ses pulsions, il transforme le sujet, mais il est également adressé à l'ensemble du groupe dans la mesure où il fait du jeûneur un exemple et donc une autorité. D'autres formes de jeûne religieux manifestent leurs propres singularités. Ainsi des privations alimentaires qui peuvent accompagner un deuil et qui relèvent de rituels d'auto-agression caractéristiques : pleurer, se lamenter, ou encore se griffer le visage, déchirer ses habits, se rouler par terre et se couvrir de terre et de poussière. Enfin, le jeûne, en judaïsme, en christianisme et en islam notamment, peut avoir un rôle commémoratif, ainsi des jeûnes de Yom Kippour, de Carême et de Ramadan, qui renvoient chacun à des événements absolument essentiels dans la narration de la geste originelle des trois grands monothéismes.

Élaboré dans une perspective délibérément comparatiste, le présent volume est spécifiquement consacré aux jeûnes anciens et orientaux et aux jeûnes musulmans. Il tente de mettre en valeur, dans les différentes traditions d'ascétisme alimentaire étudiées, les grandes composantes d'une pratique attestée dès la plus haute antiquité et dont le rôle a été d'emblée extrêmement important dans des religions disparues ou toujours vivantes.

– I –

Jeûnes anciens

LE JEÛNE DANS LE PROCHE-ORIENT ANCIEN

Robert Hawley et Maria Grazia Masetti-Rouault
EPHE, Université PSL, Orient et Méditerranée (UMR 8167)

Eating and not-eating are two sides
of one complex cultural phenomenon[1].

LE PRÉSENT VOLUME s'est donné pour objectif de problématiser et de contextualiser le phénomène du jeûne dans une perspective comparatiste et diachronique. S'il s'agit d'un sujet anthropologique transversal *a priori* très prometteur, à quelques exceptions près, la pertinence de l'aire proche-orientale ancienne réside – paradoxalement – plus dans l'absence (ou quasi-absence) du jeûne en tant que comportement social que sa présence dans la région aux époques préclassiques. Cette précision chronologique est importante, car la nature et le caractère du jeûne se présentent très différemment dans la documentation textuelle proche-orientale préclassique par rapport à celle des périodes plus tardives dans la même région, où on assiste à la mise en place progressive des systèmes hénothéistes, voire finalement monothéistes.

Le présent article ne saurait bien entendu prétendre expliquer ce décalage une fois pour toutes, mais il se contente de le constater et le documenter, le but étant de situer les données du Proche-Orient ancien par rapport aux données plus tardives et à la problématique générale. Le constat d'un décalage chronologique n'est pas non plus

1. N. WASSERMAN, « Fasting and voluntary not-eating in Mesopotamian sources », dans P. CORÒ *et al.* (éd.), *Libiamo ne' lieti calici: Ancient Near Eastern studies sresented to Lucio Milano on the occasion of his 65th birthday by pupils, colleagues and friends*, Münster 2016, p. 252.

10.1484/M.BEHE-EB.5.134763

nouveau : pour ne citer qu'un seul exemple, dans son article sur l'ascétisme dans le *Jewish Encyclopedia* de 1903, Emil Gustav Hirsch tente d'expliquer le nombre finalement assez limité de références au jeûne dans la Bible hébraïque en proposant que de tels comportements ascétiques sont essentiellement étrangers aux perspectives autochtones en Palestine à l'âge du Fer[2], point de vue conforté par le manque presque total de références au jeûne dans toute la documentation cunéiforme, toutes époques confondues (voir ci-dessous). Il reste cependant les occurrences véhiculées dans la Bible hébraïque. Même si nous suivons les études récentes sur la date tardive de la rédaction de nombreux textes bibliques[3], le problème n'est pas résolu non plus, car, comme on le verra plus loin, il existe des exemples clairs de la pratique du jeûne dans la documentation spécifiquement levantine entre le IXe et le Ve siècle av. J.-C., notamment en araméen. Les références au jeûne dans la Bible ne sont donc pas forcément toutes tardives, datant d'une époque postérieure à l'hellénisation de l'Orient, mais constituent bel et bien un reflet du comportement social « autochtone » dans le Levant de l'âge du Fer.

Étant donné l'absence quasi-totale du jeûne dans la documentation cunéiforme – et rappelons que le Levant est plutôt bien documenté pour les IIIe et IIe millénaires av. J.-C. par les archives locales en écritures cunéiformes – la question de savoir où situer la période charnière pourrait se poser. La réponse de Nathan Wasserman a le mérite de tenir compte de toute la documentation proche-orientale, cunéiforme comme alphabétique : « L'absence de jeûne doit être considérée, je crois, comme l'un des éléments clefs qui ont subi un changement dans la transition de l'âge axial vers ce qui allait devenir des cultures monothéistes[4] ».

---

2. E. G. Hirsch, « Asceticism », dans I. Singer *et al.* (éd.), *The Jewish encyclopedia*, vol. 2 ; *Apocrypha-Benash*, New York 1903, p. 166. Hirsch travaillait dans une perspective wellhausenienne de la religion judéenne (cf. « if the Prophets are the truest expounders of the ideals and ideas of the religion of Israel [...] The Prophets, again, had little patience with fasting », *ibid.*).
3. Pour des présentations synthétiques à jour avec la bibliographie antérieure, voir J. J. Collins, *Introduction to the Hebrew Bible*, 3e éd., Minneapolis 2018 ; T. Römer *et al.* (éd.), *Introduction à l'Ancien Testament*, 2e éd., Genève 2009.
4. N. Wasserman, « Fasting and voluntary not-eating in Mesopotamian sources », p. 250 : « The absence of fasting must be considered, I believe, one of the key-components which underwent change in the axial-age transition to what became the monotheistic cultures ». On remarquera que Wasserman recourt à la

Mais quoi qu'il en soit, étant donné la diversité considérable rencontrée dans la documentation, on ne peut faire autrement que de présenter les différents corpus séparément, ne serait-ce qu'afin de souligner à quel point chaque corpus pose des problèmes particuliers concernant la présence ou l'absence du jeûne. Pour ces raisons, dans les pages qui suivent nous traitons séparément la question du jeûne, d'abord dans la documentation mésopotamienne, ensuite dans la Bible hébraïque et enfin dans les autres littératures ouest-sémitiques des IIe et Ier millénaires av. J.-C., avec une attention particulière portée sur le corpus araméen.

1. Le jeûne et jeûner en Mésopotamie ancienne

Comme nous l'avons déjà évoqué, la documentation mésopotamienne cunéiforme, littéraire, rituelle et cultuelle qui se développe depuis la fin du IIIe millénaire av. J.-C. jusqu'à la fin du Ier, n'atteste pratiquement pas la pratique religieuse et sociale du jeûne, ni d'ailleurs des conceptions qui pourraient la justifier, ou même la préparer. Cette situation nécessite un essai d'explication, fondée sur une brève analyse du rôle social de la nourriture dans la culture et l'idéologie mésopotamiennes.

Un des aspects les plus visibles, et sans doute les plus importants, du comportement religieux des sociétés appartenant au monde proche-oriental antique est la dynamique sacrificielle, effet de l'obligation des hommes à « nourrir les dieux », dont l'État – le roi – est le responsable en premier lieu. Les dieux, repus, satisfaits des services reçus par les cultes, octroient aux hommes et aux rois l'abondance de la production agricole et de l'élevage, leur garantissant l'équilibre alimentaire, donc la paix[5]. Le discours théologique autant que la

notion d'un âge « axial » (ou « *Achsenzeit* »), empruntée au philosophe Karl Jaspers, et qui n'est pas sans poser problème. Cette notion a beaucoup été exploitée par le sociologue Samuel Eisenstadt, lui-même élève de Martin Buber.

5. W. G. LAMBERT, « Donations of Food and Drink to the Gods in Ancient Mesopotamia », dans J. QUAEGEBEUR (éd.), *Ritual and Sacrifice in the Ancient Near East* (Orientalia Lovaniensa Analecta, 55), Louvain 1993, p. 191-201 ; J. BOTTÉRO, *La plus vieille cuisine du monde*, Paris 2002 ; M. G. MASETTI-ROUAULT, « Le roi, la fête et le sacrifice dans les inscriptions royales assyriennes jusqu'au VIIIe siècle av. J.-C »., dans *Fêtes et Festivités* I (Cahiers de Kubaba, IV), Paris 2002, p. 67-95.

pratique de ces rites dans les temples, qui structurent et justifient idéologiquement l'organisation politique et économique des États, sont attestés dans la littérature mythologique et rituelle cunéiforme ainsi que dans la documentation archéologique depuis au moins le milieu du troisième millénaire av. J.-C[6]. L'échange et la circulation sans obstacles de la nourriture entre les différents niveaux et dimensions du Monde – qui comprend aussi les Enfers, où les morts résident –, sont la manifestation ultime de la perfection et du succès de ce système. Les inscriptions royales assyriennes en particulier montrent que les rois non seulement participent aux repas des dieux, consommant parfois les restes de la table divine, mais ils organisent aussi à leur tour, dans leurs palais, des banquets extraordinaires, comme celui d'Assurnasirpal II, au IXe siècle av. J.-C[7]. Dieux et élites assyriennes se mélangent à cette occasion à la population urbaine, aux diplomates, mais aussi aux déportés étrangers, se reconnaissant unis dans la satisfaction de leurs besoins par le cérémoniel de l'hospitalité mis en place par le roi lors de cette occasion festive : le menu, la variété des produits préparés et la qualité de la cuisine sont aussi remarquables que les quantités engagées.

Dans ce contexte, où manger ensemble, répondant à un instinct naturel, signifie aussi partager une culture, il n'y a pas beaucoup de place pour l'attestation du jeûne, au moins dans la documentation écrite, ni comme pratique individuelle et volontaire, ni comme forme de culte ou de rite, pendant la période et dans les territoires marqués par la domination des États et empires mésopotamiens. Loin d'être vu comme la preuve (héroïque) d'un contrôle de l'esprit sur le corps, ou comme une forme de pénitence, le fait de ne pas manger, se priver (ou être privé) de nourriture est considéré comme une situation contre la nature et la culture, signe de disgrâce, du courroux d'un dieu ou même du roi. C'est donc un symptôme grave, parfois une punition qui peut provoquer la mort, méritée pour avoir, volontairement

6. G. M. Schwartz, « Archaeology and Sacrifice », dans G. M. Schwartz et A. M. Porter (éd.), *Sacred Killing. The Archaeology of Sacrifice in the Ancient Near East*, Winona Lake 2012, p. 1-32.
7. S. Parpola, « The Leftovers of God and King », dans C. Grottanelli et L. Milano (éd.), *Food and Identity in the Ancient World*, Padoue 2004, p. 282-312 ; C. Grandjean, C. Hugoniot et B. Lion, « Introduction », dans C. Grandjean, C. Hugoniot et B. Lion (éd.), *Le banquet du monarque dans le monde antique*, Rennes 2013, p. 13-28.

ou pas, commis un péché, une faute sociale, politique ou religieuse : il vaut mieux éviter son évocation. Selon son inscription funéraire, quand elle se lamente et prie afin que le dieu Sin revienne dans sa ville de Harran, Adad-guppi (649-547 av. J.-C.), mère du roi babylonien Nabonide, renonce à utiliser ses vêtements royaux, ses bijoux, les huiles et les parfums qui lui sont propres, mais aucune référence n'est faite, dans ce contexte, à une possible variation de ses comportements alimentaires[8].

L'absence ou le manque de nourriture, identifiés avec leur conséquence, ou leur perception immédiate par les hommes – la faim –, peuvent être déterminés par une crise économique ou climatique, due à l'intervention des dieux, ou d'un dieu de l'Orage, qui retient les pluies ou frappe par le déluge[9]. Ils peuvent s'installer aussi par la violence politique, par la guerre, les destructions et le siège des cités. La faim (*bubūtu, arurtu, ḫuššaḫḫu*) et la famine (*sunqu*) ne se limitent pas à tuer comme une arme, ou comme une épidémie. Les inscriptions royales, les recueils de présages, ainsi que les malédictions intégrées comme menaces dissuasives dans les traités et les textes d'alliance politique, insistent sur le fait que le jeûne forcé des individus coupables de trahison détruit d'abord leur esprit, leurs sentiments ainsi que leurs instincts : la faim va les pousser à consommer, d'ailleurs inutilement, ce qui est interdit – les autres humains –, mais aussi ce qui est impur par excellence – les excréments[10]. Cette anthropophagie

8. Voir F. Joannès, « Extrait de l'autobiographie d'Adad-guppi, mère de Nabonide », dans B. Lafont, A.Tenu, F. Joannès, et Ph. Clancier, *La Mésopotamie. De Gilgamesh à Artaban, 3330-120 av. J.-C.*, Paris 2017, p. 818-819.

9. Voir, par exemple, l'épilogue du code d'Hammourabi : « Qu'Adad le seigneur de la prospérité, l'éclusier des cieux et de la terre, mon allié, lui ôte les pluies dans les cieux, le flux dans la source, qu'il fasse périr son pays dans la disette et la famine, qu'il tonne furieusement contre sa ville et qu'il tourne son pays en vestiges d'un déluge » (A. Finet, *Le Code d'Hammurapi,* Paris 1973, p. 143).

10. Voir, par exemple, un passage du traité du roi Aššur-nerari V (754-745) avec Mati'-ilu, roi d'Arpad : « Qu'Adad, l'éclusier des cieux et de la terre, met fin au pays de Mati'-ilu par la faim, la famine, le besoin : qu'ils mangent la chair de leurs fils et de leurs filles, et que cela leur semble aussi goûteux que les agneaux du printemps… que la poussière soit leur nourriture, le bitume leur onction, l'urine de l'âne leur boisson » (S. Parpola et K. Watanabe, *Neo-Assyrian Treaties and Loyalty Oaths* (State Archives of Assyria, 2), Helsinki 1988, p. 11, l. 8-16 ; voir aussi p. 52, l. 547-555a [traité d'Esarhaddon]). Voir P. Xella, « Sur la nourriture des morts. Un aspect de l'eschatologie mésopotamienne », dans B. Alster (éd.),

est encore plus terrifiante parce qu'elle s'attaque d'abord aux membres les plus faibles de la famille, les enfants, annulant toute forme de lien naturel et social, et interdisant la continuation du groupe dans le futur : c'est la mise en scène d'une folie collective.

C'est sans doute en considérant ce fonds qu'il faut comprendre pourquoi la culture cunéiforme mésopotamienne ne semble pas identifier, dans le jeûne, les opportunités que sa pratique offre, tant dans le dialogue intérieur, dans la formation et le contrôle de l'esprit, que dans la communication avec les dieux et les autres, qui se manifestent surtout dans le cadre des religions monothéistes. Le jeûne n'est même pas évoqué là où on aurait pu s'attendre à le trouver, par exemple parmi les comportements et les rites de deuil et de séparation des morts : dans ces cas, au-delà des lamentations, sont indiquées d'autres façons de signaler la souffrance des survivants qui utilisent leur corps, s'infligeant des blessures sur la peau, portant des habits de piètre qualité et en lambeaux, ou abandonnant les soins de la chevelure[11]. Gilgamesh pleure pendant sept jours, sans arrêt, sans dormir, son ami mort[12]. On peut remarquer qu'au contraire, dans les contextes funéraires, la nourriture et la satiété jouent un rôle très visible et important : en premier lieu, déposées dans la tombe, les offrandes funéraires aident le mort à entreprendre son voyage vers les Enfers, et un repas commun marque la fin des cérémonies, permettant aux participants de reprendre le cours normal de leur vie. Le roi babylonien Nabonide termine les rites funéraires pour sa mère Adad-guppi non seulement en offrant des sacrifices, mais aussi en organisant un grand banquet. Ensuite, les rites réguliers (*kispu*) qui établissent un contact continu avec le mort, rendant sa présence aux Enfers moins pénible, sont calqués sur le partage d'un repas avec sa famille[13]. Les morts ne cessent pas de se nourrir aux enfers, et s'ils doivent se contenter d'une non-nourriture

Death in Mesopotamia. XXVIe Rencontre assyriologique internationale (Mesopotamia, 8), Copenhague 1980, p. 151-170.

11. Une allusion à la fin d'une possible brève période de jeûne, et à des vêtements blancs à utiliser à l'occasion d'un deuil, se trouve dans une lettre adressée à un roi de l'époque néo-assyrienne (VIIe siècle av. J.-C.) par un des spécialistes de la cour. Voir S. PARPOLA, *Letters from Assyrian and Babylonian Scholars* (State Archive of Assyria, 10), Helsinki 1933, p. 187, t. 234, r. l. 3-10.

12. A. R. GEORGE, *The Babylonian Gilgamesh Epic,* vol. 1, Oxford 2003, t. VIII, p. 654-655, l. 44-49 ; p. 656-657, l. 63-64.

13. A. TSUKIMOTO, *Untersuchungen zur Totenpflege (kispum) in alten Mesopotamien* (Alter Orient und Alt Testament, 216), Neukirchen – Vluyn 1985.

– de la terre, de l'argile –, la possibilité récurrente de recevoir une offrande alimentaire cuisinée, comme le pain, et de l'eau pure, est précieuse. Des nombreux textes littéraires, épiques et mythologiques insistent sur ce point qui indique l'intérêt primordial d'avoir une progéniture, des héritiers qui maintiennent ce régime[14].

Dans le cycle en sumérien sur la « légende d'Aratta » – la conquête des pays de l'est de la Mésopotamie par le roi d'Uruk Enmerkar –, le jeune héros Lugalbanda est laissé, mourant, dans une grotte par ses frères, qui doivent continuer leur expédition militaire. Le malade, sans toucher à la nourriture déposée à côté de lui, prie les dieux, qui l'entendent. Il peut alors se relever et, sorti de la grotte, il goûte à « une plante de vie » et à « une eau de vie », d'origine divine : il peut ainsi partir à la chasse et, utilisant aussi ce qui est resté dans la grotte, offrir aux dieux un banquet sacrificiel[15]. Si renoncer à manger est une forme de jeûne, parce que cela indique une capacité de contrôle sur l'instinct et une « victoire sur la tentation », sur la base d'un ordre moral accepté ou d'une autre rationalité, la littérature cunéiforme en fait souvent usage, pour représenter, dans différents types de récit, des situations de choix radical, qui vont déterminer le statut des personnages. Le sage Adapa, l'homme qui est monté au ciel, refuse de consommer la nourriture et la boisson « de vie » offertes par le dieu Anu dans un cérémonial d'hospitalité, qui pourtant lui auraient donné l'immortalité et la possibilité de résider avec les dieux. Contre son propre intérêt, il obéit ainsi aux injonctions que le dieu Ea, son maître, lui a adressées, de ne pas manger ni boire, afin de revenir dans le monde des hommes pour y accomplir son travail, en les guidant et les instruisant dans les cultes[16]. Dans un autre récit mythologique, Ea donne le même type d'instructions au dieu Nergal, qui doit entreprendre un voyage aux Enfers, pour éviter que, consommant la nourriture locale et acceptant l'hospitalité, il soit retenu pour toujours parmi les morts. Nergal n'arrivera pas à surmonter l'épreuve, même s'il mène enfin

---

14. A. R. George, *The Babylonian Gilgamesh Epic,* t. XII, p. 732-735, l. 102-116.
15. H. Vanstiphout, *Epics of Sumerian Kings. The Matter of Aratta,* Atlanta 2003, p. 108-121.
16. Ph. Talon, « Le mythe d'Adapa », *Studi Epigrafici e Linguistici sul Vicino Oriente* 7 (1990), p. 43-57 ; S. Izre'el, *Adapa and the South Wind. Language has the Power of Life and Death,* Winona Lake, Indiana 2001 ; A. Cavigneaux, « Une version sumérienne de la légende d'Adapa* (Textes de Tell Haddad X) », *Zeitschrift für Assyriologie* 104 (2014), p. 1-41.

à terme sa mission[17]. Selon les mêmes conceptions, les « démons » qui servent dans les Enfers, et les génies *apkallu,* les spécialistes de tous les savoirs – représentés par Oannès/Adapa dans le récit des *Babyloniaca* de Bérose –, partagent la même caractéristique – ils ne mangent ni ne boivent[18]. Pour les démons, il s'agit d'éviter le risque qu'ils puissent être corrompus par les offrandes des hommes, leur permettant d'échapper à la mort et aux Enfers. Quant aux *apkallu,* il est possible que le souvenir du choix significatif d'Adapa de renoncer à manger, ait marqué la tradition qui les concerne, surtout à l'époque hellénistique[19].

Dans le cadre de la culture mésopotamienne, ne pas manger, ne pas boire, sont donc des comportements vus aussi comme des choix possibles, voire utiles ou stratégiques, même en présence d'une offre qui se présente comme normale et gratuite. Un texte littéraire sapientiel du Ier millénaire, se présentant sous la forme d'un dialogue à contenu philosophique entre le « maître » et son « serviteur », montre de façon ironique que les deux comportements s'équivalent : selon le serviteur, prendre ses repas régulièrement, en observant le rituel, « élargit l'esprit » (du maître), et le gourmet est ainsi « son propre dieu » – ce n'est que justice. De même, si le maître le souhaite, jeûner est une conduite acceptable. Savoir attendre avant de manger donne la possibilité d'une nouvelle expérience : l'alternance de la faim et de la satisfaction de manger, d'avoir soif et d'être désaltéré, est le propre de l'humain, marquant la perception du plaisir[20]. Sur un autre plan – sans prendre en considération certains tabous généraux, qui excluent par exemple la présence du porc et de sa viande dans les temples[21] –, des

17. G. Pettinato, *Nergal ed Ereshkigal. Il poema assiro-babilonese degli Inferi*, Atti della Accademia Nazionale dei Lincei (Memorie,IX), vol. 13, Rome 2000.
18. J. Bottéro et S. N. Kramer, *Lorsque les dieux faisaient l'homme. Mythologie mésopotamienne*, Paris 1989, p. 287, l. 284-290 ; p. 289, l. 343-351 (Descente d'Inanna aux Enfers) ; S. M. Burstein, *The Babyloniaca of Berossus* (Sources from the Ancient Near East, I/5), Malibu 1978, p. 555, l. 5.
19. M. G. Masetti-Rouault, « L'*apkallu*-poisson et son image : notes sur la conservation et la diffusion d'éléments de la culture mésopotamienne au Proche-Orient à l'époque préclassique », *Semitica* 52-53 (2007), p. 37-55.
20. W. G. Lambert, *Babylonian Wisdom Literature*, Oxford 1960, p. 139-149 ; voir notamment p. 144, l. 12-16 ; B. R. Foster, *Before the Muses. An Anthology of Akkadian Literature*, Bethesda, Maryland 2005, p. 923, II, 10-16.
21. W. G. Lambert, *Babylonian Wisdom Literature*, p. 215, rev. III, l. 15 ; K. van der Toorn, *Sin and Sanction in Israel and in Mesopotamia: a Comparative*

textes de présages mentionnent une série d'interdictions (entre autres) alimentaires valables à des moments précis de l'année, indiquant les conséquences néfastes en cas d'inobservance des règles[22]. Des rituels peuvent inclure des références au jeûne, ou plutôt à l'évitement de certains aliments, demandé au malade/au souffrant, afin de le purifier[23]. Dans des textes médicaux, il s'agit souvent de la recommandation que le patient ne mange pas (*balu patān, la patān*), qu'il ait l'estomac vide, au moment de la prise de médications. Mais le jeûne lui-même est pris en compte comme symptôme d'une maladie et d'un état dépressif. Quand un roi assyrien refuse de se nourrir depuis plus de deux jours, demeurant dans l'obscurité, la cour a des raisons de se préoccuper : les astronomes l'exhortent à mettre fin à son jeûne, lui signalant que la situation change et que le mois se termine[24], tandis que l'exorciste lui rappelle, dans sa lettre, que tout excès est dangereux : manger et boire vont le guérir, alors que le jeûne ne peut qu'aggraver sa maladie[25]. On sait que le jeûne est aussi une façon de refuser la réalité, et d'exprimer le mal d'amour, la tristesse liée à l'éloignement de l'être aimé – et un moyen d'attirer l'attention des autres sur soi[26].

Si les sources cunéiformes ne conservent que peu ou pas de traces de l'utilisation du jeûne dans les pratiques religieuses et rituelles des sociétés mésopotamiennes, la tradition biblique reconnaît à la population de Ninive, métropole et capitale de l'empire néo-assyrien, ainsi qu'à son roi, la décision de recourir à ce geste spécifique, dans le cadre d'un rite pénitentiel plus complexe. Le chapitre III du livre de Jonas, (Jon 3, 5-9), édité à l'époque postexilique, au début du IVe siècle av. J.-C., ou à l'époque hellénistique[27], quand la cité n'existait plus comme telle, met en scène la conversion de la population de Ninive

---

Study (Studia Semitica Neerlandica, 22), Assen – Maastricht 1985, p. 33-36 ; M. I. GELLER., « Taboo in Mesopotamia. A Review Article », *Journal of Cuneiform Studies* 42 (1990), p. 105-117.

22. S. ERMIDORO, « Food Prohibition and Dietary Regulations in Ancient Mesopotamia », *Aula Orientalis* 32/1 (2014), p. 79-91.
23. Voir K. VAN DER TOORN, « La pureté rituelle au Proche-Orient ancien », *Revue de l'histoire des religions* 206 (1989), p. 339-356.
24. S. PARPOLA, *Letters of Assyrian and Babylonian Scholars*, p. 33, t. 43, l. 7-14.
25. *Ibid.*, p. 159, t. 196, l. 10-18.
26. Voir N. WASSERMANN, « Fasting and Voluntary Not-Eating in Mesopotamian Sources », p. 249-253.
27. D. STUART, *World Biblical Commentary 31. Hosea – Jonah*, Waco 1987, p. 423-510 ; J. M. SASSON, *Jonah: A New Translation with Introduction, Commentary*

après la prédication du prophète Jonas, annonçant sa prochaine annihilation décidée par Dieu, en réaction à la « méchanceté » de la cité – sans doute une référence à la politique expansionniste impériale[28]. Dans sa miséricorde universelle, Dieu toutefois envoie son prophète annoncer le désastre imminent à sa population ignorante, pour lui offrir une possibilité d'y échapper, si la cité reconnaît sa faute et se repent. Malgré sa réticence initiale à exécuter cette mission, puisqu'il estime que les Assyriens méritent la punition prévue (Jon 1-2 ; 4, 1-4)[29], Jonas, entré dans la ville, obtient rapidement un changement radical d'attitude de sa population : entendant sa prophétie, les Ninivites « crurent en Dieu » (Jon 3, 8), manifestement aussi dans la réalité de la menace de sa punition. Se met alors en place dans la cité, de façon spontanée, un rite marqué par le jeûne, partagé par tous les habitants, « depuis le plus grand jusqu'au plus petit », qui se revêtent de sacs, de façon à rendre immédiatement perceptible l'abandon des habitudes et le changement de leur condition. La même décision est assumée par le roi, qui, informé de la situation, abandonne son trône et ses habits, se couvre d'un sac et s'assoit dans la cendre (Jon 3, 6). Avec son gouvernement, il impose ensuite, de façon officielle, un jeûne général, cette fois élargi, au-delà des habitants de la cité, aussi aux bêtes de toutes les tailles, « gros et petit bétail », les animaux qui se trouvent à la campagne et dans les steppes (Jon 3, 7-9). L'ordre royal consiste en une interdiction spécifique de manger et de boire, à laquelle s'ajoute, encore une fois, l'obligation d'afficher un signe extérieur de repentance et de deuil éventuel – il faut se revêtir de sacs –, avec toutefois un ajout ultérieur et spécifique, l'injonction de « crier en direction de Dieu avec force » – une référence sans doute à la prière et à la lamentation. Dans l'édit royal, le jeûne est associé, non à la reconnaissance de la faute et de la culpabilité en présence de la révélation divine, mais à la manifestation explicite du repentir et à la conversion, qui doivent engendrer à leur tour l'engagement à ne pas recourir

---

and Interpretations (Anchor Bible, 24B), New York 1990, p. 20-29 ; J. Limburg, *Jonah. A Commentary*, Louisville, Kentucky 1993, p. 28-33.

28. M. Liverani, *Assyria: The Imperial Mission* (Mesopotamian Civilizations), University Park 2017 ; B. Pongratz-Leisten, *Religion and Ideology in Assyria (*Ancient Near Eastern Records, 6), Berlin 2017.

29. M. G. Masetti-Rouault, « L'*apkallu*-poisson et son image : notes sur la conservation et la diffusion d'éléments de la culture mésopotamienne au Proche-Orient à l'époque préclassique ».

à la violence dans le futur, et qui sont des préalables à la requête de la miséricorde divine. Ces ordres sont suivis de façon insolite par une explication, ressentie comme nécessaire, indiquant que ce comportement rituel est destiné à convaincre Dieu à renoncer à infliger la punition annoncée, laissant toutefois entrevoir un doute, quant au succès de la célébration.

La pratique du jeûne apparaît ainsi deux fois consécutivement dans la même narration, qui évoque la mémoire de thèmes propres aux rites mésopotamiens célébrés par les exorcistes pour éloigner un « mal » annoncé par des signes et interprétés par les experts de la divination[30]. Jeûner est d'abord, pour le peuple de Ninive qui répond à une prédication, une réaction naturelle, qui manifeste collectivement une prise de conscience de la culpabilité de chacun – du plus grand au plus petit –, le désarroi qui dérive de la menace de la destruction, ainsi que, sans doute, un moyen non seulement de purification, mais aussi et surtout d'expiation, en s'infligeant une souffrance physique. Selon les conceptions assyro-babyloniennes, ce comportement, qui provoque les mêmes effets de la punition attendue, mais sous une forme réduite, limitée et contrôlée, peut arriver à satisfaire les besoins de « justice » des dieux et écarter la colère divine, qui, une fois libérée, pourrait perturber l'équilibre naturel d'une façon beaucoup plus grave et globale[31]. Par ailleurs, quand le jeûne est l'objet d'un commandement venant de la plus haute autorité politique, qui

30. Voir J. Bottéro, « Signes, symptômes, écriture », dans J.-P. Vernant *et al.*, *Divination et Rationalité*, Paris 1974, p. 70-197 ; C. Jean, « Divination and Oracles at the Neo-Assyrian Palace: the Importance of Signs in Royal Ideology », dans A. Annus (éd.) *Divination and Interpretation of Signs in the Ancient Near East* (Oriental Institute Seminars, 6), The Oriental Institute of the University of Chicago, Ann Arbor, Michigan 2010, p. 267-275. Voir aussi par exemple H. Hunger, *Astrological Reports to Assyrian Kings* (State Archives of Assyria, 8), Helsinki 1992, p. 5-6, t. 4 ; p. 8-9, t. 8, p. 19-30, t. 36 ; p. 63-64, t. 104, et *passim* ; S. Parpola, *Letters from Assyrian and Babylonian Scholars*, p. xix-xxiv, et *passim* ; pour le rituel *šar pūḫi* à l'époque néo-assyrienne, voir p. 172-175, t. 219-221 ; G. Pettinato, *Angeli e demoni a Babilonia, Magia e mito nelle antiche civiltà mesopotamiche*, Milan 2001, p. 161-215.

31. Pour les rituels de type *namburbi*, voir R. Caplice *An Introduction to Namburbi Rituals*, Malibu 1974 ; S. M. Maul, *Zukunftsbewältingung. Eine Untersuchung altorientalischen Denkens anhand der babylonisch-assyrichen Lösenrituale (Namburbi)* (Baghdader Forschungen, 18), Mainz 1994 ; N. Veldhuis, « On Interpreting Namburbi Rituals », *Archiv für Orientforschung* 42-43 (1995-1996), p. 145-154.

d'ailleurs s'y soumet volontairement, reconnaissant implicitement les crimes commis et acceptant la réalité de la menace du châtiment, il est déjà représenté dans sa fonction cérémonielle, comme une pratique sociale et religieuse, jamais attestée en tant que telle dans la documentation cunéiforme. Mais conformément à la mentalité assyrienne, le roi figure dans la narration comme le responsable du bien-être et du progrès de la société qu'il domine, et il se doit donc d'utiliser tout savoir, toute rhétorique, mais aussi tout expédient rituel à sa disposition afin d'éviter la catastrophe annoncée. La « conversion » des Ninivites et leur jeûne sont ainsi transformés en une stratégie politique, ce qui explique peut-être la réaction énervée du prophète Jonas, qui a du mal à accepter la miséricorde divine. Bien que postérieur de quelque siècle à la destruction de Ninive, ce récit évoque la culture, l'idéologie et la religion assyriennes avec une précision certaine, les utilisant pour développer un discours important, pour le judaïsme d'époque hellénistique, sur l'attitude de Dieu par rapport aux autres peuples, religions et cultures, finissant apparemment par admettre que tout le monde a une chance de survivre au jugement divin, à condition de savoir comment s'y prendre. Dans ce contexte, il est intéressant de remarquer dans la narration la fonction attribuée au jeûne, alors que comme on l'a vu, il ne fait pas partie, dans les sources cunéiformes, des méthodes et des moyens de provoquer un changement dans le corps et dans l'esprit des hommes, mais signale plutôt une situation dangereuse, conflictuelle et douloureuse, un état altéré, parfois déjà une punition divine. C'est probablement encore dans ce sens qu'il faut comprendre son attestation dans ce récit biblique, le jeûne étant représenté comme un moyen d'attirer sur soi l'attention des autres, y compris celle des dieux, ouvrant la possibilité d'une communication et d'une interaction.

2. Le jeûne et jeûner dans la Bible hébraïque

Si le jeûne décrit dans le livre biblique de *Jonas* a déjà été présenté ci-dessus, c'est parce que la mise en scène littéraire du récit se situe dans la ville de Ninive au cœur de l'empire assyrien, même si le portrait de Ninive esquissé par l'auteur biblique a été imaginé à travers un prisme essentiellement étranger au point de vue assyrien.

Quoi qu'il en soit, ce passage du livre de *Jonas* est loin d'être la seule référence aux pratiques de jeûne véhiculées par le corpus biblique. En effet, la Bible hébraïque comprend bien plus d'une cinquantaine de références à la pratique de jeûne[32], la plupart des occurrences se trouvant dans des récits, des textes narratifs[33], et les autres dans la poésie (prophétique ou liturgique)[34]. L'étude globale de ce petit corpus n'est pas nouvelle[35]. Dans la mesure où les études bibliques et l'anthropologie culturelle ont à plusieurs égards évolué de façon parallèle depuis la fin du XIXᵉ siècle et pendant la première moitié du XXᵉ siècle[36], il n'est pas surprenant que beaucoup de biblistes se soient appuyés sur les travaux anthropologiques alors plus ou moins contemporaines dans leur conceptualisation et problématisation du jeûne, d'abord dans une quête des origines de la pratique[37], et ensuite à travers l'élabora-

32. Il n'est pas aisé d'en donner le nombre précis d'occurrences, car la terminologie est parfois ambiguë et certains passages font allusion au même jeûne à plusieurs reprises. Pour une liste exhaustive des occurrences de la racine √Ṣ(W)M « jeûner, faire le jeûne », voir F. BROWN, S. R. DRIVER, C. A. BRIGGS, *A Hebrew and English Lexicon of the Old Testament*, Oxford 1906, p. 847, à quoi on ajoutera les occurrences d'expressions paraphrastiques : surtout « affliger l'âme » (√ʿNY au schème D avec, comme complément d'objet direct, le substantif *npš* « âme » ; *ibid.*, 776), mais aussi d'autres paraphrases telles que « ne manger aucun pain », comme dans 1 S 28, 20. Si l'on fait abstraction des tendances ouvertement théologiques, les données pertinentes sont réunies et présentées de façon commode dans l'Appendix 2 de K. BERGHUIS, *Christian fasting: A theological approach*, Dallas 2007, p. 225-234 ; voir aussi son « A biblical perspective on fasting », *Bibliotheca sacra* 158 (2001), p. 97-103.
33. L'histoire « deutéronomiste » recèle un nombre important d'occurrences (une vingtaine d'occurrences dans Juges, 1-2 Samuel et 1-2 Rois), mais d'autres textes en prose présentent également le jeûne : dans le Pentateuque aussi bien que dans les Prophètes (Jonas) et surtout les Écrits (Esther, Daniel, Esdras, Néhémie et 1-2 Chroniques).
34. Surtout dans les Prophètes (Isaïe, Jérémie, Joël, Zacharie) et les Écrits (Psaumes, Job).
35. Pour un échantillon d'études récentes (chacune avec de la bibliographie antérieure), voir H. A. BRONGERS, « Fasting in Israel in biblical and post-biblical times », dans H. A. BRONGERS *et al.* (éd.), *Instruction and Interpretation*, Leyde 1977, p. 1-21 ; T. PODELLA, *Ṣôm-Fasten: Kollektive Trauer um den verborgenen Gott im Alten Testament*, Kevelaer – Neukirchen 1989 ; J. MUDDIMAN, « Fasting », dans D. N. FREEDMAN (éd.), *The Anchor Bible dictionary*, Garden City 1992, p. 773-777 ; F. STOLZ, « צום », dans E. JENNI et Cl. WESTERMANN (éd.), *Theological lexicon of the Old Testament*, Peabody 1997, p. 1066 ; D. LAMBERT, « Fasting as a penitential rite: A biblical phenomenon? », *Harvard theological review* 96/4 (2003), p. 477-512.
36. H. F. HAHN, *Old Testament in modern research*, Philadelphia 1954, p. 44-82.
37. Par exemple, E. WESTERMARCK, « The principles of fasting », *Folklore* 18 (1907), p. 391 (avec des références antérieures citées en note).

tion progressive de typologies de plus en plus détaillées[38]. Malgré une certaine réticence à l'égard des approches typologiques dans la littérature depuis quelques années[39], nous estimons néanmoins que la valeur heuristique de l'approche typologique n'est pas non plus « nulle », car non seulement elle donne à penser, mais aussi et surtout elle fournit un cadre herméneutique qui fait ressortir d'emblée ce qui est inhabituel. Nombreuses typologies des références bibliques au jeûne ont été élaborées, et dans le contexte de la présente contribution il suffit de tenter d'en dresser un bilan sommaire.

Les différents textes bibliques font référence aux jeûnes spontanés ou délibérés, de même qu'aux jeûnes individuels et communautaires. S'il est permis d'essayer d'en extraire la substantifique moelle dans un survol typologique, on peut proposer une distinction préliminaire, tout en tenant compte de la plupart de ces occurrences, entre d'une part l'ensemble des références à un jeûne spontané (qu'il soit individuel ou partagé par la communauté), le plus souvent à la suite d'un choc, et d'autre part l'ensemble des références à un jeûne délibéré (qu'il soit individuel ou partagé) où le geste est instrumentalisé dans une tentative d'influer sur une autorité (que celle-ci soit céleste ou terrestre). À l'intérieur de chacune de ces deux grandes catégories on peut bien entendu discerner plusieurs sous-catégories. Il sera ensuite nécessaire d'ajouter plusieurs autres catégories mineures (voir ci-dessous).

Références à un jeûne spontané, souvent à la suite d'un choc

On peut situer les références bibliques à un jeûne spontané à la limite de la catégorie du jeûne proprement dit, dans la mesure où le geste n'est pas alors présenté comme un acte volontaire, mais plutôt comme la réaction physiologique du corps à la suite d'un choc, tel que la mort d'un proche ou l'impact d'une mauvaise nouvelle de

---

38. La typologie particulièrement détaillée et documentée a été publiée par J. MACCULLOUGH, « Fasting », dans *The Encyclopaedia of Religion and Ethics*, vol. 5, Édimbourg 1912, p. 759-765.

39. D. LAMBERT, « Fasting as a penitential rite », p. 477-479 ; les mêmes arguments sont repris (et présentés à peu près sous les mêmes formes et dans le même ordre) dans D. LAMBERT, « Mourning over sin/afflication and the problem of "emotion" as a category in the Hebrew Bible », dans F. SCOTT SPENCER (éd.), *Mixed feelings and vexed passions: Exploring emotions in biblical literature*, Atlanta 2017, p. 139-160.

toute sorte. À cet égard la réaction humaine ainsi décrite est comparable aux quelques références mésopotamiennes, où le fait de ne pas manger est symptomatique d'une maladie, que celle-ci soit chronique ou passagère[40].

La situation la plus fréquente sous cette rubrique est sans doute le jeûne en tant que geste spontané à la suite de la nouvelle de la mort d'un proche. La réception de la mort de Saül dans 1 S 31, 13 et 2 S 1, 11-12 en fournit des exemples :

> Lorsque les habitants de Yabesh de Galaad apprirent ce que les Philistins avaient fait à Saül, tous les braves se mirent en route et, après avoir marché toute la nuit, ils enlevèrent du rempart de Bet-Shân le corps de Saül et de ses fils et, les ayant apportés à Yabesh, ils les y brûlèrent. Puis ils prirent leurs ossements, les ensevelirent sous le tamaris de Yabesh **et jeûnèrent** [*way-yɔṣumu*^{w} dans la vocalisation tibérienne[41]] pendant sept jours (1 S 31, 13[42], trad. Bible de Jérusalem).
>
> Alors David saisit ses vêtements et les déchira, et tous les hommes qui étaient avec lui firent de même. Ils se lamentèrent, pleurèrent **et jeûnèrent** [vocalisation tibérienne : *way-yɔṣumu*^{w}] jusqu'au soir à cause de Saül, de son fils Jonathan, du peuple de Yahvé et de la maison d'Israël, parce qu'ils étaient tombés par l'épée (2 S 1, 11-12, trad. Bible de Jérusalem).

Ce genre de comportement social devenu habituel, les auteurs bibliques n'hésitent pas à déployer l'absence d'un jeûne attendu dans un but littéraire (l'inversion des attentes) :

> Ses officiers lui dirent : Que fais-tu là ? Tant que l'enfant était vivant, **tu as jeûné** [*ṣámtɔ*] et pleuré, et maintenant que l'enfant est mort, tu te relèves et tu prends de la nourriture ! Il répondit : Tant que l'enfant était vivant, **j'ai jeûné** [*ṣámti*^{y}] et j'ai pleuré, car je me disais : Qui sait ? Yahvé aura peut-être pitié de moi et l'enfant vivra. Maintenant

---

40. N. Wasserman, « Fasting and voluntary not-eating in Mesopotamian sources », p. 250-251.

41. Les vocalisations du texte biblique sont toutes données avec les voyelles tibériennes médiévales ; la prononciation de l'hébreu à l'âge du Fer devait être assez différente.

42. 1 Ch 10, 12 conserve à peu près la même formulation (orthographiée légèrement différemment : *way-yɔṣú*^{w}*mu*^{w}).

> qu'il est mort, pourquoi **jeûnerais-je** [*ˀaniʸ ṣɔm*] ? Pourrais-je le faire revenir ? C'est moi qui m'en vais le rejoindre, mais lui ne reviendra pas vers moi (2 S 12, 21-22, trad. Bible de Jérusalem).

Cette catégorie s'applique non seulement à la réaction à la nouvelle de la mort d'un personnage important dans la narration, mais aussi à celles qui sont suscitées par d'autres informations tristes, qui bouleversent ceux qui les entendent. On pourrait citer à titre d'exemple Est 4, 1-3, où, en apprenant la publication d'un décret royal autorisant la destruction des Juifs, d'abord un seul individu, et ensuite toute la communauté, se mettent à jeûner (accompagnés d'autres gestes affichés de mortification) :

> Sitôt instruit de ce qui venait d'arriver, Mardochée déchira ses vêtements et prit le sac et la cendre. Puis il parcourut toute la ville en l'emplissant de ses cris de douleur, et il alla jusqu'en face de la Porte Royale que nul ne pouvait franchir revêtu d'un sac. Dans les provinces, partout où parvinrent l'ordre et le décret royal, ce ne fut plus, parmi les Juifs, que deuil, **jeûne** [*ṣoʷm*], larmes et lamentations. Le sac et la cendre devinrent la couche de beaucoup (Est 4, 1-3, trad. Bible de Jérusalem).

Le comportement de Néhémie, en apprenant que les défenses de la ville de Jérusalem étaient en ruines, en fournit un autre exemple :

> Ils me répondirent : « [...] il y a des brèches dans le rempart de Jérusalem et ses portes ont été incendiées ». À ces mots, je m'assis et je pleurai ; je fus plusieurs jours dans le deuil, **jeûnant** [*ṣɔm*] et priant devant le dieu du ciel (Ne 1, 4, trad. Bible de Jérusalem).

Les auteurs bibliques n'hésitent pas à déployer ce genre de jeûne en tant que motif littéraire à des fins narratives dans des circonstances tout simplement contrariantes, où la « mauvaise nouvelle » en question n'est finalement pas si catastrophique, mais relève plutôt du registre émotif plus modeste de la déception :

> Achab s'en alla chez lui sombre et irrité à cause de cette parole que Nabot de Yizréel lui avait dite : Je ne te céderai pas l'héritage de mes pères. Il se coucha sur son lit, détourna son visage et **ne voulut** pas **manger** [*wᵊ-loˀ ˀɔḵal lɔ́ḥɛm*]. Sa femme Jézabel vint à lui et lui dit : Pourquoi ton esprit est-il chagrin et **ne manges-tu pas** [*wᵊ-ˀeʸnᵊḵɔ ˀoḵel lɔ́ḥɛm*] (1 R 21, 4-5, trad. Bible de Jérusalem) ?

La péricope qui vient d'être citée mérite en fait un développement plus long sur le plan littéraire, car ici l'auteur deutéronomiste (ou les sources qu'il a consultées) déploie le motif du jeûne dans trois sens assez différents, sans doute délibérément : comme expression spontanée d'une déception (les deux exemples cités ci-dessus), comme geste préparatoire à un événement solennel (1 R 21, 9-12 ; voir ci-dessous), et comme geste symbolique de la pénitence après avoir commis une faute (1 R 21, 27 ; voir ci-dessous). Le but de cet artifice était sans doute de présenter le comportement des Omrides sous une lumière frivole et ridicule.

On trouve ce motif – un jeûne spontané présenté comme une réaction physique survenue à la suite d'un choc – dans bien d'autres circonstances : par exemple, à la suite d'une défaite militaire (Jg 20, 26), dans un accès soudain d'inquiétude parce qu'un proche est menacé (1 S 20, 34 ; Dn 6, 19) ou encore après avoir fait un mauvais rêve prophétique (Dn 10, 1-3 ; voir aussi ci-dessous pour la vision de Balaam de Deir ʿAllā). Il y a parfois ambiguïté quant à la nature du geste : dans Est 4, 1-3 (cité ci-dessus) par exemple, le jeûne spontané de Mardochée semble être dû à un choc, mais il est également possible d'y voir un élément de protestation contre une situation injuste (voir ci-après)[43].

Dans les nombreux passages qui mentionnent un jeûne spontané, celui-ci est décrit comme une réaction physique survenue à la suite d'un choc, d'un deuil, d'une nouvelle particulièrement mauvaise ou d'une autre déception profonde, quelle qu'en soit la cause. Il n'y a rien dans ce comportement de spécifiquement proche-oriental ou même levantin ; il s'agit plutôt de réactions physiques typiquement humaines et à classer comme universelles ou presque. La Bible se distingue, par rapport aux autres littératures proche-orientales anciennes, par le rôle littéraire que prend progressivement le jeûne physique spontané comme trope symbolique de la détresse. Beaucoup des occurrences citées dans cette catégorie relèvent de ce que Martin Noth a appelé « l'histoire deutéronomiste ». La mise en place du jeûne spontané comme trope littéraire, symbole de la détresse, était-elle une innovation développée par cette école ? Probablement pas, étant donné l'occurrence de ce motif littéraire au début du texte prophétique « païen » de Deir ʿAllā conservé dans un dialecte d'araméen que nous verrons ci-dessous. Mais étant donné la fréquence de ce motif dans les textes

43. Cette ambiguïté est une autre raison justifiant un classement typologique, car cela permet de mettre en valeur le caractère vague de certaines formulations sur le plan littéraire.

liés à l'école deutéronomiste, on pourrait facilement imaginer que le motif littéraire est devenu populaire au Levant sud vers le milieu du Ier millénaire av. J.-C.

Référence à un jeûne délibéré, dans l'optique d'attirer l'attention de l'autorité

Si les références à un jeûne spontané à la suite d'un choc (dont un échantillon a été présenté ci-dessus) sont à la limite de la catégorie du jeûne selon sa définition classique, l'inverse, c'est-à-dire les références à un jeûne délibéré, nous amène dans le vif du sujet. David Lambert avait raison, nous semble-t-il, d'insister sur l'« inconvenance de l'affliction » comme catalyseur de pitié, et par la suite, d'action[44] : « Le jeûne et les autres gestes qui l'accompagnent (pleurer, déchirer les vêtements, porter le sac, appliquer des cendres, etc.) fonctionnent comme la manifestation physique et l'expression [...] de la souffrance et de l'affliction. "Regardez !", déclare celui qui jeûne, "à quel point mon état est horrible !" »[45]. Tout comme le motif iconographique du personnage couché par terre (et donc souffrant), le but du jeûne peut être « de manifester la détresse afin d'établir [et renforcer] une demande [ou une pétition][46] ». Ainsi délibérément instrumentalisé à travers un affichage public, le jeûne peut donc capter l'attention des autorités et ainsi les inciter à ressentir de la pitié et de la miséricorde, les poussant enfin à agir directement en faveur du pétitionnaire.

La Bible hébraïque véhicule un certain nombre de références à de tels jeûnes délibérés, qui peuvent être pratiqués de façon individuelle ou communautaire. Le récit d'Anne, la mère de Samuel, en fournit un exemple :

---

44. D. Lambert, « Fasting as a penitential rite », p. 485-490 (repris dans D. Lambert « Mourning over sin/afflication », p. 150-153).

45. D. Lambert, « Fasting as a penitential rite », p. 479 : « Fasting and its accompanying rites of weeping, rending clothes, donning sackcloth, and applying ashes function as a physical manifestation and communicative expression of anguish and affliction. "See," the one fasting declares, "how awful is my state!" »

46. *Ibid.*, « Fasting as a penitential rite », p. 480, où l'auteur cite Othmar Keel : « It's purpose is to manifest distress in order to establish a request » (O. Keel, *The symbolism of the biblical world: Ancient Near Eastern iconography and the Book of Psalms*, Winona Lake 1997, p. 319-320).

> [...] bien qu'il [= Elqana] préférât Anne, mais Yahvé l'avait rendue stérile. Sa rivale lui faisait aussi des affronts pour la mettre en colère, parce que Yahvé avait rendu son sein stérile. C'est ce qui arrivait annuellement, chaque fois qu'ils montaient au temple de Yahvé : elle lui faisait des affronts. Or donc, Anne pleura et **resta sans manger** [*wᵊ-loˀ to⁽ˀ⁾k̲al*]. Alors son mari Elqana lui dit : Anne, pourquoi pleures-tu et **ne manges-tu pas** [*loˀ to⁽ˀ⁾k̲ᵊliʸ*] ? Pourquoi es-tu malheureuse ? Est-ce que je ne vaux pas pour toi mieux que dix fils ? [...] Dans l'amertume de son âme, elle pria Yahvé et elle pleura beaucoup. Elle fit ce vœu : [...] (1 S 1, 5-11, trad. Bible de Jérusalem).

Le vœu est en fait une pétition conditionnelle ; par la suite il sera satisfait[47]. Un autre exemple intéressant se trouve dans la péricope au sujet de David et la femme d'Urie le Hittite :

> Yahvé frappa l'enfant que la femme d'Urie avait donné à David, et il tomba gravement malade. David implora Dieu pour l'enfant : il **jeûnait strictement** [*way-yɔ́ṣɔm... ṣoʷm*], rentrait chez lui et passait la nuit couché sur la terre nue. Les dignitaires de sa maison se tenaient debout autour de lui pour le relever de terre, mais il refusa et **ne prit** avec eux **aucune nourriture** [*wᵊ-loˀ bɔrɔˀ... lɔ́ḥɛm*] (2 S 12, 15-17, trad. Bible de Jérusalem).

Le jeûne pénitentiel aurait sa place sous cette rubrique aussi[48], dans la mesure où il vise à instrumentaliser le geste afin d'inciter une autorité habilitée au pardon. La péricope du terrain de Naboth (déjà citée) fournit un exemple où le jeûne joue un tel rôle narratif pour véhiculer le regret ressenti par le personnage d'Achab, et ainsi provoquer et faciliter le pardon de Yahvé à son égard.

> Quand Achab entendit ces paroles, il déchira ses vêtements, mit un sac à même sa chair, **jeûna** [*way*-yɔṣoʷm] coucha avec le sac et marcha à pas lents (1 R 21, 27, trad. Bible de Jérusalem).

---

47. Là encore il s'agit d'un exemple potentiellement ambigu, tout comme Est 4, 1-3 (cité dans la rubrique précédente) : il n'est pas évident, sur le plan littéraire, de déterminer si le jeûne décrit est un geste spontané ou délibéré (affiché dans l'optique de renforcer une demande ou une pétition). Il y a sans doute même un lien organique entre ces deux « catégories » : le fait qu'un jeûne spontané puisse faire naître de la pitié chez des témoins mène plus ou moins directement à son instrumentalisation sociale en tant que geste calculé dans la mise en scène de pétitions plus ou moins officielles.
48. Malgré les réserves de D. Lambert, « Fasting as a penitential rite », *passim*.

Ce jeûne pénitentiel d'Achab est présenté comme un jeûne individuel, un aspect particulier de jeûnes pénitentiels collectifs que la Bible hébraïque véhicule, en nombre important. Le livre de Jonas, présenté ci-dessus, en fournit un exemple (Jon 3, 5), déjà évoqué plus haut :

> Jonas pénétra dans la ville […]. Il prêcha en ces termes : Encore quarante jours, et Ninive sera détruite. Les gens de Ninive crurent en Dieu ; **ils publièrent un jeûne** [*way-yiqrᵊˀuʷ ṣoʷm*] et se revêtirent de sacs, depuis le plus grand jusqu'au plus petit. La nouvelle parvint au roi de Ninive ; il se leva de son trône, quitta son manteau, se couvrit d'un sac et s'assit sur la cendre. Puis l'on cria dans Ninive, et l'on fit, par décret du roi et des grands, cette proclamation : Hommes et bêtes, gros et petit bétail **ne goûteront rien** [*ˀal yiṭˁᵃmuʷ mᵊˀuʷmɔʰ*], **ne mangeront pas** [*ˀal yirˁuʷ*, mot-à-mot « ils ne paîtront pas »] **et ne boiront pas d'eau** [*uʷ-máyim ˀal yištuʷ*]. On se couvrira de sacs, on criera vers Dieu avec force, et chacun se détournera de sa mauvaise conduite et de l'iniquité que commettent ses mains. Qui sait si Dieu ne se ravisera pas et ne se repentira pas, s'il ne reviendra pas de l'ardeur de sa colère, en sorte que nous ne périssions point ? Dieu vit ce qu'ils faisaient pour se détourner de leur conduite mauvaise. Aussi Dieu se repentit du mal dont il les avait menacés, il ne le réalisa pas (Jon 3, 4-10, trad. Bible de Jérusalem).

La trame littéraire du récit sur le jeûne des Ninivites dévoile en tout cas la mécanique du fonctionnement du jeûne pénitentiel dans l'imaginaire de l'auteur : accompagné des autres gestes de mortification c'est un moyen de coercition, pour provoquer un changement d'avis, allant même jusqu'au pardon, auprès d'une autorité.

En présence de cet arrière-plan (littéraire certes mais aussi culturel et social), il est facile de comprendre comment le jeûne communautaire pourrait prendre une forme institutionnelle, faisant ainsi partie des actions qui structurent les cérémonies et les rites, au cours desquels la bienveillance ou le pardon d'une divinité sont sollicités collectivement.

> **Je proclamai** là, près de la rivière d'Ahava, **un jeûne** [*ˀɛqrɔˀ … ṣoʷm*] : il s'agissait **de nous humilier** [*lᵊ-hiṯˁannoʷṯ*] devant notre Dieu et de lui demander un heureux voyage pour nous, les personnes à notre charge et tous nos biens. […] **Nous jeûnâmes** [*wan-nɔṣûʷmɔʰ*] donc, invoquant notre Dieu à cette intention, et il nous exauça (Esd 8, 21-23, trad. Bible de Jérusalem).

Des exemples de cette pratique se rencontrent aussi dans les livres prophétiques :

> Prêtres, revêtez-vous du sac ! Poussez des cris de deuil ! Lamentez-vous, serviteurs de l'autel ! Venez, passez la nuit vêtus du sac, serviteurs de mon Dieu ! Car la maison de votre Dieu est privée d'oblation et de libation. **Prescrivez un jeûne** [*qadd*^{ə}*šu*^{w} *ṣo*^{w}*m*], publiez une solennité, réunissez, anciens, tous les habitants du pays à la maison de Yahvé votre Dieu. Criez vers Yahvé [...] (Jl 1, 13-14, trad. Bible de Jérusalem).

Les passages où un jeûne délibéré et communautaire joue un rôle cérémoniel dans un contexte ritualisé d'expression collective de pénitence sont en fait assez nombreux.

> Ils se rassemblèrent donc à Miçpa, ils puisèrent de l'eau qu'ils répandirent devant Yahvé, **ils jeûnèrent** [*way-yɔṣú*^{w}*mu*^{w}] ce jour-là et ils dirent : Nous avons péché contre Yahvé (1 S 7, 6, trad. Bible de Jérusalem).

Le jeûne pénitentiel associé avec « le jour des expiations » (l'expression biblique est *yo*^{w}*m hak-kippurī*^{y}*m*, dans Lv 23, 27, par exemple) de la Bible hébraïque mérite une discussion à part, à cause de son association étroite (dans la tradition ultérieure) avec un jeûne communautaire, son caractère pénitentiel et son insertion dans le calendrier pendant les premières semaines du mois biblique de *tišrī*^{y} (emprunté – pendant l'exil apparemment – du nom du mois babylonien *tešrītu*) :

> D'autre part, le dixième jour de ce septième mois, c'est le jour des expiations. Il y aura pour vous une sainte assemblée. **Vous jeûnerez** [*w*^{ə}*-innī*^{y}*ṯɛm* ^{ʔ}*ɛṯ nap̄šoṯe*^{y}*ḵɛm*, mot-à-mot « et vous affligerez vos âmes »] et vous offrirez un mets à Yahvé (Lv 23, 27, trad. Bible de Jérusalem).

L'expression utilisée ici, « affliger l'âme », semble être un euphémisme pieux pour « jeûner », comme le suggèrent les traditions rabbiniques ultérieures. Ce passage fait partie – avec plusieurs autres qui lui ressemblent – du bloc « sacerdotal », dont la date de rédaction semble assez tardive, presque certainement après l'exil babylonien[49]. Une telle connexion étroite avec les milieux babyloniens du Iᵉʳ millénaire av. J.-C. prend son importance quand on tient compte des

---

49. Pour une présentation rapide du problème de datation, voir J. J. COLLINS, *Introduction to the Hebrew Bible*, p. 177-181.

traditions hémérologiques véhiculées surtout par les *scriptoria* assyriens, où les premiers sept à dix jours du mois de *Tašrītu* sont caractérisés par des interdictions alimentaires et d'autres formes d'abstinence telles que les rapports conjugaux[50]. L'idée que ces pratiques mésopotamiennes ont inspiré des pratiques décrites dans la Bible hébraïque a été poussée assez loin dans les années 1930-1960. Stephen Langdon en fournit un exemple extrême[51]. Même pour René Labat, un des premiers à avoir étudié le corpus hémérologique de façon globale et dont les travaux sont généralement très prudents :

> [...] les premiers sept jours du mois de Tešrit [...] correspondaient à une] période de pénitence que terminait, le lendemain, une journée de liesse et de purification. L'intérêt principal de ce texte est de nous confirmer l'importance qu'avait, dans la vie magique et religieuse des Akkadiens, ce prélude au second semestre de l'année[52].

L'importance de ces textes hémérologiques mésopotamiens semble cependant aujourd'hui plus nuancée, jusqu'au point où Maria Casaburi, dans sa réédition du corpus, marginalise le rôle qu'ils jouent dans la pensée religieuse mésopotamienne :

> The alimentary prescriptions are not worth any remark : the mentioned food (either vegetables and meat/fish) are common in Mesopotamian diet [...]. From a practical standpoint, the hemerology for Tašrītu does not seem to have affected real life. For example it is never referred to in the Neo-Assyrian reports to the very pious Esarhaddon (681-669 B. C.) whose correspondence indeed witnesses the broad use of the relevant textual category. Yet, the extant manuscripts show a remarkable interest attached to this particular hemerology especially by Assyrian scribes. In my opinion, the production of this and similar composite texts is amenable to the unceasing activity of Assyrian scriptoria, such as that in Assur, whence other precious manuscripts such as the well-known Astrolabe B come. Thus, it must be concluded that the interest of Assyrian scribes in this literary

---

50. R. Labat, « Tabous de Tešrit et autres prescriptions », *Iraq* 23/1 (1961), p. 88-94 ; R. Largement, « L'ascétisme dans la civilisation suméro-sémitique », *Archives de sciences sociales des religions* 18/1 (1964), p. 27-34.
51. Voir S. Langdon, *Babylonian menologies and the Semitic calenders*, Londres 1935, p. 100, pour qui les rites bibliques du mois de *tišrīy* sont « undoubtedly inherited from Babylonia ».
52. R. Labat, « Tabous de Tešrit », p. 88.

genre was in the first place due to sheer academic purposes – be they formal or substantial – rather than to its "magical or religious" implications[53].

La question reste ouverte.

Pour revenir au problème du jeûne délibéré et communautaire dans un contexte ritualisé, on notera enfin que la fréquence de ce comportement social collectif semble avoir inspiré certaines critiques à son égard, dans des cercles prophétiques par exemple :

> Même s'**ils jeûnent** [*yɔṣumuʷ*], je n'écouterai pas leur supplication ; même s'ils présentent holocaustes et oblations, je ne les agréerai pas, mais par l'épée, la famine et la peste je veux les exterminer (Jr 14, 12, trad. Bible de Jérusalem).

Le « trito-Isaïe » est encore plus explicite dans cette critique, en problématisant la tension entre jeûne ritualisé d'une part et justice sociale de l'autre :

> Pourquoi **avons-nous jeûné** [*ṣɔ́mnuʷ*] sans que tu le voies, nous sommes-nous mortifiés sans que tu le saches ? C'est qu'**au jour où vous jeûnez** [*bᵊ-yoʷm ṣomᵊk̲ɛm*], vous traitez des affaires, et vous opprimez tous vos ouvriers. C'est que **vous jeûnez** [*tɔṣúʷmuʷ*] pour vous livrer aux querelles et aux disputes, pour frapper du poing méchamment. **Vous ne jeûnerez pas** [*loˀ t̲ɔṣúʷmuʷ*] comme aujourd'hui, si vous voulez faire entendre votre voix là-haut ! Est-ce là **le jeûne** [*ṣoʷm*] qui me plaît, le jour où l'homme se mortifie ? Courber la tête comme un jonc, se faire une couche de sac et de cendre, est-ce là ce que **tu appelles un jeûne** [*tiqrɔˀ ṣoʷm*], un jour agréable à Yahvé ? N'est-ce pas plutôt ceci, **le jeûne** [*ṣoʷm*] que je préfère : défaire les chaînes injustes, délier les liens du joug ; renvoyer libres les opprimés, et briser tous les jougs ? N'est-ce pas partager ton pain avec l'affamé, héberger chez toi les pauvres sans abri, si tu vois un homme nu, le vêtir, ne pas te dérober devant celui qui est ta propre chair (Is 58, 3-7, trad. Bible de Jérusalem) ?

Le jeûne dans d'autres contextes

Les deux rubriques présentées ci-dessus, d'une part les références à un jeûne spontané à la suite d'un choc, et d'autre part les références

53. M. Casaburi, « The alleged Mesopotamian "Lent": The hemerology of Tešrītu », *Studi epigrafici e linguistici* 17 (2000), p. 29.

à un jeûne délibéré dans l'optique de solliciter l'attention bienveillante de l'autorité, recouvrent le plus grand nombre d'occurrences du vocabulaire du jeûne présentes dans la Bible hébraïque. Nous avons aussi insisté sur l'ambiguïté qui peut exister dans l'interprétation de certains passages où il est parfois difficile d'exclure *a priori* la possibilité que les auteurs bibliques l'aient employé délibérément.

Mais il reste un petit nombre de références au jeûne qui échappe à ces deux grandes catégories. Les études anthropologiques du XXᵉ siècle ont permis de reconnaître dans ce groupe mineur des catégories typologiques de jeûne, rencontrées fréquemment dans les travaux ethnologiques. Les deux qui nous concernent ici sont le jeûne comme moyen d'établir un contact avec le monde divin (à travers la divination par exemple), et le jeûne comme rite préparatoire, avant un événement important.

Les études anthropologiques du jeûne au XXᵉ siècle décrivent plusieurs sociétés où ce comportement fait partie d'un processus qui provoque une altération de l'esprit et facilite ainsi la communication avec le monde surnaturel. L'exemple biblique classique de cette catégorie est 1 S 28, 20 :

> Aussitôt Saül tomba à terre de tout son long. Il était terrifié par les paroles [du fantôme] de Samuel ; de plus, il était sans force, **n'ayant rien mangé** [*wᵊ-loˀ ˀɔḵal lέḥεm*] de tout le jour et de toute la nuit (1 S 28, 20, trad. Bible de Jérusalem).

On apprend à la fin du passage que Saül avait eu recours à un jeûne, apparemment dans le but de rendre plus efficace la consultation nécromantique.

Une deuxième catégorie mineure regroupe des passages où un jeûne délibéré ne semble pas viser spécifiquement à manipuler ou à faire pression sur une autorité, mais plutôt à répondre aux besoins des membres d'un groupe, à travers ce geste présenté comme préparatoire à un autre événement (souvent solennel).

Un exemple probable vient de la péricope des terrains de Nabot (déjà citée ci-dessus) :

> Les hommes de la ville de Nabot, les anciens et les notables qui habitaient sa ville, firent comme Jézabel leur avait commandé, comme il était écrit dans les lettres qu'elle leur avait envoyées. **Ils proclamèrent un jeûne** [*qɔrᵊˀuʷ ṣoʷm*] et mirent Nabot en tête du peuple. Alors arrivèrent les deux vauriens, qui s'assirent en face de lui, et

> les vauriens témoignèrent contre Nabot devant le peuple en disant : Nabot a maudit Dieu et le roi. On le fit sortir de la ville, on le lapida et il mourut (1 R 21, 11-12, trad. Bible de Jérusalem).

Le rôle que joue le jeûne dans le développement littéraire de cet épisode ne fait pas l'objet d'un consensus, mais il est néanmoins probable que l'auteur biblique s'appuyait ici sur sa fonction « préparatoire » en élaborant le récit : le jeûne communautaire tel qu'il est présenté ici aurait aidé à consolider l'esprit de groupe des anciens de la ville avant la mise en scène juridique de l'assassinat orchestré de Nabot.

Ce survol des occurrences bibliques ne se veut pas compréhensif, mais plutôt représentatif, permettant de dégager les usages principaux du jeûne dont les auteurs bibliques font état.

3. Le jeûne et jeûner dans les corpus ouest-sémitiques des IIe et Ier millénaires av. J.-C.

Le jeûne et jeûner en ougaritique (côte levantine, XIIIe siècle av. J.-C.)

La situation paradoxale du jeûne qui émerge après ce survol des deux corpus étudiés jusqu'ici nécessite donc d'être davantage nuancée, complétée et problématisée dans une perspective plus large, incorporant les autres littératures anciennes proche-orientales conservées. Pour ce faire, nous pouvons naturellement nous tourner vers l'autre « grand corpus littéraire » issu du Levant ancien – les textes ougaritiques (XIIIe av. J.-C.)[54] – avant d'aborder les données araméennes.

Pourquoi faire une telle place aux textes ougaritiques ?

> [Parce que l']on assiste également à Ougarit à ce qui semble être une des premières tentatives pour créer de toute pièce un véritable patrimoine littéraire rédigé dans une langue levantine autochtone (c'est-à-dire, dans une langue ouest-sémitique). D'Ougarit, nous avons les plus anciens exemples connus jusqu'ici des littératures savantes et religieuses rédigées avec l'alphabet et en langue ouest-sémitique. [Le

54. Sur les rapports entre les littératures ougaritique et biblique, voir les pages consacrées à « *The interest of Ugaritic religious poetry from a biblical perspective* », dans R. Hawley, « Echos of cosmic battle and creation in the Ugaritic literary imagination », dans S. Ramond et R. Achenbach (éd), *Aux commencements : Création et temporalité dans la Bible et dans son contexte culturel*, Wiesbaden 2019, p. 141-143.

> corpus ougaritique] joue donc, en quelque sorte, le rôle de précurseur des autres traditions littéraires similaires, mieux connues de l'âge du Fer : la littérature araméenne, phénicienne, ou encore israélite et judéenne, celle-ci telle qu'elle a été conservée dans la Bible hébraïque[55].

Cependant, si la taille importante et la date assez haute du corpus littéraire ougaritique lui prêtent une certaine importance pour notre sujet, en ce qui concerne le jeûne en particulier il est fort intéressant de constater que – tout comme dans les autres corpus cunéiformes – le jeûne n'y figure pas (ou probablement pas)[56].

Or la précision parenthétique « probablement pas » dans la dernière phrase mérite un bref excursus. Deux ougaritologues, tous deux éminemment qualifiés, ont par le passé proposé de retrouver des références à la pratique du jeûne dans certains textes ougaritiques religieux ; il s'avère que les deux propositions ne sont probablement pas à retenir, et ce pour diverses raisons qui méritent d'être détaillées.

La première proposition remonte à la publication en 1968 des textes de la 24e campagne de fouilles à Ougarit. Un petit lot de ceux-ci – et parmi eux le texte qui nous concerne ici, une petite tablette à contenu liturgique[57] – avait été confié à Josef Tadeusz Milik, épigraphiste alors très célèbre pour ses connaissances approfondies en hébreu et araméen anciens, mais jusque-là peu familier du corpus ougaritique. Cet arrière-plan explique – en partie peut-être – sa lecture des lignes 2-3 de notre texte, que Milik translitère *ṯlṯ . ymm . l . ṣm . yʿrb* (3) *mlk*, et ensuite traduit de la manière suivante : « Après trois jours du jeûne le roi entrera (dans le temple ?)[58] ». Connaissant bien l'usage de la racine ṢWM en hébreu et en araméen, Milik retrouve ainsi dans ce passage ce qui aurait été la toute première occurrence du jeûne en ougaritique.

---

55. R. Hawley, « Religions et cultures du Levant (1600-500 av. J.-C.) », *Annuaire de l'École Pratique des Hautes Études – Sciences Religieuses* 126 (2019), p. 116.
56. Voir déjà T. Podella, *Ṣôm-Fasten: Kollektive Trauer um den verborgenen Gott im Alten Testament*, Kevelaer – Neukirchen 1989 (Alter Orient und Altes Testament, 224), p. 1.
57. La tablette RS 24.255 (KTU 1.111) est rédigée avec l'alphabet cunéiforme, mais elle présente aussi des particularités linguistiques : si certaines rubriques sont en langue ougaritique, d'autres sont en langue hourrite.
58. J. T. Milik, « Quelques tablettes cunéiformes alphabétiques d'Ugarit », dans Cl. Schaeffer (éd.), *Ugaritica* 7 (1968), p. 140-141.

Or, comme l'a souligné Dennis Pardee dans sa réédition complète du texte en 2000, le fac-similé d'Andrée Herdner[59], qui représente bien la situation épigraphique, ne conforte pas la lecture de Milik[60].

La proposition semble donc devoir être abandonnée ; mais elle a refait surface (et de manière indépendante) en 2000, quand Josef Tropper a publié son *Ugaritische Grammatik*. Il y propose (implicitement) de lire et d'interpréter les lignes 2-3 de notre texte d'une façon très proche de la lecture de Milik : (*ṯlṯ ymm* .) *l* . *ṣm* (*yʿrb* [3] *mlk*)[61], « (après trois jours) à jeun (le roi entrera [dans le sanctuaire]) ».

La proposition en soi est ingénieuse, et le fait qu'elle revienne dans la discussion de façon indépendante à deux reprises montre à quel point cette interprétation correspond bien au contexte. En revanche elle se heurte à des objections épigraphiques fortes et formelles : la lecture {*ṣ*} n'est ni la plus claire ni la plus probable[62] ; en outre une telle lecture nécessiterait de voir un clou de séparation juste après la préposition *l* dans ce passage, ce qui ne semble pas être la règle pour ce scribe.

La deuxième proposition remonte aux années 1980. Les fouilles de Ras Ibn Hani avaient mis au jour un texte magique en 1978, et sa rapide publication préliminaire par Pierre Bordreuil et André Caquot[63] a naturellement donné lieu à plusieurs études secondaires[64]. En 1980 Johannes De Moor y a consacré une petite note où il propose d'interpréter la phrase énigmatique aux lignes 6-7 *tlḥm lḥm ẓm*

59. J. T. Milik, « Quelques tablettes cunéiformes alphabétiques d'Ugarit », fig. 5, p. 141.

60. D. Pardee, *Les textes rituels*, Paris 2000, p. 619-620.

61. La présence des mots entre parenthèses est sous-entendue par J. Tropper, *Ugaritische Grammatik*, Münster 2000, p. 114, p. 252 ; que l'auteur n'ait pas eu connaissance de la proposition de Milik de 1968 semble assuré par le fait qu'il caractérise cette leçon comme étant un « n(eue) L(esung) ». La présentation de la situation reste la même dans la 2e édition de l'*Ugaritische Grammatik* en 2012.

62. D. Pardee, *Les textes rituels*, p. 619-620.

63. P. Bordreuil et A. Caquot, « Les textes en cunéiformes alphabétiques découverts en 1978 à Ibn Hani », *Syria* 57 (1980), p. 346-350.

64. Réédition complète dans D. Pardee, *Les textes rituels*, p. 875-893 ; pour l'édition définitive, voir désormais P. Bordreuil, D. Pardee et C. Roche-Hawley, *Ras Ibn Hani*, II : *Les textes en écritures cunéiformes de l'âge du Bronze récent, fouilles 1977 à 2002*, Beyrouth 2019, texte nº 97, p. 232-236 (ces deux références présentent aussi la bibliographie antérieure).

comme « Mange du pain, ô (toi) qui jeûne[65] ! », interprétation qui a été adoptée dans d'autres études lexicographiques, y compris dans le dictionnaire le plus récent[66]. Or en ouest-sémitique, la racine pour « jeûne, jeûner » présente toujours la consonne /ṣ/ étymologique[67], et non pas /ẓ/ ; en outre le /ṣ/ étymologique est bel et bien écrit avec le signe {ṣ}, comme attendu, ailleurs dans ce même texte[68]. À cette objection, qui est plutôt forte pour ce qui est de l'épigraphie, ajoutons un deuxième argument contextuel : le sens du distique est – semble-t-il – que l'esprit méchant (qui a causé l'impuissance sexuelle visée par l'incantation) n'aura que des choses dégoûtantes à manger et à boire. Ainsi, et malgré les difficultés qui persistent, il est raisonnable d'en proposer la traduction suivante :

> Puisses-tu manger (seulement) du pain rance[69] !
> Puisses-tu boire (uniquement) en pressant du moût (de bière)[70] séché[71] !

En somme, le jeûne ne semble pas être attesté dans la littérature ougaritique, fait surprenant étant donné la transmission de plusieurs

65. J. C. De Moor, « An incantation against evil spirits », *Ugarit Forschungen* 12 (1980), p. 429 : « Eat bread, fasting one! »
66. G. del Olmo Lete et J. Sanmartín, *A dictionary of the Ugaritic language in the alphabetic tradition*, 3e éd., Leyde 2015, p. 987 : « eat bread of fasting » (sic). On comprend l'objection que soulève De Moor contre cette interprétation (De Moor, « An incantation against evil spirits », p. 431), sauf si avec l'expression « manger le pain du jeûne » il s'agissait d'un oxymore pour signifier « ne rien manger du tout ».
67. Comme le montrent les attestations en araméen (dès les corpus ancien et impérial, avec Ṣ), hébreu (avec Ṣ), arabe (avec Ṣ) et éthiopien (avec Ṣ).
68. C'est sans doute cette considération qui a poussé André Caquot à éviter une telle solution, d'où son commentaire : « On hésitera à rapprocher *ẓm* à l'hébreu *ṣôm* "jeûne" », dans « Hébreu et araméen », *Annuaire du Collège de France* 79 (1979), p. 490. Pour un résumé complet de la discussion voir D. Pardee, *Les textes rituels*, p. 885.
69. Pour le sens du mot-clef *ẓm*, nous suivons ici la proposition de D. Pardee.
70. Pour le sens du mot *bl*, probablement utilisé dans la préparation de bière, voir M. Stol, « Zur altmesopotamischen Bierbereitung », *Bibliotheca Orientalis* 28 (1971), p. 169 ; voir G. del Olmo Lete et J. Sanmartín, *A dictionary of the Ugaritic language*, p. 775.
71. La racine √ṢML a des connotations « sec, être sec » en arabe (cf. les adjectifs arabes *ṣāmil*, *ṣamīl* et *ṣawmal*) ; *ibid.*, p. 774.

passages littéraires où on aurait pu s'attendre à trouver une référence au jeûne, comme par exemple dans les scènes de deuil, assez bien représentées dans le corpus ougaritique[72].

Le jeûne et jeûner en araméen (IXe-Ve siècle av. J.-C.)

Tout comme le corpus ougaritique, le corpus phénicien – tel qu'il nous est connu aujourd'hui – ne présente aucune référence claire à un jeûne[73] ; un tel constat surprend pourtant moins si nous tenons compte du fait que très peu de textes littéraires ont été conservés[74].

La situation semble différente en araméen, mais à peine : à deux exceptions près. On trouve des références claires à la pratique de jeûne dans au moins deux textes, séparés l'un de l'autre par cinq siècles environ : deux occurrences dans une lettre diplomatique internationale en araméen « d'empire » d'Égypte à l'époque perse, et deux occurrences dans un texte prophétique littéraire (seulement partiellement conservé) retrouvé dans les fouilles à Deir ʿAllā en Transjordanie (Jordanie actuelle).

La lettre CAP 30 (pour « Cowley Aramaic papyrus nº 30[75] », nommée d'après son premier éditeur) fait partie d'une archive où sont conservés quelques éléments d'une correspondance officielle entre les responsables de la garnison militaire judéenne stationnée à Éléphantine en Haute Égypte avec divers responsables haut placés dans la hiérarchie administrative perse achéménide en Judée et à Samarie vers la fin du Vᵉ siècle av. J.-C[76]. L'arrière-plan de la lettre concerne des évé-

72. D. Wright, *Ritual in narrative: The dynamics of feasting, mourning, and retaliation rites in the Ugaritic tale of Aqhat*, Winona Lake 2001, p. 139-197.
73. Th. Podella, *Ṣôm-Fasten*, p. 1.
74. Sur le caractère et la distribution du corpus phénicien, voir Fr. Briquel Chatonnet et R. Hawley, « Phoenician and Punic », dans R. Hasselbach (éd.), *A companion to ancient Near Eastern languages* (Blackwell companions to the ancient world), Hoboken 2020, p. 298-302.
75. A. E. Cowley, *Aramaic papyri of the fifth century B.C.*, Oxford 1923, texte nº 30, p. 108 *sq.* ; voir désormais la réédition complète dans B. Porten et A. Yardeni, *Textbook of Aramaic documents from ancient Egypt*, vol. 1 : *Letters*, Winona Lake 1986, p. 68-71.
76. Par commodité, voir B. Porten, *The Elephantine papyri in English*, Leyde 1996, p. 77-79 ; pour l'arrière-plan achéménide, qui permet de mieux comprendre ce dossier, voir P. Briant, *From Cyrus to Alexander: A history of the Persian Empire*, Winona Lake 2002, p. 506-507, p. 586-587 et p. 603-607.

nements liés à un conflit de rivalité entre des prêtres égyptiens du dieu Khnoum et ceux du temple de Yahu[77] qui avait été érigé à Éléphantine avant l'arrivée des Perses en Égypte[78]. Selon la partie narrative de ces lettres, les prêtres de Khnoum auraient réussi à convaincre le gouverneur perse local, un certain Widranga[79], d'autoriser (et ensuite d'acter) la destruction dudit temple de Yahu ; cette destruction s'est produite, accompagnée d'un pillage du trésor du temple. Les responsables de la garnison judéenne se sont donc ensuite plaints officiellement auprès des gouverneurs perses installés à Samarie et en Judée, et ceux-ci, à leur tour, sont manifestement intervenus auprès du satrape d'Égypte, un certain Arsames, en lui demandant d'autoriser la reconstruction dudit temple.

CAP 30 s'insère dans ce dossier ; dans un passage narratif, les auteurs racontent les événements après la destruction du temple de Yahu par la troupe commanditée par le fils de Widranga :

> Alors, lorsque cela avait été fait, nous – avec femmes et enfants – nous portions tous le cilice, **nous jeûnions** et nous priions à Yahu Seigneur-du-Ciel pour qu'il nous laisse nous réjouir aux dépens de ce vil Widranga. Ils enlevèrent "le fer" de ses pieds, et tous les biens qu'il avait acquis furent perdus. Et toutes les personnes qui cherchaient (à faire) du mal à ce temple, toutes ont été tuées et nous nous sommes réjouis à leurs dépens (CAP 30, lignes 15-17).

Quelques lignes plus loin dans la même missive, afin de renforcer leur pétition, les auteurs insistent sur l'étendue et la durée de leur « deuil » :

---

77. Yahwé et Yahu sont deux vocalisations différentes du même théonyme. L'orthographe du dieu judéen national dans ce corpus est YHW ; sa prononciation à l'époque perse aurait donc pu être quelque chose comme /yahū/ (cette même prononciation pour le nom divin est conservée, *mutatis mutandis*, dans l'onomastique judéenne telle que celle-ci est présentée dans la Bible hébraïque).

78. Selon les dires de CAP 30, lignes 13-14 : « Nos pères avaient [déjà] construit ce temple dans la forteresse de Yeb [= Éléphantine] depuis l'époque des rois [autochtones] d'Égypte. Lorsque Cambyse entra en Égypte, il trouva ce temple [déjà] construit ; et quand ils ont renversé les temples de tous les (autres) dieux de l'Égypte, rien dans ce temple n'a été endommagé ». Sur le plan rhétorique l'argument est le suivant : si le conquérant perse lui-même avait déjà sanctionné le temple judéen, quel droit le gouverneur perse local actuel avait-il d'autoriser sa destruction ?

79. Widranga porte le titre *rb ḥylʾ* « chef de la troupe » ; pour P. BRIANT, *From Cyrus to Alexander*, p. 603, il s'agit du gouverneur (achéménide) d'Éléphantine.

> En outre, depuis le mois de Tammuz de l'an 14 du roi Darius, et jusqu'à ce jour même, nous portions le cilice et **nous jeûnions** ; nos propres femmes ont été transformées (en) veuve(s) ; nous ne nous oignons pas d'huile, et nous ne buvons pas de vin (CAP 30, lignes 19-21).

Les parallèles contextuels entre ces deux passages araméens et plusieurs occurrences bibliques déjà commentées sont formels : le jeûne communautaire ici (ainsi que les autres gestes d'abstinence et de mortification qui l'accompagnent) vise un but très précis : celui de « choquer », de provoquer une réaction de la part des autorités (politiques en l'occurrence) en protestant contre l'injustice d'une situation donnée, afin que ladite situation injuste soit rectifiée. David Lambert dresse un parallèle avec la « grève de la faim » de nos jours, également actée dans l'optique de protestation contre une injustice[80]. On pourrait comparer à ce passage Est 4, 1-3 (cité ci-dessus) où, à la suite d'une terrible nouvelle (la publication d'un décret royal autorisant la destruction des Juifs), on recourt à des gestes de protestation accompagnés d'un jeûne – observé d'abord par une seule personne avant de prendre une forme communautaire – dans l'optique d'attirer l'attention des autorités sur l'injustice de la situation.

À ces deux occurrences en araméen dans le papyrus CAP 30 daté de la fin du ve siècle av. J.-C., ajoutons deux autres occurrences (l'une certaine, l'autre probable) qui apparaissent dans un texte de quatre siècles plus ancien. Il s'agit de l'inscription prophétique en encre sur plâtre retrouvée en morceaux pendant les fouilles d'un sanctuaire à Deir ʿAllā dans la Jordanie actuelle[81]. Le texte est fragmentaire, mais il est possible de restituer ses premières lignes avec une probabilité assez haute[82].

---

80. D. Lambert, « Fasting as a penitential rite », p. 482 : « [...] fasting expresses an element of protest against a decree deemed unfair or simply unbearable. Towards that aim, [...] fasting is an extreme, stark expression of one's affliction that tends towards overstatement or exaggeration of the desperation of the situation in order to arouse attention and elicit sympathy. The refusal to eat [...] is in many ways the last recourse of protest for one otherwise powerless to change the course of events ».
81. Édité par J. Hoftijzer et G. van der Kooij, *Aramaic texts from Deir ʿAlla* (Documenta et monumenta Orientis antiqui, 19), Leyde 1976.
82. À partir de l'*editio princeps* (*ibid.*), il s'est avéré possible de reconstituer les premières quinze lignes environ avec une probabilité assez haute en plaçant divers fragments publiés séparément à l'origine (et en particulier, en ce qui nous concerne ici, les fragments viii (d) et xii (c) ; *ibid.*, plates 8, 13, 32). Pour l'établissement

Le récit[83] raconte une vision prophétique du voyant Balaam, fils de Beʿor, un personnage connu aussi dans les textes bibliques[84]. Les dieux-« Shadday[85] » lui rendent visite pendant la nuit pour lui transmettre un message de la part d'El (manifestement au sommet du panthéon local). Il s'agit d'une vision apocalyptique. À la suite du choc émotionnel qui a accompagné la vision, le prophète pleure à son réveil et fait un jeûne pendant deux jours :

> Balaam se leva le lendemain [...] et pendant deux jours **[il jeûna]** et pleura amèrement. Alors son personnel entra en sa présence, [et ils dirent] à Balaam fils de Beor : "**Pourquoi jeûnes-tu ?** [Pourquoi] pleures-tu ?"

La première occurrence (entre crochets) est restituée mais probable, étant donné le parallélisme ; la deuxième est cependant certaine, et peut être lue directement sur les fac-similés. Admettant la bonne compréhension de ce texte, on constate aussi tout de suite que ce passage s'insère aisément dans la typologie établie pour les occurrences bibliques en fonction des différents contextes où il est question de jeûne. Typologiquement et sur le plan narratologique ce passage ressemble, par exemple, à Ne 1, 3-4 (un jeûne individuel, donc plus proche de cet exemple) mais aussi à Jg 20,26 (un jeûne collectif) où il est question d'un jeûne spontané qui suit un choc.

---

progressif du texte, voir par exemple A. Caquot et A. Lemaire, « Les textes araméens de Deir ʿAlla », *Syria* 54 (1977), p. 189-208 ; P. K. McCarter, « The Balaam texts from Deir ʿAllā: The first combination », *Bulletin of the American Schools of Oriental Research* 239 (1980), p. 49-60 ; É. Puech, « Le texte "ammonite" de Deir ʿAlla. Les admonitions de Balaam (première partie) », dans La *Vie de la parole : de l'Ancien au Nouveau Testament*, Paris 1987, p. 13-30. Un fac-similé très clair qui tient compte de ces restitutions a été publié par E. Blum, « Die altaramäischen Wandinschriften vom Tell Deir ʿAlla und ihr institutioneller Kontext », dans Fr.-E. Focken et M. R. Ott (éd.), *Metatexte: Erzählungen von schrifttragenden Artefakten in der alttestamentlichen und mittelalterlichen Literatur*, Berlin 2016, p. 25.

83. Par commodité, voir B. Levine, « The Deir ʿAlla plaster inscriptions », dans W. W. Hallo et K. L. Younger (éd.), *Context of Scripture*, volume 2 : *Monumental inscriptions from the biblical world*, Leyde 2000, p. 140-145.

84. Nb 22, 5-24, 25 (plus d'une quarantaine d'occurrences) ; Nb 31, 8.16 ; Dt 23, 5.6 ; Jos 13, 22 ; Jos 24, 9.10 ; Mi 6, 5 ; Ne 13, 2. Pour qu'un prophète païen soit mentionné aussi souvent dans la Bible hébraïque et dans des termes aussi favorables, la renommée et le souvenir de Balaam ont dû être considérables dans toute la région.

85. Voir Nb 24, 16. Sur ces divinités, voir le commentaire de B. Levine, « The Deir ʿAlla plaster inscriptions », p. 142, n. 8.

Mais l'intérêt de ces occurrences dans la vision de Balaam de Deir ʿAllā n'est pas seulement typologique ; elles sont pertinentes aussi sur le plan chronologique. Le niveau dans lequel ont été retrouvés les restes de l'inscription peut être daté de la fin du IXe/début VIIIe siècle av. J.-C. Ces occurrences sont ainsi très anciennes par rapport aux occurrences bibliques, et semblent donc confirmer que le motif littéraire était déjà utilisé par les poètes et écrivains de langue araméenne à l'âge du Fer « IIA tardif », phase 2[86].

Conclusion

La littérature cunéiforme mésopotamienne, le long de son évolution pendant plus de deux millénaires, ne semble pas reconnaître à la pratique du jeûne des fonctions ou qualités particulières ni des effets constructifs pour les hommes. Dans les textes produits par les chancelleries royales du premier millénaire le fait de ne pas manger – événement associé surtout au ressenti plus immédiat (la faim, les symptômes du manque, de la faiblesse, de la punition) – déclenche des comportements destructifs et inhumains. D'autre part, dans les textes littéraires de la même période, alors que l'offre de nourritures est abondante, le jeûne, en tant que décision individuelle de renoncer à manger et à boire, atteste d'un renouvellement de la perception par les sens et de la sagesse. Il est également un moyen de garder son identité, de résister à une intégration forcée dans un système ou un monde différent par le partage de la nourriture, se révélant être ainsi une opportunité d'accéder à une forme de pouvoir et de connaissance surhumaine.

Le jeûne, tel qu'il se présente dans la Bible hébraïque se révèle finalement un prisme intéressant si l'on veut vérifier à quel point les héritages littéraires et culturels de la Judée au milieu du Ier millénaire av. J.-C. pouvaient se démarquer des traditions mésopotamiennes plus anciennes et alors plus prestigieuses. Contrairement aux mondes cunéiformes, où le jeûne spontané n'a jamais fait l'objet d'une

86. Pour B. Sass, « Aram and Israel during the 10th-9th centuries BCE, or Iron Age IIA », dans O. Sergi, M. Oeming et I. J. de Hulster (éd.), *In search for Aram and Israel: politics, culture, and identity* (Orientalische Religionen in der Antike, 20), Tübingen 2016, p. 199 (avec bibliographie antérieure) ; la phase « Late Iron IIA 2 » correspondrait à « ca 840-800/780 ».

appropriation littéraire au point d'en devenir un trope véhiculant symboliquement une détresse émotionnelle ressentie par un personnage, les auteurs bibliques n'ont pas hésité à franchir le pas : le jeûne spontané dans la Bible hébraïque fait ainsi partie de l'inventaire biblique des tropes à la fois très utilisés et très appréciés.

Mais le jeûne délibéré, individuel ou collectif, occupe une place plus importante dans la mesure où il ne s'agit pas dans ce cas (ou pas seulement) d'un trope littéraire pour exprimer la détresse, mais aussi et surtout d'un comportement historiquement mis en pratique et socialement validé (dans certains contextes en tout cas). Il servait ainsi à provoquer la pitié et la miséricorde d'un observateur, surtout s'il était doté d'une autorité (terrestre ou céleste) quelconque. Alors dans une telle situation, cette autorité, suffisamment sensibilisée par la scène pathétique à laquelle elle a assisté, est susceptible de satisfaire les demandes des jeûneurs.

La datation de la mise par écrit et des retouches ultérieures des différents textes bibliques est notoirement délicate, complexe et sujette à des débats interminables. Mais si l'on prend comme point de comparaison les textes araméens présentés, il est néanmoins possible de faire deux remarques à ce sujet. D'une part, comme nous l'avons souligné en commentant le texte de Balaam de Deir ʿAllā, l'appropriation littéraire du jeûne spontané en tant que trope – symbole de détresse – était manifestement déjà en place parmi les usages littéraires cultivés par les poètes et scribes qui circulaient dans les marges arides de la Transjordanie au début du VIIIe siècle av. J.-C. Une telle datation haute et une telle association étroite avec les milieux araméens (assez prestigieux à cette période par rapport au Sud levantin) laissent imaginer comment un tel modèle aurait pu inspirer les auteurs bibliques. D'autre part, la documentation produite par la garnison judéenne stationnée à Éléphantine à la fin du Ve siècle montre clairement qu'à cette époque la pratique collective du jeûne délibéré en tant que comportement socialement validé pour protester contre une situation perçue comme injuste, ou pour appuyer une pétition solennelle auprès d'une autorité politique, était également courante. Ces deux points d'ancrage plutôt bien datés donnent un aperçu finalement assez convaincant des contextes chronologiques (entre les VIIIe et Ve siècle av. J.-C.) et culturels (prestige des traditions araméennes) qui auraient pu influer sur l'évolution des pratiques littéraires judéennes à la même époque, attestées dans les traditions bibliques.

ENFIN POURQUOI DAVID CESSA-T-IL DE JEÛNER (2 SAMUEL 12, 16-23) ?

Hedwige Rouillard-Bonraisin
EPHE, Université PSL, Orient et Méditerranée (UMR 8167)

Prélude

NATAN S'EN FUT chez lui.
YHWH frappa l'enfant qu'avait enfanté à David la femme d'Urie[1] le Hittite, et il tomba gravement malade. David recourut à l'Elohim pour le petit : David jeûna d'un vrai jeûne[2] et vint passer la nuit couché à terre. Les anciens de sa maison insistèrent auprès de lui pour le faire lever de terre mais point ne voulut, ni ne rompit le pain avec eux. Et voilà, au septième jour l'enfant mourut, et les serviteurs de David eurent peur de lui annoncer que l'enfant était mort, disant : « Voici, lorsque l'enfant était en vie, nous lui parlions et il n'écoutait pas nos voix ; comment lui dirons-nous : "Il est mort, l'enfant" ? Il fera un malheur ». David vit que ses serviteurs chuchotaient, et David comprit qu'il était mort, l'enfant. David dit à ses serviteurs : « Est-il mort, l'enfant ? » Ils dirent : « Il est mort ».
Alors David se leva de terre, se lava, s'oignit et changea de vêtements ; il alla à la Maison de YHWH, se prosterna, puis vint à sa demeure, demanda qu'on lui servît des aliments, et mangea.
Ses serviteurs lui dirent : « Que fais-tu donc ? Pour l'enfant, lorsqu'il était en vie, tu jeûnais et pleurais, mais dès lors qu'il est mort l'enfant, tu te lèves et manges ! » Il dit : « Tant que l'enfant était encore en vie, je jeûnais et pleurais, car je disais : "Qui sait ? YHWH aura pitié de moi, et l'enfant vivra ?" Mais maintenant il est mort : pourquoi jeûnerais-je, moi ? Suis-je capable de le faire revenir encore ? C'est moi qui m'en vais vers lui, mais lui ne reviendra pas vers moi[3] ». (2 S 12, 15-23)

1. Hébreu ʾUriyyahû, lit. « Yah est lumière ». Nous adoptons les noms traditionnellement hérités, dans les Bibles françaises, des transcriptions grecques de la Septante et latine de la Vulgate, ici *Urias*.
2. Hébreu *wa-yaṣom ṣôm*, lit. « et il jeûna jeûner ». Cette tournure sémitique, la paronomase infinitive, renforce l'expression sans plus de détail.
3. Sauf exception signalée, nous proposons notre traduction de l'hébreu.

10.1484/M.BEHE-EB.5.134764

Le texte paraît explicite. Les premiers à s'étonner de la rupture du jeûne de David sont ses proches, les « anciens de sa maison ». Cette surprise semble refléter des coutumes, voire des règles, et une conception partagées dont s'écarterait David en cessant de jeûner à l'annonce de la mort de l'enfant, mais le roi justifie son comportement – à leurs yeux paradoxal – par une rhétorique non moins rigoureuse que la leur.

Attardons-nous sur la scène formée par ces v. 16-23 du chapitre XII du second livre de *Samuel.* L'écriture en est si lapidaire qu'elle suscite une certaine perplexité. L'interprétation n'est pas aussi simple que le suggère la réponse de David. Elle doit prendre en compte les tenants et aboutissants de l'épisode, à savoir les circonstances de la maladie mortelle du fils de Bethsabée et de David, et leurs conséquences, relatées aux chapitres XI et XII du second livre de *Samuel.*

Des v. 16-23 se dégage ce que nous nommerons une « combinatoire » du deuil, ensemble incluant ici le sous-ensemble « jeûne », mais pas toujours (c'est précisément l'un des problèmes du thème : l'appartenance du sous-ensemble jeûne à l'ensemble deuil, et son autonomie). Nous devons poser à ce cas précis les justes questions : quels sont la durée, les buts, l'intensité du jeûne ? quel rapport entretient-il avec le deuil ?

Après avoir identifié en 2 S 11-12, autour du jeûne problématique de David, la combinaison de deux épisodes de deuils liés à deux morts successives, nous en tenterons l'analyse, sans parfois réussir à interpréter cet imbroglio de manière univoque. Subsistent maints points d'interrogation. Certaines hypothèses sont réversibles, comme dans une enquête policière.

Pour éclairer le sens du jeûne et du dé-jeûne de David liés au double cas de morts en 2 S 11-12, nous proposons d'élargir l'enquête, de proche en proche, et aussi dans l'ordre « chronologique » du second livre de *Samuel*, « histoire de la succession » de David, afin d'y comparer d'autres combinatoires offrant des affinités avec notre cas. C'est là que nous solliciterons la philologie après avoir isolé quelques termes « techniques », « mots-clefs », dont la présence (cas le plus fréquent) ou l'absence dans lesdits cercles apparaît comme des « marqueurs » de notre problématique, retrouvée en d'autres textes tangents au nôtre.

Déjà en 2 S 12, 16-23, le dé-jeûne de David intrigue ses serviteurs et nécessite, en retour, un décryptage par leur maître. Le jeûne dans la Bible paraît souvent sujet à *disputationes*, suscitant débats herméneutiques. Si nous nous interrogeons sur celui de David, c'est que son sens ne fait pas l'unanimité, mais aussi, que tout jeûne requiert explication. Nous évoquerons ces débats, reflets d'interrogations attestées au travers de textes d'époques (dans la mesure où sont possibles des datations) et de genres variés.

C'est seulement à ce stade que peut s'envisager la question historico-critique : l'histoire de David fut l'objet de maintes analyses et propositions de dénivelés[4]. Nulle solution ne fait consensus. Un point reste fixe : de même que le Deutéronome martèle que ce n'est pas parce que le peuple d'Israël était le plus grand, mais bien parce qu'il était le plus petit, qu'il fut élu, de même les livres de *Samuel* insistent sur le fait que ce n'est pas parce que David était le meilleur ni le plus grand, qu'il fut choisi comme messie, « oint ». C'est bien de théologie qu'il s'agit, du moins dans la dernière strate, notamment grâce à son contenu et à son style parénétiques. Comment, d'ailleurs, ne point rapprocher l'élection inconditionnelle de David (puis de Salomon) du rejet de Saül ? La première ne se justifie pas davantage que le second. On parlera à la fois de théologie et de téléologie. Ou bien s'agit-il plus simplement de légitimer la dynastie davidique ? Sur quel type de données objectives[5] repose ce que l'on nomme aujourd'hui « mythe national[6] » ?

Quant à la dimension comparatiste, elle ne saurait certes manquer à ce type d'étude mais, outre qu'elle appert naturellement de ce recueil d'articles, nous l'intégrerons aux notes.

---

4. Voir l'histoire de la recherche dans A. Caquot et Ph. de Robert, *Les livres de Samuel*, Genève 1994, p. 7-22 et 465-475, et les analyses de Ch. Nihan et D. Nocquet, dans Th. Römer, J.-D. Macchi et Ch. Nihan (éd.), *Introduction à l'Ancien Testament*, Genève 2004, p. 277-301.
5. I. Finkelstein et N. A. Silbermann, *La Bible dévoilée. Les nouvelles révélations de l'archéologie*, Paris 2002, p. 154-156, 220-221 et 264-265. D'une part, archéologiquement, les hautes terres de Juda semblent n'avoir été occupées, avant le VIIIe siècle, que par une population très disséminée, et des villes de dimension réduite et clairsemées, y compris Jérusalem. David et Salomon, s'ils existèrent jamais, ne furent que des chefs de clan contrôlant seulement cette zone montagneuse. D'autre part, une inscription araméenne trouvée en 1993 sur le site de Tel Dan, datée d'environ -835 avant notre ère, témoigne du fait que « les fils de [...] roi d'Israël et le fils de [...] la Maison de David furent tués par Hazaël, roi de Damas ». Elle témoigne donc de la renommée dont jouissait encore David, fondateur de cette dynastie.
6. Pour reprendre le titre de S. Citron, *le mythe national. L'histoire de France revisitée*, Paris 1987.

Soupçons

Interrogeons-nous sur le fait que nous ne pouvons nous déprendre d'une certaine défiance envers la réponse de David, pourtant émouvante en sa rigueur, sa résignation, la peine exprimée, le lien souligné entre le nourrisson à peine connu de son père et ce dernier, enfin le sentiment que nous devons la prendre *cum grano salis*.

Un préalable s'impose, à savoir la reconstitution du contexte, de ce qu'il faut bien nommer « la scène du crime », et même, « des crimes », car il y en a plusieurs. Ce retour au passé antérieur peut éclairer l'impression de malaise produite par le récit du jeûne et du dé-jeûne de David.

Reprenons le fil des événements : selon 2 S 11, à l'époque des campagnes militaires (probablement au printemps), David envoie son armée menée par Joab assiéger Rabbah, capitale d'Ammon outre-Jourdain[7]. Resté à Jérusalem, David voit un soir, du haut de sa terrasse[8], une femme à sa toilette : « Or la femme était d'une merveilleuse beauté[9] » (v. 2). S'étant enquis de son identité (Bethsabée[10] fille d'Eliam, femme d'Urie le Hittite), il envoie des messagers la « prendre », et couche avec elle sans autre forme de procès, « alors qu'elle se purifiait[11] de son impureté », puis elle rentre chez elle, conçoit et le mande à David.

---

7. Aujourd'hui Amman, capitale de l'actuelle Jordanie.
8. Lit. : « Du haut du toit de la maison du roi ». Il n'est point encore ici question de palais, de même, en 2 S 12, 20, pas encore du temple, mais de la maison de YHWH.
9. Lit. : « Et la femme était bonne d'apparence beaucoup », formule laconique, n'expliquant pas le rapt ni le crime qui s'ensuit. Nous proposons « d'une merveilleuse beauté », en référence à l'étymologie *mirabilia* « choses étonnantes », ou encore, « d'une admirable beauté » pour garder l'idée contenue dans l'hébreu *mar'eh* « apparence », à rapprocher de : « Ce fut comme une apparition » (Flaubert, *L'Éducation sentimentale*). David ressent un choc qui bouleverse sa vie. Il ne peut résister.
10. Héb *batšeḇa'*.
11. Héb. *mitqaddešet*, lit. : « Et elle se sanctifiait/purifiait de son impureté ». D'emblée les traducteurs ont hésité entre l'idée qu'elle se purifiait après ses règles (cf. Lév 15, 19), et donc était susceptible de concevoir (cas de la Septante), ou qu'elle se purifiait après l'acte impur de l'union avec David (cas de la Vulgate). Les commentateurs ont continué des siècles durant à distinguer deux bains.

Chronique de morts annoncées[12]

Le roi fomente le plan machiavélique de rappeler Urie, de Rabbah à Jérusalem. La scène (2 S 11, 6-11) est digne du théâtre ou d'un roman, comme toute l'histoire de David[13] : pour tromper les soupçons de son fidèle officier, le roi lui demande des nouvelles du front, puis lui ordonne de descendre à son domicile et de se « laver les jambes[14] », dans l'espoir qu'il passe la nuit avec son épouse, ce qui légitimerait la grossesse de celle-ci. Le récit est poignant, par la loyauté du valeureux officier et la bassesse du roi, peu en accord avec la hauteur attendue de son titre et de sa fonction – Urie se montre à la fois fidèle et naïf, et grand par la noblesse de sa réponse et de sa conduite :

> L'Arche, Israël et Juda sont installés à Soukkot, mon maître Joab et les gens de Monseigneur campent en campagne, et moi j'irais chez moi, manger, boire et coucher avec ma femme ! Par ta vie et par la vie de ton âme (que je meure) si je fais cette chose-là ! (2 S 11, 11).

Le texte s'appesantit en détails tragi-comiques, souligne les attentions d'un David empressé tel un amant de vaudeville, roi bourgeois digne d'Offenbach. Il multiplie les efforts pour retenir Urie à Jérusalem (paradoxe, pour un amant, que de retenir l'époux de sa maîtresse !), l'honore en le conviant à sa table, le régale et l'enivre, en vain : « Il sortit au soir pour se coucher sur sa couche avec les serviteurs de son seigneur, et à sa maison ne descendit » (2 S 11, 13). Tout est dit. Urie l'a-t-il percé, persistant dans son service héroïque ? Admirable et tragique, non aveugle ni sourd, peut-être.

Nul censeur ne saurait accabler David davantage que ne le fait le stylet de ce greffier, relatant faits et paroles, usant du seul mot juste. Cette feinte neutralité oriente le jugement, mais laisse des zones d'ombre où le lecteur/l'auditeur peut projeter ses questions, de manière

---

12. Pour reprendre le beau titre de G. Garcia Marquez, *Cronica de una muerte anunciada*, Bogota 1981[1].
13. La matière en est si riche qu'elle a nourri une littérature des plus développées. Voir l'excellente thèse de M. Achard, « *Cette femme était très belle*... La postérité de Bethsabée dans la littérature et les arts », Sorbonne Université, Paris 2018. Cette incomparable fécondité fragilise l'opinion selon laquelle l'auteur « semble parler à partir d'informations directes, sinon en témoin oculaire » (A. Caquot et Ph. de Robert, *Les livres de Samuel*, p. 486) : rien ne « fait » plus « vrai » qu'un bon roman.
14. Ce qui renvoie à une relation sexuelle.

quasi rabbinique : par exemple, dans quelle mesure la nouvelle de ce qu'il faut bien nommer le « rapt » par David de la femme d'Urie pouvait-elle être connue de l'entourage royal[15], et donc avait-elle pu atteindre le principal intéressé (la question se pose également concernant les serviteurs de David lors du jeûne et du dé-jeûne) ? L'*omerta* protégeant le *milieu* aurait-elle pu ne s'appliquer qu'au seul intéressé, à savoir l'époux trompé ? À moins qu'averti, défait, il n'eût baissé la garde, décidé d'être fidèle jusqu'au bout à son seigneur, ou trop ivre pour aller coucher avec sa femme[16] ?

Pensera-t-on qu'Urie déjoua la ruse de David ? Oui, s'il était averti de l'adultère, ou s'il en était intuitivement conscient. Car au fond, quelle alternative se présente, à ce stade du récit (dans la pensée de l'époux, et dans celle du lecteur/auditeur) ? Ou bien Urie passe la nuit avec sa femme, puis repart au combat, et alors tout est simple : l'enfant à naître est le sien, légitime, sans ennuis pour David, qui continuera sa vie de séducteur, avec ou sans Bethsabée. Ou bien arrive le crime :

> Au matin, David écrivit une lettre à Joab et l'envoya par la main d'Urie. Il écrivit dans la lettre : « placez Urie au front, au fort du combat, et revenez en arrière de lui : il sera frappé et mourra » (2 S 11, 15).

Le dévouement inconditionnel d'Urie est payé d'un crime cynique, dans les faits comme dans la forme. Selon Édouard Dhorme, « David va jusqu'au bout de son crime, puisqu'il veut la mort du mari trompé, dont la bravoure ne l'a pas ému » : « L'adultère se complique de meurtre[17] ». La faute grave qu'est le rapt adultérin s'amplifie jusqu'au crime. La loyauté d'Urie, autant que sa bravoure, devait toucher David, d'où le caractère implacable du récit, car c'est David qui convoque Urie pour éliminer à tout prix la trace de sa faute. L'ironie monstrueuse est que le malheureux soit lui-même porteur de la lettre le condamnant à mort[18].

15. La question ne se pose pas au niveau historique, mais elle s'en tient à la vraisemblance interne au récit et aux constructions matérielles de ces petites cours naissantes, manifestement sans palais ni temple.

16. Allusion à la continence requise des combattants ? Il ne s'agit pas d'une « guerre sainte » comme en 1 S 21, 6-7, mais plutôt des conditions de la vie en campagne.

17. É. Dhorme, note à sa traduction de 2 S 11, 14, dans *La Bible*, Ancien Testament, vol. 1 (Bibliothèque de la Pléiade), Paris 1956, p. 961.

18. Pourquoi David ne juge-t-il pas plus sûr de confier la missive à un tiers ? S'en défierait-il ? Il se fie tant à la loyauté d'Urie qu'il le considère comme le plus fiable messager de l'ordre de sa propre mise à mort. Intuition d'une dépression

Le récit de la bataille mène à l'issue fatale : conformément à l'ordre royal Joab expose Urie, qui est tué au combat (v. 17). La duplicité du roi requiert la complicité de son général[19]. Le seul « détail » qui compte pour David (et Joab le sait bien) est la pointe finale au roi : « Les archers ont tiré sur tes serviteurs depuis la muraille : sont morts des serviteurs du roi, et même ton serviteur Urie le Hittite est mort » (v. 24). Cette nouvelle, la seule qui intéresse David, le comble et calme sa nervosité au récit de l'assaut. Il donne au messager une réponse flegmatique, qui semble viser à apaiser les (faux) remords de Joab : tout cela n'est que jeu de miroirs entre coquins, mafia des tueurs de l'époux, et du commanditaire, le ravisseur de l'épouse. David dit au messager : « Ainsi parleras-tu à Joab : "ne prends pas à cœur cette affaire. En effet, l'épée dévore tantôt celui-ci, tantôt celui-là. Intensifie ton combat contre la ville et ruine-la". Et rends-lui courage ! » (v. 25).

Voilà toute l'oraison funèbre de David pour son loyal serviteur, qu'il a purement et simplement expédié à la mort.

Comme en maints récits du Proche-Orient ancien, nous assistons à un emboîtement de messages aller et retour : entre émetteur et récepteur, le message est souvent redoublé, et l'inverse au retour[20]. C'est le cas ici, mais la brève missive de David adressée à Joab par la main même de sa victime échappe à cette réduplication : ce n'est pas un hasard, car elle tue son porteur.

Cet échange de clins d'œil entre les compères David et Joab est pure « communication », destinée plutôt au messager susceptible d'être poreux. David l'instigateur fait mine, une fois rassuré sur la disparition de l'époux gênant, de vouloir réconforter son complice Joab, alors que le coup était monté par eux deux avec suspens, ralentis

---

telle qu'il préfère, se sachant doublement trahi, mourir au combat, en homme, en ultime témoignage d'honneur, d'absolue loyauté ? Ce point touche également au partage de l'écriture et de la lecture au Proche-Orient ancien : David savait-il écrire ? C'est peu probable. Recourut-il à un scribe ? Dans ce cas, la confidentialité (déjà mise à mal avec Joab) était fragilisée. Urie pouvait-il lire la lettre ? C'est tout aussi peu probable. S'il ne savait pas lire, quel mépris envers un si fidèle officier ! S'il savait lire, David pouvait supposer que le loyal et courageux soldat préférerait le service absolu de son roi, si ignoble fût sa conduite. À moins qu'il ne fût déprimé par la double trahison ?

19. Celle-ci hypothéquera lourdement l'histoire de la succession de David.
20. Les exemples abondent dans les mythes et légendes d'Ougarit et dans les textes « historiques » et prophétiques bibliques. Ils miment sans doute des situations réelles, d'ordres et de diplomatie.

et accélérations. Le but de cette mise en scène (mort programmée d'Urie) est mentionné incidemment en coda, alors que c'était le cœur du message, d'où l'impatience de David. Si nous nous attardons sur cette duplicité, et le rôle du discours « communicant », c'est que nous en retrouverons les caractéristiques dans l'analyse du récit ultérieur sur le jeûne et la rupture du jeûne davidique, et que leur décryptage nous aidera à décrypter ce dernier. Saluons-en la prouesse rhétorique.

Reste l'enfant, compromettant à cause des dates de conception et de naissance[21]. Le texte ne se départ point de sa subtilité, toute en savants dosages. La réponse sentencieuse de David à ses serviteurs sur sa rupture du jeûne après la mort de l'enfant est aussi hypocrite que son oraison funèbre après la mort d'Urie : il s'agit d'un seul et même cynisme. David n'a point désiré cet enfant de la femme « obscur objet du désir », d'où l'ambivalence de son comportement et de ses paroles.

Rappelons sa réaction lorsque l'enfant tombe gravement malade :

> David recourut à l'Elohim pour le petit : David jeûna d'un vrai jeûne[22] et vint passer la nuit couché à terre. Les anciens de sa maison insistèrent auprès de lui pour le faire lever de terre mais point ne voulut, ni ne rompit le pain avec eux (2 S 12, 16-17).

Puis les réactions et propos de ses serviteurs, d'abord à la mort de l'enfant :

> Voilà qu'au septième jour mourut l'enfant : les serviteurs de David eurent peur de lui annoncer que l'enfant était mort, disant : « Voici, lorsque l'enfant était en vie, nous lui parlions et il n'entendait point notre voix ; comment lui dirons-nous : "il est mort, l'enfant" ? Il fera un malheur ». (2 S 12, 18)

Observons le comportement de David en cet instant fatal :

> David vit que ses serviteurs chuchotaient et David comprit qu'il était mort, l'enfant. David dit à ses serviteurs : « est-il mort, l'enfant ? » Ils dirent : « Il est mort ».
> Alors David se leva de terre, se lava, s'oignit et changea de vêtement ; il entra dans la Maison de YHWH, se prosterna, puis vint à sa demeure, demanda qu'on lui servît des aliments, et mangea (v. 19-20).

---

21. Signalons l'étude de M. Vârtejanu-Joubert « Filiation et doute dans le Talmud », dans P. Bonté *et al*. (éd.), *L'argument de la filiation : aux fondements des sociétés européennes et méditerranéennes*, Paris 2011, p. 187-198.

22. Héb. *wa-yaṣom dawid ṣôm*, « Et jeûna David jeûner ». La paronomase infinitive insiste sur l'intensité du jeûne.

Rappelons la question étonnée, voire scandalisée, des serviteurs :

> Ses serviteurs lui dirent : « Que fais-tu donc ? Pour l'enfant, lorsqu'il était en vie, tu jeûnais et pleurais, mais dès lors qu'il est mort l'enfant, tu te lèves et manges ! » (v. 21).

Et la réponse tranquille, assumée, de David :

> Tant que l'enfant était encore en vie, je jeûnais et pleurais, car je disais : « Qui sait ? YHWH aura pitié de moi, et l'enfant vivra ? » Mais maintenant il est mort : pourquoi jeûnerais-je, moi ? Suis-je capable de le faire revenir encore ? C'est moi qui m'en vais vers lui, mais lui ne reviendra pas vers moi. (2 S 12, 22-23)

David guettait l'annonce de la mort de l'enfant. Les serviteurs, gens simples, non courtisans, même informés de l'adultère, compatissent au chagrin du père. Ils croient que David pleurait (« tu jeûnais et tu pleurais » v. 21), mais les pleurs manquent au récit (v. 16), qui comporte la seule mention du jeûne (plus trompeur que les pleurs, signe sincère), et ce n'est pas David qui les détrompera, au contraire : il les cite, trop heureux de leur aveuglement, de leur « identification projective[23] » : ne manquent plus que les tremblements dans la voix.

Ne l'ayant pas désiré, ne voyant en lui qu'entrave à ses projets dynastiques, il n'a pu s'y attacher, bien que la mère et l'enfant habitent chez lui : « Le deuil passé, David la fit quérir et la recueillit dans sa maison ; elle devint sa femme et lui enfanta un fils » (2 S 11, 27).

De cette absence de lien affectif, les désignations de l'enfant fournissent de sûrs indices : le terme récurrent est *yeled* « enfant », de la racine *YLD* « enfanter[24] » : v. 15, 18 (x 3), 19 (x 2), 21 (x 2), 22 (x 2), soit 10 fois en 5 versets, dans les propos des serviteurs et les siens. Un mot eût pu se substituer à *yeled* « enfant », celui qui désigne le lien de parenté entre David et l'enfant, à savoir *ben* « fils ». Or il survient beaucoup plus rarement, mais à des moments clefs :

– 11, 27 : « Elle lui enfanta un fils ».
– 12, 14 : « Le fils qui t'est né, de mort mourra *môt yamût* ».
– 12, 24 : « Elle enfanta un fils ».

23. Ce terme utilisé en psychiatrie vaut aussi pour les procès d'assises : les souvenirs des témoins divergent, se déforment avec le temps, influençables, sujets à distorsions.

24. Racine pansémitique, avec la variante *WLD* en akkadien, arabe, éthiopien.

C'est le narrateur qui, neutre, mentionne l'enfantement par Batsheba d'un « fils » à David, l'enfant sacrifié (11, 27) qui sera en quelque sorte effacé par le « fils » aimé (de son père et de YHWH), en 12, 24, soit Salomon, que son père surnommera *Yedid-Yah*[25].

Vient un troisième terme : « David recourut à l'*Elohim* pour *ha-naʿar* » : *naʿar* désigne un jeune garçon, Isaac accompagnant son père Abraham en Gn 22,5, non un nourrisson, qui serait *yoneq*. Cet emploi atypique n'est pas un hasard. Nous adoptons « le petit », proposé par André Caquot et Philippe de Robert[26] pour traduire l'apitoiement sur un pauvre « petit » « victime expiatoire pour le péché du père[27] ». L'enfant de l'adultère ne bénéficiera pas de la même sollicitude divine qu'Isaac épargné lors du sacrifice substitutif, sauvé pour et par la piété de son père Abraham[28]. YHWH eut pitié du fils d'un Abraham[29] non criminel, et non de celui d'un David criminel (caché[30], ce qui est pire).

Comparons les deux enfantements successifs de Bethsabée. Après le « meurtre » d'Urie, passé le deuil, David la fit quérir et la recueillit dans sa maison. Elle devint sa femme et lui enfanta un fils (2 S 11, 27).

Sitôt l'enfant mort,

> David consola[31] Bethsabée sa femme, vint à elle, coucha avec elle : elle enfanta un fils, lui donna pour nom Salomon, et YHWH l'aima. Il le manda via Natan le prophète, et lui donna pour nom *Yedidyah*, à cause de YHWH[32]. (2 S12, 24-25)

---

25. « Chéri de Yah », c'est-à-dire de Yahvé.
26. A. Caquot et Ph. de Robert, *Les livres de Samuel*, p. 478.
27. É. Dhorme 1956, p. 965, note à 2 S 12, 14.
28. Manque à l'enfant un nom, avec sa triple valeur : divinatoire, conjuratoire, préventive. Voir T. Nathan, *L'étranger ou le pari de l'autre*, Paris 2014, p. 46.
29. Selon le traité talmudique *Sanhedrin*, premier texte rabbinique à mentionner les traditions juives, David pécha par orgueil en demandant à Dieu de le tenter pour le faire accéder au rang des patriarches Abraham, Isaac et Jacob. Cette tradition mishnique reparaît chez les compilateurs musulmans, notamment dans un récit attribué par Thaʿlabi à Abû Bakr al-Warrâq (mort en 854). Voir J.-L. Declais, *David raconté par les musulmans*, Paris 1999, et Id., « Le péché et la pénitence de David dans les premières traditions musulmanes », dans L. Derousseaux et J. Vermeylen (éd.), *Figures de David à travers la Bible*, Paris 1999, p. 429-445.
30. 2 S 12, 12 : « Car toi, tu as agi en secret ».
31. « Consolation » de maître à esclave.
32. Aux v. 24-25, le nom de naissance de l'enfant (Shlomo, théonyme ou « remplaçant ») est donné par le père (*ketib*) ou la mère (*qeré*). Le « nom d'honneur » « chéri de Yah » est donné par YHWH, communiqué par Natan.

Comparant les deux temps, nous en constatons l'allure répétitive : tous deux s'inscrivent dans la foulée d'une mort (1 : Urie ; 2 : « le petit »), avec les mêmes étapes : David « prend soin » de l'épouse, couche avec elle, et elle enfante un fils. Cette redite souligne aussi les différences.

Eu égard à la présente discussion, l'enfant mort (« le petit ») est fils de David et de Bethsabée autant que l'est Salomon, peut-être davantage. Alors que le texte écrit seulement, pour le second, Salomon, *elle enfanta un fils* (12, 24), il précise, pour le premier, resté sans nom : *elle* lui *enfanta un fils* (11, 27).

Ce « petit » était, ès qualités, le fils que Bethsabée, la femme « ravie », *lui* avait enfanté. Le narrateur sous-entend que l'enfant innocent méritait de succéder à David, mais que la volonté divine et le crime de son père en décidèrent autrement : « Le fils qui te naîtra de mort mourra » (2 S 12, 14). L'hébreu est très fort : *gam ha-ben ha-yillod lᵉk̲a môt yamût*[33]. Le malheureux petit ne fut conçu que pour mourir, expier la faute de son père, et laisser la place à Salomon le fils légitime, aimé de YHWH, déjà en gloire[34].

David n'est pas attaché à l'enfant, ainsi que nous l'avons vu d'après les noms et leur absence. Paradoxalement, il n'assume pas « le petit » pour son fils, alors que le texte le lui a assigné, et qu'il adoptera immédiatement Salomon, non assigné par le texte, mais aimé de YHWH, et donc nommé pour la dynastie. Le ton du père non père demeure froid[35], alors que l'enfant n'est plus compromettant. Sa pompeuse conclusion : « C'est moi qui vais vers lui, non lui vers moi », occultant

33. *Môt yamût*, « De mort mourra » : cette formulation quasi juridique annonce une mort violente en *Samuel* (1 S 14, 37-44, 22, 16, et 1 R 2, 37-42), châtiment d'une faute grave. Telle n'est pas la situation de l'enfant. Cependant, elle n'est pas sans résonner comme les condamnations sans appel à une mise à mort : *mût yumat*, dans les codes juridiques d'*Exode*, de *Lévitique* et de *Nombres*. Cette paronomase infinitive identifiée par le commentaire de Caquot et de Robert (1994) comme un trait de style, marqueur linguistique de l'écrivain « sadocide » favorable à Salomon, doit d'abord être lue dans sa force expressive ; en 2 S 11, 21 et 12, 14, la particule *gam* en tête de phrase « même », « aussi », souligne le parallélisme dans la fonction sacrificielle des deux victimes, l'époux et l'enfant.

34. Cette mort affecte-t-elle son père ? Rien n'est moins sûr. Pour parler la novlangue économique, il passe le petit par profits et pertes.

35. Opposons à cette froideur la peine silencieuse, ô combien poignante, des deux parents entourant leur jeune fils défunt, sur la stèle gallo-romaine aux trois personnages du Musée de Picardie. Voir N. Maheo, *Les collections archéologiques du Musée de Picardie*, Amiens 1990, p. 234-235, nº 135.

le lien de filiation, se résume à deux mouvements opposés. « Le petit » n'était qu'un « accident », que ne pouvait être Salomon, l'héritier de la dynastie, constructeur du Temple. C'est pourquoi l'accident devait être effacé. La mémoire du « petit », victime expiatoire des turpitudes d'un chef de bande, n'est prise en charge que par le narrateur et les serviteurs, seuls à compatir, la femme-objet restant privée d'expression[36].

Remarque de méthode : notre but n'est pas de juger David[37], mais de tenter de décrypter le texte en ses silences autant qu'en ses « pleins » (comme un texte musical, où les silences sont aussi musicaux que les sons « pleins »), indices plutôt que preuves, voyant en David un misérable humain, appelé à pire encore, frappé de flèches en et par sa descendance.

Jeûnes, deuils, combinatoire et codes

Les livres de *Samuel* offrent un condensé de situations de jeûne, que nous qualifierons de « cercles tangents » à notre péricope et qui sont susceptibles de l'éclairer par leurs affinités avec elle, mais aussi par leurs différences. L'une des premières questions concerne la présence, requise ou non, des termes « techniques » *ṣûm*, « jeûne », et *ʾeb̲el* pour évoquer des actions de jeûne et de deuil. Une autre porte sur le lien existant entre l'ensemble « jeûne » et l'ensemble « deuil », le premier étant souvent, dans la Bible, un sous-ensemble du second, mais pas toujours. Elle concerne la combinaison, à géométrie variable, de ces deux ensembles.

Parvenus à ce point de notre quête des jeûnes, nous voyons notre désir d'une démarche rigoureuse, systématique, battu en brèche par

36. La thèse de M. Achard citée n. 12 déploie l'éventail des surinterprétations nées, au fil des siècles, de cette atonie même.

37. Comme l'expose M. Achard, *Cette femme était très belle*, p. 268-272, se développe chez les exégètes juifs et musulmans une casuistique pour atténuer le péché de David. Cette tradition prend naissance dans le traité *Shabbath* du Talmud, à travers l'enseignement de Rabbi Samuel ben Naḥmani, rabbin palestinien du IIIe siècle. Cette tendance connaîtra une importante postérité dans le *Sefer Ha Zohar*, produit en Castille après 1275, ouvrage de référence de la Kabbale. Ces casuistiques légalistes, fort critiquées par Dom Calmet dans son *Commentaire littéral de l'Ancien et du Nouveau Testament* (1707-1716), trouveront écho chez les compilateurs musulmans, ainsi que l'a montré J.-L. Declais, « Le péché et la pénitence de David dans les premières traditions musulmanes », p. 436.

cette riche matière. Se présentent plutôt des associations de proche en proche, selon les critères. Il va donc nous falloir procéder ainsi, quitte à opérer des retours au centre, selon les affinités et les questions posées au(x) texte(s).

Pourquoi David jeûne-t-il ? Pour faire pression sur Dieu malgré la prophétie de Natan, prétend-il, pour détourner de l'enfant innocent la divine vindicte. Mène-t-il deuil pour « le petit » ? Le mot *ʾeḇel* manque[38]. Ces questionnements ne sont pas l'apanage des philologues modernes. Sur cette conduite atypique achoppa l'exégèse rabbinique. Selon David Qimhi, David certes mangea et se lava après la mort de l'enfant, mais avant l'inhumation, les rites étant moins stricts pour un être quasi mort-né.

Ce n'est point faire un procès d'intention à David que de douter de la sincérité de sa conduite et de sa réponse, vu son absence antérieure de scrupules. Il pose et parle « pour la galerie », mais il souhaite au fond la mort de l'enfant afin d'effacer la preuve de sa faute. Les serviteurs peuvent savoir qu'il est le fils de ses amours coupables avec Bethsabée (le roi n'a-t-il pas tous les droits ?), mais ils n'ont pas entendu la prophétie de Natan (2 S 12, 1-14), destinée au seul David, qu'elle soulage. Il reconnaît sa faute une fois démasqué : *Alors David dit à Nathan : "j'ai péché contre YHWH"*, mais avec quel repentir ? Sitôt l'enfant mort, Il cesse de jeûner, se lave, va au sanctuaire où réside YHWH[39], puis se fait servir à manger. La vie, publique et privée réunifiée, peut reprendre son cours.

Quel lien existe-t-il entre *jeûne* et *deuil* ? Cette question surgit de la lecture de notre péricope. « Les usages du deuil sont aussi des pratiques propitiatoires : on se met en deuil à l'avance pour éviter d'avoir à le faire après ce qu'on redoute[40] ».

---

38. Les deux deuils successifs de Bethsabée se résument à deux versets : sur Urie son époux, « elle fit la lamentation ». Le « deuil » passé, David la recueille chez lui et elle devient sa femme (2 S 11, 26-27). Le texte, laconique, recourt aux deux termes techniques *sapad* et *'eḇel*, dénotant des conventions, non des sentiments. Quant à la mort du premier enfant, David « console » (terme technique *nḥm*) la mère en lui faisant concevoir le second (2 S 12, 24) : femme-(obscur) objet (du désir) !
39. Cette démarche au sanctuaire *après* le décès de l'enfant pourrait venir clore la démarche engagée selon le v. 16 : « David recourut à l'Elohim pour l'enfant », le verbe « technique » *bqš* « chercher », sous-entendant que le roi s'était déjà rendu au sanctuaire avant les rites propitiatoires, si l'on suit 2 S 21, 1, Ex 33, 7 et Os 5, 6.
40. A. Caquot et Ph. de Robert, *Les livres de Samuel*, p. 486.

L'état-action « jeûne » n'existe-t-il qu'en présence du mot *ṣûm*, ou aussi en son absence ? Même question pour le rituel du « deuil » (*'eḇel*). L'auteur biblique emploie ou non ces mots, ces réalités se subdivisant en : fait et rite, fait avec ou sans rite, avec ou sans le mot, et même, parfois, sans le mot ni le rite. Concernant le deuil, le texte peut ne pas mentionner le mot-clef, mais se situer dans un contexte de mort. De même pour le jeûne, qui peut se dérouler dans une ambiance funèbre, avec ou sans les mots « mort » et « deuil ». La combinatoire des deux ensembles mérite une étude, l'ensemble le plus vaste étant le deuil. Il peut inclure des sous-ensembles, ou simplement des éléments, tels que « pleurs », « lamentations », « jeûne », « sac », « cendres », durée, collectif ou pas, répétitif ou pas, relation à la divinité et à l'au-delà.

Les serviteurs considèrent la conduite de David (jeûner, rester couché à terre[41]), comme relevant du deuil, avant la mort du « petit » déjà, et susceptible d'être redoublée par l'annonce de sa mort, d'où leurs propos scandalisés devant l'attitude du roi qui trompe leurs attentes ; David prétend placer le « jeûne » (et les pleurs usurpés) du côté de l'intercession, par anticipation mimétique pour apitoyer la divinité et sauver l'enfant de la mort[42].

L'apparente frontière qui sépare les deux points de vue est cependant poreuse, car le jeûne impose ascèse, affaiblissement, voire souffrances proches de l'état du mourant. Il tend vers la mort tangentiellement.

Les livres de Samuel livrent une série de variations sur le thème du jeûne, thématisé ou non, avec ses composantes, ses tenants et aboutissants. Ils en déploient une riche palette, de proche en proche : le jeûne n'est jamais tout à fait le même, ni tout à fait différent. Cette concentration s'explique, car elle s'arc-boute sur la vie même des deux héros principaux, les rois Saül et David. Le jeûne touche aux moments, aux états les plus intenses de la vie humaine : le pouvoir et sa perte, la maladie, le désir, la mort, l'au-delà, et la relation avec la divinité.

L'« Histoire de David » est ponctuée de récits de morts violentes et de malheurs de proches, incluant combinaisons de deuils et de jeûnes, à géométrie variable (deuil incluant jeûne, ou pas, et jeûne pouvant

41. Signalons les deux connotations opposées, et donc l'ambivalence, du verbe « coucher » *škḇ* : la faute et la repentance, c'est-à-dire le fait de s'étendre à terre avec humilité.

42. Ps 35, 13-14 en confirme la pratique et la théorie.

survenir seul, tout en évoquant le deuil pour quelqu'un d'autre, ou la mort à soi-même, jeûner impliquant de se mortifier). Elle est donc scandée de jeûnes remarquables, en contrepoint des coups du destin.

Parmi ces cercles tangents au nôtre, l'un des plus mystérieux, 1 S 28, nous plonge dans une atmosphère sombre et tragique[43]. Cette péripétie survient la veille de la mort de Saül. Le premier roi d'Israël, à l'ultime journée de sa vie, sous la menace philistine, sombre dans une profonde angoisse, et le narrateur ne cèle point son empathie. Désemparé, sans réponse divine à ses questions posées par les moyens licites, il quémande le pauvre soutien des humains, ses serviteurs. Déjà presque passé dans le Sheol, il somme la femme « chamane[44] » d'Ein Dor d'évoquer pour lui Samuel défunt. C'est en voyant Samuel qu'elle identifie Saül (v. 11-12).

Suit le terrible entretien avec Samuel, condamnant sans appel, tant pour le passé que pour l'avenir, la conduite de Saül, annonçant sa mort imminente et celle de ses fils : ces versets tuent Saül psychiquement :

> YHWH livrera aussi Israël avec toi en la main des Philistins, et demain, toi et tes fils serez avec moi. (v. 19)

La mention du « jeûne-non jeûne » de Saül survient immédiatement après l'effroyable apparition, qui ôte à Saül tout espoir en l'aide humaine et divine, et en l'avenir, non seulement des siens, mais d'Israël. Saül est vidé de toute substance. L'absence de nourriture complète accroît l'écroulement moral de Saül. Le rôle de ce jeûne est tout sauf anodin. L'*anorexie* de Saül à la fois reflète sa dépression et y contribue. C'est un cas clinique. Elle fait partie des *signes* de sa folie[45] :

> Aussitôt Saül tomba de toute sa hauteur à terre, fort effrayé des paroles de Samuel. Et aussi, force n'y avait plus en lui, car il n'avait point mangé de tout le jour ni de toute la nuit. (v. 20)

---

43. Si l'on se concentre sur les morts et les deuils, cette « histoire » conjointe de Saül et de David, malgré ses débuts lumineux pour les deux futurs rois, se mue rapidement en tragédies successives, d'abord bien sûr pour Saül, rejeté par YHWH et sombrant dans la folie, puis pour David malgré son « élection », « sa bonne étoile ».

44. Jamais désignée dans le texte biblique comme « sorcière », malgré tous les commentaires ultérieurs, seulement *ba'alat 'ov* « la maîtresse de l'esprit » : voir H. Rouillard et J. Tropper, « Von kanaanäischen Ahnenkult zur Zauberei. Eine Auslegungsgeschichte zu den hebräischen Begriffen *'wb* und *yd'ny* », *Ugarit-Forschungen* 19 (1987), p. 235-254.

45. M. Vârtejanu-Joubert, *Folie et Société dans l'Israël antique,* Paris 2004, p. 126 et 132-135.

La rupture du jeûne retient l'attention :

> La femme *vint* vers Saül, vit qu'il était perturbé et lui dit : « Voici, ta servante a écouté ta voix : j'ai mis ma vie dans ma paume et j'ai entendu les paroles que tu m'as dites. Maintenant, écoute donc toi aussi la voix de ta servante, que je mette devant toi un morceau : mange, et il y aura en toi la force d'aller en route ». Il refusa, disant : « Je ne mangerai pas ». Mais ses serviteurs et encore la femme le pressèrent, il écouta leur voix, se leva de terre et s'assit sur le lit. La femme avait un veau à l'engrais à la maison ; elle se hâta de le sacrifier, prit de la farine, la pétrit et cuisit des pains sans levain. Elle apporta (cela) devant Saül et devant ses serviteurs. Ils mangèrent, se levèrent et partirent cette nuit-là. (1 S 28, 21-25)

La femme se mue de sinistre nécromancienne en maternelle hôtesse, insistant pour faire dé-jeuner Saül. Songeons au repas d'hospitalité offert par Abraham à son/à ses trois hôtes divins en Gn 18, 6-9, occasion de la conception d'Isaac. Les termes employés : *zabaḥ* « abattre, sacrifier », *maṣôt* « pains non levés » évoqueraient-ils un repas rituel ? Dans ce cas, plusieurs hypothèses : rupture de jeûne (qui n'en porte pas le nom) ? départ à la guerre, supplique pour qu'elle tourne bien, en dépit des prédictions funestes de Samuel[46] ? clôture de la relation avec l'au-delà ? un peu de tout cela mêlé, sans obligation de trancher ?

Le jeûne non nommé de Saül n'est pas univoque. Mais son repas avant la mort au combat n'est pas dépourvu d'affinité avec la situation d'Urie, ainsi qu'avec l'interdiction insensée faite au peuple de manger avant un combat décisif contre les Philistins (1 S 14).

Points communs (et différences) avec 2 S 11-12 : la relation avec l'au-delà, le divin – Saül la « demande » (en écho à la racine même de son nom Š'L), David non, bien qu'il l'évoque trois fois : chercher *(BQŠ)* YHWH, aller à la maison de YHWH, dire qu'il va vers son fils – ; sollicitude des proches de rang inférieur envers le roi affaibli, notamment quant à la nourriture : la question du jeûne, de son sens et de sa rupture, est liée à l'entourage, et pour Saül, centrale aussi, mais amenée curieusement, presque incidemment. L'absence du terme technique *ṣwm* implique-t-elle l'absence de l'acte, au sens rituel ? On pouvait

46. Pour s'efforcer d'enrayer, de détourner la défaite et les morts annoncées, un peu comme David prétend le faire en 2 S 12, avec son jeûne. Il faut manger pour vaincre, qui sait ? Contre 1 S 14.

le penser a priori, mais rien n'est moins sûr. Dans le cas de Saül en 1 S 28, nous avons vu que, même sans le mot spécifique, la dimension rituelle du contact avec l'au-delà, un mort, n'était pas absente.

1 S 28 pourrait aussi s'intituler *Chronique de morts annoncées.* Celle-ci se réalise implacablement dans les deux chapitres suivants : le récit de la mort de Saül et de son fils Jonathan (1 S 31), ainsi que du deuil en leur honneur, pendant institutionnel du précédent récit (2 S 1). Nous les placerons en regard l'un de l'autre et en miroir, du point de vue de la combinatoire du jeûne et du deuil.

La mort dramatique de Saül et de ses fils au Mont Gelboé en Galilée (1 S 31, 1-6) suscite d'abord les outrages des vainqueurs. Mais les hommes de Yabesh en Galaad (ville d'outre-Jourdain jadis sauvée par Saül selon 1 S, 11, 1) traversent de nuit le Jourdain pour aller décrocher les corps de la muraille de Beth Shean, puis rentrent à Yabesh, où ils les brûlent (seule incinération mentionnée dans la Bible), avant de les mettre au tombeau sous un tamaris et de jeûner sept jours. Il s'agit d'un jeûne collectif, d'une durée impressionnante et symbolique[47], inscrit dans un ensemble de rites funéraires uniques et les parachevant, émanant du groupe même. Les modalités concrètes n'en sont pas précisées, alors que cette durée suppose de nécessaires aménagements[48]. Ce premier deuil, sobrement relaté, exprime une peine sincère : la conscience de cette gratitude des Yabeshites envers Saül eût pu le sauver de la dépression, voire de la mort.

Un second jeûne, inclus dans un second rituel de deuil, relaté au chapitre suivant, 2 S 1, a lieu le troisième jour, consécutif au récit fait à David par un jeune Amalécite de son coup fatal porté à Saül[49]. Ce texte, tout en détails, dialogues, mise en scène excessive, sonne autrement que le précédent :

47. Deux autres cas sont mentionnés : le jeûne de Joseph pour son père Jacob (Gn 50, 10), exceptionnel en tout, car le deuil en l'honneur du patriarche s'apparente à celui d'un noble égyptien (embaumement de quarante jours en Égypte), suivi de l'inhumation en terre de Canaan, dans la grotte de Makpelah auprès des siens, et celui de la maison d'Israël pour Judith (Jdt 16, 24). Selon 2 S 12, 18 l'enfant mourut le septième jour : le texte spécifiant le jeûne de David dès la maladie de l'enfant, on peut en déduire un jeûne de sept jours.

48. Un jeûne absolu, de nourriture et de boisson, ne saurait durer une semaine.

49. Les deux récits de la mort de Saül divergent. Selon le malheureux Amalécite coupable d'avoir tué Saül, ce dernier le lui ordonna, pris de confusion, de vertige

> David saisit ses vêtements et les déchira, de même tous les hommes qui étaient avec lui. Ils firent la lamentation, pleurèrent et jeûnèrent jusqu'au soir sur Saül, sur son fils Jonathan, sur le peuple de YHWH et la maison d'Israël, parce qu'ils étaient tombés par l'épée. (2 S 1, 11-12)

David ensuite fait exécuter le jeune Amalécite qui venait de lui avouer avoir mis à mort Saül à la demande expresse de ce dernier, puis entonne la lamentation la plus célèbre de la Bible hébraïque, chantant l'héroïsme de Saül et de son fils Jonathan, sa détresse devant leur mort, son amour pour Jonathan (2 S 1, 19-27), complainte qu'il intime d'apprendre aux fils de Juda et qui est écrite au Livre du Juste 2 S 1, 18.

Le deuil comporte la combinatoire classique : déchirer les vêtements, se lamenter, pleurer, à l'initiative de David, imité par tous ses hommes, auquel succède un jeûne jusqu'au soir, rituel exclusivement masculin, avec commentaire collectif, très politique. Il s'agit là encore d'une opération de « communication » destinée à l'entourage, et même à la postérité, comparable au comportement de David lors du jeûne pour « son fils non fils » en 2 S 12, 16-23. En effet la conduite de David envers Saül ne fut pas dépourvue d'ambiguïté, malgré ses protestations de loyauté.

Comment ne pas rapprocher cet épisode du récit de la mort d'Abner et du deuil en son honneur (2 S 3), qui offre de nombreuses affinités de forme et de fond avec la fin de l'histoire de Saül, ainsi qu'avec notre texte de 2 S 11-12 ? Abner, chef militaire de la maison de Saül, s'y impose après la mort de ce dernier. L'état de guerre perdurant entre celle de Saül et celle de David, Abner propose à ce dernier son soutien pour fédérer autour de lui tout Israël, alliance acceptée par David qui le laisse « aller en paix ». Mais Joab, le fidèle officier de David, accuse celui-ci d'avoir cédé aux menées d'Abner, qu'il hait pour avoir tué son frère Asahel (2 S 2, 23), et assassine traîtreusement Abner.

David l'apprit plus tard et dit : « Innocent je suis, moi et mon royaume devant YHWH, à jamais, du sang d'Abner fils de Ner. Qu'il tombe sur la tête de Joab et sur toute la maison de son père ! » (2 S 3, 28-29a).

---

physique et moral. Ce récit diffère de celui d'1 S 31, 4, qui évoque le suicide de Saül se jetant sur l'épée de son écuyer.

David ordonne à Joab et à tout le peuple qui l'accompagne de déchirer habits, ceindre sacs, faire lamentation devant le corps d'Abner et marcher devant la litière. Après la mise au tombeau d'Abner à Hébron, le roi pleure et entonne une complainte : la mort d'Abner n'est pas celle d'un vaincu, mais il fut victime d'un crime. Le peuple pleure sur Abner. Suit la mention d'une abstinence de nourriture, non nommée jeûne, désignée seulement lorsqu'il est question d'y mettre fin (analogie avec le cas de Saül en 1 S 28, qui nous incite, par effet boomerang, à considérer la même abstinence de Saül comme un jeûne non nommé) :

> Puis tout le peuple vint pour faire rompre à David du pain tant qu'il faisait jour ; mais David jura : « Que Dieu en agisse ainsi avec moi, et pire encore, si je goûte du pain ou quoi que ce soit avant le coucher du soleil. » (2 S 3, 35).

Il s'agit là encore d'un jeûne qui ne dit pas son nom : nous retrouvons la combinaison d'éléments déjà rencontrés, bien que mixés autrement : pression de l'entourage pour faire manger le roi, refus de celui-ci. David met en place le dispositif du deuil collectif qu'il mène, mais il est le seul à jeûner, cette exception expliquant peut-être l'absence du mot « jeûne ». Comme pour Saül et Jonathan le jeûne ne dure que jusqu'au coucher du soleil.

Quel est le sens de ce jeûne non nommé ? Mortification ostentatoire pour accompagner le mort, approcher son état, mimer la douleur, en rajouter de la douleur (ce que nous ne faisons plus) avec tous les signes extérieurs de souffrance. Voilà pour le sens général, obvie. L'exégèse raisonnée du jeûne est livrée par les v. 36-37 :

> Tout le peuple le reconnut et cela fut bon à leurs yeux, comme était bon aux yeux du peuple tout ce que faisait le roi. Et tout le peuple et tout Israël surent, en ce jour-là, que ce n'était point de par le roi que l'on avait mis à mort Abner, fils de Ner.

Il s'agit encore et toujours d'une opération de communication, hautement politique :

> Le roi dit à ses serviteurs : « Ne savez-vous pas qu'un prince, et un grand, est tombé aujourd'hui en Israël ? Et moi, aujourd'hui, je suis faible, bien que roi par l'onction, et ces hommes, les fils de Serouyah, sont plus durs que moi. YHWH rende à qui fait le mal selon sa méchanceté ! » (v. 38-39).

David, dénonçant la dureté des fils de Serouyah (Joab et Abisaï), par opposition à sa propre faiblesse (induite, mimée par le jeûne), se dédouane du soupçon d'avoir été le commanditaire du meurtre d'Abner, et il annonce la mort de Joab qui surviendra en 1 R 2, 28-34 afin de la faire passer pour châtiment divin, et non crime commandité par lui-même[50]. Rusé stratège, il continue de jouer sa survie politique et sa vie : il ourdit un plan pour faire ultérieurement assassiner Joab. Tous ses proches tomberont autour de lui comme des pions, il restera seul, comme aux échecs, la reine Bethsabée le couvrant.

Ambivalence, voire hypocrisie, comme en 2 S 1 et 12. Où est la sincérité ? On ne peut se prononcer avec certitude sur le degré de culpabilité réelle de David, mais enfin cette mort d'Abner – comme celle de Saül – arrangeait bien les affaires du roi.

Notre épisode de 2 S 11-12 constitue le sommet – déjà passablement abîmé – de l'histoire de l'accession de David. Commence celle de sa succession, orientée d'après la naissance mouvementée de Salomon (2 S 12, 24). La première ne manquait pas de récits de batailles ni de morts ; la seconde sera hérissée de violences et de meurtres, à l'intérieur même du clan familial du roi, se rapprochant dangereusement de lui, le blessant dans sa chair même. La progéniture de David, issue d'épouses différentes, va soit se violenter (en 2 S 13, viol de Tamar par son demi-frère Amnon[51]), soit s'entretuer (meurtre d'Amnon par son demi-frère Absalom), voire se révolter contre le père lui-même (Absalom, et révolte d'Adonias), violer ses femmes. David sera touché au cœur. Il sort de l'ambiguïté. Faible, objet de désir, d'amour et de haine, mais rusé, ambivalent durant la phase de l'accession, il reste faible jusqu'à la fin, mais plus sensible, fragile, cerné par les morts et les chagrins sincères, conformément à la prédiction de Natan (2 S 12, 7-12).

David et tous ses serviteurs « pleurèrent d'un très grand pleur », et lui fut « tous les jours » en deuil de son fils criminel Amnon (2 S 13, 37) ; sa colère contre Absalom s'apaisa quand il se fut consolé (*niḥam*) de la mort d'Amnon. Trois ans plus tard, apprenant la mort violente de son fils Absalom, il se voile la face, se lamente et crie : « Mon fils

---

50. En cela rien de nouveau sous le soleil des rois du monde, où l'excès de communication toujours cache les zones d'ombre.

51. Qui ne suscitera ni compassion de son père envers sa fille victime, ni colère envers son fils criminel, au contraire. David, adepte de cette culture du viol, n'accède pas à la conscience de ce crime. En revanche, le viol commis à une génération engendre sa reproduction aggravée (inceste) à la génération suivante, avec les morts qui s'ensuivent.

Absalom, mon fils mon fils Absalom, que ne suis-je mort à ta place, Absalom mon fils mon fils ! » (2 S 19, 1-5). Sa peine paraît d'autant plus sincère que cinq chapitres relatent les assauts criminels de ce fils chéri contre son père et envers et contre tout (et tous) et les tentatives du roi pour l'épargner (2 S 14-18) ; cette immense affliction, au rebours des précédentes, loin d'être partagée, paraît subie par son entourage, voire choquante (2 S 19, 3-4.6). David est sorti de l'ambiguïté. Deuils sans jeûnes, du moins spécifiés.

Plus aucun jeûne ne sera mentionné dans la suite ni la fin de son histoire. Faut-il y voir un indice que le jeûne aurait à voir avec l'ambivalence du personnage ?

Des jeûnes qui ne disent pas leur nom

L'ultime étape de notre enquête sur la combinatoire des jeûnes concerne deux autres textes, atypiques dans la mesure où l'abstinence semble encore plus dissociée d'une pratique de deuil ou d'un contexte funèbre que dans les cas précédemment étudiés. Manque le terme « technique » *ṣwm*. Ce constat invite à poser quelques questions restées latentes : la privation, volontaire, consciente ou non, de nourriture (et boisson) relève-t-elle du jeûne au sens « technique » ? Que signifie d'ailleurs « jeûne au sens technique » ? Est-ce lié à la présence du terme *ṣwm* ? à une caractérisation comme rituel ? Si rituel, autonome ou inclus dans un rituel plus vaste, notamment le deuil ?

Le contexte de 1 S 14 est celui de la guerre hasardeuse entre gens d'Israël sous la conduite de Saül et de Jonathan d'une part, et Philistins de l'autre.

> Saül avait adjuré le peuple : « Maudit l'homme qui mangera de la nourriture, jusqu'au soir, quand je me serai vengé de mes ennemis ! » De tout le peuple, nul ne goûta de nourriture. Le peuple entra dans la forêt, et il y avait du miel à la surface du sol ; mais nul n'y toucha de la main à sa bouche, car le peuple craignait le serment. (v. 24-26)

Jonathan, n'ayant pas entendu l'adjuration paternelle adressée au peuple,

> étendit le bout du bâton qu'il avait dans sa main et le trempa dans le rayon de miel, puis ramena sa main à sa bouche et ses yeux s'éclairèrent. (v. 27)

Le long passage (1 S 14, 24-48) se divise en actes et moments successifs qui ne relèvent pas de la même logique. Le serment de Saül interdisant de manger avant le soir déplace l'accent de l'injonction de jeûne sur le serment. Le geste de Jonathan tendant son bâton pour le tremper dans le miel peut être rapproché de la consommation par Samson du miel trouvé dans le corps du lion qu'il avait tué auparavant (Jg 14, 8). Mais le miel donne à Jonathan lucidité, alors que le jeûne prive le peuple de force. Ces deux réalités ne procèdent pas du même ordre. Jonathan voit clair dans l'égarement paternel. À la dénonciation, faite par un anonyme, de l'ordre fou proféré par Saül « alors que le peuple était épuisé », il répond : « Mon père a perturbé le pays. Voyez donc comme mes yeux se sont éclairés parce que j'ai goûté un peu de ce miel ! » (v. 28-29). Paradoxalement, l'irresponsable interdiction de manger ne semble pas avoir empêché la victoire israélite sur les Philistins, malgré l'épuisement du peuple (deux fois évoqué, v. 28 et 31). Jonathan affirme toutefois que, sans le jeûne, la victoire eût été plus forte.

La folie de Saül déclenche un déferlement de violence après la victoire : en effet, le peuple se déchaîne sur le butin en un festin sauvage, comme une revanche frénétique sur la privation et l'épuisement (v. 32). Cependant, malgré la contagion possible des excès de Saül sur son peuple, celui-ci tient bon, s'agissant de freiner le père sur la pente de sa folie vengeresse envers son propre fils, pourtant animé de bon sens : « Goûter, j'ai goûté *ṭaʿom ṭaʿamtî* du bout du bâton qui est dans ma main un peu de miel : me voici, je meurs ! » Saül dit : « Ainsi fasse Dieu et plus encore, car mourir tu mourras *môt tamût* Jonathan » (v. 43b-44)[52].

La prise de la royauté par Saül, malgré le constat de ses victoires à la ronde (1 S 14, 47), coïncide avec l'explosion de sa folie, de ses incohérences tour à tour criminelles et suicidaires.

Hors livres de Samuel, 1 R 21 offre d'évidentes affinités avec le récit de 2 S 11-12 : le roi Achab d'Israël, convoitant la vigne de Naboth, qui refuse de la lui céder, parvient à ses fins grâce à l'intervention de son épouse Jézabel, qui fait lapider l'insoumis[53]. Dans les deux cas, un

52. Ces deux paronomases infinitives en écho soulignent la démence de Saül : pour une peccadille (goûter un peu de miel), une sentence de mort.

53. Cet épisode a pour soubassement socio-économique des regroupements et accaparements de parcelles par les grands propriétaires terriens ; Achab et les Omrides sont honnis dans la Bible, pour des raisons théologico-politiques. Mais « si les

prophète critique dénonce le crime et prédit aux coupables les pires châtiments, pour eux-mêmes ou leur dynastie[54]. Le rapprochement entre les deux passages doit être nuancé par la présence, en 1 R 21, de *trois* jeûnes successifs, aux fonctions différentes. Dans un premier temps Achab, roi faible objet de sa convoitise (comme David), « s'en vint à sa maison, renfrogné, irrité [...], se coucha sur son lit, détourna son visage et ne mangea plus ». Le mot *ṣûm* manque, mais l'expression « ne manger (d'aucune nourriture) » rappelle les cas où Saül et David refusent les injonctions de se nourrir. Il s'agit ici d'une attitude d'enfant capricieux, sorte de « grève de la faim » éveillant par sa bouderie la colère et la décision criminelle de Jézabel : « Est-ce toi qui exerces maintenant la royauté sur Israël ? Lève-toi, mange et que ton coeur soit gai : moi, je vais te donner la vigne de Naboth d'Yizréel » (v. 7). Soutenue par les notables de Samarie, la reine décrète un jeûne collectif au cours duquel deux vauriens témoignent face au peuple qu'« il a maudit Dieu et le roi » (1 R 21, 13). En l'absence d'explication interne au texte, nous sommes réduits aux conjectures. Jézabel rebondit sur l'« anorexie » de son époux, non rituelle, pour décréter un vrai jeûne (*ṣûm*). L'initiative non nommée d'Achab lui donne l'idée du second, qu'elle transforme en jeûne collectif et rituel, l'associant au faux témoignage – si Naboth a maudit Dieu et le roi, une calamité menace, qu'il faut suspendre par un jeûne expiatoire, et en purifiant du coupable le peuple et la ville : « On le fit sortir hors de la ville, on le lapida et il mourut » (1 R 21, 13).

Enfin, après la malédiction lancée par Élie le Tishbite sur la maison d'Achab, le roi déploie « la panoplie du petit endeuillé, la combinaison intégrale » : « Il déchira ses habits, mit un sac sur sa chair et jeûna (*wa-yaṣom*) ; il couchait dans le sac et marchait doucement » (v. 27). On songe à Tartuffe, car le procédé « marche » :

> As-tu vu comme Achab s'est humilié devant moi ? Puisqu'il s'est humilié devant moi, je ne ferai pas venir le malheur en ses jours, mais aux jours de son fils je ferai venir le malheur sur sa maison[55]. (v. 29)

---

auteurs et les éditeurs de la Bible avaient été des historiens au sens moderne du terme, peut-être auraient-ils décrit Achab comme un puissant souverain, le premier à avoir permis au royaume d'Israël d'accéder à une place éminente sur la scène internationale » (I. Finkelstein et N. A. Naaman, *La Bible dévoilée*, p. 199).

54. 1 R 21, 18-24.

55. Cette parole divine à Élie évoque celle de YHWH à Satan en Job 1, 6 : « As-tu porté ton attention sur mon serviteur Job ? Il n'y a personne comme lui sur terre :

C'est YHWH qui décrypte le troisième rituel de deuil, mis en scène par Achab. Pour qui Achab mène-t-il ce deuil ? Certainement pas pour Naboth, dont peu lui chaut la mort cruelle, injuste. C'est pour lui seul, pour détourner le sort terrible promis par Élie[56]. Cette conduite de mortification ostentatoire, notamment le jeûne, a valeur apotropaïque, propitiatoire, un peu comme le jeûne de David en 2 S 12, 16. Ce qui avait atténué la colère divine envers David en 2 S 12, 13 n'était ni le deuil, ni le jeûne (qui surviendront après la maladie de l'enfant), mais la confession du roi : « J'ai péché contre YHWH » (2 S 12, 13). Mais, avec le recul, on peut aussi considérer que l'attitude d'abaissement et le jeûne de David pendant la maladie de l'enfant (2 S 12, 16) participaient aussi, encore, de l'attitude apotropaïque de mortification, destinée à détourner de lui-même, David, le châtiment divin, à savoir la mort (« YHWH a pardonné même ce péché tien ; tu ne mourras pas, mais, parce que tu as osé mépriser YHWH par cette action, le fils qui t'est né de mort mourra », 2 S 12, 14).

Le corpus biblique contient un « réservoir » de mots, de figures de style et d'actions concernant le deuil et le jeûne où puise chaque auteur, qu'il agence et dont il joue à son goût et selon le message qu'il veut transmettre[57].

Une revue des morts et violences en Samuel montre maintes situations de deuil, mais plus souvent sans jeûne mentionné qu'avec. Égrenons-les : mort de Samuel (1 S 25, 1, lamentation collective et mise au tombeau) ; viol de Tamar (2 S 13, nulle manifestation de deuil) ; en 2 S 15, 30, David en fuite devant Absalom monte aux Oliviers en pleurant, tête voilée, marche nu-pieds, en signe de douleur et de dénuement. Cette combinatoire du deuil n'inclut pas le jeûne.

En 2 S 13, 31-36, David, habits déchirés et couché à terre, mène deuil pour tous ses fils tués par son fils Absalom, mais nul jeûne n'est mentionné. De même en 2 S 14, 2, la femme de Teqoa censée mener un long deuil pour un mort « revêt des habits de deuil et ne se

---

c'est un homme parfait et droit, craignant Elohim et se détournant du mal ! » Ce passage ne manque pas d'humour.

56. « Celui de la maison d'Achab qui mourra en ville, le mangeront les chiens, et celui qui mourra à la campagne, le mangeront les oiseaux des cieux. » (1 R 21, 24)

57. Son art se compare à celui des compositeurs de musique, recevant formes et figures de style (fugue, canon, chaconnne), qu'ils combineront à l'infini.

parfume pas avec de l'huile[58] ». En 2 S 19, 1-5, le deuil sincère (pleurs, cris, lamentation, face voilée) de David pour son fils criminel mais préféré Absalom « déteint » sur tout le peuple, mais nul jeûne n'est mentionné[59].

Effet du jeûne : une question d'équilibre

Le jeûne total (subi, non rituel) affaiblit Saül (1 S 28) et son armée (1 S 14, 28 et 31), physiquement et moralement. Inversement, nourrir et abreuver qui n'a ni mangé ni bu depuis trois jours (1 S 30,11-12) lui rendent « son souffle » ; de même en 2 S 17, 27-29, où Ammonites et Galaadites nourrissent et abreuvent David et son peuple « affamé, épuisé, assoiffé par sa marche au désert ».

En revanche, l'excès de nourriture et de boisson nuit, voire tue : Amalécites ripaillant après leur victoire en 1 S 30, 16, Israélites d'un excès à l'autre (1 S 14, 32), et finalement Urie, régalé, enivré par David la veille de sa mort. Techniquement autant que rituellement sont conseillées pour des performances maximales à la guerre l'abstinence sexuelle (1 S 21, 6) et une nourriture modérée, subtil équilibre.

La limite entre jeûne rituel et non rituel est-elle poreuse ?

Le jeûne de David en 2 S 12, 16 est-il jeûne atypique ? Peut-être ces jeûnes sont-ils tous uniques. Actes de résistance ? En tout cas non univoques, en quoi ils requièrent exégèse.

À considérer l'ensemble des situations de deuil dans les livres de Samuel, force est de constater que les cas signalés de jeûne (individuels et collectifs) n'y sont pas majoritaires. Cependant leur présence est remarquable. Leur point commun, quant au fond, est de suspendre le cours de la vie sociale pour dénoncer une anomalie avant de la

---

58. À la différence de Judith, dont le veuvage, abondamment détaillé, inclut des jeûnes récurrents et abondants : « Judith, devenue veuve, resta dans sa maison pendant trois ans et quatre mois ; puis elle se fit une tente sur la terrasse de sa maison, elle couvrit ses reins d'un sac et elle mit sur elle ses vêtements de veuve. Elle jeûnait durant tous les jours de son veuvage, à l'exception des veilles de sabbat, des sabbats, des veilles de néoménie, des néoménies, des fêtes et des réjouissances de la maison d'Israël » (Jdt 8, 4-5). Trad. A. GUILLAUMONT, *La Bible. Ancien Testament*, vol. 2, éd. É. DHORME, Paris 1959.
59. Absalom Absalom : le récit de sa mort, haletant, plein de suspense, fait écho au récit de la mort d'Urie, dont il est le symétrique inversé.

relancer dans la bonne voie[60]. Ils semblent trahir des situations ambiguës, sujettes à questionnement. Le jeûne n'est jamais aussi univoque qu'il le paraît, ce qui nous mène au point, corollaire, de la forme : le jeûne demeure inexpliqué, ou expliqué de manière insatisfaisante.

Le jeûne touche à l'extrême (du corps, de la vie). Il confine à la mort, la frôle jusqu'à parfois y sombrer. Il est donc vain de consacrer une étude spécifique à ses rapports avec le religieux (jeûnes souvent rituels) ou le divin (il est un moyen privilégié d'entrer en relation avec la sphère du divin/sacré), relevant de la purification des souillures physiques et morales.

La relation avec le divin va de soi : le jeûne, porté à l'extrême, mime la mort, y confine. C'est pourquoi il ne se dissocie pas de la relation au divin : on se purifie pour communiquer avec le divin (David, 2 S 12) ou avec un revenant (Saül implorant Samuel décrit en *Elohim*). Dans des sociétés baignées de religieux, les situations extrêmes auxquelles est lié le jeûne incluent par nature la sphère du divin et du sacré, fût-il silencieux ou absent.

Le jeûne en débats, sujet à critiques, objet d'exégèse

Notre analyse du jeûne de David a montré, à l'intérieur même de cette péricope, que, loin d'être univoque, il suscitait questions et réponses, bref, était matière à débats herméneutiques. Édouard Dhorme élargit incidemment ce cas particulier[61]. Une enquête philologique sur la racine *ṢWM*, aux emplois limités et ciblés, dessine cette

60. Cette problématique ne diffère guère de celle de la clinique et de la thérapeutique des anorexiques. Évoquons le jeune roi Louis VII refusant plusieurs jours de s'alimenter et de parler, en 1143, devant l'incendie où périrent treize cents personnes réfugiées dans l'église de Vitry-en-Perthois. De ce choc date sa conversion à la vie pieuse (voir R. Pernoud, *Aliénor d'Aquitaine*, Paris 2018 [1965[1]], p. 31). Ajoutons-y, signalé dans cet ouvrage, le jeûne d'Henri II Plantagenêt à l'annonce de l'assassinat de Thomas Beckett : « Il écrit au chapitre de la cathédrale de Cantorbéry, déclarant qu'il n'a pas voulu ce meurtre et ne s'en sent pas responsable » (p. 171). Il récidive cette abstinence avant de se rendre à Cantorbéry en 1174 (p. 185). Trois jeûnes royaux médiévaux, le premier et le dernier marques sincères de contrition suivies de conversion, le deuxième plus hypocrite.
61. En « pour » ou « contre » le jeûne en l'honneur des morts : É. Dhorme, *La Bible*, Ancien Testament, vol. 1, p. 923, note à 1 S 31, 13.

problématique et invite à y voir un questionnement anthropologique, sociologique autant que religieux, perdurant sur la durée temporelle de la rédaction de la Bible[62], davantage qu'un banal *pour* ou *contre*.

Le corpus biblique ne contient pas de théorie du jeûne[63]. Le constat mérite d'être souligné, dans la mesure où, d'une part, cet usage est relativement bien attesté, et de manière égale (Pentateuque, livres "historiques", prophétiques, sapientiaux), dans la totalité de ce corpus, et où, d'autre part, ce même corpus reflète des débats herméneutiques. Cette absence de règles édictées peut expliquer une absence corollaire d'unanimité.

Envisageons ces débats, apanage des livres prophétiques. Ce n'est pas un hasard : ces derniers reflètent des conduites, des tensions entre groupes sociaux, qui sont dénoncées par les divers prophètes, s'érigeant en porte-parole de YHWH.

Certains textes prophétiques convergent pour dénoncer la vanité de pratiques cultuelles (dont celle du jeûne) dénuées de fondements éthiques[64]. Bornons-nous aux passages critiquant le jeûne rituel, tel Is 58, 3-7 :

> « Pourquoi avons-nous jeûné, sans que tu l'aies vu ?
> Nous sommes-nous mortifiés sans que tu l'aies su ? »
> Voici, au jour de vos jeûnes vous trouvez affaire et tous vos débiteurs pressez.
> Voici, vous jeûnez pour faire procès et querelle, et pour frapper d'un poing méchant [...].
> Est-ce ainsi que doit être le jeûne que j'agrée, le jour où l'homme se mortifie ?

---

62. Jusqu'aux Évangiles, où les débats sur le jeûne trouvent écho dans les paroles de Jésus : « Quand vous jeûnez, ne soyez pas sombres comme ces comédiens qui rongent leur face pour que le jeûne paraisse aux yeux des hommes ; oui, je vous le dis, ils ont reçu leur salaire. Toi, quand tu jeûnes, oins-toi la tête et lave ta face, pour que ton jeûne paraisse non aux yeux des hommes mais à ton père, qui est dans le secret ; et ton père, qui voit dans le secret, te le rendra » (Mt 6, 16-18), *La Bible*, Nouveau Testament, trad. J. Grosjean et M. Léturmy, Paris 1971.

63. Rien dans R. de Vaux, *Les institutions de l'Ancien Testament*, vol. 2, Paris 1960, *Institutions militaires, institutions religieuses*. Cependant vol. 1, 3e éd., Paris 1976 [1957], p. 98-100, inclut le jeûne dans *Rites alimentaires pour le deuil et interprétation*.

64. Nous renvoyons aux analyses pénétrantes de R. Scemama, *Zacharie, le prophète exégète. Ko amar Adonaï : modalités et enjeux du discours prophétique dans le livre de Zacharie 1-8. Analyse littéraire*, Paris 2014, p. 152-159.

> Est-ce courber comme roseau sa tête, se faire une couche de sac et de cendre[65] ?
> Est-ce là ce que tu appelles « jeûne », jour agréable à YHWH ?
> N'est-ce pas ceci le jeûne que j'agrée : ouvrir les chaînes de la méchanceté,
> Délier les liens du joug, renvoyer libres les opprimés, et tout joug briser ?
> N'est-ce pas partager avec l'affamé ton pain ? Et les pauvres errants tu feras entrer à la maison
> Quand tu vois un homme nu tu le couvres, et de ta propre chair ne te détourne pas.

Cette critique du jeûne rejoint celle d'autres prophètes sur les déviances du culte en général pour en dénoncer le formalisme aux dépens d'une conduite profondément éthique. Ce qui nous intéresse en l'occurrence, c'est une exégèse de ce que devrait être le jeûne, « s'affliger », « s'humilier » – soit s'approcher de l'état de mort pour manifester repentance, désir d'émonder sa vie comme une vigne en hiver pour la fortifier, d'où l'idée du jeûne collectif, rituel, régulier, tel qu'il s'est poursuivi dans le christianisme[66], donc d'amender, d'expier le passé pour renouveler l'avenir, en lien d'ailleurs avec le rythme saisonnier ; soit s'approcher de l'état du mourant aimé pour apitoyer la divinité, lui faire comprendre que nous l'aimons tant, que nous donnerions volontiers notre vie pour sauver la sienne, jeûnerions à en mourir, pour lui redonner des forces puisque le jeûne affaiblit jusqu'à frôler la mort. C'est au nom de cette exégèse du sens primordial du jeûne, qu'Is 58, 3-7 rejette la pratique dévoyée du jeûne[67], invitant au retour au « jeûne que j'agrée » : il substitue totalement ce jeûne éthique de la générosité au jeûne rituel.

La composition du « grand livre » d'Isaïe semble l'œuvre « d'un témoin de la réforme de Néhémie[68], qui voit dans cet événement un tournant majeur de l'histoire de Jérusalem[69] ». La communauté de

65. En Is 58, 5, le jeûne se fond dans la combinatoire « deuil ».
66. Ce nous est l'occasion de saluer l'ouvrage décisif de S. H. de Franceschi, dont nous croisons les problématiques (*Morales du Carême. Essai sur les doctrines du jeûne et de l'abstinence dans le catholicisme latin* XVIIe-XIXe *siècle*, Paris 2018).
67. Se dégage de cette admonestation un non-conformisme, marque d'un certain type de prophétisme ancien, rejetant les apparences vides.
68. En -445-432.
69. J. Vermeylen, *Le livre d'Isaïe. Une cathédrale littéraire*, Paris 2014, p. 153.

Jérusalem observant scrupuleusement les règles religieuses (circoncision, sabbat, culte), c'est au plan des relations sociales qu'elle est coupable.

Le jeûne en soi ne suscite, à part le cas d'Is 58, 5-7, guère de critiques, à la différence du culte en général, qui attire des dénonciations récurrentes, notamment dans les strates les plus anciennes : Is 1, 11-17, Jér 7, Os 6, 6, Am 5, 23-24, Mi 6, 7-8.

En revanche, la mention du jeûne s'accompagne d'explications reflétant un besoin pédagogique, voire la présence de débats internes. Za 7, 1-3 nous intéresse spécialement, étant relativement daté, s'adressant au peuple *et aux prêtres*, se référant à des jeûnes rituels et collectifs :

> Il advint, en la quatrième année de Darius le roi, la parole de YHWH s'adressa à Zacharie, au quatrième jour du neuvième mois, Kislev. Béthel envoya Sareṣer, Regem-Melekh et leurs hommes, pour adoucir la face de YHWH en disant : « Pleurerai-je au cinquième mois, pratiquant l'abstinence comme j'ai fait depuis tant d'années ? »

La délégation venue au Temple comptait obtenir la permission de supprimer le jeûne, désormais jugé inutile.

> Il advint, la parole de YHWH des armées s'adressa à moi : « Dis à tous les gens du pays et aux prêtres : "Quand vous avez jeûné et vous êtes lamentés au cinquième et au septième (mois) pendant soixante-dix ans, est-ce d'un vrai jeûne pour moi que vous avez jeûné, pour moi ? Et quand vous mangez et quand vous buvez, n'est-ce pas vous qui mangez et vous qui buvez ? Ne sont-ce pas les paroles que cria YHWH via les anciens prophètes, alors que Jérusalem était habitée, *tranquille*, et ses villes autour d'elle, ainsi que le Negev et la Shephelah, étaient habitées ?" » (Za 7,1-7).

Le jeûne liturgique commémoratif est lié à des cérémonies de repentance ou de renouvellement d'alliance. Il est évidemment collectif.

La mention du jeûne ne se dissocie pas d'un débat herméneutique, sous la forme, classique chez les prophètes préexiliques, du procès (*rib*). Les questions de Za 7, 5-6, rhétoriques, interrogent les fidèles sur les buts, les sujets et les destinataires de leur jeûne et rupture de jeûne, bref sur leur sincérité. Cette allusion aux oracles passés réactive l'obligation de suivre les préceptes jadis négligés, sous peine de subir les mêmes châtiments :

> Ainsi parle YHWH des armées : « Jugement de vérité jugez, clémence et miséricorde exercez chacun envers son frère ; la veuve et l'orphelin, l'étranger et le pauvre n'opprimez ; le mal de chacun envers

son frère ne méditez pas dans votre cœur ». Mais ils refusèrent d'être dociles, opposèrent une nuque rebelle, et bouchèrent leurs oreilles (pour s'empêcher) d'entendre, leur cœur rendirent (de) pierre (pour les empêcher) d'écouter la loi et les paroles qu'avait envoyées YHWH des armées par son esprit via les anciens prophètes, et il y eut grand courroux de YHWH des armées (Za 7, 9-12).

À première vue il pourrait s'agir du même type de discours qu'Is 58, 3-7, comme l'ont souvent pensé les exégètes assimilant ce passage de Zacharie aux multiples critiques formulées par les prophètes contre le culte formel, l'opposant au comportement éthique, peut-être influencés par le message évangélique qui reprendra ces thématiques. Renée Scemama[70] montre que la dénonciation par Zacharie d'un jeûne sans dimension introspective reste pondérée, ce qui s'explique dans le contexte du livre consacré à la reconstruction du Temple. La délégation venue au Temple compte obtenir la permission de supprimer le jeûne, désormais jugé inutile. Mais selon Zacharie « la distorsion entre obligations morales et pratiques cultuelles se trouve résolue[71] ».

Chacun envers son prochain le mal ne méditez point dans vos cœurs ; Les serments mensongers n'aimez point, car ce sont toutes choses que je hais, – paroles de YHWH – Il y eut une parole de YHWH des armées pour me dire : "Ainsi parle YHWH des armées : le jeûne du quatrième mois et le jeûne du cinquième, le jeûne du septième mois et le jeûne du neuvième, deviendront pour la maison de Juda joie, allégresse et belles solennités, mais aimez la vérité et la paix" ! (Za 8, 17-19)

Énumérer les jeûnes liturgiques revient à en admettre, avec le calendrier, le principe. L'auteur reprend la rhétorique des « anciens prophètes », mais en redresse le propos. Les quatre jeûnes évoqués ci-dessus concernent la commémoration d'événements politiques qui ont marqué la disparition du royaume de Juda. La délégation ne mentionnait que celui du cinquième mois (-587, destruction du Temple par Nabuchodonosor) ; en 7, 5, le prophète mentionne celui du cinquième mois, lié au meurtre de Guedalyahu, le gouverneur judéen ; s'y ajoutent ceux du quatrième mois (première brèche faite dans les

70. R. Scemama, *Zacharie, le prophète exégète*, « Zacharie et la question des jeûnes », p. 159-161.

71. R. Scemama, *Zacharie, le prophète exégète*, p. 161.

remparts) et du dixième mois, commémorant le début du siège de Jérusalem. Les quatre jeûnes deviendront solennités de joie, pourvu que soit respectée la condition : « La vérité et la paix aimez ».

Joël 2, 12-14 prône également la synthèse du jeûne liturgique et de la sincérité du cœur sans les opposer :

> Dès maintenant, oracle de YHWH, revenez à moi de tout votre cœur, avec jeûne, avec pleurs, avec lamentation.
> Déchirez votre cœur et non vos vêtements et retournez à YHWH votre Dieu, car il est clément et miséricordieux *ḥannûn wᵉ raḥûm*, lent à la colère et vaste en bonté [...]. Qui sait, il reviendra et se repentira (du malheur annoncé).
> Sonnez du cor dans Sion, consacrez un jeûne, convoquez une assemblée, assemblez le peuple,
> regroupez les anciens, rassemblez petits enfants et nourrissons à la mamelle.
> Que sortent le nouvel époux de sa chambre, et la nouvelle épouse de son pavillon *nuptial.*
> Entre le portique et l'autel pleurent les prêtres, les ministres de YHWH, et disent :
> « Épargne, YHWH, ton peuple, ne livre pas ton héritage aux lazzi, pour être la fable des nations.
> Pourquoi dirait-on parmi les peuples : "Où est leur dieu ?" » (Joël 2, 15-17)

Nous retrouvons la terminologie de David en 2 S 12, 20, et sa stratégie assumée, aussi étonnant que cela paraisse tant le contexte (cultuel et collectif en Joël, privé avec David) et le genre rhétorique diffèrent, selon une même logique interne. Dans l'un et l'autre cas, les rites, en particulier le jeûne, ne sont pas rejetés, ni présentés comme hypocrites. N'y manque pas la question pleine d'espoir, en Joël 2, 14 : « Qui sait ? Il reviendra et se repentira », *mî yodeʿa yašuḇ wᵉniḥam*, comme en 2 S 12, 22 : « Qui sait ? Il me prendra en pitié YHWH, et l'enfant vivra ! », *mî yodeʿa yᵉḥannenî yhwh wᵉḥay ha-yeled.*

Vient le moment de la question provocatrice : le jeûne de David est-il un jeûne juif ? Ce n'est pas ici le lieu de débattre de ce qu'est le judaïsme[72], ni de datations pointues. En revanche, nous pouvons nous poser la question de son rapport avec un type de religion.

---

72. Nous renvoyons à l'ouvrage magistral de J.-Ch. ATTIAS, *Penser le judaïsme*, Paris 2010.

Imaginer que les dieux d'un système polythéiste enjoignent de jeûner semble difficile, à la fois théoriquement et pratiquement. La culture polythéiste syrienne d'Ougarit (environ antérieure d'un millénaire) dont semble procéder le monde biblique présente des dieux et déesses passant leur temps à banqueter[73], et les rituels ne mentionnent point de jeûne[74]. Mais l'injonction de jeûne par une divinité majeure ou l'initiative de jeûne pour se ménager ses bienfaits se conçoit fort bien dans le cadre de la monolâtrie, stade intermédiaire sur la voie du monothéisme, partagé par Israël et Juda avec ses voisins, et reconnaissant un lien privilégié entre une divinité et son peuple, mais également la possibilité du culte d'autres dieux pour d'autres peuples, comme l'évoque Joël 2, 17.

Enfin, bouclons la boucle avec Ps 35, 13-14, qui évoque mortification et jeûne personnels, rituel apotropaïque pour accompagner la maladie d'un proche, pour détourner la mort :

> Se lèvent des témoins à charge, sur ce que je ne sais pas ils m'interrogent,
> Ils me rendent le mal pour le bien, épiant mon souffle.
> Mais moi, quand ils étaient malades, je me vêtais d'un sac,
> Je mortifiais dans le jeûne mon souffle,
> Et ma prière sur mon sein revenait, comme pour un compagnon, comme pour un frère j'errais,
> Comme en deuil d'une mère, triste j'étais voûté.

Le mécanisme, individuel, semble identique à celui qui se joue dans le jeûne de David, ainsi qu'à l'exégèse qu'il en donne (2 S 12, 22-23). Il transcende le temps. Les psaumes d'ailleurs sont-ils datables ? Il n'est peut-être pas fortuit que le texte offrant une forte similarité avec le cas de David soit précisément un psaume[75].

---

73. *Textes ougaritiques*, vol. 1, *Mythes et légendes,* trad. A. Caquot, M. Sznycer et A. Herdner, Paris 1974.
74. *Textes ougaritiques*, vol. 2, *Textes religieux, rituels, correspondance*, Paris 1989.
75. La formule *l^{e} dawîd,* « à David » ou « de David » figure dans l'intitulé de 73 psaumes, donc presque la moitié du Psautier. Comme l'écrit M. Rose, cette « davidisation » de la tradition psalmique ne se comprend que dans le contexte de l'image donnée de David par l'historiographie deutéronomiste : musicien, grand pécheur, prenant des libertés avec les normes en vigueur dans le clergé judéen : « À l'époque de l'exil babylonien, sans Temple ni royauté, pouvait naître cette image "humaine" de la piété personnelle, représentée par le roi de l'époque *précédant* la construction du Temple salomonien » (Th. Römer, J.-D. Macchi et

Ce peut être le lieu, après ce long et sinueux parcours, de réenvelopper de clair-obscur la figure de David[76] (souvenons-nous d'Odette de Crécy, mi-sincère mi-travestissant la vérité[77]) : après ce cruel épisode, la vie affective de David se résumera à une suite de sanglantes tragédies, de deuils parfois combinés à des jeûnes, souvent empreints d'ambiguïté (jeûnes en l'honneur de Saül et d'Abner), mais non dénués de sincérité. C'est là tout « le côté obscur » de la fondation de la dynastie davidique, souvent trahis par le jeûne. C'est pourquoi, parodiant le beau titre d'Alfred Adler[78], nous conclurons que « le jeûne est le masque *(et le révélateur)* du roi », étant entendu que le masque de théâtre (*persona*) révèle autant la personnalité du personnage qui le porte qu'il la dissimule. Le jeûne de David n'était-il pas sincère, *mî yode'a*, qui le saura jamais ?

Ch. NIHAN [éd.], *Introduction à l'Ancien Testament,* p. 562-578, en particulier p. 568-569).

76. L'éclairage à la fois dissimule et révèle : dans le film *The Third Man* (1949), Harry Lime, personnage criminel joué par Orson Welles, demeure jusqu'à la fin ambigu grâce aux géniaux clairs-obscurs de Robert Krasker

77. « Swann reconnut tout de suite dans ce dire un de ces fragments d'un fait exact que les menteurs pris de court se consolent de faire entrer dans la composition du fait faux qu'ils inventent, croyant y faire sa part, et y dérober sa ressemblance à la Vérité » (M. PROUST, À *la recherche du temps perdu*, vol. 1, *Du côté de chez Swann*, Paris 1954, p. 278).

78. A. ADLER, *La mort est le masque du roi. La royauté sacrée des Moundang du Tchad*, Paris 2008 [1982[1]].

LE JEÛNE DANS LE MONDE GREC ANTIQUE

Paul Demont
Sorbonne Université

DANS CETTE ÉTUDE, le jeûne est compris en son sens strict : l'absence de nourriture[1]. Le vocabulaire grec du jeûne, plus divers que le vocabulaire français, sera d'abord brièvement décrit. Sa richesse a des échos dans le principal mythe grec du jeûne, celui de la déesse Déméter, dont trois versions, échelonnées de la période archaïque au début du christianisme, seront ensuite présentées, avant les rituels de jeûne corrélés à ce mythe, dans des cultes très répandus à toute époque, parfois liés à l'orphisme. Ce jeûne rituel sera mis en rapport avec le jeûne en dehors de la religion, notamment en contexte médical[2]. Il s'agit de vider le corps pour lui permettre d'ingérer au mieux un mélange bénéfique, d'accueillir la divinité, voire de vivre mieux. On trouve à la fois dans la religion et dans la médecine une certaine spécificité du jeûne féminin, pour assurer la fécondité. D'autres cultes et

1. P. R. ARBESMANN, *Das Fasten bei den Griechen und Römern*, Giessen 1929 (De Gruyter, 1966) reste indispensable par la masse de la documentation ; il offre aussi un panorama des interdictions alimentaires partielles, qui ne sont pas étudiées ici. Je n'ai pu consulter E. G. SCHENCK et H. E. MEYER, *Das Fasten*, Stuttgart 1938. Ernst Günther Schenck devint ensuite expert en nutrition des Waffen-SS : voir R. JÜTTE, « The Historiography of Nonconventional Medicine in Germany: A Concise Overview », *Medical History* 43 (1999), p. 342-358, en particulier p. 352-354 sur la « Neue Deutsche Heilkunde », la nouvelle médecine naturelle revendiquée par le régime hitlérien et que défendait Schenck.
2. P. DEMONT, « Jeûne, restrictions alimentaires et perte d'appétit dans la *Collection hippocratique* », dans D. Manetti, L. Perilli et A. Roselli (éd.), *Ippocrate e gli Altri*, Publications de l'École française de Rome, Rome 2022, p. 35-59 (également sur OpenEdition Books, https://books.openedition.org/efr/21665), dont certaines analyses sont résumées ici.

10.1484/M.BEHE-EB.5.134765

comportements avec jeûne, notamment autour de la déesse Isis, seront brièvement analysés. Mais se pose aussi la question de l'entraînement au jeûne : le jeûne peut être un choix individuel, dans une perspective morale, voire philosophique, en particulier pour isoler l'âme des tracas corporels.

1. Le vocabulaire grec du jeûne

Le vocabulaire grec du jeûne est divers[3]. Jeûner, c'est d'abord *ne pas* manger. Plusieurs composés privatifs s'y réfèrent donc. Ce sont d'une part deux composés négatifs en –τος, ἄπαστος, « qui ne mange pas, qui ne peut pas manger » (cf. πατέομαι, « ingérer de la nourriture ») et ἄσιτος, « qui ne mange pas, qui ne peut pas manger d'aliment » (cf. σιτέομαι, « manger du pain, manger »). Le premier est rare, et son dérivé ἀπαστία encore plus. Le second est très fréquent tout au long de l'hellénisme. Les dérivés et composés de σῖτος (« blé, pain, nourriture ») dessinent toute une échelle de l'alimentation, avec, par exemple, εὔσιτος, « qui mange bien », μονόσιτος, « qui ne mange qu'un aliment », ὀλιγόσιτος, « qui mange peu », ou ἀπόσιτος, « qui se tient éloigné de la nourriture[4] ». Un autre composé négatif a des usages religieux importants, mais aussi de nombreux emplois sans rapport à la religion (Homère, *Iliade* XIX, v. 56, 205, *Odyssée* XVIII, v. 370, par exemple) : νήστης ou νῆστις, « qui ne mange pas, à jeun[5] », avec deux élargissements différents sur la base du verbe ἔδω, « manger ». Il repose sur un « mot hérité qui s'analyse dans son principe comme un composé privatif », dont « le thème nominal *i.-e.* *h_1-d-ti-* "nourriture" est attesté en iranien (…), en anatolien (…), et sans doute en

---

3. P. R. Arbesmann, *Das Fasten*, p. 3-15.
4. J. A. López Férez, « ἈΠΟΣΙΤΙΑ : du Corpus hippocratique à Galien », dans I. Boehm et N. Rousseau (éd.), *L'expressivité du langage médical. Hommages à F. Skoda*, Paris 2014, p. 135-146 (voir notamment p. 136 et la liste donnée par Pollux, p. 144).
5. Ou bien, rarement, avec un sens factitif, « qui suscite la faim » (Eschyle, *Agamemnon* v. 193). L'adjectif peut même être employé avec λιμός (νῆστις… λιμός, « la faim quand il n'y a rien à manger » *Choéphores* v. 250193 : voir sur cet emploi A. Poivre, *Crier famine. Imaginaire et poétique de la faim dans la poésie et le théâtre grecs archaïques et classiques*, Paris (à paraître), p. 31-32 et p. 307). On trouve chez Nicandre (*Alexipharmaca*, v. 130) la forme νήστειρα, épithète de Déô (= Déméter).

grec même[6] ». On rencontre aussi très rarement ἄνηστις avec ἀ- pléonastique (Cratinos, fr. 47 *PGC*). Au verbe dérivé, νηστεύειν, peuvent s'ajouter des préverbes, attestés notamment dans les traités médicaux : δια- (« jeûner continûment »), προ- (« jeûner auparavant »), ἐκ- (« jeûner complètement »). Le substantif dérivé, νηστεία, désigne en particulier le « Jour du Jeûne » de la fête des Thesmophories à Athènes. Toutes ces formations réfèrent à l'absence d'ingestion de nourriture, et surtout de la nourriture par excellence, les céréales[7].

Une autre orientation sémantique part du corps qui ingère la nourriture, avec son ventre, ou plutôt sa « cavité » (κοιλίη), conçue comme un réservoir ou un vase (ἄγγος). L'adjectif composé possessif κεναγγής, « qui a le /récipient/ vide » a pour dérivé (en ionien), κενεαγγείη, « état de qui a le ventre vide, vacuité », puis « action de vider le ventre, évacuation » [et donc traitement médical par le jeûne] puis, avec la spécialisation progressive du diminutif ἀγγεῖον (qu'on a entendu derrière le second élément) au sens de « vaisseaux », « action de vider les vaisseaux, déplétion des vaisseaux[8] ». Le processus menant à cette vacuité (qui peut être désigné aussi par d'autres dérivés de κενός, comme

6. Ch. de Lamberterie, « Chroniques d'étymologie grecque », *Revue de Philologie* 72/1 (1998), p. 133. Le substantif νῆστις a pu référer ainsi à l'intestin grêle (comme en latin *jejunum*) et au *nèstis*, ou *kestreus*, poisson dans lequel on ne trouve pas d'aliments (d'où de multiples jeux de mots comiques sur ce « Jeûneur », par ex. chez Diphilos, fr. 54 K : ὁ δὲ τάλας ἐγὼ / κεστρεὺς ἂν εἴην ἕνεκα νηστείας ἄκρας). Le rapport à la déesse Νῆστις, une divinité sicilienne, qui chez Empédocle (DK 31B6) symbolise l'élément Eau, est très discuté : il n'est pas impossible que le philosophe ait joué sur un mot qui pouvait évoquer les déesses Déméter et Perséphone, les « jeûneuses » (P. Kingsley, *Empédocle et la tradition pythagoricienne*, Paris 2010 [*Ancient philosophy, Mystery, and Magic. Empedocles and Pythagorean Tradition*, Oxford 1995], p. 403-413 ; voir aussi J. Bollack, *Empédocle* III, *Les origines. Commentaire*, Paris 1969, p. 174-177 ; point complet sur ce dossier complexe par A. Maggio, « Sulle tracce della dea Nesti : Empedocle e Alessi », *Incontri di filologia classica* XVIII [2018-2019], p. 103-150). Une lamelle d'or « orphique » (ɪᴠ^e^-ɪɪɪ^e^ siècle avant J.-C.) joue peut-être sur la même paronymie (voir *infra* n. 35).
7. Ajoutons l'adjectif archaïque ἄκμηνος, « à jeun », rare et d'étymologie obscure, qui a récemment été analysé aussi comme composé privatif, originellement sans rapport direct à la nourriture et signifiant « qui n'a pas reçu de soin [relativement à la nourriture et à la boisson] » (A. Blanc, « Disguised Compounds in Greek: Homeric ἀβληχρός, ἀγαυός, ἄκμηνος, τηλύγετος, and χαλίφρων », *Transactions of the Philological Society* 100 (2002), p. 176-179).
8. P. Demont, « Le ventre et le vase. De l'usage des cavités et vaisseaux », dans J. Peigney et B. Lion (éd.), *L'imaginaire de l'alimentation humaine en Grèce ancienne* (Food & History, 13), Turnhout 2016, p. 257-272.

κένωσις, « vacuité, évacuation ») est souvent conçu comme une « purgation » ou « purification » (κάθαρσις, καθαρίζεσθαι ἀπὸ...), notamment dans les prescriptions religieuses, avec les adjectifs ἁγνὸς ἀπὸ..., « pur par exclusion de... » ou ἀμίαντος + gén., « non souillé (par l'absorption) de[9]... ». Sans ces adjectifs, mais avec la notion de κάθαρσις, la préparation de la vacuité du corps par le jeûne est souvent associée à l'élimination de substances nocives chez les médecins.

Une dernière orientation envisage l'effet immédiat du jeûne, à savoir la faim. On peut mourir de ne pas s'alimenter, mais le médecin, quant à lui, peut imposer la faim par le jeûne. On doit soigner « à la fois par des médicaments évacuants et par la faim (λιμῷ) » en cas d'ulcères, selon *Lieux dans l'homme* 36 (VI, 328 Littré 68 Joly). La langue grecque utilise des mots composés révélateurs de la terrible réalité que représentaient les périodes de famine, λιμοκτονεῖν « tuer par la faim », λιμαγχεῖν « étouffer par la faim », avec leurs dérivés ; la *Collection hippocratique* les emploie dans un sens affaibli, « faire jeûner, soumettre à une diète sévère », notamment « dans une liste d'actions à mettre en œuvre pour guérir un malade[10] », et non pas pour le tuer, bien sûr.

On le voit, entre le jeûne, le simple fait d'être à jeun et la faim, il y a une ressemblance de famille. Ce continuum s'observe dans les récits où intervient le jeûne, dont le principal est lié aux « deux déesses », comme elles étaient parfois appelées ensemble[11], la déesse Déméter[12]

---

9. « *Hagnon* désigne les rites et les fêtes, les temples, les *teméné* et les bois sacrés, mais aussi le feu, la lumière et plus particulièrement l'état de pureté requis pour tout commerce avec les dieux, et le fait de se tenir à l'écart de la sexualité, du sang et de la mort. [...] L'inverse est *miaros*, "souillé", "répugnant", ce qu'on doit rejeter loin de soi avec haine et dégoût » (W. BURKERT, *La Religion grecque à l'époque archaïque et classique*, Paris 1971, p. 360). R. PARKER, *Miasma. Pollution and Purification in Early Greek Religion*, Oxford 1983, n'étudie pas le rôle du jeûne proprement dit dans cette perspective, sauf en ce qui concerne l'interdiction de consommer tel ou tel aliment (appendix IX, p. 357-365), qui est analysée en détail par P. R. ARBESMANN, *Das Fasten*, p. 29-62.

10. A. POIVRE, *Crier famine*, p. 458, précise avec raison que cette abstinence rigoureuse n'est « pas absolument totale ».

11. Cette appellation remonte peut-être à la période mycénienne (L. R. PALMER, *The Interpretation of Mycenaean Greek Texts*, Oxford 1963, p. 249).

12. « Il faut admettre que le nom contient le mot μητήρ. Pour le premier terme, le plus vraisemblable serait d'y voir un vieux nom de la terre » (P. CHANTRAINE, *Dictionnaire étymologique de la langue grecque. Histoire des mots*, Paris 1968). C'est déjà, au IVe siècle av. J.-C., l'explication du Papyrus de Dervéni, citant et

avec sa fille, Perséphone (ou Phéréphatta), souvent appelée simplement Korè (« Jeune Femme »). Ce sont les documents les plus explicites sur le jeûne, parce qu'ils mettent en rapport une histoire divine et des rituels. Trois textes en particulier font connaître le mythe de Déméter, d'un bout à l'autre de l'hellénisme : l'*Hymne "homérique" à Déméter* de l'époque archaïque (VIIe-VIe siècles avant J.-C. ?)[13], puis, à l'époque hellénistique, l'*Hymne à Déméter* de Callimaque (c. 310-c. 235 avant J.-C.)[14], et enfin un passage du *Protreptique* de Clément d'Alexandrie, à la fin du second siècle de notre ère. Dans le premier hymne, la déesse, après avoir perdu sa fille, se livre à un jeûne sévère qui a pour corrélation l'hiver, période où le grain ne pousse pas sur la terre des hommes, et le risque de la famine, avant de retrouver Korè et de permettre avec elle la pousse des céréales ; dans le second, où ce jeûne est rappelé, et mis en parallèle avec un jeûne rituel des femmes, Déméter se trouve en face d'un insolent qui l'outrage et qu'elle punit en le livrant à une fringale sans limite, une faim maladive dans l'excès de nourriture. Clément d'Alexandrie, lui, livre des informations précieuses sur une version qu'il appelle « orphique » du récit et proteste vigoureusement, en chrétien, contre son immoralité.

2. L'Hymne homérique à Déméter

L'*Hymne* (dit *homérique*) *à Déméter*, dont le mythe est déjà connu par Hésiode (*Théogonie*, v. 912-914), raconte l'enlèvement de Perséphone, la fille de la déesse, par le dieu Hadès (appelé aussi Ἀϊδωνεύς[15]) en son royaume des morts : Déméter, désespérée de la disparition de sa fille, « pendant neuf jours, ne cessa de parcourir la terre, ayant en main des torches ardentes : dans sa douleur, elle ne goûta point (οὐδέ ποτ'… πάσσατ'ἀκηχεμένη) à l'ambroisie ni au doux breuvage du nectar, et ne

commentant un poème « orphique » antérieur (col. XXII, v. 9-13, p. 1218-1219 Laks-Most).

13. N. J. RICHARDSON, *The Homeric Hymn to Demeter*, Oxford 1974.

14. A. FAULKNER, « Fast, Famine, and Feast: Food for Thought in Callimachus' "Hymn to Demeter" », *Harvard Studies in Classical Philology* 106 (2011), p. 75-95.

15. Sur les noms d'Hadès, voir C. FELISI, « ΑΙΔΗΣ. Histoire d'un théonyme grec des temps pré-homériques à l'époque classique », thèse de doctorat, Sorbonne Université, à paraître.

plongea pas son corps dans un bain » (v. 47-50, trad. Jean Humbert)[16]. Elle apprend la vérité, quitte l'Olympe et, déguisant sa divinité, rejoint les humains, à Éleusis (v. 97), en proposant au roi Célée et à son épouse Métanire ses services comme nourrice (v. 138-144). Elle ne révèle que très partiellement sa nature non mortelle, et refuse le trône qu'on lui offre, préférant « un siège massif » où elle reste longtemps, « muette de douleur, sans s'occuper de personne ni en paroles ni en actes. Sans sourire, sans prendre de nourriture ni de boisson (ἄπαστος ἐδητύος ἠδὲ ποτῆτος), elle restait assise et se consumait en regret (πόθῳ) de la perte de sa fille à la large ceinture » (v. 196-201).

Seule une servante, Iambè (dont le nom évoque la poésie « iambique »), « à force de saillies et de railleries », lui arrache un sourire. Elle refuse encore une coupe de vin rouge (qu'elle considère comme « interdit »), et demande à boire « un mélange de farine, d'eau et de tendre pouliot », appelé *cycéon*, qu'elle accepte de Métanire « pour fonder le rite » (ὁσίης ἕνεκεν, v. 206-211, trad. Jean Humbert, cf. « for the sake of the rite », Nicholas Richardson). Déméter accepte alors d'élever le fils de Métanire, Démophon, qui grandissait « comme un être divin, sans prendre le sein ni aucune nourriture » (v. 236), car elle le frottait d'ambroisie et le plongeait la nuit dans le feu. Métanire surprend, horrifiée, ce traitement nocturne, dont elle ne comprend pas qu'il était destiné à le rendre immortel, et sa réaction hostile déclenche la révélation solennelle, par la déesse, de sa nature divine, et l'exigence de lui bâtir un sanctuaire et d'y célébrer des mystères (v. 256-274). Ce que fit Célée, mais Déméter ne renonça pas à sa colère (v. 305-313) :

> Ce fut une année affreuse entre toutes qu'elle avait donnée aux hommes qui vivent sur le sol nourricier, une année vraiment cruelle : la terre ne faisait pas lever le grain [...]. Elle [Déméter] aurait sans doute anéanti dans une triste famine la race tout entière des hommes qui ont un langage, et frustré les habitants de l'Olympe de l'hommage glorieux des offrandes et des sacrifices, si Zeus [...].

Zeus tente de convaincre Déméter de revenir dans l'Olympe, mais elle refuse jusqu'à ce que, par l'entremise d'Hermès, Zeus obtienne l'accord d'Hadès pour que Perséphone quitte les Enfers, non sans lui

16. Dans d'autres mythes, l'errance est associée à une faim subie, et non un jeûne, avec le même vocabulaire (Eschyle, *Prométhée*, v. 573 et 600, à propos d'Io « affamée » [νῆστις], Sophocle, *Œdipe à Colone*, v. 349, à propos d'Antigone et d'Œdipe [ἄσιτος] exilés).

avoir donné à manger « un pépin doux et sucré de grenade, sans se faire voir » (v. 372), pour l'obliger à retourner le voir. La fille remonte des Enfers et retrouve sa mère, qui lui explique l'accord intervenu : un tiers du temps aux Enfers, deux tiers dans l'Olympe. La mère de Déméter, Rhéa, demande alors à celle-ci de renoncer à sa colère envers Zeus et de faire croître « pour les hommes le grain de vie » (v. 469), d'abord dans la plaine d'Éleusis (v. 450), ce que fait la déesse, tout en enseignant, aux rois d'abord (dont Triptolème, fils de Célée, inventeur de l'agriculture et réputé fondateur des Mystères d'Éleusis, v. 474), les rituels (ὄργια, *orgia*[17]) « qu'il est impossible de transgresser, de pénétrer, ni de divulguer » (v. 476-479). Un *makarismos* célèbre alors la félicité de l'homme qui sur terre y est initié, qui en a eu la « vision » : celui qui ne l'est pas n'aura pas même destin au jour de sa mort.

3. *L'Hymne à Déméter* de Callimaque

Quelque trois ou quatre siècles plus tard, Callimaque écrit son *Hymne à Déméter*, inscrit explicitement dans un rituel féminin[18]. Le poème, dont le locuteur s'identifie au v. 6 par une 1re personne du pluriel à ses interlocutrices et doit être une femme (v. 124), s'adresse, à l'impératif, à des « femmes » (γυναῖκες, v. 1, au vocatif) pour leur demander d'acclamer Déméter « nourricière, si riche en blé ». Les « non initiées » (βέβαλοι, v. 3) devront accueillir l'arrivée solennelle du « panier » (τῶ καλάθω, v. 1) par terre, et non pas depuis un toit, ou depuis une hauteur, qu'elles soient dans l'enfance ou adulte, et même si elles crachent d'une bouche desséchée, faute de nourriture (ἀφ'αὐαλέων στομάτων... ἄπαστοι, v. 6) : le jeûne ne suffit pas sans le rituel qui l'accompagne. À la fin de l'hymne, revient un appel aux femmes, à la fois les jeunes vierges et les femmes mariées pour qu'elles invoquent à nouveau « Déméter nourricière, si riche en blé » (v. 118-119). La locutrice organise le cortège qui accompagne « le panier » transporté par un char à quatre chevaux (v. 120)[19], promesse

---

17. « L'étymologie la plus probable tire ὄργια et ὀργεών de la base *werg- de ἔρδω, ἔργον, etc. ; il s'agit des actes sacrés ; on peut rapprocher l'emploi parallèle de τὰ δρώμενα » (P. Chantraine, *Dictionnaire étymologique de la langue grecque*, *s.v.*). Le mot s'est spécialisé pour référer aux « cultes à Mystères ».
18. S. A. Stephens, *Callimachus: the Hymns*, New York 2015.
19. Une monnaie alexandrine de l'époque de Trajan représente un tel char (S. A. Stephens, *Callimachus*, p. 276, avec reproduction).

de fécondité pour l'année. Sans chaussures, chevelure dénouée, les femmes marchent avec des porteuses de corbeilles aussi : les non initiées s'arrêteront au Prytanée, les initiées iront jusqu'au temple, et enfin les femmes de plus de soixante ans et les femmes enceintes iront jusqu'où elles pourront.

C'est le Soir qui détermine le moment de cette procession, le Soir, Hespéros, « le seul qui avait persuadé Déméter de boire » (v. 8) tandis qu'elle était partie à la recherche de sa fille. Cette version tout à fait inattendue du mythe permet à Callimaque de passer sous silence l'épisode de Iambè[20]. L'hymne s'adresse alors à Déméter (v. 9), en lui demandant comment elle a pu tenir tout au long de cette recherche jusqu'aux pays du couchant, jusqu'aux hommes noirs, jusqu'aux pommes d'or : « Tu ne bus point, tu ne mangeas point pendant tout ce temps, sans même te laver (οὐ πίες οὔτ'ἄρ'ἔδες τῆνον χρόνον οὐδὲ λοέσσα). Trois fois tu franchis l'Achéloos aux tourbillons d'argent, trois fois tu traversas chacun des fleuves qui coulent éternellement, et trois fois tu t'assis par terre auprès du puits Callichoros [à Éleusis], toute desséchée, sans boire, et tu ne mangeas point, sans même te laver » (αὐσταλέα ἄποτος τε καὶ οὐ φάγες οὐδὲ λοέσσα, v. 12-16).

Refusant à cet instant de poursuivre le développement du mythe de Perséphone à la façon de l'hymne homérique qu'il vient d'évoquer implicitement, Callimaque préfère insister sur la fécondité céréalière donnée par Déméter à Triptolème, en même temps que « de bonnes lois » (v. 18) et une « bonne *technè* » pour l'exploiter, avant de proposer, en un contraste saisissant, un mythe fort différent, celui d'Érysichthon[21]. Le jeune Érysichthon, fils de Triopas (lui-même fils du

---

20. Par ce qui est peut-être une réticence comparable, Euripide, dans le deuxième stasimon de son *Hélène* (v. 1301-1368), dédié à Déméter assimilée à la « Grande Mère » des dieux, avait, lui, déjà remplacé Iambè par Aphrodite, les Muses et les Charites (R. Saetta Cottone, « Le rire de Déméter et la comédie dans la tragédie. À propos du deuxième *stasimon* de l'*Hélène* d'Euripide », *Dioniso* 7 [2017], p. 175-194).

21. Il rivalise très probablement avec d'autres *Hymnes à Déméter* hellénistiques associant aussi jeûne et famine, ceux notamment de Philétas (fr. 2 Powell), Philicos (fr. 676-680 Lloyd-Jones / Parsons : Iambè y apparaît, ainsi que le jeûne, cf. fr. 680, v. 37 et 58) et Antimachos (fr. 78 Matthews), dont il ne reste que quelques fragments (A. Faulkner, « Fast, Famine, and Feast », p. 78-82, avec bibliographie). Après Ovide (*Métamorphoses* V, 341-571, qui fait intervenir le contexte religieux sicilien, et *Fastes* IV, 533-534, 547-548), Nicandre de Colophon, au IIe siècle de notre ère, est l'un des principaux témoins ultérieurs de

dieu Poséidon), partit avec vingt compagnons « géants » abattre tous les arbres d'un bois sacré de Déméter en Carie. La déesse apprit ce projet impie et, déguisée en mortelle, alla lui dire de ne pas offenser Déméter, ce que le jeune homme accueillit par des sarcasmes et des menaces de mort : il continuerait, dit-il, pour bâtir une salle de banquets pour ses camarades et lui. Furieuse, la déesse se révéla, les bûcherons s'enfuirent, et Déméter déclara à Érysichthon (v. 63-70) :

> *Oui, oui, bâtis la salle, chien, chien, pour tes banquets ; tu vas bien souvent festoyer désormais.* Elle n'en dit pas davantage, et préparait le malheur à Érysichthon. Elle jeta en lui une faim terrible et sauvage, une faim ardente, violente : il était rongé par une terrible maladie. Le malheureux, autant il mangeait, autant il désirait manger encore ! Vingt personnes préparaient son festin, et douze tiraient le vin, car ce qui offense Déméter offense aussi Dionysos.

Le résultat : « dans sa maison, toute la journée à banqueter, il mangeait des nourritures innombrables, mais son pauvre ventre hoquetait au fur et à mesure qu'il mangeait » (v. 88-89) ; « comme la neige sur le mont Mimas, comme une poupée de cire au soleil, et plus encore, il fondait jusqu'aux nerfs, et à lui, le misérable, il ne restait plus que les tendons et les os » (v. 93). Il devint l'incarnation de la « mauvaise famine » (κακὰ βούβρωστις, v. 102), dévora jusqu'aux chevaux de course et de guerre, et vida toute la maison, au point d'en être réduit à la mendicité sur les carrefours (v. 114-115).

4. Récits « orphiques »

Dans son *Protreptique*, Clément d'Alexandrie vitupère la façon dont les « Grecs » et les Athéniens eux-mêmes croient au mythe honteux de Déô, dont il donne une version comparable, mais beaucoup moins décente que celle des récits précédents, et qui fait intervenir la

---

ces jeux intertextuels avec le mythe : « Tu pourras lui donner un mélange au pouliot (γληχὼ... κυκεῶνα), préparé dans une tasse avec des eaux fluviales, onctueux breuvage de Déô [forme hypocoristique de Déméter] après son jeûne (νηστείρης Δηοῦς), dont jadis Déô s'humecta la gorge en la cité d'Hippothoon, fidèle aux avis sans frein de la Thrace Iambè » (*Alexipharmaca*, v. 128-132, trad. J.-M. Jacques). Sur le personnage d'Érysichthon chez Hésiode (*Catalogue des femmes*, fr. 43 M.-W.), voir A. Poivre, *Crier famine*, p. 53-55, p. 92-93 et p. 107-111.

figure d'Orphée[22]. Une certaine Baubô[23] remplace Iambè ou le Soir, et cette « enfant de la Terre » va jusqu'à montrer directement son sexe à Déméter pour lui arracher un sourire et lui faire boire le cycéon (II, 20-21), ce qui doit prouver aux lecteurs de Clément à quel degré de luxure en étaient venus les peuples païens. Le texte présente des difficultés insolubles pour le détail de ce que montre Baubô : son sexe, ou bien une représentation du jeune Iacchos sur son sexe, comme semble le comprendre Arnobe et comme on a pu l'imaginer d'après des figurines de terre cuite retrouvées à Priène dans un temple de Déméter et Koré du IVe siècle avant J.-C., représentant des têtes féminines montées sur des jambes, avec un sexe (féminin) sous la bouche[24].

> Déô erre à la recherche de sa fille Korè et arrive épuisée près d'Éleusis (c'est un lieu de l'Attique) : elle s'assied au bord d'un puits, toute à son chagrin, ce qui est encore maintenant interdit à qui se fait initier, pour que ceux qui ont suivi le rite ne paraissent pas imiter l'affligée. Les enfants de la Terre habitaient alors Éleusis, et leurs noms étaient Baubô, Dysaulès, Triptolème, et aussi Eumolpos et Eubouleus. Triptolème était bouvier, Eumolpos berger, Euboulos porcher. C'est d'eux que vint à Athènes la lignée sacerdotale des Eumolpides et des

---

22. F. JOURDAN, *Orphée et les Chrétiens. La réception du mythe d'Orphée dans la littérature chrétienne des cinq premiers siècles*, t. I, Paris 2010, résume très bien l'objectif général de Clément en ce qui concerne Orphée : il « disqualifie le chantre puis le remplace par un Orphée d'ordre supérieur en vue de répondre aux païens, tout en les invitant à admirer la sublimation de leur propre héros » (p. 29). Le texte ici étudié appartient à la première étape : la disqualification d'Orphée au motif de l'obscénité de ses vers, qui disqualifie en même temps les Athéniens l'ayant suivi dans leurs Mystères d'Éleusis.
23. Le nom « Baubô » est connu de mythographes antérieurs, qui en faisaient, eux aussi peut-être par souci d'euphémisation, l'époux de Dysaulès, accueillant avec lui Déméter (Asclépiade, *FGrHist* 12 F 4 et Palaiphatos, *FGrHist* 44 F 1). Il est possible qu'un plaidoyer attribué à Dinarque en ait aussi parlé (fr. 35 Conomis). Le nom désigne une divinité honorée en même temps que Déméter, Eubouleus et Koré dans des inscriptions de Naxos (*SEG* XVI, 478, fin du IVe siècle avant J.-C.) et de Paros (*IG* XII, 5, 227). On trouve encore à Oxyrhyncos le nom associé à Déméter et Koré dans une formule magique d'envoûtement amoureux du IIIe ou IVe siècle de notre ère (*SEG* 38, 1837, l. 7-8 et 46 : il s'agit vraisemblablement du nom d'une divinité, et non d'un mot magique). Il semble qu'Empédocle, selon le lemme d'Hésychius, l'employait avec le sens de « cavité », c'est-à-dire probablement « sexe féminin » (DK 31 B 153), à comparer peut-être à βαυβών, désignant chez Hérondas (VI, 19) un sexe masculin postiche en cuir.
24. Voir F. JOURDAN, *Orphée*, p. 184-195 (avec bibliographie et reproduction des statuettes).

Kèrykes. Alors (car je ne renoncerai pas à le dire), Baubô accueille Déô et lui tend un cycéon. Comme elle refusait de le prendre et ne voulait pas le boire (elle était en deuil), Baubô en fut chagrinée, parce qu'elle se croyait méprisée : elle découvre ses parties honteuses et les montre à la déesse. Déô se réjouit à cette vue et accepte finalement, non sans mal, la boisson, toute contente du spectacle. Voilà les mystères secrets des Athéniens ! Et cela, Orphée aussi le rapporte dans ses écrits. Je vais ajouter pour toi les vers mêmes d'Orphée, pour que le mystagogue soit pour toi un témoin de cette impudeur : « Après ces mots, elle retroussa ses vêtements et montra de son corps, entièrement, le tableau bien peu convenable. Le jeune Iacchos était là, et farfouillait avec sa main, en riant, sous les plis de Baubô. La déesse alors vit cela, elle sourit en son cœur, et accepta le vase étincelant où était le cycéon ». Voici la formule des Mystères d'Éleusis : « J'ai jeûné, j'ai bu le cycéon (ἐνήστευσα, ἔπιον τὸν κυκεῶνα), j'ai pris dans la corbeille (κίστην) et, après avoir fait, j'ai déposé dans le panier (κάλαθον), puis, reprenant du panier, j'ai replacé dans la corbeille ». Beaux spectacles et qui conviennent bien à une déesse !

Le récit de Clément[25] (peut-être tiré d'un manuel antérieur) semble emprunter le nom de Baubô à une tradition « orphique », qu'il cite à l'appui de sa version pour en stigmatiser l'ignominie et pour dénoncer en Orphée l'inventeur de Mystères païens inacceptables[26]. Le comportement attribué par Clément et « Orphée » à Baubô correspond-il à des traditions attiques anciennes ? Hérodote mentionne un rituel égyptien de fécondité dit d'*anasyrma*, bien connu par ailleurs, au cours des fêtes de Bubastis, pendant lequel « des femmes, debout, retroussent (ἀνασύρονται) leur robe » (II, 60, 2) et l'on a donc pu suggérer une origine égyptienne du récit polémique de Clément, fondée sur les amalgames entre divinités grecques et égyptiennes dont je reparlerai. Arnobe (*Contre les Nations*, V, 25-26) imite de près Clément, mais présente un récit sur ce point différent :

Cette partie du corps par laquelle le sexe féminin d'ordinaire enfante et acquiert le nom de géniteur, elle [Baubô] la libère alors d'une assez longue négligence, lui fait prendre un aspect plus propre et la rend

25. Beaucoup imité ensuite (Arnobe, Eusèbe, Grégoire de Naziance, Nonnos, Pseudo-Psellus) : voir F. JOURDAN, *Orphée*, p. 184-185.

26. F. JOURDAN, *Orphée*, p. 159. Clément est très sensible au lien entre le récit mythique et le rite, qui met en scène, selon lui, un drame théâtral (« Déô et Korè devinrent toutes deux un drame d'initiation [δρᾶμα… μυστικόν], et Éleusis, pour elles deux, célèbre aux flambeaux l'errance, le rapt et le deuil », II, 12, 2).

> lisse de façon à lui donner l'apparence d'un petit garçon (*pusionis*) dont le visage n'est pas encore dur et couvert de poils. Elle revient vers la déesse en proie au deuil et parmi les plaisanteries communes dont il est coutume de se servir pour briser et apaiser l'affliction, elle se découvre et, son bas-ventre dévoilé, montre toutes ses parties honteuses. La déesse fixe ses regards sur le pubis et se repaît de ce genre inouï de consolation. Détendue alors par le rire, elle prend et boit la potion qu'elle avait repoussée [...]. [Arnobe annonce alors la citation des vers grecs suivants d'Orphée] « Tout en parlant ainsi, elle releva son vêtement, depuis le bas, et exposa aux regards les choses formées sur son bas-ventre. En les agitant par-dessous avec le creux de sa main (car elles avaient un visage d'enfant), elle les tapote, les manie d'un geste amical. Alors la déesse, fixant sur la scène l'orbe de ses augustes yeux, moins tendue, laisse un peu le chagrin de son cœur. D'une main elle prend la coupe et, dans un éclat de rire, elle boit, joyeuse, tout le cycéon » [...]. [Arnobe apostrophe les Athéniens] L'infamie de vos Éleusinia, leurs origines honteuses et les récits des Anciens la montrent, et enfin les formules mêmes que vous dites en réponse quand vous recevez les objets sacrés : « J'ai jeûné et j'ai bu le cycéon. J'ai pris de la corbeille et j'ai mis dans le panier ; j'ai reçu à nouveau et j'ai transféré dans la petite corbeille[27] ».

La « formule » mystérique (ou « mot de passe », trad. Monsésert)[28], quant à elle, est peut-être celle des Mystères grecs célébrés à Alexandrie, mais elle reprend probablement la formule athénienne des Mystères d'Éleusis, car Clément et Arnobe ciblent explicitement « les Athéniens », puis, juste après avoir cité la formule, « les Érechthéides[29] ». Qu'ils aient ou non compris les récits et les rites qu'ils évoquent, dont le jeûne, l'association de la thématique du deuil et de celle de la fécondité est, dans ces récits, manifeste[30].

Pausanias se réfère lui aussi, sans la charge polémique de Clément (qui veut, ici, absolument exclure qu'Orphée ait pu apparaître comme une préfiguration païenne du Christ sauveur), au lien entre

27. Traduction d'après F. Jourdan, *Orphée*, p. 188-189 (avec quelques compléments et modifications).
28. L'emploi de ce mot répond à des attaques contre le « mot de passe » du christianisme attestées chez Celse (Origène, *Contre Celse* : F. Jourdan, *Orphée*, p. 162-163).
29. M. P. Nilsson, *Geschichte der Griechischen Religion*, I, Munich 1967, p. 624-625.
30. F. Jourdan, *Orphée*, p. 193-194.

les Mystères et les complexes traditions « orphiques », à propos d'un sanctuaire attique consacré à un héros Kyamitès. Rappelant qu'on ne pouvait pas attribuer à Déméter l'invention des fèves (*kyamos*, en grec), il ajoute, avec un syncrétisme caractéristique au moins de la période romaine : « Quiconque a vu l'initiation d'Éleusis *ou* lu ce qu'on appelle les écrits orphiques sait ce que je veux dire » (I, 37, 4). Orphée apparaît dans ce texte et chez Clément comme le poète par qui est né le culte à Déméter, et non comme le maître d'une secte[31]. Le lien entre « Orphée » et les Mystères est ancien, dès la littérature grecque classique, et est attesté aussi dans des documents non littéraires[32].

En rapport aussi avec le culte de Déméter, le jeûne semble avoir fait partie de rituels proprement « orphiques », comme l'atteste vraisemblablement – les textes sont très difficiles à déchiffrer – une lamelle d'or inscrite, retrouvée dans une tombe de Thurium en Italie du sud et datée de la fin du IVe siècle ou du début du IIIe siècle avant J.-C[33]. : cet hymne que le défunt ou la défunte portait sur lui ou sur elle, promesse d'un bonheur après la mort, était adressé à la « Terre mère », à « Korra, la fille de Déméter » et d'autres divinités, dont peut-être Nèstis, et il semble bien mentionner un jeûne de sept jours qui pourrait être celui d'Orphée lui-même[34]. Outre le jeûne, la privation de boisson est attestée, créant une « sécheresse » à combler dans l'au-delà par des eaux bienheureuses[35] – ici encore un point commun avec le mythe et les rites de Déméter, notamment dans l'hymne de Callimaque.

31. De même (après 264/263 avant J.-C.), plus explicitement encore, dans le Marbre de Paros (*IG* XII, 5, 444, *FGrH* II, n° 239), avec N. J. RICHARDSON, *The Homeric Hymn to Demeter*, p. 77-86 et F. JOURDAN, *Orphée*, p. 180-182.
32. A. BERNABÉ, *Orphicorum et Orphicis similium testimonia et fragmenta*, fasc. 2, Leipzig 2005, p. 92-96 (fr. 510-518 F : *Orphica et Eleusinia*). Cl. CALAME, *Pratiques poétiques de la mémoire*, Paris 2006, p. 229-288 met en garde non sans raison contre la qualification comme « orphiques » de tous les rituels d'initiation, mais une certaine assimilation ancienne entre « orphisme » et Mystères est incontestable.
33. Fr. 492 F avec la note de A. BERNABÉ, *Orphicorum et Orphicis similium testimonia et fragmenta*, p. 69-70.
34. ἑπτῆμαρ νήστιας Zuntz, Bernabé (p. 70 Bernabé, qui cite Ovide, *Métamorphoses* X, v. 73-74).
35. Lamelle d'or d'Hipponion, à la fin du Ve siècle ou au début du IVe siècle avant J.-C. (fr. 474 F Bernabé, voir Cl. CALAME, *Pratiques poétiques de la mémoire*, p. 234-263).

5. Le jeûne et le deuil

Dans les deux hymnes et dans le récit « orphique », le point de départ est le même : la douleur et le jeûne de Déméter après la disparition de sa fille. Un temps de jeûne pouvait en effet (ou devait ?) accompagner régulièrement le deuil grec[36].

Un passage d'Aristophane (*Nuées*, v. 621-625), il est vrai difficile à interpréter en raison de sa charge comique, mentionne un tel temps, d'allure rituelle, dans le monde divin[37] : les Nuées, ces divinités qu'honore Socrate, mais qui sont fondamentalement des déesses de la campagne et de la nature, se plaignent de ce que les Athéniens ne respectent pas les jours de jeûne des dieux (ἀγόντων τῶν θεῶν ἀπαστίαν), quand ils déplorent (πενθῶμεν) la mort de Memnon ou de Sarpédon, tandis que les Athéniens, eux, boivent et rient, et cet irrespect aurait entraîné une réaction institutionnelle (on aurait pour cette raison retiré à Hyperbolos sa couronne de *hiéromnémon*, « mémorialiste des choses sacrées ») ! Déméter n'est donc pas la seule divinité à jeûner, mais ici, le deuil divin devient rituel.

L'association du deuil et du jeûne est fréquemment attestée dans l'épopée et la tragédie pour le monde des héros. Dans l'*Iliade*, tandis que les Troyens « prennent leur repas du soir », les Achéens, toute la nuit, pleurent Patrocle (XVIII, v. 314-315). Achille ne peut ensuite accepter de manger ni de boire avant de l'avoir vengé (XIX, v. 209-211) : « Ne me demandez pas de rassasier mon cœur de pain ni de boisson, quand un chagrin atroce me pénètre » (v. 306-307). Et il reste seul « sans rien manger, sans rien prendre » (ἄκμηνος καὶ ἄπαστος, v. 346) : heureusement, Athéna lui instille nectar et ambroisie[38]. Après la mort d'Hector, Priam ne mange rien jusqu'au moment où il obtient d'Achille de ramener le cadavre de son fils (XXIV, v. 641-642). Le vieil Iphis envisage de se laisser mourir de faim après le suicide de sa fille (Euripide, *Les Suppliantes*, v. 1105).

Plus généralement, les textes décrivent souvent « le jeûne des souffrants[39] » : la prostration de Pénélope inquiète pour son fils Télémaque

---

36. P. R. Arbesmann, *Das Fasten*, p. 26-28.
37. A. Poivre, *Crier famine*, p. 385.
38. Achille est fils d'une déesse. Sur l'attitude beaucoup plus raisonnable et humaine d'Ulysse, qui demande de bien nourrir l'armée avant le combat, voir A. Poivre, *Crier famine*, p. 131 et p. 193-194.
39. A. Poivre, *Crier famine*, p. 49-51, p. 164-165 et p. 375-380.

(« elle restait sans manger, sans prendre ni nourriture ni boisson », κεῖτ'ἄρ'ἄσιτος, ἄπαστος ἐδητύος ἠδὲ ποτῆτος, *Odyssée* IV, v. 788), celle d'Ajax découvrant son déshonneur (ἄσιτος ἀνήρ, ἄποτος… θακεῖ, Sophocle, *Ajax*, v. 324-325), celle de Médée trahie par Jason (κεῖται δ'ἄσιτος, Euripide, *Médée* v. 24), celle de Phèdre en proie à son amour funeste, qui jeûne depuis trois jours (*Hippolyte*, v. 275), celle d'Oreste poursuivi par les Euménides (*Oreste*, v. 39-42 : six jours déjà sans nourriture ni bain — je reviendrai sur cette association, présente aussi chez Callimaque). Le jeûne d'Oreste peut même être présenté comme un moyen désespéré de pression sur la divinité, quand, poursuivi par les Erinyes, il s'allonge sur le sol de Delphes, devant le sanctuaire, « sans manger » (νῆστις βορᾶς) et jure qu'il va se laisser mourir si Apollon, qui l'a perdu, ne le sauve pas maintenant : sa mort souillerait épouvantablement le domaine du dieu (*Iphigénie en Tauride*, v. 973). Lycophron, le fils du tyran Périandre de Corinthe, après avoir découvert que son père a tué sa mère, à la fois subit un jeûne imposé (et aussi l'absence de bains) par son père et refuse d'y mettre fin (Hérodote, III, 52, 3).

Dans le cas de Phèdre, le jeûne semble presque prendre, aux yeux du chœur, qui n'en comprend pas la véritable raison et redoute un suicide (v. 277), un sens rituel : « C'est le troisième jour aujourd'hui qu'elle garde sans manger (ἀβρωσίᾳ, *corr.* Hartung, avec un *hapax* qu'on trouve chez le lexicographe Pollux) son corps pur (ἁγνὸν) du blé de Déméter » (*Hippolyte*, v. 135-138, cf. 275)[40], à moins, estime-t-il, qu'il ne s'agisse d'une maladie psychosômatique féminine (v. 131, 161-169, 186, 293-296) avec impossibilité de se nourrir, comme on en rencontre en effet dans la *Collection hippocratique*[41].

Pour revenir au deuil proprement dit, signalons le traité que lui a consacré Lucien. On y retrouve le thème des trois jours sans manger, à propos, en général, des comportements de deuil qu'il trouve déraisonnables, voire ridicules, chez les humains : les parents du mort sont bien contents, note-t-il, de se remettre à manger pour le festin des funérailles, tant ils ont faim après « trois jours consécutifs sans manger », et Lucien de citer alors Homère, non sans ironie (*Sur le deuil*, 24) :

40. W. S. Barrett, *Euripides, Hippolytos*, Oxford 1964, p. 187.

41. « A Thasos, une femme supportant difficilement les contrariétés, à la suite d'un chagrin dû à une cause préalable, devint insomniaque, dégoûtée des aliments (ἀπόσιτος) », Épidémies III 17 (3.134 Littré 105-106 Jouanna, avec la note p. 427-428). Voir P. Demont, « Jeûne, restrictions alimentaires et perte d'appétit dans la *Collection hippocratique* », p. 45-46.

> C'est alors que tous récitent ces deux vers d'Homère : « Niobé elle-même, Niobé à la belle chevelure se souvint qu'il fallait manger «(*Iliade* XXIV, v. 602) et : « Ce n'est pas avec le ventre que les Achéens doivent porter le deuil du mort » (XIX, v. 225)[42].

Bien loin d'une telle ironie, la belle histoire de Sabinos et de son épouse, telle qu'elle est racontée par Plutarque, est un cas exemplaire de jeûne pendant trois jours : Sabinos feint d'être mort, et veut utiliser le deuil de son épouse à la nouvelle de sa mort pour accréditer son trépas ; de fait, quand celle-ci apprit la (fausse) nouvelle, « elle eut la force (ἐκαρτήρησε) de se priver de nourriture pendant trois jours et trois nuits » (*Sur l'amour*, 770 F 1). Le jeûne prouve la douleur. Son époux, ensuite, la rassura et la visita secrètement.

6. Hymnes et rituels

Le récit du jeûne de Déméter ouvre cependant sur une perspective en apparence très éloignée du deuil. Les récits hymniques ont un contexte externe, les rituels religieux promettant fécondité et bonheur à qui les pratique. Sans qu'on en connaisse bien les modalités, notamment en ce qui concerne le jeûne[43], des fêtes en l'honneur de Déméter et de la fertilité du sol sont attestées un peu partout dans le monde grec ancien de l'archaïsme à la période romaine, et c'est ce qui justifie l'empan très large de cette étude[44]. En célébrant la façon dont la bonne culture des céréales éloigne pour les hommes ce qu'Eschyle appelle « la maladie de la faim » (νῆστιν... νόσον, *Agamemnon*, v. 1017 : dans ce cas, Zeus, frère et époux de Déméter, en est le garant), « la calamité de la faim »

---

42. Dans la première citation, Achille invite Priam à manger, et dans la seconde, c'est Ulysse qui répond ainsi à Achille. Lucien joue donc ainsi avec les deux grands deuils de l'*Iliade*, celui d'Achille et celui de Priam.

43. M. P. Nilsson, *Geschichte der Griechischen Religion*, I, p. 94. On aurait aimé que Plutarque, dans son *De defectu oraculorum* (417 C), n'eût pas respecté la prescription de silence d'Hérodote (II, 171) qu'il cite et qu'il eût décrit avec plus de précision les « fêtes et sacrifices, jours néfastes et lugubres pendant lesquels on mange cru, on dépèce les chairs, on jeûne, on se livre à des épreuves, et, inversement, on multiplie des propos honteux dans les sanctuaires, "des actes insensés, des hurlements de fidèles secouant leurs têtes dans des transports" [Pindare, fr. 208] ».

44. M. P. Nilsson, *Griechische Feste von religiöser Bedeutung mit Ausschluss der Attischen*, Leipzig 1906, p. 313-317 (« das bei weitem verbreitetste aller griechischen Feste »). Sur la durée du jeune (probablement une journée), voir les remarques de bon sens d'A. Poivre, *Crier famine*, p. 50, n. 9.

(v. αἵ τε νήστιδες δύαι, v. 1621), les deux hymnes évoquent en particulier des rituels situés à Éleusis, à une trentaine de kilomètres de la cité athénienne[45]. Le premier fut composé peut-être peu de temps après qu'Éleusis fut annexée à la cité d'Athènes, le second associe la mention du puits Callichoros d'Éleusis à un univers géographique allant jusqu'en Carie. Les rituels de jeûne qui ont existé à Athènes au sein des cultes de Déméter et de Korè eurent un rayonnement immense.

Comme l'écrit N. J. Richardson en retraçant son historiographie, l'*Hymne homérique à Déméter* est le plus ancien témoignage de l'association des aspects agraires et eschatologiques de ces fêtes, car il attache « le Retour de Perséphone et de la vie dans les champs au don par Déméter de ses ὄργια, et à ses deux promesses, de prospérité dans cette vie, et de bonheur après la mort (v. 471 et suiv., 480 et suiv., 486 et suiv.) » : « ces deux aspects restèrent toujours inséparables ultérieurement[46] ». Pour le point qui nous intéresse, le jeûne, le récit hymnique propose un *aition*, une étiologie d'un rite de purification associant « jeûne, plaisanteries grossières (*aischrologia*) et ingestion du *cycéon* », avant les Mystères proprement dits[47]. Si un aspect important du mythe, le récit de la famine imposée aux hommes par Déméter, n'a pas d'équivalent explicite dans le rite, tout le rituel a pour fonction d'éviter le retour de cette menace terrible, qui reste ainsi à l'arrière-plan.

Callimaque l'évoque d'une autre façon. L'*exemplum* négatif[48] du mythe d'Érysichthon qu'il propose à ses lecteurs montre les conséquences funestes de la destruction des bois consacrés à la déesse (la terre sacrée d'Éleusis, connue notamment par une inscription célèbre, s'appelait ὀργάς), liée ici à une consommation excessive de nourriture se retournant en faim dévorante, dans une sorte de parodie terrible, mais non sans humour, du jeûne de Déméter et du jeûne rituel[49]. Il lie d'abord explicitement rite et mythe, au début de son hymne : les paroles de l'hymne sont censées faire partie du rituel et le lecteur assiste fictivement, avec les femmes à qui s'adresse l'hymne, à

45. Sur les rituels archaïques d'Éleusis, voir N. J. RICHARDSON, *The Homeric Hymn to Demeter*, p. 5-12 et p. 20-30.
46. *Ibid.*, p. 15 (et en général p. 12-30, avec bibliographie).
47. *Ibid.*, p. 22-23.
48. A. FAULKNER, « Fast, Famine, and Feast », p. 88-90.
49. « Par sa thématique et dans le détail, l'histoire d'Érysichthon est une inversion pleine d'humour du cadre cultuel sérieux » (S. A. STEPHENS, *Callimachus: the Hymns*, p. 264).

l'arrivée du « panier » de Déméter[50]. L'écho entre les bouches desséchées des femmes de la procession et le jeûne de Déméter (v. 6-16) est très efficace, comme la transition surprenante avec la mention du Soir hypostasié. « L'arrivée du soir à la fin du festival de Déméter mettra toujours fin, dans la réalité de la cérémonie cultuelle, à l'abstinence de toute nourriture ou boisson, exactement comme, dans le passé, elle mit fin un jour au long jeûne de Déméter[51] ».

On peut se demander quel rite « réel » est évoqué dans le contexte externe du poème. Le vocabulaire de l'initiation (v. 3), la mention du puits Callichoros (v. 15), l'insistance sur Triptolème (v. 18-21), la mention d'Éleusis (v. 30), doivent faire penser, comme pour l'*Hymne homérique à Déméter*, aux Mystères d'Éleusis, tandis que le caractère exclusivement féminin peut renvoyer, lui, à une autre fête, les Thesmophories, comme si Callimaque réalisait, dans cet hymne destiné à des lecteurs[52] autant qu'à des lectrices, une sorte de syncrétisme entre les deux fêtes pour Déméter[53] — un syncrétisme dont témoignent aussi les liens des cultes de Déméter avec « l'orphisme ». Il est probable, cependant, qu'il ne renvoie pas seulement à l'*Hymne homérique* et à son contexte attique. Un faubourg d'Alexandrie s'appelait Éleusis et des célébrations en l'honneur de Déméter y sont attestées depuis le IIIe siècle avant J.-C. jusqu'à l'époque impériale romaine[54]. Une autre cité beaucoup plus ancienne, Cyrène, possédait un immense sanctuaire de Déméter (40 000 m^2), actif pendant près de mille ans, dont la topographie, désormais bien connue[55], est compatible avec le trajet

50. Un « panier rituel » est mentionné dans la liturgie du *P.Gurob.* 1 au IIIe siècle avant J.-C. (fr. 578, 28 Bernabé : voir Cl. Calame, *Pratiques poétiques de la mémoire*, p. 280-284).
51. A. Faulkner, « Fast, Famine, and Feast », p. 84-85, montre comment le ὅς τε du v. 8 est utilisé par Callimaque pour souligner l'*aition* mythique du rite. Voir aussi P. R. Arbesmann, *Das Fasten*, p. 78-79.
52. Les hommes ne sont d'ailleurs jamais explicitement exclus de la cérémonie (S. A. Stephens, *Callimachus: the Hymns*, p. 276).
53. « Somewhere between the Athenian *Thesmophoria* and the Mysteries at Eleusis » (S. A. Stephens, *Callimachus: the Hymns*, p. 263-265, qui compare à ce que nous pouvons savoir d'autres cérémonies des Mystères dans le monde grec : à Andania, dans le Péloponnèse, hommes et femmes participent, mais dans des groupes séparés, avec un rôle spécifique pour des « vierges sacrées »).
54. S. A. Stephens, *Callimachus: the Hymns*, p. 265-267.
55. M. Luni, « Le nouveau sanctuaire de Déméter et la "ceinture sacrée" à Cyrène à l'époque royale », *Comptes rendus des séances de l'Académie des Inscriptions et Belles-Lettres* 155/1 (2011), p. 221-247, notamment p. 230 et p. 235-236.

décrit dans l'hymne de Callimaque[56]. Mais revenons sur les deux célébrations attiques sur lesquelles nous sommes le moins mal renseignés, les Thesmophories et les Mystères.

7. Les Thesmophories

Extrêmement répandue à toute époque dans tout le monde grec, la fête des Thesmophories se caractérisait notamment par l'offrande sacrificielle d'un cochon, animal associé à la fécondité, représenté sur de nombreuses statues de fidèle ou de déesse[57]. Elle était exclusivement réservée au sexe féminin, et c'est cette particularité qui, à Athènes, offrit à Aristophane, très probablement en 411 avant J.-C., l'intrigue de sa comédie intitulée les *Femmes aux Thesmophories* (le titre réfère au chœur de la pièce ; on emploie le plus souvent le raccourci *Les Thesmophories*)[58] : un homme déguisé en femme s'introduit, au risque de sa vie, dans la fête que célèbre le chœur et à l'assemblée « des femmes » qu'elles réunissent, il est démasqué, condamné et attaché à une cangue sous la garde d'un archer scythe, puis libéré grâce à une série de manœuvres d'Euripide[59].

---

56. Catherine Dobias m'écrit à ce sujet : « Les indications spatiales données par le poète conviennent parfaitement à Cyrène, où le parcours s'insère clairement dans la topographie, d'un petit édifice circulaire consacré aux deux déesses en plein centre de l'agora, par la grande voie dallée qui passe devant le prytanée, puis la porte sud du rempart, jusqu'au vaste sanctuaire de Dèmèter et Korè hors les murs. Cette interprétation est déjà signalée sans détails par Fr. Chamoux, *Cyrène sous la monarchie des Battiades*, Paris 1953, p. 366-367, Cl. Meillier, *Callimaque et son temps*, Lille 1979, p. 52, et plus en détail par A. Laronde, *Cyrène et la Libye hellénistique*, Paris 1987, p. 363-365. Tous ces travaux sont antérieurs aux découvertes faites à partir de 2000 par la mission archéologique d'Urbino, qui a agrandi considérablement le périmètre du sanctuaire hors-les-murs et apporté une confirmation de l'importance de ce culte, qui devait mobiliser un nombre impressionnant de fidèles ». Je la remercie vivement pour cet éclairage souvent méconnu.
57. W. Burkert, *La Religion grecque à l'époque archaïque et classique*, p. 324-329. Voir aussi H. S. Versnel, « The Festival for Bona Dea and the Thesmophoria », *Greece & Rome* 39/1 (1992), p. 31-55.
58. Voir R. Saetta Cottone, *Les* Thesmophories *ou la Fête des femmes*, Paris 2016.
59. Une histoire racontée au IIIe siècle de notre ère par Élien (fr. 44 Hercher) est beaucoup plus violente : au VIIe siècle avant J.-C., le fondateur mythique de Cyrène, Battos, exigea de voir la fête, menaces à l'appui, et la prêtresse l'autorisa à assister à la première partie (il découvre des femmes exaltées couvertes du sang des victimes sacrificielles), à la fin de laquelle les femmes se jetèrent sur lui et le châtrèrent. Cette histoire conduit Marcel Detienne à intituler « violentes

La fête athénienne se déroulait en automne, pendant trois jours, qui interrompaient la vie civique, du 11 au 13 du mois de Pyanopsion, au moment des semailles : il n'y avait ni tribunaux ni réunion du Conseil (*Thesmophories*, v. 78-79)[60]. La fête était-elle limitée aux « épouses légitimes » des citoyens, qui constituaient certainement la plus grande part des participantes ? Il n'y a pas de réponse assurée à cette question. La fête était en tout cas interdite aux esclaves (*Thesmophories* v. 293-294). Les jeunes filles vierges en étaient exclues selon un fragment de Callimaque (fr. 63)[61], mais Lucien mentionne, lui, des Thesmophories que fréquentent à la fois une courtisane (selon le mot assez anachronique qu'on emploie usuellement) et aussi une mère et sa fille (*Dialogue des courtisanes* II, 1)[62].

"eugénies" » son étude des Thesmophories, pour mettre en lumière « l'angoisse » masculine devant des « exemplaires "épouses légitimes" » prenant possession de la cité et des « armes du sacrifice », usurpant en quelque sorte ce « pouvoir strictement masculin de tuer et d'égorger » (M. DETIENNE, « Violentes "eugénies". En pleines Thesmophories : des femmes couvertes de sang », dans M. DETIENNE et J.-P. VERNANT (éd.), *La cuisine du sacrifice en pays grec*, Paris 1979, p. 183-214). Dans la pièce d'Aristophane, l'expression la plus proche du titre de Detienne, Ἀθηνῶν εὐγενεῖς γυναῖκες (v. 329-330), par laquelle les femmes se définissent elles-mêmes, réfère à la naissance athénienne, nécessaire pour la filiation depuis la loi de Périclès. Hérodote mentionne une tradition selon laquelle les Thesmophories ont été importées d'Égypte en Grèce par les Danaïdes, qui tuèrent les maris qu'on avait voulu leur imposer (II, 171). La pièce d'Aristophane, par le rire qu'elle suscite, offre au public une version moins « angoissante » des rapports entre les deux sexes.

60. C'était aussi la durée de la fête à Sparte et à Abdère. Elle durait dix jours à Syracuse (Diodore, V, 4-5).
61. Dans la cérémonie de son *Hymne à Déméter*, il distingue plutôt les participantes selon les phases de la cérémonie, certaines ne pouvant pas participer à la phase finale.
62. W. Burkert (*La Religion grecque à l'époque archaïque et classique*, p. 324 n. 221), tout en reconnaissant notre ignorance, estime que le récit de Lucien n'est « pas crédible ». J. J. WINKLER, *The Constraints of Desire: the Anthropology of Sex and Gender in Ancient Greece*, New York – Londres 1990, p. 149, juge que la position de Detienne, qui établit une distinction absolue entre « épouses légitimes » et autres femmes, est marquée par un certain « patriarchalism » (p. 199-201). Robert Parker pense que la fête était exclusivement réservée aux épouses légitimes (article « thesmosphoria », dans *Brill's Neue Pauly on Line* [consulté le 09/04/2020]). Dans Isée (VI, 49-50), on accuse une femme réputée être esclave et avoir eu une vie honteuse d'avoir assisté contrairement aux lois à des rites pour les deux déesses dont on ne précise pas la nature. Dans un autre plaidoyer (*Sur la succession de Pyrrhos*, 80), le plaideur soutient que si la femme dont il s'agit

La prière du chœur des femmes aux deux « Thesmophores » (τὼ Θεσμοφόρω, titre récurrent[63], au duel, qui unit les deux divinités dans un même culte), à la fin de la pièce d'Aristophane, évoque la conclusion des deux hymnes à Déméter, et certainement le rituel traditionnel de la fête :

> Venez avec bienveillance ici, soyez-nous favorables, saintes divinités, dans votre bois, là où vous révélez toutes les deux les rites augustes des deux déesses, interdits aux hommes, dans l'éclat des torches, vision immortelle ! Allez, venez, nous vous en prions, très saintes Thesmophores. S'il est vrai que vous soyez déjà venues auparavant, maintenant encore advenez, nous vous en supplions, ici, pour nous (v. 1148-1158).

Après une première journée intitulée la « Montée » (la montée des femmes en procession vers « le sanctuaire des Thesmophores », près de la Pnyx, avec nourriture, instruments du culte et porcelets à sacrifier), venait la νηστεία, le « Jour du Jeûne[64] », qui précédait la dernière journée, appelée καλλιγένεια, « Jour de la belle Génération ». La rupture du jeûne intervenait ou bien le soir de la seconde journée ou bien la troisième journée, avec un banquet offert par un citoyen riche pour son épouse (Isée, III, 80). Les femmes vivaient entre elles jour et nuit, dans des tentes ou baraques installées pour l'occasion (*Thesmophories*, v. 658). Selon certains témoignages, le Jour du Jeûne, elles restaient

alors était épouse légitime, étant donné que celui qu'elle dit avoir été son mari était riche, celui-ci aurait dû organiser et payer en son nom le repas des Thesmophories pour les femmes, ce qui n'a pas eu lieu. Élien emploie l'expression vague τὰ γύναια τὰ Ἀττικά (*Nature des animaux* IX, 26). Pline mentionne les *matronae* athéniennes (*Histoire naturelle*, XXIV, 59). En supposant que les épouses légitimes n'étaient pas les seules à participer à la fête, on a même soutenu une interprétation en termes de rituel de passage pour les jeunes filles (P. R. Arbesmann, *Das Fasten*, p. 74-75, avec bibliographie, est encore utile pour la comparaison avec d'autres jeûnes dans des rituels de passage, qu'il appelle, lui, « primitifs »).

63. Interprété par les Anciens parfois comme « celles qui apportent les lois » (Diodore V, 4, 7).

64. Selon Élien, dont les sources introduisent peut-être ici une étiologie cachant la véritable origine de la fête (P. R. Arbesmann, *Das Fasten*, p. 18-19), les habitants de Tarente fêtaient aussi un « Jour du Jeûne » pour rappeler une aide alimentaire reçue de la part de Rhégium (dont les habitants s'étaient livrés eux-mêmes à un « jeûne » d'un jour sur dix pour assurer cette aide), quand ils étaient assiégés par Athènes et réduits à la famine (Élien, *Histoire variée* V, 20) : un autre jeûne pour commémorer un jeûne.

tristement[65], sans porter de couronnes[66], assises et couchées à même le sol (Plutarque, *Isis et Osiris* 378 D 12), imitant ainsi Déméter telle que la décrit l'*Hymne* de Callimaque, sur des nattes constituées avec des rameaux d'une plante réputée anaphrodisiaque, le gattilier (λύγος ou ἄγνος, rapproché par étymologie populaire de l'adjectif ἁγνός, *Vitex agnus castus*[67]), ce qui manifestait leur abstinence sexuelle[68]. Ce mode de vie a été interprété dès l'Antiquité comme un retour en arrière : Plutarque (*Questions grecques* 31, 298 B-C) rapporte qu'à Érétrie, en Eubée, les femmes n'utilisaient pas le feu pour la cuisine des viandes, qu'elles faisaient sécher au soleil, dans une sorte de retour à l'âge d'avant l'invention prométhéenne et Diodore de Sicile note qu'en Sicile les femmes pendant la fête « imitent par leur équipement la vie d'autrefois » (V, 4, 7). Chez Homère, le Cyclope Polyphème, lui aussi, dort sur des branches de gattilier (*Odyssée* IX, v. 427-428).

Les rituels accomplis sont mal connus et difficiles à assigner à tel ou tel jour. À la fin du premier jour, semble-t-il, les femmes sacrifiaient des porcelets dont elles mangeaient plus tard la viande (scholie aux *Grenouilles*, v. 388). Un rite connu surtout par une autre source tardive reste assez obscur : certaines femmes, les *Antlétriai* (« Puiseuses »), en état de « pureté » (sexuelle) depuis trois jours, récupéraient des restes de porcelets jetés (probablement au cours d'une fête précédente, mais on ignore laquelle) dans des fosses (*megara*), avec des patisseries représentant serpents et phallus, ainsi que des branches de pin (symbole bien connu de fécondité), pour les mélanger aux grains à semer (scholie à Lucien, p. 275-276 Rabe). Cela a été mis en rapport avec la découverte de plusieurs fosses rituelles dans différents sanctuaires de la Grèce[69].

---

65. Démosthène serait mort le Jour du Jeûne, « le plus triste des Thesmophories » (σκυθρωποτάτην, PLUTARQUE, *Vie de Démosthène*, XXX, 1, qui se trompe dans la date indiquée pour la fête).
66. Scholie à Sophocle, *Œdipe à Colone*, v. 681.
67. L'adjectif est une épiclèse de Déméter et d'Artémis, la déesse chaste. Sur le gattilier et ses connotations, voir l'étude admirable de H. VON STADEN, « Spiderwoman and the Chaste Tree », *Configurations* 1/1 (1993), p. 12-56 (H. PIERRE, « Réflexions autour de la *Nesteia* des Thesmophories athéniennes », *Pallas* 76 [2008], p. 85-94 ne connaît pas cet article).
68. Scholie à Théocrite IV, 25.
69. W. BURKERT, *La Religion grecque à l'époque archaïque et classique*, p. 325-326.

C'est en ce Jour de Jeûne, qu'il appelle « jour du milieu » (v. 80)[70], qu'Aristophane, sans faire jamais allusion à ce genre de prostration attristée ni à ces rituels secrets, place l'intrigue très mouvementée de ses *Thesmophories*, avec une assemblée des femmes se tenant au signal donné (v. 278) dans le sanctuaire des Thesmophores, le Thesmophorion, près de la Pnyx, imitant et caricaturant les assemblées que les citoyens tenaient, eux, tout près, sur la Pnyx[71]. Les femmes s'y livrent dans la pièce, *ce jour-là*, à des assauts mutuels de propos à caractère sexuel, proches de cette αἰσχρολογία (« échange de propos honteux ») qui faisait partie intégrante de la fête selon Diodore (V, 4, 7, à propos des fêtes siciliennes et athéniennes), mais qu'on place souvent avant ou après le Jour du Jeûne[72]. Le chœur des « femmes aux Thesmophories » – chœur parodique il est vrai, composé d'hommes déguisés en femmes, dans le cadre d'un festival en l'honneur de Dionysos – s'y livre enfin, en précisant cependant qu'il agit « comme c'est la règle pour les femmes » (la parodie semble bien ici référer à la réalité), à des chants dansés « cycliques » sacrés (v. 947-948), plutôt joyeux et ardents, dont voici un extrait où Aristophane en rappelle encore le caractère régulier, conforme au νόμος (v. 981-986) :

70. Le texte du vers (ἐπεὶ τρίτη 'στὶ Θεσμοφορίων, ἡ μέση, « vu que c'est le troisième jour des Thesmophories, celui du milieu », trad. Saetta Cottone) est souvent corrigé (ἐπείπερ ἐστὶ Θεσμοφορίων ἡ μέση, Coulon : « τρίτη ortum ex Γ corruptae lectionis ΕΠΕΙΓΕΣΤΙ ; cf. ad Vesp. 1507 »). Il peut à la rigueur s'expliquer, selon les scholies, « par l'existence d'une fête secondaire en l'honneur des déesses Thesmophores, célébrée dans le dème attique d'Halimunte, le 10 du mois de Pyanepsion, qui était parfois incluse dans le calcul des jours de fête, si bien que le jour du milieu de la fête pouvait être désigné comme le troisième » (R. Saetta Cottone, *Les* Thesmophories *ou la Fête des femmes*). Le jeûne des Thesmophories était proverbial (voir Aristophane, *Oiseaux*, v. 1516-1518 où les dieux eux-mêmes, privés de sacrifices, se lamentent de devoir « jeûner comme aux Thesmophories »).

71. Une assemblée officielle de femmes comparable dans un culte féminin, peut-être des Thesmophories, est attestée à Mylasa, en Carie, au IVe siècle avant J.-C. (*CGRN* 97 [http://cgrn.ulg.ac.be/file/97/], consulté le 05/05/2020).

72. Par exemple, J. J. Winkler, *The Constraints of Desire*, p. 197 (« it seems natural to attach this behaviour to the first and third days rather than to the second »). Voir cependant A. M. Bowie, *Aristophanes. Myth, Ritual, and Comedy*, Cambridge 1993, p. 210-212 et R. Saetta Cottone, « Le rire de Déméter et la comédie dans la tragédie », p. 215-218. Pour un rapprochement ancien entre les railleries d'Iambè et les plaisanteries échangées pendant les Thesmophories, voir [Apollodore], *Bibliothèque* I, 5, 1.

> Attaquez avec entrain le double pas, qui fait le charme de la danse. Dansons en cadence, femmes, selon la règle : nous sommes à jeun (νηστεύομεν), de toute façon. Allons ! Secoue-toi ! Demi-tour, en rythme ! Chantez toutes en une belle ronde !

En ce qui concerne Athènes, il faut donc compléter le tableau ultérieur des Thesmophories au moyen de la pièce d'Aristophane : le jeûne rituel et l'absence de relations sexuelles avec l'autre sexe n'excluaient pas, semble-t-il, la joie de la fête sacrée et les jeux de nature sexuelle, si bien que, ajoute Aristophane pour faire rire, même ce peintre famélique nommé Pauson, qui lui aussi « révère [les rites sacrés] et jeûne » (v. 949), pourrait espérer y trouver une consolation. Dans les récits du mythe de Déméter, et dans le « jeûne des souffrants », le jeûne accompagne le deuil, et interdit le rire. Mais, dans le mythe de Déméter, c'est le rire qui permet de retrouver la nourriture. En plaçant sa comédie le Jour du Jeûne et en y faisant rire tous les Athéniens, Aristophane utilise et exalte ce moment charnière.

Si l'on s'éloigne de la pièce d'Aristophane, quel est le sens des Thesmophories ? C'est un « truisme » d'observer que « le cœur de ce festival en l'honneur de Déméter est le souci de la fertilité humaine et céréalière » : c'est une chose « trop évidente pour être mise en doute[73] ». La simple succession conduisant au troisième jour de la « Belle Génération » montre en effet que la prière pour la fécondité est l'objectif central. On peut approfondir ce point, comme on le verra, en tenant plus compte du rôle joué, mais souvent négligé dans cette perspective, par la phase de jeûne.

La bibliographie récente se focalise sur d'autres aspects, liés aux « gender studies ». Les femmes semblent pendant trois jours constituer une société parallèle, à côté de la société des citoyens mâles, avec des institutions comparables et la possibilité, exceptionnelle, de pratiquer le sacrifice sanglant, le tout, néanmoins, sous l'autorité de décrets pris par les hommes[74]. Le point le plus remarquable est que certaines d'entre elles doivent obéir à des règles de pureté sexuelle et que toutes se couchent loin des hommes sur du gattilier, tout en maniant des symboles ouvertement sexuels. Ce paradoxe apparent s'explique. Le gattilier associait pour les Anciens, depuis l'hippocratisme jusqu'après le

---

73. H. S. Versnel, « The Festival for Bona Dea and the Thesmophoria », p. 35-36.
74. Voir (dans des dèmes attiques, au quatrième siècle) *IG* II^2 1177 et 1184 (A. M. Bowie, *Aristophanes. Myth, Ritual, and Comedy*, p. 205).

galénisme, des vertus contradictoires : il est supposé favoriser la lactation et le bon écoulement des règles, et ainsi restaurer la fécondité des femmes en cas de maladie, mais aussi, conformément à des étymologies populaires fréquentes de son nom, modérer, voire supprimer le désir sexuel, en particulier s'il est maladif, et lutter contre les pertes séminales[75]. Il s'agit donc, dans les Thesmophories, selon l'expression de Heinrich von Staden, qui prolonge celle de la scholie de Lucien, de « refonder » une *sage* fécondité des femmes et du sol, pour « restaurer et renouveler l'ordre biologique et social[76] ». Le jeûne lui-même, on le verra, n'avait pas seulement la fonction de « préparation » rituelle qu'on lui accorde habituellement[77] : il participait aussi à la consolidation de la fertilité des femmes.

8. Les mystères d'Éleusis

Plus importante encore que la fête des Thesmophories était la célébration des « Mystères », appelée *Éleusinia* à Athènes, une fête ouverte, elle, à tous. Purent y participer, en effet, tous les Grecs, puis toute personne parlant grec, hommes, femmes, esclaves, étrangers, certaines cités envoyant à Éleusis au temps de la grandeur d'Athènes « les prémices du blé » parce qu'Athènes était réputée être à l'origine du don du blé et des céréales à l'humanité (Isocrate, *Panégyrique* 28-31). Elle attira pendant un millénaire à ses « initiations » jusqu'aux Romains de la République (Cicéron, *De legibus* II, 36) et même ensuite jusqu'aux Empereurs. Organisée par l'Archonte-Roi athénien et quatre adjoints, elle était dirigée par des prêtres *et prêtresses* issus de grandes familles (une prêtresse avait des responsabilités financières importantes), et comportait deux versions, les « Petits » et les « Grands Mystères ». Les premiers étaient célébrés au mois d'Anthestérion, au printemps, à Agra, près de l'Ilissos, aux portes d'Athènes, et les seconds du 14 au

75. Sur les étymologies anciennes rapprochant ἄγνος de ἁγνός « chaste » ou de ἄγονος « stérile », et mentionnant la fête des Thesmophories comme étant à l'origine de ce nom du gattilier, voir H. von Staden, « Spiderwoman and the Chaste Tree », p. 52-54. L'épice tirée de son fruit fut ultérieurement appelée « poivre des moines ». Le fruit du gattilier est à nouveau utilisé de nos jours en phytothérapie comme régulateur de la menstruation.
76. H. von Staden, « Spiderwoman and the Chaste Tree », p. 39 et p. 52.
77. M. P. Nilsson, *Griechische Feste von religiöser Bedeutung mit Ausschluss der Attischen*, p. 317.

21 du mois de Boédromion, à l'automne. Après une première initiation (*myèsis*), les Mystères faisaient le cas échéant parvenir, un an plus tard, les initiés (hommes et femmes) à l'« époptie », la « vision » dont il est question à la fin de l'hymne de Callimaque (Plutarque, *Vie de Démétrios* XXVI, 2) : les *mystai* devenaient des *époptai*. Un décret de la fin du ve siècle provenant de l'Éleusinion de l'agora d'Athènes (*AIUK* 4, 2, *IG* I³ 6) a permis de faire l'hypothèse qu'il pouvait y avoir à cette époque en Grèce quelque 80000 initiés d'Éleusis, ce qui suggère l'importance considérable du rôle joué par les Mystères, pendant lesquels une trêve était en principe déclarée entre les cités grecques[78].

Les mystes devaient, en tout cas à époque tardive, respecter certains interdits alimentaires, qui recoupent en partie ceux qui s'imposaient aux Pythagoriciens[79]. Puis, après une cérémonie préparatoire, les participants jeûnaient complètement pendant une durée difficile à préciser[80], tout en accomplissant divers rituels, dont un bain dans la mer avec un porcelet à sacrifier plus tard (Plutarque, *Vie de Phocion* XXVIII, 6). Le « porcelet des Mystères » (ou la « petite truie des Mystères ») était une expression courante (Aristophane, *Acharniens* 747, 764). Les Mystères culminaient dans la procession des *mystes* d'Athènes à Éleusis, avec une escorte d'éphèbes, aux cris extatiques de « Iacchos » (identifié très souvent à Dionysos), une longue marche à jeun de plus de vingt kilomètres sur la Voie sacrée, ponctuée de nombreux sacrifices et de quolibets rituels au moment du franchissement d'un pont (évoquant l'épisode de Iambè-Baubô), jusqu'au soir, l'*Hespéros* mentionné par Callimaque. Après des ablutions et des danses auprès du puits de Callichoros (signalé par Callimaque), lors de l'apparition des étoiles, le jeûne prenait fin par l'ingestion du « cycéon » et l'accueil solennel d'un « panier » et d'une « corbeille », comme l'indique la formule cérémonielle transmise par Clément d'Alexandrie. Le récit de l'*Hymne à Déméter* archaïque,

---

78. *Attic Inscriptions on Line* (https://www.atticinscriptions.com/inscription/IGI3/6) [consulté le 11/04/2020].

79. Il s'agit de certains poissons, des fèves, de certaines volailles et de la grenade (P. R. Arbesmann, *Das Fasten*, p. 76).

80. P. R. Arbesmann, *Das Fasten*, p. 80-83 argumente pour un jeûne d'une seule journée, étant donné l'importance donnée à l'apparition des astres nocturnes dans la rupture du jeûne (selon Ovide, *Fastes* IV, v. 546). Fritz Graf mentionne une durée de trois jours, ce qui est plus habituellement admis (s.v. Iacchos, *Brill's Neue Pauly on Line*).

avec déjà la séquence jeûne / cycéon, semble renvoyer à un rituel existant à la fin du VIIe siècle avant J.-C. (ὁσίης ἕνεκεν, v. 211), et qui pouvait, malgré l'éloignement dans le temps, être assez comparable dans son déroulement, sinon dans sa signification, à celui que décrit Clément d'Alexandrie. L'accueil du « panier », il est vrai dans un rituel exclusivement féminin, est aussi l'élément déclencheur de l'*Hymne à Déméter* de Callimaque.

Comme l'écrit Richardson à propos de l'*Hymne* archaïque, « les initiés imitaient le deuil de Déméter. En même temps, leur jeûne les purifiait, purification qui était un préliminaire à l'initiation, comme dans de nombreuses sociétés humaines[81] ». Nous verrons bientôt que la notion de « purification » préparatoire ne suffit pas entièrement à rendre compte de l'effet souhaité du jeûne. Il faut préciser aussi que, d'après la documentation dont nous disposons, ce jeûne « n'impliquait pas une idée de mortification[82] ». Les objets manipulés de la corbeille au panier, selon l'exposé polémique de Clément d'Alexandrie, étaient obscènes, et certains historiens de la religion en ont déduit qu'ils pouvaient figurer des organes de la génération. Théophraste semble indiquer qu'il s'agissait simplement des instruments permettant la transformation du blé et la confection du *cycéon*, le pilon et le mortier[83], lesquels ne manquaient pas d'avoir aussi des connotations sexuelles.

L'éclat des torches manifestait le passage à la lumière et le hiérophante montrait solennellement un épi de blé coupé (Hippolyte, *Réfutation* V, 8, 40). L'*Hymne homérique* célèbre la félicité des initiés dès ici-bas, et après la mort, que chantèrent aussi de très nombreux auteurs (par exemple, Pindare, *Fr.* 137a Maelher, Sophocle, *Fr.* 837 Radt, Isocrate, *Panégyrique* 28). Il ne s'agit pas seulement de la grande littérature : une inscription du Ier ou IIe siècle de notre ère en l'honneur d'un hiérophante proclame que « non seulement la mort n'est pas un mal, mais c'est quelque chose de bon » (*IG* II^2 3661)[84].

81. N. J. Richardson, *The Homeric Hymn to Demeter*, p. 167.
82. La formule est de P. Foucart, *Les mystères d'Éleusis*, Paris 1914, p. 377. H. Pierre, « Réflexions autour de la *Nesteia* des Thesmophories athéniennes », p. 87, emploie ce vocabulaire d'inspiration chrétienne, mais la lutte contre le désir de la « chair » est totalement absente à Éleusis.
83. Théophraste, *Fr.* 584 a Fortenbaugh (Porphyre, *De l'abstinence* II, 6). Voir W. Burkert, *La Religion grecque à l'époque archaïque et classique*, p. 379, n. 115.
84. W. Burkert, *La Religion grecque à l'époque archaïque et classique*, p. 377-383.

9. Jeûne et cycéon

La séquence jeûne / cycéon était bien connue dans l'ensemble du monde grec en dehors de la religion. Le cycéon en lui-même, d'abord, n'est pas spécifiquement lié aux rituels de Déméter. C'est « une mixture formée par l'association d'un aliment solide, le gruau d'orge, avec un liquide : comme le notaient déjà les Anciens, son nom vient de ce qu'il faut remuer (κυκᾶν) le mélange[85] avant de l'absorber[86] ». Ce « mets riche et substantiel, destiné à restaurer des forces épuisées par de rudes épreuves ou un travail pénible[87] », est attesté dès Homère, pour revigorer après une blessure, ou bien avec des effets magiques quand c'est Circé qui l'emploie[88]. On l'a rapproché, notamment dans l'occurrence de l'*Hymne homérique à Déméter*, dont le cycéon contient une plante « hallucinogène (γλήχων, *Mentha pulegium*) », du « soma », la boisson rituelle centrale du culte indo-iranien, « une boisson rituelle qui est *bue* (píbati) ; elle est toxique ou *hallucinogène* (madirá) ; c'est une *boisson mélangée* (āśír, śrīṇáti), combinant le jus pressé d'une *plante* (sóma ; aṃśú, ándhas), la source de l'agent hallucinogène, avec de l'*eau* (apó vásānah etc.), du *lait* (páyas etc.) ou un produit laitier comme du caillé ; du *miel* (mádhu) ou, de façon abstraite, de la douceur ; et de l'*orge* (yáva)[89] ». On peut renforcer cette analyse en soulignant le rôle du jeûne préalable aussi dans le rituel védique[90]. Mais il

---

85. Le cycéon est une image du mélange des éléments primordiaux (HÉRACLITE, fragm. 22 B 125 DK par exemple), que refuse le stoïcisme (CHRYSIPPE, fragm. 937 SVF et MARC-AURÈLE, *Pensées pour moi-même*, IV, 27).
86. A. DELATTE, *Le cycéon, breuvage rituel des mystères d'Eleusis*, Paris 1955, p. 25.
87. *Ibid.* ; voir aussi N. J. RICHARDSON, *The Homeric Hymn to Demeter*, p. 15, p. 165-168, 213-218, 344-348 ; hypothèses supplémentaires dans R. KOCH PIETTRE, « Le blé, la bière et le vin. Questions sur *ἀλωή et κυκεών », Kernos* (Suppl. 34 : *Des dieux et des plantes. Monde végétal et religion en Grèce ancienne*, éd. A. ZOGRAFOU et A. GARTZIOU-TATTI), p. 111-126.
88. *Il.* XI, v. 624-641, *Od.* X, v. 234-236. Sur la façon dont Platon discute l'emploi du cycéon chez Homère et en médecine, voir P. DEMONT, « Un “brouillamini” platonicien à propos du “cycéon” homérique (Λ 624-641) », dans A. RENGAKOS (éd.), *Festschrift Franco Montanari*, Berlin 2020, p. 323-337.
89. C. WATKINS, « Let Us Now Praise Famous Grains », *Proceedings of the American Philosophical Society* 122/1 (1978), p. 9-17, ici p. 14.
90. Comme me l'a indiqué par lettre Georges Pinault (voir P. DEMONT, « Jeûne, restrictions alimentaires et perte d'appétit dans la *Collection hippocratique* », p. 55 n. 46), renvoyant à L. RENOU, « Le jeûne du créancier dans l'Inde ancienne », *Journal Asiatique* 234 (1943-1945), p. 117-130 : « Je peux me contenter de citer Renou, p. 124 *sq.*. : “...l'officiant qui, dans un état déterminé d'observance,

est remarquable que, même s'il y a à l'arrière-plan des rituels proto-indo-européens, les emplois chez Homère sont entièrement en dehors de la religion, et, dans l'*Hymne homérique*, comme l'écrit Nicholas J. Richardson, « sans aucun doute, toute théorie qui accorde une signification centrale au Cycéon dans les Mystères doit être fausse, car il n'est qu'une partie du rituel préliminaire. Il n'y a aussi aucune preuve que les initiés se considéraient comme participant à la substance de la divinité[91] ». Robert Parker insiste lui aussi sur le caractère préliminaire du jeûne et du cycéon[92].

Les emplois attestés les plus fréquents du cycéon sont médicaux, dans les traités nosologiques et gynécologiques de la *Collection hippocratique*, parmi des prescriptions thérapeutiques qui obéissent à la règle : ne pas manger, puis boire à jeun (νῆστις) un cycéon (ou d'autres décoctions, de nature variée : le « mélange » pouvait être constitué d'éléments très différents). Ce traitement s'insère dans le cadre d'une procédure de purgation (par exemple, du phlegme, du pus ou de la bile) et de restauration. On peut l'expliquer par la croyance selon laquelle la potion sera d'autant plus efficace que le vide aura été mieux réalisé dans le corps. En voici quelques exemples[93], pris dans la seconde partie du traité nosologique *Maladies II* :

> Hydropisie : pour évacuer « le phlegme », purgations diverses, avec « vomissements à jeun » (ἐμέτοισι χρήσθω νῆστις), puis restauration progressive, avec « du cycéon léger » (πρῶτον μὲν κυκεῶνα πινέτω λεπτόν) (XV, 3 7.28 Littré 149 Jouanna).

assujetti à des restrictions précises, 'passe la nuit' précédant un sacrifice important, notamment le sacrifice du *soma*, lequel ici comme ailleurs semble avoir été le prototype". La restriction de nourriture est instituée pour la nuit, et plus probablement pour la journée entière qui précède le sacrifice ».

91. N. J. Richardson, *The Homeric Hymn to Demeter*, p. 346. Sur les autres interprétations auxquelles Richardson fait allusion (l'absorption du cycéon a été comparée par Alfred Loisy à la communion chrétienne, à une sorte de compagnonnage avec la déesse, ou, par Hermann Diels, compris comme un breuvage mystique dévoilant la vision de la divinité), voir surtout M. P. Nilsson, *Geschichte der Griechischen Religion* (avec F. Jourdan, *Orphée*, p. 160-161). De façon générale, sur la difficulté de reconstituer les étapes de l'initiation aux Mystères, voir encore P. Roussel, « L'initiation préalable et le symbole éleusinien », *Bulletin de Correspondance hellénique* 54 (1930), p. 51-74.
92. R. Parker, *Miasma. Pollution and Purification in Early Greek Religion*, p. 286.
93. Voir P. Demont, « Jeûne, restrictions alimentaires et perte d'appétit dans la *Collection hippocratique* », pour des compléments.

Empyème : après infusion dans le poumon, « on cessera de prendre des aliments salés et huileux ; le malade boira à jeun (πινέτω δὲ νῆστις) les jours intermédiaires entre les infusions, de la sauge, de la rue, de la sarriette, de l'origan, à parts égales dans du vin pur » (XLVII B, 7.68 Littré 181 Jouanna).

Douleur pulmonaire : « une fois que la douleur l'a quitté, prenez de la sauge, de l'hypéricon, de l'érysimon que vous pilerez et tamiserez finement, et du gruau d'orge, une part égale de chaque, saupoudrez le tout dans du vin allongé d'eau et donnez à boire à jeun (διδόναι πίνειν νήστει) » (LIV A, 3 7.84 Littré 191-192 Jouanna).

De telles recettes médicales avec jeûne ne sont pas propres à la Grèce classique : elles se retrouvent ensuite dans la documentation papyrologique alexandrine et dans la médecine ultérieure[94]. Sont-elles plus scientifiques que dans une procédure judiciaire où l'ingestion d'un mélange à jeun permet… de confondre, parmi tous les suspects, le voleur (qui s'étouffera s'il est coupable !) et dans de nombreuses recettes semi-médicales byzantines et néo-grecques[95] ?

Dans la médecine hippocratique, ce sont les traités gynécologiques qui offrent le plus grand nombre de traitements où le jeûne est prescrit, le plus souvent dans des programmes thérapeutiques destinés à rétablir les menstruations et à favoriser la conception, ce qui est l'objectif primordial de ces traités[96]. Le jeûne (ἀσιτίη ou νηστείη), pour les femmes, est souvent suivi d'une potion, parfois appelée cycéon,

---

94. « Donner à la femme à boire à jeun (διδόναι αὐτῆι… νήστηι πίνειν) » (P.Hibeh II, 191, fr. 1, l. 11-12, vers 260-230 avant J.-C., dans un recueil de traitements peut-être liés à l'accouchement). En cas de suffocation utérine, après l'énoncé de la recette, « ensuite prescrire cela à jeun dans du vin parfumé » (εἶτα ταῦτα [δίδου νή]στη ἐν οἴνω[ι] εὐ[ώ]δει, P.Ryl. III, 531, col. II, 16-19, cité par I. Andorlini, « Il "gergo" grafico ed expressivo della ricettazione medica antica », dans A. Marcone (éd.), *Medicina e società nel monde antico*, Milan 2006, p. 150, avec les parallèles hippocratiques et papyrologiques de la note 17 : pour ces derniers, P.Oxy. VIII, 1088, 44 [νήστη δίδου π<ι>εῖν], BKT III, p. 30-31, r. 2 [νῆστης *lege* νήστης χρῶ[ ] σκεύασις] et Pap.lit.Lond. 171, 8) ; voir aussi 3 V PSI Congr. 21 et une recette amoureuse médicale et magique du IIe siècle de notre ère, à boire à jeun (83 Suppl.Mag. 2, avec la note du site Papyri.Info qui renvoie pour la forme νήστης, « the usual one in papyri », à PGM 1.235 ; 3.334, 412, 427). Il est impossible, dans le cadre restreint de cette étude, d'analyser les très nombreuses remarques et prescriptions de Galien concernant l'usage médical du jeûne.

95. P. R. Arbesmann, *Das Fasten*, p. 65-67 donne des exemples. Le jeûne entre en particulier souvent dans les traitements médico-magiques des Cyranides.

96. « Gegen Sterilität der Frauen hilft eine Zauberkur mit Fasten verbunden »

avant le coït, qui sera d'autant plus efficace que le ventre féminin aura été vidé : la semence masculine peut alors mieux y rester, prendre corps et être nourrie[97]. Voici, à nouveau, quelques exemples dans *Nature de la femme* :

> Quand les règles ont paru, que la malade, complètement à jeun (ἐκνηστεύσασα) et après avoir fait une fumigation, s'unisse à son mari (7.4 7.322 Littré 10 Bourbon : de plus, l'absence de bains – déjà rencontrée dans les cas de Déméter et de Phèdre –, est mentionnée par le manuscrit M et dans le passage parallèle de *Maladies des femmes* 146[98]).
>
> Lorsqu'elles ont paru, que la malade, sans s'être alimentée (ἀσιτήσασα), s'unisse à son mari (8.5 7.324 Littré, 12 Bourbon).
>
> Lorsqu'elles ont paru et qu'elle est à jeun (καὶ ἀσιτέουσα), qu'elle boive un cycéon épais sans sel et fasse une fumigation aux aromates [...] qu'elle ait ensuite des rapports avec son mari (16.3 7.336 Littré, 20 Bourbon, avec les corrections adoptées par F. Bourbon).
>
> Qu'ensuite, sans s'être alimentée (ἀσιτέουσα) ni baignée, elle dorme avec son mari (17.3 7.338 Littré, 21 Bourbon, avec le passage parallèle de *MF* 58 8.116 Littré).
>
> Lorsque les règles ont paru, qu'à jeun (νηστεύσασα) et après avoir fait une fumigation, elle rejoigne son mari (18.6 7.338 Littré 23 Bourbon).
> Si vous voulez qu'il y ait grossesse, purgez la femme, ainsi que la matrice : puis donnez-lui, à jeun, l'aneth à manger et le vin pur à boire par-dessus (δίδου τὸ ἄνηθον ἐσθίειν νῆστει καὶ τὸν οἶνον ἐπιπίνειν ἄκρητον) (94.1 7.412 Littré 80 Bourbon ; passage parallèle en *MF* 89 8.214 Littré).

La durée du jeûne est rarement précisée : l'objectif du médecin semble être de faire le vide, pour augmenter l'efficacité du traitement,

---

(P. R. Arbesmann, *Das Fasten*, p. 68, qui cite trois passages de *Maladies des femmes*).

97. On rencontre un cas unique où le traitement est destiné non pas à favoriser la conception, mais à provoquer un avortement, dans le traité *Nature de la femme* : « Expulsif : une coupelle du suc de concombre sauvage, que la malade aura malaxé dans une galette d'orge ; elle l'applique après avoir jeûné deux jours [προνηστεύσασαν ἐπὶ δύο ἡμέρας] », 95.2 7.410 Littré 81 Bourbon (passage parallèle en *Maladies des femmes* 78 8.178-179 Littré).

98. « Il est légitime de se demander si l'interdiction du bain, procédé humidifiant, n'équivaut pas à la recommandation de la fumigation, procédé desséchant » (Hippocrate, XII.1, *Nature de la femme*, texte établi et traduit par F. Bourbon, Paris 2008, p. 115, n. 12).

puis de revigorer, en le prescrivant « in the fasting state », pour reprendre une traduction fréquente de Paul Potter dans les textes suivants du traité *Maladies des femmes* :

> [Pour à la fois être enceinte et guérir, on applique un pessaire] : Les règles venues [...], la femme gardera cela quelque temps dans son corps, et boira à jeun (νῆστις) du vin pur de bonne odeur. Les règles ayant cessé, elle appliquera pendant le jour le pessaire avec le pouliot, et ira auprès de son mari ; si elle devient grosse, elle guérit. Elle mangera pendant la purgation mensuelle (I 37 8.92-93 Littré 94-97 Potter ; la fin du chapitre évoque à nouveau un jeûne partiel).
>
> Préparation favorable à la conception : résine de cèdros un oxybaphe (= 0^{litre},068), graisse de bœuf, quatre drachmes, broyer, mêler ensemble, faire des pessaires, appliquer à jeun (νήστει) ; la femme ayant le pessaire gardera la diète (ἐκνηστευέτω) tout le jour ; elle le mettra après les règles, deux fois par jour, le matin et le soir ; après le dîner, elle se lavera et dormira avec son mari (I 75 8.162-163 Littré 168-169 Potter).
>
> Si [la purgation mensuelle] vient, la femme, sans avoir mangé, boira (ἀσιτήσασα πινέτω) et ira auprès de son mari (II 135 8.306-307 Littré II 26 342-343 Potter).
>
> Pendant les règles, elle boit du castoréum ; puis, ayant fait abstinence (ἀσιτέουσα), n'ayant point pris de bain, ayant fait une fumigation et bu le cycéon, elle ira auprès de son mari (II 157 8.334-335 Littré II 48 372-373 Potter).

Seules les femmes sont concernées : une cause masculine de la stérilité n'est jamais envisagée[99]. Aristophane fait cependant, *pour un homme*, dans la *Paix*, une utilisation comique de la fonction restauratrice et échauffante, voire aphrodisiaque et fécondante, du cycéon : Trygée demande avec inquiétude à Hermès s'il va pouvoir, après si longtemps (διὰ χρόνου), une fois la paix revenue, s'unir sans dommage à la belle Théôria, et Hermès lui répond qu'il n'y aura aucun dommage... si du moins il boit un cycéon au βλήχων[100].

99. P. R. Arbersmann, *Das Fasten*, p. 68 cite cependant un passage de Dioscoride (*Mat. Med.* III, 124-129 25.472 K) indiquant que « um einen Knaben zu erzeugen, müssen Mann und Frau, diese nach der Menstruation, vierzig Tage lang dreimal täglich nüchtern (!) den Saft des κραταιόγονον trinken » avant l'union sexuelle : c'est certainement pour que naisse un enfant mâle que le traitement est aussi recommandé à l'homme ; on ne trouve rien de semblable dans la *Collection hippocratique*.

100. Aristophane, *Paix* v. 710-712 (εἴ γε κυκεῶν' ἐπιπίοις βληχωνίαν). Il s'agit de l'espèce de menthe mentionnée dans l'*Hymne à Déméter* (avec le doublet ionien

Ce rappel des traitements médicaux avec jeûne[101], et particulièrement de ceux qui étaient destinés aux femmes, montre que la séquence jeûne / cycéon des mystères d'Éleusis et le Jour de Jeûne des Thesmophories n'ont pas seulement une fonction de « préparation et accompagnement » du culte ; ils visent à restaurer la santé de tous avant l'accueil du divin, et à assurer la fécondité des femmes, selon des méthodes pratiquées aussi en dehors du culte, qui pouvaient recevoir de leur caractère sacré un surcroît d'efficacité[102].

10. Jeûnes pour Isis

Nous avons quelques traces d'autres jeûnes rituels[103]. Le cas de la déesse égyptienne Isis, bien qu'il soit mal connu en ce qui concerne spécifiquement le jeûne, offre un exemple de contact ancien entre

---

γλήχων), à fonction plus ou moins magique. Pour R. Koch Piettre, « Le blé, la bière et le vin », p. 121, 124, le cycéon devrait seulement guérir une indigestion, comme une sorte de « trou normand ».

101. Ajoutons que le jeûne donne lieu à divers « problèmes » dans la littérature de banquet, par exemple expliquant ses effets sur la sexualité masculine, en raison de la vacuité des parcours séminaux (Aristote, *Problèmes* 877 b 4 *sq.* : « Pourquoi quand on jeûne émet-on plus vite la semence ? »), s'interrogeant sur la raison pour laquelle ceux qui jeûnent ont plus soif que faim ou constatant que les vieillards supportent plus facilement le jeûne (Plutarque, *Propos de banquet* 686 E-F). Pour la continuation de ces problèmes en contexte chrétien, voir les n° 12, 18, 23, 100, 111, 118 dans [Hippocrate], *Problèmes hippocratiques*, éd. J. Jouanna et A. Guardasole, Paris 2017, avec P. Demont, « Note sur trois problèmes byzantins "hippocratiques" concernant le jeûne », dans A. Binggeli et V. Déroche (éd.), *Mélanges Bernard Flusin*, Paris 2019, p. 227-234, et dans ce volume, de façon générale, l'étude d'Alain Le Boulluec.

102. P. R. Arbersmann, *Das Fasten*, p. 91 corrige déjà en ce sens Nilsson, en insistant sur l'objectif poursuivi par les femmes en participant aux Thesmophories : « die Fruchtbarkeit ihres Mutterschoßes und der attischen Landes ». On ne peut dissocier l'analyse en termes de rituel de fertilité et l'analyse « genrée » de cette fête. H. Pierre, « Réflexions autour de la *Nesteia* des Thesmophories athéniennes », p. 87, interprète le jeûne des Thesmophories comme un « rituel d'inversion » dans lequel les femmes, habituellement considérées comme des ventres à remplir, se trouvent sans nourriture (« En renoncant à s'alimenter, la femme cessait d'être femme, au sens que lui donnait la société grecque »), ce que contredit la documentation médicale.

103. Rappelons que les interdictions partielles de nourriture ne sont pas étudiées ici. Le fragment 10 West d'Hipponax n'implique pas que le rituel du *pharmakos* ait comporté pour la pauvre victime un jeûne avant la cérémonie (voir A. Poivre, *Crier famine*, p. 91 n. 167).

cultes indigènes et cultes importés. De plus, la dévotion envers Isis s'est considérablement développée dans le monde grec et à Rome. L'un des principaux récits égyptiens rapporte comment la déesse rechercha le cadavre de son époux Osiris et le ramena à la vie, tandis qu'un autre est consacré à sa maternité, avec de nombreuses représentations d'*Isis lactans*. Comme Déméter, Isis associe deuil et fécondité, ce qui a facilité les assimilations.

Pour Hérodote, qui en offre le premier témoignage, « Isis est Déméter dans la langue des Grecs » et inversement Déméter est Isis en égyptien (II, 59, 2 et 156,5) : Eschyle, selon lui, le savait aussi, et il en aurait tiré parti pour faire, lui seul, d'Artémis (pour les Égyptiens la fille de Dionysos et d'Isis), dans une de ses pièces (perdues), la fille de Déméter. La déesse était honorée, écrit-il, sous la forme d'une « femme avec des cornes de vache », et c'est pourquoi on ne pouvait ni sacrifier ni manger de vache en Égypte (II, 41). Il revient à elle à propos de la Libye, et plus particulièrement des « Libyens nomades ». Comme les Égyptiens, ces peuples, dit-il, ne consommaient pas de viande de vache. Hérodote précise alors que « les femmes des Cyrénéens elles aussi estiment ne pas devoir manger du bœuf femelle en raison de l'Isis d'Égypte, et célèbrent pour elle des jeûnes (νηστηίας) et des fêtes » (IV, 186). Les Cyrénéens sont, eux, des Grecs. L'historien ouvre ici un aperçu sur les unions entre Grecs et Libyennes. Surtout, avec cette mention d'une fête du jeûne pour Isis, Hérodote évoque implicitement les cultes pour Déméter, ce qui justifie pour lui et pour ses sources grecques l'assimilation des deux divinités. D'ailleurs, écrit-il, les Thesmophories viennent d'Égypte (II, 171) :

> Sur les fêtes d'initiation de Déméter, que les Grecs appellent Thesmophories, sur ces fêtes aussi, gardons le silence, sinon pour en dire ce que permet la piété : ce sont les filles de Danaos qui ont apporté ces rites d'Égypte et les ont enseignés aux femmes des Pélasges.

Diodore de Sicile, à son tour, à partir des *Aigyptiaka* d'Hécatée d'Abdère du IVᵉ ou IIIᵉ siècle (*FgrH* 264 F 25), affirme l'équivalence, avec seulement des noms différents de divinités, entre les rituels initiatiques pour Osiris et Dionysos d'un côté, pour Isis et Déméter de l'autre (I, 96, 4-5)[104].

104. Voir aussi la comparaison faite par Plutarque entre les fêtes de jeûne pour les différentes divinités (*Isis et Osiris*, 378 D).

Le culte d'Isis[105] se répandit beaucoup dans le monde grec à partir du IIIe siècle avant J.-C., comme en témoigne un décret du Pirée mentionnant la fondation d'un sanctuaire d'Isis par des Égyptiens (*IG* II³ 1 337). Des Athéniens en devinrent ultérieurement responsables, et aussi des Déliens à Délos dans un cas similaire. Ensuite, son succès en Italie, attesté par exemple à Rome et à Pompéi, suscita de vives résistances. Apulée met en scène une révélation solennelle d'Isis à son héros transformé en âne, dans la scène conclusive de son roman (Isis est, écrit-il, « pour les anciens Éleusiniens, la Cérès attique », et pour d'autres encore d'autres divinités, dans un syncrétisme très large, *Métamorphoses* XI, 5). La déesse invite d'abord l'âne humain à s'associer à sa fête, célébrée au port de Corinthe, Cenchrée, puis, une fois redevenu un homme grâce à elle, à suivre toutes les étapes de l'initiation, décrites avec des détails qui peuvent correspondre à des cultes réels : purification par aspersion, abstinence complète de nourriture carnée et de boisson pendant dix jours, habillage avec un vêtement de lin tout neuf (XI, 23), et, enfin, adoration de la divinité dans un bonheur ineffable, avant de repartir pour deux nouvelles initiations, elles aussi accompagnées d'abstinences (XI, 28 et 30), à Rome cette fois, aux Mystères d'Osiris.

Le témoignage hérodotéen du Ve siècle avant J.-C. sur les jeûnes pour Isis à Cyrène trouve un écho lointain, malheureusement incomplet, dans une plaque cultuelle cyrénéenne en l'honneur d'Isis, du début du second siècle de notre ère (*SEG* 20, 721)[106]. Le culte d'Isis est désormais bien inséré dans le monde grec, et certainement depuis longtemps. Cette plaque a d'abord servi à la dédicace par Ptolémée à une divinité Σωτήρ, probablement Zeus (*IG Cyrenaica* 064500), puis

---

105. Voir M. Haase et S. A. Takacs dans *Brill's Neue Pauly on Line*, *s.v.* Isis (consulté le 10/05/2020) et P. R. Arbesmann, *Das Fasten*. Diodore, vraisemblablement en utilisant toujours Hécatée, explique le nom de Déméter Thesmophore à partir des récits relatifs au don des lois par Isis (I, 14, 4) et attribue une origine égyptienne à l'instauration des Mystères athéniens par Erechthée (I, 29, 1-5). Il note aussi (= Hécatée d'Abdère, *FgrH* 264, 3A25) que les médecins égyptiens utilisaient régulièrement lavements, jeûnes et vomissements, tous les jours ou tous les trois ou quatre jours, pour éviter les maladies venant de l'excès d'aliments (I, 82, 1-2).

106. Le rapprochement avec Hérodote est déjà fait dans la première publication de ce texte, à partir des notes d'Oliviero, par Pugliese Carratelli dans les *Quaderni di archeologia della Libia* IV (1961), p. 30, n° 10. Je dois à Catherine Dobias tous les renseignements concernant ce document, dont elle prépare une nouvelle édition avec un raccord inédit, et je l'en remercie chaleureusement.

a été retournée et réutilisée pour y apporter une inscription en l'honneur d'Isis, par un prêtre nommé Agathos Daimon, connu par ailleurs comme « néocore » en 102/103 après J.-C., dont voici un extrait (*IR Cyrenaica* C.153 + suppl. [à paraître])[107] :

> ἐὰν δέ τις τῶν ΟΥΙ[- -δι᾽ ἰ-]
> δίας αἰτίας νηστεία[- -] 15
> ὑπὲρ ἑκάστου μην[ὸς -]
> Ἴσιδι Μυρυωνύμωι [-]
> Ἀ[γαθ]ὸς Δαίμων ἱερεύ[ς -]

Malgré le caractère lacunaire du texte, il s'agit certainement d'une prescription de jeûne, peut-être « pour un motif particulier », dans le contexte d'un règlement rituel grec, suivant le calendrier égyptien (comme c'est usuel à Cyrène), pour des cérémonies en l'honneur d'Isis[108].

Ainsi, les rituels de jeûne, bien au-delà du cadre civique, se sont peu à peu élargis, par un syncrétisme progressif, à l'intérieur de la religion grecque, et ont pu présenter aux yeux des Grecs des similitudes avec des cultes étrangers, notamment celui d'Isis, qu'ils ont parfois adoptés. On comprend qu'on ait pu interpréter ces cultes à mystères comme manifestant une conception « personnelle » de la religion, du rapport de l'individu à la divinité, de l'attente de l'individu pour sa destinée personnelle[109].

---

107. Sur ce texte très lacunaire, voici les indications inédites que Catherine Dobias m'a très aimablement communiquées : « On trouve aux lignes 1 à 10 une liste de noms de mois égyptiens, chacun suivi de deux nombres [...] Il est tentant de penser que les chiffres sont des quantièmes du mois, indiquant des jours pour lesquels existe une obligation rituelle, celle du jeûne par exemple [...] Les lignes 11-13 passent à une délimitation plus fine du temps [...] Il me semble que dans ce paragraphe les horaires d'obligation rituelle sont énumérés à la file, remplissant les lignes entières [...] Enfin, le dernier paragraphe est rédigé à la manière des textes réglementaires. Le δέ doit s'expliquer par un titre perdu annonçant des obligations. Ligne 14, la lecture OI et la moitié d'un N a conduit Pugliese Carratelli à proposer οἰν[οποτῶν, le jeûne s'appliquant aussi à la boisson. J'y vois plutôt OY et peut-être la moitié d'un π (pour οὔπω ?) ou d'une autre lettre. Tout cela reste assez délicat. On ne sait pas à quel cas est le substantif νηστεία et la construction nous échappe ».

108. L. Bricault (*Recueil des inscriptions concernant les cultes isiaques*, 3 vol., Paris 2005) a bien voulu m'indiquer que « nous ne possédons aucune inscription relative à des jeûnes potentiels à l'occasion des initiations », si bien que « les données livrées par Apulée ne peuvent être recoupées ».

109. W. Burkert, *Ancient Mystery Cults*, Cambridge (Mass.) – Londres 1987, p. 12-29.

11. Jeûne, maîtrise de soi et philosophie

Les pratiques de jeûne ont enfin un autre aspect, où le choix individuel prend de plus en plus d'importance, parfois à partir de contraintes sociales détachées de la religion[110].

La question de savoir s'il faut manger ou non se pose en effet ainsi dans le contexte social de la guerre, dès l'*Iliade*, comme on l'a vu. Ulysse obtient d'Achille qu'il laisse les soldats manger avant la bataille – ce point fait l'objet d'une attention régulière des chefs de guerre et des historiens ultérieurs –, et l'entraînement à la privation de nourriture fait partie, à Sparte, de la préparation militaire et humaine, selon Xénophon : il faut éviter la « réplétion » qui conduit à l'embonpoint, pour être capable d'affronter les épreuves et les travaux « sans manger » (*Constitution des Lacédémoniens*, II, 5) – un élément repris, avec l'objectif explicite de l'efficacité à la guerre, dans les *Apophthegmes de Lacédémone* attribués à Plutarque (237 E). Dans la *Cyropédie*, savoir chasser à jeun (la chasse est un entraînement à la guerre) est une qualité qui distingue les êtres d'élite (IV, 2, 45 ; VIII, 1, 43), une qualité utile pour les chefs en opération militaire (*Helléniques* V, 1, 14).

Xénophon, sans jamais employer le lexique du jeûne, transforme cet entraînement social en une morale individuelle de la σωφροσύνη (« maîtrise de ses φρένες, tempérance »), la maîtrise de tous les aspects corporels de l'esprit (et en particulier maîtrise des désirs) et de la maîtrise de soi (ἐγκράτεια). Comme le montre l'exemple de Socrate, il faut savoir attendre d'avoir vraiment faim pour goûter véritablement le plaisir de la nourriture, fût-elle toute simple (*Apologie de Socrate* 18, *Mémorables* I, 3, 5-6, etc.). Il ne s'agit alors nullement de supprimer le désir, mais de l'épurer, dans « l'espoir d'un plaisir accru[111] », une perspective proche des Cyniques[112], qui trouva, dans ce cas aussi sans le vocabulaire du jeûne, des échos épicuriens.

Mais le banquet ou la beuverie des intellectuels pouvait aussi à la limite évacuer entièrement l'alimentation et proposer à l'âme du sage la vie des dieux, libre des tracas de la nourriture et de la digestion, comme le voudraient le Solon du *Banquet des Sept Sages* de Plutarque

---

110. P. R. Arbesmann, *Das Fasten*, p. 103-118 qui surestime peut-être l'aspect religieux (« Das Fasten als religiöse ἄσκησις »).
111. L.-A. Dorion, *ad* Xénophon, *Mémorables* II, 1, 30, p. 15 n. 3 [p. 160].
112. P. R. Arbesmann, *Das Fasten*, p. 110-114 analyse les échos entre Xénophon et les Cyniques sur la question du jeûne.

(159 B-160 C), ou cet autre sage légendaire que fut Épiménide, réputé avoir inventé, après Hésiode, un régime minimal permettant de rester en vie (157 E-F)[113]. Dans la perspective néo-platonicienne, Porphyre, vers 271 après J.-C., appelle à rechercher « l'incorporalité », et pour cela à renoncer, par un combat permanent, jusqu'au désir de manger, dans son traité *De l'abstinence* (I, 31, 4) : l'homme doit « penser qu'il faudrait, si c'était possible, s'abstenir de toute nourriture » (I, 38, 1). Un tel « détachement » s'obtient par la violence ou « par la persuasion et en conformité avec la raison, grâce à un dépérissement et, pourrait-on dire, un oubli, une mort des causes dont je viens de parler » (I, 32, 1). Avec Jean Bouffartigue et Michel Patillon, il faut parler ici de « mortification du corps[114] » pour sauvegarder en soi « l'image » de la divinité (III, 27, 2). Porphyre cite Théophraste, qui décrivait la façon dont les Juifs[115] jeûnent entre les sacrifices et, « comme il s'agit d'une race de philosophes », discutent du divin, contemplent les astres et prient (II, 26, 3). Déjà Platon évoquait un idéal comparable dans le *Phèdre*, avec la perspective de la vie immortelle de l'âme, en proposant aux « philosophes » (259 d 3) la vie rêvée des cigales : « L'espèce des cigales (...) a reçu des Muses le privilège de n'avoir en rien besoin de nourriture une fois née, et de se mettre immédiatement à chanter sans manger et sans boire jusqu'à la mort » (259 c 2-5)[116].

Dans ce cas aussi, il y a à l'arrière-plan une pratique sociale : le chant choral exigeait, semble-t-il, un rude entraînement vocal (φωνασκεῖν) sans boire et à jeun (ἰσχνοί τε καὶ ἄσιτοι), qui pouvait faire peur, en particulier aux gens d'un certain âge (Platon, *Lois* II, 665 e 8)[117]. Cela

113. Voir A. Poivre, *Crier famine*, p. 54-55. Dans le chapitre V (« les chamans grecs et les origines du puritanisme ») de son célèbre *Les Grecs et l'irrationnel*, (trad. fr., 1965), Eric R. Dodds a rapproché ces jeûneurs ou végétariens illustres (dont Pythagore) du chamanisme.

114. Porphyre, *De l'abstinence*, t. I, éd. J. Bouffartigue et M. Patillon, Paris 1977, p. lxiv de l'introduction générale, où on lira une analyse remarquable de la nature et de l'histoire du végétarisme.

115. Voir Porphyre, *De l'abstinence*, t. II, éd. J. Bouffartigue et M. Patillon, Paris 1979, p. 58-67 pour les problèmes que pose cette mention des Juifs.

116. D'où le tableau des savants amaigris faute de nourriture dans la comédie (Antiphane).

117. Le « chœur de Dionysos », ou « troisième chœur », que Platon veut instituer dans les *Lois*, composé d'hommes de 30 à 60 ans, aura droit au vin, de façon modérée, pour alléger la fatigue du chant et tenir compte du dessèchement dû à l'âge, mais pas le chœur des jeunes, jusqu'à 18 ans, et seulement de façon très modérée le second chœur, jusqu'à 30 ans (666 a-b). Voir A. Larivée, « Du vin pour le

ne concernait pas seulement le chant : « Tous ceux qui exercent leur voix, acteurs, choreutes, etc., s'entraînent dès l'aurore à jeun » (Aristote, *Problèmes* 901 b 3). Il s'agissait, explique l'auteur, de ne pas polluer le canal du souffle ! On sait bien, ajoute-t-il, que l'ivresse, avec la plénitude qu'elle implique, entraîne un risque que la voix se casse, et c'est pour cela que « ni les chœurs ni les acteurs ne s'exercent après le repas, mais seulement à jeun » (904 b 4).

Dans la perspective du *Phèdre*, le jeûne des cigales devient le modèle d'une ascèse philosophique, pour assurer à l'âme, dans cette vie ou, par le biais de la réincarnation, dans une autre, une autonomie spirituelle et un bonheur entier, voire une « assimilation à la divinité[118] ». De telles pratiques philosophiques du jeûne sont souvent attestées dans le cadre d'un groupe ou d'une secte, sous l'autorité d'un maître, et tout particulièrement de Pythagore et de ses successeurs, en raison de leur croyance en la réincarnation, et aussi de ses prédécesseurs mythiques[119]. Callimaque, dans ses *Iambes*, fait ainsi du Phrygien Euphorbe l'inventeur, entre autres découvertes de nature scientifique, du refus de manger des êtres vivants (νηστεύειν τῶν ἐμπνεόντων, DK 11 A 3a, l. 25-26) et ce personnage est supposé s'être ensuite réincarné dans la figure de Pythagore. Empédocle a pu jouer sur des pratiques pythagoriciennes dans ses théories sur Nèstis auxquelles j'ai fait allusion. Rappelons seulement l'une des traditions sur la mort du Maître lui-même, Pythagore, qui voulait échapper à ses poursuivants et qui choisit de jeûner complètement jusqu'à la mort[120] : « Dicéarque raconte que Pythagore mourut, alors

---

Collège de veille ? Mise en lumière d'un lien occulté entre le chœur de Dionysos et le *νυκτερινὸς σύλλογος* dans les *Lois* de Platon », *Phronesis* 48 (2003), p. 29-53. La sévérité de l'entraînement au chant choral est mieux attestée pour la période romaine impériale, mais les textes de Platon et d'Aristote sont déjà très explicites (voir A. Barker, « *Phōnaskia* for singers and orators. The care and training of the voice in the Roman empire », dans E. Rocconi (éd.), *Atti del Secondo Meeting Annuale di ΜΟΙΣΑ* [« La musica nell'Impero romano. Testimonianze teoriche e scoperte archeologiche »], Pavie 2010, p. 11-20).

118. Sur la reprise de Platon, *Théétète*, 173 c-176 e par Porphyre (et d'autres), voir Porphyre, *De l'abstinence*, t. I, éd. J. Bouffartigue et M. Patillon, p. xxxiii-xxxiv.

119. Les pratiques de jeûne des Pythagoriciens sont l'objet d'une autre étude du présent volume.

120. La durée de la survie lors d'un jeûne est estimée à sept jours par l'auteur du traité hippocratique des *Chairs*, qui organise toutes ses théories autour du chiffre sept. Il ajoute cependant que certains dépassent ce terme, et meurent aussi. Il précise que, si on n'endure plus le jeûne et qu'on veuille se réalimenter, on meurt tout de même,

qu'il s'était réfugié dans le temple des Muses à Métapompe, à la suite d'un jeûne de quarante jours » (Diogène Laërce VIII, 40 = Dicéarque, fr. 35 b Wehrli ; cf. Porphyre, *Vie de Pythagore* 56-57).

Il ne fut pas le seul philosophe à choisir ce genre de mort. Une curieuse tradition, attestée dès le Papyrus de Londres (XXXVII, 35-47), au premier siècle de notre ère, et ensuite chez Athénée, Diogène Laërce et ailleurs (27 P 51-54 Laks-Most), concerne Démocrite, qui, en tant qu'atomiste, était bien loin des croyances en la réincarnation et de la religion traditionnelle, mais que certaines traditions rattachent cependant aux Pythagoriciens (27 P 21 Laks-Most). Selon le Papyrus de Londres, le philosophe avait commencé son jeûne depuis quatre jours, mais des femmes de sa maison lui demandèrent de retarder sa mort, pour qu'elles puissent participer à la fête des Thesmophories (ce qu'un deuil leur aurait interdit) et qu'elles ne restent pas sans initiation (ἀμύη[τ]οι, Manetti). Démocrite accepta pour elles de prolonger sa vie le temps de la fête, en humant l'odeur de pains (ou, selon Athénée, du miel) que les femmes lui apportèrent et en buvant un peu d'eau : l'anecdote a-t-elle pour fonction de montrer que Démocrite, lui, avait voulu affirmer jusqu'au bout le lien entre mort et fécondité, corruption et génération[121] ?

---

car « la cavité (ἡ κοιλίη) n'accepte plus » la nourriture, étant donné que le *jejunum* s'est développé pendant tout ce temps (ἡ [...] νῆστις συνεφύη, c. 19, IX, p. 610 Littré 158 Potter). Le rapport entre jeûne et faim donnait aussi lieu à des analyses. Le médecin Érasistate explique que ceux qui jeûnent volontairement, au bout de quelques jours, ont moins faim, car le ventre se resserre. Il prend l'exemple des Scythes qui se serrent la ceinture quand ils doivent rester sans manger afin de supprimer tout vide à remplir dans leur ventre (AULU-GELLE, *Nuits attiques*, XVI, 3 = fr. 284 Garofalo). Peut-on comparer l'apophtegme énigmatique attribué à Chrysippe, selon lequel on a moins faim au sortir d'un jeûne qu'après avoir mangé (*S. V. F.*, fr. 546) ? Une autre particularité de la physiologie du jeûne est que la morsure d'un homme qui n'a pas mangé est particulièrement dangereuse : les Scythes utilisent même l'*ichôr* d'un homme à jeun pour rendre leurs flèches plus meurtrières (ARISTOPHANE LE GRAMMAIRIEN, II, 40 et 63 Lambros).

121. Cette étude a été en partie écrite pendant la période de « confinement » liée au Covid-19. Elle n'aurait pas été possible sans les ressources électroniques des bibliothèques de la Sorbonne et de l'École normale supérieure et sans l'aide de nombreux collègues qui m'ont transmis informations et textes, en particulier Laurent Bricault, Claude Calame, Claudio Felisi, Jean-Luc Fournet, Alessia Guardasole, Alain Le Boulluec, Jean-Claude Picot, Vinciane Pirenne-Delforge, Christian Rico, Rossella Saetta Cottone. Des remerciements particuliers s'adressent à Catherine Dobias, qui m'a autorisé à utiliser une inscription de Cyrène dont elle prépare une nouvelle publication, et à Claudio Felisi, pour sa relecture attentive. Je reste bien sûr seul responsable des analyses ici présentées.

ASCÈSE, PURETÉ, ABSTINENCE ET JEÛNE DANS LA TRADITION PYTHAGORICIENNE

Constantinos Macris
CNRS, Université PSL, LEM (UMR 8584)

Depuis les enseignements oraux (*akousmata* ou *symbola*) du premier pythagorisme (ve siècle av. J.-C.) jusqu'aux *Vers d'or* néopythagoriciens et aux biographies néoplatoniciennes de Pythagore, les sources sont unanimes : le souci de purification et son corrélat, l'ascèse du corps et de l'esprit, font partie intégrante du mode de vie pythagoricien et se traduisent notamment par des tabous alimentaires et des abstinences qui pouvaient aller jusqu'au végétarisme le plus radical. Le but de cette contribution est double : d'une part, analyser les motivations de ces interdits et de ces exercices de maîtrise de soi, marqueurs identitaires qui faisaient partie de tout un ensemble de prescriptions normatives destinées à inculquer une conduite de vie disciplinée et à tracer une « voie de perfection » finalisée vers une forme de salut personnel ; d'autre part, mettre le dossier pythagoricien en perspective par rapport à la problématique du jeûne au sens large. Pour ce faire, on rappellera d'abord les contextes religieux dans lesquels apparaît le jeûne en Grèce antique (cultes à mystères, divination et incubation notamment), puis on mobilisera, au-delà de la référence orphique souvent sollicitée, celle, moins étudiée, du culte de Déméter et Perséphone en Italie du Sud et en Sicile, auquel Pythagore semble avoir été lié depuis le début. Cela nous amènera à la mystérieuse Nēstis (« la Jeûneuse ») – connue surtout par le biais de sa reconfiguration chez Empédocle –, qui pourrait être en réalité une déesse personnifiant le Jeûne, une sorte de jeûne divinisé.

10.1484/M.BEHE-EB.5.134766

1. Sources

On commencera, comme il se doit, en rappelant que le pythagorisme des époques archaïque et classique pose à l'historien un grave problème de sources[1]. À l'absence quasi totale de documentation primaire et secondaire, épigraphique ou littéraire, sur Pythagore (*ca* 570-480 av. J.-C.) et sur les pythagoriciens des premières générations, on essaie de remédier tant bien que mal en recourant aux collections tardives de *symbola* (signes de reconnaissance, mots de passe ou choses à interpréter) ou *acousmata* (choses entendues), ces formules orales brèves et mystérieuses, quasi oraculaires, reflétant la parole du Maître et contenant le « catéchisme » de base du pythagorisme primitif[2]. Ces collections furent enregistrées à partir d'un moment indéterminé aussi bien par des pythagoriciens comme Androcyde que par des gens étrangers à la secte comme Anaximandre de Milet le Jeune, puis Aristote[3]. Pour le reste, on est obligé de se contenter d'une poignée de fragments authentiques de Philolaos de Crotone (un contemporain de Socrate) et d'Archytas de Tarente (l'ami de Platon), ainsi que de représentations des réalités pythagoriciennes contenues dans des témoignages plus ou moins biaisés – provenant de sources anciennes, certes (comme l'historien Timée de Tauroménium et le biographe et musicologue péripatéticien Aristoxène de Tarente), mais indirectes (presque toutes du IVe siècle avant notre ère), conservées à leur tour sous forme

---

1. Voir C. Macris, art. « Pythagore de Samos », *Dictionnaire des philosophes antiques* [*DPhA*], dir. R. Goulet, vol. VII, Paris 2018, p. 681-850 [p. 695-760], et Annexe II, p. 1025-1174 [p. 1054-1062]. Par souci d'économie, dans la suite du texte, on indiquera les renvois à ce travail en employant la forme abrégée *DPhA* VII. Pour une sélection de fragments et témoignages sur Pythagore et les Pythagoriciens, voir A. Laks et Gl. W. Most (éd.), *Les débuts de la philosophie : des premiers penseurs grecs à Socrate*, Paris 2016, p. 343-531 et 1582-1585 (dorénavant abrégé « Laks-Most »).
2. A. Delatte, *Études sur la littérature pythagoricienne*, Paris 1915 (réimpr. Genève 1974, 1999), « Le catéchisme des acousmatiques », p. 271-312.
3. Sur le dossier des *symbola* (cf. 10c D15-D25 Laks-Most [sélection]), voir notamment W. Burkert, *Lore and science in ancient Pythagoreanism*, Cambridge (Mass.) 1972 (original allemand 1962), p. 166-192 ; J. C. Thom, « The Pythagorean *akousmata* and early Pythagoreanism », dans G. Cornelli, R. McKirahan et C. Macris (éd.), *On Pythagoreanism*, Berlin – Boston 2013, p. 77-101 ; et pour une orientation bibliographique, C. Macris, *DPhA* VII, p. 821-824. Pour une approche sceptique, voir L. Zhmud, *Pythagoras and the early Pythagoreans*, Oxford 2012, p. 167-205.

de citations ou de reprises paraphrastiques chez des auteurs tardifs (essentiellement du IIIe siècle de notre ère) comme Diogène Laërce, et dont au moins deux, les philosophes néoplatoniciens Porphyre et (surtout) Jamblique, affichaient des positions pro-pythagoriciennes très prononcées, tout en ayant leur propre conception de la « tradition[4] ».

2. *Bios*

À travers le maquis des sources, la pratique du mode de vie pythagoricien ressort comme un vrai socle de la tradition – illustrant parfaitement la conception de la philosophie comme mode de vie développée par Pierre Hadot[5]. Car c'est ce *bios* si singulier et si caractéristique qui, du début à la fin de l'histoire du pythagorisme, resta son essence même et son signe de reconnaissance, son *idiasmos*[6], quoiqu'il ait été décliné

4. Pour les biographies de Pythagore écrites par Diogène Laërce, Porphyre et Jamblique on a utilisé les éditions et traductions annotées suivantes : *La Vie de Pythagore de Diogène Laërce*, éd. A. DELATTE, Bruxelles 1922 (réimpr. New York 1979 ; Hildesheim 1988) ; DIOGENES LAERTIUS, *Lives of eminent philosophers*, éd. T. DORANDI, Cambridge 2013 ; DIOGÈNE LAËRCE, *Vies et doctrines des philosophes illustres*, trad. fr. sous la dir. de M.-O. GOULET-CAZÉ, Paris 1999 ; *PORPHYRE, Vie de Pythagore. Lettre à Marcella*, éd. É. DES PLACES, avec un appendice d'A. Ph. SEGONDS, Paris 1982 ; ΠΟΡΦΥΡΙΟΥ, *Πυθαγόρου βίος*, éd. C. MACRIS, Athènes 2001 ; *Iamblichus. De uita pythagorica liber*, éd. L. DEUBNER, *addenda et corrigenda* U. KLEIN, Stuttgart 1975[2] [1937[1]] ; JAMBLIQUE, *Vie de Pythagore*, éd. L. BRISSON et A. Ph. SEGONDS, Paris 2011[2] [1996[1]]. Les nombreuses études modernes portant sur ces trois textes sont répertoriées dans C. MACRIS, *DPhA* VII, p. 753-760.
5. P. HADOT, *Exercices spirituels et philosophie antique*, Paris 2002[4] [1981[1]] ; P. HADOT, *Qu'est-ce que la philosophie antique ?*, Paris 1995 ; P. HADOT, *La philosophie comme manière de vivre. Entretiens avec Jeannie Carlier et Arnold I. Davidson*, Paris 2001 ; P. HADOT, *Discours et mode de vie philosophique*, éd. X. PAVIE et Ph. HOFFMANN, Paris 2014 ; voir aussi M. CHASE, S. R. L. CLARK et M. MCGHEE (éd.), *Philosophy as a way of life: ancients and moderns. Essays in honor of Pierre Hadot*, Malden (Mass.) – Oxford – Chichester 2013.
6. Le terme est employé par JAMBLIQUE, *Sur le mode de vie pythagoricien* (abrégé *VP* par la suite), 255 et 257 ; voir W. BURKERT, « Craft versus sect: the problem of Orphics and Pythagoreans », dans B. F. MEYER et E. P. SANDERS (éd.), *Jewish and Christian self-definition*, vol. 3, *Self-definition in the Graeco-Roman world*, Philadelphia 1982, p. 1-22 et p. 183-189 (notes), à la p. 14, avec la n. 63 (article repris dans W. BURKERT, *Kleine Schriften*, t. III, *Mystica, Orphica, Pythagorica*, éd. Fr. GRAF, Göttingen 2006, p. 191-216).

selon des modalités différentes suivant les époques et les milieux[7]. Exemplifié déjà par Pythagore lui-même au niveau plus élevé et paradigmatique de l'« homme divin », le *pythagoreios bios* fut pratiqué par ses adeptes de manière si consistante et si enthousiaste, qu'il provoqua l'admiration de Platon dans la *République* (X, 600 a-b) – dans l'unique *locus platonicus* où est mentionné le nom de Pythagore –, et qu'il fit également l'objet de traités spécifiques *Peri tou pythagoreiou biou* rédigés par Aristoxène de Tarente et Lycon au début de l'époque hellénistique, ainsi que par Jamblique à l'époque impériale (des traités dont seulement le dernier a été conservé dans son intégralité)[8].

À part ces sources biographiques et les collections de *symbola* déjà évoquées (qui véhiculent aussi une exégèse allégorique moralisante), d'autres types de documents ou de témoignages permettent de saisir les contours du style de vie ascétique adopté par les pythagoriciens et de suivre les avatars de la direction éthique pythagoricienne[9] : 1) les discours crotoniates attribués à Pythagore et adressés à des auditoires différents ; 2) la description de la « société d'amis » fondée par Pythagore contenue dans l'œuvre historique de Timée sur la Grande-Grèce ; 3) les *Aphorismes pythagoriciens* (*Pythagorikai apophaseis*) d'Aristoxène, sorte de guide indiquant les préceptes et

7. P. Boyancé, « Sur la vie pythagoricienne », *Revue des études grecques* 52 (1939), p. 36-50 ; W. Burkert, « Craft versus sect », p. 12-14 ; W. Burkert, *La religion grecque à l'époque archaïque et classique*, trad. et mise à jour bibliographique P. Bonnechere, Paris 2011 (original anglais 1977), p. 398-401 ; J. N. Bremmer, « Symbols of marginality from early Pythagoreans to late antique monks », *Greece & Rome* 39 (1992), p. 205-214 ; M. L. Gemelli Marciano, « The Pythagorean way of life and Pythagorean ethics », dans C. A. Huffman (éd.), *A history of Pythagoreanism*, Cambridge 2014, p. 131-148 ; M. Giangiulio, « Aristoxenus and Timaeus on the Pythagorean way of life », dans A.-B. Renger et A. Stavru (éd.), *Pythagorean knowledge from the ancient to the modern world: askesis, religion, science*, Wiesbaden 2016, p. 121-133.

8. Sur ces trois traités, voir C. Macris, *DPhA* VII, p. 719-722, 743-744 et 756-760, ainsi que M. Giangiulio, « Aristoxenus and Timaeus » ; sur le passage de la *République*, voir *DPhA* VII, p. 707-708.

9. Pour un aperçu, voir C. Macris, « Charismatic authority, spiritual guidance and way of life in the Pythagorean tradition », dans *Philosophy as a way of life: ancients and moderns*, p. 57-83 [p. 70-75]. Sur les huit types de documents indiqués dans la suite de ce paragraphe, voir C. Macris, *DPhA* VII : [1] p. 824-825 et 850 ; [2] p. 727-728 ; [3] p. 1057-1058 ; [4] p. 1037-1038 et 1046-1047 ; [5] p. 1059 ; [6] p. 1061 ; [7] p. 1129-1135 ; [8] p. 1061-1062.

les principes selon lesquels on peut vivre en Pythagoricien[10] ; 4) les instantanés caricaturaux offerts par la comédie moyenne sur les « pythagoristes » ou « pythagorisants », hommes et femmes[11] (désignation décrédibilisante, par laquelle on a voulu souligner l'aspect dérivé, à la fois mimétique et innovateur, de leur rapport au pythagorisme originel-traditionnel, remettant ainsi en cause leur authenticité et leur légitimité) ; 5) les *Mémoires* (*hypomnēmata*) *pythagoriciens*, texte de l'époque hellénistique déployant de façon systématique tout un ensemble de doctrines, depuis les premiers principes jusqu'aux aspects les plus pratiques de la vie pythagoricienne[12] ; 6) les fameux *Vers d'or*[13] ; 7) plusieurs traités et lettres parmi les *pseudopythagorica* des époques (post-)hellénistique et impériale ; 8) les recueils encore plus tardifs de sentences (gnomologies) pythagoriciennes[14].

3. *Eusebeia*

Dans la plupart de ces textes, la motivation principale du *bios* pythagoricien semble être le *déos* (à la fois effroi, respect et vénération) éprouvé pour le divin dans toutes ses manifestations (dieux, démons, héros) et la piété (*eusebeia*/ *hosiotēs*) exceptionnellement scrupuleuse

---

10. 17 D54a-g Laks-Most (sélection). Voir C. A. HUFFMAN, *Aristoxenus of Tarentum:* The Pythagorean precepts (How to live a Pythagorean life). *An edition of and commentary on the fragments with an introduction*, Cambridge 2019 ; C. A. HUFFMAN, « Aristoxenus' *Pythagorean precepts*: a rational Pythagorean ethics », dans M. M. SASSI (éd.), *La costruzione del discorso filosofico nell'età dei Presocratici/The construction of philosophical discourse in the age of the Presocratics*, Pise 2006, p. 103-121 ; C. A. HUFFMAN, « *The Pythagorean precepts* of Aristoxenus: crucial evidence for Pythagorean moral philosophy », *Classical Quarterly* 58/1 (2008), p. 104-119. Pour un point de vue contraire, voir L. ZHMUD, *Pythagoras*, p. 65, n. 17.
11. Voir les fragments rassemblés sous [Dram.], 43 T35-T39 Laks-Most, avec C. MACRIS, *DPhA* VII, p. 1037-1038 et 1046-1047.
12. A. LAKS, « *The Pythagorean hypomnemata* reported by Alexander Polyhistor in Diogenes Laertius (8. 25-33): a proposal for reading », dans *On Pythagoreanism*, p. 371-404 ; A. A. LONG, « The eclectic Pythagoreanism of Alexander Polyhistor », dans M. SCHOFIELD (éd.), *Aristotle, Plato and Pythagoreanism in the first century BC: new directions for philosophy*, Cambridge 2013, p. 139-159.
13. J. C. THOM, *The Pythagorean* Golden Verses, *with introduction and commentary*, Leyde – New York – Cologne 1995.
14. K. PROCHENKO, « Pythagore dans la tradition gnomologique » et « Sextus [Compléments] », *DPhA* VII, p. 851-860 et 895-904.

qui en découle. Celle-ci se traduit à son tour par une attention maximale prêtée à l'accomplissement correct des rites, ayant pour corrélat la ritualisation et la sacralisation du moindre aspect de la vie quotidienne du pythagoricien[15]. Dans le même temps, le divin devient principe ordonnateur de la vie et idéal à suivre, dans une perspective d'imitation menant à la divinisation, fondée sur l'idée de la parenté de l'homme avec le divin[16]. Ici, c'est la devise « suivre (le) dieu » qui donne le ton[17], à propos de laquelle Jamblique glose ainsi (en reprenant une source antérieure difficilement identifiable et de datation indéterminée) :

> Tout ce que les pythagoriciens décident s'agissant de faire ou de ne pas faire quelque chose vise toujours (à garder l'accord [*homología*] avec) le divin ; tel est leur point de départ et leur principe (*archē*), et leur vie tout entière est ordonnée en vue de suivre (le) dieu[18].

Mais Aristoxène déjà (cité également par Jamblique, mais sans être nommé) soulignait que les Pythagoriciens, convaincus qu'« il n'y a pas plus grand mal que l'absence de gouvernement (*anarchía*) » et ayant la certitude que les humains ont besoin « d'une supervision et d'une domination [...] d'où vienne châtiment et ordre », pensaient que chacun

> ne doit jamais oublier d'accomplir ses devoirs à l'égard du divin, mais avoir tout le temps présent à l'esprit que la divinité regarde et surveille la conduite de l'homme[19].

---

15. Ch. RIEDWEG, *Pythagoras. His life, teaching, and influence*, Ithaca – Londres 2008² (2005¹, original allemand 2002¹, 2007²), p. 63-67 [cf. la trad. fr. par C. Voisin, Paris 2023] ; M. L. GEMELLI MARCIANO, « The Pythagorean way of life », p. 132-142. Voir aussi C. MACRIS, « Pythagoras », dans Gr. OPPY et N. TRAKAKIS (éd.), *The history of Western philosophy of religion*, vol. 1, *Ancient philosophy of religion*, Londres 2009, p. 23-39 [p. 27-29].
16. É. DES PLACES, Syngeneia *: parenté de l'homme avec Dieu, d'Homère à la patristique*, Paris 1964 ; C. MACRIS, *DPhA* VII, p. 837.
17. J. FOLLON, Ἀκολουθεῖν τῷ θεῷ (« Suivre la divinité ») *: introduction à l'esprit de la philosophie ancienne*, Louvain – Paris 1997. Un fragment conservé par Stobée (*Anthologion*, II, 7, 3) et venant probablement du médioplatonicien-néopythagoricien Eudore d'Alexandrie (fr. 25 dans *Medioplatonici : opere, frammenti, testimonianze, testi greci e latini a fronte*, éd. E. VIMERCATI, Milan 2015, p. 100-103 et 138) met en série l'expression homérique « sur les traces du divin » (*Odyssée* II, 406), le « suivre (le) dieu » pythagoricien et l'« assimilation à/au dieu dans la mesure du possible » du *Théétète* de Platon (176 b 1-2), traçant ainsi une filiation intéressante et après tout plausible.
18. JAMBLIQUE, *VP* 137 (= § 86-87, avec une petite variante dans la reprise, signalée ici entre parenthèses), trad. L. BRISSON et A. Ph. SEGONDS modifiée.
19. ARISTOXÈNE, *Aphorismes pythagoriciens*, fr. 8 Huffman = Jamblique, *VP* 174-175,

4. *Hagneia* et *katharmoi*

Dans cette perspective – qui représente une version rationalisée et « mise à jour » de la peur causée par l'omniprésence des démons et des âmes des défunts dont témoignent les *symbola*/*acousmata* plus archaïques[20] –, les pythagoriciens se montrent soucieux de préserver un état de pureté (*hagneia*) maximale[21], à la fois rituelle et morale, corporelle et psychique/mentale (voire intellectuelle et spirituelle[22]). Dans leur recherche obstinée de la pureté dans tous les domaines de l'action, tout a pu être mobilisé (sinon de façon synchronique, du moins sur la diachronie historique), depuis les gestes superstitieux et les actes rituels jusqu'à la musicothérapie[23], le savoir médical et les prescriptions éthiques.

Ainsi les purifications (*katharmoi*) sont devenues le maître mot du « système » pythagoricien de la piété dans son ensemble[24], et ce non pas dans la forme courante qu'elles revêtaient au sein de la religion traditionnelle, mais de manière beaucoup plus exigeante et radicale, qui autorise peut-être un parallélisme avec les mouvements puritains et piétistes qu'a connus le christianisme moderne[25], tout comme avec

---

trad. L. Brisson et A. Ph. Segonds. Voir le commentaire de C. A. Huffman, *Aristoxenus of Tarentum:* The Pythagorean precepts, p. 258-313.

20. Voir W. Burkert, *Lore and science*, p. 185 *sq.*, qui remarque : « It is striking how constantly attention is oriented toward the world of the dead, the heroes, and the δαίμονες [… A] person is always being moved and surrounded, even physically, by *stronger* powers » (allusion auxdits κρείττονες, les puissances divines supérieures et *plus fortes* que nous).
21. R. Parker, *Miasma: pollution and purification in early Greek religion*, Oxford 1983, p. 281-307 (« Purity and salvation ») examine le dossier pythagoricien de pair avec celui de l'orphisme, dans un chapitre où sont traités également les mystères éleusiniens et dionysiaques, ainsi que quelques préceptes hésiodiques qui présentent des parallèles frappants avec les *symbola* pythagoriciens [cf. la trad. fr. par M. Blonski et G.-S. Bouyssou, Paris 2019].
22. L'espace manque ici pour examiner aussi l'idée fort suggestive de L. Robin, *La pensée grecque et les origines de l'esprit scientifique*, Paris 1963[3] [1923[1]], « La science, instrument de purification morale : le pythagorisme et l'école italique », p. 69-93.
23. C. Macris, *DPhA* VII, p. 1074.
24. Aux purifications faisant partie de la *præparatio* de l'âme sera consacré tout un chapitre de la *VP* de Jamblique (chap. XVI, § 68-70), dans une perspective néoplatonicienne naturellement.
25. W. Burkert, *Lore and science*, p. 191, s'inspirant du fameux chapitre d'E. R. Dodds, *The Greeks and the irrational*, Berkeley – Los Angeles 1951,

les Esséniens du judaïsme antique[26] ou les « Frères de la Pureté » du Moyen Âge arabo-musulman[27]. Pour ne donner que deux exemples[28], les endroits où l'on se lavait habituellement avec de l'eau pour rester propre (physiquement mais aussi rituellement et symboliquement), à savoir les bains publics et les vasques d'eau lustrale (*perirrantēria*) situées à l'entrée des temples, en tant que sources possibles de pollution venant des autres utilisateurs, étaient défendus aux pythagoriciens, qui devaient également faire leurs libations aux dieux en versant le liquide (par exemple le vin ou le lait) du côté de l'anse de la coupe (là où des lèvres humaines n'ont jamais pu se poser), en sorte que le divin ne soit pas contaminé par les souillures des mortels[29].

Cet écart par rapport aux usages religieux courants (qui est encore plus flagrant dans le cas du refus des sacrifices sanglants, comme on le verra plus loin) explique sans doute pourquoi le bref poème pythagoricien intitulé *Vers d'or* renvoie vers la fin (v. 67-68) à un autre texte supposé circuler en interne parmi les membres du groupe auquel il était destiné, dont le titre est justement *Purifications* (*Katharmoi*). Cet autre texte non conservé devait contenir des prescriptions détaillées et spécifiques (rituelles, alimentaires et autres) *propres* au groupe[30], visant à assurer la pureté de ses membres et, grâce à elle, la délivrance de leur âme (*Lusis psuchēs* est le titre du second ouvrage auquel renvoie le poème), leur « salut » et leur divinisation (v. 70-71)[31]. Avec les

---

« The Greek shamans and the origin of puritanism », p. 135-178 (*Les Grecs et l'irrationnel*, trad. fr. M. Gibson, Paris 1977² [1965¹], p. 139-178). Voir aussi R. Parker, « Early Orphism », dans A. Powell (éd.), *The Greek World*, Londres – New York 1995, p. 483-510 [p. 502-503].

26. J. Taylor, *Pythagoreans and Essenes: structural parallels*, Paris – Louvain 2004 ; C. Macris, *DPhA* VII, p. 1138-1139.

27. Y. Marquet, *Les Frères de la pureté, pythagoriciens de l'islam. La marque du pythagorisme dans la rédaction des épîtres des Iḫwan aṣ-Ṣafā'*, Paris 2006 ; D. De Smet, « Yves Marquet, les Ihwan al-Safa et le pythagorisme », *Journal Asiatique* 295 (2007), p. 491-500.

28. Ils sont tirés de Jamblique, *VP* 83 et 84.

29. F. Chapouthier, « Sur la libation pythagoricienne », *Revue des études anciennes* 30 (1928), p. 201-204.

30. J. C. Thom, *The Pythagorean* Golden Verses, p. 80, 88, 214 et 215-223, spécialement p. 215-217.

31. C. Macris, « Charismatic authority, spiritual guidance and way of life », p. 73-75 ; voir aussi A. Izdebska, « Man, God and the apotheosis of man in Greek and Arabic commentaries to the Pythagorean *Golden Verses* », *International Journal of the Platonic Tradition* 10/1 (2016), p. 40-64. Cela rappelle ce

Vers d'or, on est bien sûr très loin de l'époque de Pythagore (même en suivant les datations les plus optimistes quant à l'ancienneté de ces vers), mais *Purifications* (*Catharmes*) est aussi le titre d'un grand poème d'Empédocle, au Vᵉ siècle avant notre ère, composé dans un esprit similaire et exposant une conception idiosyncratique de la religion et de la pureté rituelle et morale, dans ce cas à destination de l'ensemble des citoyens d'Agrigente, sa cité natale[32].

Un passage des *Mémoires pythagoriciens* transmis par Alexandre Polyhistor (Iᵉʳ siècle av. J.-C.) et conservés dans les *Vies des philosophes* de Diogène Laërce[33] montre toute l'étendue de la conception pythagoricienne de la pureté, ainsi que de son contraire, la souillure :

> Il faut rendre hommage aux dieux en tenant toujours des propos de bon augure (μετ' εὐφημίας), en portant des vêtements blancs (λευχειμονοῦντας) et en restant purs (ἁγνεύοντας) [...]. La pureté (ἁγνεία) s'obtient grâce à des purifications (διὰ καθαρμῶν), à des ablutions (λουτρῶν) et à des lustrations (περιρραντηρίων), en se gardant purs de tout contact avec des cadavres (καθαρεύειν ἀπὸ κήδους), avec les femmes en couches (λεχοῦς) et avec toute souillure (μιάσματος παντός), en s'abstenant (ἀπέχεσθαι) de la chair d'animaux comestibles morts de façon naturelle (βρωτῶν θνησειδίων τε κρεῶν), des rougets (τριγλῶν), des poissons à queue noire (μελανούρων), des œufs, des animaux ovipares, des fèves (κυάμων) et des autres

que déclarent dans le *Ménon* de Platon (81b = 18 R5 Laks-Most) ces « prêtres et prêtresses » aux airs de pythagoriciens : « L'âme de l'homme est immortelle, et tantôt elle arrive à un terme – c'est justement ce qu'on appelle *mourir* –, tantôt elle naît à nouveau, mais elle n'est jamais détruite. C'est précisément la raison pour laquelle il faut passer sa vie de la façon la plus pieuse [ou sainte] possible (ὡς ὁσιώτατα) » (trad. M. CANTO-SPERBER, Paris 1993[2] [1991[1]], avec la longue note 111 (p. 250-251), discutant de l'identité possible de ces ἱερεῖς et ἱέρειαι).

32. *Empédocle. Les Catharmes. Un projet de paix universelle*, éd. J. BOLLACK, Paris 2003. Voir aussi *infra*, n. 125-126 et 138. Il n'est pas impossible que, dans les *Catharmes*, Empédocle ait donné la parole à Pythagore lui-même en le faisant s'adresser aux Agrigentins pour leur rappeler la pureté et la félicité qui régnaient pendant l'âge d'or de Cypris et pour les inviter à s'inspirer de l'exemple des hommes des origines en s'abstenant des meurtres et des sacrifices sanglants ; voir C. MACRIS et P. SKARSOULI, « La sagesse et les pouvoirs du mystérieux τις du fragment 129 d'Empédocle », dans A.-G. WERSINGER (éd.), *Empédocle. Les dieux, le sacrifice et la grâce*, *Revue de métaphysique et de morale* 75/3 (2012), p. 357-377 [p. 361-362]. Sur les rapports d'Empédocle avec le pythagorisme, voir C. MACRIS, *DPhA* VII, p. 700-701 et p. 1095-1097 (voir aussi p. 1045, p. 1060-1061 et p. 1068-1069).
33. Voir *supra*, n. 12. Sur Alexandre Polyhistor, voir C. MACRIS, *DPhA* VII, p. 739.

aliments que prescrivent (παρακελεύονται) aussi ceux qui accomplissent les rites initiatiques dans les sanctuaires (οἱ τὰς τελετὰς ἐν τοῖς ἱεροῖς ἐπιτελοῦντες)[34].

On devra compléter ce tableau en tenant compte d'un fragment de l'historien Diodore de Sicile (Ier siècle av. J.-C.)[35] :

> Le même Pythagore invitait ceux qui s'apprêtent à faire un sacrifice à ne pas approcher les dieux en habits fastueux, mais en vêtements clairs et propres, et à s'y présenter non seulement en ayant le corps pur (*katharon*) de tout acte injuste, mais aussi *l'âme* en état de pureté rituelle (*hagneúousan*)[36].

Ce témoignage, qui pourrait remonter à Aristoxène[37], montre qu'à une phase un peu plus tardive de l'histoire du pythagorisme, mais en tout cas pré-aristoxénienne, le champ d'application de la notion de pureté s'est considérablement élargi : on y est passé de la pureté (rituelle) du corps à celle de l'âme et, même dans l'examen de la souillure corporelle, l'approche est devenue davantage éthique (et juridique), comme le montre l'usage de l'expression « tout acte injuste » pour désigner de manière générique la souillure provoquée (vraisemblablement) par l'homicide et l'adultère, peut-être aussi par la consommation de nourritures interdites[38].

---

34. Diogène Laërce, VIII, 33 [abrégé « Diog. L.» par la suite] (= *OF* 628 T Bernabé = 18 R33 Laks-Most *ad finem*), trad. L. Brisson (modifiée) dans Diogène Laërce, *Vies*, p. 967.
35. Sur cette source, voir C. Macris, *DPhA* VII, p. 732-733.
36. Diodore de Sicile, *Bibliothèque historique. Fragments. Livres VI-X*, éd. A. Cohen-Skalli, Paris 2012, livre X, fr. 20 (= X, 9, 6 de l'éd. Teubner), traduction considérablement modifiée.
37. S. Schorn, « Die Pythagoreer im Zehnten Buch der *Bibliothek* Diodors: Quellen, Traditionen – und Manipulationen » (2013), repris dans S. Schorn, *Studien zur hellenistischen Biographie und Historiographie*, Berlin – Boston 2018, p. 193-244.
38. A. et I. Petrovic, *Inner purity and pollution in Greek religion*, vol. 1, *Early Greek religion*, Oxford 2016, « Pythagoras on purity of soul and sacrificial ritual », p. 55-66. Aristoxène mobilise de nouveau la polarité corps *vs* âme lorsqu'il évoque de pair, au sujet des pythagoriciens, la médecine, qui soigne les maladies du corps, et la musique, qui guérit les passions de l'âme (fr. 26 Wehrli ; de manière significative pour notre enquête, le terme *katharsis* est employé dans les deux cas) ; voir *supra*, n. 23. Sur le passage de la pureté rituelle à la pureté morale dans l'Antiquité (qui est aussi le projet du livre de A. et I. Petrovic, dont on attend le second volume), voir A. Chaniotis, « Reinheit des Körpers – Reinheit der Seele in den griechischen Kultgesetzen », dans J. Assmann et

On aura noté que, dans les deux passages cités, l'exigence de pureté est étroitement liée à ces moments privilégiés où les hommes entrent en communication avec les dieux afin de leur rendre hommage. Mais les *symbola* dans leur ensemble vont plus loin que cela : ils marquent clairement le passage d'une pureté faisant partie d'un rituel préparatoire ponctuel (lié à une fête, une initiation ou un acte de dévotion) à une pureté plus globale devenue condition *permanente* et mode de vie, telle qu'on la trouvait auparavant chez ces individus exceptionnels de l'époque archaïque que, depuis Eric R. Dodds, on a pris la mauvaise habitude d'appeler « chamans grecs[39] », chez les prêtres orientaux[40] et les initiateurs orphiques (*orpheotelestai*), ou encore dans les écoles néoplatoniciennes de l'Antiquité tardive. Cela est bien illustré dans un texte littéraire de l'époque classique, où des mystes crétois aux accents orphiques bien prononcés déclarent solennellement :

> Je mène une vie pure (ἁγνὸν βίον τείνομεν) depuis le jour / où je devins un myste du Zeus de l'Ida / [...]. Revêtu d'habits blancs, j'évite / la naissance des mortels et le voisinage des cercueils, / et je me garde de manger de la nourriture animale[41].

Th. Sundermeier (éd.), *Schuld, Gewissen und Person*, Gütersloh 1997, p. 142-179 ; A. Chaniotis, « Greek ritual purity: from automatisms to moral distinctions », dans P. Rösch et U. Simon (éd.), *How purity is made*, Wiesbaden 2012, p. 123-139 ; J. N. Bremmer, « How old is the ideal of holiness (of mind) in the Epidaurian temple inscription and the Hippocratic oath? », *Zeitschrift für Papyrologie und Epigraphik* 141 (2002), p. 106-108.

39. Voir *supra*, n. 25. Sur l'hypothèse du « chamanisme grec » et les critiques formulées à son égard, voir C. Macris, *DPhA* VII, p. 817-818.

40. Voir Porphyre, *De l'abstinence*, IV, 6-10 (Égyptiens), 11-14 (juifs/Esséniens), 15 (Syriens), 16 (Perses), 17-18 (gymnosophistes de l'Inde), avec la notice introductive et les notes (copieuses) *ad loc.* de Michel Patillon et Alain Philippe Segonds dans *Porphyre, De l'abstinence*, t. III, *Livre IV*, éd. M. Patillon et A. Ph. Segonds, Paris 1995 [abrégé *De abst.*, t. III par la suite]. Pierre Boyancé verrait dans ces descriptions de la vie des prêtres et sages orientaux une influence des sources littéraires ayant dressé un tableau de la vie des pythagoriciens (« Sur la vie pythagoricienne », p. 44-47), tandis que le P. Festugière était convaincu que, inversement, ce sont les sources tardives sur Pythagore qui auraient rétro-projeté les descriptions de la vie des sages orientaux (et même des moines chrétiens) sur le pythagorisme ancien (A. J. Festugière, « Sur une nouvelle édition du *De uita Pythagorica* de Jamblique », *Revue des études grecques* 50 (1937), p. 470-494, repris dans A. J. Festugière, *Études de philosophie grecque*, Paris 1971, p. 437-461).

41. Euripide, *Les Crétois*, fr. 472 Kannicht = fr. 2 Jouan-Van Looy = *OF* 567 T Bernabé, cité par Porphyre, *De l'abstinence*, IV, 19. Voir G. Casadio, « I *Cretesi* di Euripide e l'ascesi orfica », *Didattica del Classico* 2 (1990), p. 278-310 ;

La prétention d'élitisme du *bios pythagoreios*, qui est en fait assez proche du *bios orphikos*[42], est patente ; parfois, on s'est même demandé si les pythagoriciens, voulant être tout le temps proches des dieux et bien mériter le privilège du contact direct avec eux, n'ont pas conçu leur existence comme une sorte de prêtrise à vie[43]. Ainsi, comme le remarque à juste titre Walter Burkert, « quand l'état d'exception devient la marque distinctive permanente d'un groupe, sa fonction s'en trouve transformée » : « Le rythme entre l'extraordinaire et l'ordinaire disparaît pour laisser place à l'opposition entre le monde habituel et la *nouvelle vie choisie par l'individu*[44] ». Une vie qui peut être interprétée comme un mouvement de protestation contre les usages établis de la *pólis*[45].

5. *Apokhē*

Pour revenir à la systématisation hellénistique bien informée des *Mémoires pythagoriciens* (fondée principalement sur les *symbola* plus archaïques), l'état de pureté, affiché de manière éclatante par le port de vêtements blanc clair et propres[46], est garanti par une série d'actes que l'on pourrait subsumer intégralement sous la notion d'*abstinence/abstention* (*apokhē*) – et c'est ici qu'entrent aussi en jeu les interdits alimentaires, sur lesquels on s'attardera par la suite. En effet, on reste pur (*kathareuein*) en s'abstenant (en « restant loin », *apékhesthai*) de

---

De abst., t. III, p. XLIII-XLVI, 32-33 et 91-94 (n. 280-300) ; A. BERNABÉ PAJARES, « Un fragmento de *Los Cretenses* de Eurípides », dans J. A. LÓPEZ FÉREZ (éd.), *La tragedia griega en sus textos : forma (lengua, estilo, métrica, crítica textual) y contenido (pensamiento, mitos, intertextualidad)*, Madrid 2004, p. 257-286 ; A. BERNABÉ PAJARES, « Two Orphic images in Euripides: *Hippolytus* 952-957 and *Cretans* 472 Kannicht », dans J. ASSAËL et A. MARKANTONATOS (éd.), *Orphism and Greek tragedy*, *Trends in Classics* 8/2 (2016), p. 183-204 [p. 191-202].

42. C. MACRIS, *DPhA* VII, p. 833.
43. R. PARKER, *Miasma*, p. 296 ; C. RIEDWEG, *Pythagoras*, p. 67 ; M. L. GEMELLI MARCIANO, « The Pythagorean way of life », p. 139-140.
44. W. BURKERT, *La religion grecque*, p. 400.
45. M. DETIENNE, « Les chemins de la déviance : orphisme, dionysisme et pythagorisme », dans *Orfismo in Magna Grecia. Atti del quattordicesimo convegno di studi sulla Magna Grecia (Taranto, 6-10 ottobre 1974)*, Naples 1975, p. 49-79. Voir aussi *infra*, n. 79.
46. E. J. C. TIGGHELAAR, « The white dress of the Essenes and the Pythagoreans », dans Fl. GARCÍA MARTÍNEZ et G. P. LUTTIKHUIZEN (éd.), *Jerusalem, Alexandria, Rome. Studies in ancient cultural interaction in honour of A. Hilhorst*, Leyde – Boston 2003, p. 301-321.

tout ce qui souille (*míasma*), à savoir[47] : 1) de la mort et du meurtre (cadavres, animaux morts naturellement [θνησείδια], voire sacrifiés [θύσιμα][48], et indirectement meurtriers, bouchers, chasseurs[49], autels tachés de sang[50]) et de tout ce qui les rappelle (par exemple plantes ou

47. Les catégories de souillure envisagées dans la taxonomie des *Mémoires* recoupent celles de la religion grecque en général, tout en se démarquant par leur caractère exhaustif, exigeant et radical. Voir Th. Wächter, *Reinheitsvorschriften im griechischen Kult*, Giessen 1910 ; E. Fehrle, *Die kultische Keuschheit im Altertum*, Giessen 1910 (réimpr. Berlin – New York 1966) ; L. Moulinier, *Le pur et l'impur dans la pensée des Grecs : d'Homère à Aristote*, Paris 1952 (réimpr. New York 1975) ; R. Parker, *Miasma* ; F. Hoessly, *Katharsis: Reinigung als Heilverfahren. Studien zum Ritual der archaischen und klassischen Zeit sowie zum Corpus Hippocraticum*, Göttingen 2001 ; O. Paoletti, art. « Purificazione – Mondo greco », dans *Thesaurus cultus et rituum antiquorum* [*ThesCRA*], 2, 2004, p. 3-35 ; M. Vöhler et B. Seidensticker (éd.), *Katharsiskonzeptionen vor Aristoteles: Zum kulturellen Hintergrund des Tragödiensatzes*, Berlin – New York 2007 ; N. Robertson, « The concept of purity in Greek sacred laws », dans Ch. Frevel et Ch. Nihan (éd.), *Purity and the forming of religious traditions in the ancient Mediterranean world and ancient Judaism*, Leyde – Boston 2013, p. 195-243 ; J.-M. Carbon et S. Peels-Matthey (éd.), *Purity and purification in the ancient Greek world: texts, rituals, and norms*, Liège 2018. Pour des périodes plus tardives, voir B. Eckhardt, Cl. Leonhard et Kl. Zimmermann (éd.), *Reinheit und Autorität in den Kulturen des antiken Mittelmeerraumes*, Baden Baden 2020.
48. Sur les θνησείδια, voir *De abst.*, t. III, p. 86, n. 248, et Élien, *Histoire variée*, IV, 17. Sur les viandes sacrificielles, voir G. Ekroth, « Meat in ancient Greece: sacrificial, sacred or secular? », *Food & History* 5/1 (2007), p. 249-272 ; G. Ekroth, « Burnt, cooked, or raw? Divine and human culinary desires at Greek animal sacrifice », dans E. Stavrianopoulou, A. Michaels et C. Ambos (éd.), *Transformations in sacrificial practices: from Antiquity to Modern Times. Proceedings of an International Colloquium, Heidelberg, 12-14, July 2006*, Berlin 2008, p. 87-111.
49. Eudoxe, *ap.* Porphyre, *Vie de Pythagore*, 7 [abrégé *VP* par la suite], avec C. Macris, *Πορφυρίου, Πυθαγόρου βίος*, p. 183-187 (n. 26) ; C. Macris, *DPhA* VII, p. 710-711.
50. Ainsi, à Délos, Pythagore ne fait-il des offrandes (végétales) qu'au seul ἀναίμακτος βωμός d'Apollon Génétor, les autres autels étant considérés comme impurs ; voir Diog. L. VIII, 13, et Jamblique, *VP* 25, avec L. Bruit-Zaidman, « La piété pythagoricienne et l'Apollon de Délos », *Mètis* 8 (1993), p. 261-269. Voir L. Bruit-Zaidman, « Sacrifices non-sanglants et offrandes végétales en Grèce ancienne. Rites et idéologies », thèse de 3e cycle, EHESS, Paris 1983. Sur l'opposition entre « offrandes végétales » et « sacrifice sanglant » dans la religion antique, voir plus généralement S. Georgoudi, R. Koch Piettre et Fr. Schmidt (éd.), *La cuisine et l'autel. Les sacrifices en question dans les sociétés de la Méditerranée*, Turnhout 2005. Sur les « autels tachés de sang », voir G. Ekroth, « Blood on the altars? On the treatment of blood at Greek sacrifices and the iconographical evidence », *Antike Kunst* 48 (2005), p. 9-29.

poissons noirs ou ayant des parties ou des marques noires[51] [la mauve ; le poisson à queue noire, μελάνουρος], ou qui sont liés, d'une manière ou d'une autre, au monde des morts [asphodèle]) ; 2) de l'effusion de sang liée à la parturition et à la génération (menstrues et lochies), ou encore aux opérations chirurgicales, et de tout ce qui la rappelle (par exmple les poissons de couleur rouge sang [ἐρυθ(ρ)ῖνος]) ; 3) de tout lieu où, par la promiscuité, on s'expose au danger d'être en contact avec des personnes impures (ou malades) : avenues, bains publics, περιρραντήρια ; 4) des paroles malséantes ou des injures (surtout dans les lieux sacrés ou au moment du « départ » de l'âme)[52] ; parfois aussi 5) des « œuvres d'Aphrodite » (*aphrodísia*), autrement dit des rapports sexuels, mais sans que cela implique le célibat ou un vœu de chasteté : il s'agit plutôt d'une invitation à la modération en matière de sexualité, mais aussi à la monogamie, ce qui est plutôt rare, voire unique dans le monde grec antique[53].

---

51. Cela les situe également « du mauvais côté » dans la table des opposés (συστοιχία) des Pythagoriciens, attestée pour la première fois chez Aristote (*Métaph.* A 5, 986 a 22-27), où l'obscurité et donc le noir sont rangés dans la même colonne que le mal, tandis que la lumière et donc le blanc sont rangés avec le bien ; voir C. Macris, *DPhA* VII, p. 1063-1064.

52. Autrement dit, on respecte l'*euphēmía* (S. Gödde, *Euphêmia. Die gute Rede in Kult und Literatur der griechischen Antike*, Heidelberg 2011) et/ou on garde un silence total. Voir aussi *infra*, n. 66.

53. Voir par exemple Diodore de Sicile, X, 9, 2-4 (= fr. 16-18 Cohen-Skalli), remontant probablement à Aristoxène (C. A. Huffman, *Aristoxenus of Tarentum:* The Pythagorean precepts, p. 591-594 [« All sex is harmful »]) ; Diog. L. VIII, 9. Sur le refus des rapports avec les concubines prêché par Pythagore et sur la différenciation, attribuée à la pythagoricienne Théano, entre rapports sexuels adultères et rapports intra-maritaux (ces derniers étant considérés sans souillure lorsqu'on veut accomplir un acte cultuel), voir W. Burkert, « Craft versus sect », p. 17-18 ; C. Macris, « Théano (de Crotone ou de Métaponte ?) », *DPhA* VI, 2016, p. 820-839, 1275 [p. 829-830]. Sur le « procréationnisme eugéniste » des pythagoriciens, K. L. Gaca, *The making of fornication: eros, ethics, and political reform in Greek philosophy and early Christianity*, Berkeley 2003, « The reproductive technology of the Pythagoreans », p. 94-116 (version remaniée et enrichie d'un article initialement paru dans *Classical Philology* 95 [2000], p. 113-132) ; C. Macris, *DPhA* VII, p. 1071 ; C. A. Huffman, *Aristoxenus of Tarentum:* The Pythagorean precepts, p. 314-457. Une espèce de laitue qui affaiblit la puissance de procréation avait attiré l'attention des savants pythagoriciens, soucieux de restreindre le désir sexuel, et s'est vue désignée par eux comme εὐνουχεῖον (ou εὐνοῦχος, « eunuque »), nom révélateur de ses qualités ; voir M. Detienne, *Les jardins d'Adonis : la mythologie des aromates en Grèce*, Paris 1989[3] [1972[1]], « La laitue de Pythagore », p. 227-241 ; Br. Centrone et C. Macris, « Lycon

6. *Askēsis*

La recherche de la pureté au moyen de toute une série de pratiques d'abstinence n'a pas manqué de faire penser aux ascètes connus d'autres traditions culturelles et religieuses[54], et le terme d'*ascétisme* a même été employé à propos du pythagorisme ancien[55] (et du néopythagorisme[56]). Cela reste une voie d'interprétation valide, malgré le fait que, naturellement, l'engagement politique des pythagoriciens[57] empêche d'envisager qu'ils aient pu vivre dans une sorte de retrait et de renoncement quasi monastique par rapport à la société environnante. Ce qui est sûr, c'est que, dans leur cas, on a un exemple parfait d'*askēsis* dans le sens originel du terme grec, à savoir un ensemble d'exercices d'ascèse et de maîtrise de soi destinés à discipliner et à « dompter » le corps, voire à libérer l'âme du corps-prison ou tombeau (comme dira Platon, en reprenant une image orphico-pythagoricienne[58]) ou, plus

---

d'Iasos, ou de Tarente », *DPhA* IV, 2005, p. 200-203. Sur l'abstinence sexuelle comme faisant partie du régime de vie des athlètes (pythagoriciens ou autres), voir W. FIEDLER, « Sexuelle Enthaltsamkeit griechischer Athleten und ihre medizinische Begründung », *Stadion* 11 (1985), p. 137-175 ; J. SECORD, « The celibate athlete: athletic metaphors, medical thought, and sexual abstinence in the second and third centuries CE », *Studies in Late Antiquity* 2/4 (2018), p. 464-490.

54. Voir, par exemple, V. L. WIMBUSH et R. VALANTASIS (éd.), *Asceticism*, New York 1998.
55. W. CAPELLE, « Altgriechische Askese », *Neue Jahrbücher* 25 (1910), p. 681-708 ; H. STRATHMANN, *Geschichte der frühchristlichen Askese bis zu Entstehung des Mönchtums in religionsgeschichtlichen Zusammenhange*, vol. 1, *Die Askese in der Umgebung des werdenden Christentums*, Leipzig 1914, p. 310 *sq.* ; R. ARBESMANN, *Das Fasten bei den Griechen und Römern* [abrégé ARBESMANN, *Fasten* par la suite], Giessen 1929 (réimpr. Berlin 1966), « Das Fasten als religiöse Ἄσκησις », p. 103-118, en particulier p. 103-107 ; A. MEREDITH, « Asceticism – Christian and Greek », *Journal of Theological Studies* 27 (1976), p. 313-332 ; W. BURKERT, *La religion grecque*, p. 366 *sq.* (« Mystères et ascétisme » est le titre même du chapitre dans lequel il est question de l'orphisme et du pythagorisme) ; R. PARKER, *Miasma*, p. 305 ; R. FINN, *Asceticism in the Graeco-Roman world*, Cambridge 2009, « A Pythagorean tradition? », p. 27-32 ; voir C. MACRIS, *DPhA* VII, p. 1071.
56. J. A. FRANCIS, *Subversive virtue. Asceticism and authority in the second-century pagan world*, University Park (Penn.) 1995, p. 83-129 (sur le sage néopythagoricien Apollonios de Tyane).
57. C. MACRIS, *DPhA* VII, p. 798-799 et 806-807.
58. PLATON, *Phédon*, 62 b 2-6. Voir P. COURCELLE, « Tradition platonicienne et traditions chrétiennes du corps-prison (*Phédon* 62 b ; *Cratyle* 400 c) », *Revue des études latines* 43 (1965), p. 406-443 ; P. COURCELLE, « Le corps-tombeau (Platon,

radicalement, du cycle des métensomatoses (selon les déclarations à la première personne des « lamelles d'or » funéraires trouvées dans des tombes ayant appartenu à des mystes orphiques-bacchiques[59]) pour lui permettre de regagner son lieu céleste d'origine en acquérant

---

Gorgias, 493a, *Cratyle*, 400c, *Phèdre*, 250c) », *Revue des études anciennes* 68 (1966), p. 101-122 ; P. Courcelle, *Connais-toi toi-même. De Socrate à Saint Bernard*, 2 vol., Paris 1974, t. II, p. 325-414 ; A. Bernabé, « Una etimología platonica: σῶμα – σῆμα », *Philologus* 139 (1995), p. 204-237. Voir aussi [Platon], *Axiochos*, 365 e2-366 a1, avec A. Beghini, « Notes sur l'*Axiochos* et l'exégèse des dialogues platoniciens dans l'Académie hellénistique », dans M. Donato, Fr. Scrofani et C. Macris (éd.), Pseudoplatonica *et écrits authentiques de Platon : des dialogues en dialogue*, *Études platoniciennes* 16 (2021), p. 1-23 (<https://journals.openedition.org/etudesplatoniciennes/>). La même idée est attribuée au pythagoricien Euxitheos (dont le nom signifie « celui qui prie les dieux ») dans Athenée, *Deipnosophistes*, IV, 157 c. Sur la permanence de ces thèmes dans le christianisme, voir M. L. Violante, « Il *corpo-prigione* in alcune epigrafi funerarie cristiane fra IV e VII secolo », *Civiltà classica e cristiana* 3 (1982), p. 247-267 ; J. N. Bremmer, *The rise and fall of the afterlife*, Londres – New York 2002, p. 60, avec les n. 27-28, reportées à la p. 160.

59. Κύκλου δ' ἐξέπταν βαρυπενθέος ἀργαλέοιο : « Je me suis envolée hors du terrible cercle du deuil et de la lourde souffrance », lamelle de Thourioi, *OF* 488 F Bernabé (formulation similaire chez Proclus, *In Tim.* III, p. 297, 8-10 Diehl [= *OF* 348 (I) Bernabé] : ceux qui, grâce à Orphée, s'initient aux mystères de Dionysos et de Corè [*scil.* Perséphone] τυχεῖν εὔχονται "κύκλου τ' αὖ λῆξαι καὶ ἀναπνεῦσαι [vel ἀναψῦξαι] κακότητος"). Cf. Diog. L. VIII, 14 : Pythagore serait le premier à avoir déclaré que l'âme « purge sa peine » (ἀμείβουσα) en parcourant le « cercle de la Nécessité » (κύκλον ἀνάγκης). Voir Fr. Ferrari, « Sotto il velame : le formule misteriche nelle lamine del Timpone Piccolo di Thurii », *Studi classici e orientali* 50 (2004), p. 89-105 [p. 93-94]. Sur les lamelles d'or et leur éventuel rapport au pythagorisme, voir G. Zuntz, *Persephone* (*infra*, n. 138), p. 335-343, 385 et 392 *sq.* ; C. Macris, *DPhA* VII, p. 1100-1101, et *infra*, n. 186. Sur la possibilité que le chevreau, le taureau et le bélier mentionnés dans certaines lamelles ne sont qu'une image métaphorique de l'âme censée retourner au ciel, où elle devient une étoile dans la Voie lactée (γάλα), voir D. J. Jakob, « Milk in the gold tablets from Pelinna », *Trends in Classics* 2 (2010), p. 64-76 ; S. S. Torjussen, « Milk as a symbol of immortality in the "Orphic" gold tablets from Thurii and Pelinna », *Nordlit* 33 (2014), p. 35-46 ; G. Lambin, « *Je suis tombé dans du lait.* À propos de formules dites orphiques », *Gaia. Revue interdisciplinaire sur la Grèce archaïque* 18 (2015), p. 507-519 (mais on doit noter que la symbolique du lait a pu être interprétée de façons diverses : voir Ch. A. Faraone, « Rushing and falling into milk: new perspectives on the Orphic gold tablets from Thurii and Pelinna », dans R. G. Edmonds III (éd.), *The "Orphic" gold tablets and Greek religion: further along the path*, Cambridge 2011, p. 304-324 ; M. F. McClay, « A kid in milk: genealogical imagination and kinship symbols in Bacchic mysteries », *Classical Antiquity*, à paraître).

l'immortalité astrale[60], ou tout simplement le privilège d'une félicité éternelle dans un au-delà « paradisiaque[61] ». L'*askēsis* pythagoricienne telle qu'on peut la reconstituer en se fondant d'abord sur les *symbola*, puis sur les sources du IVe siècle avant notre ère (Archytas, Aristoxène de Tarente, la comédie moyenne), rappelle par certains traits l'ascèse platonicienne et par d'autres l'ascèse cynique[62] – en fait elle peut parfaitement avoir servi de source d'inspiration ou de précurseur aux deux[63]. Ainsi, d'une part, son centre de gravité est constitué par l'harmonie, la modération et le contrôle des passions (notamment de la colère[64]), la tempérance, la maîtrise des désirs[65], de la langue (*echemuthía*)[66] et de toutes sortes d'excès (*ametría*), et la

60. Sur l'immortalité astrale, voir C. MACRIS, *DPhA* VII, p. 1067-1068 ; ajouter S. TRÉPANIER, « From Hades to the stars: Empedocles on the cosmic habitats of soul », *Classical antiquity* 36/1 (2017), p. 130-182.
61. La représentation saisissante d'un plongeur sur la surface intérieure du couvercle d'une tombe à Paestum/Poseidonia (date : *ca* 480-470) dont les parois portent des scènes de banquet (d'immortalité ?) pourrait symboliser le saut *post mortem* de l'âme du défunt, qui, libérée de sa prison corporelle, s'élance vers la vie divine en échappant au cycle des renaissances, dans un contexte orphique et/ou pythagoricien ; voir C. MACRIS, *DPhA* VII, p. 1111, et A. MERIANI et G. ZUCHTRIEGEL (éd.), *La tomba del Tuffatore : rito, arte e poesia a Paestum e nel Mediterraneo d'epoca tardo-arcaica*, Pise 2020.
62. Sur ces deux types d'ascèse, voir P. HADOT, *Qu'est-ce que la philosophie antique ?*, p. 291 *sq*. Sur la première, J. M. DILLON, « Rejecting the body, refining the body: some remarks on the development of Platonist asceticism », dans V. L. WIMBUSH et R. VALANTASIS (éd.), *Asceticism*, p. 80-87 ; N. SINIOSSOGLOU, *Plato and Theodoret: the Christian appropriation of Platonic philosophy and the Hellenic intellectual resistance*, Cambridge 2008, « *Askesis*: from Platonic to Christian asceticism », p. 109-146. Sur la seconde, voir M.-O. GOULET-CAZÉ, *L'ascèse cynique. Un commentaire de Diogène Laërce VI 70-71*, Paris 2001[2] [1986[1]].
63. Pour Platon, voir D. EBREY, « The asceticism of the *Phaedo*: pleasure, purification, and the soul's proper activity », *Archiv für Geschichte der Philosophie* 99/1 (2017), p. 1-30 [p. 22-27] ; pour le cynisme, C. MACRIS, *DPhA* VII, p. 1046-1047.
64. C. MACRIS, « Spintharos de Tarente », *DPhA* VI, 2016, p. 546-553 [p. 548-550].
65. ARISTOXÈNE, *Aphorismes pythagoriciens*, fr. 3 (= Stobée, *Eclogae*, III, 10, 66 = 17 D54g Laks-Most) et fr. 9 (= Jamblique, *VP* 200-213), dans C. A. HUFFMAN, *Aristoxenus of Tarentum:* The Pythagorean precepts, p. 191-211 et 314-457. Voir aussi *supra*, n. 53, sur le contrôle de la sexualité.
66. C. MACRIS, *DPhA* VII, p. 819-821 et p. 832, et tout dernièrement A. PERROT, « Πενταετίαν θ' ἡσύχαζον. Le silence mystique des Pythagoriciens, d'Isocrate à Jamblique : mythes modernes et réécritures antiques », *Rivista di storia e letteratura religiosa* 56/1 (2020), p. 3-19 ; A. PERROT, « Le *silence mystique*

guerre contre les plaisirs du corps[67], dans l'idée que le plaisir, « s'il est trop intense et trop long, éteint toute la lumière de l'âme[68] » (c'est pour la même raison que les Pythagoriciens dorment peu et essaient de rester dans un état de veille de l'esprit[69]). D'autre part, la suppression du luxe[70], le dépouillement matériel, la frugalité d'une vie simple[71], les épreuves physiques et les efforts pénibles (πόνοι)[72], les

comme mode d'expérience des réalités divines dans la littérature grecque », dans C. Macris (éd.), *La philosophie mystique à partir de ses sources antiques, entre* theôria *et* theourgia, Χώρα. *Revue d'études anciennes et médiévales*, à paraître en 2023. Selon O. Casel, *De philosophorum græcorum silentio mystico*, Giessen 1919 (réimpr. Berlin 1967), p. 145 *sq*., « *homo qui ad rerum diuinarum cognitionem tendit, solo silentio mentis et corporis ad eam peruenit* ». – L'idée d'un « jeûne par le silence », implicite ici, apparaîtra explicitement plus tard dans les mondes chrétien et arabo-musulman ; voir Fr. Gautier, « Le carême de silence de Grégoire de Nazianze : une conversion à la littérature ? », *Revue des études augustiniennes* 47 (2001), p. 97-143 ; Fr. Gautier, *La retraite et le sacerdoce chez Grégoire de Nazianze*, Turnhout 2002, p. 51-53, 163-165 et 195-213 ; D. De Smet, « La *taqiyya* et le jeûne du Ramadan : quelques réflexions ismaéliennes sur le sens ésotérique de la charia », *al-Qanṭara* 34/2 (2013), p. 357-386 ; D. De Smet, « Jeûner par le silence. L'interprétation ésotérique du ramadan selon l'auteur ṇuṣayri Maymūn b. Qāsim al-Ṭabarānī (m. 426/1034) », dans S. De Franceschi, D.-O. Hurel et Br. Tambrun (éd.), *Affamés volontaires. Les monothéismes et le jeûne : austérités religieuses et privations alimentaires dans une perspective comparative*, Limoges 2020, p. 315-334 ; Ph. Hoffmann, « Du danger de ne point parler. Un argument d'Élias », dans S. De Franceschi, D.-O. Hurel et Br. Tambrun (éd.), *Affamés volontaires*, p. 207-237 [p. 236-237, avec les n. 86-90].

67. Dans le *De senectute* de Cicéron (XII, 39-41), Archytas de Tarente fait un discours contre les plaisirs et la *uoluptas* qui devrait refléter les positions de l'Archytas historique ; voir C. A. Huffman, « Archytas and the sophists », dans V. Caston et D. W. Graham (éd.), *Presocratic philosophy. Essays in honour of Alexander Mourelatos*, Ashgate 2002, p. 251-270.
68. Archytas, 14 D24 Laks-Most.
69. Cela est attesté seulement par Jamblique, *VP* 68, 187 et 225, mais le mot ἐπεγρία qui est employé pour la notion de veille (un hapax) semble être un terme technique, un néologisme authentiquement pythagoricien, probablement ancien. En revanche, ὀλιγοϋπνία (*VP* 69) est tardif.
70. R. Bernhardt, *Luxuskritik und Aufwandsbeschränkungen in der griechischer Welt*, Stuttgart 2003, p. 51-67 et 31-32 ; C. Macris, *DPhA* VII, p. 841-842.
71. Diog. L. VIII, 13 (εὐκολία βίου) ; voir R. Vischer, *Das einfache Leben. Wort- und motivgeschichtliche Untersuchungen zu einem Wortbegriff der antiken Literatur*, Göttingen 1965, p. 44-46.
72. Voir les symboles « Ne pas aider à déposer le fardeau, mais à le charger – car il ne faut pas encourager les gens à éviter l'effort (μὴ πονεῖν) » et « Prendre de la peine est une bonne chose (ἀγαθὸν οἱ πόνοι), alors que prendre du plaisir est dans

privations (de bain [ἀλουσία], de nourriture [μικροσιτία][73]) cultivent l'endurance (καρτερία)[74] et permettent de s'affranchir des entraves corporelles (et peut-être aussi de mieux supporter la pauvreté et les souffrances à partir du moment où les pythagoriciens de l'Italie du Sud, à la suite des révoltes soulevées contre eux, furent privés de leurs biens et expulsés, et cherchèrent refuge en Grèce continentale[75]).

7. *Trophē*, tabous et *díaita*

« Habitue-toi à dominer (κρατεῖν) [...] / le ventre avant tout, et le sommeil, et le désir charnel, / et la colère ». Voilà comment les *Vers d'or* résumeront ce qui semble avoir constitué le cœur de l'ascèse pythagoricienne[76]. Ce n'est pas un hasard si la maîtrise du ventre est le premier objet de l'ἐγκράτεια[77] et si, comme on l'a vu plus haut, les vers 67-68 renvoient le lecteur à d'autres ouvrages pour ce qui est des aliments dont on doit s'abstenir : depuis le début, la nourriture (τροφή) et le régime alimentaire (δίαιτα), qui se traduit automatiquement par

tous les cas une mauvaise chose » (Jamblique, *VP* 84 et 85), avec C. Librizzi, « Il concetto di pena nel pensiero dei Pitagorici », *Sophia* 8 (1940), p. 252-257. Dans ce sens, la référence à Héraclès et à ses « travaux » (*pónoi*) est emblématique ; voir M. Detienne, « Héraclès, héros pythagoricien », *Revue de l'histoire des religions* 158 (1960), p. 19-53. Ici rentre également le thème d'Héraclès à la croisée des chemins du vice et de la vertu, plus tard symbolisée par la lettre Y, appelée *littera Pythagoræ* ; voir C. Macris, *DPhA* VII, p. 842, 1145-1146.

73. [Dram.], 43 T35a et 37b Laks-Most. – Jamblique (*VP* 69) parlera d'ὀλιγοσιτία.
74. C'est aussi la vertu qu'incarne de façon paradigmatique le jeune Pythagore lui-même lors de son séjour en Égypte selon Antiphon, un auteur inconnu par ailleurs, cité par Porphyre, *VP* 7-8 (voir C. Macris, *DPhA* VII, p. 741).
75. C. Macris, *DPhA* VII, p. 1036-1038. Voir par exemple [Dram.], 43 T37a Laks-Most.
76. *Vers d'or*, v. 9-10, trad. dans *Hiéroclès d'Alexandrie. Commentaire sur les* Vers d'or *des Pythagoriciens ; Traité Sur la Providence*, éd. N. Aujoulat et A. Lecerf, Paris 2018, p. 83 ; voir le commentaire de J. C. Thom, *The Pythagorean* Golden Verses, p. 126-130.
77. H. Chadwick, art. « Enkrateia », dans *Reallexikon für Antike und Christentum*, vol. 5, Stuttgart 1962, col. 343-365 ; U. Bianchi (éd.), *La tradizione dell'*enkrateia *: motivazioni ontologiche e protologiche. Atti del Colloquio internazionale (Milano, 20-23 aprile 1982)*, Rome 1985 ; A. Guffey, « Motivations for encratite practices in early Christian literature », *Journal of Theological Studies* 65 (2014), p. 515-549 [p. 528-529]. Voir aussi Arbesmann, *Fasten*, p. 110-114, sur l'ἐγκράτεια « quantitative » et « qualitative » des cyniques.

un mode de vie approprié[78], se sont trouvés à l'épicentre des préoccupations du pythagorisme[79], dans l'idée que « de là résultent en effet la santé du corps et la vivacité (ὀξύτης) de l'âme[80] ». Dans ce domaine les pythagoriciens – anciens et plus récents – sont surtout connus aujourd'hui pour leur pratique du végétarisme, on y reviendra. Mais en réalité les sources permettent de dessiner un tableau beaucoup plus varié à ce sujet, dans lequel se côtoient synchroniquement (même s'ils proviennent de différentes phases de l'histoire du pythagorisme) 1) des exhortations à « exiler par tous les moyens, et éradiquer par le fer et par le feu et de toutes manières possibles » l'extravagance (πολυτέλεια) en matière de nourriture[81], en s'évertuant à rester dans la frugalité ; 2) des exercices d'accoutumance à la maîtrise de soi lors des banquets[82] ; 3) des règles de diététique médicale, prescrivant même un régime spécial pour les athlètes (voir plus loin) ; surtout, 4) des tabous alimentaires et des abstinences dont l'origine et la raison d'être se perdent souvent dans la nuit des temps. Parmi

78. Sur le sens du terme, voir E. Craik, « Diet, *diaita*, and dietetics », *The Greek World*, p. 387-402.

79. M. Detienne, *Les jardins d'Adonis*, « Le bœuf aux aromates », p. 69-114 (version antérieure : « La cuisine de Pythagore », *Archives de sociologie des religions* 29 (1970), p. 141-162) ; M. J. García Soler, « Alimentation et santé dans la Grande Grèce », dans A. Musajo-Somma (éd.), *Medicina in Magna Grecia: The roots of our knowledge. 39th International Congress on the History of Medicine*, Bari 2004, p. 49-78. Voir encore R. M. Grant, « Dietary laws among Pythagoreans, Jews and Christians », *Harvard Theological Review* 73 (1980), p. 299-310 ; D. Hernández de la Fuente, « Die Ernährungsvorschriften der Pythagoreer », dans T. Klär et E. Faber (éd.), *Zwischen Hunger und Überfluss: antike Diskurse über die Ernährung*, Stuttgart 2020, p. 347-358.

80. Diog. L. VIII, 13, trad. J.-Fr. Balaudé dans Diogène Laërce, *Vies*, p. 952.

81. Porphyre, *VP* 22 = Jamblique, *VP* 34 (faisant partie d'un apophthegme considéré comme contenant la quintessence de l'enseignement de Pythagore). Voir M. Beer, *Taste or taboo* (cité *infra*, n. 83), p. 116-121 (« Gluttony versus abstinence: the tyrant and the saint »). La pointe critique contre Sybaris, la cité voisine et rivale de Crotone, fameuse pour sa luxure (πολυτέλεια), notamment en matière de banquets, est perceptible ici ; sur le rôle joué par Pythagore dans la victoire de Crotone contre Sybaris, qui incarnait tout ce qui est diamétralement opposé à l'idéal de vie pythagoricien, voir C. Macris, *DPhA* VII, p. 733, 779 et 799-800.

82. Les pythagoriciens « avaient l'habitude, lors des banquets, de faire servir des plats délicieux et luxueux, puis de les renvoyer aux esclaves, car en fait le service n'était fait que pour châtier leurs désirs » (Jamblique, *VP* 187, trad. personnelle ; même notice chez Diodore de Sicile, X, 5, 2, et Plutarque, *Sur le démon de Socrate*, 15, 585 A).

ces interdits[83], ceux qui reviennent le plus souvent dans les sources concernent le vin[84], puis, pour ce qui est des plantes, les fèves[85], la mauve et l'asphodèle[86], et pour ce qui est des animaux, le coq blanc[87], le bœuf laboureur[88] et certains poissons[89], notamment l'anémone de

83. Sur ces interdits, voir en général (même en dehors du pythagorisme) R. PARKER, *Miasma*, p. 357-365 (Appendix 4, « Animals and food ») ; M. BEER, *Taste or taboo: dietary choices in Antiquity*, Totnes 2010. Voir aussi P. SCARPI, « Interdizioni alimentari confine e tassonomie nelle pratiche di culto delle religioni del mondo classico », *Food & History* 6 (2008), p. 47-55 ; P. SCARPI, *Il senso del cibo: mondo antico e riflessi contemporanei*, Palerme 2006[2] [2005[1]] (https://www.academia.edu/4521081/Il_senso_del_cibo).
84. [Dram.], 43 T35b Laks-Most ; Jamblique, *VP* 69 (ἀνοινία) ; Diog. L. VIII, 9 (la μέθη est appelée βλάβη) ; voir aussi [Dram.], 43 T35b et 37b Laks-Most : les « pythagoristes » ne boivent que de l'eau. Voir ARBESMANN, *Fasten*, p. 61-62. Voir M. BEER, *Taste or taboo*, p. 84-100 (« Restrictions upon alcohol ») ; J. N. BREMMER, « Ancient teetotallers: from Homer via the early Christian Eucharist to late antique monks », dans D. ALBRECHT et K. WALDNER (éd.), *"Zu Tisch bei den Heiligen": Askese, Nahrung und Individualisierung im spätantiken Mönchstum. Gedenkkolloquium für Prof. Dr. Veit Rosenberger (7. April 1963-1. September 2016)*, Stuttgart 2019, p. 69-80. Pour Aristoxène (fr. 9 Huffman, *ap.* Jamblique, *VP* 208), qui, comme dans d'autres cas d'abstinences, ne parle pas d'interdiction et qui reprend ici apparemment une conception commune, le vin est l'exemple parfait d'un aliment qui « provoque immédiatement une altération majeure » : « Consommé en quantité, il rend les gens plus joyeux jusqu'à un certain point, ensuite il les rend complètement fous et indécents » (trad. L. BRISSON et A. Ph. SEGONDS). Voir aussi PHILOSTRATE, *Vie d'Apollonios de Tyane*, I, 8.
85. Voir *infra*, n. 104.
86. ARBESMANN, *Fasten*, p. 59 ; J. C. CAPRIGLIONE, « La malva e l'asfodelo », dans E. FEDERICO et A. VISCONTI (éd.), *Epimenide Cretese*, Naples 2002, p. 37-51 ; N. BROUT, « La mauve ou l'asphodèle ou comment manger pour s'élever au-dessus de la condition humaine », *Dialogues d'histoire ancienne* 29/2 (2003), p. 97-108.
87. ARBESMANN, *Fasten*, p. 50 ; E. BAETHGEN, *De ui ac significatione galli in religionibus et artibus Græcorum et Romanorum*, Diss., Göttingen 1887 ; Fr. CUMONT, « Le coq blanc des Mazdéens et les Pythagoriciens », *Comptes rendus de l'Académie des Inscriptions et Belles-Lettres*, 1942, p. 284-300.
88. Aristoxène, fr. 29a Wehrli, *ap.* Diog. L. VIII, 20 ; JAMBLIQUE, *VP* 150. Voir ARBESMANN, *Fasten*, p. 49 ; M. DETIENNE, « Le bœuf aux aromates ».
89. Fr. J. DÖLGER, ΙΧΘΥC, vol. 2, *Der heilige Fisch in den antiken Religionen und im Christentum*, Münster 1922 ; ARBESMANN, *Fasten*, p. 50-53 ; R. PARKER, *Miasma*, p. 361-363 ; A. MARCHIORI, « Between Ichthyophagists and Syrians: features of fisch-eating in Athenaeus' *Deipnosophistæ* Books Seven and Eight », dans D. BRAUND et J. WILKINS (éd.), *Athenaeus and his world: Reading Greek culture in the Roman Empire*, Exeter 2000, p. 327-338 [p. 333-335] ; C. MACRIS, *Πορφυρίου, Πυθαγόρου βίος*, p. 326-328 ; M. BEER, *Taste or taboo*, p. 54-70.

mer (ἀκαλήφη), le rouget (τρίγλη), le mulet de mer (ἐρυθ[ρ]ῖνος) et ceux appelés « matrice » (μήτρα) et « queue-noire » (μελάνουρος)[90]. Certaines parties de l'animal sont également défendues (comme on le verra en détail plus loin).

Les historiens de la religion grecque, tout comme ceux de la médecine, ont voulu saisir (à l'instar des anthropologues[91]) la logique ayant présidé au choix des différents interdits alimentaires attestés dans la tradition pythagoricienne ; les plus ambitieux parmi eux ont même tenté de trouver des principes structurels permettant de les intégrer plus ou moins tous dans un système cohérent[92]. C'est exactement ce qu'a essayé de faire Jamblique dix-sept siècles plus tôt[93] en envisageant trois types de raisons (*aitías*) ayant conduit les pythagoriciens à exclure certains aliments : a) religieuses/sacrées (ἱεράς), b) phys(iolog)iques (φυσικάς) et c) relevant de l'âme, et, corrélativement, quatre sortes d'aliments interdits : a1) ceux qui sont étrangers (*allótria*) aux dieux et nous éloignent de la familiarité (*oikeíōsis*) avec eux (Jamblique pense probablement aux êtres animés dont la consommation présuppose la mise à mort, ainsi qu'à tout ce qui peut être cause de pollution) ; a2) ceux qui, au contraire, sont considérés comme sacrés (*hierá*), « parce qu'ils sont dignes d'honneur (τιμῆς ἄξια) et qu'ils ne doivent pas servir dans la vie humaine de tous les jours » (par exemple la mauve[94],

90. F. J. Dölger, ΙΧΘΥC, vol. 2, p. 342-359 (« Das Fischverbot in den Satzungen der Pythagoreer. Melanuros und Erythrinos ») et son index, sous les noms grecs et/ou allemands des poissons ; M. Pellegrino, « La triglia nell'Antichità classica tra realtà quotidiana e funzione scenica », dans M. J. García Soler (éd.), ΤΙΜΗΣ ΧΑΡΙΝ. *Homenaje al Profesor Pedro A. Gainzarain*, Vitoria – Gasteiz 2002, p. 193-199. Pour l'identification de ces différents poissons, voir D. W. Thompson, *A glossary of Greek fishes*, Oxford 1947, *s.v.*

91. Ici les travaux de Frederick J. Simoons sont d'une extraordinaire richesse ; voir notamment Fr. J. Simoons, *Eat not this flesh: food avoidances from prehistory to the present*, Madison 1994^2 [1961^1] ; Id., *Plants of life, plants of death*, Madison 1998. Voir aussi M. Harris, *The sacred cow and the abominable pig: riddles of food and culture*, Londres – New York 1987 (réimpr. sous le titre *Good to eat: riddles of food and culture*, Long Grove [Ill.] 1998).

92. Dans ce domaine, *Les jardins d'Adonis* de M. Detienne – sans doute le meilleur produit du structuralisme français sur l'Antiquité – offrent une tentative de synthèse à la fois passionnante et exemplaire. Voir aussi R. Parker, *Miasma*, p. 360-365.

93. Jamblique, *VP* 106-109 (= chap. 24), trad. L. Brisson et A. Ph. Segonds.

94. « La mauve est celle qui, la première, annonce (ἄγγελος) et signale (σημάντρια) la sympathie (συμπάθεια) des réalités célestes (οὐράνια) pour les choses terrestres (ἐπίγεια) » (Jamblique, *VP* 109). Sur l'héliotropisme de la mauve, voir S. Amigues,

le coq [blanc][95] ou certains poissons[96])[97] ; b) ceux qui causent un dérangement (ταραχή) au corps en raison de leur nature « venteuse » (πνευματώδη) (par exemple les fèves) ; c) ceux qui empêchent (ἐνεπόδιζεν) la communication avec le divin – notamment au moyen de la divination et des visions apparaissant dans les songes – parce qu'ils vont à l'encontre (ἐναντίως ἔχοντα) de la pureté immaculée (ἁγνεία) et de la lucidité (εὐάγεια) de l'âme en la troublant (ἐπιθολοῦντα) (par exemple le vin). Cela dit, b) aussi peut constituer une entrave dans l'approche du divin, et ainsi, si l'on reste dans la logique de Jamblique, pratiquement tous les tabous alimentaires semblent être motivés en définitive par des considérations d'ordre religieux.

Bien sûr, *a priori*, il faut se méfier de ces interprétations (comme peut-être de toute interprétation trop globalisante et systématisante) :

« Les "fiancées du soleil" », dans B. Bakhouche, A. Moreau et J.-C. Turpin (éd.), *Les astres. Actes du colloque international de Montpellier (23-25 mars 1995)*, vol. 2, *Les correspondances entre le ciel, la terre et l'homme : les "survivances" de l'astrologie antique*, Montpellier 1996, p. 101-111. Empédocle enjoignait également de « se tenir absolument à l'écart (ἄπο πάμπαν ἔχεσθαι) des feuilles du laurier » (fr. 140 DK = 22 D32 Laks-Most), vraisemblablement parce que c'était la plante par excellence de la mantique apollinienne-delphique, une plante sacrée donc – ou, pour le dire avec Arbesmann (*Fasten*, p. 62), parce que là « résidait la puissance du dieu » (Apollon). Voir aussi le fr. 127 DK où, parmi les réincarnations possibles, le laurier est mis à l'honneur à côté du lion.

95. « Le coq est consacré au soleil » (Jamblique, *VP* 147) ; « Le coq blanc est un *suppliant* (ἱκέτης), consacré au dieu Mên [le Mois], puisqu'il indique l'heure » (Jamblique, *VP* 84, reprenant Aristote, fr. 195 Rose, *ap*. Diog. L. VIII 34 ; la raison de cette association du coq à l'*hikesía* serait-elle la perception de son cri comme étant plaintif ?). Pythagore est présenté comme très sensible à l'égard des suppliants : selon lui, l'épouse doit être respectée, car elle est introduite chez son mari « en présence des dieux, comme une sorte de suppliante » (Jamblique, *VP* 48 et 84, avec M. L. Gemelli Marciano, « The Pythagorean way of life », p. 145 et n. 100) ; devant l'attitude agressive des Crotoniates envers une ambassade venue de Sybaris, Pythagore déclare que les suppliants ne doivent pas être arrachés aux autels (*VP* 177). Voir Ch. Traulsen, *Das sakrale Asyl in der Alten Welt: zur Schutzfunktion des Heiligen von König Salomo bis zum Codex Theodosianus*, Tübingen 2004, p. 131-266 ; F. S. Naiden, *Ancient supplication*, Oxford 2006, p. 117-118 et 285-286 ; Ch. Dietrich, *Asyl: vergleichende Untersuchung zu einer Rechtsinstitution im Alten Israel und seiner Umwelt*, Stuttgart 2008.
96. Aristote, fr. 195 Rose, *ap*. Diog. L. VIII 34 (sans préciser quels poissons étaient considérés comme sacrés, mais voir plusieurs exemples dans Arbesmann, *Fasten*, p. 52).
97. J'interprète donc a1) et a2) comme relevant tous les deux du domaine sacré, mais dans un sens diamétralement opposé.

après tout, c'est Jamblique qui parle, un néoplatonicien féru de théologie et de théurgie, et qui a vécu quelque 850 ans après Pythagore. Mais il ne faut pas oublier qu'il disposait d'une excellente bibliothèque pythagoricienne[98] ; en outre, la comparaison avec d'autres sources tend à montrer que la motivation religieuse initiale (qu'elle soit d'ordre mythique, superstitieux ou rituel-mystérique-cathartique) semble en effet plausible dans plusieurs cas d'interdits. Jamblique attire d'ailleurs l'attention (comme le faisait Alexandre Polyhistor quatre siècles plus tôt[99]) sur le fait que « la plupart des interdictions (ἀποτάγματα) proviennent des initiations (ἐκ τελετῶν) », ce qui, dans une large mesure, est confirmé par la documentation à notre disposition[100]. Le mode de vie orphique a été clairement une autre source de première importance[101], même s'il serait plus juste de dire que *bios orphikós* et *bios pythagóreios* ont fonctionné en réalité comme des vases communicants[102].

Dans ce contexte, il est certain que les pythagoriciens ont voulu se démarquer en cultivant et en affichant leur spécificité propre. Ainsi, parmi les justifications rapportées par Aristote, de manière lapidaire et quasi cryptique, au sujet du tabou mystérieux des fèves – un tabou

98. C. Macris, « Jamblique et la littérature pseudo-pythagoricienne », dans S. C. Mimouni (éd.), *Apocryphité : histoire d'un concept transversal aux religions du Livre*, Turnhout 2002, p. 77-129.

99. Voir la fin du texte cité *in extenso supra* avec la n. 34.

100. W. Burkert, *Lore and science*, p. 176-178. Sur les tabous relevant des mystères d'Éleusis en particulier, voir R. Parker, *Miasma*, p. 283-285 ; Porphyre, *De l'abstinence*, IV, 16, 6, avec *De abst.*, t. III, p. 85-86, n. 245-248. Voir aussi *infra*, n. 149 [1]. Inversement, une influence du pythagorisme (ou de l'orphisme) sur les mystères à une époque plus tardive ne serait pas à exclure ; selon Fr. Graf, *Eleusis und die orphische Dichtung Athens in vorhellenistischer Zeit*, Berlin – New York 1974, p. 93, n. 61, il en serait ainsi pour l'interdit des fèves (voir aussi *infra*, n. 155 *ad finem*: influence du pythagorisme sur les rites d'incubation).

101. E. Osek, « The Orphic diet », *Littera antiqua* 11 (2015), p. 25-200. Les témoignages afférents sont rassemblés sous les n° 625-652 dans *Poetæ epici græci. Testimonia et fragmenta*, Pars II, *Orphicorum et orphicis similium testimonia et fragmenta*, fasc. 1-2, Munich – Leipzig 2004-2005 ; fasc. 3 : *Musæus, Linus, Epimenides, Papyrus Derveni, indices*, éd. A. Bernabé [abrégé *OF*... Bernabé par la suite], Berlin – New York 2007 (voir le fasc. 2, p. 198-220).

102. Voir A. Bernabé, « Transfer of afterlife knowledge in Pythagorean eschatology », dans A.-B. Renger et A. Stavru (éd.), *Pythagorean knowledge*, p. 17-30 [p. 26-29].

que les pythagoriciens partageaient (entre autres) avec les orphiques, les mystères éleusiniens et Empédocle –, la plupart semblent relever exclusivement de la *Weltanschauung* de l'ancien pythagorisme :

> Pythagore prescrit de s'abstenir des fèves soit [1] parce qu'elles ressemblent à des organes génitaux, soit [2] parce qu'elles ressemblent aux portes de l'Hadès (c'est en effet l'unique [plante dont la tige soit] dépourvue de nœuds [ἀγόνατον]), soit [3] parce qu'elle est délétère/ mortifère (φθείρει), soit [4] parce qu'elle est semblable à la nature du tout / de l'univers, soit [5] parce qu'elle <ne> relève <pas> de l'oligarchie (en tout cas on s'en sert pour le tirage au sort)[103].

Ce n'est pas le lieu ici d'entrer dans le détail de ces explications, encore moins d'étudier *in extenso* le dossier des fèves[104], mais on peut remarquer que, si on laisse de côté l'interprétation politique, qui est sans doute le résultat d'un développement secondaire, deux sur les cinq *aítia* rapportés ont un lien avec la mort et l'Hadès et un avec les organes sexuels (deux sources de souillure assez « classiques » dans le monde

103. Aristote, *Sur les Pythagoriciens*, fr. 195 Rose, *ap*. Diog. L. VIII, 34 = 10c D22 Laks-Most (trad. personnelle basée sur celles de Laks-Most et de L. Brisson dans Diogène Laërce, *Vies*, p. 967-968).

104. Le sujet a attisé la curiosité de savants de tous bords (hellénistes, historiens de la médecine et de la botanique, chimistes, anthropologues et historiens des religions) ; voir A. Delatte, « Faba Pythagoræ cognata », dans *Serta Leodiensia. Mélanges de philologie classique publiés à l'occasion du centenaire de l'indépendance de la Belgique*, Liège – Paris 1930, p. 33-57 ; M. D. Grmek, *Les maladies à l'aube de la civilisation occidentale : recherches sur la réalité pathologique dans le monde grec préhistorique, archaïque et classique*, Paris 1983, « La légende et la réalité de la nocivité des fèves », p. 307-354 (1re publication dans *History and Philosophy of the Life Sciences* 2 [1980], p. 61-121) ; Fr. J. Simoons, *Plants of life, plants of death*, p. 192-266 ; P. Bras, « Réflexions sur les fondements de la diététique dans le monde grec ancien (à propos de l'interdit de la fève) », *Dialogues d'histoire ancienne* 25/2 (1999), p. 221-260 ; M. Beer, *Taste or taboo*, p. 44-53 ; Ph. Borgeaud, « Greek and comparatist reflexions on food prohibitions », dans *Purity and the forming of religious traditions*, p. 261-287 (version mise à jour de Ph. Borgeaud, « Réflexions grecques sur les interdits alimentaires (entre l'Égypte et Jérusalem) », dans Cr. Grottanelli et L. Milano [éd.], *Food and identity in the ancient world*, Padoue 2004, p. 95-121) ; S. Kouloumentas, « The Pythagoreans on medicine: religion or science? », dans A.-B. Renger et A. Stavru (éd.), *Pythagorean knowledge*, p. 249-261 [p. 250-253]. Bibliographie supplémentaire dans C. Macris, *Πορφυρίου, Πυθαγόρου βίος*, p. 322-326 ; C. Macris, *DPhA* VII, p. 839-840. Voir aussi G. Riley, « Beans for the dead », dans H. Walker (éd.), *Feasting and fasting. Oxford Symposium on Food and cookery 1990*, Londres 1991, p. 173-174, et *infra*, n. 126.

grec, et très présentes par ailleurs dans le système pythagoricien de la pureté, comme on l'a vu plus haut), tandis que le quatrième renvoie à la fois à la cosmologie/cosmogonie « pneumatique » de l'ancien pythagorisme[105] et à sa conception de l'âme humaine immortelle et divine comme souffle (*pneuma*) – en ce sens, ce serait donc plutôt le respect envers quelque chose d'originel et de sacré qui justifie l'interdit.

Les principes ayant dicté l'interdiction de consommer certaines parties et organes des animaux sacrifiés sont éclairants également[106]. Ici, ce n'est pas la peur de la souillure qui règne, mais au contraire un profond respect pour les organes assurant les fonctions vitales[107]. Selon Porphyre (*VP* 42-43), on devait s'abstenir 1) des lombes, 2) des testicules et des parties génitales, 3) de la moëlle, 4) des pieds et 5) de la tête en tant qu'ils représentent respectivement, pour la vie de tout être animé, 1) le fondement de son corps, 2) sa force générative, 3) la source de sa croissance, 4) son début et 5) sa fin. Selon Jamblique (*VP* 109) – qui reprend un *symbolon* transmis par Aristote (fr. 194 Rose) dont il existe aussi une interprétation allégorique –, des « lois » établies par Pythagore défendaient de « ronger du cœur » et de « manger de la cervelle[108] », car les deux sont des « organes de

105. C. Macris, « Xouthos », *DPhA* VII, 2018, p. 290-300 et 840 ; Ph. S. Horky, « Cosmic spiritualism among the Pythagoreans, Stoics, Jews, and early Christians », dans Ph. S. Horky (éd.), *Cosmos in the ancient world*, Cambridge 2019, p. 270-294 [p. 272-275] ; S. Trépanier, « The spirit in the flesh: Empedocles on embodied soul », dans H. Bartoš et C. G. King (éd.), *Heat,* pneuma, *and soul in ancient philosophy and science*, Cambridge – New York 2020, p. 80-105. De manière analogue, le fait que, dans les cosmogonies orphiques, l'œuf cosmique se trouve *in principio* (M. Christopoulos, « Dark-winged Nyx and the bright-winged Eros in Aristophanes' *Orphic* cosmogony », dans M. Christopoulos, E. D. Karakantza et O. Levaniouk [éd.], *Light and darkness in ancient Greek myth and religion*, Lanham 2010, p. 207-220, en particulier p. 208-209 et p. 216 [n. 6-10]) dicte sans doute l'abstinence des œufs, mieux attestée pour l'orphisme (*OF* 645-646 T + 582 T Bernabé) que pour le pythagorisme ; donc on pourrait avoir ici un cas d'interférence.

106. C. Macris, *Πορφυρίου, Πυθαγόρου βίος*, p. 321-322.

107. Il en est de même pour l'œuf qui, en tant qu'origine de la vie (ἀρχὴ γενέσεως), était érigé en objet sacré (ἀφοσιοῦσθαι) ; voir Plutarque, *Questions de table*, II, 3, 1, 635 E ; Diog. L. VIII, 33 (cité plus haut). Voir E. Böhr, « Das Ei in der griechischen und römischen Antike », dans R. Jakob (éd.), *Überraschung: Ei. Vom Schöpfungsmythos zum Kunstobjekt. Ausstellungskatalog*, Schöngeising 2009, p. 42-53.

108. Ici on a en fait la combinaison de deux interdits attestés séparément parmi les *symbola* : voir M. Tierney, « A Pythagorean tabu », *Annuaire de l'Institut de*

direction » et « jouent en quelque sorte le rôle de fondations et de sièges pour la pensée et pour la vie » : « Il accordait à ces organes une dignité religieuse en raison de la nature du *logos* divin » (trad. L. Brisson et A. Ph. Segonds modifiée). Ici, les marques d'un vocabulaire tardif et d'un mode de pensée néoplatonicien sont obvies, trahissant la main de Jamblique lui-même. Néanmoins, grâce à lui, on n'est pas loin de saisir, me semble-t-il, l'essentiel de la motivation originelle de ces deux interdits.

Cependant, on ne devrait pas réduire le pythagorisme à sa dimension religieuse : non seulement parce qu'il a pu évoluer dans le temps en passant du « *lore* » archaïque à la « science » (pour reprendre le titre de l'œuvre magistrale de Walter Burkert) au moyen d'une rationalisation accrue[109], mais aussi parce que (pour ne rester que sur le plan de la *trophē* et de la santé), même avant Pythagore, Crotone était déjà renommée pour son école médicale[110] et pour ses athlètes – deux facteurs décisifs pour le développement de la diététique sur des bases scientifiques[111] –, dont les figures-phares res-

---

Philologie et d'Histoire Orientales et Slaves de l'Université Libre de Bruxelles 6 (1938) (*Mélanges Émile Boisacq*, vol. 2), p. 317-321 (pour le cœur), et M. Delcourt, « Tydée et Mélanippe », *Studi e materiali di storia delle religioni* 37 (1966), p. 139-188 [p. 169-180] (« La cervelle »). Sur l'abstinence orphique des mêmes organes, voir *OF* 647 T Bernabé.

109. J. N. Bremmer, « Rationalization and disenchantment in ancient Greece: Max Weber among the Pythagoreans and Orphics? », dans R. G. A. Buxton (éd.), *From myth to reason? Studies in the development of Greek thought*, Oxford 1999, p. 71-83.

110. G. Marasco, « La società crotoniate, i Pitagorici e lo sviluppo delle scienze mediche », dans G. De Sensi Sestito (éd.), *L'arte di Asclepio : medici e malattie in età antica. Atti della giornata di studio sulla medicina antica, Università della Calabria, 26 ottobre 2005*, Soveria Manelli 2008, p. 7-28.

111. J. Longrigg, « Presocratic philosophy and Hippocratic dietetic therapy », dans I. Garofalo, A. Lami et A. Roselli (éd.), *Aspetti della terapia nel* Corpus Hippocraticum. *Atti del IXe Colloque International hippocratique, Pisa, 25-29 settembre 1996*, Florence 1999, p. 43-50 ; J. M. Renfrew, « Food for athletes and gods: a classical diet », dans W. J. Raschke (éd.), *The archaeology of the Olympics: The Olympics and other festivals in Antiquity*, Madison 1988, p. 174-181 ; P. Villard, « Le régime des athlètes : vivre avec une santé excessive », dans J.-N. Corvisier, Chr. Didier et M. Valdher (éd.), *Thérapies, médecine et démographie antiques*, Arras 2001, p. 157-170 ; M. J. García Soler, « Nourriture et santé dans la médecine grecque ancienne », dans Y. Jean et Chr. Calenge (éd.), *Lire les territoires*, Tours 2002, p. 109-117.

pectives, Démocédès[112] et Milon[113], illustres dans tout le monde grec et même au-delà (Démocédès est le premier des médecins grecs à être admis à la cour persane sous Darius Ier), furent vite associées au mouvement pythagoricien. Par conséquent, il n'est pas étonnant que le pythagorisme ait eu sa contribution propre dans le domaine de la *diététique*[114]. Cela est dit haut et fort par Jamblique, dans un passage qui pourrait remonter en dernier lieu à Aristoxène de Tarente[115] :

> En médecine, ce qu'ils [les pythagoriciens] approuvent surtout, c'est le « genre diététique », et ils sont extrêmement précis en ce domaine. Ce qu'ils essaient d'apprendre en premier, ce sont les signes (*sēmeia*) permettant de reconnaître la juste proportion (*summetría*) entre les exercices (litt. les efforts, *pónoi*), les aliments et le repos ; ensuite, concernant la préparation même des aliments servis, ils sont pratiquement les premiers à en avoir traité de façon systématique et à avoir établi des règles (*diorízein*)[116].

Ce passage, très proche des considérations sur le régime que l'on trouve dans le corpus hippocratique[117], attire l'attention sur un champ de recherches fascinant et prometteur qui est celui de l'étude des rapports qu'ont pu avoir les médecins « diététiciens » (et autres) du

112. G. Squillace, « I mali di Dario e Atossa : modalità di intervento, tecniche terapeutiche, modelli di riferimento di Democede di Crotone (nota ad Erodoto III 129-134,1) », dans G. De Sensi Sestito (éd.), *L'arte di Asclepio*, p. 29-62 ; C. Macris, *DPhA* VII, p. 1052.

113. J.-M. Roubineau, *Milon de Crotone ou l'invention du sport*, Paris 2016 ; C. Macris, *DPhA* VII, p. 1053.

114. L. Zhmud, *Pythagoras*, p. 347-365 (« Medicine and Pythagoreanism ») [p. 351-354] ; S. Kouloumentas, « The Pythagoreans on medicine: religion or science? » ; C. Macris, *DPhA* VII, p. 1086-1087.

115. C. A. Huffman, *Aristoxenus of Tarentum:* The Pythagorean precepts, p. 364-365.

116. Jamblique, *VP* 163 = 244, trad. L. Brisson et A. Ph. Segonds (modifiée). Voir les *Vers d'or*, v. 32-35 : « Il ne faut pas non plus négliger la santé du corps / mais garder la mesure (μέτρον) dans le boire, le manger et l'exercice ; / et j'appelle mesure ce qui ne te chagrinera pas. / Habitue-toi à mener un régime de vie *propre* (δίαιταν καθάρειον), sans prétention » (trad. N. Aujoulat et A. Lecerf [p. 84] modifiée ; voir *supra*, n. 76).

117. A. Roselli, « Esercizi e cibi nella dieta pitagorica : a proposito di Iambl. *Vita Pyth.* § 163 e 244 (e D. L. VIII 9) », *Filologia antica e moderna* 12 (1997), p. 103-110 ; C. García Gual, « Dieta hipocrática y prescripciones alimenticias de los pitagóricos », dans A. Pérez Jiménez et G. Cruz Andreotti (éd.), *Dieta mediterránea : comidas y hábitos alimenticios en las culturas mediterráneas*, Madrid 2000, p. 43-67 ; H. Bartoš, « Iamblichus on Pythagorean dietetics », dans A.-B. Renger et A. Stavru (éd.), *Pythagorean knowledge*, p. 277-290.

pythagorisme avec leurs collègues hippocratiques[118]. En tout cas, ils sont assez présents comme entraîneurs d'athlètes, veillant sur leur diète[119], tandis que Pythagore lui-même se trouve aussi, à tort ou à raison, avoir joué – forcément avec grand succès – ce rôle de σωμασκητής dans sa jeunesse, en introduisant même un régime spécial pour les athlètes, basé sur une alimentation carnée consistante[120].

8. *Empsucha* et végétarisme

S'il en a été ainsi, et si, comme on l'a vu plus haut, il existe tant de tabous pythagoriciens concernant des animaux spécifiques, voire des parties des animaux sacrifiés, qu'en est-il alors du fameux végétarisme pythagoricien – qui a toujours été, et reste encore aujourd'hui, une source d'inspiration majeure pour les mouvements « philozoïques » et végétariens de tous bords[121] ? Ou, pour s'exprimer comme les anciens, qu'en est-il de l'ἐμψύχων ἀποχή, l'abstinence des « êtres animés » – ces vivants qui, comme les humains, sont dotés d'une âme[122] ? Après tout,

118. C. Macris, *DPhA* VII, p. 1099-1100. Walter Burkert appelait de ses voeux l'exploration de ce domaine, dans un effort de détecter là aussi « das Pythagoreische », à savoir des idées pythagoriciennes diffuses ; voir W. Burkert, « Pythagoreische Retraktationen: von den Grenzen einer möglichen Edition », dans W. Burkert *et al.* (éd.), *Fragmentsammlungen philosophischer Texte der Antike / Le raccolte dei frammenti di filosofi antichi. Atti del seminario internazionale, Ascona, Centro Stefano Franscini, 22-27 settembre 1996*, Göttingen 1998, p. 303-319 (repris dans W. Burkert, *Kleine Schriften*, t. III, p. 299-316), en particulier p. 308, 310 *sq.*

119. G. Iacovelli, « Icco di Taranto : medicina e sport nella cultura della Magna Grecia », dans A. Caprara, Fr. Galli et M. Scalzo (éd.), Ἀλήτης/Alétes. *Miscellanea per i settant'anni di Roberto Caprara*, Massafra 2000 (*non uidi*). Voir aussi *supra*, n. 53 *ad finem*.

120. Sur cette tradition, qui, étonnamment, est reprise même dans un ouvrage « puriste » aux aspirations ascétiques comme le *De abstinentia* de Porphyre (I, 26), voir C. Macris, *Πορφυρίου, Πυθαγόρου βίος*, p. 209-211 (n. 50) ; C. Macris, *DPhA* VII, p. 828 ; J.-M. Roubineau, *Milon de Crotone*, p. 132-142 (« Milon, Pythagore et la naissance de la diététique athlétique carnée »).

121. Voir D. A. Dombrowski, *The philosophy of vegetarianism*, Amherst 1984 ; C. Spencer, *The heretic's feast. A history of vegetarianism*, Hanover (NH) et Londres 1995 ; E. J. Mannucci, *La cena di Pitagora. Storia del vegetarianismo dall'antica Grecia a Internet*, Rome 2008. Voir A. Harden, *Animals in the Classical world: ethical perspectives from Greek and Roman texts*, Basingstoke 2013.

122. Voir le traitement classique de la question par J. Haussleiter, *Der Vegetarismus in der Antike*, Berlin 1935 (p. 97-157 : Pythagoriciens ; p. 79-96 : Orphiques ; p. 157-163 : Empédocle), ainsi que Th. Wächter, *Reinheitsvorschriften*,

un végétarisme absolu, radical, total, aurait été le corollaire évident de la doctrine de la métempsycose proclamée par Pythagore[123] et serait allé parfaitement de pair avec la critique du sacrifice sanglant, qui est bien attestée pour le pythagorisme ancien[124]. Apparemment il faudra attendre les *Catharmes* d'Empédocle (du moins dans son interprétation ancienne) pour que la doctrine de la métempsycose atteigne un niveau de systématicité et de radicalité absolues et arrive jusqu'à ses ultimes conséquences[125]. La puissance de son message anti-sacrificiel, de ses vers, de ses images hardies d'allélophagie et de θυέστεια δεῖπνα au sein même de la sacrosainte famille, marquera à jamais les esprits :

---

p. 76-82 ; ARBESMANN, *Fasten*, p. 29-36, et plus récemment (et plus brièvement) C. OSBORNE, « Ancient vegetarianism », dans J. WILKINS, D. HARVEY et M. DOBSON (éd.), *Food in Antiquity*, Exeter 1995, p. 214-224 ; A. BERNABÉ PAJARES, « Vegetarianismo en Grecia : implicaciones religiosas, éticas y sociales », dans S. TARODO SORIA et P. C. PARDO PRIETO (éd.), *Alimentación, creencias y diversidad cultural*, Valence 2015, p. 27-47 ; A. BERNABÉ PAJARES, « Vegetarianismo en la Grecia antigua », *Mare nostrum. Estudos sobre o Mediterrâneo antigo* 10/1 (2019), p. 31-53 (au sein d'un dossier spécial *Vegetarianismo na Antiguidade*, p. 1-92). Sur l'histoire du végétarisme antique sur la longue durée, voir aussi les riches notices introductives et les notes de Jean Bouffartigue, Michel Patillon et Alain Ph. Segonds dans *Porphyre, De l'abstinence*, vol. 1-2, Paris 1977-1979, et *De abst.*, t. III. Le terme *émpsuchon* peut avoir fait partie des néologismes introduits par Pythagore (voir C. MACRIS, *DPhA* VII, p. 829-832) ; voir W. BURKERT, *La religion grecque*, p. 397 : « Ainsi naît un nouveau concept général pour les êtres vivants, le fait d'être *émpsuchon*, ce qui signifie : *À l'intérieur, il y a une âme* ».

123. C. MACRIS, *DPhA* VII, p. 826, p. 833-836 et *passim* (notamment p. 702, 723, 785, 790-791). Ajouter maintenant G. CORNELLI, « Bearing with dignity your load of inalienable responsibility: the movements of the Pythagoreans' soul between *metempsychosis*, *palingenesis*, *anamnesis* and *koinonia* », dans I. MÄNNLEIN-ROBERT (éd.), *Seelenreise und Katabasis: Einblicke ins Jenseits in antiker philosophischer Literatur*, Berlin – New York 2021, p. 107-138 ; Ch. RIEDWEG, « Pythagoreische Jenseitsvorstellungen – eine Spurensuche », dans I. MÄNNLEIN-ROBERT (éd.), *Seelenreise und Katabasis*, p. 35-79 ; A. STAVRU, « Pythagoreische Seelenreisen bei Aristophanes: *Katabasis* als transformativer Wissenserwerb », dans I. MÄNNLEIN-ROBERT (éd.), *Seelenreise und Katabasis*, p. 139-176. Voir aussi V. HLADKÝ, « Transmigrating soul between the Presocratics and Plato », ΑΙΘΗΡ [*Aither*], *international issue* 5 (2018), p. 20-49 [p. 27-30].

124. G. SFAMENI GASPARRO, *Problemi di religione greca ed ellenistica. Dèi, dèmoni, uomini, tra antiche e nuove identità religiose*, Cosence 2009, « Critica del sacrificio cruento e antropologia in Grecia : da Pitagora a Porfirio. I. La tradizione pitagorica, Empedocle e l'orfismo », p. 9-58 (1987[1]) ; C. MACRIS, *DPhA* VII, p. 839.

125. Voir J.-Fr. BALAUDÉ, « Parenté du vivant et végétarisme radical : le *défi* d'Empédocle », dans B. CASSIN et J.-L. LABARRIÈRE (éd.), *L'animal dans l'Antiquité*,

> Le père soulève son propre fils qui a changé de forme / et l'égorge tout en priant – l'insensé ! Les autres ne savent quoi faire, / tandis qu'ils sacrifient le suppliant ; mais lui, sourd aux cris, / a égorgé et préparé dans son palais un funeste repas. / De la même façon, un fils saisit son père et les enfants leur mère, / et leur arrachant la vie mangent les chairs des leurs [126].

Ainsi, de manière fort intéressante, Pythagore ne sera plus évoqué tout seul – sinon très rarement – lorsqu'il est question de végétarisme et de critique du sacrifice sanglant : son message sera complété et renforcé par les vers d'Empédocle, qui l'accompagnera fidèlement lors de ses apparitions chez Sextus Empiricus, Plutarque ou Porphyre par exemple [127]. Quant à l'abstinence totale des *empsucha* chez les

---

Paris 1997, p. 31-53 (repris dans J.-Fr. Balaudé, *Le savoir-vivre philosophique : Empédocle, Socrate, Platon*, Paris 2010) ; K. Kleczkowska, « Animals and vegetarian diet in Empedocles of Akragas », *Maska* 36 (2017), p. 199-211. Jean-François Balaudé pense toutefois que l'« éthique de l'abstinence » de Pythagore et d'Empédocle découlerait plutôt de préoccupations « philanthropiques » et rituelles, et surtout du respect absolu de la parenté de tous les êtres vivants. Jean-Claude Picot, dans le chapitre « Empédocle et le spectacle divin de la réincarnation » de son ouvrage *Empédocle. Sur le chemin des dieux*, Paris 2022, reste très sceptique quant à la présence de la métempsycose chez l'Agrigentin. Sur les Orphiques, voir *OF* 629-633 Bernabé, qui ajoute au dossier les « *præcepta Orphica Pythagoricis similia* » (*OF* 634-636), ainsi que les fragments d'Empédocle portant sur l'interdit de consommer de la viande et sur sa critique du sacrifice sanglant (*OF* 637-640). Selon Xénocrate (l'un des premiers scholarques de l'Ancienne Académie, lui-même végétarien [J. Haussleiter, *Der Vegetarismus*, p. 198-201]), deux sur les trois lois qu'aurait données Triptolème – le confident de Déméter, à qui la déesse aurait révélé les mystères d'Éleusis, le législateur mythique d'Athènes et civilisateur de l'humanité grâce à l'agriculture – invitaient à « faire plaisir aux dieux [en leur offrant] des fruits » et à « ne pas faire de mal aux animaux ». Voir Porphyre, *De l'abstinence*, IV, 22, 2-7, *De abst.*, t. III, p. 101-102 (n. 350-353) et Ph. S. Horky, « Approaches to the Pythagorean *acusmata* in the Early Academy », dans P. Kalligas *et al.* (éd.), *Plato's Academy: its workings and its history*, Cambridge 2020, p. 167-187 [p. 179-182].

126. Empédocle, fr. 137 DK = 22 D29 Laks-Most, à qui j'emprunte la traduction. Cela rappelle un vers concernant le tabou des fèves dont la paternité est disputée entre Pythagoriciens et Orphiques (*OF* 648 F Bernabé), et qui a donné son titre à un article classique de M. Detienne, *Dionysos mis à mort*, Paris 1998[2] [1977[1]],« Ronger la tête de ses parents », p. 133-160 (version antérieure « Entre bêtes et dieux », dans *Destins du cannibalisme*, *Nouvelle revue de psychanalyse* 6 [1972], p. 231-246).

127. Sur la réception d'Empédocle chez ces auteurs, voir la thèse de doctorat (non publiée) de J.-Fr. Balaudé, « Le démon et la communauté des vivants : étude

pythagoriciens anciens eux-mêmes (surtout pré-empédocléens), pour l'instant, la recherche moderne n'a pas trouvé mieux, je crois, que les échappatoires offertes par les Anciens eux-mêmes – notamment 1) un *symbole/acousma*, 2) Ovide et 3) Jamblique (encore lui)[128]. Selon le premier,

> Il n'est permis d'offrir en sacrifice que ceux des vivants en qui l'âme humaine n'entre pas ; c'est pourquoi il ne faut manger que des vivants sacrifiables (c'est-à-dire ceux qu'il convient de manger), et aucun autre[129].

2) Ovide[130], par la bouche de Pythagore lui-même, qui est mis en scène dans le livre XV des *Métamorphoses*, introduira le principe de la nuisibilité et/ou de la culpabilité de la victime sacrificielle dont on va manger la chair : si l'on ne tue ni ne mange le mouton et le bœuf laboureur, on peut toujours tuer (sans manger) les bêtes sauvages, qui sont nuisibles, et enfin sacrifier et manger certains animaux domestiques : le porc, parce qu'il est l'ennemi de Déméter : il déterre les semences, il ruine les cultures ; le bouc, parce qu'il offense Dionysos : il mange la vigne et détruit les raisins[131]. 3) Enfin, Jamblique distinguera entre la pratique intransigeante de Pythagore lui-même (« d'être vivant, quant à lui, il n'en sacrifiait jamais »), également suivie par les « philosophes théorétiques » de son école (apparemment les plus avancés dans la contemplation et les plus détachés des soucis de ce monde), et celle du reste de ses disciples, les « acousmatiques » ou les « politiques », auxquels le maître « enjoignait de sacrifier avec parcimonie des êtres animés, soit un coq, soit un agneau ou encore quelque animal nouveau-né, mais jamais de bovin[132] ». Ces deux dernières catégories correspondraient a) aux simples auditeurs, pas encore, ou

---

de la tradition d'interprétation antique des *Catharmes* d'Empédocle, de Platon à Porphyre », Université Lille III, 1992 (dir. J. Bollack), 2 vol.

128. Voir M. Detienne, « Le bœuf aux aromates » ; C. Riedweg, *Pythagoras*, p. 68-69.

129. Jamblique, *VP* 85, trad. L. Brisson et A. Ph. Segonds. On trouve une idée similaire chez Porphyre, *VP* 42.

130. Sur la réception de nombreux thèmes pythagoriciens chez Ovide, voir C. Macris, *DPhA* VII, p. 1123-1125.

131. Ovide, *Métamorphoses*, XV, 103-145, avec P. Boyancé, « Sur la vie pythagoricienne », p. 40-43 ; M. Detienne, « Le bœuf aux aromates ». Voir aussi Porphyre, *VP* 39, énonçant le principe général de « ne pas nuire un animal qui n'est pas nuisible à la race humaine ».

132. Jamblique, *VP* 150, trad. L. Brisson et A. Ph. Segonds.

pas entièrement dévoués à la vie pythagoricienne, et b) aux disciples qui restaient en contact avec la société environnante, ou qui s'investissaient dans les affaires politiques. La distinction proposée, artificielle en soi, nous permet tout de même de saisir la nécessité de compromis et d'accommodement qu'ont sentie les premiers pythagoriciens, étant donné qu'une abstinence totale des sacrifices et de la consommation de viande les aurait pratiquement exclus de la vie politique de la cité.

9. *Nēsteia*

Maintenant que nous avons une vue panoramique sur la *díaita* et les tabous du pythagorisme, il reste à poser directement une autre question : a-t-il existé aussi un jeûne pythagoricien ? et, si oui, quelle en serait la motivation[133] ? Une petite recherche sur internet, où aussi bien Pythagore que le jeûne sont des sujets très populaires, laisserait penser qu'en essayant de répondre à cette question on aborderait un terrain tout à fait prometteur : 1) enfant, Pythagore aurait fait une traversée en bateau en restant deux nuits et trois jours sans manger, sans boire et sans dormir, montrant ainsi qu'il n'était pas un enfant comme les autres et donnant des signes clairs de son caractère d'homme divin (*theios anēr*) ; 2) dans sa jeunesse il aurait passé une épreuve de jeûne de quarante jours avant d'être accepté (« *aware and attentive* »...) à une « école ésotérique » en Égypte ; 3) plus tard, en tant que maître établi à Crotone, il aurait jeûné

133. R. Arbesmann, « Fasting and prophecy » (cité *infra*, n. 136), p. 9 identifie « several motives » pour le jeûne pythagoricien : [1] la grande estime à laquelle les Pythagoriciens portaient la mantique ; [2] leur croyance à la métempsycose ; [3-4] des motifs éthiques et hygiéniques (voir plus en détail Arbesmann, *Fasten*, p. 103-107), mais ses analyses laissent beaucoup à désirer. Sur les principales motivations du jeûne en général, voir Arbesmann, *Fasten*, p. 16-29 (qui insiste beaucoup sur son caractère apotropaïque) ; P. Gerlitz, *Das Fasten im religionsgeschichtlichen Vergleich*, Diss., Erlangen 1954 ; P. Gerlitz, « Das Fasten als Initiationsritus », dans C. J. Bleeker (éd.), *Initiation. Contributions to the theme of the study-conference of the International association for the history of religions held at Strasburg, September 17th to 22nd 1964*, Leyde 1965, p. 271-286 ; P. Gerlitz, « Fasten als Reinigungsritus », *Zeitschrift für Religions- und Geistesgeschichte* 20 (1968), p. 212-222 ; P. Gerlitz, « Religionsgeschichtliche und ethische Aspekte des Fastens », dans *Ex orbe religionum. Studia Geo Widengren oblata*, t. II, Leyde 1972, p. 255-265 ; A.-I. Rassia, « Cultural practices and mentalities of ancient Greek religious fasting », dans E. Galbois et S. Rougier-Blanc (éd.), *Maigreur et minceur dans les sociétés anciennes : Grèce, Orient, Rome*, Bordeaux 2020, p. 291-304.

systématiquement, de façon intermittente, pendant des périodes de quarante jours, afin de rendre son esprit plus subtil, et 4) il n'aurait accepté parmi ses disciples personne qui n'eût été d'abord purifié par le jeûne ; enfin, *last but not least*, 5) il aurait jeûné aussi quarante jours avant de mourir (à un âge avancé), permettant ainsi à son âme de se libérer plus facilement des liens du corps.

Tout cela semble fascinant, mais on aurait bien tort de trop s'enthousiasmer. Car en réalité, parmi les cinq éléments que l'on vient de passer en revue : la période de quarante jours n'est attestée que pour 5) ; 1) et 2) ne sont rien de plus que des anecdotes romancées rapportées par Jamblique (*VP* 16) et Porphyre (*VP* 7-8) respectivement : la première est reprise sans remaniements, la seconde s'inspire très librement des épreuves d'endurance qu'aurait subies Pythagore avant d'être admis, exceptionnellement, dans les temples égyptiens[134] ; 4) n'est pas attesté tel quel, mais apparemment on a voulu souligner le fait que, parmi les examens et les épreuves auxquels étaient soumis les aspirants élèves avant de rejoindre l'école de Pythagore (cf. Jamblique, *VP* 71-79), le jeûne ne pouvait pas être absent ; 3) n'est pas attesté – sauf pour les cas où Pythagore faisait des séjours plus ou moins longs dans les *adyta* des temples ; 5) semble être non pas une démarche ayant fait l'objet d'un choix réfléchi, mais une mort de faim subie (ou, au mieux, accommodée, on y reviendra).

Que disent donc en réalité les sources anciennes au sujet d'un possible jeûne de Pythagore et des pythagoriciens ? Tout d'abord, il faut faire une distinction entre a) le jeûne total, autrement dit la privation de nourriture, le fait de ne *pas* manger du tout[135], et b) les abstinences partielles, les tabous, les interdits alimentaires. Pour les deux, le grec se sert du même verbe, νηστεύειν, qui, employé absolument, sans complément, veut dire « jeûner, être à jeun », tandis que, suivi d'un complément d'objet au génitif, τινός, il se traduit par « s'abstenir (de) », étant pratiquement synonyme de ἀπέχεσθαι. Dans ce second sens, on rangerait sous le chef de la νηστεία (jeûne) tout ce dont on a traité dans les sections sur l'ἀποχή en général (5), sur les tabous (7) et sur l'abstinence des êtres animés (8)[136]. Ainsi Callimaque emploie-

134. Voir *supra*, n. 74.

135. C'est l'objet de la contribution de Paul Demont dans ce volume, qui porte sur le monde grec en général.

136. De même, le P. Arbesmann consacre la plus grande partie de son ouvrage de référence sur le jeûne (*Das Fasten*) aux interdictions alimentaires partielles ; voir

ra-t-il l'expression poétique νηστεύειν τῶν ἐμπνεόντων (« jeûner des êtres qui respirent ») à la place du traditionnel ἐμψύχων ἀπέχεσθαι, en faisant allusion à Pythagore à travers le personnage du Phrygien Euphorbe, dont l'âme se serait réincarnée dans le corps du sage samien[137]. Empédocle, quant à lui, dont plusieurs traits se comprennent mieux si on le situe dans le périmètre du pythagorisme, osera sans hésiter νηστεῦσαι κακότητος (« jeûner du mal, s'abstenir de tout mal ») dans ses *Catharmes* (fr. 144), élargissant ainsi le champ du jeûne-abstinence en sorte qu'il embrasse non seulement les aliments interdits, mais aussi tout acte mauvais qui souille[138].

Mais il y a plus. Dans le cas du pythagorisme on pourrait parler, d'une certaine façon, d'un état *permanent* de νηστεία (dans le sens d'ἀποχή), d'un jeûne perpétuel, étant donné que les abstinences n'étaient pas liées à des célébrations religieuses particulières, mais

---

aussi R. ARBESMANN, art. « Fasten » et « Fastenspeisen », dans *Reallexikon für Antike und Christentum*, vol. 7, Stuttgart 1969, col. 447-493 et 493-500, ainsi que L. ZIEHEN, art. « Νηστεία », dans A. PAULY, G. WISSOWA et W. KROLL (éd.), *Realenzyclopädie der klassischen Altertumswissenschaft*, t. XVII/1, Stuttgart 1936, col. 88-107. Pour un aperçu en anglais des résultats de la recherche monographique de 1929 du P. Arbesmann, voir la première partie de R. ARBESMANN, « Fasting and prophecy in pagan and Christian Antiquity », *Traditio* 7 (1949-1951), p. 1-71 [p. 1-9]. Voir encore V. E. GRIMM, *From feasting to fasting: the evolution of a sin. Attitudes to food in Late Antiquity*, Londres – New York 1996, p. 34-59 et 209-219 (« The Graeco-Roman background »), et la brève mais dense entrée « Fasting », de l'*Oxford Classical Dictionary* (éd. S. HORNBLOWER, A. SPAWFORTH et E. EIDINOW, Oxford 2012[4] [1949[1]], p. 569), due à Albert Henrichs, qui souligne à juste titre que les Grecs n'ont pas connu d'« extended periods of ritual fasting on the scale of the Muslim Ramadan or Christian Lent » et que « [i]n the few cults that made fasting a ritual requirement, its observance was always brief, lasting up to one day, and in exceptional circumstances up to three days » (voir pourtant *infra*, n. 140 et n. 194).

137. CALLIMAQUE, *Iambes*, fr. 191 Pfeiffer, *ap.* Diodore de Sicile, X, fr. 11 Cohen-Skalli (= X, 6, 4 de l'éd. Teubner).

138. A. M. BATTEGAZZORE, « Il linguaggio di Empedocle », dans G. IMBRAGUGLIA, G. S. BADOLATI et R. MORCHIO (éd.), *Index Empedocleus*, Gênes 1991, vol. 1, p. 69-80 [p. 71-73] ; A. et I. PETROVIC, *Inner purity and pollution*, p. 78-100 (« Empedocles on inner pollution and purity: release from suffering, prayer, and mental exercise »), en particulier p. 92-93 (voir aussi p. 41-52, sur la κακότης chez Hésiode, qui a pu inspirer Empédocle). Au terme d'une étude bien informée des fr. 144-145, et sensible aux détails, G. ZUNTZ, *Persephone: Three essays on religion and thought in Magna Graecia*, Oxford 1971, p. 229-232, arrive à la conclusion à mon avis erronée que νηστεῦσαι κακότητος voudrait dire « *malorum expertem esse* ».

restaient valables tout le temps. Pour paraphraser Walter Burkert[139], les pythagoriciens (du moins ceux qui suivaient les prescriptions des *symbola*/*acousmata*) donnent l'impression d'avoir vécu chaque jour comme si c'était un Vendredi Saint.

Cela dit, on peut trouver aussi, dans des coins isolés de la littérature tardive, des mentions de *périodes* de jeûne-abstinence de certains aliments, mais leur réalité historique (voire textuelle) reste incertaine[140]. Ainsi, après avoir dit que « plus que tout, Pythagore interdisait de manger du rouget et du poisson à queue noire, et prescrivait de s'abstenir du cœur et des fèves », Diogène Laërce ajoute : « Aristote parle aussi de la matrice et du mulet, à certains moments (ἐνίοτε)[141] ». Cependant, un témoin ancien du texte de Diogène comme la *Souda* rattache ἐνίοτε à la phrase suivante[142]. De son côté, Jamblique, ayant distingué entre les pythagoriciens « hautement contemplatifs » et les autres, « dont le mode de vie n'était pas totalement purifié », précise qu'à ces derniers, Pythagore « permettait de goûter à certains animaux, et, pour eux, il *déterminait une période de temps défini* pendant laquelle ils devaient pratiquer l'abstinence (χρόνον [...] τῆς ἀποχῆς ὡρισμένον)[143] ».

Plus intéressante paraît une notice conservée par Porphyre d'après le romancier Antonius Diogène (fin du Ier siècle apr. J.-C.), qui prétend révéler les ingrédients de la recette secrète nécessaire à la préparation de nourritures spéciales capables de supprimer la faim et la soif (ἄλιμοι καὶ ἄδιψοι τροφαί)[144]. Pythagore aurait eu recours à ces super-nourri-

139. W. Burkert, *Lore and science*, p. 191.

140. Sur les périodes de jeûne-abstinence dans le monde antique, voir à titre de comparaison R. Arbesmann, art. « Fasttage », dans *Reallexikon für Antike und Christentum*, vol. 7, Stuttgart 1969, col. 500-524 ; *De abst.*, t. III, p. 51, n. 50 et l'index, *s.v.* ἁγνεία (à propos de ἁγνεῖαι, au pluriel = « les temps de pureté [et de jeûne] ») ; J. Bergman, « *Decem illis diebus*. Zum Sinn der Enthaltsamkeit bei den Mysterienweihen im Isisbuch des Apuleius », dans *Ex orbe religionum. Studia Geo Widengren oblata*, t. I, Leyde 1972, p. 332-346. Voir aussi *infra*, à propos de Nēstis, avec la n. 194.

141. Diog. L. VIII, 19, trad. J.-Fr. Balaudé, qui remarque dans sa n. 7 *ad locum* : « C'est donc un interdit qui ne vaut pas tout le temps ».

142. Et c'est ainsi que les deux derniers éditeurs de Diogène Laërce, Miroslav Marcovich et Tiziano Dorandi, éditent le texte.

143. Jamblique, *VP* 109, trad. L. Brisson et A. Ph. Segonds modifiée.

144. Porphyre, *VP* 34-35, avec M. Detienne, *Les jardins d'Adonis*, p. 91-93 ; *De abst.*, t. III, p. 98, n. 330 ; C. Macris, *Πορφυρίου, Πυθαγόρου βίος*, p. 283 (n. 116). Sur ces *alima* et *adipsa*, voir Fl. Guadagni, « Studi su Erodoro di Eraclea Pontica », thèse de doctorat, Université de Naples – Frédéric-II, 2014, p. 191-202.

tures pendant ses longues retraites au fin fond des *adyta* des temples, là où (pour reprendre une expression consacrée employée aussi par Plotin[145]) il pouvait rester près des dieux « seul à seul[146] ». Cette notice a un triple intérêt : d'abord, elle lie Pythagore à des figures semi-mythiques comme Épiménide le Crétois ou l'Hyperboréen Abaris, qu'on ne vit jamais ni boire, ni manger, ni excréter, le premier grâce à une sorte d'aliment magique que lui avaient procuré les Nymphes et dont il prenait un tout petit peu à la fois[147] ; ensuite, elle illustre parfaitement le lien étroit qui existe entre jeûne/abstinence/pureté et fréquentation du divin[148] : ce n'est pas un hasard si, en dehors du jeûne archétypique lié au culte de Déméter/*Ceres*[149], les autres attestations de cette pratique

---

145. PLOTIN, *Traité 9* [*Ennéades*, VI, 9], 11, 50-51 éd. HENRY-SCHWYZER.

146. Cette même proximité avec le divin est soulignée par Jamblique, *VP* 27, lorsqu'il compare Pythagore se retirant dans une caverne à Samos au roi Minos, le familier et « confident (ὀαριστής) novennal » du grand Zeus (HOMÈRE, *Odyssée*, XIX, 178-179), son disciple chéri et συνουσιαστὴς ἐν λόγοις ([Platon], *Minos*, 319 d-e). Voir C. MACRIS, « La lecture néoplatonicienne de la biographie de Pythagore par Jamblique : quatre exemples tirés de son traité *Sur le mode de vie pythagoricien* », dans Ph. R. BOSMAN, G. R. KOTZÉ (éd.), *Ancient philosophy and early Christianity. Studies in honour of Johan C. Thom*, Leiden – Boston 2022, p. 137-178 [p. 160-166].

147. Épiménide : Diog. L. I, 114 (cas de nympholepsie). Abaris : HÉRODOTE, IV, 36 (il se baladait partout οὐδὲν σιτεόμενος) ; JAMBLIQUE, *VP* 141. Voir aussi *supra*, n. 86.

148. R. ARBESMANN, « Fasting and prophecy », p. 13 : « Detached from the world and unmolested by the wants of life [...] he [*scil.* Pythagoras] entered into communion with the divine ». Mais je ne vois pas pourquoi l'auteur pense que c'était spécialement « for *mantic* reasons that he retired to the ἄδυτα of the gods ». Cela rappelle ce que dit Jamblique à propos du prophète de l'oracle apollinien de Claros qui, après avoir jeûné (ἀσιτεῖ) un jour et une nuit, « se retire en lui-même (καθ' ἑαυτὸν ἀνακεχώρηκεν) dans des lieux sacrés inaccessibles à la foule [...] et par la mise à distance (ἀπόστασις) il s'affranchit (ἀπαλλαγή) des affaires humaines et rend soi-même totalement pur (ἄχραντον), pour recevoir le dieu » (*De mysteriis*, III, 11 = p. 94, 9-13 SAFFREY-SEGONDS [CUF], trad. personnelle).

149. [1] Mystères d'Éleusis : ARBESMANN, *Fasten*, p. 75-83, spéc. 77-80 ; [2] Thesmophories : R. ARBESMANN, *Fasten*, p. 90-92 ; R. ARBESMANN, art. « Thesmophoria », dans A. PAULY, G. WISSOWA et W. KROLL (éd.), *Realenzyclopädie der klassischen Altertumswissenschaft*, vol. 6/1, Stuttgart 1936, col. 15-28 ; H. PIERRE, « Réflexions autour de la *Nesteia* des Thesmophories athéniennes », *Pallas* 76 (2008), p. 85-94 ; [3] *Sacrum anniversarium Cereris* : ARBESMANN, *Fasten*, p. 94-95 ; [4] *Ieiunium Cereris* (fête importée de Grèce) : ARBESMANN, *Fasten*, p. 95. Voir aussi l'article de P. Demont dans ce volume, et sur Nēstis *infra*, la section 11. (Les autres cultes à mystères examinés par ARBESMANN, *Fasten*, p. 83-89 – ceux de Cybèle et Attis, d'Isis et de Mithra – datent de l'époque hellénistique ou impériale).

dans le monde grec archaïque et classique concernent surtout, soit les fameux « chamans grecs[150] », en leur qualité d'hommes proches des dieux sinon d'« hommes divins[151] », soit les prêtres et les prêtresses, qui sont au service de(s) dieu(x)[152], soit l'accès à des lieux sacrés[153], soit la divination[154] et l'incubation[155], deux moyens par excellence de communication directe avec les dieux[156] – les philosophes (pythagori-

---

150. C'est ce que ARBESMANN, *Fasten*, p. 97-103 appelle « jeûne extatique », dans lequel il inclut également celui des devins inspirés et des prophètes.

151. C. MACRIS, « Pythagore, un maître de sagesse charismatique de la fin de la période archaïque », dans G. FILORAMO (éd.), *Carisma profetico : fattore di innovazione religiosa*, Brescia 2003, p. 243-289 ; C. MACRIS, « Becoming divine by imitating Pythagoras? », *MÈTIS. Anthropologie des mondes grecs anciens* 4 (2006), p. 297-329.

152. ARBESMANN, *Fasten*, p. 72-74.

153. *Ibid.*, p. 96-97.

154. R. ARBESMANN, « Fasting and prophecy », p. 9-32.

155. L. DEUBNER, *De incubatione*, Leipzig 1900, p. 14-28 ; G. GUIDORIZZI, « Tabù alimentari e funzione onirica in Grecia », dans O. LONGO et P. SCARPI (éd.), Homo edens *[I]. Regimi, miti e pratiche dell'alimentazione nella civiltà del Mediterraneo. Atti del Congresso* Homo edens *realizzato dalla Fiera di Verona il 13-14 aprile 1987*, Milan 1989, p. 169-176 ; M. WACHT, art. « Inkubation », dans *Reallexikon für Antike und Christentum*, vol. 18, Stuttgart 1997, col. 179-265 (p. 212-215) ; P. BONNECHERE, *Trophonios de Lébadée : Cultes et mythes d'une cité béotienne au miroir de la mentalité antique*, Leyde – Boston 2003, p. 147-148, 204-205 et 277 ; P. SINEUX, *Amphiaraos : guerrier, devin et guérisseur*, Paris 2007, p. 120-129 (« Abstinences ») ; C. TERRANOVA, *Tra cielo e terra : Amphiaraos nel Mediterraneo antico*, Rome 2013, p. 238-241 ; H. VON EHRENHEIM, *Greek incubation rituals in Classical and Hellenistic times*, Liège 2015, « The rites and rules », p. 23-109 [p. 29-34] ; G. H. RENBERG, *Where dreams may come. Incubation sanctuaries in the Greco-Roman world*, Leyde – Boston 2017, p. 625-627 (« Dietary restrictions, fasting and incubation »). La plupart des auteurs voient l'influence du pythagorisme dans les abstinences liées aux rituels incubatoires, notamment dans les cas de Trophonios (P. BONNECHERE, *Trophonios de Lébadée*, p. 277-282) et d'Amphiaraos (Sineux, Terranova, Renberg). Comme on l'a vu plus haut (n. 100), une influence similaire est postulée aussi pour les mystères d'Éleusis.

156. Sur toutes ces catégories, voir aussi Y. USTINOVA, *Caves and the ancient Greek mind: descending underground in the search for the ultimate truth*, Oxford 2009, *passim* (en partant de son index, *s.v.* « Fasting »), qui insiste sur les « états modifiés de la conscience » que peut induire le jeûne, combiné avec d'autres facteurs comme la privation sensorielle, la fatigue ou le manque de sommeil. Ces états servent de « base physiologique » aux visions extatiques et aux expériences mystiques (voir l'introduction de C. Macris au volume *La philosophie mystique à partir de ses sources antiques, entre* theôria *et* theourgia, ainsi que les sections B.3.1 et B.4.0 de sa « Bibliographie évolutive d'études sur la mystique antique

ciens ou autres) et les orphiques, tout comme les magiciens, aspireront à cette même proximité[157] ; enfin, cette notice nous invite à voir dans les *alima* et *adipsa* une forme à la fois mythique et idéale du jeûne permettant à l'homme de se détacher complètement du corps. Cela a bien été perçu par Porphyre, qui, à la fin d'un développement personnel sur la pureté s'exclame :

> Ah ! que n'est-il facile d'avoir à sa disposition la nourriture fabuleuse qui empêche la faim et la soif, en sorte de suspendre quelque temps l'écoulement du corps et de s'appliquer aux activités les plus hautes, celles-là mêmes qui font que Dieu est Dieu[158].

Si l'on revient au jeûne présumé lié à la mort de Pythagore (sur laquelle il ne faut pas oublier qu'il existe plusieurs autres versions[159]), on se heurtera à quelques difficultés. C'est une source relativement ancienne (IVe siècle av. J.-C.) qui nous raconte cet épisode, le péripatéticien Dicéarque, et il le fait de manière assez lapidaire :

> On dit que Pythagore mourut dans la région de Métaponte après s'être réfugié (καταφυγόντα) dans le sanctuaire des Muses, où il était resté pendant quarante jours privé du nécessaire (ou plus exactement : alors que les vivres devinrent rares / furent épuisés : σπάνει τῶν ἀναγκαίων) [Porphyre]/ sans se nourrir (ἀσιτήσαντα) [Diog. L.][160].

/ Evolutive bibliography, by themes, on ancient mysticism [Graeco-Roman world] », 2020 <https://hal.archives-ouvertes.fr/halshs-03051857/> / <https://cnrs.academia.edu/ConstantinosMacris/Drafts>).

157. ARBESMANN, *Fasten*, p. 103-118 (qui présente le jeûne – en réalité les abstinences – de tous les philosophes comme une ascèse proprement religieuse), et p. 63-67 (le jeûne du magicien).

158. PORPHYRE, *De l'abstinence*, IV, 20, 15, trad. M. PATILLON et A. Ph. SEGONDS, avec leurs n. 330-331 (*De abst.*, t. III, p. 98). Au moins depuis Aristote, qui déterminait l'activité du Premier Moteur immobile, identifié à Dieu et au Bien de Platon, comme « pensée de la pensée » (νόησις νοήσεως), l'activité noétique est considérée comme le propre de Dieu.

159. Voir par exemple Diog. L. VIII, 39-40 (= 10a P44 Laks-Most) et PORPHYRE, *VP* 57, avec C. MACRIS, *Πορφυρίου, Πυθαγόρου βίος*, p. 369-370 (n. 196-197) ; C. MACRIS, *DPhA* VII, p. 803-804.

160. DICÉARQUE, fr. 35a-b Wehrli (contractés en un seul texte ici) = fr. 41 Mirhady, *ap.* PORPHYRE, *VP* 57 et Diog. L. VIII, 40. Voir maintenant *Die Fragmente der Griechischen Historiker Continued.* IV, *Biography and antiquarian literature – B. History of literature, music, art and culture. Fasc. 9 : Dikaiarchos of Messene (No. 1400)*, éd. G. VERHASSELT, Leyde – Boston 2018, F 57a-b, p. 154-157 (éd. et trad.) + 487-509 (comm.), en particulier p. 506-509. Je remercie l'auteur d'avoir bien voulu partager avec moi son excellent commentaire pendant la période de confinement liée au Covid-19.

À première vue, le fait que Pythagore finisse ses jours dans l'intimité du divin et que sa mort survienne dans le sanctuaire des Muses tant prisées par lui[161] peut la faire paraître honorable[162], voire « divinisante » ; de plus, le fait que le sage, avant de mourir, ne prenne pas de nourriture pendant quarante jours pourrait faire penser à un jeûne intentionnel[163] qui, étonnamment, aurait la même durée que ceux des prophètes juifs (Moïse, Élias) ou de Jésus[164] et viserait à rendre le corps plus léger et à permettre à l'âme de se libérer plus facilement. Mais, en réalité, il n'en est rien. À y regarder de plus près, dans cette version de sa mort, Pythagore est en situation de suppliant. Il trouve simplement un ultime refuge dans le sanctuaire métapontin après s'être enfui de Crotone lors de l'attaque lancée contre les pythagoriciens et après une série de vaines tentatives pour s'installer dans d'autres cités de l'Italie du Sud, notamment à Locres et à Tarente, qui n'ont point voulu de lui (Porphyre, *VP* 56). Le manque des vivres nécessaires et l'isolement de Pythagore dans l'ἄσυλον du sanctuaire[165] suggèrent que, même à Métaponte, il fut accueilli avec hostilité[166] ; quant aux ἀναγκαῖα qui

161. C. Macris, *DPhA* VII, p. 805-806 et 842.

162. Ainsi, selon A. Provenza, « La morte di Pitagora e i culti delle Muse e di Demetra: *mousiké* ed escatologia nelle comunità pitagoriche di Magna Grecia », *Hormos* 5 (2013), p. 53-68 [p. 56], de ce témoignage émergerait « una sorta di consacrazione del sapiente alle Muse » : « La sua morte nel santuario non profana quest'ultimo, ma segna una sorta di ritorno all'armonia, che egli ha costantemente perseguito ».

163. Ἀσιτήσαντα notamment peut vouloir dire νηστεύσαντα (sur le vocabulaire du jeûne en grec, voir Arbesmann, *Fasten*, p. 3-16). Ainsi Luc Brisson traduit Diog. L. VIII, 40 : « Pythagore mourut [...] à la suite d'un jeûne de quarante jours ».

164. La coïncidence a fait penser W. H. Roscher, « Die Tessarakontaden und Tessarakontadenlehren der Griechen und anderer Völker: Ein Beitrag zur vergleichenden Religionswissenschaft, Volkskunde und Zahlenmystik, sowie zur Geschichte der Medizin und Biologie », dans *Berichte über die Verhandlungen der Königl.-Sächsischen Gesellschaft der Wissenschaften – Philologisch-Historische Klasse* 61/2 (1909), repris dans W. H. Roscher, *Beiträge zur Zahlensymbolik der Griechen und anderer Völker*, Hildesheim 2003, p. 80, à un transfert tardif d'un élément sémitique sur la légende de Pythagore (je remercie mon ami et collègue *in pythagoricis* Leonid Zhmud d'avoir mis à ma disposition cette étude précieuse). Voir W. H. Roscher, *Die Zahl 40 im Glauben, Brauch und Schrifttum der Semiten. Ein Beitrag zur vergleichenden Religionswissenschaft, Volkskunde und Zahlenmystik*, Leipzig 1909, p. 10-26 [p. 15-18].

165. Sur l'*asylia* dans le monde grec antique, voir l'article bref mais bien informé de Wikipedia : <https://de.wikipedia.org/wiki/Asylie>. Voir aussi *supra*, n. 95.

166. C'est la ligne interprétative, plausible, suivie par T. Mojsik, « Dicearchus (fr. 41 Mirhady) on Pythagoras' death », *Eos* 104 (2017), p. 47-69.

furent épuisés, ce sont apparemment ceux que lui avaient donnés les Locriens en le renvoyant de leur territoire – un strict minimum sans doute.

Mais rester sans manger est aussi un signe de deuil, de souffrance ou de désespoir[167], ce qui semble être le cas de Pythagore ici ; qui plus est, le nombre de quarante jours est effectivement attesté dans les sources grecques comme période de deuil et d'impureté liée au décès[168] (mais pas de jeûne[169]). Cela a été bien perçu par Satyros, qui ira jusqu'à dire que « Pythagore se laissa mourir de faim (τὸν βίον καταστρέψαι ἀσιτίᾳ), parce qu'il ne voulait pas vivre plus longtemps[170] ». On aurait donc une forme de suicide par inanition, qui est attestée également pour d'autres philosophes : souvent ceux-ci, à un âge avancé, veulent mettre un terme aux maux de la vieillesse (Démocrite, Zénon le stoïcien, Denys le transfuge, Cléanthe), ou alors se sentent découragés/déprimés et/ou dépourvus d'énergie vitale (ἀθυμία) (Ménédème d'Érétrie)[171]. Dans le cas de Pythagore, les deux motivations peuvent avoir joué : aussi bien la dépression que la vieillesse[172].

---

167. ARBESMANN, *Fasten*, p. 25-28 ; voir aussi la section sur le deuil de la contribution de Paul Demont au présent volume, notamment le cas d'Oreste chez Euripide : « Poursuivi par les Erinyes, il s'allonge sur le sol de Delphes, devant le sanctuaire, *sans manger* (νῆστις βορᾶς) et jure qu'il va se laisser mourir si Apollon, qui l'a perdu, ne le sauve pas maintenant : sa mort souillerait épouvantablement le domaine du dieu ».

168. W. H. ROSCHER, « Die Tessarakontaden », p. 34-41 (« Die 40tägige Unreinigkeits- und Trauerfrist bei Todesfällen »).

169. De toute façon, rester sans manger pendant quarante jours serait certainement un exploit impossible. Voir P. Demont dans ce volume, qui rappelle (dans sa n. 120) que « [l]a durée de la survie lors d'un jeûne est estimée à sept jours par l'auteur du traité hippocratique des *Chairs* ».

170. Satyros, fr. 11 Schorn, *ap.* Diog. L. VIII, 40, avec son commentaire : S. SCHORN, *Satyros aus Kallatis. Sammlung der Fragmente mit Kommentar*, Bâle 2004, p. 364-368.

171. Voir, dans l'ordre, 27 P51-54 Laks-Most ; Diog. L. VII, 31 ; VII, 167 ; VII, 176 et II, 143, avec S. GRAU, « How to kill a philosopher: the narrating of ancient Greek philosopher's deaths in relation to their way of living », *Ancient Philosophy* 30 (2010), p. 347-381 (« Death by starvation », p. 362-363). Pour une liste plus complète, voir A. J. L. VAN HOOF, *From autothanasia to suicide. Self-killing in classical Antiquity*, Londres – New York 1990, p. 41-47 ; S. SCHORN, *Satyros*, p. 367, n. 956.

172. Sur la longévité de Pythagore, voir C. MACRIS, *DPhA* VII, p. 804-805.

Toujours est-il qu'aussi bien le suicide que la souillure provoquée par la mort ou le meurtre dans un lieu sacré non seulement enfreignent les principes du pythagorisme[173], mais également, dans une large mesure, vont à l'encontre des conceptions religieuses communes. Donc le but du biographe (ou de la tradition orale qu'il véhicule) serait de montrer que Pythagore a fini ses jours en totale dysharmonie, voire contradiction, par rapport à ses principes – et qui plus est, sans que les divinités du sanctuaire lui viennent en aide. Par ailleurs, le nombre 40 est significatif aussi bien pour le pythagorisme que pour la biographie antique, donc, là aussi, on est en droit de suspecter une manipulation des données[174].

10. Déméter et Perséphone

Nous avons déjà vu plus haut le grand nombre d'interdits et d'abstinences que le pythagorisme ancien partage avec les cultes à mystères, notamment ceux de Déméter[175]. Ce « bien commun » acquiert beaucoup plus d'épaisseur et de profondeur et prend peut-être d'autres dimensions si l'on tient compte des liens que Pythagore et le pythagorisme ont pu entretenir par ailleurs avec le culte de Déméter et de Perséphone en Italie du Sud et en Sicile[176]. Ces liens, relativement

173. Sur l'interdiction du suicide en milieu pythagoricien, voir C. Macris, « Philolaos de Crotone », *DPhA* VII, 2018, p. 637-667 (p. 648, 653-654 et 658]. Sur la souillure de la mort, voir *supra*, n. 47.

174. Sur le pythagorisme, voir W. H. Roscher, « Die Tessarakontaden », p. 76-82. Sur la biographie antique, voir A. A. Mosshammer, « Geometrical proportion and the chronological method of Apollodorus », *Transactions and Proceedings of the American Philological Association* 106 (1976), p. 291-306 ; A. A. Mosshammer, *The* Chronicle *of Eusebius and Greek chronographic tradition*, Lewisburg 1979, p. 274-289, notamment sur l'habitude de situer l'*acmè/floruit* d'un individu à 40 ans, qui, *via* Aristoxène, pourrait remonter au pythagorisme ; G. Verhasselt, *Die Fragmente der Griechischen Historiker, IV.B. Fasc. 9 : Dikaiarchos*, p. 508, n. 1425.

175. Voir *supra*, n. 100 et 149. Une mention particulière doit être faite du coq (ἀλεκτρυών), un oiseau consacré à Déméter (et aussi à Proserpine) ; voir *De abst.*, t. III, p. 85, n. 245.

176. Sur le culte des « deux déesses », notamment en Grande-Grèce et en Sicile, voir D. White, « ΑΓΝΗ ΘΕΑ: A study of Sicilian Demeter », thèse de doctorat, Université de Princeton, 1963 ; G. Zuntz, *Persephone* ; G. Sfameni Gasparro, *Misteri e culti mistici di Demetra*, Rome 1986 ; J. B. Curbera, « Chthonians in Sicily », *Greek, Roman and Byzantine Studies* 38/4 (1997), p. 397-408 ;

peu étudiés (et dans tous les cas nettement moins étudiés que les rapports avec l'orphisme par exemple), expliqueraient peut-être la sensibilité particulière qu'a montrée le pythagorisme pour les abstinences et le jeûne.

Dans cette perspective, l'élément le plus impressionnant est sans doute que, après la mort de Pythagore, sa maison fut appelée/devenue/consacrée (suivant les variantes des sources) « sanctuaire (ἱερόν) de Déméter[177] » (et la ruelle [στενωπός] où il habitait, « lieu consacré aux Muses » [μουσεῖον][178]). À cela, par une intuition géniale, Walter Burkert a ajouté que Pythagore était apparemment perçu dès le départ comme un confident de Déméter, voire comme son hiérophante[179]. Le savant allemand a pu extraire ce renseignement précieux d'une version rationalisante et satirique de la descente de Pythagore aux Enfers, d'après

---

V. Hinz, *Der Kult von Demeter und Kore auf Sizilien und in der Magna Graecia*, Wiesbaden 1998 ; H. Pierre, « Le culte de Déméter en Italie du Sud », thèse de doctorat, Université Toulouse – Jean Jaurès, 2007 (dir. H. Guiraud) ; C. A. Di Stefano (éd.), *Demetra : la divinità, i santuari, il culto, la leggenda. Atti del I Congresso internazionale, Enna, 1-4 luglio 2004*, Pise – Rome 2008 ; G. Casadio et P. A. Johnston (éd.), *Mystic cults in Magna Graecia*, Austin 2009 ; A. Mastrocinque et C. Giuffré Scibona (éd.), *Demeter, Isis, Vesta, and Cybele: Studies in Greek and Roman religion in honour of Giulia Sfameni Gasparro*, Stuttgart 2012 ; E. Osek, « Ritual imitation during the Thesmophoria at Syracuse: Timaeus of Tauromenium's *History of Sicily* », dans H. L. Reid et J. C. DeLong (éd.), *The many faces of* mimesis*: Selected essays from the 2017 Symposium on the Hellenic heritage of Western Greece*, Sioux City (Iowa) 2018, p. 279-292. Et pour d'autres aspects, moins connus, de Perséphone, H. Eisenfeld, « Life, death, and a Lokrian goddess. Revisiting the nature of Persephone in the gold leaves of Magna Graecia », *Kernos* 29 (2016), p. 41-71.

177. Timée de Tauroménium, *FGrHist* 566 F 31 Jacoby, *ap.* Porphyre, *VP* 4 ; Favorinus, fr. 78 Amato (= 73 Barigazzi = 41 Mensching), *ap.* Diog. L. VIII, 15 ; Jamblique, *VP* 170 ; Valère Maxime VIII, 15, ext. 1. Voir P. Boyancé, *Le culte des Muses chez les philosophes grecs : études d'histoire et de psychologie religieuses*, Paris 1972² [1936¹], p. 233-247 ; H. Pierre, *Le culte de Déméter*, t. II, p. 605-606 ; Gr. Cuvelier, « La maison de Pythagore devenue temple de Déméter », Conférence donnée à Liège en 2016 (voir l'exemplier : <https://orbi.uliege.be/handle/2268/205978>). Il existe un parallèle à cela : la transformation de la maison de Cadmos et de ses descendants, à Thèbes, en sanctuaire de Déméter Thesmophore (Pausanias, IX, 16, 5).

178. G. Vallet, « Le *stenopos* des Muses à Métaponte », dans *Mélanges de philosophie, de littérature et d'histoire ancienne offerts à Pierre Boyancé*, Rome 1974, p. 749-759 (repris dans G. Vallet, *Le monde grec colonial d'Italie du Sud et de Sicile*, Rome 1996, p. 517-526).

179. W. Burkert, *Lore and science*, p. 155-156 et p. 159.

laquelle sa mère (μήτηρ) l'aurait assisté dans sa supercherie[180], en supposant que dans la version originelle, dont il ne reste plus que la parodie, il serait question de la complicité de Pythagore avec la Μήτηρ divine, à savoir Déméter[181]. Il est à noter que, revenant du royaume de l'Hadès (qui est aussi bien sûr, *partim*, celui de Perséphone), Pythagore était « maigre et squelettique » – sans doute une marque de son ἀσιτία[182].

Partant de ce noyau dur, plusieurs autres renseignements allant dans le même sens viennent compléter le tableau : a) à Samos, Pythagore aurait eu l'habitude de se retirer dans une caverne (ἄντρον)[183] – un lieu *chthonien* rappelant, entre autres, le Πλουτώνειον d'Éleusis – et plus généralement b) de *descendre* dans les profondeurs (ἐγκαταδύσεσθαι) des *adyta* divins des temples (comme on l'a vu plus haut) ; c) lors de ses « descentes », il utilisait des nourritures dont les recettes étaient identiques à celles que *Déméter* avait apprises à Héraclès en vue de sa traversée du désert (ἄνυδρον) de Libye (Porphyre, *VP* 35) ; d) selon les dires de Pythagore[184] (et dans une perspective de sacralisation de tous les aspects de la vie dont il a déjà été question plus haut), les femmes portent en fait des noms de déesses, puisque, pour les quatre phases successives de leur vie, on emploie les termes *Kórē*-jeune fille (nom qui désignait habituellement *Perséphone*), *Nymphe*-jeune femme mariée, Μήτηρ-mère (autre nom de *Déméter*, Rhéa et Cybèle) et *Maia*-grand-mère (c'est la mère d'Hermès, mais aussi *Perséphone*[185]) : on

180. Hermippe, fr. 20 Wehrli, *ap.* Diog. L. VIII, 41 = *FGrHist (contin.)* 1026 F 24 (éd. Jan Bollansée) = 10a P41 Laks-Most. Voir A. Coscia, « L'antro sottoterra » (cité *infra*, n. 182), p. 129 *sq.* ; C. Macris, *DPhA* VII, p. 730.

181. L. Zhmud, *Pythagoras*, p. 218, et J. N. Bremmer, « Roundtrips to the Other World in body and soul: from Gilgamesh, *via* Plutarch's Thespesios to Barontus », *Seelenreise und Katabasis*, p. 277-303 [p. 283-284], restent quant à eux sceptiques face à cette suggestion certes hardie et spéculative.

182. Sur les différentes versions de la κατάβασις de Pythagore, voir M. A. Santamaría Álvarez, « La catábasis de Pitágoras », *Emerita* 84 (2016), p. 31-50, ainsi qu'A. Coscia, « L'antro sottoterra : catabasi e riti di immortalizzazione da Pitagora ad Aristea di Proconneso », dans A. Maiuri (éd.), Antrum. *Riti e simbologie delle grotte nel Mediterraneo antico*, Brescia 2017, p. 127-172.

183. Ch. Delattre, « La caverne de Pythagore », dans D. Auger et E. Wolff (éd.), *Culture classique et christianisme. Mélanges offerts à Jean Bouffartigue*, Paris 2008, p. 181-189 ; C. Macris, « La lecture néoplatonicienne de la biographie de Pythagore par Jamblique », p. 160-166.

184. Timée, *FGrHist* 566 F 17 Jacoby, *ap.* Diog. L. VIII, 11 ; Jamblique, *VP* 56.

185. Porphyre, *De l'abstinence*, IV, 16, 6 identifie Maia à Perséphone, « en tant qu'elle est mère (μαία) et nourrice », mais cette identification reste isolée (voir

le voit bien, deux, voire trois des quatre âges de la vie d'une femme sont liés aux « deux déesses » ; enfin, e) le mode d'organisation et certaines pratiques des communautés pythagoriciennes, notamment l'importance accordée au silence et au secret, aux épreuves, aux initiations, permettraient de les concevoir comme des *groupes de type intiatique-mystérique*[186].

11. *Nēstis*

C'est sur cet arrière-plan cultu(r)el, mais peut-être dans un sens plus local, proprement sicilien, qu'il faudrait sans doute comprendre

---

la n. 244 de M. Patillon et A. Ph. Segonds dans *De abst.*, t. III, p. 85) ; il ajoute que c'est une déesse chthonienne comme Déméter. Jamblique, quant à lui [*VP* 56], entend μαία dans le sens dorien de grand-mère.

186. Sur les différentes façons dont on a pu percevoir la « communauté d'amis » de Pythagore (*thiasos*, école philosophique, *hétairia* politique, secte), voir C. Macris, *DPhA* VII, p. 806-809, et tout récemment L. Zhmud, « Orphics and Pythagoreans: craft *versus* sect? », dans *La tomba del Tuffatore*, p. 347-368. Évidemment, si l'hypothétique auteur-poète ionien à l'origine de l'archétype dont dériveraient les vers inscrits sur les lamelles d'or « orphiques-bacchiques » n'est autre que Pythagore, comme le suggère R. Janko, « Going beyond multitexts: the archetype of the Orphic gold leaves », *Classical Quarterly* 66/1 (2016), p. 1-27 [p. 27] (voir aussi R. P. Martin, « Golden verses: voice and authority in the tablets », *Princeton/Stanford Working Papers in Classics*, 2007, <https://www.princeton.edu/~pswpc/pdfs/rpmartin/040701.pdf>, p. 30), alors le lien entre pythagorisme et Perséphone devient encore plus étroit, essentiel et originel ; mais cette hypothèse est trop spéculative pour être utilisée comme un argument ici. Sur Perséphone dans les lamelles, voir G. Zuntz, *Persephone* ; G. Petridou, « Adopted by Persephone. Adoption and initiation ritual in A1-A3 Zuntz and Pelinna 1-2 », dans D. C. Naoum, G. M. Muskett et M. Georgiades (éd.), *Cult and death*, Oxford 2004, p. 69-75 ; G. Petridou, « From tomb to womb: adoption and mimetic re-birth in a golden leaf from Thurii (A1 Zuntz) », dans G. Pedrucci (éd.), *Pregnancies, childbirths, and religions: rituals, normative perspectives, and individual appropriations. A cross-cultural and interdisciplinary perspective from Antiquity to the present*, Rome 2020, p. 165-184 ; J. N. Bremmer, « The construction of an individual eschatology: the case of the Orphic gold leaves », dans K. Waldner *et al.* (éd.), *Burial rituals, ideas of afterlife, and the individual in the Hellenistic world and the Roman empire*, Stuttgart 2016, p. 31-52, cité d'après sa reprise dans J. N. Bremmer, *The world of Greek religion and mythology. Collected essays II*, Tübingen 2019, p. 197-214 [p. 209-211] ; H. Eisenfeld, « Life, death, and a Lokrian goddess ». Les lois philozoïques et anti-sacrificielles de Triptolème (rappelées *supra*, n. 125) constituent un autre point de rencontre non négligeable entre le culte (ici éleusinien) des « deux déesses » et le pythagorisme.

aussi l'apparition marginale dans les sources d'une déesse énigmatique appelée *Nēstis* – une déesse dont le nom (dorisé en *Nastis*) sera préservé dans les *Théologoumènes de l'arithmétique* du néopythagoricien Nicomaque de Gérase (*ap.* Photius, *Bibliothèque*, *Codex* 187, 143b42 Bekker), à côté d'autres noms de divinités (souvent obscures) identifiées au nombre trois et à la triade au sein d'un développement arithmologique pythagoricien. Serait-elle une déesse liée au jeûne, voire une déesse *du* Jeûne, comme son nom semble le suggérer (Νῆστις = « la Jeûneuse ») ? Les témoignages à notre disposition – soit difficiles à déchiffrer (lamelle d'or "orphique")[187], soit poétiques et de ce fait idiosyncratiques et ouverts au libre jeu des reconfigurations (Empédocle)[188], soit trop tardifs et elliptiques (Photius, Eustathe)[189] – ne permettent pas vraiment de trancher[190]. Ce qui semble sûrement

187. Lamelle de Thourioi (IVe-IIIe siècles av. J.-C.), *OF* 492 F Bernabé (fasc. 2, p. 66-71) ; voir déjà H. DIELS, « Ein orphischer Demeterhymnus », dans *Festschrift Theodor Gomperz dargebracht zum siebzigsten Geburtstage am 29. Marz 1902*, Vienne 1902, p. 1-15, et maintenant A. MAGGIO, « Sulle tracce della dea Nesti : Empedocle e Alessi », *Incontri di filologia classica* 18 (2018-2019), p. 103-150 [p. 129-131].

188. P. KINGSLEY, *Ancient philosophy, mystery, and magic: Empedocles and Pythagorean tradition*, Oxford 1995, p. 348-358 (« Nestis ») (trad. fr. Gr. LACAZE, *Empédocle et la tradition pythagoricienne : philosophie ancienne, mystère et magie*, Paris 2010) ; J.-Cl. PICOT, « La brillance de Nestis (Empédocle, fr. 96) », *Revue de philosophie ancienne* 26/1 (2008), p. 75-100 ; J.-Cl. PICOT, *Empédocle. Sur le chemin des dieux* ; A. MAGGIO, « Sulle tracce della dea Nesti », p. 106-112.

189. V. ANDÒ, « Nestis o l'elemento acqua in Empedocle », *Kokalos* 28-29 (1982-1983), p. 31-51 ; G. CERRI, « Il poema di Empedocle *Sulla natura* ed un rituale siceliota », dans M. CANNATÀ FERA et S. GRANDOLINI (éd.), *Poesia e religione in Grecia. Studi in onore di G. Aurelio Privitera*, Naples 2000, vol. 1, p. 205-212 ; G. CERRI, « Poemi greci arcaici sulla natura e rituali misterici (Senofane, Parmenide, Empedocle) », *Mediterraneo antico* 3/2 (2000), p. 603-619. Voir aussi *Alessi. Testimonianze e frammenti*, éd. F. STAMA, Castrovillari s.d. [2016], p. 510, rapportant et discutant les opinions de W. G. Arnott et de H.-G. Nesselrath (à propos d'un vers cité par Photius et provenant d'Alexis, le poète comique originaire de Thourioi, en Grande-Grèce, qui s'est intéressé également aux « pythagoristes » [cf. *supra*, n. 11]).

190. Pour un traitement extraordinairement fouillé et complet du dossier de Nēstis, voir désormais A. MAGGIO, « Sulle tracce della dea Nesti ». Les étymologies alternatives, anciennes ou modernes, faisant dériver le nom de la déesse de racines « aquatiques » telles que gr. να-/νη- (cf. νάω, « couler » ; Naïades ; Nereus) ou IE *ned-, « résonner » (cf. les noms de fleuves comme Νέδα ou Νέστος) (voir A. MAGGIO, « Sulle tracce della dea Nesti », p. 113 et 116-119, et déjà V. ANDÒ, « Nestis ») ne remettent pas en doute, à mon avis, le fait que

établi, à la fois au niveau du culte et dans l'appropriation philosophique et poétique proposée par Empédocle, c'est l'identification de Nēstis avec Perséphone, qui, comme sa mère – qualifiée parfois de νήστειρα[191] –, était aussi connue pour son jeûne[192]. Νηστεία, « (Jour du) Jeûne », était d'ailleurs le nom donné au deuxième jour des Thesmophories et *ieiunium* (qui veut dire jeûne en latin) celui de la fête de Cérès à Rome[193]. La lamelle de Thourioi (voir *supra*, n. 187) semble préciser une durée beaucoup plus longue pour le jeûne (sept jours[194]),

---

la perception immédiate que l'on a de son nom en grec ancien fait forcément et automatiquement le lien avec le jeûne et, à travers celui-ci, avec les « deux déesses » jeûneuses (voir A. Maggio, « Sulle tracce della dea Nesti », p. 112-116 et 119-120).

191. L'épithète est attribuée à Δηώ (= Déméter) par Nicandre, *Alexipharmaca*, v. 130.

192. Nēstis serait donc apparemment une épithète cultuelle qui, substantivée, fut transformée en théonyme. Reste à savoir pourquoi Empédocle a choisi d'associer Nēstis à l'élément « Eau » (fr. 6 DK = D57 Laks-Most). Est-ce en raison des larmes qu'elle verse abondamment dans son deuil, comme Perséphone (cf. *Hymne homérique à Déméter*, v. 20 : ὀλοφυρομένην) ? Est-ce parce que pendant le jeûne absolu on est en principe autorisé à boire de l'eau ? Pourtant, dans l'Antiquité, on avait remarqué que ceux qui jeûnent ont plus soif que faim (Plutarque, *Propos de table*, 686 E-F). Surtout, il semble que c'est spécifiquement Perséphone qui attendait les initiés dans l'au-delà pour mettre à leur disposition des sources d'eau fraîche permettant d'étancher leur soif (*OF* 474 F Bernabé, li. 13-14). En tout cas, dans plusieurs lamelles, les initiés arrivent assoiffés et totalement « desséchés » (aussi dans un sens métaphorique ?) ; voir *OF* 474 F-484a F Bernabé, avec Cl. Calame, *Pratiques poétiques de la mémoire*, Paris 2006, p. 234-263. Il n'est pas impossible que Nēstis soit l'*interpretatio græca* d'une divinité sicilienne originellement liée aux sources et à l'eau (G. Zuntz, *Persephone*, p. 59-69 ; V. Veen, *The Goddess of Malta: the lady of the waters and the earth*, Haarlem [Holland] 1992, p. 30-39 [« The weeping goddess: the lady of the waters »] ; les liens étroits de Malte avec la Sicile sont bien établis : voir déjà G. Zuntz, *Persephone*, p. 3-58), mais Empédocle le savait-il ? Ce qui est sûr, c'est que la perception immédiate qu'on a de ce nom en grec fait forcément et automatiquement le lien avec le jeûne et les « deux déesses » jeûneuses. Sur l'importance accordée à Perséphone par Empédocle, voir P. Kingsley, *Ancient philosophy, mystery, and magic* ; M. Rashed, *La jeune fille et la sphère : études sur Empédocle*, Paris 2018 ; J.-Cl. Picot, *Empédocle. Sur le chemin des dieux*.

193. Voir *supra*, n. 149. Robert Parker remarque que « [i]n antiquity this fast [la Νηστεία] was perhaps *the most unusual feature* of the festival » (R. Parker, *Polytheism and society at Athens*, Oxford 2005, p. 274 [au sein d'un développement sur les Thesmophories, p. 270-283]).

194. Cf. aussi *septem tamen ille* [Orpheus] *diebus / squalidus in ripa Cereris sine munere sedit* (Ovide, *Métamorphoses*, X, 73-74 ; parallèle signalé par Diels [voir note suivante]).

dans un contexte hymnique à coloration orphique où reviennent régulièrement, sous des formes diverses, les noms de la « Terre mère » (ou simplement « mère [Μᾶτερ] » ou Δημῆτερ) et de la « fille (Κόρρα) de Déméter » (appelée aussi Κόρη ou Χθονία Κούρη), et où semble apparaître le nom de Nēstis[195].

12. *Tettix*

Νῆστις serait par ailleurs un qualificatif approprié pour la cigale (τέττιξ)[196], rendue célèbre grâce au mythe, brevissime mais hautement significatif, du *Phèdre* de Platon[197]. À l'instar des hommes des

195. Je trouve intéressant de noter ici, même si elle comporte une grande part d'imagination, la remarque de Hermann Diels (dans ses *Fragmente der Vorsokratiker* [1903], Zürich 1996 [réimpr. de la 6e éd. de 1951, avec Walther Kranz], p. 18, n. *ad* li. 3) à propos de l'apparition du terme « Soleil », Ἥλιε (à l'appellatif) sur la même lamelle : « Die Rolle, die Helios hier spielt, erklärt sich wohl daraus, daß beim Fasten der Mysten (das hier ätiologisch erklärt wird), wie beim Langen Tag der Juden u. b. Ramasan d. Moham. *das Verschwinden der Sonne das Signal zum Essen gab* » (c'est moi qui souligne).

196. Νῆστις est en effet le (sur)nom porté par le κεστρεύς, un poisson « so called because its stomach was always found empty » (*LSJ*, *s.v.* νῆστις, II.2).

197. Platon, *Phèdre*, 259 b-d. Voir K. Nawratil, « Ein platonischer Kurzmythos », *Wiener Jahrbuch für Philosophie* 5 (1972), p. 157-160 ; L. Isebaert, « La fascination du monde et des Muses selon Platon. À propos de deux mythes du *Phèdre*, 258 d-259 d et 274 c-275 b », *Les études classiques* 53 (1985), p. 205-219 ; G. R. F. Ferrari, *Listening to the cicadas: a study of Plato's* Phaedrus, Cambridge 1987, « What the cicadas sang », p. 25-34 ; J. Svenbro, « La cigale et les fourmis : voix et écriture dans une allégorie grecque », *Opuscula Romana* 18/1 (1990), p. 7-21 [p. 20-21] ; R. B. Egan, « Cicadas in ancient Greece: ventures in Classical tettigology », *Cultural Entomology Digest* 3 (1995), p. 21-26 ; R. B. Egan, « Eros, eloquence and entomo-psychology in Plato's *Phaedrus* », dans R. B. Egan et M. Joyal (éd.), *Daimonopylai. Essays on classics and the Classical tradition presented to Edmund G. Berry*, Winnipeg 2004, p. 65-87 ; A. Capra, « Il mito delle cicale e il motivo della bellezza sensibile nel *Fedro* », *Maia* 52 (2000), p. 225-247 ; J. Assaël, « Sirènes, cigales et muses : degrés de l'initiation poétique dans les représentations mystériques des Grecs », *Revue de l'histoire des religions* 220/2 (2003), p. 131-151 ; D. S. Werner, *Myth and philosophy in Plato's* Phaedrus, Cambridge 2012, « The cicadas », p. 133-152 (avec riche bibliographie et un excellent résumé de l'arrière-plan culturel concernant les cigales dans le monde antique) ; P. LeVen, *Music and metamorphosis in Graeco-Roman thought*, Cambridge 2021, p. 79-106. Je remercie ma collègue et amie Pénélope Skarsouli d'avoir attiré mon attention sur le bel article de Jesper Svenbro, et de m'avoir aidé à y avoir accès.

origines, cet insecte consacre sa vie au plaisir du chant sans se soucier de prendre la moindre nourriture[198] – en effet, les cigales (mâles) auraient reçu des Muses le privilège de chanter, dès la naissance, et jusqu'à la mort, sans manger ni boire. Ainsi la cigale est-elle présentée comme un « messager secret des dieux[199] », offrant un modèle à imiter à « ceux qui passent leur vie à aspirer à la sagesse ». Ce jeûne absolu et permanent fait dans la joie devient donc le symbole du dépassement des contingences matérielles qui permet aux philosophes de se vouer aux œuvres des Muses et de la sagesse[200]. On pense tout de suite à Platon et à l'Académie[201], qui ont voulu réaliser cet idéal de vie contemplative sur terre[202], ou à Socrate, qui ressemble tant aux cigales

198. Platon idéalise ici l'exceptionnelle frugalité de l'insecte ; en réalité il serait plus exact de dire, avec P. LeVen, *Music and metamorphosis*, p. 96 et n. 43, que « ancient authors often comment on the remarkable abstemiousness of this species, and plenty of poems reckon with the marvelous (and almost divine) ability of the cicada to consume only the most ethereal of substances (dew) and describe its apparent freedom from any need ».

199. D. S. Werner, *Myth and philosophy*, p. 134.

200. D'autres traits biologiques de la cigale vont dans le même sens d'une existence quasi immatérielle, tels sa procréation sans rapport sexuel (Platon, *Banquet*, 191 c ; Plutarque, *Moralia*, 767 C) ; l'absence de sang en elle (Aristote, *Parties des animaux*, 682 a 18-29), qui la fait passer pour un être sans passions (*Anacreontea*, 34, 17), voire qui la rapproche des dieux *anaimones* et *athánatoi* (*Iliade* V, 341-342 ; voir H. King, « Tithonos and the *tettix* », *Arethusa* 19/1 [1986], p. 15-35 [p. 25-26]) ; l'abandon de son corps ancien lors de l'équinoxe de printemps (Aristote, *Histoire des animaux*, 566 a), signe d'auto-regénération ; voir E. Pataki, « Ordre musical et sagesse instinctive : quelques notions pythagoriciennes chez Clément d'Alexandrie », *Acta Antiqua Academiæ Scientiarum Hungaricæ* 43 (2003), p. 151-211 [p. 160-161].

201. Timon de Phlionte (fr. 30 Di Marco, *ap.* Diog. L. III, 7) fera référence à tous les deux en comparant Platon aux cigales qui chantent sous un arbre de l'Académie (non sans ironie, toutefois : les vers d'*Iliade* III, 150-152, repris en partie *verbatim* par Timon, décrivent en fait le bavardage incessant des vieillards…). Voir A. Capra, *Plato's four Muses. The* Phaedrus *and the poetics of philosophy*, Washington 2014, c. iv, « The Muses and the tree » (<https://chs.harvard.edu/CHS/article/display/5787>).

202. E. Berti, Sumphilosophein. *La vita nell'Accademia di Platone*, Bari 2012[2] [2010[1]]. Les Thérapeutes, ces contemplatifs pythagorisants du judaïsme alexandrin dont les plus zélés pouvaient rester sans nourriture trois, voire six jours consécutifs, seront comparés aux cigales par Philon d'Alexandrie (*De uita contemplatiua*, 35) ; sur les traits pythagoriciens de leur régime de vie, voir J. Taylor, *Pythagoreans and Essenes* ; C. Macris, *DPhA* VII, p. 1138-1139.

enthousiasmées par le chant[203]. Mais derrière ces réalités purement athéniennes[204] se profilent aussi nettement des associations démétriaques et pythagoriciennes : par la référence à l'ascèse, aux Muses et aux ἐν φιλοσοφίᾳ διάγοντας certes[205], mais aussi par la figure même de la cigale « jeûneuse » divine et immortelle[206], cet « être chthonien qui habite les espaces sacrés voués à Déméter[207] », qui naît de la terre mais s'envole vers le haut une fois né, et dont la voix, « activée par les rayons du soleil[,] atteint son sommet à midi, l'heure par excellence de l'épiphanie divine[208] », ce « porte-parole (*prophētēs*) des Muses[209] »,

---

203. J. Svenbro, « La cigale et les fourmis », p. 20.

204. La cigale qui naît de la terre (Platon, *Banquet*, 191 b-c) est le symbole parfait de l'autochthonie des Athéniens (Thucydide, I, 6). L'apparition des nymphes de cigales à la surface du sol au moment de l'ultime métamorphose (Aristote, *Histoire des animaux*, V, 556 a30-b11) est, pour une part au moins, à l'origine de cette croyance. Par ailleurs, la conversation du *Phèdre* lors de laquelle est raconté le mythe des cigales est située « sur les bords de l'Ilissos, à Agra, là où se déroulent les Petits Mystères, mais où se tient aussi l'initiation de poètes holoclères buvant les eaux de la fontaine Callirhoè, non loin du temple de Déméter » (J. Assaël, « Sirènes, cigales et muses », p. 136). Sur les indices mystériques dont est parsemé le *Phèdre*, voir A. Vasiliu, *Montrer l'âme. Lectures du* Phèdre *de Platon*, Paris 2021, p. 435-441 et *passim*.

205. Sur l'invention du terme φιλόσοφος par Pythagore, voir C. Macris, *DPhA* VII, p. 829-831, et tout récemment Ch. Moore, *Calling philosophers names. On the origin of a discipline*, Princeton – Oxford 2020, avec les remarques critiques de C. Araújo, « Φιλ- names as character disposition », *Stylos* 29 (2020), p. 51-73 [p. 53-59]. Sur le culte des Muses chez les pythagoriciens et au sein de l'Académie platonicienne, C. Macris, *DPhA* VII, p. 805-806.

206. R. B. Egan, « Eros, eloquence and entomo-psychology » ; D. S. Werner, *Myth and philosophy*, p. 137 et n. 22 ; E. Pataki, « Variations sur l'immortalité. Tithon et la cigale chez Sappho (fragment 58) et dans la tradition homérique », *Gaia : revue interdisciplinaire sur la Grèce archaïque* 18 (2015), p. 535-547. Cf. *Anacreontea*, 34, 18 : σχεδὸν εἶ θεοῖς ὅμοιος (*makarismós* s'adressant au τέττιξ), poème composé dans l'Antiquité tardive selon A. Dihle, « The poem on the cicada », *Harvard Studies in Classical Philology* 71 (1967), p. 107-113.

207. J. Assaël, « Sirènes, cigales et muses », p. 141.

208. E. Pataki, « Ordre musical et sagesse instinctive », p. 161 et n. 61.

209. Platon, *Phèdre*, 262 d : [τέττιγγες] οἱ τῶν Μουσῶν προφῆται. Les cigales sont qualifiées de *hieroi* et *mousikoi* par Plutarque, *Propos de table*, VIII, 7, 3, 727 E, ce qu'on peut parfaitement traduire par « sacrées et musiciennes », sauf que le second adjectif devrait évoquer non seulement la musique, mais aussi un lien plus global avec la culture, l'art, les sciences et tout ce que représentent les Muses (pour ce sens du terme, voir H.-I. Marrou, ΜΟΥΣΙΚΟΣ ΑΝΗΡ. *Étude sur les scènes de la vie intellectuelle figurant sur les monuments funéraires romains*, Rome 1964[2] [1938[1]]).

cette créature « apollinienne et, par là, pythagoricienne » incarnant « la spiritualité pure[210] », par opposition à la fourmi, qui serait réduite à rien de plus qu'une *gastēr* (ventre) insatiable[211].

*

De ce parcours kaléidoscopique des sources antiques il ressort clairement, je crois, qu'entre ascèse, abstinence(s) et souci permanent de pureté, et apparemment sous l'influence des mystères de Déméter et Perséphone, le mode de vie pythagoricien a pu accorder un rôle central à la pratique du jeûne dans une perspective de vie contemplative et de divinisation qu'illustre bien la cigale « jeûneuse » sublimée plus tard par Platon.

---

210. J. Svenbro, « La cigale et les fourmis », p. 20 et n. 135-136. Sur l'association de la cigale à Apollon et au pythagorisme, voir E. Pataki, « Ordre musical et sagesse instinctive », p. 151-164, 194-206 et 210, qui aborde la question de façon détaillée en partant de l'adaptation chrétienne de l'image de la cigale chez Clément (*Stromates*, V, 5, 27 ; *Protreptique*, I, 1, 2). Aristophon (2e moitié du IVe siècle av. J.-C.) est la plus ancienne source conservée (fr. 10, 6-7 Kassel-Austin, *ap.* Athénée, VI, 34, 238 C) à comparer le Πυθαγοριστής (héros de sa pièce comique éponyme ; voir *supra*, n. 11) à la cigale qui supporte la chaleur suffocante et chante en plein midi (πνῖγος ὑπομεῖναι καὶ μεσημβρίας λαλεῖν τέττιξ), ce qui n'est pas sans rappeler le Socrate du *Phèdre*. Pour Horapollon (*Hiéroglyphica*, II, 55), la cigale représente « un homme mystique, un initié (μυστικὸν καὶ τελεστήν) ». Sur la fortune ultérieure de la cigale dans les allégories des « spirituels » chrétiens tardifs, voir P. Antin, « La cigale dans la spiritualité », *Revue d'ascétique et de mystique* 37 (1961), p. 486-492 (le *tettix* y est un modèle de vie sobre, cachée, tournée à la louange divine).

211. Je remercie infiniment Jean-Claude Picot de son aide précieuse sur la bibliographie relative au fr. 144 d'Empédocle et à Nēstis (*supra*, n. 138, n. 188-189 et n. 192), de sa généreuse disponibilité à discuter les finesses et les problèmes de la pensée empédocléenne et de sa relecture attentive de mon texte, qui m'a permis d'en améliorer le style en français. Mes remerciements vont aussi à Jan Bremmer, qui a lu une version antérieure de cette étude et a eu la gentillesse de me communiquer des remarques qui ont permis d'enrichir plusieurs points de commentaire.

LE JEÛNE DANS LE MONDE ROMAIN

Dimitri Tilloi-d'Ambrosi
Université de Lyon – Jean Moulin, HiSoMA (UMR 5189)

Dans la société romaine, comme dans celle du monde grec, le banquet tient une place primordiale dans les pratiques sociales et culturelles des élites. Le choix et le partage de nourritures raffinées lors du *conuiuium* sont un moyen d'honorer l'hospitalité et d'affirmer son rang ainsi que son identité. La profusion de mets et de boissons au fil des différents services doit aussi satisfaire le plaisir du goût tout en apparaissant comme une manifestation de prospérité[1]. Si ces éléments paraissent une évidence des pratiques alimentaires des élites du monde romain, à l'inverse, les mentions des privations volontaires de nourriture sont bien plus rares dans les sources. Le jeûne peut paraître comme antinomique des valeurs des élites sociales, attachées à l'abondance, à l'image de la table de Trimalcion dans le *Satiricon* de Pétrone. Pourtant, il s'agit bien d'une réalité de l'alimentation antique et dont les enjeux sont multiples.

Pour désigner le jeûne, les Grecs emploient le terme νηστεία ou ἀπαστία, tandis que les Romains parlent de *ieiunium* et d'*abstinentia*. Toutefois, ces expressions masquent une réalité complexe, parfois difficile à saisir, par rapport aux mondes chrétien et musulman par exemple. Pour un Grec ou un Romain, le jeûne peut certes désigner une abstinence totale de nourriture, sur un ou plusieurs repas, pour une période de durée variable. Néanmoins, dans les textes, jeûner peut aussi consister à seulement diminuer les quantités consommées ou bien à retirer du régime certains aliments en particulier. Les motivations peuvent être dictées par des injonctions ou des tabous religieux, plutôt rares dans la religion romaine, ou par des prescriptions médicales. De fait, la complexité de la pratique du jeûne dans le monde gréco-romain

1. Sur le banquet romain, voir notamment K. Dunbabin, *The Roman Banquet: Images of Conviviality*, Cambridge 2003.

10.1484/M.BEHE-EB.5.134767

tient également au fait qu'elle relève autant de la sphère du sacré que de celle de la médecine. Dans les deux cas, il s'agit d'un héritage du monde grec que se sont approprié les Romains dans le même contexte : celui de l'expansion romaine vers le monde hellénistique, en particulier à partir des IIIe et IIe siècles av. J.-C.

L'historiographie de l'alimentation constitue désormais un champ bien développé pour l'Antiquité romaine[2]. Loin de se limiter à une recension des aliments consommés, les pratiques et les choix alimentaires tiennent une place de choix dans les publications récentes. Citons en particulier l'ouvrage de Michael Beer, *Taste or Taboo : Dietary Choices in Antiquity*, qui apportent de précieux éléments sur les facteurs culturels et cultuels dans les choix alimentaires dans l'Antiquité[3]. Toutefois, la question du jeûne dans le monde romain païen reste jusqu'à présent relativement peu traitée. Elle l'est davantage lorsqu'il est question des auteurs chrétiens et davantage pour l'époque tardive, en particulier dans les travaux de Veronika E. Grimm[4]. Pour le monde païen, les principaux travaux sur le jeûne sont ceux de Rudolph Arbesmann, traitant de cette pratique surtout dans le contexte religieux, tant pour le monde grec que romain, ouvrant également sur le jeûne des chrétiens[5]. Concernant la dimension médicale, David Leith s'est penché notamment sur le jeûne des trois jours, au cœur des débats médicaux antiques et sur lequel nous reviendrons[6]. Toutefois, le jeûne rituel et le jeûne médical ne sont que peu envisagés de façon synoptique dans les

---

2. Ch. Badel, « Alimentation et société dans la Rome classique : bilan historiographique (IIe siècle av. J.-C.-IIe siècle apr. J.-C.) », *Dialogues d'histoire ancienne, Supplément* 7 (2012), p. 133-157.
3. M. Beer, *Taste or taboo: dietary choices in antiquity*, Totnes 2010.
4. V. E. Grimm, « Fasting Women in Judaism and Christianity in Late Antiquity », dans J. Wilkins, D. Harvey et M. Dobson (éd.), *Food in Antiquity*, Exeter 1995, p. 225-240, V. E. Grimm, *From Feasting to Fasting. The Evolution of a Sin. Attitudes to Food in Late Antiquity*, Londres 1996, et T. M. Shaw, *The Burden of the Flesh: Fasting and Sexuality in Early Christianity*, Minneapolis 1998.
5. Voir R. Arbesmann, *Das Fasten bei den Griechen und Römern*, Giessen 1929, et R. Arbesmann, « Fasting and Prophecy in Pagan and Christian Antiquity », *Traditio* 7 (1949-1951), p. 1-71.
6. E. Craik, « Diet, Diaita and Dietetics », dans A. Powell (éd.), *The Greek World*, Londres 1995, p. 387-402, D. Leith, « The *Diatritus* and Therapy in Graeco-Roman Medicine », *The Classical Quarterly, New Series* 58/2 (2008), p. 581-600. Pour une approche générale sur l'hygiène de vie dans les pratiques alimentaires, voir aussi A. Dosi et Fr. Schnell, *A tavola con i Romani Antichi*, Rome 1984, p. 283-290.

quelques études sur le sujet[7]. Alors que les justifications du jeûne par le surnaturel pour le sacré et par le rationnel pour la médecine peuvent paraître éloignées, voire en contradiction, il est possible malgré tout d'inclure dans une même réflexion l'analyse des logiques à l'œuvre dans ces deux contextes. L'enjeu principal serait alors de déterminer si une forme de complémentarité existe entre les deux types de jeûne ou s'ils demeurent distincts. L'histoire du jeûne dans le monde romain et païen s'inscrit dans un temps relativement long, débutant au moins au IIe siècle av. J.-C. selon l'annalistique romaine, et s'étendant jusqu'à la fin de l'Empire, notamment au IVe siècle lorsque l'empereur Julien défend les mérites du jeûne païen.

Pour étudier le jeûne rituel païen, les sources d'époque romaine constituent un corpus relativement restreint. Peu de détails sont livrés sur l'observance du jeûne et ses conditions, par exemple en l'honneur de Cérès, et certaines incertitudes planent sur l'intégration de cette pratique dans le calendrier religieux. Les textes sont surtout historiques et littéraires, rédigés entre la fin de la République et la fin de l'Empire, tandis que quelques rares inscriptions attestent la pratique du jeûne. En revanche, le jeûne médical nous est connu par une documentation bien plus abondante. Les textes de Galien représentent une source majeure, tant le jeûne y est souvent mentionné dans le cadre des prescriptions thérapeutiques. Parmi les textes médicaux latins, le *De medicina* de Celse offre également de précieuses indications sur l'usage du jeûne à Rome. L'appropriation du jeûne par les membres des élites romaines peut aussi être appréhendée à travers des œuvres encyclopédiques, romanesques et satiriques, morales ou encore épistolaires, rédigées surtout à l'époque impériale. La mise en perspective de ces différents types de textes doit ainsi permettre de saisir la multiplicité des formes de jeûnes dans le monde romain.

L'introduction du jeûne à Rome doit d'abord être envisagée pour des motifs religieux. Toutefois, les cultes où cette pratique est nécessaire sont peu nombreux et sont le plus souvent issus du monde grec et oriental. Le corps apparaît alors comme un instrument à part entière de participation aux rituels, favorisant la communication avec la divinité. Si le jeûne concerne l'âme, il concerne aussi le corps, ainsi que

7. On peut trouver une approche synthétique dans N. Davieau, « Jeûne », dans L. Bodiou et V. Mehl (éd.), *Dictionnaire du corps dans l'Antiquité*, Rennes 2019, p. 341-342.

le prescrivent les médecins. Nous pourrons constater que les logiques sous-jacentes au jeûne rituel et au jeûne thérapeutique ne sont guère éloignées et qu'elles peuvent parfois même se mêler lorsqu'il s'agit du culte d'Asclépios. La mise en pratique du jeûne peut aussi être motivée par des facteurs liés à la morale, voire à la politique, qui ne doivent pas être négligés. Ce sont ainsi, dans une certaine mesure, les habituels clichés sur les excès commis à la table des Romains qui peuvent être mieux déconstruits par l'étude du jeûne.

1. Le *ieiunium Cereris*

Déméter, protectrice des moissons et déesse nourricière par excellence, a enseigné aux hommes comment cultiver la terre. Pains et bouillies du quotidien peuvent ainsi être confectionnés grâce à ses dons. Toutefois, elle est aussi la déesse pour laquelle les mortels se privent de manger lors de certaines fêtes qui lui sont consacrées. Dans le monde grec, deux grandes manifestations religieuses nécessitent ainsi de jeûner afin d'honorer la déesse Déméter : les Thesmophories[8] et les Mystères d'Éleusis[9]. Malgré des nuances dans la signification de ces fêtes, dans les deux cas l'abstinence de nourriture est une étape nécessaire pour marquer le rapprochement et l'identification avec la divinité. Cette privation est une manière de mieux apprécier la fonction vitale des dons de la déesse. Plus symboliquement, le jeûne est

---

8. Dans les sources d'époque impériale, on trouve une mention du jeûne lors des Thesmophories chez Athénée de Naucratis, bien que son *Banquet des sophistes* soit essentiellement une compilation d'œuvres d'époque grecque classique et hellénistique : « L'un des cyniques, arrivé dans la soirée, dit : *Mes amis, n'est-ce pas le jour central des Thesmophories que nous fêtons, puisque nous jeûnons comme des muges* ? » (*Banquet des sophistes*, VII, 307f). Il s'agit d'une forme de plaisanterie où la comparaison avec le muge renvoie à un poisson réputé pour ne pas être carnassier, ce qui est par ailleurs erroné : « L'expression proverbiale *muge qui jeûne* se dit de ceux qui pratiquent la justice, car le muge n'est pas un carnivore » (*Banquet des sophistes*, VII, 307d). Pour l'édition du livre VII d'Athénée, voir B. Louyest, *Mots de poissons : le banquet des sophistes, livres 6 et 7 d'Athénée de Naucratis*, Villeneuve-d'Ascq 2009. Sur le jeûne lors des Thesmophories, voir H. Pierre, « Réflexions autour de la *Nesteia* des Thesmophories athéniennes », *Pallas* 76 (2008), p. 85-94.
9. Sur les mystères d'Éleusis, voir notamment P. Foucart, *Les mystères d'Éleusis*, Paris 1914, G. E. Mylonas, *Eleusis and the Eleusinian Mysteries*, Princeton 1961, et S. M. S. De Carvalho, « Les mystères d'Éleusis », *Dialogues d'histoire ancienne* 18/2 (1992), p. 93-135.

aussi une forme de réactualisation du chagrin éprouvé par Déméter. Le mythe de l'enlèvement de Perséphone, également nommée Koré, par le maître des Enfers, Hadès, revêt une fonction étiologique en expliquant l'origine de ce jeûne rituel[10].

À Rome, Cérès, interprétation romaine de Déméter, figure parmi les divinités vénérées dès les débuts de l'époque républicaine[11]. Elle possède son temple sur l'Aventin depuis le ve siècle av. J.-C. Elle est intimement liée à la plèbe romaine, tout comme Liber et Libera[12], avec qui elle partage le sanctuaire. Ce dernier fut d'ailleurs un point de ralliement lors des deux premières sécessions de la plèbe, en 494 et 449 av. J.-C. Les *Cerealia* sont la principale fête organisée en l'honneur de Cérès à Rome[13] ; elles se déroulent au mois d'avril et, comme de nombreuses fêtes romaines, elles sont en correspondance avec le calendrier agraire. Le sens que les Romains confèrent aux *Cerealia* nous est connu entre autres grâce aux *Fastes* d'Ovide, œuvre dans laquelle le poète de l'époque augustéenne présente le calendrier romain et les fêtes qui le rythment. Ovide rappelle que ces célébrations en l'honneur de Cérès puisent leurs racines dans le mythe de l'enlèvement de Proserpine (Perséphone) par le maître des Enfers, Dis Pater (Pluton), équivalent d'Hadès. Le récit d'Ovide témoigne de l'appropriation du mythe par Rome et de la place du jeûne au sein de cette histoire. Après l'enlèvement de sa fille en Sicile par Dis Pater et après avoir parcouru toute l'île à sa recherche, Cérès vient pleurer de désespoir sur le « Rocher triste », situé à Éleusis. Lors des Mystères, c'est là que les participants viennent se recueillir en mémoire du chagrin éprouvé par la déesse, qui se prive également de nourriture. Un paysan vivant sur les lieux, Célée, dont le fils est vraiment malade, offre alors l'hospitalité à la déesse dont il ignore l'identité. C'est alors qu'Ovide fait plus explicitement mention du jeûne de Cérès et de sa rupture :

---

10. Sur ce mythe, rapporté notamment par les *Hymnes homériques*, voir notamment L. Bruit Zaidman, « Déméter-Mère et les figures de la maternité », *Métis. Anthropologie des mondes grecs anciens* 11 (2013), p. 93-108 et A. Dimou, *La déesse Korè-Perséphone : mythe, culte et magie en Attique*, Turnhout 2016.
11. Sur le culte de Cérès à Rome, voir H. Le Bonniec, *Le culte de Cérès à Rome des origines à la fin de la République*, Paris 1958, et P. Boyancé, *Études sur la religion romaine*, Rome 1972, « Le culte de Cérès à Rome », p. 53-63.
12. Liber peut être assimilé à Dionysos et Libera à Perséphone.
13. Il est aussi possible de rencontrer la forme *Cerialia*. Sur ces fêtes, voir J. Bayet, « Les *Cerialia* altération d'un culte latin par le mythe grec », *Revue belge de philologie et d'histoire* 29/2-3 (1951), p. 341-366.

> Avant d'entrer dans le modeste foyer, elle cueille dans les champs le pavot calmant qui apporte le sommeil. En le cueillant, elle le goûta, dit-on, sans y penser, et mit un terme à sa longue faim. Comme elle interrompit son jeûne au début de la nuit, les initiés[14] prennent leur repas à l'heure où paraissent les étoiles.
> Ovide, *Les Fastes*, IV, 530-535 (trad. Henri Le Bonniec)

À Éleusis, par la pratique du jeûne, le temps du mythe et des dieux se calque ainsi sur celui des hommes mortels. Par son jeûne, Cérès prend place également parmi les hommes, puisque Ovide rapporte qu'elle revêt alors les traits d'une vieille femme. Après avoir guéri miraculeusement le fils du paysan, un repas est servi, mais la déesse semble s'abstenir du lait caillé, des fruits et du miel proposés, se concentrant sur le soin du fils. Reprenant son périple, Cérès finit par apprendre le rapt de sa fille. Aussi s'en va-t-elle trouver Jupiter afin que ce dernier intervienne, puisque le maître des cieux est le frère de celui des Enfers, mais également le père de Perséphone. Jupiter explique alors que si sa fille est restée à jeun, il lui sera possible de revenir à la surface. Or Mercure, revenu des Enfers, explique que Perséphone « a rompu son jeûne avec trois de ces grains que les fruits puniques recouvrent de leur enveloppe résistante[15] », autrement dit des grenades. Alors que Cérès menace de rejoindre sa fille aux Enfers, Jupiter permet à Perséphone de revenir des mondes souterrains la moitié de l'année[16].

Comme pour Déméter en Grèce, un jeûne est établi à Rome en l'honneur de Cérès : le *ieiunium Cereris*[17]. Toutefois, il n'en a pas toujours été ainsi. Tite-Live rapporte que c'est au printemps 191 av. J.-C. que l'usage du jeûne fut adopté par les Romains à la suite de présages néfastes pouvant annoncer de futurs désastres :

> Au début de l'année où se passaient ces événements, alors que Manius Acilius était déjà parti faire la guerre et que le consul Publius Cornélius était encore à Rome, on rapporta que deux bœufs domestiques,

---

14. Il s'agit des mystes qui prennent part aux mystères d'Éleusis.
15. Ovide, *Les Fastes*, IV, 605.
16. Parmi les sources d'époque romaine, on trouve également une mention de ce mythe dans les *Métamorphoses* d'Ovide (V, 341-408), ainsi que dans le *Rapt de Proserpine* du poète de la fin du IVe siècle Claudien.
17. V. E. Grimm, *From Feasting to Fasting*, p. 40, et A. Bendlin, « *Mundus Cereris*: Eine kultische Institution zwischen Mythos und Realität », dans Ch. Auffarth *et. al.* (éd.), *Epitomē tēs oikumenēs. Studien zur römischen Religion in Antike und Neuzeit für Hubert Cancik und Hildegard Cancik-Lindemaier*, Stuttgart 2002, p. 66.

> dans le quartier des Carènes, étaient montés par l'escalier jusqu'au toit d'un édifice. Les haruspices prescrivirent de les brûler vifs et de jeter leurs cendres dans le Tibre. On annonça qu'à Terracine et à Amiternum il y avait eu à plusieurs reprises des pluies de pierres, qu'à Minturne le temple de Jupiter et les boutiques autour du forum avaient été frappés par le feu du ciel, qu'à Volturne, à l'embouchure du fleuve, deux bateaux avaient été touchés par la foudre et avaient brûlé. À cause de ces prodiges, sur décision du sénat, les décemvirs consultèrent les livres sibyllins, et en retirèrent l'obligation d'instituer un jeûne en l'honneur de Cérès et de l'observer tous les cinq ans ; une neuvaine sacrée serait célébrée, et il y aurait une supplication d'un jour ; cette supplication se ferait avec des couronnes sur la tête ; le consul Publius Cornélius offrirait des sacrifices aux dieux que lui indiqueraient les décemvirs, et avec les victimes prescrites par ceux-ci.
> Tite-Live, *Histoire romaine*, XXXVI, 37 (trad. André Manuelian)

Comme le rapporte Tite-Live, l'interprétation des livres sibyllins, qui doivent être consultés dans une telle situation, conduit à l'adoption du jeûne. Ce dernier revêt alors une véritable fonction apotropaïque et conjuratoire, visant à rétablir la *pax deorum*, c'est-à-dire l'harmonie entre les hommes et les dieux. Les différentes mesures énoncées par Tite-Live semblent efficaces puisque les dieux s'en trouvent finalement apaisés. En outre, l'introduction du jeûne en l'honneur de Cérès peut être considérée comme le signe d'une hellénisation de son culte, probablement sous l'influence des Mystères d'Éleusis. Les Romains désignent les pratiques cultuelles venues du monde grec par l'expression de *græca sacra*[18]. Comme à Éleusis, ce jeûne rituel évoqué par Tite-Live a sans aucun doute comme fonction de conférer aux dévots de Cérès un état de pureté nécessaire aux célébrations.

La principale difficulté consiste à déterminer la fête du calendrier romain à laquelle était rattaché le *ieiunium Cereris*, qui demeure mal documenté. La première hypothèse pourrait être un jeûne pratiqué lors des *Cerealia* au mois d'avril, mais il ne saurait en être question selon

18. J. Bayet, « Les *Cerialia* », p. 358-362 : l'auteur rappelle que, parmi les pratiques liées aux *græca sacra*, on trouve le jeûne, l'abstinence de vin et le port de vêtements de deuil. Voir aussi H. Le Bonniec, *Le culte de Cérès à Rome*, p. 381-400, J. Scheid, « Un élément original de l'identité romaine : les cultes selon le rite grec », *Métis* 3 (2005), p. 25-34, et M. Beard, J. North et S. Price, *Religions de Rome*, Paris 2006, p. 83-84.

Jean Bayet[19]. Une autre célébration se tient en l'honneur de Cérès au mois d'août, durant lequel est célébré son anniversaire (*sacrum anniversarium*). Afin de s'associer à la divinité, les femmes se soumettent au *castus Cereris*, impliquant la chasteté ainsi que l'abstinence de pain et de vin[20]. Toutefois, le *ieiunium Cereris* mentionné par Tite-Live doit être rattaché à un autre temps du calendrier au mois d'octobre[21]. L'historien romain explique que le jeûne est observé d'abord tous les cinq ans[22], mais celui-ci semble devenir ensuite annuel, peut-être sous Auguste[23].

Il est possible que le jeûne tombe ensuite dans une certaine désuétude et ne soit plus observé de façon rigoureuse. C'est ce que peut laisser penser en tout cas un passage du *Satiricon* de Pétrone, rédigé au moins à partir du règne de Néron, voire à l'époque flavienne. Un personnage du nom de Ganymède déplore les maux de son temps, comme la cherté des denrées alimentaires et les difficultés à se nourrir. Il poursuit ensuite sur le déclin moral et religieux, regrettant la perte de la piété des hommes envers les dieux :

> Plus personne ne croit que le ciel est le ciel, personne n'observe le jeûne, personne ne fait cas de Jupiter plus que d'un poil, tout le monde se met des œillères et compte ses sous.
> Pétrone, *Satiricon*, XLIV (trad. O. Sers)

Malgré le pessimisme concernant les pratiques religieuses exprimé dans l'œuvre de Pétrone, sans aucun doute avec exagération, deux documents épigraphiques attestent la continuité du jeûne en l'honneur de Cérès. Dans les deux cas, il s'agit de calendriers religieux, désignés sous le nom de fastes[24]. Le premier, daté du règne de Tibère, provient

---

19. Jean Bayet, « Les *Cerialia* », p. 358-359 : le vin et les banquets tiennent au contraire une place importante durant cette fête. On trouve une mention de tels banquets chez plusieurs auteurs : Plaute, *Ménechmes*, acte I, scène 1, 100, Aulu-Gelle, *Nuits attiques*, XVIII, 2, 11, Valère Maxime, *Faits et dits mémorables*, I, 1, 1, 15.
20. Tite-Live fait mention de cette fête perturbée par la défaite romaine lors de la bataille de Cannes en août 216 av. J.-C. dans *Histoire romaine*, XXII, 56. Voir P. Boyancé, « Le culte de Cérès à Rome », p. 61.
21. L. Vidman, « Ieiunium Cereris quinquennale (En marge des Fasti Ostienses) », *Zeitschrift für Papyrologie und Epigraphik* 28 (1978), p. 87-95.
22. Des hésitations existent sur la périodicité exacte, consistant à déterminer si le jeûne avait lieu tous les quatre ou tous les cinq ans : voir J. Beaujeu, « Grammaire, censure et calendrier : quinto quoque anno », *Revue d'études latines* 53 (1975), p. 330-360, et L. Vidman, « Ieiunium Cereris quinquennale », p. 91.
23. J. Bayet, « Les *Cerialia* », p. 360.
24. Toutefois chaque cité pouvait posséder son propre calendrier. Sur les calendriers,

d'Amiternum, ville qui fut d'ailleurs le théâtre des prodiges mentionnés par Tite-Live en 191 av. J.-C[25]. Le second document, retrouvé à Ostie[26] (*Fasti Ostienses*), apporte des indications sur le *ieiunium Cereris* pour le règne d'Antonin le Pieux[27]. Les *Fasti Amiternini* donnent la date du 4 octobre, tandis que ceux d'Ostie indiquent au moins le 20 octobre pour le jeûne[28]. Ces indices nuancent donc les complaintes du *Satiricon* sur l'affaiblissement de la pratique du jeûne, qui demeure inscrit dans les calendriers civiques[29]. Les différents prodiges mentionnés par l'*Histoire Auguste* sous le règne d'Antonin le Pieux sont par ailleurs comme un écho au contexte de l'introduction du *ieiunium Cereris* mentionné par Tite-Live à l'époque républicaine[30].

Si le culte de Cérès joue un rôle majeur dans l'introduction du jeûne rituel dans le monde romain, d'autres cultes importés à Rome ont également contribué au développement de cette pratique.

2. Le jeûne pour Cybèle et Isis

En 204 av. J.-C., dans le contexte des guerres puniques, le culte de la déesse-mère Cybèle, la *Magna Mater*, et de son compagnon Attis, originaire de Phrygie, est introduit à Rome après la consultation des livres

---

voir J. Scheid, *La religion des Romains*, Paris 2017, p. 46-63.

25. *C. I. L.* IX, 4192.
26. On peut émettre l'hypothèse d'un lien entre le rôle d'Ostie pour l'arrivée du blé en Italie et la dévotion envers Cérès. Le monnayage du règne d'Antonin accorde en effet une très large place à Cérès et à l'idée d'abondance : voir R. Loriol, « Les prodiges comme géographie sous Antonin le Pieux et Théodose. Sur une liste de l'*Histoire Auguste* (*Vie d'Antonin* 9, 1-5) », *Mélanges de l'École française de Rome. Antiquité* 129/2 (2017), p. 613-634.
27. *C. I. L.* XIV, 244, 245, 4531-4546, 5354 et 5355. Les *Fasti Ostienses* couvrent une période comprise entre 49 av. J.-C. et 175 : voir L. Vidman, « Ieiunium Cereris quinquennale ».
28. L. Vidman, « Ieiunium Cereris quinquennale », p. 89, et J. Bayet, « Les *Cerialia* », p. 359-360.
29. Signalons aussi qu'entre la fin de l'époque républicaine et le Haut-Empire, certains Romains illustres se font initier à Éleusis, ce qui implique de leur part une pratique du jeûne, y compris des empereurs parmi lesquels Hadrien : voir *Histoire Auguste*, *Hadrien*, XIII, 1, et Dion Cassius, LXIX, 11, 1. Voir K. Clinton, « Hadrian's Contribution to the Renaissance of Eleusis », *Bulletin of the Institute of Classical Studies* 36 (1989), p. 56-68.
30. *Histoire Auguste, Antonin le Pieux*, IX, 1-5. Voir R. Loriol, « Les prodiges comme géographie sous Antonin le Pieux et Théodose ».

sibyllins, de la même manière que l'est le *ieiunium Cereris* quelques années plus tard[31]. Il n'est pas anodin que les deux cultes soient d'ailleurs animés d'une symbolique commune. La fête des *Hilaria*, qui commémore la mort d'Attis au mois de mars, parèdre de Cybèle, peut être mise en parallèle avec les Mystères d'*Éleusis et la signification du ieiunium Cereris.* Dans les *Saturnales*, Macrobe explique que la fête des *Hilaria*, célébrée au mois de mars, consiste d'abord en une simulation de deuil en raison de la mort d'Attis, où les galles, prêtres de Cybèle, jouent un rôle de premier plan, avant que la liesse ne prenne le pas, lorsqu'est commémorée sa renaissance[32]. Parmi tous les jours de la célébration de la passion d'Attis, les 23 et 24 mars sont plus spécifiquement consacrés au jeûne, qui permet par le corps de vivre les temps forts du mythe, comme à Éleusis[33]. Suétone fait aussi allusion aux lamentations et aux plaintes des dévots d'Attis le 24 mars. Il explique qu'il est préférable de ne rien entreprendre lors de ce jour, considéré comme néfaste[34]. Pour Déméter à Éleusis et pour Cybèle, la rupture du jeûne doit aussi se faire de façon rituelle. Dans le premier cas, il convient de prendre le *cycéon*, boisson emblématique des Mystères[35], tandis que pour le culte métroaque, il s'agit de lait[36].

Au IVe siècle, le traité consacré par l'empereur Julien à Cybèle, *Sur la Grande Mère*, apporte de précieuses informations sur les enjeux

31. Tite-Live, *Histoire romaine*, XIX, 10-11.
32. Macrobe, *Saturnales*, I, 21. Plusieurs versions du mythe d'Attis sont rapportées par les auteurs anciens. Par exemple, au IIe siècle, Pausanias rapporte qu'Attis fut tué à Pessinonte par un verrat envoyé par Zeus, jaloux de sa dévotion envers la Grande Mère Cybèle dont il est l'amant. À la suite de ce drame, les habitants de Pessinonte s'abstiennent de manger du porc, ce qui introduit l'enjeu des interdits alimentaires et de l'abstinence dans les célébrations liées à Attis. Voir Pausanias, *Description de la Grèce*, VII, 17, 9-13.
33. R. Arbesmann, *Das Fasten bei den Griechen und Römern*, p. 84 et suivantes, R. Arbesmann, « Fasting and Prophecy », p. 18, R. Turcan, « Cultes païens de Lyon au temps des martyrs (177) », *Bulletin de l'Association Guillaume Budé* 1 (1980), p. 34, et R. Turcan, *Rome et ses dieux*, Paris 1998, p. 163-174. Le jeûne des prêtres de Cybèle et d'Isis est mentionné également par certains auteurs chrétiens, par exemple saint Jérôme, *Lettres*, 110.
34. Suétone, *Vies des Douze Césars*, *Othon*, VIII.
35. La formule *J'ai jeûné, j'ai bu le cycéon, j'ai pris dans la corbeille ; après avoir agi, j'ai déposé dans le panier, et du panier dans la corbeille* est une des formules essentielles des mystères : voir Clément d'Alexandrie, *Protreptique*, II, 21. 2. Consulter A. Delatte, *Le cycéon, breuvage rituel des mystères d'*Éleusis, Paris 1955.
36. R. Turcan, « Cultes païens de Lyon au temps des martyrs (177) », p. 34.

alimentaires liés à son culte et sur le jeûne rituel[37]. Julien débute son traité en expliquant que Déméter et Cybèle ne sont que différentes facettes d'une même divinité. Retourné au paganisme après avoir été élevé dans la religion chrétienne, Julien est attaché à la défense des anciennes pratiques cultuelles. Bien que le jeûne soit aussi présent dans le christianisme, l'empereur tient à défendre les conceptions païennes à son sujet. Aussi, dans le cadre du culte métroaque, il explique les logiques théologiques justifiant le jeûne pour Cybèle et Attis :

> Je me reconnais infiniment redevable à tous les dieux souverains, et surtout à la Mère des dieux, de ce que, sans parler de ses autres faveurs, elle ne m'a point laissé errer en quelque sorte dans les ténèbres ; mais, après m'avoir commandé de me mutiler, non du corps sans doute, mais de tous les appétits déraisonnables de l'âme et de tous les mouvements superflus et inutiles à la cause intelligente, qui gouverne nos âmes, elle a de plus enrichi mon esprit d'idées, qui, loin d'être aucunement étrangères à la connaissance véritable des dieux, composent la vraie science religieuse.
> Julien, *Sur la mère des dieux*, 9 (trad. E. Talbot)

La pratique de l'automutilation fait référence aux castrations que s'infligeaient les galles afin de s'assimiler Attis, bien que cette pratique fût interdite aux citoyens romains. Aussi le jeûne apparaît-il comme une mutilation symbolique, non dans la chair, mais dans l'âme. Le retranchement des envies superflues favorise l'élévation de cette dernière vers le divin, comme le suppose Julien[38]. Cette signification n'est guère éloignée de celle qui est portée par le christianisme.

Dans les *Saturnales*, Macrobe explique que la symbolique des célébrations pour Cybèle et Attis est semblable à celle que prêtent les Égyptiens au mythe d'Isis et Osiris, toujours vif à l'époque romaine, malgré son hellénisation[39]. Hérodote rappelle que le jeûne et les prières permettaient de se préparer aux sacrifices en son honneur[40].

---

37. Plusieurs interdits alimentaires concernent les participants au culte de Cybèle et Attis, en particulier les nourritures enfouies sous la terre, qui renvoient au monde des Enfers et des morts. Julien se pliait lui aussi à ces règles. Voir N. Gauthier, « Les initiations mystériques de l'empereur Julien », dans M.-M. Mactoux et É. Geny (éd.), *Mélanges Pierre Lévêque*, t. VI, *Religion*, Besançon 1992, p. 103.
38. Julien, *Sur la Grande Mère,* 10.
39. Macrobe, *Saturnales*, I, 21.
40. Hérodote, *Histoires*, II, 40. Toutefois, à l'époque romaine, les interdits alimentaires et certaines privations ne jouent pas un rôle déterminant dans le régime

La mise en pratique du jeûne à l'époque romaine dans le cadre du culte isiaque est attestée dans l'œuvre d'Apulée lorsque le protagoniste de son roman se soumet aux ordres d'un prêtre de la déesse :

> [Le prêtre] me prescrivit de m'interdire pour les prochains dix jours tout plaisir de la table, sans consommer chair animale ni boire vin aucunement. Après avoir religieusement observé ces abstinences rituelles, je vis enfin arriver le jour promis au divin rendez-vous[41].
> Apulée, *Métamorphoses*, XI, 23 (trad. O. Sers)

Des points communs peuvent être mis en lumière entre les trois principaux exemples de jeûne rituel partiel ou total pratiqués dans le monde romain pour Déméter/Cérès et Perséphone, Cybèle et Isis. Ces divinités sont des déesses mères, revêtant une fonction nourricière, soit en dispensant le grain comme Cérès, soit en allaitant Horus pour Isis. La faim ressentie lors du jeûne et les privations sacralisent les bienfaits accordés par ces déesses. Le corps est ainsi mieux préparé aux rites qui leur sont dédiés. L'état de pureté requis implique aussi d'éviter les nourritures qui pourraient être cause de souillure, tel le poisson pour Cybèle[42]. C'est là une façon de communiquer au mieux avec la divinité, une approche propre à ces différents cultes, tous importés à Rome depuis le monde grec et oriental[43]. Le jeûne demeure cependant une pratique marginale dans les cultes et les prêtrises traditionnels du monde romain[44].

---

alimentaire : voir W. Clarysse, « Egypt », dans P. Erdkamp et C. Holleran (éd.), *The Routledge Handbook of Diet and Nutrition in the Roman World*, Londres – New York 2019, p. 222.

41. Voir aussi *Métamorphoses*, XI, 28 et 30. Il s'agit surtout d'exclure tous les aliments jugés impurs.

42. Julien, *Sur la mère des dieux*, 11.

43. Le jeûne est également mentionné pour les adeptes de Mithra, mais il s'agit souvent d'auteurs chrétiens tels que Grégoire de Nazianze au ɪᴠᵉ siècle dans ses discours *Contre Julien*, expliquant qu'il est pour eux une forme de maltraitance : voir L. Renaut, « Les initiés aux mystères de Mithra étaient-ils marqués au front ? Pour une relecture de Tertullien, De praescr. 40, 4 », dans C. Bonnet et S. Ribichini (éd.), *Religioni in contatto nel Mediterraneo antico. Modalità di diffusione e processi di interferenza, Atti del 3° colloquio su "Le religioni orientali nel mondo greco e romano" (Loveno di Menaggio, Como, 26-28 maggio 2006)*, Rome 2008, p. 177. Plus largement sur les expériences religieuses liées aux cultes dits « orientaux », voir M. Meslin, « Réalités psychiques et valeurs religieuses dans les cultes orientaux (ɪᵉʳ-ɪᴠᵉ siècle) », *Revue historique* 252/2 (1974), p. 289-314.

44. Il peut exister des prescriptions alimentaires, par exemple pour les flamines, mais l'abstinence de viande et de fèves par exemple a pour but surtout d'éviter la souillure.

3. Le jeûne rituel, à la croisée de l'âme et du corps

Le jeûne revêt donc une fonction symbolique éminente dans les cultes présentés jusque-là. Toutefois, l'expérience sacrée, presque transcendante, peut se mêler intimement à l'expérience physique et charnelle à travers le jeûne. C'est ce que souligne l'empereur Julien :

> J'affirme donc que dans l'abstinence, non seulement l'âme, mais le corps trouve un puissant auxiliaire de conservation et de santé. Oui, c'est un principe conservateur pour l'enveloppe mortelle de notre chétive matière, et c'est ce que promettent les dieux aux adeptes fidèles à ces prescriptions théurgiques.
> Julien, *Sur la mère des dieux*, 12 (trad. E. Talbot)

Julien vante les mérites du jeûne en tant que défenseur du paganisme, car selon lui, il permet de concilier les devoirs envers les dieux et le soin du corps. Or, au-delà des exemples précités, le culte d'Asclépios/Esculape est celui où ces deux enjeux se mêlent de la façon la plus explicite lors du jeûne. Les visites de sanctuaires de guérison consacrés à ce dieu, tels Épidaure ou Pergame, connaissent un succès toujours aussi fort à l'époque impériale. Lors du séjour dans un Asclépiéion, le jeûne fait bien souvent partie des pratiques thaumaturgiques. C'est en particulier lors de l'incubation que le jeûne peut être conseillé en rêve par la divinité qui se manifeste alors. Au IIe siècle, le rhéteur Ælius Aristide effectue de nombreux séjours au sein de tels sanctuaires, convaincu d'être l'objet de nombreux maux. Il consigne ses récits dans les *Discours sacrés* et indique ainsi les régimes spécifiques, parfois le jeûne, partiel ou complet, auxquels il est contraint de se soumettre :

> À la suite de ces visions de rêve, je conjecturai que le dieu me signifiait un jeûne : même s'il n'en était pas ainsi, du moins préférais-je jeûner. Je demandais au dieu de m'indiquer plus clairement ce qu'il voulait dire, jeûne ou vomissement. Je me rendormis alors et rêvai que j'étais près du temple [d'Asclépios] à Pergame : déjà la moitié du jour avait passé, j'étais toujours à jeun.
> Ælius Aristide, *Discours sacrés*, I, 55 (trad. A. J. Festugière)

Le choix de la stratégie thérapeutique à adopter dépend dans une large mesure de l'interprétation des signes envoyés par les dieux. Le vomissement constitue l'autre prescription possible selon Ælius Aristide. C'est là une pratique médicale courante afin de purger le corps. Le dieu peut aussi suggérer des bains, revêtant des vertus thérapeutiques, des sacrifices ou d'autres formes de rituels. On comprend alors mieux pourquoi, dans le monde grec, les bains, le jeûne et l'abstinence ont une valeur autant médicale que religieuse[45]. Galien regrette toutefois que les patients se plient davantage aux prescriptions thérapeutiques émises dans ces sanctuaires plutôt qu'aux conseils des médecins au quotidien[46]. Le jeûne tient en effet une place de choix dans les pratiques médicales du monde gréco-romain.

4. Le jeûne des médecins

L'auteur du traité *Le médecin*, faussement attribué à Galien[47], reprend les mots d'Hippocrate et explique à l'usage des jeunes médecins les grands principes au fondement de l'art médical. Ce dernier est défini comme « une addition et une soustraction, addition des choses manquantes, soustraction des choses en excès sur les corps humains[48] ». Au sein de cette équation physiologique, ce sont évidemment les aliments qui apportent au corps ce dont il a besoin : ils sont choisis selon les principes du régime personnalisé proposé par la diététique[49]. Toutefois, en vertu des théories humorales, ce qui est en excès dans le corps, menaçant alors l'équilibre des humeurs, doit être évacué. Pour cela, une myriade de stratégies thérapeutiques sont à la disposition du médecin, relevant de la diététique, de la pharmacopée et de la chirurgie. Purgatifs, clystères, vomitifs, remèdes, bains et sudations, frictions, ventouses ou saignées figurent ainsi parmi les

45. L. Totelin, *Hippocratic Recipes: Oral and Written Transmission of Pharmacological Knowledge in Fifth and Fourth Century Greece*, Brill 2009, p. 122.

46. Galien, *Commentaire aux Épidémies VI d'Hippocrate*, Kühn XVII 2, 137. Voir William V. Harris, « Popular Medicine in the Classical World », dans W. V. Harris (éd.), *Popular Medicine in Graeco-Roman Antiquity: Explorations*, Leyde 2016, p. 22-23.

47. Le traité a sans aucun doute été rédigé à l'époque de Galien.

48. Galien, *Le médecin*, VI, 1, trad. C. Petit. Sur le jeûne chez Hippocrate, voir notamment *Régime des maladies aiguës*, xxxii-xxxiii.

49. L. Edelstein, « The Dietetics of Antiquity », dans *Ancient Medicine*, Baltimore 1967, p. 303-316, I. Mazzini, « L'alimentation et la médecine dans le monde antique », dans J.-L. Flandrin et M. Montanari (éd.), *Histoire de l'alimentation*, Paris 1996, p. 253-264, et J. Wilkins, « Medical Literature, Diet, and Health », dans J. Wilkins et R. Nadeau (éd.), *A Companion to Food in the Ancient World*, Oxford 2015, p. 59-68.

nombreux moyens de réduire les humeurs nocives ou en excès. Pour le médecin, le jeûne doit être rangé aux côtés de ces différents traitements visant à purger et rééquilibrer la santé du corps :

> Il faut soigner les malades en retranchant quelque chose à ceux qui souffrent de pléthore, soit par le régime, soit par le jeûne, soit par une purgation, soit par la saignée ; et en ajoutant et en apportant quelque chose à ceux qui souffrent d'un manque ; pour ceux dont la maladie est causée par une indigestion ou par l'âcreté des humeurs, il faut aider la digestion avec des lotions et des cataplasmes, et diluer les aliments âcres tout en employant des nourritures digestes et humidifiantes.
> Galien, *Le médecin*, XIII, 6 (trad. C. Petit)

La pléthore désigne une situation où un déséquilibre humoral survient : il convient alors d'évacuer l'humeur en excès, telle la bile noire par exemple. Lorsque le mal persiste, il apparaît que le jeûne est d'une efficacité supérieure aux exercices physiques, aux bains, aux onctions et aux frictions, notamment lorsqu'il est complémentaire de purges et de saignées[50]. Toutefois, le jeûne thérapeutique n'est pas uniforme et ne consiste pas à priver brutalement le patient de toute nourriture et boisson[51]. Lors du jeûne, ce sont parfois quelques aliments en particulier qui doivent être évités[52]. Celse précise ainsi qu'il existe « deux sortes de diète (*abstinentia*), l'une où le malade ne prend rien, l'autre où il ne prend que l'indispensable[53] ». Il ajoute ensuite que « quand on souffre, aucun secours n'est plus utile qu'une diète opportune[54] ». Pline l'Ancien, dans l'*Histoire naturelle*, rappelle également que pour les médecins le jeûne figure parmi les meilleurs remèdes :

---

50. C'est ce que conseille Galien en cas d'inflammations et de fièvre : voir GALIEN, *Méthode de traitement*, trad. J. BOULOGNE, Paris 2009, 891-892, p. 720-721. De nombreux préceptes similaires sont aussi énoncés par Galien dans le traité de l'*Hygiène*.
51. Les privations de nourriture ou de boisson peuvent aussi s'accompagner de privations de bains. En outre, durant sa journée le patient peut se contenter du déjeuner : voir GALIEN, *Méthode de traitement*, 543-544, p. 451.
52. CASSIUS FELIX, *De la médecine*, trad. A. FRAISSE, Paris 2002, XXIV, 2, p. 48 : « Si les forces du malade le supportent, ordonner un jeûne quotidien et l'abstinence de vin et de toutes les viandes ».
53. CELSE, *De la médecine*, II, 16, 1, trad. G. SERBAT. Sur le jeûne chez Celse, voir Ph. MUDRY, *La préface du* De medicina *de Celse : texte, traduction et commentaire*, Rome 1982, p. 146 et p. 196-198.
54. CELSE, *De la médecine*, II, 16, 2.

> On range parmi les remèdes souverains le fait de s'abstenir de toute nourriture ou de toute boisson, ou bien seulement de vin ou de viande, ou encore de bains, quand la santé requiert l'un de ces procédés.
> Pline l'Ancien, *Histoire naturelle*, XXVIII, 53 (trad. S. Schmitt)

Le jeûne doit toutefois être adapté à la constitution du corps et le régime alimentaire modulé selon les conseils des médecins, et Celse s'insurge contre les patients intempérants qui prennent des initiatives en la matière sans obéir scrupuleusement aux soignants. En outre, la diététique antique préconise de changer progressivement et prudemment les habitudes alimentaires afin de ne pas nuire au corps[55].

L'exemple des fièvres – pour lesquelles le jeûne est fréquemment prescrit par Galien, en particulier dans sa *Méthode de traitement* – illustre bien la mise en pratique de ces principes généraux. Le jeûne ne doit pas être défini de façon hasardeuse : l'observation de la maladie et de son évolution, d'une part, la prise en compte du tempérament du corps du patient, d'autre part, sont deux paramètres fondamentaux pour effectuer le choix le plus judicieux. Celse recommande le jeûne au début de la fièvre, mais celui-ci ne doit pas être trop sévère afin de ne pas nuire au patient. De même le patient doit-il bénéficier de la lumière du jour – ce qui exerce une influence sur les humeurs –, dormir dans une pièce vaste et bénéficier d'un bon sommeil la nuit[56]. La prescription du jeûne, en vertu des théories de la diététique antique, doit donc aussi se réaliser en fonction de l'environnement. Celse affirme ainsi que mettre un malade tout un jour à la diète en Afrique serait nocif, compte tenu du climat[57]. Galien explique que le jeûne évacue tout particulièrement quand l'environnement est chaud, renforçant ainsi sa fonction purgative[58]. Les effets du jeûne peuvent donc être très variables.

5. Le jeûne thérapeutique en débat

En outre, le jeûne n'est pas nécessairement le remède le plus adapté et peut même se révéler néfaste en faisant empirer la maladie lorsqu'il est pratiqué de façon impertinente. Galien explique ainsi que le jeûne « nuit aux corps secs et chauds » en bonne santé et qu'il devient même

55. PLUTARQUE, *Préceptes de santé*, 3.
56. CELSE, *De la médecine*, III, 4, 7-8.
57. *Ibid.*.
58. GALIEN, *Méthode de traitement*, 969, p. 782.

funeste lorsque la fièvre survient lors d'un été sec et chaud, notamment suite à une insolation[59]. C'est pour cette raison que Galien se montre très prudent dans l'usage du jeûne, conseillé selon l'état des forces du patient :

> Là où la fièvre prend naissance à cause d'une pléthore, d'une obstruction, d'une inflammation, ou, en général, d'une putréfaction de certaines humeurs, l'alimentation est au plus haut point un mal [...]. Et moi, souvent tu as observé que je maintenais dans de longs jeûnes ceux que rendaient malades une pléthore et une inflammation, au point de ne pas même les alimenter du tout avant le septième jour, mais de les faire se contenter seulement de mélicrat[60], à condition bien évidemment que leurs forces se portent bien.
> Galien, *Méthode de traitement*, 689 (trad. J. Boulogne)

Les justifications et la prudence de Galien au sujet du jeûne doivent être comprises à l'aune des polémiques qui opposent les médecins de son temps sur cette pratique. Les principaux adversaires de Galien sont alors les tenants de l'école méthodique, qui connaît un développement important à Rome au Ier siècle, notamment avec Thessalos de Tralles. Pour les méthodiques, le traitement doit être adapté selon l'évolution de la maladie et ses différentes phases. Le jeûne tient une place importante dans les stratégies thérapeutiques de cette école. C'est le cas par exemple chez Soranos d'Éphèse qui, au début du IIe siècle, n'hésite pas à prescrire le jeûne avant de prendre la mer pour éviter la nausée, pour le nouveau-né dans les deux jours après la naissance[61], mais aussi pour les femmes enceintes ressentant des troubles digestifs[62] :

> Il ne faut pas prêter attention aux sottises que débite le vulgaire, à savoir que les femmes enceintes ne supportent pas le jeûne ; de fait, si elles s'alimentent à contretemps, elles ont à supporter une aggravation du malaise : la nourriture se corrompt, et non seulement ces matières corrompues ne les nourrissent pas, mais elles les alourdissent de surcroît.
> Soranos d'Éphèse, *Maladies des femmes*, I, 18 (trad. D. Gourevitch)

59. *Ibid.*, 686, p. 562.
60. Le mélicrat désigne un mélange de miel et de lait proche de l'hydromel.
61. Soranos explique que le nourrisson est encore plein de la nourriture reçue dans le ventre de la mère et doit se remettre du traumatisme de la naissance : *Maladies des femmes*, II, 7.
62. Soranos d'Éphèse, *Maladies des femmes*, I, 17.

Les justifications de Soranos reflètent ainsi les querelles entre médecins, mais aussi entre profanes, au sujet de la pratique du jeûne. Dans le camp adverse, Galien fustige ainsi les méthodiques qui préconisent un jeûne durant les trois premiers jours de la maladie, le *diatritos*, par exemple en cas de fièvre, avant de permettre au patient de manger une profusion de nourriture[63]. La querelle du jeûne des trois jours apparaît dans plusieurs passages de ses textes. Il souligne à la fois le ridicule et la dangerosité d'une telle méthode thérapeutique, laquelle peut causer davantage de mal au patient qu'elle ne le guérit, et il accuse ceux qu'il nomme les « médecins triadiques » d'incompétence. Afin d'appuyer son argumentation, Galien rapporte l'exemple d'un patient à qui un tel jeûne avait été prescrit :

> En tout cas, récemment un profane, après avoir dans un dîner somptueux trop mangé et trop bu, était rentré chez lui en titubant et à tâtons. Comme les aliments qui lui alourdissaient le ventre lui restaient sur le ventre, il les vomit tous, eut de la fièvre la nuit et dormit une bonne partie du jour suivant ; puis, il se leva et, après une brève promenade, il prit un bain en se moquant de celui qui lui avait conseillé d'attendre patiemment que soit passé le jeûne des trois jours. Car, si cela n'avait tenu qu'à ce dernier, il aurait dû jeûner aussi le jour suivant. Mais en s'en tenant aux réalités vraies et aux actes qu'il avait accomplis de son propre chef en se baignant, en suivant une diète modérée et en dormant avec restriction, il lui fallait se lever dès l'aube et se tenir à ses habitudes lors du jeûne lui-même de trois jours, au cours duquel il aurait dû jeûner s'il avait écouté les médecins triadiques, car c'est ainsi que quelqu'un les a spirituellement nommés par raillerie. Or précisément, comme l'homme avait suivant son habitude déjà dîné, ce moqueur, qui était présent, fit rire en rappelant comment celui qui avait vomi, deux soirs auparavant, aurait dû rester sans manger, sans boire et plein de nausées depuis deux jours, les yeux tournés vers les heures, conformément à la prescription des médecins triadiques.
> Galien, *Méthode de traitement*, 581-582 (trad. J. Boulogne)

63. Galien, *Méthode de traitement*, 263-265, p. 237-239, et 535-543, p. 444-451. Voir D. Leith, « The *Diatritus* and Therapy in Graeco-Roman Medicine », p. 592-593, V. Boudon-Millot, *Galien de Pergame : un médecin grec à Rome*, Paris 2012, p. 156-157 et p. 160, et V. Nutton, *La médecine antique*, Paris 2016, p. 218. La mise en pratique du jeûne de trois jours est aussi mentionnée par Aulu-Gelle, qui rapporte avoir assisté à une consultation médicale à Rome, lesquelles étaient souvent publiques. Un médecin grec explique alors, en se référant à Érasistrate, que le patient traité ressentait constamment l'envie de manger. Le jeûne de trois jours parvient alors à estomper ce désir de nourriture (*Nuits attiques,* XVI, 3).

Au-delà de la polémique soulevée par Galien, son récit témoigne de la mise en pratique du jeûne pour remédier aux excès du banquet. Pour les élites, l'une des utilités de la diététique est de pouvoir ainsi jouir des plaisirs de la table tout en préservant leur santé. À l'inverse, le jeûne ne doit pas être observé de façon trop rigoureuse. Loin des excès de la table, Celse considère que « quand on en vient au repas, il n'y a jamais avantage à se rassasier avec excès, et souvent une abstinence excessive est nuisible[64] ». La mise en pratique trop rigoureuse du régime est une réalité selon les mises en garde émises par le moraliste Plutarque, lui-même pétri de culture médicale. Ce dernier ne nie pas l'utilité du jeûne. Il explique qu'il vaut mieux parfois jeûner inutilement plutôt que de céder face aux plaisirs de la table ou du bain. Le corps est ainsi purgé, alors qu'à l'inverse celui qui mange de façon inconsidérée risque l'indigestion tant redoutée des médecins[65]. Cependant, il dénonce les effets d'un régime extrêmement minutieux et « réglé, comme on dit, *jusqu'à l'ongle* qui ne peut que fragiliser le corps[66] ». Selon cette logique, les privations excessives auxquelles se soumettent certains patients sont à redouter :

> D'autres au contraire font intervenir d'autorité, à des périodes fixes, certaines diètes minutieusement réglées ; c'est à tort qu'ils enseignent ainsi à la nature qui n'en a pas besoin à éprouver un besoin de restriction et à rendre nécessaire une privation qui n'était pas nécessaire en un temps qui réclame ses exigences habituelles. Il est préférable d'user en toute liberté de ces espèces de punitions à l'égard du corps et, sans qu'il y ait aucun pressentiment ou soupçon de mal, de soumettre l'ensemble de notre régime, comme il a été dit, à des changements successifs selon ce qui peut survenir, sans l'avoir asservi ni enchaîné au schéma fixé une fois pour toutes d'une vie exercée à se plier à certains moments, nombres ou périodes.
> Plutarque, *Préceptes de santé*, 23 (trad. J. Defradas, J. Hani et R. Klaerr)

En matière de diététique, tout écart par rapport à la mesure est nocif pour le corps, aussi bien dans la nutrition que dans les privations. Satiristes et moralistes de l'époque impériale rapportent des exemples d'individus qui abusent également des vomissements et des purgatifs, allant à l'encontre des principes de l'intérêt du corps et

64. Celse, *De la médecine*, I, 2, 8, trad. G. Serbat.
65. Plutarque, *Préceptes de santé*, 11.
66. Plutarque, *Préceptes de santé*, 13.

dévoyant les pratiques médicales[67]. Toutefois, Pline l'Ancien dénonce aussi les médecins qui s'éloignent des préceptes d'Hippocrate et n'hésitent pas à affamer leurs patients[68].

6. Mettre en pratique le jeûne : entre santé et morale

La pratique du jeûne thérapeutique ne demeure pas circonscrite au seul monde des médecins ; les élites sociales et culturelles se l'approprient et la considèrent comme un moyen de contrôle de soi. Aussi la connaissance médicale permet-elle de déterminer quand se priver de nourriture afin de réguler son corps en cas de dysfonctionnements. C'est le cas de Cicéron au lendemain d'un banquet où il s'est laissé appâter par la gourmandise suscitée par les mets proposés. Ces derniers étaient constitués surtout de légumes, en vertu de lois somptuaires limitant le service de la viande, mais l'art des cuisiniers a su les rendre tout à fait savoureux[69] :

> Voilà dix jours que je souffre gravement de troubles intestinaux ; ne pouvant faire admettre aux gens qui voudraient me mettre à contribution que je n'allais pas bien, sous prétexte que je n'avais pas de fièvre, je me suis enfui dans ma villa de Tusculum, après deux jours de diète totale, sans même une goutte d'eau. Aussi, épuisé et mourant

---

67. MARTIAL, *Épigrammes*, VII, 67, et PLUTARQUE, *Préceptes de santé*, 22. Certains auteurs dénoncent aussi ceux qui se font vomir à jeun (SÉNÈQUE, *Lettres à Lucilius*, 88, 19) ou encore ceux qui se rendent à jeun aux thermes pour s'enivrer et s'évanouir à cause de la chaleur : voir SÉNÈQUE, *Lettres à Lucilius*, 122, 6, PLINE L'ANCIEN, *Histoire naturelle*, XIV, 139. Sur ce sujet, voir Ch. BADEL, « Vomir pour le plaisir à Rome », dans K. KARILA-COHEN et Fl. QUELLIER (éd.), *Le corps du gourmand d'Héraclès à Alexandre le Bienheureux,* Rennes 2012, p. 179-189.
68. PLINE L'ANCIEN, *Histoire naturelle*, XXII, 136. Sur les mauvais usages du jeûne chez Pline, voir aussi *Histoire naturelle*, XXIX, 23-24, et XXVIII, 56. Ces critiques de Pline sur les mauvais usages du jeûne doivent aussi être comprises comme une dénonciation de l'intrusion à Rome des pratiques médicales grecques, considérées comme suspectes par certains Romains conservateurs comme Caton l'Ancien, adversaire de cette médecine étrangère.
69. Cicéron mentionne également le cas d'un ami qui a été forcé de se soumettre au jeûne et à des purgations qui ont renforcé l'épuisement lié à la maladie : voir CICÉRON, *Lettres aux familiers*, XVI, 10. Sur le rôle du régime chez Cicéron, voir L. PASSET, « Oublier la politique pour la gourmandise. Les lettres de Cicéron à Papirius Paetus (46 av. J.-C.) », dans K. KARILA-COHEN et Fl. QUELLIER (éd.), *Le corps du gourmand*, p. 255-270. Le jeûne peut aussi être mentionné de façon métaphorique dans certaines œuvres : voir PÉTRONE, *Satiricon*, XC.

de faim, c'est plutôt à moi de regretter que tu manques à tes devoirs [...]. Voilà comment un homme qui s'abstenait sans peine d'huîtres et de murènes a été pris au piège par la bette et la mauve ! Aussi serai-je plus circonspect à l'avenir.
Cicéron, *Correspondance,* DXVII (*Lettres aux familiers*, VII, 26, trad. J. Beaujeu)

Le temps du jeûne s'accompagne ici d'une retraite sur le domaine rural, puisque, selon la médecine antique, le changement d'environnement est bénéfique au corps. Le jeûne et les privations inscrivent alors l'individu en marge des sociabilités – où le banquet et l'hospitalité jouent un rôle fondamental – et marquent une rupture avec les habitudes.

L'observance du jeûne pratiqué couramment répond de façon évidente au souci de soi et de sa santé. Néanmoins, la morale et la philosophie peuvent aussi motiver le choix de s'abstenir de nourriture[70]. Chez les épicuriens et les stoïciens, le jeûne peut être une manière de mieux supporter les privations lorsque la nécessité l'exige. Le stoïcien Épictète prodigue ainsi les conseils suivants :

Exerce-toi parfois à te conduire en malade, pour te conduire un jour en homme sain. Jeûne, bois de l'eau, abstiens-toi de tout désir pour ne plus avoir un jour que des désirs raisonnables.
Épictète, *Entretiens,* III, 13, 21 (trad. É. Bréhier)

De telles idées sont également prônées par Sénèque, qui recommande de ne manger que pour calmer la faim et de savoir se contenter du strict nécessaire[71]. Le jeûne est ainsi un vecteur de la frugalité (*frugalitas*), qui compte parmi les valeurs romaines traditionnelles. C'est là aussi une manière de mieux apprécier les mets, car Sénèque précise que « toute victuaille rencontrée après une période d'abstinence est plus avidement saisie[72] ». De même, le philosophe néoplatonicien Porphyre de Tyr distingue ceux qui sont pris par les affaires et leur travail de « l'homme qui a réfléchi sur ce qu'il est, sur son origine, sur le but qu'il doit s'efforcer d'atteindre », « l'homme soucieux de chasser le sommeil et organisant tout ce qui l'entoure en vue de

70. Sur les enjeux moraux de l'alimentation, voir R. NADEAU, « Body and Soul », dans P. ERDKAMP (éd.), *A Cultural History of Food in Antiquity*, Londres 2012, p. 145-162.
71. SÉNÈQUE, *Lettres à Lucilius*, 8, 5.
72. *Ibid.*, 78, 22.

rester éveillé ». À celui-ci, « il faut conseiller de ne boire ni alcool ni vin, d'avoir une nourriture légère et tendant vers le jeûne, une maison lumineuse, pleine d'un air léger », ainsi qu'un lit « simple et sec[73] ». Cette forme d'ascèse doit permettre d'atteindre l'idéal moral fixé par Porphyre. Toutefois, Sénèque nuance les exigences de la philosophie et estime qu'il est préférable de rester modéré dans les privations que le corps subit : la tempérance ne doit pas apparaître comme un supplice[74]. Celui qui verse dans les excès du jeûne et des privations ne saurait être considéré comme honorable, mais au contraire s'inscrit en marge des normes sociales selon Plutarque :

> Ce n'est pas un comportement sûr ni facile, ni digne d'un citoyen et d'un être humain, mais semblable à l'existence d'une huître ou d'une souche, cette immuabilité obtenue par la contrainte concernant la nourriture et l'abstinence, ainsi que le mouvement et le repos, chez les hommes qui se sont résolus et limités à une vie obscure, oisive, solitaire, dépourvue d'amis et de gloire, loin de toute activité civile.
> Plutarque, *Préceptes de santé*, 23 (trad. J. Defradas, J. Hani et R. Klaerr)

Alors que le jeûne est supposé alléger le corps en le purgeant et permettre à l'âme de s'élever, la démesure dans sa pratique finit par rendre l'homme libre esclave de son corps et lui ôte toute dignité, surtout pour un citoyen. Plutarque sous-entend qu'un tel individu ne peut plus prendre une part active aux affaires de la cité. Cette réflexion conduit à considérer une autre dimension du jeûne dans le monde romain : celle qui relève de la politique. À l'époque impériale, cette dimension est perceptible en particulier dans les biographies d'empereurs, où le rapport à la nourriture tient un rôle essentiel dans la construction du portrait moral du prince. Le bon empereur, selon la tradition historiographique sénatoriale, se manifeste notamment par sa frugalité et sa sobriété[75]. La pratique du jeûne et le manque d'appétit sont les signes de telles qualités, tel Auguste qui se vante de supporter les privations auprès de Tibère :

---

73. Porphyre, *De l'abstinence*, I, 27, 1-4, trad. J. Bouffartigue et M. Patillon. Il faut rappeler également que Porphyre défend un régime végétarien.
74. Sénèque, *Lettres à Lucilius*, 5, 4.
75. Voir A. Gangloff et Br. Maire (éd.), *La santé du prince. Corps, vertus et politique dans l'Antiquité romaine*, Grenoble 2020.

Mon cher Tibère, même un juif, le jour du Sabbat, n'observe pas aussi rigoureusement le jeûne que je l'ai fait aujourd'hui, car c'est seulement au bain, passé la première heure de la nuit, que j'ai mangé deux bouchées, avant que l'on se mît à me frictionner. Cet appétit capricieux l'obligeait quelquefois à dîner tout seul, soit avant, soit après un banquet, alors qu'il ne prenait rien au cours du repas.
Suétone, *Auguste*, LXXVI (trad. H. Ailloud)

La capacité d'Auguste à se tenir éloigné des plaisirs de la table signifie sa pleine disponibilité pour s'occuper des affaires de l'Empire, à l'inverse du mauvais prince qui se confond dans les plaisirs. Auguste prend tout juste le temps de consommer un vrai dîner, puisqu'il lui arrive même de manger dans sa litière selon Suétone. Il faut également relever dans ce passage la confusion au sujet des juifs, lorsqu'Auguste explique qu'il observe le jeûne de façon aussi rigoureuse qu'un juif lors du Sabbat, trahissant une méconnaissance des pratiques du judaïsme. Ce préjugé semble aussi révéler que la régularité du jeûne rituel semble une curiosité aux yeux des Romains[76].

Le successeur d'Auguste, Tibère, réputé être de mœurs austères selon ses biographes, eut recours au jeûne pour d'autres raisons. Il apparaît pour lui comme un instrument politique, s'apparentant davantage à une grève de la faim. Avant de devenir empereur en 14, alors qu'Auguste règne en maître à Rome, Tibère souhaite effectivement s'éloigner un temps des affaires publiques et de la capitale. C'est à Rhodes qu'il souhaite se retirer. Les raisons précises de cet exil volontaire restent discutées ; toujours est-il qu'il jeûne pendant quatre jours afin d'obtenir la permission de partir[77]. C'est là aussi un signe de son austérité, voire de sa misanthropie, qui transparaît dans les sources. Le jeûne comme protestation est aussi pratiqué par Agrippine l'Aînée. La veuve de Germanicus et mère du futur empereur Caligula, exilée sur l'île de Pandataria par Tibère, choisit également de se priver de toute nourriture, alors même que l'empereur veut la faire nourrir de force[78].

Après Auguste, d'autres empereurs jeûnent régulièrement. C'est le cas notamment de Vespasien, qui se soumet à une frugalité avérée. Suétone affirme qu'il se mettait « à la diète un jour par mois[79] ». Ce

76. Voir A. Dalby, *Food in the Ancient World from A to Z*, Oxford 2003, p. 141.
77. Suétone, *Tibère*, X.
78. *Ibid.*, LIII.
79. Suétone, *Vespasien*, XX.

jeûne répond de prime abord à des considérations diététiques afin de purger le corps. Toutefois, on peut aussi y lire une manifestation de l'avarice parfois reprochée à Vespasien[80]. Or les manières de la table et l'hospitalité veulent justement que l'on ne compte pas lorsqu'il s'agit de dépenser pour les banquets où les proches sont invités. La même modération habite l'empereur Antonin le Pieux, véritable modèle de vertu et soucieux de sa santé. Toutefois, malgré la pratique du jeûne, il parvient à trouver un bon équilibre pour ne pas être empêché de remplir ses devoirs :

> Avant de paraître pour les salutations matinales, il mangeait assez de pain pour empêcher le sang de se refroidir autour du cœur à cause du jeûne, et ne pas être diminué par un épuisement de ses forces qui le mettrait dans l'incapacité de s'acquitter de ses tâches officielles.
> Pseudo-Aurélius Victor, *Abrégé des Césars*, XV, 5 (trad. M. Festy)

Ce portrait n'est pas sans rappeler les habitudes d'Auguste, où le régime doit soutenir les activités au quotidien. Cependant, d'autres motivations peuvent expliquer le jeûne de l'empereur. En 193, dans le contexte troublé qui suit la mort de Commode, l'éphémère empereur Didius Julianus, marqué par le deuil, choisit de jeûner tant que son prédécesseur Pertinax, assassiné, n'a pas été enseveli. On peut y voir également une manière de consolider sa légitimité en manifestant sa piété envers le prince défunt, puisque Didius Julianus est accusé d'avoir monnayé sa prise de pouvoir auprès des prétoriens[81]. Alors que le jeûne apparaît principalement comme une forme d'ascèse, de retrait temporaire des sociabilités humaines, il se révèle dans ce cas un instrument d'affirmation du pouvoir.

Le jeûne dans le monde romain ne saurait être une réalité univoque. Sa définition même est complexe puisque les privations de nourriture sont graduelles selon les contextes et les objectifs poursuivis. Pour les dieux, le jeûne marque une forme d'intériorisation du sacré, dont le corps est marqué, alors que la religion romaine repose davantage sur une extériorisation de la piété, se manifestant par le geste et le rite visibles. Malgré la marginalité du jeûne rituel dans le monde romain,

---

80. Tacite, *Histoires*, II, 5.
81. À l'inverse, d'autres auteurs expliquent que Didius Julianus vécut dans l'excès et la débauche dès le début de son court règne. Voir Hérodien, *Histoire des empereurs romains de Marc Aurèle à Gordien III*, II, 7, et Dion Cassius, *Histoire romaine*, LXXIII, 14.

le dénominateur commun des cultes où il s'insère est la fonction nourricière de la déesse. Se priver de nourriture est une façon de mieux apprécier les dons accordés par les déesses mères telles Cérès, Cybèle et Isis. C'est une façon de sceller une alliance avec la divinité garantissant l'équilibre entre le monde des dieux et celui des hommes. D'équilibre, il en est question également pour le médecin, pour qui le jeûne est l'un des meilleurs remèdes pour soigner le corps et évacuer ce qui est en excès. Les querelles de médecin au sujet du jeûne indiquent que la pratique du jeûne n'est pas sans susciter des polémiques. Malgré tout, les individus parviennent à se l'approprier et à lui conférer un sens moral et symbolique, voire politique lorsqu'il s'agit du prince. Le jeûne ne saurait être donc réduit à une seule dimension, puisqu'il concerne autant l'âme que le corps en les purifiant et en les purgeant. En exaltant des vertus comme la frugalité et la sobriété, le jeûne est même un moyen de perpétuer les valeurs romaines traditionnelles. Enfin, l'essor du christianisme à l'époque impériale contribue à la diffusion de la pratique du jeûne. Au début du IIIe siècle, le traité de Tertullien *Du jeûne, contre les psychiques* est ainsi un vigoureux plaidoyer pour le jeûne chez les chrétiens. Toutefois, les pratiques préexistantes dans les domaines de la religion païenne et de la médecine ont sans aucun doute préparé les corps et les esprits à l'abstinence temporaire de nourriture pour Dieu.

– II –

Jeûnes orientaux

LA NOTION DE *ZHAI* (JEÛNE) DANS L'HISTOIRE RELIGIEUSE CHINOISE

Vincent Goossaert
EPHE, Université PSL, GSRL (UMR 8582)

L'HISTOIRE RELIGIEUSE DE LA CHINE est traversée de discours et de pratiques sur la régulation des fonctions corporelles, notamment l'alimentation[1]. Ces discours et pratiques couvrent une vaste gamme de synthèses des sources chinoises et étrangères, et relèvent de motivations plurielles : rituelles, hygiénistes et spirituelles. En dépit de l'immense variété des textes normatifs et des pratiques au cours de l'histoire, un terme clé a été constamment utilisé : *zhai* 齋. C'est donc autour de ce terme, de ses différents usages et définitions que je vais proposer une brève introduction à une histoire du jeûne en Chine.

1. Définir le *zhai*

Les origines du terme *zhai*, attesté à la fin de l'antiquité (IVe-IIIe siècles avant notre ère), sont très clairement liées au sacrifice. Il désigne la purification de la personne qui se prépare à participer à un sacrifice, en vue d'être en état d'entrer en contact avec des dieux ou des ancêtres. Aux époques prémoderne (Xe-XVe siècle) et moderne (XVe-XXe siècle), le *zhai* est observé dans deux grands types de circonstances : avant un sacrifice et pendant un deuil. Dans le premier cas, la durée du *zhai* est généralement de trois jours. On l'observe encore aujourd'hui pendant les grands rituels communautaires, où tous les habitants du village ou membres de la communauté organisant le rituel l'observent. Pour ce qui est du deuil, la durée des observances

1. Cet article reprend en partie V. GOOSSAERT, *L'interdit du bœuf en Chine. Agriculture, éthique et sacrifice*, Paris 2005.

10.1484/M.BEHE-EB.5.134768

varie suivant le lien de parenté (gradué en cinq niveaux) ; le deuil d'un parent s'étale sur quelque trois ans, avec des étapes marquant le passage à des niveaux de jeûne progressivement moins extrêmes. Sur ce fondement sémantique, la notion de *zhai* s'est au cours du temps développée dans quatre directions différentes ; celle, originelle, de pureté rituelle, et celles, dérivées, de rituel de retraite, de règle de vie cléricale et enfin de végétarisme.

Le zhai *comme pureté rituelle et comme abstinence*

Le terme de *zhaijie* 齋戒, « les préceptes du *zhai* », désigne les divers interdits regroupés dans cette notion. Il a trois objets principaux, indissociables : la chair animale et autres nourritures impures, l'alcool et l'activité sexuelle. Il implique souvent, quand cela est possible, une retraite dans un lieu séparé, pur, solitaire et sans tentation. L'empereur lui-même, avant de sacrifier au Ciel, se retirait dans le « palais du jeûne », *zhaigong* 齋宮 ; de fait, encore aujourd'hui, l'un des sens du mot *zhai* est « studio », lieu d'étude et de travail solitaire. La logique de ce temps de retraite est celle de l'alternance entre jeûne et agapes ; le sacrifice se termine par le partage de la viande sacrificielle, la consommation d'alcool, qui lie les vivants et les esprits, puis, les rites terminés, le retour à la vie conjugale.

Très tôt, une critique contre les aspects formels du *zhai* et appelant à une intériorisation de la pratique apparaît, notamment chez Zhuangzi 莊子 (le livre éponyme a été graduellement compilé aux IIIe-IIe siècle avant notre ère) qui invite au « jeûne du cœur », *xinzhai* 心齋, plutôt qu'à un respect de règles formelles. De fait, tous les textes ultérieurs définiront le *zhai* comme un moment de réduction des désirs et de contemplation, tout en insistant sur les interdits de consommation.

Le zhai *comme rituel*

Le développement institutionnel du taoïsme, surtout avec l'Église du Maître céleste (Tianshidao 天師道) à partir du IIe siècle de notre ère, et le bouddhisme qui s'implante en Chine à la même époque, ont tous les deux introduit, d'abord indépendamment mais très vite en dialogue, une réforme sacrificielle radicale, avec le rejet des sacrifices sanglants. Les offrandes pures (l'encens, d'abord, puis les fruits, ainsi que les textes et prières, *zhaiwen* 齋文) aux divinités supérieures (les divinités astrales du taoïsme, les Bouddhas et saints bouddhiques), venaient remplacer la viande offerte aux défunts. Dans ce cadre la purification préalable au sacrifice devenait le cœur du rituel. Ainsi, *zhai* en vint à désigner le rituel communautaire essentiel, où les participants se purifient par l'abstinence et se repentent de leurs fautes. Se traduisant alors par « retraite », le *zhai* comporte, outre les offrandes pures, des confessions, des récitations de litanies de repentance où l'on invoque de longues listes de dieux ou Bouddhas, et la récitation de textes révélés.

Ce remplacement n'a jamais été complet ; les ancêtres et les dieux locaux, en dépit de siècles d'efforts, parfois brutaux, de la part des taoïstes et bouddhistes, ont continué à consommer de la viande, mais l'idée s'est imposée que les divinités les plus élevées ne consomment pas de chair animale. Aux époques prémodernes et modernes, la tension a laissé place à l'accommodement comme mode principal de relation entre ces deux types de pratique sacrificielle. De nos jours, pendant un rituel communautaire, il est fréquent de voir deux espaces rituels distincts, un autel pur (sans chaire animale) et un autre chargé de viandes, où l'on invite des divinités distinctes. Dans le rituel taoïste communautaire moderne, on célèbre d'abord un *zhai* (pour la purification des vivants et le salut des défunts) puis un *jiao* 醮, « libation », banquet offert aux dieux.

Le zhai *comme règle de vie cléricale*

Pour le commun des mortels, le contact avec les esprits n'a lieu que pendant le sacrifice, et le jeûne alterne donc avec le temps ordinaire qui n'est pas marqué par les exigences de la pureté rituelle. Pour les spécialistes religieux en contact permanent avec les dieux, en revanche, la règle devient permanente, et la logique d'alternance entre temps de jeûne et temps de banquets disparaît. Ceci est tout particulièrement le cas pour les femmes et hommes ordonnés et vivant dans un monastère ou un temple, maison des dieux où l'on ne saurait admettre de matières impures comme de la viande.

Les moines bouddhistes ont importé du monde indien une règle qui n'avait pas d'équivalent : ne pas manger l'après-midi. Cette règle fut largement interprétée en Chine si bien que, si elle est parfois strictement observée par des moines particulièrement exigeants, la plupart des monastères servent en fin d'après-midi du « thé » ou un « bouillon médicinal » qui ressemble comme deux gouttes d'eau à une soupe de nouilles et de légumes. En revanche, la règle du *zhaijie* fut strictement appliquée.

Les premiers moines bouddhistes en Chine n'étaient pas tous végétariens mais dès le VIe siècle au plus tard, la stricte abstinence de chair animale, ainsi que d'alcool et d'activité sexuelle s'imposa au clergé, du moins ceux en résidence dans les monastères[2]. Il en alla de même chez les taoïstes avec le développement des monastères à partir de ce même VIe siècle. Pour celles et ceux qui étaient mariés et vivaient au foyer, ces règles de pureté ne s'appliquaient que lors de leur participation à un rituel ou pendant un séjour (pour une formation, une ordination ou une retraite) dans un monastère.

Dans ce contexte, le terme *zhai* en vint dès l'époque médiévale (IVe-VIIe siècle) à qualifier non pas le jeûne mais le repas des religieux ; encore aujourd'hui, la « salle du jeûne », *zhaitang* 齋堂, désigne la cantine d'un temple, où les religieux à demeure, mais aussi les pèlerins et fidèles réguliers prennent leurs repas maigres (mais souvent délicieux – bon nombre de monastères sont réputés pour leurs restaurants végétariens). Offrir un *zhai* (un repas pur) aux religieux est un acte méritoire majeur.

Le zhai *comme végétarisme*

Parmi les trois interdits principaux du *zhai*, nourritures interdites, alcool et sexe, c'est la chair animale qui a le plus fait l'objet de débats au cours de l'histoire. De ce fait, le terme est souvent à l'époque moderne et contemporaine associé au végétarisme. Cependant, le terme « végétarisme » semble impliquer un mouvement cohérent, voire organisé, ce qui n'est pas le cas en contexte chinois. Les termes chinois d'usage courant qui désignent les pratiques végétariennes sont *chizhai* 持齋, « observer le *zhai* » et *chisu* 吃素, « manger *su* ». Le terme *su* renvoie plus étroitement que *zhai* à la nourriture, mais, par opposition à *hun* 葷, « nourriture carnée », exclut souvent d'autres produits que ceux d'origine animale : le lait et les œufs, mais aussi les plantes alliacées et l'alcool sont inclus ou non, suivant les individus, dans la pratique contemporaine. Par ailleurs, s'il existe des termes désignant le végétarisme permanent (notamment *changzhai* 長齋, « *zhai* permanent »), il

2. E. M. Greene, « A Reassessment of the Early History of Chinese Buddhist Vegetarianism », *Asia Major* 29/1 (2016), p. 1-43.

existe aussi des observances périodiques de durée variable qui sont le fait de végétariens réguliers mais non permanents, et pour lesquelles on utilise également les termes *zhai* et *su*.

L'histoire du végétarisme et de la non-violence envers les animaux en Chine est celle d'un débat poursuivi sur deux millénaires, mais dont les lignes de front et les adversaires n'ont cessé de changer. Alors que les révolutions sacrificielles taoïstes et bouddhiques voulaient supprimer les sacrifices sanglants, ceux-ci n'ont jamais été abolis ; alors que les croisades bouddhiques pour le végétarisme étaient en partie menées par des laïcs, le végétarisme est devenu à partir des Ve-VIe siècles l'un des traits constitutifs de l'état clérical. Avec le célibat, le végétarisme et l'abstinence d'alcool sont les caractéristiques des élites cléricales bouddhistes et taoïstes (prenant les vœux de végétarisme et célibat) qui définissent leur pureté et leur capacité à accomplir efficacement certains rituels, ce pourquoi les laïcs les entretiennent. Les deux révolutions sacrificielles, qui ont fait cause commune sur ce thème depuis le début du premier millénaire, ont imposé l'idée, déjà latente de façon ambiguë dans les règles de purification (*zhaijie*) de la religion sacrificielle antique, que l'abstention de mise à mort et de consommation de viande mène à une pureté rituelle.

En revanche, le projet tant bouddhique que taoïste d'imposer cette règle de pureté à l'ensemble de la population a échoué ; la force de résistance des communautés de culte sacrifiant aux saints locaux et aux dieux du terroir fut plus grande que la force de contrainte du bouddhisme et du taoïsme, sans parler de la valorisation culinaire et médicale de la viande. De plus, l'idée que le prêtre, bouddhiste ou taoïste, sert d'intermédiaire dans tout rapport au sacré (et donc peut à lui seul assumer les contraintes de la pureté rituelle) joua contre l'imposition à tous de cette exigence de pureté. Si bien qu'une règle de vie à vocation universelle est devenue l'observance démarquant les professionnels des laïcs. Les laïcs observent (avec un zèle variable suivant les contextes) uniquement pendant les temps de purification les règles mises en œuvre en permanence au sein du clergé.

À partir du VIe siècle de notre ère, le végétarisme du clergé ne pose plus de problème ; les bouddhistes l'ont adopté, les taoïstes (à l'exception de ceux vivant en permanence dans les temples) l'ont progressivement cantonné aux seuls temps du rituel ; c'est celui des laïcs qui est débattu.

Les autres nourritures interdites

L'interdit sur la consommation de chair animale pendant le *zhai* est lié au sacrifice, mais il a très tôt reçu diverses interprétations. La question du meurtre et de la vie animale est bien évidemment présente, mais coexiste, comme dans de nombreuses autres traditions religieuses, avec une autre logique, centrée sur le corps. La viande comme l'alcool excite les passions, expose aux tentations sexuelles, et empêche la calme maîtrise de soi que demande le temps de purification. Les discours taoïstes sur les régimes de purification sont multiples ; certains rejetant à l'arrière-plan les questions éthiques et rituelles, visent à créer les conditions de l'immortalité ; les célèbres régimes d'« abstinence de céréales » (*bigu* 避穀) excluent les nourritures ordinaires (plantes cultivées, viande d'animaux d'élevage) mais peuvent parfois inclure des viandes sauvages (les lamelles de cerf cru séchées au vent étant un mets de choix), du moins aux stades préliminaires, l'idéal étant in fine de ne plus se nourrir que de souffle. Ces différents discours éthiques, ritualistes, diététiques, ne sont nullement contradictoires et peuvent être tenus par les mêmes personnes dans des contextes différents.

Outre la chair animale, les interdits du *zhai* incluent une autre catégorie très importante au sujet de laquelle les diverses interprétations (éthiques, ritualistes, diététiques) sont particulièrement débattues, jadis comme aujourd'hui, chez les savants comme chez les pratiquants : les cinq plantes alliacées, *wuhun* 五葷 ou *wuxin* 五辛 [3]. Le terme *hun* qui désigne couramment les régimes non-végétariens signifie au sens propre « plante alliacée ». La cause de cet interdit est sans doute multiple ; les plantes *hun* donnent mauvaise haleine et sont donc considérées comme impures, en rapport avec une liturgie de la parole où l'on parle aux dieux ; par ailleurs, étant des condiments des mets de viande, elles peuvent être interdites en période de manger simple et maigre.

L'argumentation la plus courante aujourd'hui est qu'elles excitent les désirs corporels (désirs de viande, de sexe, de colère, de passions

---

3. *Xin* est l'une des cinq catégories du goût, et rassemble toutes les saveurs agressives (âcre, piquant…), notamment celles procurées par les plantes alliacées, le piment et le gingembre. La liste des *wuhun/wuxin* est fluctuante selon les sources (on distingue souvent une liste bouddhique, une taoïste et une confucianiste) mais inclut généralement l'ail, la ciboulette, l'échalote, le poireau et l'oignon.

de tout genre) et sont donc en contradiction avec l'idéal de contrôle de soi et d'apaisement véhiculé par l'ensemble des discours végétariens. En règle générale, les restaurants végétariens, quelle que soit leur affiliation, n'utilisent pas les cinq plantes alliacées[4]. Même si certains laïcs bouddhisants se le permettent, bon nombre de végétariens permanents ou réguliers s'abstiennent de consommer ces plantes (du moins les jours d'observance) et les restaurateurs végétariens, y compris ceux qui ne revendiquent pas d'identité religieuse, les écartent tout naturellement. On trouve dans un livre récent sur « le nouveau végétarisme » écrit par un médecin taiwanais un discours végétarien voulant se distancier des traditions religieuses (distinguant explicitement le *su* diététique-éthique du *zhai* rituel), tout en s'affirmant comme bouddhique, et écartant la question des plantes alliacées, mais cette position n'est sans doute représentative que d'une minorité des végétariens chinois[5]. Les restaurateurs de Hong Kong que j'ai interrogés à ce sujet admettent une différence d'emphase (plus ou moins religieuse) entre les notions de *su* et de *zhai*, mais sans que cela se traduise par des pratiques ou des régimes différents.

Les autres types d'aliments associés à la viande font davantage que les plantes alliacées objets de discussion et d'accommodements. Bon nombre de végétariens s'abstiennent aussi d'alcool, pour des raisons proches de celles avancées au sujet des plantes alliacées, à savoir la discipline du corps et de l'esprit. Mais le discours dominant, tant au sein du Yiguandao 一貫道 (le plus grand nouveau mouvement religieux chinois, qui demande à ses membres d'observer le végétarisme) que chez les bouddhistes laïcs est que l'alcool constitue une transgression bien moins grave : « il est déjà si difficile de se priver totalement de viande, il n'y a pas de mal à boire occasionnellement et modérément entre amis » (propos similaires tenus par des restaurateurs bouddhistes et par des cadres du Yiguandao). Différents restaurants végétariens utilisent d'ailleurs des alcools médicinaux (*yaojiu* 藥酒) dans quelques soupes, tout en l'indiquant clairement ; mais la plupart ne proposent pas d'alcool sur leur menu, encore que certains (mais pas tous) acceptent que

4. Ces observations sur la pratique contemporaine sont issues de V. Goossaert, « Les sens multiples du végétarisme en Chine », dans A. Kanafani-Zahar, S. Mathieu et S. Nizard (éd.), *À croire et à manger. Religions et alimentation*, Paris 2007, p. 65-93.

5. Ye Ping 野萍, *Xin sushi zhiyi* 新素食主義, Taipei 2004.

les clients apportent leurs bouteilles. Bon nombre de restaurants végétariens étaient également non-fumeurs avant que la règle ne devienne commune.

Les difficultés du « jeûne permanent »

Qu'en est-il de l'observance stricte, permanente du végétarisme par les laïcs ? Alors que des pratiques telles que l'observance régulière des jours de jeûne ou la libération d'êtres vivants étaient fortement encouragées par le clergé, le végétarisme permanent avait jusqu'au début du XXe siècle un statut plus ambigu. On trouve certes des lettrés bouddhisants, les *jushi* 居士, vivant une vie de retraite, d'enseignement, de méditation et d'œuvres pieuses, qui respectent un végétarisme permanent. Bien qu'il s'agisse avant tout d'une démarche éthique, le végétarisme laïque est formalisé par un vœu. Tout au long de l'histoire chinoise, de nombreux lettrés dévots devenus végétariens ont commencé cette pratique lors d'un deuil puis ont décidé de s'y tenir définitivement. D'autres, après une expérience marquante, par exemple un miracle auquel ils ont assisté, font un vœu solennel au Ciel de ne plus jamais manger de viande. Le végétarisme peut aussi être formalisé par l'institution cléricale. Beaucoup de *jushi* passent en effet par une ordination laïque (les vœux de bodhisattva selon le *Fanwang jing* 梵網經)[6].

Le caractère solennel, voire dramatique, du vœu de végétarisme s'explique par les difficultés qu'il implique. L'adoption du végétarisme posait des problèmes épineux, notamment lors des banquets. Certains invités s'estimaient insultés si on leur servait des légumes ; de même, sauf à ne fréquenter que des végétariens, de la viande était servie partout où l'on était invité, et un hôte pouvait s'offenser qu'on la refuse. Certes la mode de la non-violence envers les animaux, notamment à la fin des Ming (1368-1644) est aussi motivée par le rejet des banquets extravagants[7]. Le végétarisme se pratique aisément dans les cas où, du fait d'une prédication ou d'un miracle particulièrement convaincant, toute une famille ou tout un village prête serment. Mais dans les autres cas le choix d'une vie végétarienne n'était facile à assumer que

6. H. Welch, *The Practice of Chinese Buddhism*, Cambridge 1967, p. 361-365.
7. J. F. Handlin Smith, « Liberating Animals in Ming-Qing China: Buddhist Inspiration and Elite Imagination », *The Journal of Asian Studies* 58/1 (1999), p. 51-84 [p. 65-67].

pour un individu suffisamment âgé et prestigieux pour imposer ses exigences au cercle de ses relations sociales, de ses voisins, de ses collègues et de ses parents.

De même, la participation au culte des ancêtres et aux cultes locaux ne pouvait se faire, pour un végétarien, que si l'on était chef de famille et donc en position d'imposer le type d'offrande et de banquet. Cela arrivait : on observe chez les lettrés végétariens du XVIe au XIXe siècle des sacrifices végétariens, justifiés d'une part par le souhait des défunts, et de l'autre (puisqu'on peut tout justifier par la piété filiale) par la volonté de ne pas faire encourir un péché à ses ancêtres. Mais cette vision ne s'impose pas partout, loin s'en faut ; quelques lettrés d'un certain âge, de famille riche et respectée, tenus en estime pour leur érudition et aussi pour leurs œuvres charitables, peuvent l'assumer, mais ce n'est pas une chose qu'un petit lettré aspirant à faire carrière peut se permettre : pour ce dernier, la pression pour participer aux banquets et sacrifices « normaux », avec viande, était probablement insurmontable[8].

Sans doute est-ce pour toutes ces raisons que le clergé bouddhiste de la fin de l'empire ne fait pas du végétarisme permanent un thème missionnaire. Le plus célèbre des moines de l'époque des Ming, Zhuhong 袾宏 (1535-1615), est aussi le plus militant sur ce thème : il est particulièrement connu pour ses campagnes en faveur de la libération d'êtres vivants (*fangsheng*) et de la non-violence envers les animaux (*jiesha*), et son *Jiesha fangsheng wen* 戒殺放生文 est un texte très répandu, abondamment commenté et cité comme texte de référence jusqu'aujourd'hui. Or Zhuhong insiste essentiellement sur la libération d'êtres vivants et la non-mise à mort ; il fait certes l'éloge du végétarisme à ses adeptes laïques, mais comme idéal ultime, et admet (pour un laïc) qu'on doit dans certaines circonstances manger de la viande ; il insiste alors pour qu'on l'achète plutôt que de faire abattre soi-même l'animal[9].

---

8. Dans le célèbre roman du XVIIIe siècle, le *Rulin waishi* 儒林外史 (*Histoire privée des lettrés*, chapitre II), un lettré raconte comment il dut interrompre sa pratique végétarienne pour manger la viande sacrificielle de Confucius offerte par le supérieur de l'école.

9. YÜ CHÜN-FANG, *The Renewal of Buddhism in China: Chu-Hung and the Late Ming Synthesis*, New York 1981, p. 27, 76 et 85-87 ; J. F. HANDLIN SMITH, « Liberating Animals », p. 57-62.

La revendication végétarienne produit donc une tension dans la société chinoise ; on peut adopter les valeurs et les pratiques du bouddhisme, tant qu'elles ne sont pas en contradiction avec les valeurs générales de la société et de la religion chinoise, notamment les obligations du sacrifice. Le clergé est autorisé à faire exception, mais seulement lui. De fait, le végétarisme ne fut jamais interdit par la loi impériale, mais il n'en fut pas loin.

Contre le jeûne

En effet, plus qu'aux *jushi* dévots, le végétarisme en vint dès le XIIe siècle, et de plus en plus jusqu'au milieu du XXe siècle, à être associé à des groupes dévotionnels (que la tradition historiographique qualifie le plus souvent de « sectaires ») prenant collectivement le vœu de s'abstenir définitivement de toute viande. Ces groupes se caractérisent par une adhésion volontaire, individuelle, militante et, dans certains cas, exclusive d'autres formes de vie religieuse. Selon certains auteurs, ils sont issus des associations vouées à la pratique bouddhique de la Terre pure, dont certaines semblent s'être engagées dans une voie les menant vers une plus grande indépendance vis-à-vis des institutions cléricales (voire, dans certains cas plus tardifs, à un rejet virulent du bouddhisme institutionnel et du clergé), et vers une forme d'engagement religieux plus intense et exclusive. Souvent, ils fondent des temples qu'ils gèrent eux-mêmes, sans clergé, et rendent des services liturgiques semblables à ceux des moines, mais gratuitement. Les « végétariennes » (*zhaigu* 齋姑) sont encore aujourd'hui un type de spécialiste religieux important, notamment dans la Chine du Sud.

Les groupes dévotionnels variés, désormais rassemblés par l'État sous le terme générique de Bailian 白蓮 (Lotus Blanc), connaissent à partir du XVIe siècle de nouvelles transformations dans leur théologie, avec l'émergence d'une divinité-mère universelle qui veut sauver les élus. Du XVIe siècle à nos jours, certains de ces groupes, suivant leurs leaders, radicalisent le discours millénariste et eschatologique contenu dans leurs écritures et basculent dans l'insurrection armée, tandis que d'autres, plus nombreux, se consacrent à la piété et à la méditation et se fondent dans le paysage religieux, discrets puisqu'interdits par l'État, mais n'en continuant pas moins de se perpétuer siècle après siècle. S'il n'est possible qu'à un niveau très général de rassembler dans une même catégorie l'ensemble des groupes dévotionnels, sans clergé, du Bailian originel du XIIe siècle jusqu'à des groupes actuels tels que le Yiguandao[10], on peut toutefois observer que l'une de leurs caractéristiques communes les plus marquantes est la stricte adhésion de tous les membres, et ce de façon permanente, à un régime végétarien. La pratique du végétarisme par les groupes dévotionnels est à ce point caractéristique que plusieurs groupes ont été qualifiés de « religions végétariennes », *zhaijiao* 齋教 (terme qui s'impose pendant l'occupation japonaise de Taiwan) : il s'agit notamment du Longhuahui 龍華會, du Jinchuangjiao 金幢教 et du Xiantiandao 先天道, actifs en particulier dans le sud de la Chine[11].

L'adoption du végétarisme par ces groupes a dès les origines une dimension nettement polémique. En effet, les sources bureaucratiques décrivent leurs activités par l'expression *chicai shimo* 喫菜事魔, « ils mangent des légumes et servent les démons[12] ». Originellement créée en 1121 pour stigmatiser des groupes manichéens implantés en Chine du Sud[13], cette expression deviendra un *leitmotiv* systématiquement utilisé au cours des siècles à l'encontre de tous les groupes dévotionnels. Il est probable que le reproche ainsi adressé conjugue l'accusation d'hétérodoxie et de propension à se rebeller avec celle de s'isoler de la société ambiante, de s'interdire de participer aux cultes et banquets qui soudent les communautés locales.

Le vœu de végétarisme, selon l'analyse de Barend ter Haar, est un geste fort de conversion religieuse avec une portée exclusive ; il se distingue nettement des gestes ordinaires de dévotion, même fervente (pèlerinage, donation, organisation d'un rituel, récitation quotidienne…) qui répondent à une crise ou à un besoin et, contrairement à la conversion, n'engagent pas nécessairement la personne dans une

---

10. Sur le Yiguandao, voir notamment D. JORDAN et D. OVERMYER, *The Flying Phoenix*, Princeton 1986.

11. J. J. M. DE GROOT, *Sectarianism and Religious Persecution in China*, Amsterdam 1903-1904, p. 176-241 ; Ch. BREWER JONES, *Buddhism in Taiwan. Religion and the State 1660-1990*, Honolulu 1999, p. 14-30.

12. B. TER HAAR, *The White Lotus Teachings in Chinese Religious History*, Leyde 1992, p. 48-55 ; CHIKUSA Masaaki 竺沙雅章, « Kissai jima ni tsuite » 喫菜事魔について, *Chūgoku bukkyō shakaishi kenkyū* 中國佛教社會史研究, Kyoto 1982.

13. Les manichéens d'Asie centrale sont installés en Chine depuis les Tang et des communautés de convertis chinois sont attestées en Chine du IXe siècle jusqu'à la fin des Yuan. Les manichéens sont effectivement végétariens, mais il ne semble pas que leur végétarisme ait pu influencer de façon significative celui des groupes bouddhiques.

recherche de salut[14]. La pratique du végétarisme, hors des périodes de *zhai* collectif, est rare chez les laïcs avant le XXe siècle, et correspond généralement à un engagement dans un groupe dévotionnel comme le Bailian. De ce fait, le végétarisme permanent des laïcs en vint même à être réprouvé par certains moines, qui préférèrent voir les laïcs pécher un peu en mangeant occasionnellement de la viande que pécher beaucoup en adhérant à des groupes dévotionnels hors du contrôle du clergé[15].

Cette association du végétarisme avec l'adhésion à des groupes religieux controversés (du moins dans le discours de l'État) ne fera que croître avec le temps. Un épisode survenu en 1878 donne une idée de la suspicion entourant le refus de manger de la viande profondément ancrée dans la mentalité des élites dirigeantes du pays. Cette année-là, un groupe dévotionnel a été identifié et condamné par le magistrat de Yangzhou (province du Jiangsu). Or, quelque temps plus tard, ce même magistrat rencontre d'anciens membres du groupe dissout qui lui disent pratiquer la récitation du nom de Buddha (*nianfo* 念佛) et le végétarisme ; il se met en colère, disant que c'est interdit, fait préparer des plats de porc et les force à en manger en public[16]. Ce faisant, le magistrat outrepassait quelque peu le code et la jurisprudence, qui, dans leur interdiction des « groupes hétérodoxes » végétariens, ajoutaient néanmoins qu'il était permis, à titre strictement individuel (sans former de congrégation) d'observer le végétarisme[17].

Le végétarisme doit tout son intérêt à son statut ambigu ; il devient à partir du XIIe siècle associé à des mouvements religieux laïques fortement controversés mais il n'est pas dans son principe déconsidéré pour autant. Comme l'observe un missionnaire protestant écrivant en

---

14. B. Ter Haar, « Buddhist-Inspired Options: Aspects of Lay Religious Life in the Lower Yangzi from 1100 until 1340 », *T'oung Pao* 77/1-3 (2001), p. 129-137. Les récits de conversion discutés par ter Haar impliquent souvent des gens particulièrement concernés par le péché de tuer et manger de la viande, notamment des bouchers. Le fait d'abandonner son métier renforce encore la coupure impliquée par le fait de devenir végétarien et d'adhérer à un groupe dévotionnel.
15. B. Ter Haar, « Buddhist-Inspired Options », p. 137.
16. « Le ling kaihun » 勒令開葷, *Shenbao* 申報, 18 juin 1878. Pour une analyse détaillée des rapports entre l'État impérial et les groupes végétariens, voir Lin Rongze 林榮澤, « Chizhai jiesha. Qingdai minjian zongjiao yu zhaijie xinyang zhi yanjiu 吃齋戒殺。清代民間宗教與齋戒信仰之研究 », thèse de doctorat, Université Guoli Taiwan shifan daxue, 2004.
17. J. J. M. de Groot, *Sectarianism*, p. 137 et suivantes, p. 151 et 158.

1865, « The feeling that the eating of flesh is sensual and sinful, or quite incompatible with the highest degree of sincerity and purity, is a very popular one among the Chinese of all classes[18] ». Il est considéré comme une pratique noble chez certains – clergé bouddhiste et taoïste Quanzhen, certains lettrés *jushi* –, mais pas chez d'autres. Il constitue une extension logique de pratiques (le vœu de non-violence et l'abstinence de viande à dates régulières) largement acceptées dans la société jusqu'au tournant du XXe siècle, où elles furent critiquées par certains intellectuels et/ou révolutionnaires qui les incluaient parmi les coutumes de la société traditionnelle qu'ils voulaient abattre. Le végétarisme est à la fois l'expression ultime de valeurs reconnues (la bienveillance envers tous les êtres, la frugalité) et le contraire de l'un des fondements de la culture chinoise, la religion sacrificielle. Par conséquent, en chaque circonstance, l'attitude chinoise envers le sacrifice et la viande résulte d'un compromis entre des idéaux religieux divergents mais également orthodoxes. Il existe un végétarisme chic, qui élabore une nourriture raffinée jouant sur l'imitation de la viande, et un autre végétarisme, radical et militant.

La nature fondamentalement condamnable (sauf pour des sacrifices prescrits) de la mise à mort d'un animal, de l'activité de la boucherie ou de la pêche, et de la consommation de viande, constitue l'un des traits de la morale commune de la religion chinoise, telle qu'elle s'exprime, à l'époque moderne, dans les livres de morale (*shanshu* 善書)[19]. La lecture de textes de tous genres suggère fortement que pour l'élite lettrée les mises à mort d'animaux étaient largement considérées comme un mal nécessaire (pour se nourrir de la viande essentielle pour les malades ou les personnes âgées, ou pour les sacrifices), non comme un acte naturel. Les textes où des lettrés défendent une position confucianiste dure et critiquent les pratiques bouddhiques sont sur ce point sur la défensive, reconnaissant la validité de l'idéal de la non-violence envers les animaux mais critiquant seulement son interprétation erronée par les bouddhistes.

---

18. J. Doolittle, *Social Life of the Chinese: With Some Account of Their Religious, Governmental, Educational, and Business Customs and Opinions, with Special but Not Exclusive Reference to Fuhchau*, 2 vol., New York 1865, vol. 1, p. 183 ; voir aussi J. J. M. de Groot, « Miséricorde envers les animaux dans le bouddhisme chinois », *T'oung Pao* 3 (1892), repris dans J. J. M. de Groot, *Le code du Māhayāna en Chine : son influence sur la vie monacale et sur le monde laïque*, Amsterdam 1893.
19. *Livres de morale révélés par les dieux*, éd. V. Goossaert, Paris 2012.

Une des conséquences de cette attitude fut de faire de la personne du boucher un personnage honni ; la littérature édifiante, anecdotique et romanesque est pleine de personnages de bouchers, représentés comme des pécheurs détestables, mais qui parfois sont convertis et abandonnent leur métier.

2. Calendrier religieux et jeûnes

Parmi les adeptes de la libération d'êtres vivants et de la non-violence, on trouve certes quelques végétariens permanents, mais la plupart ont un régime comprenant un peu de viande ; ils pratiquent la modération, mais non la suppression totale des aliments carnés, souvent réservés aux personnes âgées. Ces laïcs mangent de la viande en certaines occasions (banquets familiaux ou fêtes communautaires) et en grande majorité ils pratiquent les sacrifices de la manière habituelle. De plus, beaucoup s'abstiennent de consommer certains animaux – notamment les bovins. Ils choisissent de faire ce qui pour les paysans est souvent une simple nécessité : ne manger de viande que pour les sacrifices et célébrations collectives.

La dynamique entre l'encouragement continu au végétarisme de la part des bouddhistes et des taoïstes au cours de l'histoire et les contraintes qu'impose un végétarisme permanent provoqua trois types de compromis : la pratique régulière (en sus des deuils et des préparations aux sacrifices) des jours de jeûne ; l'adoption chez certains groupes de zélateurs d'un végétarisme permanent ; et enfin des solutions de compromis, qui émergent et s'imposent largement à partir du Xe siècle, consistant à adopter des tabous sur certains animaux considérés comme sacrés et proches de l'homme, notamment bovins, chiens et équins. Le respect permanent du tabou du bœuf est fréquemment qualifié de « demi-jeûne », *banzhai* 半齋. Les deux dernières solutions ont été davantage explorées dans l'historiographie, et je voudrais ici consacrer quelques lignes à la première.

Les végétariens réguliers mais non permanents observent la pratique le premier et le 15 de chaque mois lunaire (*shuowang* 朔望, dans le calendrier traditionnel, où l'on visite les temples et l'on mange maigre, et qui date sans doute des Han [~206-220], voire avant), ou pour son anniversaire (par respect envers la divinité protectrice propre à ce jour, garante de leur destin, *benming* 本命), et/ou celui de ses parents, ou encore certains jours du calendrier liturgique.

Les bouddhistes tentèrent quant à eux d'augmenter encore la fréquence des jours saints, en instituant notamment six jours de jeûne par mois (les 8, 14, 15, 24, 29 et 30), ainsi que trois périodes de quinze jours dans l'année, les premières quinzaines des 1er, 5e et 9e mois. Ces jeûnes réguliers proposés à tous les laïcs respectant au moins les cinq préceptes sont attestés dans le bouddhisme indien, mais ils prirent en Chine une importance et un prestige considérablement plus importants. Ils venaient s'ajouter à la pratique de dévotion accrue le 1er et le 15 de chaque mois. Les taoïstes, vers le Ve ou le VIe siècle, répondirent à la surenchère bouddhique en proposant des calendriers plus denses encore en jeûnes (dix jours par mois), et fondés sur la même justification : certains jours, les dieux descendent parmi les humains contrôler leur conduite, et il convient d'être particulièrement pieux, et donc de jeûner ainsi que de veiller, ces jours-là. Le jeûne est aussi pratiqué à titre individuel, par dévotion à certaines divinités : ainsi, le jeûne de Guanyin (les jours de sa naissance, de son éveil, et de son apothéose, ou mieux, quinze jours voire un mois précédant chacune de ces trois dates), des Trois officiers (Sanguan 三官), du Dieu du Tonnerre (Leizu 雷祖), de l'Empereur de Jade (Yuhuang 玉皇), des Dix rois des enfers, tous à des jours spécifiques. Les familles pratiquant un tel jeûne accrochent un panneau inscrit « zhaijie » à leur porte, pour faire savoir à leurs voisins qu'ils ne peuvent participer à des festivités.

Il faut souligner que ces jeûnes ne sont pas imposés par une quelconque église. L'organisation socio-religieuse de la Chine prémoderne et moderne est formée de communautés de culte indépendantes dont certaines emploient des spécialistes religieux (taoïstes, bouddhistes, confucianistes, médiums, …). Ces spécialistes ont chacun leurs propres règles mais ne peuvent les imposer aux laïcs. Chez les bouddhistes et les taoïstes, il existe un rite de conversion, la prise de refuge dans les Trois joyaux et les Cinq préceptes, mais il n'implique pas l'obéissance au clergé, ni l'exclusion des autres pratiques religieuses. Il existe des individus qui, par conviction, conforment toute leur vie religieuse aux normes bouddhiques ou taoïstes, et peuvent être qualifiés de bouddhistes ou taoïstes laïques, mais, bien qu'on en trouve des exemples assez nombreux chez les lettrés, il ne s'agit que d'une minorité de la population.

L'impact le plus important des autorités religieuses sur les pratiques diététiques et religieuses des populations est l'organisation d'associations dévotionnelles ayant leurs règles propres. En Chine prémoderne et moderne, le type le plus fréquent d'association bouddhique est celui consacré au culte de la Terre pure, dont les membres se rassemblent régulièrement pour réciter le nom du bouddha Amitābha, réitérer le vœu de renaître dans sa Terre pure et pratiquer diverses œuvres charitables ou de dévotion. On y respecte en général l'abstinence pendant les assemblées, mais les membres ne prennent pas nécessairement de vœu de végétarisme, ainsi que d'abstinence d'alcool et sexuelle pour le temps ordinaire. Les jeûnes observés collectivement existent donc à deux niveaux, complémentaires ; pour les célébrations et rites communautaires (fête du dieu territorial dans un village, rituel collectif dans un lignage, deuil dans une famille), l'observance est générale et obligatoire ; pour les associations, basées sur le volontariat, s'y ajoute le calendrier de *zhai* choisi collectivement. Il existe de surcroît un troisième niveau, le choix individuel. Si dans les villages le premier type est certainement déterminant, on observe chez les lettrés des époques prémoderne et moderne une grande liberté de choix, tant dans la fréquence et l'intensité des jeûnes que dans le calendrier spécifique.

Le jeûne comme exercice spirituel

Chez les lettrés, la pratique du jeûne se veut d'abord un exercice spirituel, c'est-à-dire un moyen de discipline de soi, des désirs et des fonctions corporelles en vue d'une transformation progressive menant à la divinisation, voire la transcendance. Dans leurs écrits, beaucoup accompagnent leur critique morale de la société, de son goût du luxe et des plaisirs charnels par la mise en scène d'un exemple personnel d'observance non seulement des jours de jeûne obligatoires (deuils, rituels familiaux et officiels) mais de jeûnes supplémentaires librement choisis comme forme d'ascétisme intramondain. Ces exercices sont aussi souvent liés à des crises et des quêtes de guérison, et ils sont mis en œuvre de façon plus intense encore à l'approche de la mort comme préparation à la bonne mort.

Ce calendrier personnel, outre le zèle dans le strict respect du deuil envers les parents mais aussi les maîtres, inclut la dévotion envers des divinités. Les livres de piété (de courts ouvrages destinés à la psalmodie et méditation quotidiennes) qui circulent en grand nombre, notamment au XIXe siècle, comprennent le plus souvent des calendriers, plus indicatifs que prescriptifs, parmi lesquels chacun choisit son propre programme. Au cours du XIXe siècle, les jours de *zhai* y sont de plus en plus nombreux, si bien que la plus grande partie de l'année est consacrée au *zhai*[20]. Un lettré écrivit même dans l'épitaphe qu'il rédigea pour son épouse qu'il réalisait que son zèle à observer le jeûne à chaque occasion avait imposé une quasi-chasteté à sa jeune épouse[21].

Ces jeûnes supplémentaires, librement choisis, sont étroitement liés à un désir de réforme morale dans une perspective eschatologique. La vision selon laquelle les dieux sont sur le point de décréter une apocalypse qui anéantira l'immense majorité de l'humanité pécheresse, à l'exception de ceux qui auront pu se repentir, parcourt la littérature chinoise depuis l'époque prémoderne, et reste prégnante aujourd'hui. Au XIXe siècle, des milliers de textes révélés par l'écriture inspirée détaillent ce scénario et soulignent particulièrement deux péchés qui provoquent la colère des dieux : le meurtre d'animaux pour la consommation de chair et l'immoralité sexuelle[22]. En s'engageant personnellement à pratiquer le jeûne et donc se privant de viande et d'activité sexuelle, les lettrés se veulent être le modèle d'une humanité trouvant in extremis son salut.

Jeûnes chrétiens et musulmans

L'une des façons d'observer le consensus éthique chinois sur le jeûne, et l'abstinence de chair animale en particulier, est de lire les réactions à ce sujet des premiers résidents occidentaux en Chine sous les Ming, les missionnaires jésuites, et les contre-réactions chinoises. Matteo Ricci (1552-1610), le premier, s'opposa aux conceptions chinoises de l'animal comme être vivant au même titre que l'homme et à qui donc la bienveillance est due ; il exposa aux Chinois la position chrétienne alors prévalente, selon laquelle les animaux ont été créés par Dieu pour servir aux hommes, et qu'il est licite de les tuer et les consommer selon ses besoins ; par la même occasion, Ricci réfutait la notion de réincarnation. Les Chinois en contact avec les thèses de Ricci et de ses coreligionnaires et successeurs réagirent vivement ;

20. V. Goossaert, « Late Imperial Chinese Piety Books », *Studies in Chinese Religions* 5/1 (2019), p. 38-54.
21. Lu Weijing, « Abstaining from Sex: Mourning Ritual and the Confucian Elite », *Journal of the History of Sexuality* 22/2 (2013), p. 230-252.
22. V. Goossaert, « Animals and eschatology in the nineteenth-century discourse », dans R. Sterckx, M. Siebert et D. Schäfer (éd.), *Animals Through Chinese History. Earliest Times to 1911*, Cambridge 2019, p. 181-198.

leurs réfutations montrent que la bienveillance envers les animaux constituait à leurs yeux l'une des preuves de la supériorité de la civilisation chinoise, et qu'à l'inverse, l'indifférence de Ricci montrait la barbarie de la civilisation chrétienne[23]. Le fait que le poisson soit admis les jours de jeûne chrétien, de plus, était très mal compris des Chinois pour qui l'interdit du *zhaijie* se fondait sur le respect de la vie quelle qu'elle soit.

Dès l'époque de Ricci, les missionnaires chrétiens ayant converti des adeptes précédemment membres de groupes végétariens obligeaient également ces derniers à manger de la viande publiquement, comme le faisait, pour des raisons en partie différentes, le fonctionnaire déjà évoqué[24]. Cette opposition chrétienne au végétarisme chinois ne fit que s'amplifier à l'époque moderne, et la condamnation par les missionnaires protestants du végétarisme, l'obligation d'y renoncer avant de pouvoir être baptisé – d'où l'expression employée par Eric Reinders de « baptême par la viande[25] » –, et l'association ainsi faite entre virilité, salut, modernité et viande contribuèrent fortement à la dévalorisation du végétarisme chez bon nombre d'intellectuels modernes. Et pourtant, malgré l'écart entre les pratiques chrétiennes, musulmanes et chinoises, le jeûne chrétien comme le ramadan furent traduits en chinois par le terme de *zhai* (ramadan est *zhaiyue* 齋月, « le mois du *zhai* »), ce qui montre le caractère englobant et polysémique de ce concept d'origine sacrificielle mais qui s'est adapté à toutes les innovations religieuses.

---

23. R. Malek, « *Ieiunium* and *Zhai*: Foundations and Practice of Fasting and Abstinence in 17th-18th Century Chinese Catholicism », communication au colloque « Court, Ritual Community, and the City: Chinese and Christian Rituality in Late Imperial Beijing », Louvain, 17-19 juin 2004, a développé une analyse très détaillée du rapport entre les notions chinoises et chrétiennes du jeûne, fondé notamment sur une littérature chrétienne abondante où les missionnaires visaient à se démarquer le plus nettement possible des groupes dévotionnels végétariens chinois (de crainte d'être assimilés à eux).
24. R. Malek, « *Ieiunium* and *Zhai* ».
25. E. Reinders, *Borrowed Gods and Foreign Bodies. Christian Missionaries Imagine Chinese Religion*, Berkeley 2005, chap. x, « Blessed are the Meat-eaters », donne une analyse détaillée du discours missionnaire anti-végétarien à la fin de l'empire et jusqu'aujourd'hui.

Conclusion

En conclusion, sur des bases originellement séparées – d'une part les temps d'abstinence de la religion antique, et d'autre part les révolutions sacrificielles taoïste et bouddhique –, la religion chinoise qui s'est progressivement construite a inclus, parmi les éléments de sa morale commune, le respect de la vie animale et l'abstinence, autant que possible, de viande, d'alcool et d'activité sexuelle. Cet idéal entrait néanmoins en contradiction avec la pratique de la religion sacrificielle – ainsi, naturellement, qu'avec le goût d'une bonne partie des classes privilégiées pour la viande, la boisson et le sexe –, et les autorités morales, les clergés des Trois enseignements (confucianisme, bouddhisme, taoïsme), ont proposé des solutions de compromis formulées différemment dans les trois cas, mais qui ne diffèrent que dans les détails : pour ce qui concerne la chair animale, une abstention générale de mise à mort, une régulation de la consommation de viande, et des temps d'abstinence complète. Des compromis très semblables furent élaborés quant aux deux autres piliers du jeûne-*zhai*, l'alcool, et surtout, l'activité sexuelle[26].

26. V. Goossaert, « La sexualité dans les livres de morale chinois », dans Fl. Rochefort et M. E. Sanna (éd.), *Normes religieuses et genre. Mutations, résistances et reconfiguration, XIXe-XXIe siècle*, Paris 2013, p. 37-46.

FIGURES DU JEÛNE INDIEN

Lyne Bansat-Boudon
EPHE, Université PSL, GREI (EA 2120)

– Pourquoi aux Indes, Garance ?
– Parce que c'est loin.
Jacques Prévert, *Les Enfants du paradis*

LE JEÛNE S'INSCRIT dans le complexe réseau de doctrines et de pratiques autour duquel se construisent la pensée et la société indiennes[1]. Cela dans la longue durée, car le jeûne, attesté dans des textes de l'époque védique, tels le *Śatapatha-Brāhmaṇa* et ces œuvres hautement spéculatives que sont les *Upaniṣad*, a continué d'être observé, à des fins diverses, dans l'Inde brahmanique et hindouiste, jusqu'à l'époque moderne et contemporaine.

Encore serait-il plus exact de parler d'une pluralité de jeûnes. On s'efforcera donc d'en établir la typologie (ou, du moins, de l'esquisser, tant il est polymorphe), qui repose néanmoins sur une définition générale : le jeûne est un « vœu » (*vrata*), une observance, et comme tel, il est d'essence religieuse, jusque dans ses usages profanes.

1. L'article traite du jeûne dans l'Inde « hindoue », au sens le plus large, c'est-à-dire l'Inde qui s'est constituée au long des périodes successives du védisme, du brahmanisme et de l'hindouisme proprement dit. Il laisse de côté, faute de place, l'immense corpus du bouddhisme et celui des courants hétérodoxes du jaïnisme, du śivaïsme et du « tantrisme » (pour ces deux derniers, on se reportera à l'article de Judit Törzsök, dans ce volume). Pour une synthèse de cette périodisation, et pour des éléments de chronologie relative des textes de l'Inde ancienne, on se reportera à Ch. MALAMOUD, *Féminité de la Parole, Études sur l'Inde ancienne*, Paris 2005, « À l'articulation de la nature et de l'artifice : le rite », p. 169-186 [p. 169, n. 1 et 170, n. 1] ; article repris de la contribution de même titre dans *Le genre humain* 12 (1985/1), *Les usages de la nature*, p. 233-246. Dans les débuts de cette enquête, j'ai eu avec Charles Malamoud une conversation à bâtons rompus aussi délicieuse qu'éclairante dont je souhaite ici le remercier très vivement.

10.1484/M.BEHE-EB.5.134769

Une des formes de l'ascèse (*tapas*) et de la discipline (*yoga*), le jeûne est, à proprement parler, une « mortification », toujours susceptible de parvenir à son terme ultime, puisque le « jeûne à mort » est autant une pratique religieuse, observée à des fins de purification ou pour accéder à la délivrance[2] ou au ciel (*svarga*), qu'un procédé de chantage – économique, comme c'est le cas pour le jeûne du créancier obstruant la porte de son débiteur récalcitrant, ou politique, lorsqu'il s'agit, par exemple, du jeûne mené par le brahmane contre le roi dont il est mécontent, ou encore du jeûne de Gandhi, violence contre soi destinée à s'opposer à la violence d'autrui et à la subjuguer.

Encore faut-il observer que, jusque dans ces dernières formes, apparemment profanes et à visée immédiatement matérielle, c'est à son essence religieuse que le jeûne doit son efficacité. En cela, il relève de la même logique spirituelle que nombre de pratiques et de spéculations indiennes, non sans revêtir de surcroît une sorte de caractère magique, qui, aux yeux de l'homme hindou, fût-ce plus ou moins confusément, le rendrait particulièrement redoutable. C'est ainsi que Renou va jusqu'à faire du jeûne du créancier un « acte de contrainte magique[3] », et rappelle, à propos de cette autre figure qu'est le jeûne comme rite ou moment du rite, que le terme *upavasatha* dont il est désigné, à date très ancienne, dans des textes de registre strictement religieux, « reflète une nuance primitive de "siège magique"[4] ».

1. Jeûne, ascèse

Pour signifier l'ascèse, le sanskrit dispose de deux termes, dont le plus fréquent est métaphorique : le mot *tapas*, « ascèse », dérivé de la racine *tap*, « chauffer », « brûler », est étymologiquement « échauffement », « brûlure », « ardeur », « ferveur » – on consume dans le feu ascétique toutes les scories de sa condition finie. Une ardeur

---

2. La délivrance (*mokṣa* ou *mukti*), c'est-à-dire, avant toute chose, le désir d'être « délivré » de la nécessité de renaître, de la fatalité de l'éternel retour. Le terme *mokṣa* est proprement « désir de *mukti* », ce qui fait de la délivrance ainsi nommée un but qui pourrait ne jamais être atteint.
3. L. Renou, *L'Inde fondamentale*, éd. Ch. Malamoud, Paris 1978, « Le jeûne du créancier dans l'Inde ancienne », p. 164-174 [p. 166].
4. L. Renou, « Le jeûne du créancier dans l'Inde ancienne », p. 171.

consubstantiellement associée, par métaphore filée en quelque sorte, à l'éclat (*tejas*), prodigieux et redoutable, qui émane de l'ascète, en dépit (ou à proportion) de son émaciation.

Les textes font valoir la métaphore en usant, tel un *topos*, de la figure étymologique *tapas tepe*[5] : « il brûla de la brûlure [de l'ascèse] », « il arda d'ardeur », autrement dit, « il se tourmenta d'austérités ». Du reste, l'exposition du *yogin* aux cinq feux que sont les quatre feux sacrificiels au centre desquels il se tient immobile, d'une part, l'ardeur du soleil, d'autre part, est exemplaire des austérités les plus rigoureuses.

L'autre terme est *dharma*, qui signifie la « Loi », l'« ordre socio-cosmique », et vaut, à défaut d'un terme topique, pour ce que l'Occident nomme la « morale » et la « religion ». Dans certains contextes, le terme prend aussi le sens d'« observance » ou d'« ascèse », si bien que les composés *dharmāraṇya*, la « forêt du *dharma* », et *tapovana* (= *tapas-vana*), la « forêt du *tapas* », signifient tous deux la « forêt d'ascèse », celle où font retraite les *vānaprastha*, les ermites forestiers, et les *saṃnyāsin*, les renonçants[6]. Toutefois, loin d'être entièrement interchangeables, les deux termes impliquent deux points de vue différents : le *tapas* renvoie à l'ensemble des pratiques dont on se tourmente ; le *dharma* en assume la dimension normative.

Les pratiques ascétiques, en effet, obéissent à un système complet de prescriptions et d'interdictions que consignent les traités de *dharma*, les Dharmaśāstra, et, en premier lieu, les « Lois de Manu » (le *Mānavadharmaśāstra*, également nommé la *Manusmṛti*) que l'on s'accorde à dater du IIe siècle de notre ère. Le jeûne comme pratique ascétique relève donc, en dernière instance, du *dharma*, compris comme un ensemble de règles, elles-mêmes d'ordre religieux. C'est là un de ses principaux traits.

---

5. Voir l'épisode de Yayāti (*Mahābhārata* [MBh] I 81, 15c), cité *infra*, p. 239. La forme *tepe*, 3e sg. du parfait moyen de la racine *tap*, qui fait, à l'actif, 3e sg., *tatāpa* (avec redoublement), joue conjointement de la figure étymologique et de l'allitération. Les références au MBh sont celles de son édition critique, en ligne sur le site du GRETIL.
6. *vānaprastha* et *saṃnyāsin* sont les deux derniers « âges de la vie » (*āśrama*) ; sur les *āśrama*, littéralement « séjours », d'où « stades », « âges » de la vie, voir, notamment, Ch. Malamoud, *Cuire le monde*, Paris 1989, « Cuire le monde », p. 63, et « Village et forêt dans l'idéologie de l'Inde brahmanique », p. 106-107.

2. Le vocabulaire du jeûne

Deux termes principaux pour signifier le « jeûne » en sanskrit : *upavāsa* et *prāyopaveśa*[7].

*L'*upavāsa

Le terme générique pour désigner le jeûne, quelle qu'en soit la forme, est *upavāsa*. Il est aussi le plus anciennement attesté, puisqu'il remonte à l'époque védique, en particulier au *Śatapatha-Brāhmaṇa* [ŚB] (de date discutée, mais probablement du VIIe siècle avant notre ère).

Le jeûne ainsi désigné participe tout entier du registre religieux. Dérivé d'un verbe *upa-vas*, qui signifie « habiter auprès », et, particulièrement, « passer la nuit auprès », le substantif *upavasatha* (et, ultérieurement, *upavāsa*[8] ou *upavāsana*), désigne d'abord la « résidence nocturne » qui a lieu la « veille » d'un sacrifice ; c'est une assignation rituelle à résidence, le temps d'une nuit. Le sens premier d'*upavasatha* est donc la « vigile », la « pernoctation », et comme la pratique est régulièrement associée à l'abstinence, notamment sexuelle, et au jeûne, le terme finit par revêtir ce dernier sens, comme on verra.

Ici, le préverbe *upa-* connote l'hommage (à la divinité ou au maître), comme c'est aussi le cas pour les verbes *upa-ās*, *upa-sad*, « s'asseoir auprès », en signe de déférence, et pour leur variante, le verbe à double préverbe *upa-ni-ṣad*, « s'asseoir auprès et aux pieds de », « s'approcher », dont le dérivé, le substantif *upa-ni-ṣad*, en vient à prendre un sens ésotérique, sous-jacent à la catégorie de textes de même nom, à savoir celui de « connexion », connexion métaphysique, en particulier, entre registre immanent et transcendant[9].

---

7. Je suis ici, en le développant, l'exposé de L. Renou, « Le jeûne du créancier dans l'Inde ancienne ».
8. Voir le commentaire de Rudradatta cité par L. Renou, « Le jeûne du créancier dans l'Inde ancienne », p. 170, et *infra*, n. 33.
9. C'est le fameux *tat tvam asi*, de la *Chāndogya-Upaniṣad* (VI 8, 7). Il y a là un bel exemple de dérivation sémantique, où l'on voit s'opérer, par contiguïté, le glissement de l'acception première d'« approcher », à celles de « mettre en regard », « confronter », « mettre en équivalence », « conjoindre », d'où le sens de « connexion » pour le substantif correspondant. Sur la notion d'*upaniṣad*, voir L. Renou, *L'Inde fondamentale*, « "Connexion" en védique, "cause" en bouddhique », p. 149-153.

Revenons à la conception védique du jeûne comme vigile. Il s'agit, au reste, d'une vigile réciproque, puisque, si le sacrifiant humain aspire à passer la nuit auprès des dieux, les dieux, discernant son intention, lui rendent la pareille et se rendent dans sa maison pour y passer la nuit[10]. C'est ce qu'enseigne le ŚB (I 1, 1, 7), sans que soit explicitement établie, dans ce passage, l'équivalence sémantique entre « passer la nuit » et « jeûner ».

Le glissement sémantique se fait, en revanche, à la faveur de notations telles que *yad grāmyān upavasati*, « s'il passe la nuit (*upavasati*) en ce qui concerne [la chair des bêtes] domestiques (*grāmyān*) », qui, dans la *Taittirīya-Saṃhitā* [TS], s'applique au seul sacrifiant, et dont le contexte montre qu'il faut entendre : « s'il s'abstient de manger cette chair[11] ». L'homologie ainsi ébauchée est confortée par un autre passage du ŚB (IX 5, 1, 6), qui prescrit : *tasmād upavasathe nāśnīyāt*, « C'est pourquoi on ne doit pas manger pendant l'*upavasatha* », par quoi s'expliquerait que, dès lors, le verbe *upa-vas* ait tendu à signifier « jeûner[12] », comme si le *nāśnīyāt* (« on ne doit pas manger ») servait de glose à *upavasathe*, en sorte que la remarque de Renou à propos de l'*uposatha*, le correspondant bouddhique de l'*upavasatha*, vaut tout autant pour le terme sanskrit : « rien ne demeure de la valeur étymologique, ni du sentiment, très vif à l'origine, de la vigile[13] ».

C'est donc l'association ancienne de la pernoctation et de la restriction de nourriture qui explique le passage à la spécialisation inattendue de « jeûner », qui s'est opérée par contiguïté rituelle et effacement de la valeur première du verbe.

Le sacrifiant[14], le *yajamāna*, accompagné de son épouse, se prépare à la célébration du sacrifice par des rites de purification qui consistent en un ensemble d'observances (*vrata*) et de restrictions (*niyama*)[15],

10. L. Renou, « Le jeûne du créancier dans l'Inde ancienne », p. 170.
11. TS I 6, 7, 3, cité dans L. Renou, « Le jeûne du créancier dans l'Inde ancienne », p. 171.
12. Voir *Ibid.*, p. 171.
13. *Ibid.*, p. 174.
14. La célébration du sacrifice requiert deux protagonistes : d'une part, le sacrifiant, commanditaire du sacrifice qu'il offre à la divinité afin d'en obtenir des bienfaits, mais qui n'en participe pas moins à la célébration dans la mesure où, pour être habilité à l'offrir, il doit préalablement se prêter au protocole de la *dīkṣā*, la consécration ; d'autre part, l'officiant, c'est-à-dire le prêtre qui fait les gestes du sacrifice, prononce les formules, et reçoit des honoraires des mains du sacrifiant.
15. Aussi bien le jeûne est-il un *vrata* que caractérise la restriction.

en particulier alimentaires, qui ont en commun d'être des formes de l'abstinence. Telle est la définition de la « veille » du sacrifiant, qui a lieu, précisément, la veille de la célébration. L'ensemble de ces préliminaires rituels au sacrifice constituent la *dīkṣā*, la « consécration », par laquelle le sacrifiant se qualifie pour l'acte rituel du lendemain[16]. Ainsi la *dīkṣā* est-elle une vigile qui implique vigilance, donc discipline ; en ce sens, le jeûne et ses divers degrés en font partie, au même titre que la lustration, l'abstinence sexuelle, le renoncement au jeu de dés, et d'autres observances, dont la première est le renoncement au sommeil[17].

Dans le registre symbolique, au-delà du catalogue des pratiques, la *dīkṣā* consiste, pour le sacrifiant, à faire l'abandon de son corps profane pour acquérir un corps sacrificiel, digne d'approcher les dieux[18]. On voit comment le jeûne participe de cette transformation, qui est une forme de sublimation : en renonçant aux besoins physiologiques essentiels, c'est-à-dire en se privant non seulement de sommeil, mais aussi de nourriture, on se construit un corps éthéré, idéalisé, dont l'émaciation visible est le signe d'une élévation dans l'ordre du sensible et de la spiritualité. Du reste, décrivant longuement la *dīkṣā*, les textes insistent sur l'amaigrissement du sacrifiant : on perd de sa substance.

Ainsi pourrait-on considérer que le jeûne est emblématique de la *dīkṣā* tout entière, définie comme vigile, puisque le terme pour « jeûner » eut d'abord le sens de « rester éveillé ». Au-delà de la *dīkṣā* même, le jeûne est le paradigme absolu de l'ascèse, sa quintessence, comme le montre la construction narrative du jeûne de Pārvatī (voir *infra*), et dont le principe est à trouver dans des équivalences anciennes, comme celle du ŚB (IX 5, 1, 6) : *etad vai sarvam tapo yad anāśakaḥ*, « En vérité, l'abstention de nourriture (*anāśaka*) est l'ascèse (*tapas*) même, tout entière[19] ». C'est assez dire que le jeûne, à lui seul, vaut pour l'ascèse, laquelle n'est jamais mieux représentée que par lui.

16. Sur la *dīkṣā*, voir Ch. Malamoud, « Cuire le monde », p. 60-61 ; également, A. B. Keith, *Religion and Philosophy of the Vedas and the Upanishads*, 2 vol., Cambridge 1925, chap. XIX, « Rites ancillary to the Sacrifice, 1. The consecration », p. 300-303. Beaucoup plus détaillé, au-delà du védisme, J. Gonda, *Change and Continuity in Indian Religion*, La Haye 1965, chap. X, p. 315-473.
17. Voir Ch. Malamoud, *Cuire le monde*, « La brique percée », p. 74.
18. Telle est la thèse de Ch. Malamoud, *Cuire le monde*, « La théologie de la dette dans le brahmanisme », p. 126, et « Le corps contractuel des dieux », p. 228.
19. Première partie de l'assertion citée *supra*.

Le prāyopaveśa

La caractéristique du *prāyopaveśa* est d'être un jeûne à mort dans lequel on entre en renonçant abruptement, sans aménagement ni gradation possible, à toute ingestion de nourriture ou d'eau. Circonscrit à cette pratique extrême, le terme n'est pas employé pour désigner des formes plus ordinaires et modérées du jeûne[20], ni même la forme de jeûne à mort gradué, éventuellement mesuré à l'échelle d'une temporalité mythique, que pratique l'ascète *saṃnyāsin*, comme dans l'épisode du roi Yayāti, qui s'acquiert ainsi le titre de *rājarṣi*, « roi-*ṛṣi* », ou « Sage royal[21] ».

Sa réalisation la plus fameuse est le jeûne du créancier sur le seuil de son débiteur. Dans ce cas de figure, il s'agit d'un jeûne profane et à visée matérielle. C'est cette forme de *prāyopaveśa*, particulièrement spectaculaire, et devenue un thème de prédilection de la littérature, qui a retenu l'attention des indianistes, peut-être aussi parce que la pratique s'en est perpétuée jusqu'à l'époque moderne[22].

Toutefois, on relève des occurrences du terme (et des formes verbales correspondantes) dans les épopées, en particulier dans le long épisode du Livre III du MBh dont le roi Duryodhana est le héros[23]. Dans ce contexte, il ne s'agit plus d'un jeûne profane, valant pour une forme de chantage, mais d'un jeûne à mort d'essence strictement religieuse, en réalité l'une des formes du suicide rituel, le seul qu'autorise la norme dharmique, ne serait-ce que tacitement, par le truchement de la figure du *saṃnyāsin*, protagoniste du dernier « âge de la vie » (*āśrama*), et tout entier tendu vers la délivrance (*mokṣa*), le dernier « but de l'homme » (*puruṣārtha*)[24].

Nous reviendrons sur cette double dimension du *prāyopaveśa*. À noter, néanmoins : la spécialisation sémantique de *prāyopaveśa* n'empêche pas l'emploi, dans les mêmes passages, des termes plus généraux que sont *upavāsa* et ses synonymes ou substituts.

---

20. En ce cas, on emploie le terme *upavāsa*, ou ses équivalents (voir *infra*).
21. Voir *infra*, p. 239.
22. Voir L. Renou, « Le jeûne du créancier dans l'Inde ancienne », p. 164-165, et *infra*, p. .245.
23. Voir *infra*, p. 259.
24. Sur les quatre *puruṣārtha* (*dharma*, l'« Ordre », *artha*, l'« Intérêt », *kāma*, le « Désir », et *mokṣa*, la « délivrance ») et leur relation aux quatre *āśrama*, voir Ch. Malamoud, *Cuire le monde*, « Sémantique et rhétorique dans la hiérarchie hindoue des "buts de l'homme" », p. 137-162 ; sur ces notions, voir aussi *infra*, notamment p. 275 ; sur l'interdit du suicide, voir *infra*, p. 242.

Dans un premier temps, arrêtons-nous sur l'histoire du terme. D'accord avec l'analyse de Louis Renou, qui s'appuie sur des faits d'époque védique, j'en reprends les grandes lignes, non sans développer certains points[25].

Le composé classique *prāyopaveśa* est le résultat d'une suite de réinterprétations morphologiques et sémantiques dont le point de départ est la locution périphrastique *prāyam upaviś*[26], dans laquelle *prāyam* peut être compris, à la suite de Böhtlingk[27], comme un absolutif de type *ṇamul*[28], ce qui se traduirait de ce fait comme « s'asseoir » (*upaviś*) « en maintenant (*prāyam*) [une certaine attitude] ».

Le *prāyopaveśa* (ou *prāya*) du sanskrit classique (attesté sous cette forme dans les deux épopées et, massivement, dans la *Rājataraṅgiṇī* [RT], la « Rivière des rois », chronique des rois du Cachemire du XIIe siècle), est donc, par contiguïté sémantique, une « assise obstinée », que les textes décrivent comme un « jeûne obstiné » qu'on a résolu de mener jusqu'à son terme ultime, la mort : le héros épique « s'assied », refusant désormais toute action, en premier lieu celle qui consiste à se nourrir, pour que sa mort le libère de la honte ou du désespoir qui l'accable ; le créancier vindicatif « fait le siège » de son débiteur indélicat, autant dire, et pour les mêmes raisons, qu'il « jeûne », avec la menace que ce soit jusqu'à ce que mort s'ensuive – péché d'autant plus grave pour le débiteur qu'il l'exposerait au crime hautement répréhensible de brahmanicide, comme on verra.

Le sens de « mort » affecté au *prāya*° du composé classique est donc secondaire, et c'est négliger les lois de la diachronie que de comprendre *prāyopaveśa*, comme on fait souvent, par « fait de s'asseoir pour la mort[29] ». Du reste, on relève plusieurs occurrences anciennes où le verbe *upa-viś*, « s'asseoir » (ou sa variante, *praty-upa-viś*, « s'asseoir contre », relevée dans le Dharmasūtra d'Āpastamba [ĀpDhS] et dans les épopées ; voir *infra*), revêt, à soi seul, l'acception technique

25. L. Renou, « Le jeûne du créancier dans l'Inde ancienne », p. 164-169.

26. Pour des analogues, cités dans les lexiques, dont *prāyam āsthā*, voir *Ibid.*, p. 164.

27. *Dictionnaire* de Böhtlingk et Roth, s.v. ; L. Renou, « Le jeûne du créancier dans l'Inde ancienne », p. 165.

28. Absolutif de la racine *pra-i* ; sur l'absolutif *ṇamul*, voir L. Renou, *Grammaire sanscrite : Tomes I et II réunis*, Paris 1968, § 104-105.

29. Ainsi E. W. Hopkins, « On the Hindu Custom of Dying to Redress a Grievance », *Journal of the American Oriental Society* 21 (1900), p. 146-159, qui traduit « sit to death », p. 150.

de « jeûner[30] », et même de « jeûner à mort[31] », acception induite du contexte et montrant qu'il serait redondant d'entendre *prāya*° au sens de « mort ». En revanche, reconnaître dans ce *prāya*° l'ancien absolutif *prāyam* destiné à caractériser le jeûne comme obstiné permet d'éviter la redondance et fait image : le jeûne obstiné qui peut aller jusqu'à la mort est suggéré par la posture que décrit la locution périphrastique *prāyam upaviś*.

À quoi s'ajoute le témoignage interne de la phraséologie épique, puisque, en MBh X 11, 25, Draupadī commence son jeûne à mort par la formule consacrée[32] : *ihaiva prāyam āsiṣye*, « je vais m'asseoir ici, en maintenant [ma posture] », donc, « je vais ici jeûner à mort[33] ».

Au demeurant, on est frappé de ce que, pour exprimer la notion de « jeûne », le sanskrit n'ait pas de racine verbale à l'état pur, mais recoure, pour les deux catégories de jeûne, à des verbes dont le sens s'applique secondairement à la situation ou à la posture du jeûneur : dans un cas, il « passe la nuit » (*upavasati*), autrement dit, « reste éveillé » ; dans l'autre, il « assiège » (*prāyam upaviśati*), et cela, en jeûnant.

Dans le premier cas, le sens de « jeûner » est suggéré par la pernoctation et les abstinences qui lui sont rituellement associées (y compris l'abstinence sexuelle et le renoncement à la parole, que l'on retrouve dans les récits du *prāyopaveśa* épique, et aussi, pour la chasteté, dans les jeûnes de Gandhi ; voir *infra*) ; dans le second, par le siège auquel le protestataire soumet son adversaire ou son offenseur. Le jeûne n'est jamais qu'indirectement signifié, comme s'il s'agissait d'atténuer par l'euphémisation la violence potentielle d'une pratique considérée comme redoutable.

30. E. W. Hopkins, « On the Hindu Custom of Dying to Redress a Grievance », p. 150.
31. Voir *infra*, la *Kauṣītakī-Upaniṣad* [KauU], et les exemples de E. W. Hopkins, « On the Hindu Custom of Dying to Redress a Grievance ».
32. Phrase formulaire reprise, notamment, par Kausalyā (*Rāmāyaṇa* II 18, 23 ; voir *infra*, p. 240 et n. 49), par le roi des singes, Aṅgada, en *Rāmāyaṇa* IV 52, 27 (= IV 53, 19 dans E. W. Hopkins, « On the Hindu Custom of Dying to Redress a Grievance », p. 154), et par Duryodhana, MBh III 238, 10, *infra*, p. 269. Les références au *Rāmāyaṇa* sont celles de son édition critique, en ligne sur le site du GRETIL (2nde version révisée par Oliver Hellwig).
33. Sur l'épisode de Draupadī, voir *infra*, p. 260.

Quoi qu'il en soit, la dérivation sémantique à l'œuvre dans *prāyam upaviś* aurait de quoi surprendre, puisque le sens à donner ici à l'absolutif *prāyam* oppose un sens premier, qui est celui du verbe *pra-i* « aller de l'avant », à un sens dérivé, qui serait, figurément, « continuer, tenir, maintenir [une attitude, une posture] » – un même verbe signifiant ainsi et la marche en avant et l'arrêt, par l'intermédiaire, sans doute, de l'idée de persévérance[34].

En outre, dans cette deuxième catégorie de jeûne, la dérivation sémantique n'est pas moins intéressante que dans la première (le verbe *upavas* et ses dérivés), subordonnée qu'elle est à des réinterprétations morphologiques. Secondairement comprise comme un substantif, avec l'effacement progressif, en sanskrit classique, de la catégorie de l'absolutif *ṇamul*, la forme *prāyam*, où l'on veut ultérieurement lire un *prāya*, substantif masculin, devient le premier élément de composés dont le membre final est un substantif dérivé des verbes *upaviś*, ou analogues, d'où les termes du sanskrit classique : *prāyopaveśa* ou *prāyopaveśana* (<*prāya-upaveśa[na]*), au sens de « jeûne obstiné » ou « jeûne à mort », l'éventualité d'une issue fatale étant à induire du sens porté par l'absolutif *prāyam*, « en maintenant », autrement dit, « jusqu'à la mort, s'il le faut ». Voilà la mort elle aussi suggérée par euphémisation.

Puis, dans l'épopée, notamment, et dans des textes médiévaux comme la RT, le premier élément de composé s'autonomise sous la forme *prāya*, employée seule[35] ou en premier élément d'un autre composé (comme dans *prāyagata*, « entré (°*gata*) dans le jeûne à mort (*prāya*°) »), en conservant le sens qui était celui du composé *prāyopaveśa*, voire en assumant, dans certains contextes, le sens de « mort » consigné dans les lexiques classiques[36], puisque telle est la menace qu'implique le jeûne-siège du créancier.

---

34. Il est intéressant de noter que L. Renou, « Le jeûne du créancier dans l'Inde ancienne », p. 165, note*, pose comme base de *prāyaścitta*, « expiation » (notion étroitement associée à celle au jeûne, comme on verra, p. 250 et 267), le substantif *prāya*, dérivé du verbe *pra-i*, avec le sens de « marche en avant ». Littéralement, *prāyaścitta*, formé sur un ancien *prāyaś-cit*, lui-même substitué (avec insertion d'un -s-, selon un modèle védique connu) à *prāya-cit*, signifierait donc : « intention (°*citta*) de marche en avant (*prāya-s-*°) », c'est-à-dire « intention de pousser en avant, i.e, d'écarter [une faute] » ; d'où « expiation ».
35. D'un emploi indifférencié, les deux formes (*prāyopaveśa* et *prāya*) coexistent dans les textes, avec le sens du composé.
36. Voir, notamment, *Amarakośa* II 7, 52.

Traits communs

Les deux séries lexicales désignant les deux principales catégories de jeûne ont en commun l'idée d'« assise », de « station », fût-elle « résidence » nocturne comme dans les formes védiques, ou « siège » au sens guerrier du terme, comme dans le jeûne du créancier obstruant le seuil de son débiteur – l'une et l'autre se construisant autour de racines préverbées quasi synonymes, *upa-vas* ou *upa-sthā* (et même *upa-viś*, où le mouvement inhérent à *viś-*, « entrer », est tempéré et comme annulé par le préverbe *upa-*). Il apparaît ainsi qu'un trait majeur du jeûne est la fixité, celle-là même qui arrête, au moins un temps, la course de l'ascète errant, si caractéristique du monde indien.

Dans le cas du *prāyopaveśa*, la fixité elle-même prend corps et fait image, puisqu'elle est obstruction[37]. Comment se fait cette obstruction, du moins dans le cas du *prāyopaveśa* qui a pour modèle le jeûne du créancier ? Une brève notation du *Rāmāyaṇa* (II 103, 17) donne un contenu concret à la posture obstinément maintenue qu'implique l'étymologie du terme : « en se tenant sur le flanc » (*ekapārśvena*), c'est-à-dire, de façon que le jeûneur, occupant longitudinalement l'espace du seuil, puisse aussi l'investir verticalement, érigeant de son seul corps un obstacle suffisamment haut pour faire trébucher l'assiégé qui tenterait une sortie. Nous reviendrons sur ce texte.

Toujours est-il que la fixité est un trait que le jeûne partage, d'une part, avec plusieurs pratiques extrêmes telles que la station debout, sur un pied, quand l'ascète, entouré des quatre feux sacrificiels, s'expose au cinquième feu qu'est le soleil, d'autre part, avec la méditation, le *samādhi*, qui implique rassemblement de soi (avec les deux préverbes *sam-* et *ā-*) et placement (sens de la racine *dhā*), et exige l'immobilité la plus totale, au point que l'ascète, en état de complète ataraxie, peut se laisser recouvrir d'une fourmilière. C'est ainsi que la légende justifie le nom de Vālmīki, le premier poète et l'auteur du *Rāmāyaṇa* : devenu cette fourmilière (*valmika*), Vālmīki ne conserve de son état

37. Une exception dans la RT (VII 972-991) : celle d'un jeûne à mort en mouvement, observé par un général du roi Harṣa, alors qu'il marche sur une ville à conquérir. Conquête faite après six jours de marche, il interrompt son jeûne ; voir F. Baldissera, « Traditions of Protest: The Development of Ritual Suicide from Religious Act to Political Statement », dans F. Squarcini (éd.), *Boundaries, Dynamics and Construction of Traditions in South Asia*, Florence – Delhi 2005, p. 515-568 [p. 527].

d'homme que l'éclat du regard. Une princesse, passant par là, intriguée par une double lueur qu'elle attribue à la présence de lucioles, et les taquinant d'une brindille, crève ainsi les yeux du Sage.

En revanche, si le jeûne fixe l'ascète, il ne l'empêche pas de se livrer, dans le même temps, à diverses occupations pieuses : s'adonner au *japa* (la récitation murmurée de *mantra*), entendre la récitation des textes sacrés, offrir un sacrifice, méditer.

Autres termes

À partir de cette double matrice conceptuelle, les lexiques, en particulier ceux du sanskrit classique, ont contribué à enrichir le vocabulaire du jeûne, notamment à la faveur de leurs gloses, qui deviennent à leur tour des termes de la langue commune, presque tous des formes négatives, plus immédiatement lisibles que les désignations originelles.

Le jeûne est ainsi défini comme une privation, une abstinence, avec des vocables comme *abhojana*, *anaśana*, *anāśaka* (déjà présent dans ŚB cité *supra*, parallèlement à *upavasatha*) « abstention de nourriture », *nirāhāra*, « non-prise [de nourriture][38] », conception que l'on retrouve dans les épiclèses de personnages fameux pour leur

38. Respectivement formés sur des racines signifiant « manger » : *bhuj* et *aś* et sur le verbe *ā-hṛ*, « saisir », « prendre », avec le préverbe négatif *a-*, *an-*, ou *nir-*. Dans la *Manusmṛti* [= Manu], les termes récurrents pour « jeûner » et « jeûne » sont le verbe *upa-vas* (e.g. II 220, V 20 : *upavaset*) et les substantifs dérivés *upavāsa* (XI 196, dans *upavāsakṛśaṃ tam*, « émacié par son jeûne »), ou *upoṣaṇa* (sur le degré zéro de la racine *upa-vas*, i.e. *upa-uṣ* > *upoṣ*, après *sandhi* ; V 155), mais on y relève également d'autres formes, telles que *abhojana* (XI 204) ou *anaśnan*, nominatif singulier du participe présent du verbe *an-aś-*, « s'abstenir de manger » (XI 205). Pour les références à Manu, voir P. Olivelle, *Manu's Code of Law. A Critical Edition and Translation of the Mānava-Dharmaśāstra*, Oxford 2005. De même l'épopée : ainsi MBh V 118, 7, où Mādhavī se tourmente d'austérités « avec de nombreux jeûnes » (*upavāsa*), MBh III 277, qui décrit Sāvitrī « ayant jeûné » (*upoṣya* ; absolutif de *upa-vas*). Notons que ce même épisode semble faire usage de la racine *sthā* (et de son dérivé *sthāna*), au sens de « jeûner », à moins qu'elle n'ait, plus littéralement, le sens de « se tenir ferme », « observer [une pratique] » – ce qui n'est guère éloigné, d'autant que *sthā* peut fonctionner pour un synonyme de *vas* ; le contexte d'emploi, néanmoins, plaide en faveur du sens de « jeûner » : MBh III 280, 3 (à propos du jeûne de Sāvitrī) : *vrataṃ trirātram uddiśya divārātraṃ sthitābhavat*, « Observant le vœu *trirātra*, elle jeûna jour et nuit » ; MBh III 280, 5 : *tisṛṇāṃ vasatīnāṃ hi sthānaṃ paramaduṣkaram*, « Il est extrêmement difficile de jeûner pendant trois nuits », et MBh III 280 9 : *duḥkhānvitāyās tiṣṭhantyāḥ sā rātrir vyatyavartata*, « La nuit se passa pour elle qui était pénétrée de chagrin et jeûnant ».

jeûne, comme *aparṇa* (au féminin *aparṇā*), composé possessif signifiant « qui est sans feuilles », c'est-à-dire « qui s'abstient même de feuilles », lequel devient, notamment, l'un des noms de la déesse Pārvatī. Ainsi s'en explique le *Kumārasaṃbhava* [KS], « La naissance de Kumāra », poème épico-lyrique de Kālidāsa, au vers 18 du chant V[39] : aspirant ardemment à gagner l'amour de Śiva, tout entier absorbé dans son ascèse, Pārvatī s'adonne aux austérités les plus rigoureuses, et jusqu'à cet extrême du jeûne auquel l'ascète parvient quand, à force de privations, sa pratique n'a d'autre issue que la mort par inanition.

Or Pārvatī met ainsi en place une stratégie de substitution, car, pour conquérir le cœur de Śiva, elle a d'abord essayé la séduction, avec l'aide de l'Amour, le dieu Kāma, qui a vainement décoché ses flèches sur le dieu-ascète ayant fait vœu de chasteté : irrité de ce qu'on ait osé perturber son *tapas*, Śiva, du feu de son troisième œil, foudroie Kāma – lequel y perd son corps, réduit en cendres[40] – et retourne à sa pratique interrompue sans plus se soucier de Pārvatī. C'est alors que celle-ci décide de rivaliser d'ascèse avec le dieu, pour attirer son attention et acquérir les pouvoirs qui s'attachent nécessairement à d'aussi grandes austérités. Elle espère ainsi conquérir un cœur que sa beauté a laissé indifférent, en s'égalant à l'objet de son amour. Dans les traités d'érotique (le *Kāmasūtra*) et de dramaturgie (le *Nāṭyaśāstra*), en effet, l'imitation de l'être désiré est comptée parmi les moyens de séduction.

Si le KS décrit longuement la pratique ascétique de Pārvatī (V, vers 20-27), le jeûne total, sans même une feuille, auquel elle se soumet en est à coup sûr le point culminant (V 28) :

> Vivre des feuilles tombées naturellement des arbres est l'extrême limite de l'ascèse : elle s'en détourna néanmoins. C'est pourquoi ceux qui sont instruits des choses du passé l'appellent, elle dont le visage est beau, de cet autre nom d'Aparṇā, la « Sans feuilles[41] ».

La pratique ultérieure du jeûne de l'épouse pour obtenir, non seulement, la prospérité de son mari en cette vie-ci, mais aussi de renaître

39. *La naissance de Kumara (Kumarasambhava) par Kalidasa*, poème traduit du sanskrit par B. TUBINI, Paris 1958.
40. Kāma aura désormais pour l'un de ses noms celui d'Anaṅga, le « Sans corps », le « Désincarné ».
41. KS V 28 : *svayaṃviśīrṇadrumaparṇavṛttitā parā hi kāṣṭhā tapasas tayā punaḥ/ tad apy apākīrṇam ataḥ priyaṃvadāṃ vadanty aparṇeti ca tāṃ purāvidaḥ//*. Traduction B. TUBINI, légèrement modifiée.

comme sa femme dans l'existence suivante trouve là son mythe d'origine. L'ascèse de Pārvatī lui gagne l'époux qu'elle s'est choisi. Car, devant un si grand témoignage de dévotion, autant dire d'amour, Śiva se rend, dans un sourire ; se saisissant d'elle (v. 84), il lui dit :

> Ô toi, au corps incliné, à partir de maintenant je suis ton esclave, acheté par tes austérités[42].

C'est en cela aussi que le jeûne est un *vrata*, un vœu, dont le jeûneur a choisi lui-même la finalité.

Outre que le jeûne de Pārvatī, célébré dans un texte du IVe siècle de notre ère, est l'un de ceux qui fondent la pratique du jeûne féminin dans l'Inde, il est aussi exemplaire d'une autre catégorie, celle du jeûne d'adoration. Nous y reviendrons. On connaît, en tout cas, la fortune du prénom d'Aparṇā, qui destine la femme qui le porte à être l'épouse idéale, aimée autant qu'aimante. La place centrale de la thématique du jeûne dans l'ensemble des représentations indiennes est ainsi signifiée jusque dans l'onomastique, l'épiclèse tenant lieu de nom propre à la protagoniste du mythe.

À date plus ancienne, au livre III (293-299) du MBh[43], la princesse Sāvitrī est un autre paradigme de l'épouse idéale. Elle doit en effet à la sévérité de son jeûne de s'être acquis un état de conscience tellement élevé qu'il contraint Yama, dieu de la mort, à lui accorder la vie de son époux, dont, pourtant, il s'était déjà saisi[44]. Épisode épique qui se prête également à une lecture faisant intervenir, dans le jeûne religieux, les raisonnements sur la dette ostensiblement à l'œuvre dans le jeûne du créancier, comme on verra.

Encore y a-t-il d'autres mots pour le jeûne, mais, cette fois, du jeûne dont la mort est l'issue espérée, dont plusieurs traduisent quelques-unes des modalités ou des étapes qu'il est susceptible d'assumer, quand ce n'est pas le terme *tapas* lui-même qui, pour signifier l'ascèse sous toutes ses formes, se spécialise en ce sens dans certains contextes. On relève

---

42. KS V 86 : *ādyaprabhṛty avanatāṅgi tavāsmi dāsaḥ/ krītas tapobhir* […] ; traduction B. Tubini. On notera que même si ce jeûne, essentiellement religieux, ne fait pas référence à la notion de dette, il ne s'en inscrit pas moins dans le registre de la transaction : Śiva se proclame l'*esclave* de Pārvatī, *acheté* par ses austérités.
43. De date indéterminable, l'épopée se serait constituée en strates successives, entre le IVe siècle avant J.-C. et le IVe siècle après.
44. Voir P. V. Kane, *History of Dharmaśāstra* (*Ancient and Mediaeval Religious and Civil Law*), vol. 1-4, Poona 1930-1962, 2nde éd. révisée, 1968-1974, vol. 5, p. 91.

ainsi, qualifiant l'ascète, les épithètes de *vāyubhakṣa*, « se nourrissant d'air », ou de *marutbhakṣa*, « se nourrissant de vent », qui sont autant de périphrases euphémisantes pour désigner le jeûne à mort, forme de suicide ritualisé. D'autres adjectifs reflètent des pratiques moins rigoureuses, telles que *uñchavṛtti*, « se nourrissant de glanures », *vighaśāsin*, « mangeant les restes », *abbhakṣa*, « se nourrissant d'eau », etc.[45]

On voit comment ces différents degrés du *tapas* et, notamment, du jeûne, s'organisent selon un ordre croissant de sévérité.

Le roi Yayāti incarne l'ascète idéal (MBh I 81, 9-16)[46]. Retiré dans la forêt, il se soumet à une ascèse d'une rigueur presque inconcevable. D'abord inscrite dans la très longue durée qui est celle du temps cosmique, elle se resserre brutalement dans une temporalité tout humaine, à mesure que, toujours plus rigoureuse, elle conduit inéluctablement à la fin du jeûne et du jeûneur. Consommant d'abord racines et fruits, vivant de glanures et mangeant les restes d'autrui pendant un millier d'années, Yayāti se nourrit d'eau pendant trente automnes, puis d'air pendant un an. Une année encore, il se tourmente des austérités les plus extrêmes, demeurant entre les cinq feux prescrits, avant que, se tenant sur une jambe, il ne se nourrisse plus que de vent pendant six mois encore – dernière étape d'exténuation complète qui le mène à la mort et au ciel (*svarga*) tant convoité.

De même, parmi les mortifications que Pārvatī inflige à son corps délicat, il y a, d'abord, cette forme de jeûne que rompent seulement l'eau qu'elle obtient sans la demander et, nourriture toute métaphorique, l'ambroisie que distillent les rayons de la lune (KS, chant V, v. 22) ; encore est-ce là trop, et Pārvatī renonce à toute ingestion de nourriture, y compris la moins substantielle de toutes, les feuilles tombées des arbres, comme on l'a vu.

3. Un cas extrême : le jeûne à mort

On est donc amené à distinguer deux formes du jeûne à mort : d'une part, le jeûne à mort qui relève du seul registre religieux, et que

45. Voir J. Brockington, « Religious Practices in the Sanskrit Epics », dans G. Flood (éd.), *The Oxford History of Hinduism. Hindu Practice*, Oxford 2020, p. 79-97 [p. 86-87].

46. Égaré par l'orgueil qu'il tire de la rigueur de son ascèse, il sera néanmoins précipité du haut du ciel par Indra, irrité par cet excès de vanité.

désignent, selon les cas, soit le terme *upavāsa* (et ses substituts[47]), soit le vocable *prāyopaveśa* (ou ses variantes), comme dans l'épopée ; d'autre part, également désigné par le mot *prāyopaveśa*, le jeûne profane qu'on observe à des fins empiriques (obtenir le remboursement d'une dette ou réclamer justice, par exemple), et qui se présente comme un instrument de chantage.

Encore n'est-il pas indifférent que la langue ait recours à deux termes distincts pour désigner le jeûne à mort d'ordre religieux. Le relevé des formes révèle en effet que le terme *upavāsa* s'emploie dans des cas de jeûne gradué (ainsi le jeûne de Yayāti, qui se déploie sur la très longue durée, avec des paliers dans la procédure d'exténuation), tandis que le *prāyopaveśa* désigne un jeûne radical, qui consiste à s'abstenir de toute nourriture, dès la résolution du jeûneur prise (le jeûne de Duryodhana que nous évoquerons plus en détail).

Il vaut la peine de s'arrêter sur la catégorie du *prāyopaveśa* / *prāya*. En effet, à un mot unique correspondent deux objets, qui sont fonction du corpus où le terme apparaît, et qui n'ont ni le même agent, ni les mêmes enjeux, ni le même protocole. C'est sur ce point essentiel que je m'écarterai des raisonnements de Fabrizia Baldissera, dans son article de 2005[48]. De prime abord, il est vrai, les données des textes (quelle que soit leur catégorie) sont assez disparates – une disparate que reflète l'économie du long et très documenté article de Fabrizia Baldissera[49]. Néanmoins, pour redonner sens au relevé hétérogène des

---

47. Par exemple, dans la menace de jeûne à mort de Draupadī ; voir *infra*.
48. Voir *supra*, n. 37.
49. Un exemple de cette confusion des notions : évoquant l'épisode du *Rāmāyaṇa* où Bharata prétend faire le siège de son frère Rāma (voir *infra*), et celui (II 18, 23) où la reine Kausalyā menace d'observer un *prāyopaveśa* pour empêcher son fils Rāma de partir pour la forêt (*yadi tvaṃ yāsyasi vanaṃ tyaktvā māṃ śokalālasām/ ahaṃ prāyam ihāsiṣye na hi śakṣyāmi jīvitum//*, « Si tu pars pour la forêt, mon enfant, m'abandonnant dans un chagrin extrême, je m'assiérai ici même pour jeûner à mort (*prāyam āsiṣye*), incapable de vivre »), F. BALDISSERA, « Traditions of Protest », p. 529-530, y voit la trace de l'*ācarita*, le « procédé coutumier » mentionné dans Manu VIII 49 ; or, il y a là une incohérence, car l'*ācarita* figure au nombre des procédures « légales » pour obtenir le recouvrement d'une dette matérielle (voir *infra*, p. 245, et les références à L. RENOU et Ch. MALAMOUD), ce qui n'est nullement le cas dans les épisodes donnés en exemple. Du reste, F. BALDISSERA (p. 530) elle-même semble ne pas être entièrement sûre de son analyse, assortie de précautions oratoires : « It may be that the norm that regulates its use is "the customary behaviour", the *ācarita* mentioned by *Mānavadharmaśāstra* VIII 49 ». Pour corroborer son propos, F. BALDISSERA (p. 530, n. 49) forge une explication,

occurrences de la notion, et se garder des amalgames inopportuns, il est indispensable de distinguer entre les corpus où figurent les occurrences et les descriptions du *prāyopaveśa* : celui de la RT n'est pas celui de l'épopée.

Dans la RT, l'agent du jeûne est essentiellement un brahmane, placé dans la situation d'un créancier ; son enjeu est le recouvrement d'une dette, ce qui en fait un jeûne essentiellement profane ; son protocole est à peine décrit, mais implique l'obstruction de la porte du débiteur par le plaignant, allongé sur un flanc. Le *prāyopaveśa* de l'épopée a pour agent un *kṣatriya* (de préférence de lignage royal) ; son enjeu est, en principe, de laver un déshonneur intolérable ; ses modalités sont explicitement de registre religieux. Dès lors, ce *prāya* épique ne se distingue plus du jeûne à mort d'un ascète comme Yayāti que par son caractère radical : il n'admet aucune atténuation, ni temporelle, ni substantielle (voir *infra*).

C'est sur ce point que l'on rejoint la glose récurrente des lexiques au terme *prāya*, à savoir « observance de jeûne liée à l'état de renonçant[50] ». En effet, si le *prāya* épique, qui concerne le seul *kṣatriya*, n'est pas le jeûne à mort du renonçant en principe ouvert aux membres des trois classes supérieures[51], il peut néanmoins lui être comparé,

---

inutilement contournée à mes yeux, de l'épisode où Bharata veut jeûner devant le seuil de son frère. En voici la teneur : seuls les *kṣatriya*, qui ont le droit de porter les armes, sont habilités à tuer, droit refusé aux brahmanes, aux ascètes, aux femmes, aux enfants, auxquels n'est ouverte que la possibilité du *prāya* du créancier. Or la posture humble, implorante, du créancier ne convient pas au *kṣatriya* ; c'est pour cette raison, conclut F. Baldissera, que Rāma démontre à son frère l'illégitimité de cette observance. Contre cette analyse, j'ai cherché à montrer (*infra*, p. 255) que le raisonnement de Rāma est tout autre, et qu'il s'appuie sur l'existence de deux *prāya* distincts, celui du créancier et celui du guerrier – ce dernier valant autant pour les femmes *kṣatriya*, comme dans le cas de Draupadī (voir *infra*, p. 261).

50. L. Renou, « Le jeûne du créancier dans l'Inde ancienne », p. 168, note*. Notons, du reste, que L. Renou se borne à signaler que « l'expression *pratyupaviś-* est très typique et se retrouve dans l'épopée », sans en tirer pour autant les conséquences quant à une éventuelle ambivalence du *prāya*, selon que le vocable apparaît dans l'épopée ou dans des textes où il n'est pas douteux qu'il s'agit du jeûne du créancier, thème de son article. De même L. Renou ne se pose pas la question de savoir si la glose des lexiques au terme *prāya* s'applique au jeûne du créancier ou à celui du héros épique.

51. Les brahmanes, les *kṣatriya* et les *vaiśya* constituent la catégorie des *dvija*, les « deux fois nés », qui ajoutent à la naissance biologique la naissance rituelle qui leur permet d'accéder à l'étude des textes. Exclue de cette triade, la quatrième classe est celle des *śūdra*, les serviteurs.

au contraire du *prāya* profane, représenté par le jeûne du brahmane-créancier, qui se situe sur un tout autre registre. Le *prāya* épique y gagne un prestige égal à celui du jeûne du renonçant, celui-là même que l'idéologie brahmanique intègre dans les séquences dharmiques des « âges de la vie » et des « buts de l'homme », si bien que, dans les textes et dans la pratique, on s'accommode de la forme de suicide que ce *prāya* épique représente. C'est ainsi qu'il faut comprendre les apparentes contradictions relevées dans le MBh qui, tantôt célèbre le *prāyopaveśin* (qui observe le *prāyopaveśa*), tantôt le voue aux enfers, comme le font les textes de *dharma* à propos de toute forme de suicide[52]. Autre témoignage, en contexte śivaïte : celui du *Kāśīkhaṇḍa* (XXVI 1, 74), section du *Skandapurāṇa* (dont le noyau est daté de la fin du VIe ou du début du VIIe siècle), qui admet explicitement que le *prāyopaveśa* fait exception à l'interdit du suicide, fût-il rituel[53].

En revanche, le *prāya* du créancier (ou de tout autre contestataire) suscite plutôt la méfiance et la réprobation, ce que montrent tant le passage de l'ĀpDhs (qui fait entrer le « créancier-jeûneur » dans une liste de réprouvés ; voir *supra*) que la fonction de « vérificateur de *prāya* » mise en place par le roi pour faire pièce aux imposteurs, comme on va voir. Bien que suspect pour la norme dharmique, ce *prāya* n'en bénéficie pas moins de la faveur populaire, comme il ressort des nombreuses références qu'y fait la RT.

---

52. Du moins est-ce ainsi formulé en MBh III 240, 2 (voir *infra*, p. 261) : *akārṣīḥ sāhasam idaṃ kasmāt prāyopaveśanam/ ātmatyāgī hy avāg yāti vācyatāṃ cāyaśaskarīm//*, « Pourquoi avoir entrepris ce jeûne à mort (*prāyopaveśana*) irréfléchi ? Car celui qui se suicide descend aux enfers et encourt une réputation infâmante ». Passage contredit, néanmoins, par un autre (MBh XIII 7, 16, dans l'éd. Critique, avec amendement de *rājyam* en *rājan*) : *prāyopaveśanād rājan sarvatra sukham ucyate*, « On dit, ô roi, qu'on obtient toujours la félicité [du ciel] par l'observance du jeûne à mort ». Mêmes contradictions internes pour les textes de *dharma*. Non seulement, ils mentionnent souvent l'interdit du suicide de façon indirecte, par exemple, dans une liste d'ancêtres morts auxquels il est interdit d'offrir des libations (voir notamment Manu V 89) – parmi eux, « ceux qui renoncent à eux-mêmes », *ātmanas tyāginas* (Manu V 89), formulation en syntaxe libre de l'épithète substantivée *ātmatyāgin*, « qui renonce à soi », « qui se suicide », employé en MBh III 240, 2 cité *supra*, dans cette note –, mais eux aussi ne sont pas sans se contredire : ainsi Manu VI 31-32 célèbre-t-il le brahmane qui, à la façon des *ṛṣi*, a commis le suicide par jeûne, et auquel le monde béatifique de Brahmā est promis.
53. *Kāśīkhaṇḍa* XXVI 1, 74 : *vinātmaghātam īśāna tyaktvā prāyopaveśanam* [*astu*], « À l'exception du *prāyopaveśana*, ô Seigneur, que l'on ne commette pas de suicide ».

Aussi bien un dernier point oppose-t-il les deux *prāya* : susceptible de prendre fin avec la reddition de l'assiégé, le jeûne du créancier peut ne constituer qu'une menace de suicide, sans que ce dernier ait à devenir effectif : le créancier engage sa vie, mais peut la désengager quand il obtient satisfaction ou réparation. En revanche, il n'est pas d'autre issue pour le *prāya* épique que la mort à laquelle le jeûneur s'est rituellement engagé, sans échappatoire possible, dès lors qu'il n'est pas question de négociation, comme dans le cas du recouvrement d'une créance.

Toutefois, le jeûne de Duryodhana montre qu'il est des entorses à l'interdit qui frappe l'interruption de l'observance, un interdit qui vaut pour toutes les catégories de jeûne, même le plus ordinaire. Il suffit, en effet, que son entourage fasse entendre un double argument à Duryodhana : d'une part, son jeûne est contraire au *dharma*, qui condamne le suicide – or le roi est le garant du *dharma* – ; d'autre part, le motif invoqué n'est pas recevable : il est aussi vain que risiblement disproportionné, lui répète-t-on à l'envi, de s'infliger un tel châtiment pour laver un affront prétendu : en se portant à son secours, les Pāṇḍava n'ont fait que leur devoir de vassaux, et lui, Duryodhana, ne leur en est aucunement redevable. C'est ainsi que, se rendant à ces arguments, Duryodhana renonce à poursuivre son jeûne. Nous reviendrons sur cet épisode.

Deux jeûnes, donc, qu'il faut se garder de confondre (comme Rāma le rappelle à Bharata, dans l'épisode évoqué *infra*) et qui n'ont en commun, sous la dénomination unique, que l'obstination, impliquée par le *prāyam* de la locution à l'origine du vocable classique, par où se manifeste la détermination à aller jusqu'au bout de l'observance, dût-on en mourir. À quoi on peut ajouter d'autres traits partagés, de moindre importance : le contexte d'une situation de dette, dans le jeûne de Duryodhana, par exemple, et la soumission de son observance à l'évaluation de sa sincérité et de sa légitimité, comme on verra.

Prāyopaveśa

Réclamer justice : le jeûne à mort du créancier et autres plaignants

Abondamment attestée dans la RT, cette variété de *prāyopaveśa* est une forme de jeûne à mort, profane et à visée matérielle, jeûne de protestation, dont la réalisation la plus fameuse est le jeûne du créancier sur le seuil de son débiteur récalcitrant. Comme l'observe Hopkins[54],

54. E. W. Hopkins, « On the Hindu Custom of Dying to Redress a Grievance », p. 159.

son attestation la plus ancienne figure déjà, à la faveur d'une analogie employée dans un développement métaphysique, dans la *Kauṣītakī-Upaniṣad* [KauU] (sans doute Vᵉ siècle av. J.-C.) : un moine mendiant dont un village a dédaigné la supplique décide de « s'asseoir » (*upaviśet*), en promettant solennellement de refuser désormais toute nourriture qu'on lui offrira[55]. Menace suffisante pour que les villageois s'exécutent, par crainte d'être rendus responsables de sa mort – un péché en soi. Ainsi l'Upaniṣad donne-t-elle à la pratique une sorte de mythe d'origine[56]. Voilà qui atteste l'ancienneté de l'observance, sinon celle de sa codification. En effet, les textes juridiques ne la mentionnent pas directement, sous son nom technique de *prāya* / *prāyopaveśa*. Encore moins la prescrivent-ils, comme en témoigne l'un des plus anciens codes de loi, le Dharmasūtra d'Āpastamba [ĀpDhS], texte de l'époque védique dont on a proposé de fixer la date entre le IIIᵉ et le IVᵉ siècle avant notre ère, voire, plus anciennement, au Vᵉ siècle, comme le serait probablement la KauU. Au détour d'une liste de gens avec lesquels il est interdit de manger, l'ĀpDhS (I 6, 19, 1) se borne en effet à enregistrer un couple de termes : *pratyupaviṣṭaḥ* et *yaś pratyupaveṣayate* (au causatif), respectivement, « celui qui s'assied contre » et « celui qui est incité à s'asseoir contre [le premier] », où l'on ne peut que reconnaître, comme fait le commentateur Haradatta, le créancier qui s'assied contre le débiteur, et, symétriquement, par mesure de rétorsion, le débiteur incité par le créancier à s'asseoir contre lui. Simple mention dans une nomenclature donc, et d'autant moins une prescription que les deux protagonistes de ce jeûne à mort y voisinent, placés à égalité d'indignité, avec des personnages peu recommandables[57] ! Ajoutons que *pratyupaviś* et ses

---

55. KauU II 1-2 : […] *yathā grāmam bhikṣitvālabdhvopaviśet nāham ato dattam aśnīyam iti* […] : « Comme si [un ascète], après avoir mendié sa nourriture auprès d'un village et n'en avoir rien obtenu, résolvait de s'asseoir (*upaviśet*) [= de s'asseoir contre lui], disant : "Désormais, je ne mangerai pas (*na aśnīyam*, à l'optatif de serment), quoi qu'il me soit donné" ». ; voir E. W. Hopkins, « On the Hindu Custom of Dying to Redress a Grievance », p. 159 ; L. Renou, « Le jeûne du créancier dans l'Inde ancienne », p. 166 ; F. Baldissera, « Traditions of Protest », p. 78.

56. Le MBh (I 2, 183cd) s'en souviendra, jusque dans la syntaxe, dans l'épisode de Draupadī, examiné *infra*, p. 261, qui reproduit la même situation : *kṛtānaśanasaṃkalpā yatra bhartṝn upāviśat*. En effet, MBh I 2, 183cd construit directement à l'accusatif (*bhartṝn*) le complément du verbe *upaviś*, comme fait la KauU citée n. 55 : *grāmam* […] *upaviśet* (*grāmam* étant également le complément de *bhikṣitvā*).

57. À savoir le fou, l'ivrogne, et celui qui a fait de la prison ; voir L. Renou, « Le jeûne du créancier dans l'Inde ancienne », p. 168.

dérivés se retrouvent dans l'épopée, comme synonymes de *prāyopa-viś*, même si, il faut y insister, c'est dans le contexte du *prāyopaveśa* du guerrier et non plus du créancier[58].

Néanmoins, comme Renou s'en explique[59], un traité comme les « Lois de Manu » (VIII 48-49) semble bien le ranger parmi les cinq moyens à mettre en œuvre pour recouvrer un bien prêté, à savoir, la loi morale (*dharma*), la procédure, la ruse, la force, et le « procédé coutumier », l'*ācarita*, terme vague que les commentateurs de Manu glosent par *prāya*, voire, plus explicitement encore, par *abhojana*, « abstention de nourriture ». Le nom même d'*ācarita*, le « [droit/procédé] coutumier » enregistre à la fois l'usage et son ancienneté, mais aussi, conclut Renou à juste titre, « quelque chose qui n'a été admis qu'en marge de la théorie, à titre de survivance[60] ». Il est vrai que ce jeûne à mort profane est une forme de suicide, et que, répétons-le, le suicide est interdit par les textes de *dharma* ; par conséquent, les codes ne peuvent qu'enregistrer une pratique largement attestée dans les faits (comme en témoigne, à date tardive, la RT), mais du bout des lèvres, avec une grande réticence. Les commentateurs, on l'a vu, n'auront pas ces scrupules.

Outre qu'on peut supposer une antiquité de la pratique presque égale à celle du jeûne strictement religieux que l'on a examiné, on observe qu'elle a perduré jusqu'à nos jours, sous le nom de *dharṇa*, en retenant plusieurs traits de l'observance ancienne, comme la restriction de sa pratique aux seuls brahmanes[61].

En apparence profane, puisqu'il n'est pas associé à un rite[62], cette forme spécifique de jeûne à mort, coercitive et circonscrite à sa fonction de protestation et de revendication, doit néanmoins son efficace à la dimension religieuse qu'il conserve, fût-ce confusément, dans les

58. Voir *infra*, p. 255 *sq*.
59. L. Renou, « Le jeûne du créancier dans l'Inde ancienne », p. 167-168 ; aussi Ch. Malamoud, « Dette et devoir en sanscrit et dans le brahmanisme », dans Ch. Malamoud (éd.), *Lien de vie, nœud mortel : les représentations de la dette en Chine, au Japon et dans le monde indien*, Paris 1988, p. 187-205 [p. 192-194].
60. Sur ce point, je suis d'accord avec L. Renou plus qu'avec E. W. Hopkins, « On the Hindu Custom of Dying to Redress a Grievance », p. 155-156, qui semble admettre (bien que de façon assez floue) que le *prāya* relève des prescriptions des « law-books ».
61. L. Renou, « Le jeûne du créancier dans l'Inde ancienne », p. 164-166 ; E. W. Hopkins, « On the Hindu Custom of Dying to Redress a Grievance », p. 157-159.
62. Du moins, ne relève-t-on dans la RT aucune description d'un rituel préliminaire à cette catégorie de *prāyopaveśa*, voir aussi, *infra*, p. 257.

mentalités[63]. Une dimension religieuse qui est aussi, du reste, la caractéristique principale du second type de *prāyopaveśa*, le jeûne à mort du guerrier, comme on verra.

Restreint à la classe des brahmanes – dans son principe au moins, car, dans la RT, on relève des exemples de *prāya* observé par des non-brahmanes[64] – le *prāya* (ou *prāyopaveśa*) se donne des finalités plus immédiates, qui se rangent sous une rubrique générale : obtenir justice ou réparation, qu'il s'agisse d'affaires privées – le remboursement d'une dette, le châtiment d'un meurtrier supposé – ou publiques, quand on veut contraindre le roi à renoncer à la corvée, ou à une augmentation d'impôts, et, menace plus grave, quand il s'agit de forcer l'assemblée à élire un nouveau roi[65]. C'est l'une des formes de l'affrontement qui, depuis les temps les plus anciens, oppose plus ou moins sourdement le brahmane et le roi : la lutte du spirituel et du temporel. Le brahmane manie ainsi l'arme du jeûne pour *faire obstacle* au pouvoir du prince et *asseoir* le sien propre. D'une certaine façon, le siège du seuil royal réalise les métaphores.

On comprend que les rois redoutent cette forme de *prāya* comme un fléau, autrement dit, en termes indiens, comme l'une des « cinq flammes » menaçant de consumer la cité, « avec les *kāyastha*, les cadets de la maison royale, les ordonnances (?) et les ministres[66] ». En guise de contre-feu, ils développent diverses stratégies : l'un fait vœu de se suicider si des *prāya* ont lieu dans son royaume, d'autres désignent, comme intermédiaires entre eux et les jeûneurs, des fonctionnaires spécialistes de ces questions, des *prāyopaveśādhikṛta* (littéralement, des « habilités en matière de *prāyopaveśa* »), chargés

63. L. Renou, « Le jeûne du créancier dans l'Inde ancienne », p. 165-166.

64. L. Renou, *ibid.*, mentionne le *prāya* observé par des troupes pour réclamer une augmentation de solde ; exemple emprunté à RT VII 1152-1157, également cité par J. Nemec, « Dying to Redress the Grievance of Another: on *prāya* / *prāyopaveśa(na)* in Kalhaṇa's *Rājataraṅgiṇī* », *Journal of the American Oriental Society* 137/1 (2017), p. 43-61 [p. 46-47]. On observe que le recours au *prāya* relève aussi, dans cet épisode, du règlement d'une dette (voir mon analyse *infra*, p. 246). Un autre trait du jeûne du créancier se dessine : l'usage politique que l'on peut faire du *prāya*.

65. Pour ces exemples et d'autres, voir notamment L. Renou, « Le jeûne du créancier dans l'Inde ancienne », p. 166, et J. Nemec, « Dying to Redress the Grievance of Another », qui ne fait pas référence à l'article de L. Renou.

66. L. Renou, « Le jeûne du créancier dans l'Inde ancienne », p. 166-167 ; les *kāyastha* sont les scribes associés à l'administration des états. Les brahmanes leur dénient la prétention à être de même rang qu'eux.

de démasquer les imposteurs (les *prāyopaveśakuśala*, « experts » ou « professionnels » [°*kuśala*] de l'observance ; RT VII 1611), et de lui présenter les cas de plaignants sincères et véridiques[67]. Car, pour le roi, ces jeûneurs déterminés à aller jusqu'à la mort sont des fauteurs de troubles, des séditieux. Or le *dharma* du roi est de maintenir l'ordre dans son royaume, et il ne saurait tolérer que le *dharma* du brahmane[68], ou ce que ce dernier considère comme tel, nuise au sien propre.

Autant que le nombre considérable de *prāyopaveśa* dont fait état la RT, l'institution de ces vérificateurs témoigne assez de l'extraordinaire popularité de la pratique, au moins dans la vallée du Cachemire, au XIIe siècle. La traduction, un rien insolite, d'« à la mode », en français (et en italique) dans le texte, que propose Hopkins pour rendre la notion d'*ācarita*, qu'il identifie au *prāya*, est donc on ne peut mieux appropriée[69] !

Au-delà du jeûne du créancier, exemplaire de la pratique, mais, somme toute, anecdotique, c'est peut-être cela l'enjeu principal du *prāya* : se constituer en un instrument de pression politique, autrement dit, de chantage, fût-il animé des plus nobles intentions. Encore observe-t-on plusieurs cas de figure pour cette catégorie, selon que l'on pratique soi-même le jeûne ou qu'on en fomente l'exécution dans son entourage – exercice de haute politique, que Renou illustre par un passage de l'*Arthaśāstra*, dans lequel le *prāya* est le noyau d'un complot destiné à destituer un ministre séditieux[70].

Les exemples ne manquent pas dans la RT, et tournent parfois à l'apologie du brahmane-jeûneur, qui y recourt, non pour son bien propre, mais pour le bien d'autrui[71], ce qui lui est l'occasion d'accomplir son devoir

---

67. Je résume ici les propos de L. Renou, « Le jeûne du créancier dans l'Inde ancienne ». Pour d'autres exemples, voir la suite du passage, p. 167. Voir également J. Nemec, « Dying to Redress the Grievance of Another ».
68. Notons que la RT mentionne une femme brahmane parmi les nombreux exemples de jeûneurs ; voir *infra*.
69. Selon E. W. Hopkins, « On the Hindu Custom of Dying to Redress a Grievance », p. 146, l'*ācarita* est « a means of compelling payment », et le mot lui-même est en soi « as indefinite as if someone should say "One may compel payment *à la mode*" ».
70. Voir L. Renou, « Le jeûne du créancier dans l'Inde ancienne », p. 166-167 ; autres exemples dans J. Nemec, « Dying to Redress the Grievance of Another ».
71. C'est la thèse principale de J. Nemec, « Dying to Redress the Grievance of Another », dans sa remarquable analyse des diverses occurrences du *prāya* dans la RT ; voir, notamment, p. 53 *sq*. et la conclusion, p. 59. On peut seulement

sacerdotal (et de le faire savoir de façon spectaculaire), qui est d'agir « pour le bien du monde », selon la formule consacrée[72]. De même, un roi peut-il entreprendre ce jeûne pour le bien de tel de ses sujets[73]. Toutefois, nombreux sont les exemples qui font voir des brahmanes corrompus, se laissant acheter à prix d'or pour mener un *prāya* contre le souverain légitime, afin de satisfaire l'ambition d'un usurpateur.

Généralement individuel, le *prāya* peut aussi être observé par une communauté, comme dans le cas des « chapelains attachés aux temples et aux bains sacrés » qui s'adonnent contre le roi à des *prāya* collectifs[74]. Le *prāya* est donc un chantage qui n'est pas qu'une obstruction matérielle (on bloque la porte du débiteur[75]), mais aussi un moyen de pression d'ordre moral et politique.

Le jeûne de Gandhi continue cette forme de jeûne politique, d'autant qu'il en retient toutes les ambiguïtés : le jeûne de protestation du brahmane est d'abord, conformément à son statut spirituel, un jeûne de purification et de perfectionnement, l'habilitant à mener au terme souhaité toute action qu'il entreprendrait. De même, observe-t-on en Gandhi « la coexistence [...] d'attitudes aussi diverses que l'aspiration à la sainteté et à la pureté, d'une part, l'ambition d'agir dans le domaine politique, d'autre part[76] ».

Le jeûne de Gandhi ne s'en écarte pas moins du modèle ancien, puisqu'il transgresse les règles de la classe : Gandhi n'est pas de la classe des brahmanes, mais de celle des *vaiśya*. Aussi bien cela convient-il à un personnage ayant œuvré pour l'abolition du système de classes et ayant embrassé la cause des « hors-castes ».

---

regretter que l'auteur n'ait pas consulté le très important article de L. Renou sur le jeûne du créancier. Il renvoie seulement à F. Baldissera, qui, pourtant, du moins dans son article de 2005, fait référence à L. Renou.

72. J. Nemec, « Dying to Redress the Grievance of Another », p. 54, prend ainsi l'exemple du brahmane comploteur, qui utilise le *prāya* à l'encontre d'un roi indigne de sa fonction et de son statut.

73. C'est l'épisode du roi Candrāpīḍa (RT IV 82) relaté *infra* ; voir L. Renou, « Le jeûne du créancier dans l'Inde ancienne », p. 166, et J. Nemec, « Dying to Redress the Grievance of Another », p. 51-52.

74. L. Renou, « Le jeûne du créancier dans l'Inde ancienne », p. 166.

75. La *Bṛhaspati-Smṛti* XI 58, qui reprend l'enseignement de Manu, emploie le terme *dvāropaveśana*, « siège de la porte » ; voir E. W. Hopkins, « On the Hindu Custom of Dying to Redress a Grievance », p. 146.

76. P. Pachet, « La privation volontaire », *Communications* 61 (1996, p. 93-112).

Un autre trait du jeûne (qu'il soit religieux ou profane) apparaît ici : le jeûne est aussi un moyen d'acquérir un prestige moral susceptible d'aller de pair avec un prestige social, et constitue, de ce fait, un instrument de promotion sociale, à l'égal de l'adoption du végétarisme par les *vaiśya* aspirant à se hausser au niveau de l'exigence de pureté des brahmanes. On reverra ce cas de figure à propos du jeûne des femmes.

Quoi qu'il en soit, ce jeûne de protestation n'est pas l'arme des faibles : le jeûneur est fort de sa détermination et de son engagement absolu, et surtout, selon l'heureuse formule de Pierre Pachet, de « sa certitude d'être spirituellement meilleur, et de son vœu de tâcher de l'être[77] » – rappelons que ce jeûne fut d'abord circonscrit aux brahmanes. En cela aussi, à l'égal du jeûne strictement religieux, le *prāya* relève de l'ascèse, qui requiert un *saṃkalpa*, une résolution liminaire, prise solennellement, à la façon d'un serment. Le jeûne, en particulier ce jeûne à mort dont l'observance est aussi difficile que douloureuse, est l'une des austérités qui qualifient l'ascète comme un valeureux, un *virtuoso* – une caractéristique que le *prāya* de coercition partage avec le *prāya* du héros épique.

En outre, le jeûne de protestation est le lieu d'une épreuve de force : la victime qu'est le créancier fait une victime de son débiteur, suscitant un mécanisme de renchérissement qui peut mener jusqu'au duel : si le roi Candrāpīḍa observe le *prāya* (RT IV 82 *sq.*), en miroir de celui d'une femme brahmane réclamant justice pour le meurtre de son époux, c'est pour lui venir en aide, en se conciliant la grâce du dieu aux pieds duquel il s'assied pour jeûner, en lui mettant le marché en main : il cessera son jeûne, si la divinité fait apparaître la preuve nécessaire à la bonne conclusion du jeûne symétrique de la femme brahmane. On voit se déployer une succession de chantages : la brahmane fait pression sur le roi, qui fait pression sur la divinité qui, *deus ex machina*, devient le débiteur ultime et transcendant, contraint d'accepter la transaction. En retour, les nœuds se défont l'un après l'autre : le jeûne à mort du roi, puis celui de la femme, qui obtient réparation. C'est un rare exemple de *prāya* altruiste, où le jeûne du roi rivalise avec celui de la plaignante par pure abnégation et sens du devoir royal.

Plus fréquents sont les cas où les deux parties rivalisent d'émulation dans la conduite de leur jeûne, le débiteur opposant au créancier le

77. *Ibid.*, p. 105.

même procédé, dans l'espoir de retourner contre ce dernier la crainte d'être rendu responsable de sa mort par inanition. Le jeûne appelle un contre-jeûne. On voit, avec ce jeu non dénué de cynisme, que les statuts de créancier et de débiteur ne sont pas fixés une fois pour toutes. Dans ce siège réciproque, se met alors en place ce que Hopkins a pu justement nommer un « duel des estomacs[78] », qui renverse les configurations initiales, créant suspens et éventuel coup de théâtre.

Il s'agit, décidément, d'un jeûne polémique, bien qu'il soit immobile. C'est une dispute sans parole ni gesticulation, mais qui peut être d'une violence inouïe. Non seulement, en effet, il arrive que le créancier aille jusqu'à prendre en otage la femme, le fils, le bétail du débiteur, retenus de force dans la maison assiégée[79], mais aussi que, retournant la violence contre lui, il n'hésite pas à tuer sa propre mère, contraignant le débiteur à se tuer lui-même, en expiation de ce crime commis par un autre, mais dont il est tenu responsable[80].

Non sans malice, sans doute, Hopkins qualifie l'équivalent moderne du *prāyopaveśa*, nommé *dharṇa* en hindi (= sanskrit *dharaṇa*, le « fait de tenir ») de « hold up » (en argot anglais, précise-t-il)[81], ce qui est bien fait pour justifier l'étymologie de *prāyopaveśa* défendue par Böhtlingk et Renou : le jeûne à mort est une posture que « l'on tient » et que « l'on fait tenir » aux autres.

Spectaculaire, cette forme de jeûne à mort est un motif littéraire fécond, en particulier, au Cachemire : non seulement dans la RT, dont le statut de chronique atteste la réalité et la vitalité de la pratique, mais aussi dans des textes cachemiriens antérieurs comme le *Kathāsaritsāgara*, « L'Océan des rivières de contes », et deux farces de Kṣemendra[82].

---

78. E. W. Hopkins, « On the Hindu Custom of Dying to Redress a Grievance », p. 158 (cité dans J. Nemec, « Dying to Redress the Grievance of Another », p. 45).
79. Notamment dans le cas d'une variante moderne du *prāya*, à savoir le *traga*, forme extrême de cette autre pratique moderne qu'est le *dharṇa* (voir E. W. Hopkins, « On the Hindu Custom of Dying to Redress a Grievance », p. 157, et L. Renou, « Le jeûne du créancier dans l'Inde ancienne », p. 165).
80. C'est E. W. Hopkins, « On the Hindu Custom of Dying to Redress a Grievance », p. 157, qui rapporte ce cas, exactement contemporain (1894) de ses premières analyses de la pratique du jeûne à mort publiées dans son ouvrage, *The Religions of India*, Boston 1894, p. 480.
81. E. W. Hopkins, « On the Hindu Custom of Dying to Redress a Grievance », p. 157.
82. F. Baldissera, « Traditions of Protest », p. 515-516.

Chronique à prétentions historiques, la RT n'en fait pas moins du *prāyopaveśa* un thème récurrent dont elle tire des effets littéraires. Ainsi, en VII 1155-1157, associe-t-elle un siège au siège, un siège de créancier à un siège de guerre. Au siège que le roi Harṣa conduit contre la forteresse lointaine d'un roi rival, répond, en abyme, le « siège » que ses soldats mènent contre lui, autrement dit, le recours au *prāya*, le jeûne à mort par lequel un créancier réclame son dû à son débiteur, cela, du reste, dans le contexte d'une dette perçue comme légitime, puisque les hommes de Harṣa considèrent (à l'instigation d'un préfet de police soudoyé par l'adversaire) qu'on leur doit une augmentation de solde pour avoir mené une campagne militaire loin de chez eux[83].

À l'évidence, ce jeûne de protestation et de revendication s'apparente à ce que les sociétés modernes (pour l'essentiel occidentales) connaissent sous le nom de « grève de la faim ». Certes, le glissement lexical s'explique par les forces en présence dans les sociétés capitalistes du monde moderne (mais n'étaient-elles pas aussi présentes au temps de la féodalité ?), et le terme « grève de la faim » se vide apparemment de tout contenu religieux. Pourtant, l'exemple de l'Inde moderne et de l'action politique de Gandhi permet de nuancer. Si Gandhi n'utilise pas le terme moderne de « grève de la faim », il vaut la peine de noter que l'un de ses premiers jeûnes, en mars 1918, fut lié à une grève ouvrière, celle des travailleurs du textile d'Ahmedabad, au Gujarat, province d'origine de Gandhi. Non seulement, Gandhi en avait été l'instigateur, les invitant à faire le serment de ne pas lâcher prise, mais, constatant que leur résolution fléchissait et que la grève allait échouer, il s'engagea à jeûner jusqu'à ce que les grévistes se soient ressaisis. La grève réussit et Gandhi n'eut à jeûner que trois jours. Double succès donc, où se rencontrent deux procédures, celle, ancienne, du jeûne de protestation dont on a vu qu'il devait son efficacité à son fondement religieux et spirituel, celle, moderne, de la grève prolétarienne.

En ce cas précis, au moins, il est possible d'associer conceptuellement « jeûne » et « grève de la faim » (même si les travailleurs d'Ahmedabad ne menaient qu'une grève politique, la grève de la faim de Gandhi y joua un rôle déterminant). L'argument vaut d'autant plus que Gandhi était très au fait des formes modernes de lutte politique non violentes développées en Occident : la grève, le boycott, la résistance

83. Passage cité et traduit par J. Nemec, « Dying to Redress the Grievance of Another », p. 46-47.

passive des Irlandais et des suffragettes anglaises. On sait (et sans doute le savait-il) que la première « grève de la faim » (menée par les suffragettes) eut lieu en juin 1909, gagnant ainsi sa place et sa légitimité « dans l'arsenal des luttes sociales », comme le rappelle fort à propos Pierre Pachet[84].

Il est un dernier point, également relevé par lui, qui vient heureusement compléter les raisonnements de Renou sur le jeûne du créancier. Renou observe que le jeûne de protestation nommé *prāya* est « un aspect particulier de la menace de suicide, dont les brahmanes se servent comme d'une arme fort dangereuse pour se faire rendre justice, pour protester contre certains abus », avant de signaler que la procédure était également attestée « dans les textes juridiques de l'Irlande ancienne ». Renou n'avait pas poussé plus loin l'analyse, dans son article du *Journal asiatique* de 1943-1945[85]. C'est Pierre Pachet qui relève la coïncidence et conclut sur une question : « Les révolutionnaires irlandais modernes auraient-ils retrouvé sans le savoir une tradition nationale [...][86] ? ».

J'ajouterais volontiers : du jeûne indien de protestation à la grève de la faim des nationalistes irlandais, y aurait-il donc une continuité conceptuelle et sensible, propre à la société indo-européenne ? C'est une hypothèse que l'on peut légitimement poser, d'autant qu'elle peut être vérifiée par le titre et l'intrigue d'une pièce de Yeats, « Le Seuil du palais du roi », composée en 1903, qui met en scène un poète offensé par le roi et se laissant mourir d'inanition sur le seuil de sa porte – un thème que Yeats dit avoir emprunté à de vieux romans irlandais, sans qu'il ait connu, par ailleurs, sa version indienne[87]. Reprenant un motif ancien, Yeats aurait ainsi eu la prémonition de ce que serait en Irlande, à partir de 1909, la procédure nouvelle de la « grève de la faim[88] »,

84. P. Pachet, « La privation volontaire », p. 106.

85. L'article de E. W. Hopkins, « On the Hindu Custom of Dying to Redress a Grievance », p. 158. L. Renou, « Le jeûne du créancier dans l'Inde ancienne », qui le connaît (voir note **, p. 165), lui a peut-être emprunté ce développement.

86. P. Pachet, « La privation volontaire », p. 107-108. En revanche, je ne souscris pas à la seconde partie de l'assertion, quand Pachet écrit : « [...], comme Gandhi se serait instinctivement trouvé en accord avec une coutume qui s'est maintenue en Inde jusqu'à la fin du XIXe siècle ? » À mon sens, Gandhi connaissait parfaitement la procédure du *prāya*, en sa double qualité de juriste et d'homme cultivé.

87. On doit à P. Pachet, « La privation volontaire », p. 107-108, d'avoir retrouvé ce parallèle.

88. P. Pachet, « La privation volontaire », p. 107-108.

mais, surtout, renouerait, à son insu, le fil reliant une disposition du code irlandais ancien (disposition qui se présente comme un hapax dans le système juridique de ce pays, mais que confirme son emploi dans la vieille littérature irlandaise) à son symétrique dans les procédures de l'Inde ancienne : la possibilité donnée au créancier de jeûner contre son débiteur pour obtenir le paiement de ce qui lui est dû ou la réparation d'un abus.

Quant au dernier jeûne de Gandhi, du 13 au 18 janvier 1948, il était destiné à réparer les torts réciproques des hindous et des musulmans qu'opposaient des combats fratricides. Le massacre cessa devant la menace d'un jeûne illimité, brandie par celui que le peuple, toutes confessions confondues, appelait Bapuji, le « Père » vénéré de la nation. Pourtant, par une sorte d'ironie tragique, ce jeûne à mort interrompu par la reddition de ceux auxquels il s'adressait n'en aboutit pas moins au terme fatal qui en constituait le principe : le 30 janvier suivant, Gandhi fut assassiné par un nationaliste hindou.

L'exemple de ce jeûne ultime de Gandhi illustre une autre dimension du jeûne de protestation : lui aussi est un jeûne de purification, dans les deux sens du terme : purification préliminaire, par laquelle on se qualifie pour l'action qui doit suivre, et aussi purification ultérieure, qui vaut pour une expiation – cas de figure qui se dédouble à son tour, puisque le jeûneur entend ainsi expier tant la faute d'avoir été la cause indirecte de ces violences[89] que les violences elles-mêmes, en sorte qu'il en rédime les auteurs.

Un point commun à ces différentes réalisations du *prāya* : le succès dont elles sont généralement couronnées s'appuie sur des mécanismes sociaux et psychologiques éprouvés, dont personne ne saurait s'affranchir : il s'agit d'offenser son adversaire, de lui faire honte de ses agissements contraires au droit et à la morale, ou de l'emplir de crainte à l'idée du péché inexpiable que serait pour lui le suicide du créancier ou du plaignant – péché qu'aggraverait le statut de brahmane du jeûneur, car le débiteur (ou la cible du jeûne) serait alors coupable du crime de brahmanicide.

Il n'est sans doute pas de meilleure conclusion sur le jeûne du créancier que l'observation de Charles Malamoud, qui y voit « un bon

89. Les violences se déclenchèrent après que Gandhi eut accepté le principe de la partition de l'Inde.

exemple [...] de la façon dont l'initiative d'inspiration ascétique vient résoudre un conflit auquel ni la religion sociale, ni le droit, ni la force n'avaient pu mettre fin[90] ».

Ce qui nous conduit à une dernière remarque, qui vaut autant pour le jeûne à mort du registre religieux que pour celui du registre profane par lequel on réclame justice : quand on est parvenu à une certaine extrémité de désespoir ou de tension vers un absolu inaccessible, le jeûne est une façon de se taire et de cesser toute action – je laisse de côté ici le jeûne qui n'est rien de plus qu'un stratagème politique, le rouage essentiel d'une machination.

Voilà le vrai renoncement : se soustraire à la communauté des hommes dont il n'y a plus rien à attendre. Mais ce silence et cette inaction (l'ataraxie de l'ascète et son silence, l'inertie du débiteur obstruant le seuil de son créancier, ou celle du guerrier observant un jeûne à mort) sont paradoxalement la forme ultime de la parole et de l'action, puisque le jeûneur y engage sa vie même, accueillant la mort volontaire[91].

Toutefois, les choses sont plus compliquées dans le cas du *prāya*. Le jeûne à mort est sans doute une façon d'aller contre la société, en prenant son destin en main, mais cette sorte de rébellion n'en joue pas moins des prescriptions et des interdits ayant cours dans le monde, comme des dispositions psychologiques qu'ils suscitent.

La pratique du jeûne, et en particulier de ce jeûne obstiné qu'est le *prāya*, exhibe cette vérité : la mort est toujours à l'horizon de la vie, considérée comme une créance dont l'homme mortel est le débiteur auprès du dieu Yama, créancier ultime, parce que premier. Le jeûne aspirant à une issue fatale permet au jeûneur mortel de s'en acquitter. Selon la formule de Charles Malamoud, la dette est « une figure de la mort[92] ». C'est là une autre façon de replacer le thème de la dette au centre de l'idéologie du jeûne, de quelque manière qu'on envisage sa pratique. Nous y reviendrons.

Néanmoins, une chose est sûre : quel que soit son enjeu, qu'il soit matériellement intéressé (le jeûne du créancier) ou idéalement désintéressé (n'aspirer à rien d'autre que l'accès au ciel ou au principe suprême et à la délivrance) et que son observance soit individuelle

---

90. Ch. MALAMOUD, « Préface », dans L. RENOU, *L'Inde fondamentale*, p. 5.
91. Également, P. PACHET, « La privation volontaire », p. 109.
92. Ch. MALAMOUD, « Dette et devoir », p. 194 ; également *infra*, p. 279.

ou collective, le jeûne suppose d'abord une dualité : il faut un autre au jeûneur, que ce soit la divinité que l'on veut adorer ou se concilier, ou celles que l'ascèse du sacrifiant convoque à la *dīkṣā*, et qui acceptent de passer la nuit auprès de lui, ou le débiteur que le créancier veut contraindre à s'acquitter de sa dette, ou le roi que le brahmane entend forcer à renoncer à une iniquité, ou ce peuple entier que Gandhi aspire à ramener de force à la raison et à la non-violence par un jeûne inflexible[93]. De ce point de vue, le jeûne est un *pacte*, en ce que, conformément à l'étymologie du terme[94], il suppose une victime, qui n'est autre que le jeûneur[95], même si, dans le jeûne intéressé qu'est le *prāya*, cette victime s'en choisit une autre.

Toutefois, quelle que soit la catégorie du jeûne, il s'agit d'une victime triomphante : le sacrifiant qui jeûne le temps d'une nuit afin de se qualifier pour l'acte rituel du lendemain est certain d'en recueillir les fruits, l'ascète qui meurt d'inanition accède au ciel ou à la délivrance auxquels il aspirait, le protagoniste du *prāya* ne s'expose délibérément à la mort que pour mieux avoir raison de celui qu'il assiège et dénonce aux yeux du monde.

Le jeûne à mort du guerrier

Qu'en est-il, à présent, du jeûne à mort du guerrier ? L'épisode du *Rāmāyaṇa* (II 103, 12-18) où Bharata, le jeune frère de Rāma, résout de jeûner contre son aîné est bien fait pour établir la transition entre les deux catégories du *prāyopaveśa*. Si le terme *prāyopaveśa* n'est pas employé, il est à lire sous les formes conjuguées et dérivées du verbe *pratyupaviś*[96] qui figurent dans le passage, d'autant que la référence au « jeûne » (*nirāhāra*), le terme que Bharata lui fixe d'emblée, à

93. On a vu comment ĀpDhS mettait en scène le couple formé par celui qui « s'assied contre », à savoir le créancier, et celui « qui est incité à s'asseoir contre [le créancier] », à savoir le débiteur ; voir *supra*, p. 244.

94. Le verbe latin *pango*, d'où est dérivé le terme « pacte », signifie « frapper », « mettre à mort ».

95. Même schéma pour le sacrifiant, que Ch. Malamoud présente comme la première victime, c'est-à-dire, la première offrande, symbolique, du sacrifice ; voir Ch. Malamoud, « Cuire le monde », p. 60-62 et n. 84.

96. On relève deux formes du futur (*pratyupavekṣyāmi* et *pratyupavekṣyasi*) et un substantif (*pratyupaveśana*). Il est intéressant que le verbe soit au futur, car l'une des caractéristiques du *prāyopaveśa(na)* / *pratyupaveśana* est d'être d'abord une menace, dont le jeûneur attend qu'elle suffise à convaincre l'adversaire et lui évite l'issue fatale.

savoir qu'il jeûnera jusqu'à obtenir satisfaction, et la comparaison établie avec l'observance du brahmane créancier ne laissent planer aucun doute sur ce point[97].

Bharata, le jeune frère de Rāma, se prépare à assiéger (*pratyupaviś*) le seuil de la modeste hutte (*śālā*) de son aîné, en observant un jeûne (*nirāhāra*), « à la façon du brahmane qui a été dépouillé de son bien[98] ». Il fait ainsi le serment de « rester allongé devant la hutte[99] » de son frère jusqu'à obtenir de lui qu'il renonce à son exil forestier et reprenne ses droits sur le trône d'Ayodhyā. Rāma répond à Bharata, en arguant de l'illégitimité de la pratique : « Pourquoi m'assiégerais-tu (*kiṃ māṃ pratyupavekṣyase*) ? En effet, seul un brahmane a le droit d'obstruer (*roddhum*) [la porte] des hommes, en se tenant sur le flanc. L'observance, en matière de « siège » (*pratyupaveśane*) [et donc de ce jeûne particulier qu'est le *prāya*], n'est pas le fait des rois consacrés[100] ». L'analogie du brahmane dépouillé qui revendique son

97. On a vu que le verbe *pratyupaviś* valait, déjà à date ancienne, pour *prāyopaviś* (voir ĀpDhS I 6, 19, 1, *supra*, p. 232 et 244).

98. *Rāmāyaṇa* II 103, 13cd-14ab : *āryaṃ pratyupavekṣyāmi yāvan me na prasīdati// anāhāro nirāloko dhanahīno yathā dvijaḥ/* ; comme souvent, *dvija* vaut ici seulement pour « brahmane » ; sur cette notion, voir *infra*, p. 263.

99. *Rāmāyaṇa* II 103, 114cd : *śeṣye purastāc chālāyā yāvan na pratiyāsyati//.*

100. *Rāmāyaṇa* II 103, 16cd-17 : *kiṃ māṃ bharata kurvāṇaṃ tāta pratyupavekṣyasi// brāhmaṇo hy ekapārśvena narān roddhum ihārhati/ na tu mūrdhāvasiktānāṃ vidhiḥ pratyupaveśane//.* Je m'écarte ici de la traduction de J. Nemec, « Dying to Redress the Grievance of Another », p. 46, qui comprend, à l'inverse, que ce jeûne ne peut être observé *contre* les rois ayant reçu l'oint. C'est aussi, semble-t-il, la position de E. W. Hopkins, « On the Hindu Custom of Dying to Redress a Grievance », même si elle est relativement ambiguë (cf. p. 156 et 158, où deux assertions se contredisent). L'ambiguïté syntaxique s'y prête (selon que l'on entend *mūrdhāvasiktānāṃ* comme un génitif subjectif ou objectif), mais, si Bharata a refusé de recevoir l'oint (comme de s'asseoir sur le trône, aux pieds duquel il a posé les sandales de bois de Rāma), du moins y était-il destiné par sa mère, Kaikeyī. Il est donc plus conforme, et aux prescriptions dharmiques, et à la logique narrative de l'épisode de comprendre qu'il n'est pas permis aux rois d'observer ce jeûne coercitif, d'autant que le schéma du jeûne du brahmane sur le seuil du roi est récurrent dans la RT et qu'il est une des réalisations de l'affrontement pérenne opposant le brahmane au roi. Du reste, L. Renou, « Le jeûne du créancier dans l'Inde ancienne », p. 166, et bien qu'assez allusivement, semble confirmer mon interprétation : « [...] les lexiques sanskrits classent *prāya* parmi les mots relevant du *brahman*, des prérogatives de la classe sacerdotale, et le Rāmāyaṇa II 117, 17 [= II 103, 12-17 dans l'Éd. Critique, c'est-à-dire le texte cité au début de la note], précise pour un cas analogue d'"observance redoutable" [...] que les *kṣatriya* n'y ont point part ». D'autre part, Bharata est mal venu

bien est explicite : s'il ne s'agit pas ici du jeûne du créancier à proprement parler, du moins est-ce la même procédure et le même objectif, à savoir, contraindre celui qu'on assiège à faire droit à sa plainte. Mais Rāma rappelle ici que le jeûne du créancier, ou celui qui prend modèle sur lui, est la prérogative du brahmane ; les rois ne sauraient l'observer.

En un mot, Bharata se trompe de jeûne. Il est à contre-emploi. Sans doute le sait-il, plus ou moins confusément. Aurait-il besoin, en effet, de recourir à l'analogie du brahmane spolié, qui défend son droit en faisant le siège de son débiteur, s'il ne savait pas qu'il n'est pas ce brahmane et qu'il ne fait que l'imiter ? Que, par conséquent, avec cette supercherie, voire cette imposture, il est infidèle à son *dharma* de *kṣatriya*, comme Rāma ne manque pas de le lui faire observer ?

Notons aussi que Bharata a d'abord enjoint à son cocher d'étendre une jonchée d'herbe *kuśa* sur le seuil de la hutte (II 103, 12cd-13ab). Faut-il y lire un indice de ce que, en dépit de ses préparatifs et de sa rhétorique, Bharata aurait bien moins en tête le jeûne du créancier que le seul jeûne permis à un *kṣatriya*, qui, en effet, commence par ces préliminaires rituels, comme on va le voir ? Ou bien, si l'on envisage que Bharata a bien l'intention de se soumettre au jeûne du brahmane-créancier, peut-on découvrir dans cette notation la trace d'un élément de rituel qui serait nécessairement associé à cette catégorie d'observance, bien qu'il soit totalement absent des descriptions littéraires de la RT ? En ce cas, l'épopée comblerait une lacune de la chronique.

Assurément, le jeûne du guerrier, plus largement du *kṣatriya*, est tout autre que celui du brahmane. Non seulement, la procédure est d'emblée rituelle, alors que cet aspect est effacé des récits qui évoquent le jeûne du créancier (et autres plaignants), mais les postures diffèrent : le brahmane-créancier s'allonge sur un flanc, quand le guerrier s'assied sur une couche d'herbe sacrée (nommée selon les cas *kuśa* ou *darbha*), comme Duryodhana, en posture yoguique, buste érigé[101].

---

d'imiter ici la posture du brahmane, s'allongeant sur un flanc, qui ne convient pas à un guerrier qui s'assied, mais en posture yoguique (voir le jeûne de Duryodhana, décrit *infra*).

101. Voir *infra*. Signalons une probable erreur d'interprétation dans E. W. HOPKINS, « On the Hindu Custom of Dying to Redress a Grievance », p. 155 : analysant MBh III 288, 30 *sq.* [= III 267, 30-32 dans l'Éd. Critique], HOPKINS y voit un épisode de *prāya*, où Rāma s'allongerait sur une jonchée d'herbe *kuśa*, en jeûnant. C'est se méprendre sur le texte sanskrit (ambigu, il est vrai) : *ahaṃ tv imaṃ jalanidhiṃ samārapsyāmy upāyataḥ/ pratiśeṣyāmy upavasan darśayiṣyati māṃ tataḥ* ;

En ce qu'il est limité à l'épopée, le jeûne du héros jouit d'un retentissement littéraire plus modeste que le jeûne du créancier, mais, dans ce cas aussi, l'étymologie du terme *prāyopaveśa* est confirmée par le rituel liminaire mis en place : la résolution du jeûneur est proclamée en une déclaration d'intention solennelle (le *saṃkalpa*) ; il touche l'eau, se purifie, dispose une jonchée d'herbe sacrée et s'assied[102] (*bhūtalaṃ samupāśritaḥ*) en « retenant sa parole » (*vāgyata*), vêtu de lambeaux d'écorce et d'herbe *kuśa*[103] (MBh III 239, 16-17), aspirant au ciel (*svargagatikāṅkṣayā*), « empilant ses pensées » (comme traduit van Buitenen) [ou, « accroissant/composant son esprit »], « rejetant les actes du monde extérieur » (*nirasya bahiṣkriyāḥ*) : un ascète ayant fait vœu de silence, un *muni*, donc. Il s'agit bien ici de « s'asseoir en maintenant sa posture[104] », c'est-à-dire, sans désemparer, avec pour conséquence ultime et nécessaire la mort de l'observant.

Le jeûne du héros n'est pas un procédé de chantage, on l'a vu. Néanmoins, d'une certaine façon, il participe du même enjeu de recouvrement d'une dette qui caractérise le jeûne du créancier, mais au prix d'une inversion des rôles.

---

pour comprendre comme il le fait (« Rāma lying on sacred grass in *prāya* »), Hopkins analyse à contresens le verbe *pratiśeṣyāmy* (futur de *prati-śī*) qu'il prend au sens le plus littéral, « se coucher contre », mais qu'il faut entendre comme « harceler, faire pression sur » ; de même interprète-t-il probablement (il ne s'en explique pas) *upavasan* comme le participe présent, au nominatif singulier, de *upa-vas*, « jeûner », alors qu'il s'agit plus vraisemblablement du participe présent du verbe homophone *upa-vas*, « demeurer au-dessous », ayant fonction de sujet de *darśayiṣyati*, et qualifiant le dieu de l'océan (*jalanidhi*), que Rāma entend convoquer pour que lui et son armée puissent traverser la mer qui les sépare de Lankā où Sītā est retenue prisonnière ; van Buitenen traduit, p. 746 : « No. I shall attack the ocean with a ruse and press it back; and the One who dwells underneath will show himself to me. And if he does not show a way, I shall set it afire with mighty and irresistible missiles that blaze fiercely with fire and wind ». ; J. A. B. van Buitenen, *The Mahābhārata, Translated and Edited*, vol. 2, *The Book of the Assembly Hall, The Book of the Forest*, Chicago – Londres 1975.

102. MBh III 239, 16 : *bhūtalaṃ samupāśritaḥ*, litt., « supporté par, i.e., prenant appui sur le sol ».

103. Le vêtement fait de l'écorce prise aux arbres de leur forêt d'exil ou d'observance que portent les ascètes est un lieu commun de la littérature et de la miniature. La traduction proposée ici est celle de J. A. B. van Buitenen, *op. cit.*, p. 691, modifiée.

104. MBh III 239, 16-17 : *darbhaprastaram āstīrya niścayād dhṛtarāṣṭrajaḥ/ saṃspṛśyāpaḥ śucir bhūtvā bhūtalaṃ samupāśritaḥ// kuśacīrāmbaradharaḥ paraṃ niyamam āsthitaḥ/vāgyato rājaśārdūlaḥ sa svargagatikāṅkṣayā// manasopacitiṃ kṛtvā nirasya ca bahiṣkriyāḥ/.*

En effet, outre que l'idée d'une vengeance à tirer d'un adversaire est commune aux deux types de *prāyopaveśa*, dans le cas du jeûne à mort héroïque, en particulier dans l'épisode de Duryodhana, au livre III du MBh (III 238-240), le concept de dette est également présent, à ceci près que c'est le jeûneur qui est le débiteur. En l'occurrence, comme il le dit explicitement en III 238, 7d, Duryodhana considère que, leur étant redevable de la vie (*dattaṃ tair jīvitaṃ me*), il a contracté une dette d'honneur à l'endroit des Pāṇḍava, situation qui lui est intolérable. Pour purger cette dette, il ne lui reste plus qu'à mourir.

L'épisode du *prāyopaveśa* de Duryodhana s'insère dans un très long récit, qu'on peut faire commencer en III 236 : Duryodhana est défait dans une bataille contre les Gandharva, êtres divins aux pouvoirs surhumains ; fait prisonnier avec ses frères, ses femmes, ses troupes, ses montures, ses ministres, son trésor, il est enlevé et transporté dans les régions célestes. Bien que vassaux de Duryodhana, les Pāṇḍava n'avaient pas pris part à la bataille et en ignoraient l'issue. Des soldats de Duryodhana viennent les trouver pour les supplier de porter secours à leur roi. Les Pāṇḍava remportent la victoire sur les Gandharva. En signe de reddition, les vaincus leur présentent Duryodhana dans les fers, aux yeux de ses propres épouses, et l'offrent à l'aîné des Pāṇḍava, qui le libère ainsi que sa suite. Irréparable honte ! La voix coupée par les sanglots, Duryodhana, qui en fait le récit à Karṇa, s'exclame (III 238, 6c-7c) : « Peut-il y avoir plus grand malheur ? Ces hommes que j'ai chassés et dont j'ai toujours été l'ennemi victorieux, ce sont eux qui me libèrent à présent, et auxquels je dois la vie ! » D'où sa résolution (MBh III 238, 10) : « Entends, Taureau parmi les hommes, ce que j'ai à présent résolu : je vais ici jeûner jusqu'à la mort [litt., « m'asseoir en maintenant (ma position) »] (*iha prāyam upāsiṣye*) ». On note, une fois de plus, que la locution *prāyam upāsiṣye*[105], qui se réalisera plus loin dans le substantif composé *prāyopavesána* (III 239, 13a) et dans le participe passé *prāyopaviṣṭa*, « observant le jeûne à mort », qualifiant Duryodhana (MBh III 239, 23c), vient soutenir l'interprétation grammaticale de Renou.

105. Une locution quasi formulaire qui se retrouve, entre autres exemples, en MBh I 2, 183cd (dans la bouche de Draupadī [voir *infra*, p. 261], et en *Rāmāyaṇa* II 18, 23, dans la bouche de Kausalyā [voir *supra*, n. 49]) ; voir également *supra*, p. 233 et n. 32. Formé sur le verbe *upa-ās*, « s'asseoir », le futur *upāsiṣye* est ici une des variantes possibles, signalées par L. Renou, « Le jeûne du créancier dans l'Inde ancienne », p. 164, de *upa-viś*, avec le même sens.

La suite des chapitres déploie ce thème, qui va rester à l'état de menace. Il y a d'abord une négociation avec son frère et ses vassaux qui tentent vainement de le dissuader, puis, au terme d'un étrange épisode de rêve, digne d'une interprétation psychanalytique, Duryodhana va renoncer à son projet de suicide rituel. Tous font valoir des arguments dharmiques : Karṇa fait observer que Duryodhana ne doit rien aux Pāṇḍava ; au contraire, ce sont eux qui ont enfreint le *dharma* en se dérobant au combat ; en outre, c'était également le devoir des Pāṇḍava de se porter au secours de leur suzerain ; si Duryodhana devait jeûner à mort, pour un motif dérisoire et inapproprié d'orgueil blessé, il serait la risée des autres rois, d'autant que le suicide rituel ne convient pas au statut de *kṣatriya* : pour obtenir réparation un *kṣatriya* a le droit, et même le devoir, de recourir à la violence, donc de tuer. C'est ce que les Gandharva, au terme de l'épisode, feront valoir à Duryodhana. Aussi bien, en signalant que Duryodhana s'expose au risque d'être la risée de ses pairs, l'épopée laisse également entendre que ce n'est pas seulement la honte qui le motive, mais la peur de combattre des ennemis redoutables, si bien que le recours au jeûne à mort s'apparenterait à une lâcheté[106].

Toutefois, le roi ne veut rien entendre. Un autre allié prend la parole, qui lui aussi a recours au thème de la dette, mais considérée d'un autre point de vue : en vérité, Duryodhana a bien une dette à l'égard des Pāṇḍava, puisqu'il s'est emparé de leur royaume ancestral. Mais, en ce cas, pourquoi choisir cette forme de suicide rituel ? Il serait bien davantage conforme au *dharma* de rendre aux Pāṇḍava ce qui leur est dû. Duryodhana reste inflexible : il observera ce jeûne.

Intervient alors un *deus ex machina*, en la personne des démons que sont les Daitya et les Dānava. Ils s'alarment de perdre un allié en la personne de Duryodhana, qui se prépare à la mort. Au terme d'un rituel complexe, ils dépêchent auprès de lui un émissaire magique qui l'enlève et le transporte aux enfers. Ils ont le dernier mot, mot dharmique encore une fois : le suicide, insistent-ils, et ce jeûne en est un (c'est, à nouveau, le terme *prāyopaveśana*), n'est pas religieusement licite et condamne aux enfers celui qui l'observe, puisque le *dharma*

---

106. Voir MBh III 240, 38, quand Karṇa, après la descente aux enfers de Duryodhana, tente à nouveau de le détourner de sa résolution de jeûner à mort : « Si la peur t'a terrassé après avoir vu les exploits d'Arjuna, je te promets en vérité de tuer Arjuna dans la bataille ».

interdit le suicide de façon générale[107]. De surcroît, ils lui promettent leur aide dans ses futurs combats contre les Pāṇdava, l'assurant ainsi de laver l'affront qu'il pense avoir subi de la façon qui convient à un *kṣatriya*, dans la bataille.

Ramené sur terre, Duryodhana croit à un rêve, mais accorde foi à la promesse, fût-elle rêvée, des démons. Il résout alors de renoncer au *prāyopaveśa* et se redresse, déterminé à présent à combattre et à vaincre les Pāṇḍava.

C'est donc cela le principal point commun aux deux types de *prāyopaveśa* : réparer un tort, plus exactement, un grief, au sens premier du terme, c'est-à-dire une douleur (du reste, le sens du « grief » anglais, emprunt direct au français), à laquelle seule la mort pourrait remédier. Dans le jeûne du créancier, on réclame réparation au débiteur ; dans celui du guerrier, on l'exige de soi-même, pour laver un affront, non sans que persiste, plus sourdement, le motif de la dette, mais avec inversion des rôles, comme on l'a relevé : Duryodhana se considère comme le débiteur des Pāṇḍava, ce qu'un roi ne saurait être, en particulier à l'endroit de ses ennemis.

Autre point commun aux deux *prāyopaveśa* : de même que, dans le cas du jeûne du créancier, le roi instaure des « vérificateurs » chargés d'évaluer la légitimité du jeûne à l'aune de la légitimité de la plainte, de même les parents et alliés de Duryodhana font-ils valoir que le motif qu'il a d'entreprendre ce jeûne est inapproprié. Le *dharma*, toujours.

Ainsi s'explique encore que trouve sa place, entre ces deux pôles, une petite constellation de cas singuliers qui tiennent à divers degrés des deux variétés du *prāyopaveśa*. En MBh I 2, 183cd, Draupadī, épouse commune des cinq Pāṇḍava, et de la classe des *kṣatriya*, brandit la menace d'un *prāyopaveśa* pour contraindre ses époux à agir selon l'honneur. Elle « s'établit contre » eux (c'est le verbe *upa-viś* seul qui est employé, valant pour le composé *prāyopaveśa*, mais associé à la « résolution solennelle de ne pas manger » – *kṛtānaśanasaṃkalpā*), c'est-à-dire qu'elle les assiège, c'est-à-dire encore qu'elle jeûne contre eux, à la manière du brahmane-créancier, à cette différence près qu'il ne s'agit pas du recouvrement d'une dette matérielle[108]. Pourtant,

---

107. MBh III 240, 2, cité *supra*, n. 52.

108. MBh I 2, 183cd : *kṛtānaśanasaṃkalpā yatra bhartṝn upāviśat*, examiné *supra*, p. 244 et n. 55. Rappelons que, en MBh X 11, 25, au moment de commencer son jeûne, Draupadī aura recours à la formule consacrée : *ihaiva prāyam āsiṣye* (voir

parce qu'il est une menace, ce jeûne essentiellement rituel n'est pas dénué de la dimension de chantage au suicide qui caractérise le jeûne profane du créancier.

Nuançons toutefois. Le *prāyopaveśa* est loin de se réduire à une menace triviale, un simple chantage, ordinaire et grossier. Examinée par des observateurs extérieurs, la véracité du jeûne n'est pas seulement le critère de son évaluation, elle est aussi la condition de son efficacité. En ce sens, le *prāya*, quelle que soit sa catégorie, n'est pas sans relever de la notion de contrainte magique que revêtent les différentes formes de l'« acte de vérité », *satyakriyā*, l'une des grandes lignes de force de la pensée et de la sensibilité indiennes. Cet « acte de vérité » est plutôt, eu égard à ses modalités de réalisation, la « parole de vérité » – du reste, *satyavākya*, qui a ce sens, vaut pour un synonyme de *satyakriyā*. Encore que, dans cette dénomination d'« *acte* de vérité », se laisse lire la signification proprement *performative*, au sens de la linguistique moderne, de la pratique.

De quoi s'agit-il ? Des pouvoirs intrinsèques à l'affirmation véridique, qui, selon la magistrale analyse de Dumézil[109], peut prendre les allures du serment (« aussi vrai que... »), de l'ordalie (« s'il est vrai que... »), de la preuve prélogique (« puisqu'il est vrai que... »), ou de l'action (« puisque je possède telle vérité... »). Ainsi que conclut Dumézil : « La Vérité est très tôt apparue aux hommes comme une des armes verbales les plus efficaces, un des germes de puissance les plus prolifiques, un des plus solides fondements pour leurs institutions ».

Et, en effet, non seulement l'Inde fait de l'acte de vérité un ressort puissant de ses mythes et de sa littérature[110], mais elle lui reconnaît une valeur égale à celle des lois dharmiques qui organisent la société. Certes, en dehors de l'énonciation du *saṃkalpa* inaugural, le *prāya* est

---

supra, p. 233 et n. 32), où l'on retrouve, une fois de plus, la locution originelle avec absolutif d'où est dérivé le substantif *prāyopaveśa*.

109. G. Dumézil, *Servius et la fortune*, Paris 1943, p. 243-244.

110. Sur la *satyakriyā*, voir W. N. Brown, « Duty as Truth in Ancient India », *Proceedings of the American Philosophical Society* 116/3 (1972), p. 252-268, et W. N. Brown, « Le devoir, force de Vérité dans l'Inde ancienne », *Annales. Économies. Sociétés. Civilisations* 28/4 (1973), p. 895-920 [traduction de l'article de N. Brown par Ch. Malamoud]. Pour un exemple, voir l'analyse d'un épisode de l'histoire de Nala et Damayantī : Ch. Malamoud, *Cuire le monde*, « Les dieux n'ont pas d'ombre. Remarques sur la langue secrète des dieux dans l'Inde ancienne », p. 241-242.

une procédure sans parole, mais c'est bien un « *acte* de vérité », en ce que le jeûneur y « engage » sa vie. En ce sens, le *prāya* s'apparente à l'ordalie[111].

On l'a vu, la fortune littéraire du *prāyopaveśa* héroïque est moindre que celle qu'a connue l'autre, le *prāyopaveśa* du créancier. Néanmoins, cette forme de suicide rituel a eu des prolongements dans la réalité de l'histoire indienne, en particulier, dans la pratique du *jauhar*, observé, dans le Rajasthan médiéval et jusqu'à une époque récente, par les épouses des guerriers vaincus : il ne leur restait plus, pour sauvegarder leur honneur, qu'à entrer dans un immense bûcher ou à se jeter du haut des terrasses du fort.

*Le jeûne à mort de l'ascète : l'*upavāsa

Le jeûne à mort de l'ascète, qui peut aussi bien être une ascète, est d'ordre religieux et ouvert aux *dvija*, ou « deux fois nés », membres des trois classes supérieures (brahmanes, *kṣatriya*, *vaiśya*), dont l'initiation rituelle (*upanayana*), qui les qualifie pour l'étude des Veda et des Traités, fonde la seconde naissance. Le mythe et la littérature abondent en exemples de la pratique. Ainsi le jeûne du roi Yayāti, évoqué ci-dessus, ou celui de la déesse Pārvatī : même si le dieu Śiva en personne interrompt le jeûne de Pārvatī avant son terme inéluctable, celle qui reçut l'épiclèse d'Aparṇā n'en était pas moins déterminée à jeûner à mort[112].

Dans ces récits, le jeûne à mort est une pratique observée à des fins de purification et de perfectionnement, pour se concilier les dieux, pour obtenir la réalisation d'un vœu ou d'un désir (comme c'est le cas pour Pārvatī aspirant à l'amour de Śiva), ou pour accéder au ciel, comme on voit dans l'épisode du roi Yayāti (MBh I 81, 9-16). Dans ce dernier cas, en effet, se laisser mourir d'inanition est une fin en soi, la mort étant considérée comme la seule voie d'accès au ciel – un objectif qui préfigure celui de la délivrance, qui tiendra une si grande place dans les raisonnements ultérieurs.

Nous voici renvoyés au débat philosophique sur les deux conceptions de la délivrance : la délivrance après la mort et la délivrance en

---

111. Voir aussi la brève remarque de L. Renou, « Le jeûne du créancier dans l'Inde ancienne », p. 166.

112. Voir *supra*, p. 237.

cette vie (*jīvanmukti*), longtemps récusée, mais réhabilitée et mise au premier plan par les spéculations śivaïtes, notamment – en ce dernier cas, le jeûne à mort n'est plus nécessaire, la délivrance étant obtenue par la seule foi et la « reconnaissance » de son identité d'essence avec le principe suprême, ou la divinité[113].

4. Évolution de la notion et de ses enjeux

La conception du jeûne s'est donc considérablement enrichie et complexifiée, depuis l'époque védique où le jeûne du sacrifiant, élément du rite de consécration préliminaire qu'est la *dīkṣā*, est généralement modéré, et, en tout cas, ponctuel : la durée d'une nuit. On observe, cependant, dans les prescriptions relatives au jeûne au sein de la *dīkṣā*, des principes que retiendront et développeront à l'envi les textes normatifs ultérieurs, en particulier les Dharmaśāstra : la tendance à privilégier les aliments crus, essentiellement racines et fruits, l'abandon des viandes (en particulier la chair des animaux sauvages[114]), la préférence accordée aux aliments lactés[115], toutes dispositions où l'on peut reconnaître l'aspiration ancienne à la non-violence (*ahiṃsā*), elle-même, étymologiquement « désir de ne pas tuer ». C'est un thème que nous reprendrons au moment de parler tant de la place centrale du jeûne dans l'ensemble des représentations qui forment la trame de la culture indienne que de sa dimension paradoxale.

Pourquoi, en effet, y a-t-il des aliments plus compatibles que d'autres avec le jeûne ou la diète ascétique ? L'articulation entre diète, hygiène

113. Sur cette question, voir, notamment, L. Bansat-Boudon, « Introduction », dans L. Bansat-Boudon et K. D. Tripathi, *An Introduction to Tantric Philosophy. The Paramārthasāra of Abhinavagupta with the Commentary of Yogarāja*, Londres – New York 2011, p. 22, p. 29 et 43-45.

114. Voir L. Renou, « Le jeûne du créancier dans l'Inde ancienne », p. 171, qui note que l'un des principes présidant au jeûne de la *dīkṣā* est de s'abstenir des aliments qui seront offerts dans l'oblation du lendemain, en particulier la chair des animaux sauvages (ŚB, cité *supra*, p. 229). Il semble que les textes les plus anciens (par exemple ŚB IX 5, 1, 6, cité *supra*, p. 229) fassent également référence à une abstention totale de nourriture, L. Renou, « Le jeûne du créancier dans l'Inde ancienne », p. 171.

115. Ainsi en est-il du *payovrata*, le « lait d'abstinence », comme traduit Ch. Malamoud, *Cuire le monde*, « Le corps contractuel des dieux », p. 229, c'est-à-dire l'« observance (*vrata*) [consistant à ne se nourrir que] de lait (*payas*) ». Sur la *dīkṣā*, voir *supra*.

alimentaire et jeûne peut être très délicate à déterminer, sauf quand il s'agit d'un jeûne total, où la diète n'est plus que symbolique. Une chose au moins est sûre : préliminaires à la phase ultime de la mort, les diverses étapes du jeûne religieux de l'ascète se laissent appréhender comme autant de modalités diététiques impliquant l'observation du principe de non-violence, lequel se traduit par un renoncement à la cuisine : pas de viandes, nécessairement cuisinées, pas d'aliments cuits[116]. La seule « cuisson » autorisée est celle de l'ascète-jeûneur lui-même, qui, pendant sa *dīkṣā* (dérivé désidératif de la racine *dah*, « brûler »)[117], s'adonne au *tapas*, la brûlure du feu ascétique où il consume sa finitude.

Les spéculations et les pratiques ultérieures adjoindront à cela le critère du hasard et de l'occasion, le jeûneur ne devant se nourrir que de ce qui se présente spontanément à lui. Il y a là une thématique, déjà présente dans le *kāvya*, à l'époque du KS, on l'a vu[118], mais que développeront, par exemple, les raisonnements du śivaïsme non dualiste cachemirien sur l'aspiration essentielle de l'homme fini à la délivrance (*mokṣa* ou *mukti*), laquelle passe par le renoncement aux actes, du moins au désir du résultat des actes : dans le contexte de la loi du *karman*, inconnue du védisme, il s'agit d'agir le moins possible pour que s'épuisent les fruits, bons ou mauvais, dont tiennent compte les règles de redistribution des statuts individuels dans l'existence suivante. Vivre d'une nourriture de rencontre y prend la forme d'une observance spécifique, le « vœu du python », l'*ājagaram vratam*, ainsi nommé parce que le python (*ajagara*), pourtant un carnivore, comme l'indique son nom[119], attend paresseusement que lui tombe dans la gueule toute proie qui passerait par là. Observer le vœu du python, c'est pratiquer une forme de jeûne où il est permis de se nourrir à condition de ne pas faire effort pour cela, et dont la finalité est d'accéder à la délivrance, plus précisément, dans ce système de pensée, à la « délivrance en cette vie » (*jīvanmukti*), comme s'en explique le commentaire à la kārikā 69 du *Paramārthasāra* d'Abhinavagupta (c. 975-1025)[120], qui cite MBh XII 172, 27 :

116. Ch. Malamoud, « Cuire le monde », p. 63.

117. *Ibid.*, p. 61.

118. Ce sont les feuilles tombées d'elles-mêmes, et que pourtant dédaigne Pārvatī.

119. Le terme pour « python » (ou « boa constrictor ») est *ajagara*, « dévorateur de chèvres (*aja*) ».

120. Voir L. Bansat-Boudon et K. D. Tripathi, *An Introduction to Tantric Philosophy*, p. 246 ; la kārikā 69 est une définition du *jīvanmukta*, le « délivré-vivant ».

> Moi, qui suis pur, j'observe le « vœu du python » : la consommation de fruits, les repas, et le fait d'étancher sa soif n'y sont aucunement réglés, l'espace et le temps ne s'y déclinent qu'en fonction du cours de la destinée, et il remplit de félicité le cœur [de l'observant]. L'observance de ce vœu est impossible aux êtres de mauvais aloi.

5. Typologies

Quelle que soit l'importance donnée, dans certaines catégories de textes[121] et jusque dans les pratiques modernes, au thème du *prāya*, le jeûne profane de revendication, c'est le jeûne religieux que la tradition juridique et littéraire privilégie, tant pour son prestige intrinsèque que pour sa dimension spéculative, déniée au jeûne polémique.

Outre le jeûne du sacrifiant védique, les exemples évoqués jusqu'à présent (Pārvatī, Yayāti) relèvent essentiellement du jeûne de purification et de perfectionnement, jeûne en principe total, destiné à se concilier les dieux et à accéder au souverain bien, de quelque façon qu'on l'envisage, et qui vaut pour une qualification. Encore faut-il que l'ascète ait renoncé à tout désir autre que celui d'un parfait abandon à un principe supérieur, car on voit aussi, dans les mêmes textes mythico-épiques (et, plus tard, dans certaines pratiques tantriques), des figures d'ascètes, exaltés et resplendissants, qui attendent de l'extrême violence exercée contre eux-mêmes des pouvoirs inouïs, capables de terrifier l'ensemble des êtres, y compris les dieux, et de se les soumettre. Vertige du désir ; dévoiement de l'ascèse. Ce n'est pas à eux que nous nous attacherons.

Au jeûne de perfectionnement de soi, on peut rattacher d'autres catégories : le jeûne d'adoration de la divinité à laquelle on fait ainsi offrande de soi, fût-ce pour en recevoir un bienfait, et, parfois conjointement, comme dans le cas de Pārvatī, le jeûne, plus insolite, de séduction[122] ; le jeûne démiurgique qu'observent parfois les dieux, et, en particulier, Brahmā, le Créateur, sans qu'il lui soit nécessaire de faire allégeance à quelque autre que lui-même, et le jeûne votif ou optionnel, parce qu'il permet d'acquérir des pouvoirs et des mérites, étape nécessaire à l'obtention du fruit désiré : si, par définition, il n'est pas entièrement désintéressé, du moins se tient-il dans les limites d'un

---

121. Rappelons que les textes normatifs n'y font référence que par allusion, se concentrant sur le jeûne religieux et sa double dimension votive et expiatoire.
122. Voir *supra*, p. 237.

idéal dharmique de pureté et de maîtrise des passions, comme c'est le cas pour le jeûne apotropaïque, destiné, par exemple, à repousser la menace qui pèse sur un enfant.

Ainsi ne peut-on manquer de relever que, à certains égards, la classification des jeûnes recoupe au moins partiellement la distribution canonique des rites. Le jeûne votif est comparable au rite du même nom (*kāmya*), l'un et l'autre observés quand on veut obtenir des dieux une grâce spéciale, et le jeûne récurrent, observé à dates régulières, tel le jeûne hebdomadaire de l'épouse[123], s'apparente au rite *nitya*, rite obligatoire et temporellement fixé. Appliqué au jeûne de purification et de qualification, cet essai de typologie n'en a pas moins ses limites, tant il est vrai qu'un même jeûne peut avoir plusieurs finalités et se ranger sous différentes catégories, à proportion de la complexité de la pratique, de la personnalité et de la biographie, fût-elle mythique, du jeûneur. Le jeûne de Pārvatī est autant un jeûne votif (gagner ainsi l'amour de Śiva) que d'adoration (l'amour se confondant ici avec la dévotion) et de séduction ; celui de Gandhi, autant un jeûne polémique qu'un jeûne de purification.

Mais il est une conception du jeûne, exactement consignée dans les Dharmaśāstra, qui est celle du jeûne d'expiation, sous-ensemble du jeûne de purification (ou son autre face), comme en témoigne les termes dont il est désigné dans ces recueils de règles, à savoir *upavāsa*, et les périphrases négatives qui peuvent s'y substituer[124]. Celui-ci, en effet, est un prolégomène à l'action rituelle, pour laquelle il faut être rituellement qualifié et préparé, celui-là est postérieur à une faute, à un péché (*pāpa*), dans la terminologie de Manu, et le sanctionne.

En ce dernier sens, le jeûne d'expiation est plus qu'une pratique, il est un rite de réparation et relève de cette autre catégorie fondamentale de la pensée indienne qu'est le groupe nombreux des *prāyaścitta*, exposés au chapitre XI de la *Manusmṛti* [MS]. Leur définition liminaire (XI 44) détermine ce qui fait faute, en l'occurrence, les circonstances dans lesquelles un *prāyaścitta* est requis : « Quand un homme manque à accomplir un acte prescrit, ou qu'il entreprend un acte répréhensible ou s'attache aux objets des sens, il s'expose à un rite de réparation[125] ».

123. Voir *infra*, p. 285.

124. Voir *supra*, n. 38.

125. MS XI 44 : *akurvan vihitaṃ karma ninditaṃ ca samācaran/ prasajaṃś cendriyārtheṣu prāyaścittīyate naraḥ//*. Pour une étymologie de *prāyaścitta*, qui implique le verbe *pra-i*, voir *supra*, n. 34.

La notion de *prāyaścitta* consiste moins en la réparation de la faute qu'en la reconstitution à neuf de la personne elle-même, rendue à sa pureté et à son intégrité originelles, en particulier à sa classe, dont la faute commise menaçait de le faire déchoir[126].

Il y a certes des récits de grandes expiations, associées à de terribles jeûnes, mais, pour l'essentiel, le jeûne d'expiation, du moins tel que la MS le codifie, est l'affaire de l'homme ordinaire. C'est une pratique intramondaine qui n'exige pas nécessairement de celui qui l'observe l'héroïsme qui est celui des ascètes du mythe et de l'épopée, déterminés à jeûner jusqu'à la mort. Parce que le jeûneur est un homme du commun (même s'il est, théoriquement, un brahmane), qui, le plus souvent, pèche petitement, et expie de même, la variété des jeûnes est presque infinie, à proportion de la diversité des jeûneurs, et répertoriée dans les textes juridiques, au premier rang desquels la MS.

Comme consciente du peu de prestige qui s'attache à cette multitude de pratiques, la MS s'efforce de leur donner une certaine légitimité, en forgeant une sorte de mythe d'origine qui donne pour modèle au jeûne des hommes celui des dieux, des Ancêtres, des grands Voyants[127], ces *ṛṣi* qui ont eu la révélation du Veda et l'ont transmise aux hommes.

Il est vrai que les recueils de règles sur lesquels se fonde toute la littérature normative de l'Inde ancienne (en particulier, les Dharmasūtra et les Dharmaśāstra) relèvent d'un genre de textes inconnu des catégories occidentales, dans la mesure où ils ne sont pas des codes juridiques *stricto sensu*. Non seulement le mythe y tient sa place, comme dans le long préambule que la MS consacre au récit de la création du monde[128], mais le concept occidental de loi n'a d'autre correspondant sanskrit que la notion de *dharma*, catégorie fondamentale de la pensée indienne, et susceptible d'assumer une pluralité de sens selon le contexte d'emploi.

Le *dharma*, c'est d'abord, étymologiquement, à la fois ce « qui tient ensemble » et ce « qui se tient », d'où le sens d'« ordre » et

---

126. Sur les *prāyaścitta*, en particulier en contexte śivaïte, voir D. GOODALL et R. SATHYANARAYANAN, *Śaiva Rites of Expiation, A First Edition and Translation of Trilocana's twelth-century* Prāyaścittasamuccaya (with *a Transcription of Hṛdayaśiva's* Prāyaścittasamuccaya, *with an Introduction by D. Goodall*), Pondichéry 2015.

127. MS XI 211 et XI 222.

128. MS I 1-119 ; voir P. OLIVELLE, *Manu's Code of Law*, « Introduction », p. 8-9, 26 *sq.*, et tout le chapitre I.

d'« organisation », tant sociale que cosmique, et, figurément, de « loi », au sens juridique aussi bien qu'éthique du terme. Ce glissement sémantique qui fait que la loi participe également de la morale, individuelle et collective, se justifie d'autant plus que le *dharma* est, entre autres acceptions du mot, le premier des « buts de l'homme ». Ce *dharma* singulier et polysémique se monnaie en différents *svadharma*, « *dharma* propre » à chacun[129]. Il se décline également au pluriel, les *dharma* ayant, selon les cas, le sens de « lois », « règles » ou « devoirs ».

D'une certaine façon, mais sans que les domaines soient véritablement délimités, la loi, dans l'Inde, est d'abord incarnée par le roi, qui brandit le *daṇḍa*, bâton symbolique du châtiment et du pouvoir politique. Or la politique relève d'autres textes, les Arthaśāstra, dont le seul à nous être parvenu est l'*Arthaśāstra* [AŚ] de Kauṭilya. C'est la prérogative du roi de tenir cour de justice et d'appliquer le châtiment.

Du reste, les deux classes de textes ne sont pas sans se recouvrir, puisque la MS consacre une part non négligeable de son exposé à des questions touchant au gouvernement royal (*rājadharma*) et aux procédures légales (*vyavahāra*), sujets relevant généralement du registre de l'AŚ[130]. La MS garde la trace de cette double autorité, en particulier en XI 100-101, qui montre un brahmane, voleur d'or, se présenter spontanément devant le roi pour réclamer son châtiment, et le roi se saisissant de la massue pour en frapper, une seule fois, le brahmane. Néanmoins, le deuxième hémistiche de ce même vers semble donner le point de vue propre à la MS, qui adopte une perspective morale (en tout cas adaptée aux lois régissant la distribution de la société en quatre classes) : en règle générale, le vol est puni de mort, mais, s'il s'agit d'un brahmane, le châtiment se mue en expiation, autrement dit, en une pratique ascétique (*tapas*)[131]. On voit que la frontière est ténue entre faute et délit. Même quand il s'agit d'un délit relevant du droit pénal (vol, meurtre, adultère), la MS privilégie le point de vue du *dharma*, entendu comme réseau de devoirs subordonné aux règles de la classe et des âges de la vie, en sorte que l'expiation remplace le châtiment – une expiation qui est, très régulièrement, l'observance d'un jeûne[132].

129. Voir *infra*, p. 282.

130. Sur ces questions, voir P. OLIVELLE, *Manu's Code of Law*, « Introduction », p. 46 *sq*.

131. MS XI 100-101cd : *vadhena śudhyati steno brāhmaṇas tapasaiva vā*.

132. La MS a ceci de particulier qu'elle articule, dans son économie textuelle, les règles relatives à l'expiation (chapitre XI, v. 1-265) sur l'exposé du *svadharma*,

Il serait vain de reproduire ici l'inventaire quelque peu disparate que la MS s'applique à dresser. Il suffira d'indiquer que, pour décrire chacun des jeûnes, la MS suit un schéma régulier d'exposition : sa cause (la faute dont il faut s'exonérer), sa temporalité (non seulement sa durée, mais son séquencement interne, comme dans le *cāndrāyaṇa*), les substances permises et leur quantité, exactement comptée, à quoi s'ajoutent des considérations sur la condition sociale (ou le sexe) du jeûneur, la gravité de la faute et son caractère intentionnel ou non, qui permettent de graduer la sévérité du châtiment ou de l'expiation. L'exposé consiste donc, pour l'essentiel, en une comptabilité méticuleuse, voire tatillonne, qui obéit au double critère de la distribution du temps et des nourritures. Du reste, il vaut la peine de noter que plusieurs des fautes susceptibles d'être expiées par le jeûne sont des transgressions des règles alimentaires obéissant aux lois plus générales de l'opposition du pur et de l'impur, qui gouvernent aussi bien la distribution des classes.

On se bornera à quelques exemples, parmi les plus insolites, non sans faire cette observation, d'ordre terminologique : quand la MS veut désigner le concept de jeûne, dans le contexte des rites de réparation, elle emploie le terme *upavāsa* ou ses équivalents négatifs, mais, quand elle entre dans le détail de l'observance, le terme générique s'efface souvent pour laisser la place à une dénomination spécifique : *cāndrāyaṇa*, le « [jeûne] qui suit le décours de la lune », *kṛcchra*, le « [jeûne] difficile », et ainsi de suite.

Le *cāndrāyaṇa*, l'un des jeûnes les plus fameux, parce que l'un des plus spectaculaires et des plus redoutables, est une pratique complexe, particulièrement conforme au *dharma* entendu comme ordre socio-cosmique, puisqu'il s'agit d'y suivre le décours de la lune. Il consiste à faire décroître et croître d'une bouchée ses rations journalières en fonction des phases de la lune pendant un mois lunaire[133] : le jeûneur passe ainsi progressivement de quatorze bouchées à une totale

le devoir propre à chacune des quatre classes sociales, qui n'occupe pas moins de huit chapitres (de II, 26 à X, 131) ; pour un tableau de cette économie de la MS, voir P. OLIVELLE, *Manu's Code of Law*, « Introduction », p. 9. On observe, néanmoins, que la MS consigne une alternative à l'ascèse et au jeûne, notamment, le contrôle des souffles et la récitation d'un hymne védique particulier (XI 249), ou la mémorisation du *Ṛgveda* entier (XI 243).

133. MS XI 217-218.

abstinence, le dernier jour de la première quinzaine, avant d'augmenter sa diète d'une bouchée journalière, jusqu'à atteindre la quantité de quatorze bouchées, au dernier jour de la seconde quinzaine.

Le jeûne nommé *kṛcchra*, le « difficile », également appelé *prājāpatya*, est plus rigoureux encore (MS XI 212) : sur une séquence de douze jours, le jeûneur mange le matin pendant trois jours, le soir pendant les trois jours suivants, puis ce qui lui est offert sans qu'il le demande pendant trois jours, et s'abstient de toute nourriture pendant les trois derniers jours ; sa variante, l'*atikṛcchra*, le « très difficile », observe un protocole identique, mais en réduisant la diète à une seule bouchée par séquence temporelle (MS XI 214). Autre variante : le *taptakṛcchra*, le « [jeûne] difficile et chaud », qui se déploie sur quatre ou douze jours, consiste à prendre successivement de l'eau chaude, du lait chaud, du beurre fondu chaud, et, en dernier lieu, de l'air chaud, autant dire rien (MS XI 215).

L'affectation de ces jeûnes à une faute particulière ne manque pas, à nos yeux de modernes, d'un certain cynisme de classe. On a vu comment un voleur ordinaire était puni de mort quand le brahmane coupable du même vol n'était soumis qu'à une observance ascétique (MS XI 101). De même, un brahmane doit-il observer le *kṛcchra*, s'il s'est rendu coupable de vol à l'égard d'un autre brahmane (MS XI 163), mais seulement le *cāndrāyaṇa*, si la victime n'est pas de la même classe (MS XI 164).

Ajoutons que, s'il est un *prāyaścitta per se*, le jeûne est aussi cause de *prāyaścitta*, s'il est indûment interrompu, sans l'accord de la divinité ou du *guru*, avant le temps prescrit ou la réalisation du vœu qui le sous-tendait.

Les raisonnements sur le jeûne construisent ainsi un système cohérent et complet qui va jusqu'à donner un statut et un nom à la « rupture du jeûne » (*pāraṇa*) : le moment venu – sauf, il va sans dire, à ce que le jeûneur ait fait serment de poursuivre son jeûne jusqu'à la mort –, on doit solennellement terminer son jeûne, selon des procédures qui vont de la simple gorgée d'eau rituelle au repas offert aux brahmanes ou à toute sa parentèle[134].

---

134. Voir P. V. KANE, *History of Dharmaśāstra*, vol. 5/1, p. 120-121 ; également, entre autres exemples, MBh III 280, 16 (c'est l'histoire de Sāvitrī) quand son beau-père prie Sāvitrī de recommencer à s'alimenter après son jeûne complet de trois jours et trois nuits.

6. Les jeûneurs

Qu'il s'agisse du jeûne de perfectionnement de soi ou du jeûne d'expiation, il importe de savoir qui jeûne.

On l'a vu, l'observant du jeûne d'expiation, à propos duquel la MS légifère, est un homme ordinaire, avec ses faiblesses ordinaires, grandes ou petites, qu'il lui faut expier, et, en ce sens, on ne peut que remarquer un certain pessimisme de la MS quant à la condition humaine : l'appartenance à la classe brahmanique n'est en aucun cas un gage de moralité.

Néanmoins, toutes catégories de jeûnes confondues, il s'avère que l'éventail des jeûneurs se déploie largement.

Tout au long de son histoire, la littérature – les Épopées, les recueils de récits mythiques que sont les Purāṇa, ou « Antiquités », et la haute littérature savante (le *kāvya*) – prend le relais des traités de *dharma*, des plus anciens (les Dharmasūtra), aux plus récents (les Dharmaśāstra), élaborant des récits dont les protagonistes sont souvent des ascètes observant un *tapas* d'une extrême rigueur, tant ces figures exigeantes sont par essence héroïques.

Quintessence de l'ascèse, le jeûne devient un *topos*, un puissant motif, qui culmine dans l'exaltation et la célébration littéraire du phénomène de « naturalisation » dont il s'accompagne, le jeûneur se végétalisant ou s'animalisant, réellement ou par métaphore : Vālmīki devient fourmilière, Pārvatī est pareille aux plantes que seule la pluie nourrit, Mādhavī, fille de Yayāti, qui renonce abruptement à la vie dans le monde, au moment même de se choisir un époux, entre dans la forêt pour y mener la vie des antilopes (c'est une *mṛgacāriṇī*), observant une forme de jeûne où l'unique nourriture est constituée d'herbe, de jeunes pousses, de racines et d'eau pure[135] – jeûne sévère, sans être pour autant un jeûne à mort.

---

135. Sur cet épisode du MBh (V 118, 6-11), voir P. Olivelle, *Ascetics and Brahmins. Studies in Ideologies and Institutions,* Londres – New York 2011, p. 94, qui rappelle que *mṛgacārin*, « qui vit à la façon des bêtes sauvages (ou des antilopes) » est le nom donné à une certaine classe d'ascètes retirés dans la forêt. Sur le phénomène de naturalisation qu'impliquent l'ascèse et le jeûne qui y est immanquablement associé, voir aussi Ch. Malamoud, *Féminité de la Parole*, « À l'articulation de la nature et de l'artifice », p. 169-186 [p. 175-180]. Développement analogue dans Ch. Malamoud, « Village et forêt dans l'idéologie de l'Inde brahmanique », p. 93-114 [p. 110-114].

L'ascèse, dont le jeûne est une composante indispensable, soustrait ainsi celui qui s'y adonne au règne humain, ou plutôt au registre de l'homme social[136], en ce qu'elle contribue à le détacher de sa condition d'être fini et conscient de l'être. Dans ce cas de figure, le jeûneur est essentiellement un *mumukṣu*, qui ne se contente pas d'aspirer à la délivrance[137], mais y travaille intensément, payant de sa personne.

Dans les raisonnements indiens, tout l'effort de penser la société des hommes vise à instaurer le passage de la nature à la culture, passage qui se fait, avant tout, par le rite[138]. La naturalisation du jeûneur (et de l'ascète, plus largement) consacre l'inversion du mouvement, qui va de la culture à la nature, au point que le jeûneur en surgit renouvelé, comme être naturel, désormais affranchi des normes sociales, et, en premier lieu, des rites.

Le jeûne réalise ainsi l'idée sous-jacente à tout *vrata* et à tout *tapas*, à savoir l'aspiration à une transformation, ou à un perfectionnement de soi, qui fonde une qualification (*adhikāra*) : il convient, à l'époque védique, de se qualifier pour le sacrifice, et, plus tard, pour la délivrance.

À l'âge védique, il est vrai, et jusque dans l'épopée, le seul but du sacrifiant est d'accéder au ciel (*svarga*) après sa mort, pour y demeurer indéfiniment auprès des dieux – le sacrifice lui étant seulement l'occasion d'aller reconnaître les lieux de son futur séjour et d'y réserver sa place[139]. Il n'est pas encore question ni de revenir de ce *svarga*, ni, par conséquent, d'être assujetti à la doctrine d'airain du *karman* – doctrine de la rétribution des actes en vertu de laquelle les actions des vies antérieures déterminent les formes d'existence, animales, humaines, divines ou démoniaques, qui seront siennes dans la vie suivante – qui expose l'homme hindou à la fatalité d'un éternel retour dans

---

136. C'est ainsi que le *saṃnyāsin* éteint ses feux sacrificiels et brise les ustensiles du culte ; voir Ch. MALAMOUD, « Village et forêt… », p. 102-103.

137. Le substantif *mumukṣu* est formé sur une forme de désidératif de la racine *muc*, « délivrer ».

138. Ch. MALAMOUD, « À l'articulation de la nature et de l'artifice », p. 169-186.

139. Encore est-ce son corps sacrificiel qui entreprend le voyage : le sacrifiant a laissé son corps profane en gage aux officiants du sacrifice, qui le lui rendront à la fin de son périple, autrement dit, au terme du sacrifice, contre les honoraires prescrits ; voir Ch. MALAMOUD, « La théologie de la dette », p. 125-126, et « Le corps contractuel des dieux », p. 228.

la vie ici-bas. C'est ce retour, vécu comme infiniment douloureux, puisqu'on ignore la forme sous laquelle on renaîtra, dont il importe de s'affranchir.

Or, dans l'imaginaire indien, la femme, plus que l'homme, se prête à toutes les métamorphoses. Une capacité dont la poésie garde la trace dans ses *topoi* et ses métaphores : la femme peut devenir liane gracile, ou antilope au beau regard, et, aussi bien, fleur striée de rouge comme ses yeux en larmes, coucou ayant sa voix exquise, cygne lui ayant ravi sa démarche voluptueuse, lotus pareil à son visage, rivière tumultueuse, imitant sa colère, comme à l'acte IV de *Vikramorvaśī*, où le roi Purūravas réclame sa bien-aimée perdue à la nature entière, croyant la voir dans tous les objets qui la constituent[140]. C'est pourquoi, sans doute, les exemples littéraires et mythiques du jeûne sont surtout féminins.

Épurée, éclairée par la dévotion et l'amour, la beauté que le jeûne confère à celle qui l'observe[141] est encore sublimée par l'appartenance nouvelle au règne naturel et scelle son aptitude à accéder à un registre supérieur de la réalisation de soi.

Néanmoins – encore un de ces paradoxes qui structurent la pensée indienne et que l'observance du jeûne illustre remarquablement – le jeûne religieux dont nous parlons[142] est en lui-même un rite, expression d'un libre choix du jeûneur, certes, mais que la norme sociale se réapproprie, sous les espèces des Dharmaśāstra notamment, de la même façon qu'elle intègre dans les quadruples séries des « buts de l'homme » et des « âges de la vie » ce qui est la dénégation de toute appartenance sociale, à savoir l'idéal de renoncement et l'aspiration à la délivrance. Quatrième et dernier « but de l'homme », mais réservée à une très petite élite, la délivrance (*mokṣa*) trouve ainsi à se réaliser, pendant le temps d'une existence d'homme, dans le quatrième et dernier stade de la biographie canonique du *dvija*, celui du renonçant anachorète, le *saṃnyāsin* – statut facultatif, il va sans dire, puisqu'il n'est accessible qu'à des êtres d'exception.

---

140. Voir L. Bansat-Boudon, « Un opéra fabuleux. Observations sur l'acte IV de *Vikramorvaśī* », *Théâtres indiens*, *Puruṣārtha* 20 (1998), p. 45-101 ; et L. Bansat-Boudon (éd.),*Théâtre de l'Inde ancienne*, Paris 2006, p. 1158-1178, qui donne la version longue, c'est-à-dire scénique, de l'acte IV.

141. Voir KS V, v. 2, 9-13, 27, 36.

142. Je laisse de côté ici le jeûne religieusement prescrit du sacrifiant védique, qui n'est pas un jeûne de libre choix.

Qui jeûne ? Le jeûne apparaît d'abord comme une prérogative des brahmanes et des rois, et, plus encore, des rois qui se font ascètes (les *rājarṣi*), au moment prescrit par les textes de *dharma*, c'est-à-dire à partir du troisième stade de la vie de tout homme hindou – du moins s'il est un *dvija* –, à savoir cet âge où il est autorisé à se faire *vānaprastha*, ermite forestier[143], voire, s'il en a la force morale et physique, ce renonçant absolu qu'est le *saṃnyāsin*, protagoniste du quatrième *āśrama*.

Toutefois, textes normatifs et littérature enregistrent une pratique du jeûne ouverte à la quasi-totalité des êtres animés, des deux sexes : non seulement les hommes, les dieux, les démons[144], mais aussi, bien que plus rarement, les enfants et jusqu'aux animaux, ce qui n'a rien d'étonnant en contexte indien, puisqu'un dieu peut avoir un animal comme avatar[145], ou que, entre autres exemples, Hanumān, d'ascendance divine par son père Vāyu, dieu du vent, mais singe par sa mère, est l'allié de Rāma (autre avatar de Viṣṇu), en sa qualité de ministre et général en chef de Sugrīva – lui aussi de statut divin par son père, le Soleil – qui règne sur le peuple des singes. L'épopée fait ainsi voir une société simiesque régie par les mêmes règles et conventions que celle des hommes, où l'on parle et agit comme les hommes, de plain-pied avec eux. C'est le monde des fables de La Fontaine, qu'inspirent aussi bien Ésope qu'un modèle indien[146]. Toutefois, ce qui, dans la source grecque, n'est qu'un artifice littéraire, est ontologiquement et mythiquement justifié dans le système indien de représentations.

En vertu du statut qui leur est fait, les animaux, donc, peuvent jeûner. Dans le *Rāmāyaṇa* (IV 52, 19 à 54, 12), Aṅgada, fils de Sugrīva, observe avec sa suite un jeûne à mort, préférable à la prison (IV 54 11) et au déshonneur d'avoir échoué dans la tâche que Rāma leur avait confiée. Dans le *Skandapurāṇa* (LV 1-8), c'est un tigre qui jeûne en compagnie de Pārvatī pendant un millier d'années. À quoi vient s'ajouter le témoignage du monumental bas-relief de Mahabalipuram,

143. Sur le statut particulier du *vānaprastha*, dans le troisième *āśrama*, voir Ch. Malamoud, « Sémantique et rhétorique des "buts de l'homme" », p. 142.

144. Ainsi le jeûne de Hiraṇyakaśipu, qui lui vaut d'obtenir de Śiva la souveraineté sur les trois mondes.

145. Dans ses quatre premiers *avatāra*, Viṣṇu est successivement poisson, tortue, sanglier et lion, sous la forme hybride de Narasiṃha, l'homme-lion.

146. Par l'intermédiaire d'une version arabo-persane du *Pañcatantra*, attribué par La Fontaine et ses contemporains au « sage Pilpay ».

traditionnellement nommé « La descente du Gange » ou « L'ascèse d'Arjuna ». D'un côté de la faille qui creuse le monolithe, on voit un ascète décharné par le jeûne et s'adonnant à de rigoureuses austérités, qui pourrait être Arjuna, et, de l'autre côté, un chat, comme un double animal (et probablement parodique) du yogin humain, debout, dans la même posture ascétique, presque autant amaigri par le jeûne, entouré de souris folâtrant à leur aise[147].

Quant aux enfants (*śiśu*), un texte normatif tel que le *Prāyaścittasamuccaya* (XXVI 12, 792c-793b) prescrit pour eux le *śiśucāndrāyaṇa*, un aménagement temporel du *cāndrāyaṇa*, paradigme du jeûne le plus extrême, réduit pour eux de vingt-huit à cinq jours[148].

Encore le catalogue des jeûneurs ne s'achève-t-il pas là : comme emportée par son élan taxinomique, la MS (XI 241) n'hésite pas à affirmer que « insectes, serpents, moucherons, animaux domestiques, oiseaux et créatures immobiles [autant dire, arbres et plantes], gagnent le ciel [, s'affranchissent de leurs péchés,] par la force de l'observance ascétique ». Toujours, si caractéristique de la pensée indienne, le vertige de la liste, qui demeure indifférent à la part de fiction qu'elle peut contenir[149].

Dans la société humaine, les *dvija* ont la liberté de jeûner[150], quelle que soit la finalité de leur jeûne, et sans qu'ils aient nécessairement embrassé la condition d'ascète. Dans l'Inde védique, le *yajamāna*, on l'a

147. On pense à ce récit de la RT (VIII 2412-2413) dans lequel une chatte, après la mort de sa maîtresse, s'abandonne à l'affliction la plus violente et refuse toute nourriture, jusqu'à en mourir : insolite parallèle au *prāya* observé par le guerrier perdu de chagrin, voir *supra*, p. 259 *sq*.

148. D. Goodall et R. Sathyanarayanan, *Śaiva Rites of Expiation*, p. 331.

149. Sur ce point, voir L. Renou, *L'Inde fondamentale*, « La vie et le droit dans l'Inde : le *dharma* », p. 179.

150. Précisons toutefois que dans les textes de *dharma*, au moins, cette liberté de jeûner ne vaut pas pour les femmes mariées, lesquelles ne jeûnent qu'avec la permission expresse de leur époux (ou, dans le contexte du sacrifice védique, en se tenant à ses côtés). Les veuves aussi jeûnent (voir Fr. Mallison, *L'Épouse idéale, La Satī-Gītā de Muktānanda, traduite du Gujarātī*, Paris 1973), n'obéissant plus alors qu'aux règles énoncées par les Dharmaśāstra. En revanche, on n'attend pas cela des jeunes filles : c'est l'âge de la beauté et de l'amour, non des austérités (voir KS, v. 44). Rigueur de la loi, tempérée par la littérature, qui fait voir des jeunes filles (telle Pārvatī) choisissant seules l'ascèse et le jeûne, mais non sans demander le consentement de leur père (voir KS, vv. 6 et 7, et *infra*, p. 282). Du reste, dans le KS, Śiva, qui a pris l'apparence d'un étudiant brahmanique (*brahmacārin*), ne se prive pas de reprocher à Pārvatī d'avoir pris l'initiative de ce jeûne terrible, qui va contre les règles dharmiques.

vu, n'est qu'un homme de ce monde, désireux d'offrir un sacrifice aux dieux, et disposé à s'y préparer rituellement au moyen de la *dīkṣā* et du jeûne qui lui est associé. Son épouse a l'obligation d'être à ses côtés, tant dans la phase préparatoire de la *dīkṣā* que dans la célébration du sacrifice. Les pratiques ultérieures, que décrit la littérature, attestent cette communauté de destin rituel. Si, en effet, lors de la célébration d'un des grands rites royaux, la reine ne peut être aux côtés du son époux, elle doit néanmoins participer au rite sous la forme de son effigie miniature : dans le *Rāmāyaṇa*, une statuette en or figure ainsi Sītā, exilée de la cour.

Dans l'Inde hindouiste, jusqu'à l'époque contemporaine, le jeûne, et, en particulier, le « jeûne du lundi » que pratiquent assidûment les femmes[151], est, de la même façon, un jeûne intramondain, comme l'est le jeûne de revendication, exemplairement figuré, d'une part, par le créancier se laissant mourir d'inanition sur le seuil de son débiteur, d'autre part, par le jeûne politique dont Gandhi se fait une arme de dissuasion contre le déchaînement de la violence.

Des êtres animés qui observent le jeûne, seuls les Mânes sont exclus – certes des morts, mais qui furent vivants, et dont on se souvient comme tels, au moins pour un temps limité. En effet, les Mânes (ou Pitṛ, littéralement les « Pères ») sont ce groupe d'ancêtres, circonscrit aux quatre générations immédiatement antérieures[152], auquel on rend un culte funéraire. Ce culte consiste en des offrandes régulières, présentées une fois par mois, et d'autres occasionnelles, pour célébrer la naissance d'un fils, par exemple. Très différentes des oblations et des libations dues aux dieux, elles consistent en des « boulettes » (*piṇḍa*) faites de riz cuit, de graines de sésame, de lait, de caillé, de miel et de beurre clarifié, grossièrement façonnées.

C'est une obligation dharmique, par laquelle l'homme hindou s'acquitte de sa dette aux ancêtres, qui fait de ces Mânes des mangeurs. Encore faut-il préciser que, à la façon des dieux grecs se nourrissant des fumées du sacrifice, les Mânes se nourrissent seulement de la vapeur qui s'élève des boulettes chaudes. C'est la raison pour laquelle ils sont des *ūṣmapa*, des « buveurs de vapeur ». Nourriture toute symbolique, donc, et qui pourrait faire d'eux des jeûneurs, comparables à

151. Voir *infra*, p. 285.
152. Ch. MALAMOUD, *Le Jumeau solaire*, Paris 2002, « Les morts sans visage », p. 67-90 [p. 67-90].

ces ascètes qui, comme Yayāti, se sustentent d'air ou de vent. Il n'en est rien, toutefois, car la vapeur émane de nourritures bien réelles. Les Mânes sont ainsi des mangeurs, fussent-ils éthérés.

Toute infraction à la règle qui veut que les Mânes aient leur content de nourriture aurait de graves conséquences, fragilisant l'équilibre socio-cosmique par quoi se définit le *dharma*. La *Bhagavadgītā* (I 38-42) évoque ainsi le chaos qui résulterait des diverses infractions au *dharma*, au nombre desquelles la non-observance du culte funéraire aux Mânes (v. 42). Par essence, et à plusieurs titres, les Mânes n'ont donc pas vocation au jeûne. La raison première en est qu'ils doivent manger, ne serait-ce que parce que c'est une loi du *dharma*, mais aussi parce que les *piṇḍa* qui leur sont offerts les représentent ; ces boulettes, c'est leur nourriture et c'est eux-mêmes ; comment se passeraient-ils d'eux-mêmes[153] ?

On peut également trouver d'autres raisons à cette inaptitude au jeûne. D'une part, doués d'une personnalité très pâle, sans mythologie, sans humeurs et sans initiatives – du reste, représentés par des boulettes informes, ils ne sont plus des figures anthropomorphiques –, ils n'ont pas les vertus et la force nécessaires pour pratiquer la forme d'ascèse extrême qu'est le jeûne. D'autre part, à l'image de Yama, le dieu des morts, les Mânes sont les créanciers des vivants, leurs descendants, qui leur doivent une nourriture rituelle, rituellement comptabilisée. Toutefois, leur créance n'a pas à être revendiquée par le jeûne : elle est fixée et garantie par le rite, donc par le système social tout entier, ce qui devrait être une garantie suffisante. Pourtant, en des temps d'*adharma*[154], il peut arriver que les vivants faillissent à leur rendre culte ; les morts sont alors réduits à l'inanition contrainte, étrangère à l'éthique du jeûne, qui est d'abord un vœu, requérant, même lorsqu'il est l'effet d'une prescription, l'adhésion entière du jeûneur.

C'est en cela aussi que le cas des Mânes est intéressant. Ils offrent l'image inversée du créancier humain : créanciers des vivants, mais privés, puisqu'ils sont déjà morts, de la puissante ressource qu'est le jeûne de revendication dans le monde qu'ils ont quitté, les Mânes n'ont plus d'autre issue que la souffrance et la menace d'être précipités aux enfers en même temps que les fautifs. Leur créance ne sera honorée

---

153. Voir *Ibid.*, p. 82.

154. Temps de désordre et de dérèglement ; le contraire du *dharma*.

que pour autant que leurs descendants observeront les règles : encore un exemple de la place centrale qu'occupe l'idée de dette dans les raisonnements sur le jeûne.

7. Le mort saisit le vif : théologie de la dette

L'homme, en tant que mortel, est « emprunté[155] » à Yama, dieu de la mort en même temps que premier des mortels et leur roi. Seule la mort lui permet de s'acquitter de cette dette fondamentale.

C'est ainsi qu'une théorie de la dette, sous-jacente à toute existence personnelle, sociale et religieuse, se dégage avec netteté de l'ensemble des représentations indiennes, comme l'une de ses principales lignes de force. Elle rappelle que la vie a la mort pour unique perspective, et qu'elle est une créance dont l'homme mortel est le débiteur auprès de Yama, quelle que soit la façon dont cette dette prototypique se monnaie ensuite entre les quatre dettes congénitales qui fondent son statut d'homme hindou : dette de sacrifice à l'égard des dieux, dette de progéniture à l'égard des ancêtres ou Mânes, dette d'étude védique envers les *ṛṣi*, autrement dit, envers les Veda dont les *ṛṣi* ont eu la révélation, dette d'hospitalité à l'égard des hommes.

Reste que Yama, créancier archétypal, est aussi le créancier ultime, mythiquement habilité à réclamer son dû, et aux exigences duquel nul ne peut se dérober. Le mort saisit le vif, si l'on s'autorise l'emploi de la métaphore hors de son contexte juridique.

Parce qu'il est mortification, le jeûne s'inscrit naturellement dans cette thématique, qu'il soit celui du créancier ou celui de l'ascète. Pourtant, en de rares cas, la fatalité de la mort, c'est-à-dire, de la vie comme dette due à Yama est réversible, sous l'effet des pouvoirs de l'ascèse et du jeûne, précisément. Ainsi en est-il dans l'histoire de Sāvitrī (MBh III 280-283), la fille du roi Aśvapati, qui l'obtint des dieux au terme d'un jeûne de dix-huit années. Contre l'avis de tous, Sāvitrī a épousé le prince Satyavān dont on a prophétisé la mort prématurée à une date fixée d'avance. La princesse s'est préparée à l'épreuve par un jeûne complet de trois jours et trois nuits, le *trirātra* (MBh III 280, 3-16). Elle entend marchander chèrement la vie de son époux à Yama. Chose faite : Yama se présente, déjà il entraîne l'âme (son *ātman*, décrit, à la façon des Upaniṣad, comme « une personne (*puruṣa*) de la

155. Ch. Malamoud, « La théologie de la dette », p. 125.

taille d'un pouce ») de Satyavān (MBh III 280, 16) ; Sāvitrī le suit et lui tient d'habiles discours, qui n'en sont pas moins, toujours, des paroles de vérité (MBh III 282, 39) ; par trois fois, mêlant flatterie et commentaires dharmiques, elle obtient de Yama, satisfait de sa piété, qu'il lui accorde un vœu, non sans qu'il ait préalablement posé ses conditions : il lui accordera tout ce qu'elle aura souhaité, à l'exception de la vie de Satyavān (*vinā punaḥ satyavato 'sya jīvitaṃ* ; III 281, 36c) ; à chaque fois, vœu obtenu, Yama prie Sāvitrī de s'en retourner ; imperturbable, elle continue de s'attacher à ses pas et de lui parler. Très ingénieusement, Sāvitrī a commencé d'assez loin, demandant d'abord des faveurs pour son beau-père ; le troisième vœu concerne son propre père, dont elle est la fille unique, et pour lequel elle requiert la naissance de cent fils, afin de perpétuer la lignée ; accordé ; voilà le terrain préparé pour le vœu suivant, le quatrième : des cent fils obtenus pour son père, le glissement se fait, comme naturellement, aux cent fils « nés d'elle-même et de la poitrine de Satyavān » qu'elle souhaite à présent demander à Yama[156] ; ruse merveilleuse, que Yama, étrangement, ne perce pas à jour, comme s'il n'avait pas mesuré la portée de l'épithète « nés de la poitrine de Satyavān » : il se croit quitte et pense que Sāvitrī, comblée, va cesser de le suivre ; mais, sûre de son avantage, Sāvitrī persévère, avec un plaidoyer dharmique qui se hausse à des sommets de lyrisme : les êtres de bien font se mouvoir le soleil et protègent la terre, ils font à autrui le sacrifice d'eux-mêmes, les actes méritoires portent toujours fruit – en un mot elle donne à Yama une leçon de *dharma*, qui prépare la chute du discours et de l'épisode ; conquis, Yama lui accorde un cinquième vœu, et en oublie de maintenir la condition restrictive ; c'est l'estocade : implacablement logique, Sāvitrī fait observer à Yama qu'il vient de se contredire, avec le dernier vœu qu'il lui a accordé, puisqu'il continue d'entraîner l'âme de Satyavān : non seulement, elle ne saurait vivre sans son époux, mais le *dharma* exige qu'il soit le père de ces cent fils que Yama lui a promis à elle, Sāvitrī ; par ailleurs, c'est le dernier coup, Yama, garant du *dharma* et de la parole de vérité, ne saurait se dédire ; d'autant, souligne-t-elle, que Yama lui-même n'a pas posé, cette fois, l'habituelle condition qui excluait la vie de Satyavān de la panoplie des

156. MBh III 281, 44 : *mamātmajaṃ satyavatas tathaurasaṃ ; bhaved ubhābhyām iha yat kulodvaham/ śataṃ sutānāṃ balavīryaśālinām ; idaṃ caturthaṃ varayāmi te varam//.*

vœux possibles[157]. Enchaînant sans tarder, Sāvitrī formule donc son cinquième vœu, par deux fois, et dans les mêmes termes exactement : « Je fais le vœu que vive Satyavān que voici[158] ». Beau joueur, Yama se rend de bonne grâce, et même joyeusement (*prahṛṣṭātmā* ; III 281, 54), à tant d'habileté et de savoir dharmique. Il libère Satyavān et quitte la scène, non sans avoir gratifié les deux époux d'autres bienfaits.

Secondés par sa maîtrise de la rhétorique et de la négociation, les mérites que son jeûne lui a acquis confèrent ainsi à Sāvitrī le statut inédit de créancier du créancier divin qu'est Yama. Ravalé à l'état de débiteur, Yama est contraint d'acquitter son dû en ramenant Satyavān à la vie[159].

Dans cet exemple particulier, la mortification l'emporte sur la mort, le retour à la vie est le fruit de l'ascèse, et, contre cela, même un dieu, fût-il le dieu de la mort, ne peut rien.

8. Le jeûne des femmes

On a vu quelques occurrences du jeûne des femmes, mais il est indispensable d'y revenir pour le comparer et de l'opposer à celui des hommes, et d'en examiner brièvement l'évolution, de l'époque védique à nos jours.

D'une certaine façon, le jeûne féminin, thème de prédilection de la littérature, condense en lui les principaux traits et enjeux du jeûne indien. À cet égard, le chapitre V du KS, déjà évoqué, est exemplaire. Il met au jour et organise presque théâtralement les grands mécanismes du jeûne, en un dialogue à trois personnages – Pārvatī, sa compagne d'ascèse et un étudiant brahmanique, abruptement surgi dans la forêt d'ascèse, qui s'avérera n'être autre que Śiva –, où chacun fait valoir ses arguments.

---

157. MBh III 281, 51ab : *na te 'pavargaḥ sukṛtād vinākṛtas ; tathā yathānyeṣu vareṣu mānada*/, « Tu n'as pas mentionné d'exception à ta faveur, comme pour les autres vœux, ô Respectueux [des règles] … »

158. MBh III 51c : … *varaṃ vṛṇe jīvatu satyavān ayaṃ*, et MBh III 281, 53cd : *varaṃ vṛṇe jīvatu satyavān ayaṃ ; tavaiva satyaṃ vacanaṃ bhaviṣyati*//, « Je fais le vœu que vive Satyavān que voici. Ainsi ta parole sera prouvée véridique ».

159. Autre exemple d'un renversement des statuts de créancier et de débiteur : l'homme de ce monde, s'il s'acquitte de sa dette aux dieux ici-bas, a désormais une créance sur les dieux, mais pour l'au-delà ; il est en droit d'attendre d'eux le paiement de sa créance, autrement dit, son séjour au ciel – la cohérence de la doctrine est sauve.

Tout y est, et, en premier lieu, les motifs du jeûne : si Pārvatī l'a entrepris, c'est, dit-elle, qu'elle aspire à une situation élevée, et que cette ascèse est le seul moyen de l'obtenir (v. 64) ; c'est aussi pour atteindre un objectif presque impossible : gagner l'amour de Śiva qui, auparavant, l'a repoussée sans ménagement (v. 1-2). Comment ? L'ascèse-jeûne lui permettra de s'acquérir les mérites dont elle attend la réalisation de son désir (v. 6). L'étudiant brahmanique se fait l'avocat du diable, cherchant à détourner Pārvatī de ce qu'il feint de considérer comme une pratique inappropriée, contraire au devoir des femmes, et, en particulier, des jeunes filles. Sentencieusement, il fait briller son jeune savoir et rappelle les règles du *dharma*. Des normes ont été instaurées pour réguler l'élan d'une initiative individuelle, en assignant à chacun un « devoir propre » (*svadharma*), qui tient compte de sa classe sociale (*varṇa*) et de l'époque de sa vie (c'est la doctrine des *āśrama*). Ainsi y a-t-il deux règles dharmiques à respecter : d'une part, réserver l'ascèse et le jeûne au quatrième âge social de la vie, qui coïncide avec la vieillesse biologique, et avec le quatrième but de l'homme qu'est la délivrance ; d'autre part, pratiquer l'ascèse à la mesure de ses forces (préserver l'intégrité et la bonne santé de son corps est le premier *dharma*) ; le jeûne n'est donc, ni envisageable, ni permis, pour une jeune fille qui en est à l'âge où triomphent la beauté et l'amour, *a fortiori* quand la jeune fille est de rang princier et divin, accoutumée à tous les luxes.

Du moins, aura-t-on pris soin de rappeler, au début du chapitre, que, sur un unique point, Pārvatī n'aura pas enfreint les règles : elle a demandé à son père, le dieu Himavān, la permission de se retirer dans la forêt pour y observer l'ascèse la plus sévère (v. 6-7). On rappelle là, en effet, une norme incontournable : la femme, quel que soit son statut – vierge ou épouse – ne peut agir qu'avec la permission, ou à la requête, d'un homme : son mari ou son père. Il n'en demeure pas moins que, dans cet épisode, le jeûne ouvre une brèche dans ce contrat social restrictif et contraignant. Pārvatī ne demande l'autorisation de son père que par respect de l'étiquette ; sa résolution était déjà prise, et son père ne l'ignorait pas.

Poursuivant, l'étudiant devine Pārvatī, révélant du même mouvement les enjeux habituels du jeûne, et en particulier du jeûne féminin : à quoi bon ce jeûne, puisqu'elle n'a pas besoin d'aspirer au ciel ? N'est-elle pas d'ascendance divine ? Ou bien, serait-ce un époux qu'elle désire ? En ce cas, sa beauté la dispense de recourir à ce moyen extrême.

Dans un premier temps, Pārvatī tient tête, avec mesure, au brahmane irascible qui déploie des trésors de rhétorique pour la détourner de son projet : elle est animée et justifiée par l'intensité de son ascèse mesurée à celle de son désir. Nullement décontenancé, l'étudiant entreprend de critiquer un bien-aimé qui ne se rend pas à un tel déploiement d'amour, et va jusqu'à offrir à Pārvatī la moitié de ses propres mérites pour qu'elle obtienne l'époux ardemment désiré (la notation ne manque pas d'intérêt : on peut donc céder ses mérites à autrui). La compagne de Pārvatī révèle alors le nom de l'aimé : c'est Śiva. On approche du dénouement. Sans se démonter (et pour cause !), l'étudiant raille Śiva, sa naissance inconnue, son étrange apparence, sa rudesse, sa pauvreté, provoquant la colère de Pārvatī, qui défend véhémentement un tel bien-aimé, au nom de son amour et de sa dévotion. Śiva alors, dépouillant son déguisement, ne peut que se déclarer vaincu et déterminé à être son esclave. Voilà le fruit de l'ascèse et du jeûne : la réalisation du désir à l'origine de l'observance, donc, l'éloignement de la menace d'une issue fatale – à quoi il faut ajouter un dernier fruit, très concret : en un moment, Pārvatī quitte l'épuisement né de son ascèse extrême (KS, v. 86).

Il vaut la peine, ici, de relever une notation inattendue figurant au premier chapitre du *Nāṭyaśāstra*, le très ancien « Traité du théâtre » (~ IIe siècle de notre ère). En règle générale, on ne cherche pas à atténuer son jeûne, ni à le tromper, pourtant ce passage du traité montre les ascètes au théâtre, et y trouvant un remède, au moins transitoire, aux souffrances occasionnées par les rigueurs de l'ascèse.

Au moment de donner une définition programmatique du théâtre qu'il vient de créer, le dieu Brahmā, en énonce l'un des traits majeurs :

> Ce théâtre sera source de repos, le moment venu, pour ceux qu'affligent souffrance, fatigue et chagrin, et pour les ascètes aussi bien. (NŚ I 114 ; ma traduction)

Se saisissant de la référence aux ascètes, Abhinavagupta, commentateur śivaïte du traité (c. 975-1025), explique qu'eux aussi, à l'égal des hommes ordinaires, endurent souffrance, fatigue et chagrin quand ils observent sans interruption des jeûnes d'une extrême sévérité comme le *kṛcchra*, le *cāndrāyaṇa*[160], qui suit le décours de la lune, et d'autres encore.

Il est vrai que l'émotion esthétique, nommée *rasa*, dans les spéculations indiennes, c'est-à-dire, métaphoriquement, le « suc », la « saveur », le « goût », est bien faite pour soulager les souffrances

160. Voir *supra*, p. 270 *sq*.

d'un jeûne d'une matérialité indiscutable, jusque dans la privation de toute substance. Métaphore tellement importante qu'elle est filée dans la pensée esthétique indienne, d'obédience essentiellement śivaïte, puisqu'un synonyme de *rasa* est *carvaṇā*, la « mastication », et qu'on parle de *rasāsvāda*, la « savouration du *rasa* ». Avec ce vers et son commentaire, voilà le *rasa* établi comme substitut métaphorique des nourritures que l'on s'interdit, donc, comme remède au jeûne. Mieux, cette mention insolite (qui imaginerait les Sages au théâtre ?) invite à considérer le théâtre, c'est-à-dire le plaisir esthétique goûté au théâtre, comme une propédeutique et des prolégomènes à l'expérience spirituelle, qui ne s'en distingue que par sa pérennité : une fois atteinte (souvent au prix de terribles observances), l'expérience spirituelle est acquise une fois pour toutes, tandis que le plaisir esthétique, lui aussi d'ordre spirituel, demeure une expérience transitoire, toujours à renouveler, représentation après représentation. En s'autorisant à jouer sur les mots, on pourrait dire que le « goût » savouré au théâtre est un avant-goût de l'expérience spirituelle[161].

Revenons à l'épisode du KS. Ainsi que s'efforce de l'en convaincre l'étudiant brahmanique, Pārvatī n'est ni religieusement, ni socialement contrainte à jeûner. Le choix qu'elle opère s'inscrit certes dans une trame générale, celle du *vrata*, le « vœu », le « choix », dont traitent les traités de *dharma*, mais il est, avant tout, une initiative personnelle, dont rien ni personne ne saurait la détourner. Le jeûne est, d'une certaine façon, un espace de liberté qu'elle se donne à elle-même, dans lequel elle s'accomplit et se donne les moyens d'obtenir ce à quoi elle aspire.

Et, comme ce à quoi elle aspire n'est rien d'autre que l'amour d'un époux, et d'un époux divin, on comprend que le jeûne de Pārvatī ait servi de modèle au jeûne mené par les femmes indiennes, des temps épiques à l'époque contemporaine, pour obtenir un époux prestigieux,

161. Voir L. Bansat-Boudon, « *Æsthetica in nuce* dans le mythe d'origine du théâtre indien », dans S. D'Intino et C. Guenzi (éd.), *Aux abords de la clairière. Études indiennes et comparées en l'honneur de Charles Malamoud,* Turnhout 2012, p. 209-234 (en particulier p. 231-232) ; L. Bansat-Boudon, « The World on Show, or Sensibility in Disguise. Philosophical and Aesthetic Issues in a Stanza by Abhinavagupta (*Tantrāloka* I 332, *Locana* ad *Dhvanyāloka* I 13) », dans E. Franco et I. Ratié (éd.), *Around Abhinavagupta. Aspects of the Intellectual History of Kashmir from the Ninth to the Eleventh Century*, Berlin 2016, p. 33-79 [p. 47-48] ; L. Bansat-Boudon, « Theatre as Religious Practice », dans G. Flood (éd.), *The Oxford History of Hinduism. Hindu Practice*, Oxford 2020, p. 311-341 [p. 335-338].

et le conserver dans leurs existences futures. C'est plus que jamais le cas à l'époque contemporaine, où le jeûne n'est plus la prérogative des hommes, comme ce le fut autrefois, dans les faits. Les femmes se le sont approprié, avec, en particulier, la pratique du « jeûne du lundi », très largement observée, par laquelle elles s'assurent, non seulement de la prospérité et de la longévité de leur époux en cette vie, mais encore de renaître comme son épouse à chaque réincarnation. Toutes les vertus qu'elles pratiquent, et ce jeûne hebdomadaire en est une, tendent à cela. Or le lundi est le jour de Śiva (on se vêt de blanc, sa couleur, et on lui rend culte), ce qui fait de l'observance de Pārvatī le prototype même du « jeûne du lundi ».

Observance régulière (et non plus ce jeûne à mort que Pārvatī avait résolu), un tel jeûne est bien le lieu où s'exerce une forme de liberté, dans la mesure où il se dispense des prescriptions dharmiques, comme l'étudiant brahmanique entendait le démontrer à Pārvatī. Il relève de la coutume, mais une coutume établie par les femmes, même si elle s'appuie sur des ressorts sociaux et psychologiques avérés.

L'évolution s'est faite insensiblement : le jeûne de la période védique où l'épouse avait l'obligation rituelle de jeûner avec son mari, pour célébrer à deux le sacrifice, a progressivement laissé la place au jeûne personnel de la femme contemporaine, comme en témoigne le fait qu'elle le consacre à sa divinité d'élection, son *iṣṭadevatā*. Au vœu qu'elle forme, avec ce jeûne, pour le bonheur et la longévité de son mari, elle en adjoint un autre qui la concerne seule : avoir le même époux dans l'existence suivante.

Le jeûne qu'elle a décidé en son for intérieur lui est une façon de prendre en main son destin, même s'il est vrai que ce destin est nécessairement conforme à l'ensemble des représentations qui font la trame de toute vie individuelle et sociale. Quand elle se veut la gardienne de la tradition et de la religion, la femme indienne contemporaine connaît ces règles. Pourtant, ce jeûne qu'elle a librement résolu lui offre une marge de manœuvre, ténue peut-être, mais bien réelle, ou, en tout cas, perçue comme telle, pour faire entendre ses aspirations profondes, donnant ainsi à sa subjectivité l'occasion de s'exprimer.

Prototype du jeûne féminin, le jeûne de Pārvatī, tel que le KS le met en scène, n'est sans doute pas pour rien dans le transfert de l'observance du monde des hommes à celui des femmes : quoi qu'en dise, en toute mauvaise foi, le faux étudiant brahmanique, quand une femme choisit la voie ascétique, dont le jeûne est la quintessence, elle ne saurait démériter.

Sauf, évidemment, à faire l'analyse inverse, que proposent les sociologues Guy Poitevin et Hema Rairkar à propos de la pratique contemporaine du jeûne féminin[162] : il serait, pour les femmes, non pas l'occasion de conquérir leur liberté, à titre individuel et collectif, mais le lieu de l'ancestrale oppression d'une société patriarcale. Que les hommes aient délégué la pratique du jeûne aux femmes ne serait qu'un leurre cynique par lequel la société renforcerait sa logique d'asservissement du genre féminin, en survalorisant les manifestations de prestige et d'estime publique attachées à ces observances. Jouant des dispositions du psychisme les plus anciennes, à savoir l'aspiration à se gagner des mérites et à jouir de la gloire qui en découle, la société indienne, fût-elle contemporaine, exercerait sur les femmes une contrainte que les normes seules ne suffiraient pas à garantir. À leur insu, les femmes contribueraient elles-mêmes à leur sujétion. C'est ainsi que les auteurs concluent à une « imposture idéologique ».

Dont acte. Toutefois, ce qui nous importe davantage ici, c'est moins le point de vue de l'Occident et d'une discipline d'investigation sociale, que la façon dont l'Inde, à travers ses textes, normatifs et littéraires, perçoit et construit la pratique du jeûne. Ce n'est qu'après que les catégories de pensée indiennes auront été comprises pour elles-mêmes, au sein d'un système d'une grande cohérence, que la critique pourra s'exercer.

Conclusion

Autant qu'une pratique, le jeûne est, dans l'Inde, une catégorie de pensée et fait l'objet d'une doctrine où se réfractent les thématiques principales de l'idéologie hindouiste, dont plusieurs se formulent sur le mode désidératif ou dichotomique : l'aspiration à se concilier les dieux, donc, la question du rite et l'obsession de la qualification (*adhikāra*) nécessaire à son exécution ; l'opposition du pur et de l'impur, qui se manifeste d'abord dans les prescriptions relatives à la nourriture et dans la hiérarchie sociale qu'elles déterminent[163] ; la prééminence

162. G. Poitevin et H. Rairkar, « Le jeûne, compulsion sociale chez les paysans en Inde », *Dialogues and documents for the Progress of Humanity* 03 (1995) [consulté en ligne le 25 mai 2021 : http://base.d-p-h.info/en/fiches/premierdph/fiche-premierdph-1958.html#Haut].

163. Ainsi que dit Ch. Malamoud, *Cuire le monde*, « Observations sur la notion de "reste" dans le brahmanisme », p. 13 : « L'aliment est un des véhicules privilégiés

du *dharma* sur les autres buts de l'homme, et celle, conjointe, des brahmanes sur les autres classes sociales ; la dichotomie fondamentale opposant *dharma* et *adharma*, qui sert de principe explicatif à tout ce qui a lieu et prend forme dans ce monde-ci et dans les autres (comme l'atteste l'existence simultanée et polémique des dieux et des démons) ; l'irrépressible tentation de l'ascèse que consignent parallèlement les deux doctrines des « buts de l'homme » et des « âges de la vie » par la mise en correspondance de leur quatrième et dernier élément : délivrance et renoncement ; par conséquent, non seulement la quête de la délivrance, mais aussi, le double pôle du désir de jouissance et du désir de délivrance, qui expose l'homme hindou à choisir entre l'état de *bubhukṣu*, aspirant à jouir du monde, et celui de *mumukṣu*, déterminé à s'en défaire – deux statuts apparemment inconciliables, mais que le système de pensée s'efforce d'articuler l'un sur l'autre, en décrétant qu'il y a un temps pour la délivrance, à savoir le dernier âge de la vie (celui du *saṃnyāsin*), dans lequel on a loisir d'entrer ou non, à proportion de ses forces, après qu'on a épuisé son désir de jouissance dans l'état d'étudiant brahmanique et de maître de maison ; la doctrine, théologique autant que matérielle, de la dette ; enfin, mais par contraste, l'aspiration si fondamentale à la non-violence (*ahiṃsā*), que réalise, entre autres exemples, l'interdit dharmique du suicide. À cet idéal, nécessairement inatteignable, le jeûne contrevient de toutes les façons possibles, tant par la violence qui s'y exerce à l'égard de soi et, éventuellement, des autres, que par l'affinité de certaines de ses formes avec le suicide, fût-il ritualisé. Ainsi le jeûne est-il un indice supplémentaire d'une vérité douloureuse qui n'a pas échappé aux raisonnements indiens : dans la société humaine, la violence n'est pas effaçable, quelque effort qu'on déploie[164].

Il ressort de ces observations que le jeûne se présente comme un objet paradoxal. Relevant des prescriptions sur le *dharma*, notamment

---

de la souillure, et c'est au moment où l'on mange que l'on est le plus vulnérable à la souillure. Plus précisément, c'est dans l'aliment que se manifeste avec le plus de netteté l'opposition du pur et de l'impur et que se concentrent, par conséquent, les différenciations hiérarchiques dont cette opposition est le principe ». Notons également que le jeûne, pratique individuelle pour l'essentiel, présente l'avantage d'éliminer la question délicate des commensaux.

164. Voir, notamment, les ruses déployées – y compris la ruse rhétorique de l'euphémisme – pour convaincre la victime animale, ou l'arbre qui servira au bois du poteau sacrificiel, de se laisser faire, et pour se persuader soi-même que l'un et l'autre y consentent : Ch. MALAMOUD, « Village et forêt », p. 101.

en sa qualité de *prāyaścitta*, il enfreint néanmoins une loi dharmique essentielle et, d'une certaine façon, première : veiller à son intégrité physique, prendre soin de son corps, sans lequel rien ne peut être accompli, pas même le sacrifice et le rite. Considération qui va de pair avec l'interdit du suicide, et avec le tabou de la violence, proscrite en dehors de la classe des *kṣatriya*. Or les formes que prend le jeûne indien contredit autant à ces règles dharmiques qu'aux exigences d'une pratique dont on attend qu'elle conduise à une paix totale, au dépassionnement (*vairāgya*) et à la domination de soi.

Autre paradoxe, mais fécond celui-là : la déperdition de substance à laquelle consent le jeûneur est la garantie d'un gain de mérites et de pouvoirs.

Ainsi le jeûne, qui réfracte en lui nombre des traits essentiels des raisonnements et des pratiques de l'Inde, est-il aussi une sorte d'hapax, qui se singularise et échappe à ces mêmes constructions sociales et conceptuelles, ou bien les fait siennes, en opérant un renversement de perspective qui privilégie la dimension individuelle. Plus, peut-être, que toute autre pratique, le jeûne est à la fois en deçà et au-delà de la norme dharmique.

Il est aussi un motif pérenne des mentalités et des pratiques indiennes. S'il fut aboli en 1870, sous domination britannique[165], comme fut abolie la pratique de la *satī*, la veuve mourant sur le bûcher funéraire de son époux, il s'est toutefois maintenu, presque subrepticement, si bien qu'il est un objet sur lequel on continue de légiférer, à rebours désormais : se substituant aux textes de *dharma* qui le prescrivaient, les lois de la République indienne interdisent le jeûne, de quelque ordre qu'il soit, suscitant des protestations, en particulier dans la communauté jaïne, où les femmes, notamment, revendiquent le droit de l'observer.

Ainsi, quels qu'en soient les formes et les usages, le jeûne apparaît-il comme le lieu d'une subjectivité réglée autant que régulatrice. Se fait jour l'idée que, dans une société sévèrement corsetée, le jeûne serait, paradoxalement, un espace de liberté, consenti à l'individu (ou conquis par lui) pour qu'il lui soit permis d'exprimer une singularité irréductible et d'avoir prise sur le monde autant que sur lui-même. Il semble qu'il soit l'un des rares objets de la pensée indienne à laisser une certaine place aux initiatives, voire aux déviations individuelles.

---

165. L. Renou, « Le jeûne du créancier dans l'Inde ancienne », note*, p. 164.

D'autres objets, en effet, fussent-ils d'ordre fictif et mythique, témoignent d'une aspiration profonde à la reconnaissance de l'individu sous l'être social. Ainsi en est-il de l'une des huit formes canoniques du mariage indien, celle qu'on nomme *svayaṃvara*, la procédure de « préférence personnelle », où la jeune fille choisit elle-même son époux parmi ses prétendants. Le *svayaṃvara* de Mādhavī, la fille de Yayāti, est d'autant plus instructif à cet égard que le récit épique lui associe inopinément le « motif », au sens littéraire du terme, du jeûne. En effet, à la cérémonie de son *svayaṃvara*, Mādhavī prend abruptement congé des participants, ses prétendants y compris, et pénètre dans la forêt pour y « mener la vie des antilopes », qui implique une vie d'errance heureuse et l'observance d'un jeûne (le terme est *upavāsa*) modéré, essentiellement végétal[166]. En abyme dans le récit du *svayaṃvara*, le jeûne de Mādhavī revêt ainsi, par reflet, la dimension d'un « choix personnel » : Mādhavī épouse la forêt et ses modes de vie[167].

Autant que le jeûne, la délivrance est paradoxale, en ce que l'extinction de toute individualité à laquelle elle aspire ne peut s'accomplir sans le truchement de l'individu et de lui seul. Si bien que l'analyse, faite par Charles Malamoud, de la logique à l'œuvre dans l'effort vers la délivrance pourrait aussi bien s'appliquer à l'observance du jeûne, l'un des moyens d'accès réguliers à cette émancipation tant désirée : « c'est en s'engageant sur ce chemin que l'individu fonde son autonomie et devient une "valeur" ou une instance[168] ».

---

166. MBh V 118, 6-11 ; voir P. Olivelle, *Ascetics and Brahmins*, p. 94-95, et *supra*, p. 272.
167. Encore ce mode de vie, qui n'est pas sans relever de l'utopie, ne correspond-il qu'au statut du *vānaprastha*, infiniment moins rigoureux que celui du *saṃnyāsin* déterminé à entreprendre un jeûne à mort, comme ce fut le cas pour son père, Yayāti, après qu'il eut passé quelque temps dans l'état de *vānaprastha*. Rappelons que, pour fruit de son jeûne, Yayāti obtint d'accéder au ciel, mais que la démesure de son orgueil détermina Indra à le renvoyer sur terre.
168. Ch. Malamoud, « Sémantique et rhétorique dans la hiérarchie hindoue des "buts de l'homme" », p. 144 ; l'auteur fait ici référence aux analyses de Louis Dumont.

LE BOUDDHISME INDIEN ET LE JEÛNE, OU L'ASCÈSE SANS L'ASCÈSE

Vincent Eltschinger
EPHE, Université PSL, GREI (EA 2120)

Stefano Zacchetti (1968-2020),
in memoriam

L'UNE DES IMAGES les plus connues du (futur) Bouddha le représente émacié, les yeux enfoncés dans leurs orbites, côtes et veines apparentes, l'abdomen creusé par de sévères austérités[1]. On ignore souvent que, loin de refléter un idéal ascétique prisé des bouddhistes, de telles représentations renvoient à des pratiques que le Bodhisattva[2] a rejetées sans ambiguïté après en avoir longuement éprouvé les périls et l'inanité. En d'autres termes, le bouddhisme indien se définit par son refus catégorique des mortifications (sanskrit *duṣkaracaryā*, *tapas*) en général et du jeûne (*upavāsa*, *anaśana*) en particulier, se distinguant en cela des principaux courants ascético-religieux indiens. Quoi qu'en aient pensé ses concurrents brahmanes et jaïns, qui l'ont souvent raillé sur

---

1. Note sur la prononciation du sanskrit : *u* se prononce comme « ou » dans « lourd », *e* comme « é » dans « gué », *ai* comme « ail » dans « travail », *au* comme « ao » dans « aorte » ; *ṛ* (« *r* voyelle ») est un « r » légèrement roulé et suivi d'un « i » très bref ; les voyelles coiffées d'un macron sont longues ; *g* est dur, comme « g » dans « guerre » ; *c(h)* et *j(h)* se prononcent comme « tch » dans « ciao » et « dj » dans « djinn » ; *ñ* se prononce comme « gn » dans « vigne » ; *ṣ* et *ś* se prononcent comme « ch » dans « chemin ». Le reste des signes diacritiques n'affectent pas notablement la prononciation.
2. « Être-à-Éveil » ou « être destiné à l'Éveil », ici interchangeable avec « le futur Bouddha », c'est-à-dire Śākyamuni avant l'Éveil qui fait de lui un bouddha (sanskrit *buddha*, « éveillé »). Quand il s'écrit avec la majuscule, « Bouddha » est un nom propre et vise le Bouddha dit historique ; en minuscule, « bouddha » est un nom commun visant un type ou une catégorie d'êtres.

10.1484/M.BEHE-EB.5.134770

ce point[3], le bouddhisme ne prêche pas pour autant l'abondance. Les moines mangent, certes, mais ils mangent peu, se contentant de ce qui est nécessaire à assurer leur santé et la disponibilité de leur esprit, et selon des modalités strictement définies. On ne saurait en effet attendre d'un religieux qu'il observe les préceptes moraux, dompte son esprit et discerne la vérité des choses le ventre vide. Sur ce point comme sur d'autres, l'idéal bouddhique est celui de la « voie moyenne » entre le tout et le rien, entre les « extrêmes » de la gloutonnerie et de l'abstinence. Les privations alimentaires occupent donc dans la vie des moniales et des moines une place inversement proportionnelle à celle des macérations du fondateur dans leur imaginaire. Pour les bouddhistes, le jeûne pénitentiel est d'abord une pratique propre à des concurrents dont il importe de se démarquer. La légende biographique leur en fournit une première occasion, le *topos* littéraire de l'abandon du jeûne par le Bodhisattva servant des objectifs éminemment polémiques. Aux premiers siècles de notre ère, plusieurs auteurs, dont les moines poètes Aśvaghoṣa (Iᵉʳ siècle) et Kumāralāta (vers 300 ?), assortissent le dispositif narratif d'arguments *ad hoc* contre l'ascétisme pénitentiel et le jeûne, lesquels ne peuvent guère être dissociés dans le présent contexte, le second n'étant qu'un cas particulier du premier.

1. Dispositions monastiques et laïques relatives à la nourriture

La décuple moralité réglant la vie des nonnes et des moines ne contient qu'une disposition relative à l'alimentation, la sixième, laquelle prescrit de s'abstenir de tout repas *au-delà de midi*[4]. Les normes du pénitentiel (*prātimokṣasūtra*) propre à chaque ordre stipulent en outre que le moine n'est autorisé à manger que ce qui lui a été *donné* par un tiers, soit qu'il l'ait mendié (*bhikṣ-*, qui a donné *bhikṣu*, « moine », et

3. Voir par exemple *Vinaya* IV.91 dans M. WIJAYARATNA, *Le moine bouddhiste selon les textes du Theravâda*, Paris 1983, p. 84-85, ou différents passages de l'*Āgamaḍambara* de Jayantabhaṭṭa (fin du IXᵉ siècle) dans C. DEZSŐ, *Much Ado about Religion by Bhatta Jayanta*, New York 2005, p. 57-59.

4. La discipline à laquelle s'astreint le religieux comporte dix règles (*śikṣāpada*) : abstention 1) de meurtre (y compris animal), 2) de vol, 3) d'incontinence sexuelle, 4) de mensonge, 5) de boissons fermentées, 6) de repas après midi, 7) de danse, de musique et de spectacle, 8) de guirlandes, de parfums et d'onguents, 9) de literie de luxe, 10) de l'usage de l'or et de l'argent. Sur la nourriture, voir M. WIJAYARATNA, *Le moine bouddhiste*, p. 74-92.

bhikṣuṇī, « nonne »), soit qu'il l'ait reçu dans le cadre d'une invitation formelle à déjeuner. On se rappelle ces récits canoniques montrant le Bouddha, tel moine ou groupe de moines rejoignant de bon matin le village le plus proche pour y mendier leur nourriture (le bol à aumônes en fer ou en terre compte au nombre des rares possessions du religieux), ou agréant en silence à l'invitation d'un laïc bienveillant et plus ou moins munificent. Les villages que parasitent les communautés bouddhiques ne sont pas des self-services où faire valoir ses goûts et préférences gastronomiques. Silencieux, le regard humblement fixé sur le sol, le moine prend ce qu'on lui donne et se garde de choisir les quartiers les plus généreux, sous peine là encore de confession ou de pénitence. À date ancienne du moins, le régime diététique ne fait pas problème puisque presque tout est licite, viande et poisson compris pour peu que le moine n'ait pas vu, ouï dire ou pu soupçonner que l'animal avait été immolé à son intention ; les « douceurs », en revanche, relèvent de la seule pharmacopée. Dans les premiers siècles de notre ère, et surtout en milieu mahāyāniste, les bouddhistes tendront à favoriser un végétarisme strict. Il va sans dire que ces dispositions ont fortement varié avec les circonstances (famine, maladie, voyage, etc.), les conditions socio-économiques et le type d'institutions monastiques (abris, monastères en dur, complexes monastiques, etc.).

Contrairement à celles qui gouvernent la vie monastique, certaines dispositions réservées aux fidèles laïcs relèvent du jeûne proprement dit. Le laïc de plein exercice, animé d'une foi sincère et vêtu de blanc, s'engage, une fois qu'il a pris « refuge » dans le « Triple Joyau » (le Bouddha, sa Loi et sa Communauté), à observer la « quintuple moralité » (*pañcaśīla*) : abstention du meurtre, du vol, de la luxure (adultère surtout ; chasteté stricte chez les moines et nonnes), du mensonge et des boissons fermentées. Comme on le voit, cette quintuple moralité ne prévoit aucune disposition d'ordre alimentaire à l'exception de l'interdiction frappant l'alcool. Pour en trouver, il faut se tourner vers un régime de moralité laïque exceptionnel, l'octuple moralité (*aṣṭāṅgaśīla*) par laquelle le laïc adopte volontairement, plusieurs jours par mois (souvent six, les 8, 14, 15, 23, 29 et 30), la plupart des règles imposées aux moines et aux nonnes[5]. En plus des huit prescriptions disciplinaires, le

5. Sur ce point, voir É. Lamotte, *Le Traité de la grande vertu de sagesse de Nāgārjuna (Mahāprajñāpāramitāśāstra)*, t. II, Louvain-la-Neuve 1981 [1949[1]], p. 825-837.

laïc s'y engage à *jeûner, c'est-à-dire à ne manger qu'une fois par jour*, et avant midi. En d'autres termes, ce qui est norme pour le moine est exception méritoire chez le laïc, et, chez lui seul, *jeûne*. Par métonymie, celui ou celle qui se soumet à cette octuple moralité est désigné(e) du nom d'*upavāsastha*, « en état de jeûne ».

Les jours où le fidèle laïc adopte l'octuple moralité coïncident pour partie avec ceux que les moines, conformément à des usages réputés prébouddhiques, consacrent à la récitation commune du pénitentiel, à la lecture des Écritures et à la prédication. La justification apportée à cette pratique exceptionnelle ainsi qu'aux jours où elle est admissible vaut qu'on s'y arrête brièvement tant elle est rare dans les textes bouddhiques. On demande : « Pourquoi choisit-on les six jours de jeûne pour prendre l'octuple moralité et cultiver des mérites ? » Réponse du Deutéro-Nāgārjuna (IVe siècle ?) : « Durant ces jours-là, les mauvais démons pourchassent les hommes et essayent de leur ôter la vie ; les maladies et les calamités rendent ces jours défavorables à l'homme. C'est pourquoi, au début de la période cosmique, les saints conseillaient aux hommes de garder le jeûne, de pratiquer le bien et de gagner des mérites [durant ces jours fatidiques], afin d'éviter les calamités. En ce temps-là, la loi du jeûne ne comportant pas l'observance de l'octuple moralité, le jeûne consistait simplement à ne pas manger pendant un jour. Plus tard, quand le Bouddha apparut dans le monde, il donna aux hommes le conseil suivant : "Durant un jour et une nuit, à l'imitation des bouddha, vous observerez l'octuple moralité et, passé midi, vous vous abstiendrez de manger"[6] ». Quelques lignes plus bas, le même *Traité* précise que « durant ces six jours de jeûne, les mauvais démons tourmentent les hommes et jettent le trouble dans tout. Mais, s'il est un endroit, hameau, village, bourgade, district, pays ou ville, où des hommes gardent le jeûne, observent la moralité et pratiquent le bien, les mauvais démons s'en écartent, et la région reste en paix[7] ». Comme on le voit, le jeûne s'inscrit ici dans un dispositif apotropaïque appelé à protéger personnes et communautés de la malveillance des démons[8].

---

6. T. 1509 [XXV] 160a4-10, éd. J. TAKAKUSU et K. WATANABE, *Taisho Shinshu Daizokyo, The Tripiṭaka in Chinese*, 100 volumes, Tokyo 1924-1934 ; trad. É. LAMOTTE, *Traité*, p. 831-832.
7. T. 1509 [XXV] 160a24-28, trad. É. LAMOTTE, *Traité*, p. 835.
8. Comparer L. SCHMITHAUSEN, *Fleischverzehr und Vegetarismus im indischen Buddhismus bis ca. zur Mitte des ersten Jahrtausends n. Chr.*, t. I, Bochum – Fribourg 2020, p. 68-71.

L'ascétisme a été, peut-être dès les premiers temps du bouddhisme, l'enjeu de divergences sinon de controverses entre segments « rigoristes » et « laxistes » de la communauté[9]. Les premiers prétendent moins innover que s'en tenir, voire revenir, au mode de vie censément ascétique du bouddhisme originel, où des moines vêtus de haillons et vivant d'aumône pratiquaient la « conduite pure » en forêt ou sur le flanc des montagnes. Et étant donné notre ignorance presque entière des premiers temps du bouddhisme, on ne saurait tout à fait exclure que celui-ci ait présenté des traits singulièrement plus ascétiques que les textes en notre possession, peut-être remaniés à la faveur d'idéaux moins stricts, ne le suggèrent. Quoi qu'il en soit, les tendances ascétiques du bouddhisme trouvent une expression privilégiée dans le motif des douze (ou treize) bonnes observances ascétiques (*dhutaguṇa*) réputées caractériser les moines vivant à l'écart des institutions monastiques, notamment dans la jungle ou la forêt. Certaines parmi ces observances concernent les vêtements (limitation aux trois robes de rigueur, refus des dons d'habits, usage de défroques et de haillons), d'autres la résidence (pied d'un arbre, plein air, forêt, charnier funéraire), d'autres encore le mode de vie (station exclusivement assise, indifférence au siège, etc.), d'autres, enfin, l'alimentation. Fait surprenant, ces dernières ne représentent somme toute qu'une interprétation assez stricte des prescriptions monastiques ordinaires. Ainsi le moine embrassant la vie ascétique est-il réputé ne vivre que de l'aumône et refuser toute invitation à déjeuner (*paiṇḍapātika*) ; faire une tournée systématique sans préférer telle maison (*sāvadānapiṇḍapātika*) ; manger en une seule « séance » (*ekāsanika*) ; s'abstenir de manger au-delà de midi (*khalupaścādbhaktika*) ; et, selon certaines sources pālies, se satisfaire du contenu d'un seul bol (*pattapiṇḍika*).

Les observances ascétiques ont été associées à des milieux sinon toujours contestataires ou schismatiques, du moins réformateurs et, à leur façon, fondamentalistes. Ainsi Devadatta, cousin et ennemi juré du Bouddha, est-il traditionnellement tenu s'être fait le champion de plusieurs de ces dispositions[10] : existence forestière et limitation de la

9. Sur ces questions, et sur ce qui suit, voir D. BOUCHER, *Bodhisattvas of the Forest and the Formation of the Mahāyāna, A Study and Translation of the Rāṣṭrapālaparipṛcchā-sūtra*, Honolulu 2008, p. 40-63, et L. SCHMITHAUSEN, *Fleischverzehr*, p. 45-74.

10. Sur Devadatta, voir récemment Ch. LI, « Devadatta », dans J. SILK, R. BOWRING, V. ELTSCHINGER et M. RADICH (éd.), *Brill's Encyclopedia of Buddhism*, t. II,

subsistance à l'aumône, bien sûr, mais aussi abstinence de poisson et de viande. Devadatta espérait ainsi, croit-on savoir, diviser la communauté jusque-là harmonieuse du Bouddha en faisant passer ce dernier pour laxiste. Mais loin de rejeter les propositions de Devadatta, le Bouddha les reconnut comme de possibles alternatives au mode de vie moins strict de la majorité des moines et en laissa le choix aux religieux. Étant donné la réputation calamiteuse de Devadatta, on ne saurait toutefois exclure que des pratiques ascétiques préexistantes et devenues encombrantes lui aient été imputées pour les décrédibiliser et mieux les condamner. On sait que la critique de la personne et des agissements de Devadatta fut particulièrement insistante dans les ordres monastiques – Theravādin, Sarvāstivādin, Mahīśāsaka et Dharmaguptaka – qui inclinaient le plus à la sédentarité et au compromis socio-économique avec le siècle. Chose intéressante, plusieurs parmi les pèlerins chinois qui visitèrent l'Inde entre le ve et le viie siècle nous renseignent sur des bouddhistes se réclamant de Devadatta, vénérant des bouddhas du passé et non Śākyamuni, et observant des régimes diététiques spécifiques, notamment l'abstention de produits laitiers (mais non de viande et de poisson)[11]. Dans l'un des traités les plus vénérables du Mahāyāna, l'*Aṣṭasāhasrikā Prajñāpāramitā*, les pratiques ascétiques et l'idéal forestier sont prêchés par un autre adversaire acharné du Bouddha, le démon Māra, la Mort personnifiée. Enfin, certains des courants à l'origine du Mahāyāna comportaient d'évidentes aspirations ascétiques. Leur fin consistait moins à contester la légitimité des communautés monastiques établies, auxquelles leurs représentants appartenaient probablement, qu'à combattre le relâchement de leur discipline et la corruption de leurs mœurs. On ne saurait trop s'étonner dès lors que le Mahāyāna ait partiellement réhabilité Devadatta. Aucun de ces mouvements, il convient d'y insister, ne revendique un ascétisme de la radicalité de celui qu'avait

Leyde – Boston 2019, p. 141-155 ; voir aussi A. Bareau, « Les agissements de Devadatta selon les chapitres relatifs au schisme dans les divers *Vinayapiṭaka* », *Bulletin de l'École française d'Extrême-Orient* 78 (1991), p. 87-132.

11. Sur ce point, voir D. Boucher, *Bodhisattvas*, p. 46-49, L. Schmithausen, *Fleischverzehr*, p. 67-68, et M. Deeg, « The Sangha of Devadatta: Fiction and History of a Heresy in the Buddhist Tradition », *Journal of the International College for Postgraduate Buddhist Studies* 2 (1999), p. 183-218. Schmithausen fait justement remarquer que la non-mention de la viande et du poisson par Xuanzang (玄奘, 602-664) et Yijing (義淨, 635-713) pourrait s'expliquer par le fait que le végétarisme n'était plus exceptionnel parmi les bouddhistes au moins mahāyānistes.

rejeté le Bouddha après en avoir fait la dure expérience six ans durant (voir ci-dessous). Il s'agit plutôt chez eux d'un appel à revenir à l'esprit originel du bouddhisme, celui où les moines ne possédaient ni biens, ni femmes, ni esclaves, et où les communautés bouddhiques n'étaient pas encore les puissants acteurs économiques et politiques qu'elles étaient devenues aux premiers siècles de notre ère.

2. La voie moyenne et le rejet des austérités

Même dans ses expressions les plus strictes, le bouddhisme indien n'attend donc pas de ses fidèles qu'ils se privent de nourriture durant plus de vingt-quatre heures. Les prescriptions alimentaires s'y révèlent en outre particulièrement libérales tant au niveau de la quantité que de la nature des aliments. On ne saurait dès lors parler d'ascétisme qu'avec prudence. Certes, le bouddhisme indien est ascétique par son milieu d'origine, celui de renonçants (les *śramaṇa*) contestant la valeur sotériologique des rites, ainsi que par la discipline comportementale et la morale d'abstention auxquelles il astreint ses fidèles. Cet ascétisme-là se définit par contraste avec le luxe et la sensualité censés caractériser la vie des brahmanes maîtres de maison, des rois et des marchands. Mais même dans ses orientations les plus sévères (*dhutaguṇa*, etc.), le bouddhisme soutient difficilement la comparaison avec l'ascétisme pénitentiel auquel se soumettent les religieux jaïns et ājīvika, voire certains renonçants brahmaniques. L'ascétisme bouddhique est donc une affaire de point de vue, ou, pour le dire comme les bouddhistes eux-mêmes, de « voie moyenne » (*madhyamā pratipad*). La notion, capitale, définit l'attitude attendue du bouddhiste en toutes choses, pratiques aussi bien que spéculatives : se tenir à égale distance des « extrêmes » ou « extrémités » (*anta*) que sont, par exemple, la sensualité et les mortifications, ou l'« éternalisme » (doctrine d'un soi éternel transmigrant) et l'« annihilationnisme » (matérialisme strict), etc. Dans ce que la tradition tient pour son premier sermon, le Bouddha présente l'octuple chemin conduisant à la cessation de la douleur (c'est-à-dire au *nirvāṇa*) comme la voie moyenne : « Il y a deux extrémités, ô moines, que le religieux ne doit ni honorer, ni accepter, ni faire siennes : la poursuite de la jouissance des plaisirs sensuels (*kāma*), qui est vile, vulgaire, commune et ordinaire, et la poursuite des pratiques de mortification de soi (*ātmaklamatha*), qui est douloureuse, ignoble et dangereuse. Rejetant ces deux extrémités, il existe une voie moyenne : dispensatrice de la vision, de la connaissance et de la tranquillité, elle conduit à la connaissance supérieure, à l'éveil, au *nirvāṇa*. Qu'est-ce que la voie moyenne ? Il s'agit du noble chemin octuple – vue correcte, résolution/pensée correcte, parole correcte, action correcte, subsistance correcte, effort correct, attention correcte et, en huitième, concentration correcte[12] ». Les bouddhistes distribuent volontiers les huit éléments composant le chemin dans trois rubriques, moralité (*śīla*), concentration mentale (*samādhi*) et discernement (*prajñā*). Comme nous le verrons, c'est leur réalisation que rend ultimement possible une alimentation adéquate, c'est-à-dire modérée.

La constitution graduelle de la légende biographique du Bouddha, entre le IVe siècle avant et, disons, le Ier siècle de notre ère, a obéi à des impératifs polémiques, apologétiques et doctrinaux assurément très variés. L'un d'eux a sans doute consisté à faire de la vie du Bienheureux le chiffre de son enseignement, plus particulièrement de la voie moyenne. Le scénario bien connu voit naître le Bodhisattva, pour ce qui sera sa dernière existence, dans le clan princier des Śākya, à Kapilavastu. Tandis que sa mère Māyā(devī) meurt aussitôt après lui avoir donné naissance, son père, le roi Śuddhodana, le couvre de tous les plaisirs pour éviter que se réalise la prédiction selon laquelle son fils renoncera à la royauté pour embrasser la carrière de religieux itinérant et devenir bouddha. Voilà pour l'extrémité « sensuelle », que le prince Siddhārtha ou Sarvārthasiddha laisse derrière lui à l'âge de vingt-neuf ans, et avec elle, son épouse Yaśodharā et son fils Rāhula encore à naître. Aussitôt après ce « Grand Départ », le Bodhisattva se met brièvement à l'école de deux spécialistes de l'extase, Arāḍa Kālāma et Udraka Rāmaputra, dont il maîtrise et rejette rapidement les enseignements, jugés impropres à assurer la libération définitive de la souffrance du *saṃsāra*. C'est alors que, prenant ses quartiers sur les bords de la rivière Nairañjanā, à Gayā, le futur Bouddha s'abandonne à des austérités radicales consistant essentiellement, d'un côté, en la suppression de toute respiration, et de l'autre, en un jeûne quasi total[13]. Selon certaines sources, il faudra près de six ans à l'ascète du clan des Śākya, Śākyamuni donc, pour s'apercevoir de la vanité et de la

12. *Catuṣpariṣatsūtra* § 14-16, éd. E. Waldschmidt, *Das Catuṣpariṣatsūtra, eine kanonische Lehrschrift über die Begründung der buddhistischen Gemeinde*, t. II, Berlin 1957. Voir aussi T. 201 [IV] 313c4-6 et 313c20-314a4, trad. Éd. Huber, *Açvaghoṣa, Sûtrâlaṃkâra, traduit en français sur la version chinoise de Kumârajîva*, Paris 1908, p. 293.

13. Sur ce type de pratiques ascétiques, voir J. Bronkhorst, *The Two Traditions of Meditation in Ancient India*, Delhi 1993, p. 1-67.

dangerosité de ces macérations. À l'âge de trente-cinq ans, le Bodhisattva rejette cette extrémité « mortificatoire », décharné, affaibli, mais désormais en possession d'un moyen de salut. Au moment de congédier ces pratiques, en effet, l'ascète s'est remémoré une expérience que nos sources situent concurremment dans son enfance ou son adolescence, celle d'une sensation de grande aise éprouvée sous un jambosier alors qu'il regardait travailler son père et les membres du clan (d'où la question : le dénommé Śuddhodana n'était-il pas laboureur plutôt que roi ? ou les deux[14] ?). Telles furent les prémices lointaines des quatre *dhyāna* (terme qui a donné *chan* en chinois et *zen* en japonais), une séquence méditative « enstatique » favorisant la focalisation du flux psychique sur un seul point et disposant l'esprit à la pénétration analytique des vérités. Avec les *dhyāna* puis l'acquisition des trois « sciences », Śākyamuni obtient l'Éveil, le Bodhisattva devient Bouddha, et, passée une brève hésitation, « met en mouvement la roue de la Loi » par le sermon dit de Bénarès, lequel inaugure un ministère de quarante-cinq ans.

Pour devenir Bouddha, Siddhārtha a donc dû congédier aussi bien les plaisirs sensuels que les mortifications, dont et surtout le jeûne. Littérairement du moins, le rejet catégorique du jeûne fonde l'attitude libérale du bouddhisme en matière d'alimentation. Différents canons bouddhiques nous ont laissé des descriptions plus ou moins standardisées des ascèses de Śākyamuni et de leur funeste résultat[15]. Considérons la version des Theravādin, dont la substance ne diffère guère, concernant le jeûne, de la version des (Mūla)sarvāstivādin :

> Ô Aggivessana, j'eus cette pensée : « Il faut que je prenne de la nourriture petit à petit, une poignée après l'autre[16], soit du potage de fèves, soit du potage de vesces, soit du potage de pois chiches, soit du potage de pois ». [...] Pendant que je prenais de la nourriture petit à petit [...], mon corps était devenu extrêmement maigre. Tout à fait semblables,

14. Voir A. Bareau, *Recherches sur la biographie du Buddha dans les Sūtrapiṭaka et les Vinayapiṭaka anciens : de la quête de l'éveil à la conversion de Śāriputra et de Maudgalyāyana*, Paris 1963, p. 52-53, et P. Horsch, « Buddhas erste Meditation », *Études Asiatiques/Asiatische Studien* 17/3-4 (1964), p. 100-154.

15. Voir A. Bareau, *Recherches sur la biographie du Buddha*, p. 45-55 ; voir aussi J. Bronkhorst, *The Two Traditions*, p. 1-25.

16. Le Bodhisattva avait initialement résolu de se livrer à un jeûne absolu (celui qui, chez les ascètes jaïns et ājīvika, mène à la mort par inanition), mais les dieux l'en découragent au motif qu'ils l'alimenteront alors contre son gré.

> en vérité, à des jointures d'*āsītika* ou à des jointures de *kālā*[17], ainsi mes membres et mes appendices étaient-ils devenus sous l'effet du jeûne. Tout à fait semblable, en vérité, à un pied de chameau, ainsi mon siège était-il devenu sous l'effet du jeûne. Tout à fait semblable à une ligne de boules, ainsi était devenue mon épine dorsale, se courbant et se redressant, sous l'effet du jeûne. Tout à fait semblables aux poutres croulantes d'une vieille cabane, ainsi mes côtes, tombant en ruines, étaient-elles devenues sous l'effet du jeûne. Tout à fait semblables au cercle d'eau miroitant que l'on voit au fond d'un puits profond, ainsi mes pupilles luisantes, enfoncées dans mes orbites, étaient-elles devenues sous l'effet du jeûne. Tout à fait semblable à l'écorce crue d'une courge amère, ratatinée et racornie sous l'action du vent et de la chaleur, ainsi la peau de ma tête était-elle devenue sous l'effet du jeûne. En vérité, ô Aggivessana, je pensais : « Je vais toucher la peau de mon ventre » dès que je saisissais mon épine dorsale, et : « Je vais toucher mon épine dorsale » dès que je touchais la peau de mon ventre car, ô Aggivessana, j'en étais arrivé à ce que la peau de mon ventre adhère à mon épine dorsale sous l'effet du jeûne. En vérité, ô Aggivessana, je pensais : « Je vais faire mes besoins » dès que je me penchais en avant sous l'effet du jeûne. En vérité, ô Aggivessana, pour soulager mon corps, je frottais mes membres avec la main, mais, ô Aggivessana, quand je frottais mes membres avec la main, des poils aux racines fétides tombaient de mon corps sous l'effet du jeûne. Ô Aggivessana, des hommes, m'ayant vu dans cet état, dirent ceci : « Il est noir, le religieux Gotama ». Certains hommes dirent ceci : « Il n'est pas noir, le religieux Gotama, il est brun, le religieux Gotama ». D'autres hommes dirent ceci : « Il n'est pas noir, le religieux Gotama, il n'est pas brun non plus, il a la peau dorée, le religieux Gotama », tant, ô Aggivessana, la couleur de ma peau, pourtant parfaitement pure, parfaitement propre, était altérée sous l'effet du jeûne[18].

On reconnaît sans difficulté le pendant littéraire approximatif des représentations figurées du British Museum ou du Central Museum de Lahore, partout reproduites[19].

---

17. Noms de plantes.
18. *Majjhima Nikāya* I, 246-247, éd. V. Trenckner, *The Majjhima-Nikāya*, t. I, Londres 1935 ; trad. A. Bareau, *Recherches sur la biographie du Buddha*, p. 47. Pour la recension des (Mūla)sarvāstivādin, voir *Saṅghabhedavastu* 102-104, éd. R. Gnoli, *The Gilgit Manuscript of the Saṅghabhedavastu, Being the 17th and Last Section of the Vinaya of the Mūlasarvāstivādin*, t. I, Rome 1977.
19. Voir par exemple M. Bussagli, *L'art du Gandhāra*, Paris 1996, p. 56-57.

3. Aśvaghoṣa et Kumāralāta contre l'ascétisme pénitentiel et le jeûne

En aucune de ses recensions, le texte ne précise les raisons exactes du rejet de cet ascétisme radical. Dans le *Majjhima Nikāya*[20], le futur Bouddha se contente de l'explication suivante :

> Ô Aggivessana, j'eus cette pensée : « En vérité, les religieux ou brahmanes des temps passés qui ont ressenti des sensations soudaines pénibles, intenses, aiguës, n'en ont pas ressenti de plus violentes ni même d'aussi intenses. [...] De plus, en vérité, par ces exercices ascétiques intenses, je n'atteins pas une excellence en la vision et la connaissance vraiment saintes qui soit supérieure à celle de la condition humaine. Existerait-il donc, en vérité, une autre voie de l'Éveil ? »[21]

La réponse nous est bien connue : ce seront les quatre *dhyāna* et le discernement des vérités qu'ils autorisent. Mais, on le voit, le Bodhisattva se satisfait de constater que ces macérations manquent de toute pertinence sotériologique. Les textes canoniques ne présentent donc aucun argument contre l'ascétisme pénitentiel et son expression paradigmatique, le jeûne.

Comme bien souvent, c'est vers le moine poète Aśvaghoṣa qu'il convient de se tourner. Dans sa *Vie du Bouddha* (*Buddhacarita*), l'une des œuvres les plus fameuses du bouddhisme indien et l'un des premiers exemples de poésie épico-lyrique en style orné (*kāvya*), Aśvaghoṣa se fait un devoir d'assortir les épisodes biographiques d'argumentaires détaillés démontrant, sans répugner à l'anachronisme, l'irrationalité des systèmes concurrents. Considérons brièvement l'épisode des austérités tel qu'il est relaté par Aśvaghoṣa dans le chant douzième de sa *Vie du Bouddha* :

> Pensant que tel serait le moyen de mettre fin à la mort et à la renaissance, il entreprit d'extraordinaires austérités en se privant de nourriture. Il se livra, six ans durant, à toutes sortes de jeûnes impraticables aux hommes [ordinaires] et s'émacia dans le vœu d'obtenir la paix. Et désireux de gagner l'autre rive du *saṃsāra* dont la rive est sans fin, il

---

20. La collection des *sūtra* ou sermons de dimension moyenne dans le canon bouddhique pāli (*Madhyamāgama* en sanskrit).

21. *Majjhima Nikāya* I, 247, traduction A. Bareau, *Recherches sur la biographie du Buddha*, p. 47. Le *Saṅghabhedavastu* (104) porte simplement, à la troisième personne : « Voici ce qu'il pensa : "Ce chemin non plus ne conduit pas à la connaissance, à la vision, à l'Éveil complet et insurpassable" ».

> se contenta d'un jujube, d'un grain de sésame ou de riz par repas. [...] Quoiqu'il n'eût plus ni graisse, ni chair, ni sang et qu'il ne lui restât que la peau et les os, il resplendissait comme un océan à la profondeur jamais diminuée[22].

Cette description des austérités est sensiblement plus ramassée que ses (sources et) parallèles canoniques. À l'inverse, l'exposé des raisons conduisant le Bodhisattva à abandonner le jeûne est singulièrement plus détaillé chez le poète :

> Son corps apparemment tourmenté sans raison par de si sévères austérités, et craignant [d'avoir à demeurer plus longtemps dans] l'existence, l'ascète (*muni*) eut alors la pensée que voici dans son désir d'être un bouddha : « Cette pratique (*dharma*) ne mène ni au détachement, ni à l'éveil, ni à la libération. Ce que j'obtins jadis au pied du jambosier, telle est la sûre méthode [qui y conduit]. Or, celle-ci est impossible à obtenir pour qui manque de force ». Avec attention, il examina la chose plus avant en vue de [pouvoir, le cas échéant,] renforcer son corps : « Comment un [être] harassé par la faim et la soif, l'esprit rendu instable par la peine, pourrait-il, inquiet [de la sorte], obtenir un fruit qui [précisément] n'est atteignable que par l'esprit ? La quiétude n'est réellement atteinte qu'en contentant constamment les sens, et c'est par le contentement des sens qu'on stabilise l'esprit. La concentration ne naît que chez un [être] à l'esprit stable et serein, et la pratique du *dhyāna* n'existe que chez un [homme] à la pensée concentrée[23]. L'existence du *dhyāna* permet de disposer des facteurs grâce auxquels on gagne la dignité (*pada*) suprême et si difficile à obtenir [de bouddha, une dignité] paisible, sans vieillissement et immortelle ». Concluant que ce moyen [de salut] se fondait [en dernière analyse] sur l'alimentation, le sage à l'esprit illimité résolut donc de se nourrir. Il se baigna, et comme, affaibli, il s'extrayait avec peine de la Nairañjanā, les arbres de la berge lui tendirent révérencieusement la main en ployant [vers lui] le bout de leurs branches[24].

Le Bodhisattva a identifié, on l'a vu, les *dhyāna* comme le moyen salvifique. Or pour obtenir les *dhyāna*, le yogin doit cultiver la concentration (*samādhi*), laquelle présuppose à son tour le bien-être

---

22. *Buddhacarita* 12.94-99 (vers 97-98 non traduits), éd. E. H. Johnston, *Aśvaghoṣa's Buddhacarita or Acts of the Buddha, Complete Sanskrit Text with Translation*, Delhi 1984.
23. Ou : « pour une pensée(/esprit) concentré(e) ».
24. *Buddhacarita* 12.100-108.

(*svāsthya*) de l'esprit, chose impossible à qui est tourmenté par la faim et la soif. De quoi l'on tire qu'aucun salut n'est possible sans la santé et la vigueur corporelles assurées par l'alimentation. C'est une sotériologie toute mécanique et « logique », si typique du bouddhisme indien, qui permet, par le jeu des déductions et des inférences, de s'assurer de la nécessité objective de l'alimentation.

Un argumentaire analogue se retrouve chez un autre grand poète et docteur du bouddhisme indien, Kumāralāta, auteur d'une *Guirlande de paraboles ornée par la création poétique* (*Kalpanāmaṇḍitikā Dṛṣṭāntapaṅktiḥ*) qui ne nous a été conservée intégralement que dans sa version chinoise. Dans la parabole n° 7 (« Inutilité de l'ascétisme »), Kumāralāta fait dire à un laïc bouddhiste que

> celui qui veut pratiquer la Voie /Doit pourvoir aux nécessités du corps ; il doit boire et manger de bonnes choses, /Pour entretenir son corps et sa vie ; /Ainsi la santé et la force s'augmentent, /Et l'on est apte à pratiquer les défenses et le *dhyāna*[25]. /En cessant de manger et en s'exposant à la faim et à la soif, /Le corps et le cœur sont troublés. /Si l'on ôte au cœur sa tranquillité, /Comment pourrait-il obtenir le fruit saint ? [...] /Quand on s'expose à la faim et à la soif, /Les pensées se dirigent vers la bonne chère /Et le cœur se remplit d'amertume : /Comment pourrait-on ainsi obtenir un fruit excellent[26] ?

Le motif, très probablement emprunté à Aśvaghoṣa, revient fréquemment chez Kumāralāta. En voici un autre exemple :

25. 戒定慧 (T. 201 [IV] 265c12), qu'Édouard Huber traduit « les défenses et le Dhyāna », est susceptible d'une autre interprétation, 戒 désignant les préceptes moraux (*śikṣā*) ou la moralité (*śīla*), 定 la concentration/méditation (*samādhi* ou *dhyāna*) et 慧 la connaissance/le discernement (*jñāna* ou *prajñā*). Ces trois éléments donnant traditionnellement la formule du chemin bouddhique (voir ci-dessus), Kumāralāta se référerait ici au chemin dans son entier, y compris dans sa culmination intellectuelle/intellective/analytique, et non simplement à la moralité et au *dhyāna*. Le fragment sanskrit (n° 40²) couvrant ce passage est malheureusement trop endommagé pour nous renseigner, mais le fragment n° 184¹ suggère *śīla* et *jñāna* (voir H. LÜDERS, *Bruchstücke der Kalpanāmaṇḍitikā des Kumāralāta*, Leipzig 1926, p. 142 et 174).

26. T. 201 [IV] 265c10-19 (14-17 omis), trad. Éd. HUBER, *Açvaghoṣa, Sûtrâlaṃkâra*, p. 46. Édouard Huber et son maître Sylvain Lévi croyaient à tort que l'œuvre s'intitulait *Sūtrālaṅkāra* (*Ornement des Sūtra*) et était due à Aśvaghoṣa ; des fragments sanskrits découverts en Asie centrale et édités par Heinrich Lüders en 1926 (voir note précédente pour la référence) ont démontré de façon définitive que l'autorité de ce texte intitulé en fait *Kalpanāmaṇḍitikā Dṛṣṭāntapaṅktiḥ* revenait à Kumāralāta.

L'homme intelligent seul peut briser /Les barrières de l'ignorance et de la stupidité. /Pour cela l'homme avisé /Doit soigner son corps et sa vie. /C'est durant sa vie qu'on gagne l'intelligence : /Les lits, les matelas, les habits et les robes, /Le boire, le manger et les médecines /Servent à conserver notre vie. /Si l'on manque de ces objets /On perd son corps et sa vie. /Il convient donc de soigner sa vie /En observant fermement les défenses ; /C'est en observant les défenses qu'on obtient la suprême intelligence, /Et non en pratiquant les macérations ; /Certes, le jeûne et l'interruption des repas /Ne conduisent pas à l'illumination ; /En ruinant son corps on perd sa vie, /On détruit son existence avec son corps ; /En violant les défenses on n'obtient point le *samādhi*, et sans *samādhi* il n'y a point d'intelligence. /Voilà pourquoi il convient de soigner sa vie, /Tout en observant les défenses. /C'est en observant les défenses qu'on obtient le *samādhi* et l'intelligence[27].

Ici encore, l'alimentation, et avec elle la vigueur et la santé, sont les conditions ultimes de possibilité du salut étant donné qu'elles seules permettent d'observer la moralité (les « défenses » d'Édouard Huber), de développer la concentration mentale et d'aiguiser le discernement de la vraie nature des choses.

Ces arguments de bon sens sont étroitement solidaires de la compréhension bouddhique du chemin et du salut, et donc peu susceptibles de convaincre au-delà du cercle des fidèles. Dans le septième chant de son *Buddhacarita*, cependant, Aśvaghoṣa avait dirigé une première salve d'arguments contre les austérités entendues au sens large (*tapas* plutôt que *duṣkaracaryā*). Il exploitait alors un épisode apparemment insignifiant de la légende pieuse. Peu avant sa rencontre avec Arāḍa Kālāma, le Bodhisattva séjourne brièvement dans un ermitage (*āśrama*) de *ṛṣi* (« voyants », ici ascètes brahmaniques). Cet épisode mal distribué, qui n'apparaît que dans le *Saṅghabhedavastu* (« Du schisme ») du *Vinaya* de l'ordre des Mūlasarvāstivādin[28], mérite d'être cité tout au long :

Il y avait, non loin du Pic des Vautours, un ermitage de *ṛṣi*. [Le Bodhisattva] s'y rendit et s'y appliqua à la méditation selon leur mode de conduite et de résidence[29]. Lorsque ces [*ṛṣi*] restaient une division

27. T. 201 [IV] 313c8-19, trad. Éd. Huber, *Açvaghoṣa, Sûtrâlaṃkâra*, p. 293-294.

28. Le *Lalitavistara* (238,4-11, éd. S. Lefman, *Das Lalita Vistara, Leben und Lehre des Çâkya-Buddha*, t. I, Halle 1902) fait brièvement mention de la visite du Bodhisattva à différents ermitages.

29. Le sens de cette phrase demeure hypothétique ; ma traduction s'appuie sur la version tibétaine (*de rnams spyod pa daṅ gnas pas bsam gtan la brtson par gnas te,*

du jour sur un pied, le Bodhisattva en restait deux ; lorsqu'ils restaient une division du jour à se livrer [à l'ascèse] aux cinq feux[30], le Bodhisattva en restait deux à se livrer à ces mêmes [feux]. Alors, frappés d'étonnement, [les *ṛṣi*] commencèrent à se dire : « En voilà un grand ascète ! », et l'on se mit à l'appeler « Grand ascète ! Grand ascète ! » Le Bodhisattva leur demanda : « Vous autres, à quoi aspirez-vous avec ces observances ? » Sur ce, certains lui répondirent : « À être Indra » ; d'autres : « À être Brahman », et d'autres encore : « À être Māra ». Le Bodhisattva pensa : « En ce qu'ils sont voués à renaître (*punarāvartaka*), ces *ṛṣi* empruntent un mauvais chemin (*unmārgapratipanna*) »[31].

Comme celui du *Saṅghabhedavastu*, le Bodhisattva d'Aśvaghoṣa interroge les anachorètes quant à leurs résolutions et au but de leurs pratiques. L'un d'eux lui répond que, conformément aux Écritures, les ermites vivent d'« aliments sauvages, de plantes aquatiques, de feuilles, d'eau, de fruits et de racines[32] », selon des méthodes diverses s'inspirant des modes de subsistance animaux. Par ces austérités méritoires, ils gagnent qui le paradis (*dyu*/*diva*)[33], qui le monde des hommes (*nṛloka*), car – et c'est le principe même de leurs observances – « le bonheur (*sukha*) s'obtient par la voie de la douleur (*duḥkha*)[34] ». Ou, comme le dit Kumāralāta,

les ignorants, les bornés, les hérétiques[35], /Ceux qui ne connaissent pas la vraie Voie, /Macèrent leur corps et se couchent sur des épines : /Par la douleur ils veulent chasser la douleur. [...] Les hérétiques et

D *ṅa* 17b67, éd. J. TAKASAKI, Z. YAMAGUCHI, et N. HAKAMAYA, *sDe dge Tibetan Tripiṭaka bsTan 'gyur preserved at the Faculty of Letters, Université de Tokyo*, Tokyo 1977-1981). Sur *cāra* et *vihāra*, voir *Saṃyuttanikāya* IV.189 (B. BODHI, *The Connected Discourses of the Buddha, A Translation of the Saṃyutta Nikāya*, Boston 2000, p. 1249). *Dhyāna* paraît être utilisé ici dans un sens non technique.

30. C'est-à-dire exposé aux feux des quatre points cardinaux et au feu du soleil au zénith. Sur les cinq feux, voir Éd. HUBER, *Açvaghoṣa, Sûtrâlaṃkâra*, p. 48.
31. *Saṅghabhedavastu* 96-97.
32. *Buddhacarita* 7.14.
33. C'est-à-dire, dans le contexte indien, non un séjour éternel, mais le monde céleste des dieux dont, comme nous le verrons, il faut se séparer une fois la rétribution épuisée.
34. *Buddhacarita* 7.18.
35. « Hérétique » a été longtemps la traduction standard des expressions sanskrites *tīrthika*, *tīrthya*, *anyatīrthika*, etc. (chinois 外道), qui désignent, non des bouddhistes hétérodoxes, comme le laisse présager « hérétique », mais des non-bouddhistes. Il faut préférer « non(-)bouddhiste », voire « allodoxe ».

les sectaires, /Égarés par la douleur, /Mettent toute leur foi en la douleur, /Et y tournent sans cesse, /Mais ceux qui ont de l'intelligence, /En voyant cela, /Ne font que redoubler de foi. /Les hérétiques sont bien ignorants : /C'est en supprimant la douleur que l'on obtient la délivrance[36].

Le Bodhisattva dirige alors une série d'arguments contre les austérités pour en démontrer l'insuffisance en tant que moyen de salut. Comme y insiste Aśvaghoṣa, ces arguments sont de pure raison, car le Bodhisattva, n'ayant par définition pas réalisé la vraie nature des choses (*adṛṣṭatattva*), ne se trouve pas encore en mesure de les fonder sur des vérités incontestables. Le premier argument opère sur des conceptions eschatologiques et cherche à exhiber l'absurdité consistant à ériger la douleur en principe ou moyen du bonheur. On conservera à l'esprit, en lisant les quelques vers qui suivent, que pour les bouddhistes, qui posent en thèse que tout est douleur car impermanent, les cinq (ou six) « destinations » (*gati*) transmigratoires (damnés ou êtres infernaux, trépassés ou démons faméliques, animaux, humains, divinités) sont éphémères ; en d'autres termes, on peut bien aspirer à renaître dieu ou déesse, et même y parvenir, mais un jour viendra où il faudra abandonner ce plaisant statut pour en acquérir un autre, forcément moins enviable. Chercher à renaître parmi les dieux, c'est donc se promettre une douleur plus vive encore que celle à laquelle on espère échapper. Le faire en cette vie par de rudes pénitences rend l'entreprise plus absurde encore. Écoutons Aśvaghoṣa :

Ces diverses austérités sont douleur, leur fruit consiste essentiellement dans le ciel, et tous les mondes[, ciel inclus,] sont sujets à la transformation [et à la disparition] : c'est [donc] pour bien peu de chose que sont consenties [toutes] les peines (*śrama*) des ermitages ! Ceux qui, abandonnant leurs proches et les biens qui leur sont chers, s'adonnent à la pénitence (*niyama*) en vue du ciel, ceux-ci n'aspirent en fait, à peine séparés, qu'à gagner une entrave plus grande encore. Et celui qui, en vue des plaisirs sensuels (*kāma*), désire perpétuer l'existence (*pravṛtti*) par les exténuations du corps nommées « austérités », celui-ci ne considère pas les maux du *saṃsāra* et ne recherche par la douleur que la douleur. Les créatures craignent constamment la mort mais désirent une nouvelle naissance par leur effort ! Or, la mort est nécessaire dès lors que se perpétue l'existence. Ces [créatures] s'enfoncent [donc] dans cela même qu'elles redoutent ! Certains se

36. T. 201 [IV] 265a27-b9, trad. Éd. HUBER, *Açvaghoṣa, Sûtrâlaṃkâra*, p. 43-44.

soumettent aux tourments (*kheda*) pour l'ici-bas tandis que d'autres endurent les peines en vue du ciel. [Se rendant] malheureux par leurs espoirs de bonheur, les vivants ne réalisent pas leur but/profit (*artha*) et tombent dans le malheur (*anartha*). On ne saurait assurément blâmer l'effort qui conduit à quelque chose de supérieur au détriment de quelque chose d'inférieur, mais les sages devraient par leurs peines ne réaliser que ce dans quoi il n'est plus rien à réaliser. Mais si maltraiter (*pīḍā*) son corps ici-bas est [tenu pour une œuvre] pie (*dharma*), [alors] les plaisirs du corps seront impies (*adharma*) ; or c'est par l'[œuvre] pie que dans l'au-delà on obtient le plaisir[, lequel est selon vous impie] ; l'[œuvre] pie ici-bas porte donc un fruit impie [dans l'au-delà, ce que vous-mêmes n'êtes pas disposés à admettre][37].

Dans un second argument, le Bodhisattva reproche aux anachorètes de se tromper de cible. Puisque, comme la plupart des systèmes sotériologiques indiens, ils admettent que le mal tire son origine de l'esprit avec ses vices, ses inclinations et ses contaminants, pourquoi s'en prendre au corps[38] ? « Puisque c'est par la force de l'esprit qu'agit le corps, et aussi qu'il cesse d'agir, c'est l'esprit lui-même qu'il faut discipliner [, non le corps] ; sans l'esprit, le corps est pareil à une bûche ». Filant la métaphore du *tapas* (la racine verbale *tap-* signifie « [s']échauffer », « brûler »), Kumāralāta paraphrase ainsi le propos d'Aśvaghoṣa, l'augmentant au passage d'une image suggestive, celle du bœuf et du char :

Tu ne brûles pas ce qui doit être brûlé et ce qui ne doit pas être brûlé tu le brûles. [...] Si l'on sait exposer au *tapas* son esprit, cela s'appelle le vrai *tapas*. Quand un bœuf est attelé à un char, si le char ne marche pas, il faut fouetter le bœuf et non frapper le char. Le corps est pareil au char et l'esprit ressemble au bœuf. Il suit de là que tu dois brûler ton esprit. À quoi bon torturer ton corps ? Le corps est pareil à un morceau de bois ou à un mur ; à quoi cela t'avancera-t-il de le brûler[39] ?

37. *Buddhacarita* 7.20-26.

38. Noter T. 201 [IV] 265b13-16 : « Ce n'est pas en se mortifiant /Comme vous autres hérétiques qu'on gagne le *nirvāṇa*, /C'est selon les aspirations du cœur /Qu'on fait de bons et de mauvais karmans. /Il convient que tu domptes ton cœur et ton esprit ; /Pourquoi exposer en vain aux tortures ton corps ? /Parce que tu es possédé par les *kleśas** et les liens /Tu exposes faussement ton corps à toutes les macérations ». Traduction Éd. HUBER, *Açvaghoṣa, Sûtrâlaṃkâra*, p. 44. *Les *kleśas* sont des passions polluant, contaminant et conditionnant l'esprit.

39. T. 201 [IV] 266a23-b2, trad. Éd. HUBER, *Açvaghoṣa, Sûtrâlaṃkâra*, p. 48-49.

Les bouddhistes se sont fait une spécialité de « métaphoriser » les termes dominants de l'univers conceptuel brahmanique auquel ils s'opposent en presque tout. Ils privilégient pour ce faire les moyens de l'étymologie traditionnelle en jouant sur les signifiants et les racines verbales, les reconduisant à telle configuration ou tels événements du passé dans une veine proche de la généalogie « déconstructive ». Et de même qu'il existe un « vrai brahmane », un brahmane qui se définit par ses vertus et non par sa naissance, il existe un « vrai *tapas* », un *tapas* que l'analyse bouddhique restitue à sa vérité, une vérité didactiquement utile :

> Qu'est-ce que brûler l'esprit ? [...] /La connaissance des quatre Vérités saintes /Est comparable aux quatre amas de feu. /La pratique de la Voie est comparable au soleil. /Ainsi l'homme intelligent /S'entoure du feu des quatre Vérités saintes ; la pratique de la Voie est son soleil brillant, /Par ces cinq *dharma*s /Il brûle son esprit[40].

Le troisième argument du Bodhisattva-Aśvaghoṣa tire une autre absurdité de la position du partisan de l'ascèse. Si le mérite religieux tient à la nature de l'alimentation ou à l'abstinence de nourriture, alors les animaux herbivores et les indigents s'acquerront le même mérite que l'ascète :

> Si l'on admet que le mérite provient de la pureté de la nourriture, alors les cerfs auront eux aussi du mérite, de même d'ailleurs que les hommes défavorisés que le profit abandonne par un revers de fortune.

Objectera-t-on que l'origine du mérite religieux est moins l'abstinence que l'intention qui y préside ? Le futur Bouddha répond :

> Mais si l'intention relative à la douleur est la cause du mérite [que l'on retire de l'ascèse], l'intention relative au plaisir ne peut-elle pas être elle aussi érigée [en cause de mérite] ? Si en revanche, dans le cas du plaisir, le critère n'est pas l'intention, n'est-ce pas le cas que l'intention n'en sera pas non plus le critère dans le cas de la douleur[41] ?

Kumāralāta étend l'argument aux démons faméliques ou trépassés que l'imaginaire et la doctrine bouddhiques tiennent pour constamment soumis au supplice de Tantale avec leur appétit démesuré (leur panse est « telle une montagne ») et leur incapacité à rien absorber (leur bouche est « telle le chas d'une aiguille ») :

---

40. T. 201 [IV] 266b11-13, trad. Éd. Huber, *Açvaghoṣa, Sûtrâlaṃkâra*, p. 49-50.
41. *Buddhacarita* 7.28-29.

> Si ceux qui se privent de vêtements et de nourriture, /Si les Nirgrantha[42] au corps nu /Et ceux qui s'adonnent aux macérations /Sont appelés des ascètes[43], /Alors les démons faméliques et les animaux sauvages, /Les pauvres et les affligés, /Eux qui demeurent dans une misère extrême, /Doivent aussi être appelés des ascètes[44].

Plus généralement, si le mérite religieux s'acquiert par la douleur, les damnés soumis aux plus épouvantables supplices retireront grand mérite de ceux-ci :

> Si s'exposer à de pareilles douleurs s'appelle « pratiquer la Voie », /Alors l'enfer aussi serait la Voie. /En effet dans l'enfer /On est décapité et [l'on mange] des excréments, /On est exposé aux flammes et aux brûlures, /On y absorbe tous les poisons de la douleur. /Mais bien qu'on y souffre toutes les douleurs /Cela ne peut pas s'appeler « pratiquer l'ascétisme »[45].

Il ne nous appartient pas de juger de la qualité de ces arguments. Il suffit qu'aux poètes et aux philosophes ils aient paru justifier l'abandon et la condamnation des mortifications par le (futur) Bouddha. Les théologiens bouddhistes ne tarderont pas à ranger l'ascétisme pénitentiel parmi les « vues » ou « opinions fausses » (*dṛṣṭi*) compromettant tout salut. Selon eux, les macérations relèvent de la vue fausse consistant dans l'attachement à des pratiques et observances erronées (*śīlavrataparāmarśa*), vue fausse qui dispose à tenir pour cause ce qui n'est pas cause, pour chemin ce qui n'est pas chemin, et où les bouddhistes jettent en vrac la plupart des idées et pratiques non bouddhiques (création du monde par Dieu et autres idées cosmogoniques, suicide religieux, pénitences, etc.)[46]. Quoique les arguments d'Aśvaghoṣa et de Kumāralāta contre les mortifications conservent toute leur valeur aux yeux des philosophes ultérieurs, ceux-ci développeront néanmoins une critique susceptible de valoir contre *toutes* ces pratiques. Selon Dharmakīrti (vers 600) et ses commentateurs, on ne peut à la fois tenir la

---

42. Les *nirgrantha* (尼乾) sont les jaïns.
43. 苦行 est attesté en tant que traduction de *duṣkara(caryā)* (voir S. KARASHIMA, *A Glossary of Kumārajīva's Translation of the Lotus Sutra*, Tokyo 2001, p. 156). 苦行者 serait donc un équivalent de *duṣkaracāraka*. Plus simplement, avec 苦行 = *tapas*, on aurait 苦行者 = *tapasvin*.
44. T. 201 [IV] 264a3-6, trad. Éd. HUBER, *Açvaghoṣa, Sûtrâlaṃkâra*, p. 37.
45. T. 201 [IV] 265b17-20, trad. Éd. HUBER, *Açvaghoṣa, Sûtrâlaṃkâra*, p. 44-45.
46. Voir L. DE LA VALLÉE POUSSIN, *L'Abhidharmakośa de Vasubandhu*, t. IV, Bruxelles 1980, p. 18.

concupiscence, l'hostilité et l'égarement (les trois passions fondamentales du bouddhisme) pour la cause de tout péché *et* recommander des pénitences pour éliminer celui-ci. Pour que ces pénitences soient efficaces contre le péché, il faudrait qu'elles puissent en éradiquer la cause. Or cette cause étant d'ordre mental ou psychologique, une action purement physique n'est pas propre à l'éliminer. Dharmakīrti, qui comptait les ablutions et les austérités au nombre des « cinq indices de sottise » (*jāḍyaliṅga*), dirigeait l'argument contre les ablutions rituelles[47]. Ses commentateurs Śākyabuddhi (VIIe siècle ?) et Karṇakagomin (vers 800) l'étendront au jeûne, au sacrifice et à la récitation murmurée des formules rituelles[48]. Dharmakīrti tenait vraisemblablement le principe de cet argument d'Aśvaghoṣa et/ou de Kumāralāta[49]. Dans sa *Vie du Bouddha*, en effet, le premier affirme que « ceux qui en vue de (se) purifier (de) leurs actes touchent de l'eau en pensant qu'il s'agit d'un fleuve sacré, ceux-ci n'en retireront de satisfaction qu'en pensée (*hṛd*), car les eaux [elles-mêmes] ne les purifieront pas du péché » : « Car si l'on admet qu'est fleuve sacré toute eau sur terre qu'a touchée une personne vertueuse, ce sont ces vertus elles-mêmes que je tiens[50] pour un fleuve sacré, mais l'eau, elle, n'est assurément que de l'eau[51] ».

En suppléant les arguments manquant au canon, Aśvaghoṣa et Kumāralāta restituent l'abandon des austérités à ce qui en était peut-être l'origine et la nature véritables, un motif littéraire à vocation essentiellement polémique et apologétique. Nous ne sommes pas tenus de croire, en effet, que le Bouddha fit réellement l'expérience des mortifications terrifiantes qu'on lui prête. Il nous importe en revanche de nous demander pourquoi on se l'est représenté ainsi et dans quels milieux et circonstances l'épisode a été incorporé à la légende pieuse. A-t-on cherché par là à mener l'offensive contre les jaïns, voire les

---

47. Avec la croyance en l'autorité du Veda, la conception selon laquelle quelque chose d'éternel (Dieu, le Soi) peut être un agent, et l'orgueil de caste. Voir V. ELTSCHINGER, H. KRASSER et J. TABER, *Can the Veda Speak? Dharmakīrti against Mīmāṃsā Exegetics and Vedic Authority, An Annotated Translation of PVSV 164,24-176,16*, Vienne 2012, p. 77-78.
48. Voir V. ELTSCHINGER, *Penser l'autorité des Écritures. La polémique de Dharmakīrti contre la notion brahmanique orthodoxe d'un Veda sans auteur*, Vienne 2007, p. 108-109. Voir aussi V. ELTSCHINGER, H. KRASSER et J. TABER, *Can the Veda Speak?*, p. 78, n. 174.
49. Voir Éd. HUBER, *Açvaghoṣa, Sûtrâlaṃkâra*, p. 439.
50. La version tibétaine rend *paraimi* par *go (ba)*, « comprendre ».
51. *Buddhacarita* 7.30-31.

ājīvika, à s'en différencier, ou, comme souvent chez les bouddhistes, à répondre à leurs sarcasmes[52] ? Le dossier est à reprendre à plus grande échelle en conservant à l'esprit qu'en Inde, il est peu de mots et d'histoires qui ne cachent une intention polémique.

52. Voir les réflexions en ce sens d'A. Bareau, *Recherches sur la biographie du Buddha*, p. 49-50.

PURIFICATIONS ET PUISSANCES : LE JEÛNE DANS DES TEXTES SHIVAÏTES DU PREMIER MILLÉNAIRE

Judit Törzsök
EPHE, Université PSL, GREI (EA 2120)

Préambule terminologique

LE JEÛNE EST HABITUELLEMENT DÉFINI comme privation volontaire de toute nourriture, mais en Inde classique (et aujourd'hui encore) il existe une vaste gamme de diverses restrictions alimentaires qui sont toutes considérées comme des formes de jeûne. Il est vrai que l'on peut appeler « jeûne » une privation volontaire de certains types de nourriture également. En tout cas, le large éventail de ce type de pratique, qu'on qualifie parfois plutôt de « diète » ou de « régime » (abstention de certains aliments), dans un but religieux, semble assez remarquable en Inde.

Toutes ces formes de privation volontaire de nourriture, quand on les pratique pour des raisons religieuses, portent le plus souvent le nom *upavāsa* en sanskrit. Ce terme signifie littéralement « résider près » de la divinité ou d'un évènement religieux, le jeûne étant considéré, depuis l'époque védique, comme préparation pour s'approcher d'un dieu ou pour participer à un rite solennel[1]. Pour cette raison, *upavāsa* implique souvent bien plus que le seul jeûne : abstention de

1. Notons qu'une autorité cachemirienne plus tardive, Aparārka (XIIe siècle), donne une interprétation différente : *upāvṛttasya pāpebhyo yas tu vāso guṇaiḥ saha | upavāsaḥ sa vijñeyaḥ sarvabhogavivarjitaḥ.* « Le jeûne (*upa-vāsaḥ*) signifie "demeurer" (*vāsaḥ*) avec des qualités quand on s'est "détourné" (*upā-vṛttasya*) des péchés. Il est dépourvu de jouissances ». Pour la citation, voir P. VAMAN KANE, *History of Dharmaśāstra*, vol. 4, Poona 1953, p. 54.

10.1484/M.BEHE-EB.5.134771

toute forme de gratification sensuelle ou de jouissance (*bhoga*)[2], à savoir de parfums, de fleurs, d'onguent, d'ornements, de feuilles de bétel, de danse et de musique[3].

En même temps, la privation volontaire de toute nourriture peut être exprimée par de nombreuses autres expressions qui désignent le simple fait de ne pas manger, comme par exemple *anaśana* ou *nirāhāra* (« être sans nourriture »), *vāyubhakṣaṇa* ou *prāṇāśana* (« manger du vent ou du souffle »).

Enfin, il existe un concept particulièrement important dans le contexte shivaïte qui peut également dénoter ou inclure le jeûne : le *tapas* (litt. « chaleur, énergie »). Le *tapas* recouvre plus généralement toute forme d'austérité et d'ascèse : se tenir immobile, supporter la grande chaleur et le froid, etc., y compris la privation de nourriture. Le *Mahābhārata*, la grande épopée, mentionne déjà que le jeûne forme l'élément principal ou la méthode la plus efficace du *tapas* : « Il n'existe pas plus grand profit que l'accomplissement de nos devoirs (*dharma*), il n'existe pas d'ascèse (*tapas*) supérieure au jeûne (*anaśanāt*), il n'existe rien de plus pur que les brahmanes, ni ici-bas, ni dans l'au-delà ; et aucun autre acte d'austérité (*tapaḥkarma*) n'est comparable au jeûne[4] ».

Les jeûnes désignés plus haut sont tous observés dans un contexte religieux. Néanmoins, le jeûne non religieux existe également en Inde classique, depuis l'époque védique : il s'agit principalement du jeûne de protestation ou *prāyopaveśa* (litt. « s'asseoir pour partir vers l'au-delà », un terme bien distinct). L'objectif de ce jeûne est de s'opposer à une injustice que l'autre partie ne souhaite pas réparer et d'obtenir une réparation par coercition, car l'opposant doit éviter d'être responsable de la mort du pratiquant. Dans ce sens, le jeûne de protestation se démarque de la plupart des autres jeûnes qui sont, à des degrés

---

2. Voir la citation d'Aparārka dans la note précédente : *sarvabhogavivarjitaḥ*. Voir aussi *Mahābhārata*, éd. V. SUKTHANKAR *et al.*, Poona 1927-1959, strophe 11.650.43cd, « et laissant les jouissances derrière lui, il fixa son esprit sur rien d'autre que l'ascèse » (*bhogāṃś ca pṛṣṭhataḥ kṛtvā tapasy eva mano dadhe*).
3. Cette liste est donnée à titre d'exemple sous l'entrée « upavāsa » dans M. MONIER-WILLIAMS, *Sanskrit-English Dictionary*, Oxford 1899 (https://www.sanskrit-lexicon.uni-koeln.de/monier/).
4. *Mahābhārata*, 13.109.62c-63 : *na dharmāt paramo lābhas tapo nānaśanāt param || brāhmaṇebhyaḥ paraṃ nāsti pāvanaṃ divi ceha ca | upavāsais tathā tulyaṃ tapaḥkarma na vidyate.*

divers, des actes religieux. Il demeure toutefois un peu proche du *tapas*, car dans les deux cas le but du jeûne, comme on le verra, est de contraindre une autorité supérieure. En même temps, contrairement au *tapas*, le *prāyopaveśa* ne devient jamais un acte religieux et ne subit aucune assimilation au sein du shivaïsme. Pour cette raison, nous n'en traitons pas ici[5].

Dans ce qui suit, nous proposons de distinguer deux catégories principales de jeûnes religieux dans le shivaïsme : d'une part, le jeûne purificatoire, pratique dont les origines remontent à l'époque védique ; de l'autre le jeûne votif, qui vise la réalisation d'un but personnel. Toutefois, ces deux types de jeûne se subdivisent en sous-catégories et subissent une évolution historique, dont nous essayerons de dessiner quelques grandes lignes au sein du shivaïsme, sans pour autant prétendre en donner une vision complète. Nous nous intéresserons plus particulièrement aux façons dont les courants shivaïtes ont transformé certaines formes de jeûne et se les sont appropriées.

1. Jeûnes purificatoires dans le complexe rituel (*upavāsa, prāyaścitta*)

Jeûne purificatoire en préparation pour un rite

Ce type de jeûne est attesté, dans la littérature védique, dès la période la plus ancienne dans le brahmanisme. La personne qui commanditait un sacrifice védique devait rester à côté du feu de la maison (*gārhapatya*) en observant un jeûne la nuit, durant l'accomplissement du sacrifice. L'une des explications étymologiques du jeûne, *upavāsa*, prendrait ses origines précisément dans cet acte : *habiter près [du feu sacrificiel]*. Une autre insisterait sur le fait que le jeûne observé dans ces contextes aiderait le sacrifiant pour *s'approcher du dieu*. Finalement, *upavāsa* désigne également un jour préparatoire jeûné avant le sacrifice du Soma, pendant lequel les dieux sont invités pour

5. Pour un traitement de ce type de jeûne, voir la contribution de Lyne Bansat-Boudon dans ce volume, ainsi que W. Hopkins, « On the Hindu Custom of Dying to Redress a Grievance », *Journal of the American Oriental Society* 21 (1900), p. 146-159, et F. Baldissera, « Traditions of Protest: TheDevelopment of Ritual Suicide from Religious Act to Political Statement », dans F. Squarcini (éd.), *Boundaries, Dynamics and Construction of Traditions in South Asia*, Florence – Delhi 2005, p. 515-68.

témoigner et pour participer au sacrifice. Dans ce cas, ce sont donc *les dieux qui s'approchent*, grâce, en partie, au jeûne[6]. Quelle que soit l'étymologie proposée ou reconnue, le jeûne précède le sacrifice et perdure durant celui-ci ; il est vu comme une préparation purificatoire du sacrifiant.

Suivant la même logique, celui qui était sur le point de recevoir son initiation aux études védiques (*dīkṣā*, considérée comme une deuxième naissance), devait également observer un jeûne purificatoire au préalable. Il était vu comme un embryon (*garbha*) qui, selon le point de vue traditionnel, ne mangeait pas et pratiquait donc le jeûne avant la naissance. En outre, le sacrifiant était également identifié à la victime sacrificielle, nourriture des dieux, qui devait par conséquent être pure[7]. Finalement, le jeûne préparatoire est aussi expliqué comme une forme de politesse envers les dieux, car le sacrifiant ne doit pas manger avant ses invités[8].

Notons que ces jeûnes védiques sont souvent des privations partielles de nourriture : pour se purifier des péchés et des impuretés, par exemple, selon *Taittirīya Āraṇyaka* II.8.9[9], un brahmane ne doit manger que du lait chaud, un *kṣatriya* que de la bouillie d'orge et un *vaiśya* qu'un mélange de lait et de graines.

Le jeûne purificatoire préalable est pratiqué dans le shivaïsme également, mais nous ne trouvons généralement pas de prescriptions détaillées : les textes enjoignent simplement qu'une personne,

6. Pour un résumé de ces étymologies possibles ainsi que des variantes du terme, voir M. McGee, « Feasting and fasting: The vrata tradition and its significance to Hindu women », thèse de doctorat, Université d'Harvard, 1987, p. 190.

7. F. Baldissera, « Notes on Fast in India », dans C. Pieruccini et P. M. Rossi (éd.), *A World of Nourishment / Reflections on Food in Indian Culture*, Milan 2016, p. 73-74, qui se fonde sur S. Lévi, *La doctrine du sacrifice dans les brâhmaṇas*, Paris 1898, et J. C. Heesterman, *The Broken World of Sacrifice. An Essay in Ancient Indian Ritual*, Chicago 1993, citant le *Śatapathabrāhmaṇa* 3.2.1.16 : *garbho vā eṣa yo dīkṣate*, « celui qui reçoit l'initiation est un embryon », et *Śatapathabrāhmaṇa* 3.3.4.21 : *sa havir vā eṣa bhavati yo dīkṣate*, « celui qui reçoit l'initiation devient l'offrande sacrificielle ».

8. Sur ce point, voir S. Lévi, *La Doctrine du sacrifice*, p. 82-83.

9. Voir T. Lubin, « The Transmission, Patronage and Prestige of Brahmanical Piety from the Mauryas to the Guptas », dans F. Squarcini (éd.), *Boundaries, Dynamics and Construction of Traditions in South Asia*, p. 77-103 [p. 90], ainsi que T. Lubin, « Consecration and ascetical regimen: A history of Hindu Vrata, Dīkṣā, Upanayana, and Brahmacarya », thèse de doctorat, Université de Columbia, 1994, p. 224. Pour la source, voir *Taittirīyāraṇyaka*, éd. R. Mitra, Calcutta 1871.

à un certain moment, doit déjà avoir effectué un jeûne. Sans inventorier tous les contextes rituels, nous aimerions en traiter trois, qui se trouvent proches des contextes védiques.

La première fois qu'un *śaiva* doit observer le jeûne est pendant le rite initiatique *samaya*, au cours duquel il est accepté dans la communauté shivaïte, reçoit un nom initiatique et les règles de vie à respecter. Ce rite précède l'initiation proprement dite (*dīkṣā*), qui assurera sa délivrance après la mort. Sur le jeûne, aucun détail n'est précisé, les textes disent simplement que lors du commencement du rite *samaya*, les néophytes doivent être « purs, avoir accompli un bain rituel et jeûné[10] ». Dans cette description et ce contexte, il semble clair que le jeûne n'est pas une forme de politesse ou d'invitation des dieux, mais une purification (*śuddhi*) qui est nécessaire pour rencontrer les divinités. La suite du rituel le confirme, puisque le néophyte doit consommer les cinq produits de la vache (*pañcagavya*), également considérés comme ayant un effet purifiant, avant de se faire asperger d'eau, transformée par des mantras. Le processus culmine quand son corps mondain est symboliquement brûlé puis reconstruit par des mantras shivaïtes. Ce n'est qu'après cette destruction et reconstruction qu'il peut voir les divinités présentes sur le maṇḍala.

Il n'est pas inutile de préciser que le maître qui accomplit ce rite doit également observer au préalable un jeûne qui dure un jour et une nuit[11]. De la même façon, avant la consécration (*abhiṣeka*) d'un pratiquant (*sādhaka*), qui souhaite obtenir des pouvoirs surnaturels, celui-ci doit observer un jeûne dont l'observance s'étend sur toute l'année, ce qui implique que le jeûne soit partiel.

L'initiation n'est pas le seul rite shivaïte qui nécessite un jeûne purificatoire préalable. Vu la grande variété de rites qui doivent être précédés d'un jeûne selon plusieurs textes shivaïtes, on se demande si la

10. Voir « Siddhayogeśvarīmata », éd. J. Törzsök, thèse de doctorat, Université d'Oxford, 1999, 6.36cd : *tata āvāhayec chiṣyaṃ śuciṃ snātam upoṣitam*. Voir également *Mālinīvijayottara*, éd. M. Kaul, Bombay 1922, 8.119cd : *tataḥ praveśayec chiṣyāñ śucīn snātān upoṣitān*. Pour le Siddhānta, voir *Sarvajñānottara*, éd. provisoire non publiée de D. Goodall, 2010, 10.8, qui précise que les disciples, qui portent des vêtements propres, se sont lavé les pieds et le corps, avant de se rincer la bouche et d'être aspergés d'eau purificatrice : *upoṣitān śucīn snātān ācāntān dhautavāsasaḥ| dhautapādāṃs tu saṃsiktān śiṣyān mantrī praveśayet||*.

11. Voir « Siddhayogeśvarīmata », 6.4ab : *ahorātroṣito bhūtvā suprasannaḥ śucir guruḥ*.

prescription d'un jeûne purificatoire n'est pas sous-entendue dans tous les cas sauf pour le rite quotidien. Car nous retrouvons cette obligation aussi bien avant l'extraction des mantras (*mantroddhāra*, un processus pour former les mantras lettre par lettre, à partir d'un diagramme)[12] qu'avant de s'approprier (*grah-*, litt. « saisir ») une image lors de l'installation des images divines[13].

Parmi ces usages multiples, nous examinerons, à titre d'exemples, d'abord le jeûne purificatoire prescrit avant de célébrer un rite pour obtenir des pouvoirs surnaturels (*siddhi*) ; puis, le jeûne qui précède la fête annuelle de la Nuit de Śiva (*śivarātri*).

Obtenir des pouvoirs surnaturels (*siddhi*) figure dans les textes canoniques du shivaïsme (*tantra/āgama*) comme l'un des buts tout à fait légitimes du pratiquant, malgré l'insistance des exégètes plus tardifs sur le but ultime, qui est la délivrance (*mokṣa*). Ainsi, les textes canoniques donnent un grand nombre de prescriptions rituelles pour obtenir de tels pouvoirs, qui comprennent, entre autres, la capacité de soumettre les autres à sa volonté, maîtriser les traités savants et le langage poétique, ou bien vaincre l'armée d'un ennemi. Le rituel à accomplir commence dans presque tous les cas par un jeûne d'une durée précise.

Le premier texte canonique shivaïte, le *Niśvāsa* (dans la partie *Guhyasūtra*, VIIe siècle ?) prescrit un jeûne pendant trois nuits (*trirātroṣita*) avant de commencer un rituel de *siddhi* pour devenir invisible ou pour soumettre quelqu'un à sa volonté[14], tandis que l'un des premiers textes canoniques du culte des déesses, le *Brahmayāmala* (VIIe-VIIIe siècles ?), exige du pratiquant, avant les divers rites de *siddhi*, un jeûne d'un jour, ou un jeûne de trois jours ou encore un jeûne de trois nuits[15]. De même, deux autres textes du culte des *yoginī*

12. Pour un jour et une nuit. Voir « Siddhayogeśvarīmata », 3.5-6 : *ahorātroṣito bhūtvā sudhūpāgandhabhūṣitaḥ | guruś candanaliptāṅgo vīrasādhanasaṃyutaḥ || savīraiḥ sādhakair yukto mantrarakṣākṛtaśramaḥ | vidyāṅgaiś ca susaṃnaddho rudraśaktiṃ samālikhet.*

13. *Brahmayāmala*, transcription provisoire inédite de S. HATLEY, chap. IV, pour sept nuits : *pūrvvalakṣaṇasaṃpūrṇṇā pratimā gṛhya suvrate | mṛdāṣṭakhālitāṃ pūrvvāṃ ghṛtamadhvāsthitan tathā | saptarātroṣitāntan tu tato gṛhṇeta sādhakaḥ.*

14. *Niśvāsa Guhyasūtra*, éd. provisoire non publiée de D. GOODALL, 14.129-30.

15. Voir pour le jeûne de trois nuits, *Brahmayāmala* 46.2 (*tṛrātroṣito* pour *trirātroṣito*) avant le rite du « grand barattement », sur lequel voir par exemple J. TÖRZSÖK, « Kāpālikas », dans *Brill's Encyclopedia of Hinduism*, vol. 3, *Society, Religious Specialists, Religious Traditions, Philosophy*, Leyde 2011, p. 355-361

prescrivent un jeûne d'une ou de trois nuits avant d'accomplir, dans le champ crématoire, un rituel qui doit avoir lieu soit la huitième soit la quatorzième nuit de la partie sombre du mois lunaire, en l'honneur de la grande déesse[16], ou afin d'invoquer des *yoginī* qui possèdent des pouvoirs surhumains[17].

La privation de nourriture, probablement complète ici, comme c'est aussi le cas avant l'initiation, doit préparer l'adepte au rituel qui suit et qui comprend l'invocation des divinités. Il est rare que les prescriptions s'attardent sur les modalités de ces jeûnes préparatoires. Néanmoins, nous avons quelques exceptions, à titre d'exemple, le jeûne qui prépare la rencontre avec Parā, la déesse de la parole et de l'immortalité[18].

Afin de maîtriser la parole poétique ainsi que philosophique, l'adepte doit accomplir une observance en l'honneur de cette déesse, dont l'iconographie (comprenant un rosaire et un manuscrit comme attributs) rappelle celle de Sarasvatī, la déesse panindienne de la parole sacrée[19]. Il doit se retirer dans une grotte, où seul, il récitera le mantra de Parā trois cent mille fois pendant un mois, en ne mangeant que l'un des aliments suivants : fruits, racines, légumes, gruau, lait, yaourt ou beurre. On lui promet la maîtrise de la parole au bout

---

[p. 360]. Pour le jeûne de trois jours, voir *Brahmayāmala* 48.3, *tryahapoṣitaḥ* (pour *tryahopoṣitaḥ*) avant le rite de la « grande fosse ». Pour l'adoration des déesses mères et de Mahākāla sur un maṇḍala, le rite doit être précédé par un jeûne d'une nuit : 55.18, *ekarātrosito bhūtvā* (pour *ekarātroṣito bhūtvā*). Il existe également des prescriptions pour un jeûne d'une durée d'un jour et d'une nuit : *ahorātroṣito bhūtvā* (*Kubjikāmata*, éd. T. Goudriaan et J. Schoterman, Leyde 1988, 20.60a).

16. Voir *Tantrasadbhāva*, éd. électronique du Muktabodha Indological Research Institute, 19 déc. 2004, par M. Dyczkowski (se fondant sur les manuscrits aux Archives Nationales de Katmandou : K=A 188/22, National Archives, Kathmandu [NAK] 5-1985-1533 ; KH=A 44/1, NAK 1-363 ; G=A 44/2, NAK 5-445-185 ; 10/791ab Ms kh fin. Non disponible actuellement sur https://etexts.muktabodha.org/DL_CATALOG_USER_INTERFACE/dl_user_interface_frameset.htm), 21.52cd-53 *kṛṣṇāṣṭamīm upoṣitvā kṛṣṇā vātha caturdaśī || devyāyā mahatī pūjāṃ kṛtvā dakṣiṇata sthitaḥ |śmaśānabhasma saṃgṛhya śatajaptaṃ tu kārayet ||*.

17. Voir « Siddhayogeśvarīmata », 13.11 et 13cd : *kṛṣṇapakṣacaturdaśyāṃ trirātraṃ ca upoṣitaḥ | niśī gatvā śmaśānaṃ tu sahāyaiḥ parivarjitaḥ [...] tāvad yāvat samāyātā yogeśvaryaḥ samantataḥ |*.

18. Voir « Siddhayogeśvarīmata », chap. XII.

19. Sur ce point, voir A. Sanderson, « The Visualisation of the Deities of the Trika », dans A. Padoux (éd.), *L'image divine : culte et méditation dans l'hindouisme*, Paris 1990, p. 31-88 [p. 43].

d'un mois de pratique, puis, au bout de deux mois, la déesse apparaîtra devant l'adepte en personne et le possédera, littéralement « entrera dans son corps ». Ainsi deviendra-t-il capable de soumettre le monde entier à sa volonté et régner sur lui.

Dans ce cas précis, le jeûne reste préparatoire dans la perspective de la rencontre avec la déesse, mais la pratique elle-même se résume principalement dans ce jeûne, et c'est peut-être pour cette raison que plus de détails sont fournis à son sujet. Puisqu'il est associé à la déesse qui incarne la parole brahmanique, il permet la consommation des éléments considérés comme « purs » (*sāttvika*) par la tradition, tels que les produits laitiers ou les végétaux.

De même que le jeûne purificatoire prépare l'adepte pour le rituel de *siddhi*, il joue un rôle préparatoire au cours d'une fête célèbre et pratiquée aujourd'hui encore : la Śivarātri ou nuit de Śiva. Selon une description cachemirienne qui date peut-être du VIIIe ou IXe siècle[20], cette fête nocturne est précédée par un jeûne durant la journée avec une privation de toute nourriture[21]. Après ce jeûne (*upoṣitaḥ*) et un bain rituel purificatoire, le dévot doit célébrer le culte de Śiva. Ensuite, il mange et passe la nuit à danser, à chanter, et à écouter les récits et textes sacrés shivaïtes (*śivadharmāḥ*) accessibles à tous les dévots. Le lendemain, il offre à Śiva des effigies d'animaux à base de farine (*paiṣṭāḥ*), évitant ainsi l'offrande d'animaux réels.

D'autres descriptions, dont certaines sont peut-être plus tardives mais toujours antérieures au XIIIe siècle[22], suivent ce déroulement de la fête. Dans toutes ces sources, le jeûne conserve une fonction préparatoire et purificatrice, tout en étant accompagné d'un bain rituel. La partie principale de la fête consiste en célébrations, actes d'adoration et repas festif, qui durent toute la nuit, au cours de laquelle le dévot doit donc rester éveillé[23].

---

20. *Nīlamata*, éd. K. DE VREESE, Leyde 1936, strophes 510-516.
21. Le texte utilise le terme *nirāhāra* qui désigne l'absence de toute nourriture, mais avec la permission de boire de l'eau.
22. C'est le *Haracaritacintāmaṇi* de Jayadratha, éd. M. P. SIVADATTA et K. P. PARAB, Bombay 1897, qui les résume dans le chapitre XXXI, à partir de sources dont la plupart ne nous sont plus accessibles.
23. Voir par exemple un vers tiré du *Skandapurāṇa* selon Jayadratha, 31.117 : *snātaḥ śaṃkaram abhyarcya dine yo sminn upoṣitaḥ/ rātrau bhaktyā prajāgarti sa yāti paramāṃ gatim*, « Si l'on vénère Śaṅkara le jour, après un bain rituel et un jeûne, et si l'on reste éveillé la nuit avec dévotion, on obtient la voie suprême [= la délivrance] ».

Dans les résumés, on identifie principalement la Śivarātri à une observance de veille (*jāgaraṇa/prajāgara*) afin d'adorer et célébrer Śiva. Il est également affirmé que c'est la veille elle-même qui apporte ses fruits au dévot[24]. Le jeûne assure donc la purification préalable, tandis que la veille, qui forme la partie principale de la fête, doit être passée dans le chant, la musique et les récitations dévotionnelles[25].

Il n'est pas inutile d'insister sur cette fonction préparatoire du jeûne avant la Śivarātri selon les sources antérieures au XIIIe siècle, car aujourd'hui cette fête très populaire est identifiée à une observance de jeûne tandis que le côté festif est relativement négligé. Même si le jeûne préparatoire est indispensable, il ne constitue pas l'élément central de la fête elle-même selon les sources anciennes. Car, malgré le grand nombre et la grande variété des mythes étiologiques expliquant les origines de cette fête, l'idée principale est que Śiva se promène cette nuit-là sur terre à la recherche de ses fidèles. Ceux qui restent debout et l'adorent pourront le rencontrer et obtenir sa grâce.

Il serait intéressant d'identifier la période à partir de laquelle la Śivarātri devient principalement une observance de jeûne et non pas une fête. Aujourd'hui, un consensus semble dominer autour de cette question et les dévots s'accordent sur le statut de la Śivarātri comme jeûne purificatoire[26], au point où toute festivité devient souvent même interdite. Même s'il semble difficile d'établir une date pour cette transformation, il est possible que la popularisation des *vrata*, observances votives personnelles, a joué un certain rôle, comme on le verra plus loin.

Jeûne purificatoire pour réparer une faute ou expier un péché

Le jeûne purificatoire peut être pratiqué sans préparer la personne à un rite. Ce type de jeûne s'intègre alors dans un rituel qui s'appelle

24. Selon un passage du *Haracaritacintāmaṇi*, c'est la veille qui sauve même un voleur d'une mauvaise renaissance et qui le fait réincarner comme roi (31.150) : *paśya sādhāraṇaphalaṃ śivarātriprajāgaram* | *pāpaś cauro pi yenāham adya jātismaro nṛpaḥ* || « Regarde comme la veille durant la Śivarātri porte son fruit à tous : même un voleur malintentionné peut devenir aujourd'hui un roi qui se souvient de sa naissance antérieure – c'est moi-même ».

25. *Haracaritacintāmaṇi* 31.258 : *gītair manorathair vādyaiḥ stotraiḥ sacchāstraśīlanaiḥ* | *anyaiḥ śivakathārūpair vyāpāraiś ca niśāṃ nayet.*

26. Voir par exemple https://timesofindia.indiatimes.com/astrology/rituals-puja/maha-shivratri-fasting-rules-what-devotees-must-know/articleshow/68206207.cms (consulté le 9 juillet 2020).

généralement *prāyaścitta* ou expiation, dont le but est donc d'effacer les péchés de la personne ou de réparer les fautes que l'on aurait pu commettre lors de l'exécution d'un autre rite. Contrairement au jeûne purificatoire préalable, il n'est pas nécessaire que ce jeûne soit suivi d'un autre rite, même s'il est souvent accompagné d'autres actes pieux, comme la récitation de certains mantras. En général, les prescriptions concernant le jeûne expiatoire précisent en quoi il doit consister – ce que le dévot peut manger, etc. –, tandis que le jeûne préparatoire, comme on l'a vu, est rarement défini de manière précise et implique souvent un jeûne strict. En résumé, même si dans les deux cas, le jeûne purifie le pratiquant, le jeûne préparatoire ne constitue pas un rite en soi, tandis que le jeûne expiatoire forme le cœur du rite d'expiation ou de réparation.

Le jeûne comme pénitence est bien connu dans l'ancienne littérature brahmanique sur le *dharma*. Comme le note Patrick Olivelle, concernant le brahmanisme et l'hindouisme à partir du Vᵉ siècle avant notre ère : « La méthode habituelle pour se débarrasser des péchés dans la tradition hindoue est l'exécution de la pénitence appropriée, ce que l'on nomme *prāyaścitta*. La forme la plus commune de pénitence est le jeûne[27] ». Ce jeûne n'était pas nécessairement strict, la consommation d'un repas léger préparé à partir de grains sacrificiels comme le riz étant souvent permise[28]. Le *locus classicus* à ce sujet se trouve dans la *Manusmṛti*[29], qui prescrit un jeûne expiatoire d'une journée si un deux-fois né, initié, n'a pas célébré un rite védique obligatoire ou s'il a oublié l'un de ses devoirs. Pour les fautes ou péchés plus importants, comme le vol de bois, de nourriture ou de vêtements, Manu (11.166) exige un jeûne de trois jours. Même les péchés les plus grands (*mahāpātaka*) peuvent être effacés grâce à des jeûnes. Manu prescrit des jeûnes plus longs (alternant jeûne complet et jeûne réduit à quelques bouchées de nourriture)[30] pour expier le péché d'avoir mangé de la nourriture interdite (5.20-21, 11.155-7) ou d'avoir violé l'épouse de son maître (11.106-7, ce dernier étant l'un des péchés les plus graves, nécessitant un jeûne

27. P. OLIVELLE, « The Renouncer Tradition », dans G. FLOOD (éd.), *The Blackwell Companion to Hinduism*, Oxford 2003, p. 271-287 [p. 283] : « The normal method for getting rid of sin in the Hindu tradition is by performing an appropriate penance, which is called *prāyaścitta*. The most common form of penance is fasting ».

28. Voir P. VAMAN KANE, *History of Dharmaśāstra*, p. 53.

29. *Manusmṛti*, éd. J. L. SHASTRI, New Delhi 1983, strophe 11.203.

30. Il s'agit des célèbres observances appelées *candrāyaṇa* et *kṛcchra*. Voir par exemple M. MCGEE, *Feasting and fasting*, p. 199-200.

particulier pendant trois mois, voire un an). Même si le jeûne n'est pas le seul moyen d'effacer ou d'expier ses péchés, il demeure un moyen privilégié et particulièrement courant[31].

Les prescriptions de la *Manusmṛti* suggèrent que c'était avant tout des brahmanes qui célébraient les rites d'expiation. C'est sans doute vrai, mais les autres classes sociales n'en étaient certainement pas exclues. Un passage de l'épopée[32] louant les vertus du jeûne et ses effets purificatoires commence par la constatation que toutes les classes sociales (*varṇa*), et mêmes tous les étrangers (*mleccha*), apprécient le jeûne, grâce auquel on peut se débarrasser des péchés et obtenir des mérites, voire atteindre le paradis (*svarga*).

Dans le contexte shivaïte, le jeûne expiatoire ou réparatoire apparaît en particulier dans les manuels de rituel (à partir du Xᵉ siècle) et dans certains textes canoniques de la tradition du Siddhānta, dont les prescriptions ne contredisent jamais les règles de l'orthopraxie brahmanique. En effet, les manuels de rituel ne semblent pas parler d'autres jeûnes que du jeûne expiatoire, qui est toujours accompagné de la récitation des mantras shivaïtes particuliers, les mantras (qui incarnent Śiva lui-même) étant les agents principaux de la purification.

Ainsi, le manuel de Bhojadeva prescrit cent récitations avec un jeûne à observer si l'on a omis de célébrer l'adoration quotidienne aux moments des jonctions de la journée (*sandhyā*) ; mais on peut se limiter aux récitations si l'on est malade[33]. Des jeûnes divers sont prescrits également pour se purifier si l'on a consommé de la nourriture qui a été en contact avec la naissance ou la mort ou les restes du repas (*ucchiṣṭa*) d'une personne de caste inférieure. Enfin, si quelqu'un est dans l'incapacité physique d'accomplir ce qui est prescrit, les membres de sa famille peuvent partager les récitations, offrandes, jeûnes, etc., entre eux et les exécuter au nom de cette personne, afin de la purifier[34].

---

31. Notons des expiations plus radicales, comme, par exemple, pour le péché d'avoir violé l'épouse de son maître, de se couper les testicules et de marcher vers le Sud-Est en les tenant dans les mains jusqu'à ce que l'on meure (*Manusmṛti* 11.105).

32. *Mahābhārata* 13.109.1 *sq.*

33. BHOJADEVA, *Siddhāntasārapaddhati*, éd. provisoire non publiée d'A. SANDERSON, B19v : *saṃdhyālope nirujaḥ sopavāsaḥ śataṃ japet. sarujo japed eva.*

34. BHOJADEVA, *Siddhāntasārapaddhati*, B23r : *prāyaścittakaraṇāsamarthasya mātṛpitṛgurubhrātṛbhaginīputrabhāryādibhir vibhajya japahomopavāsādi tadviśuddhaye kartavyam.*

Un autre manuel, celui de Somaśambhu, ne discute du jeûne que dans le contexte de l'expiation (*prāyaścitta*), où la récitation des mantras demeure également la partie centrale du rite. Somaśambhu prescrit le jeûne de façon semblable dans les cas où les règles concernant les castes ne seraient pas respectées : par exemple, si un brahmane consomme de la nourriture qu'un *vaiśya* ou *śūdra* a laissée, il doit observer un jeûne de deux ou trois jours (respectivement) et réciter le mantra d'Aghora dix mille fois[35]. Ou si l'on boit, par erreur, de l'eau laissée par quelqu'un d'autre, on doit observer une nuit de jeûne et consommer les cinq produits de la vache pour se purifier[36].

On observe la même tendance dans les textes canoniques du Siddhānta. À titre d'exemple, le *Mṛgendra* (VIIIe-IXe siècles ?) dit que, si le pratiquant omet le rite quotidien de Śiva, il doit soit réciter le mantra de Sadyojāta dix mille fois, soit observer un jeûne strict (litt. *marutāśana* « mangeant du vent ») d'une journée et réciter le même mantra cent fois avec le contrôle du souffle[37]. De même que les manuels, ce texte prescrit le jeûne avec des récitations si l'on consomme ce qui reste du repas d'une autre personne[38]. Un autre texte canonique mentionne également le jeûne dans certains cas de *prāyaścitta*, avec privation complète de nourriture, récitations de mantras shivaïtes et sacrifices au feu, afin de purifier une omission rituelle ou un péché[39].

L'application du jeûne expiatoire dans ces cas, dans les textes canoniques et dans les manuels du Siddhānta, montre bien la transformation shivaïte des règles de l'orthopraxie. D'une part, la fonction principale du jeûne demeure la même que dans les sources anciennes brahmaniques : purifier l'adepte des péchés et des fautes, qu'ils soient commis accidentellement ou délibérément. D'autre part, le jeûne perd légèrement de son importance, dans la mesure où il ne constitue généralement pas l'élément principal de l'expiation shivaïte. Nous pouvons

35. *Somaśambupaddhati*, vol. 2, éd. H. BRUNNER, Pondichéry 1968, 2.3.91 : *bhuktvā vaiśyasya śūdrasya samucchiṣṭaṃ dvyahaṃ tryaham | krameṇopavased vipras tathāghorāyutaṃ japet ||*.

36. *Somaśambhupaddhati*, 2.3.96 : *pītaśeṣaṃ tu yat toyaṃ pramādād yadi tat pibet | upoṣya rajanīm ekāṃ pañcagavyena śuddhyati ||*.

37. *Mṛgendra kriyāpāda et caryāpāda avec le commentaire de Bhaṭṭa Nārāyaṇakaṇṭha*, éd. N. R. BHATT, Pondichéry 1962, *Caryāpāda* 107 : *sādhakāhnikavicchede sadyojātāyutaṃ japet| śataṃ vā saṃyataprāṇo vāsaraṃ mārutāśanaḥ||*.

38. *Mṛgendra*, *Caryāpāda* 110.

39. *Svāyambhuvasūtrasaṃgraha*, éd. VEṄKAṬASUBRAHMAṆYAŚĀSTRĪ, Mysore 1937, chap. XXI.

constater un déplacement d'accent dans les prescriptions shivaïtes, qui se concentrent davantage sur les détails de la récitation (quels mantras shivaïtes doivent être récités ? combien de fois ? dans quelles conditions ?, etc.) et éventuellement sur d'autres éléments comme des offrandes, plutôt que sur les détails de la pratique du jeûne. Ce déplacement d'accent s'explique par la nature différente du culte shivaïte : la divinité ou les divinités du culte sont toujours des mantras (qui peuvent avoir une forme visuelle, mais cette dernière reste secondaire). Ce sont les différentes formes mantriques de Śiva lui-même qui sont capables de purifier l'adepte, et non pas le jeûne en soi, qui, même s'il est maintenu dans une continuité de l'héritage cultuel brahmanique, devient un élément moins central dans les rites d'expiation et de réparation shivaïtes.

2. Le jeûne purificatoire comme mode de vie et de délivrance

Les exemples cités plus haut utilisent le jeûne comme moyen de purification ponctuelle, dans la mesure où le jeûne préparatoire sert à purifier celui qui souhaite accomplir un rituel précis, et le jeûne expiatoire purifie la personne d'un péché ou d'une faute spécifique. Le jeûne fonctionne donc comme purification particulière dans les deux cas. À côté de ces objectifs précis, le jeûne peut cibler un but plus général : la purification complète de la personne afin de quitter le monde de la transmigration et de s'unir à la divinité suprême. Dans ce cas, le jeûne purificatoire devient un mode de vie, ou plus précisément, il devient partie intégrante de la vie de l'ascète ou du renonçant.

La tradition indienne reconnaît, depuis au moins les Vᵉ-IVᵉ siècles avant notre ère, la légitimité de choisir une vie ascétique, au cours de laquelle, en quête intense de purification et en vue de la délivrance, on prévoit de minimiser « l'effort pour la nourriture[40] ». En d'autres termes, que l'ascète soit un mendiant itinérant se nourrissant des restes qu'on lui donne ou bien un anachorète vivant des produits végétaux qu'il trouve dans la forêt, il doit réduire tout effort de production,

40. Nous empruntons cette expression « minimising the food effort » à P. OLIVELLE, « From Feasts to Fast: Food and the Indian Ascetic », dans J. LESLIE (éd.), *Rules and Remedies in Classical Indian Law*, Leyde 1991, p. 17-36, qui est également notre source principale pour résumer la position brahmanique sur le jeûne comme mode de vie.

stockage, préparation et consommation de la nourriture. Moins il fournit d'effort pour se nourrir, plus sa position s'élève dans la hiérarchie des ascètes. Dans cette perspective, il paraît évident que la nourriture est perçue comme un élément négatif, un lien qui maintient l'individu dans le monde transmigratoire. Certaines traditions vont jusqu'au bout de cette logique et encouragent le suicide religieux par le jeûne, en particulier dans le jaïnisme (où il est appelé *sallekhanā)*, mais aussi dans l'hindouisme[41]. Notons, néanmoins, que ce suicide n'est pas considéré comme un véritable suicide, mais comme un processus spirituel au cours duquel la personne se débarrasse de tout facteur négatif de l'existence et se concentre entièrement sur l'âme[42].

Afin d'éclairer la vision négative de l'idéologie ascétique indienne concernant la nourriture, Patrick Olivelle[43] cite un mythe bouddhique (*Dīgha Nikāya, Aggañña sutta*) ainsi qu'un mythe hindou[44], sur l'origine de la nécessité de se nourrir. Malgré leur éloignement historique de près d'un millénaire, les deux récits concordent sur plusieurs points importants. Tous les deux commencent par la description de la situation d'un âge d'or mythique, où les hommes n'ont pas besoin de nourriture, soit parce que ce n'est pas nécessaire pour leur vie, soit à cause d'une abondance originelle. Une dépendance de la nourriture survient ensuite, accompagnée de difficultés grandissantes pour en obtenir assez, ce qui donne naissance également à l'avidité. Les hommes doivent faire de plus en plus d'efforts pour se procurer la nourriture nécessaire, ce qui conduit à l'accumulation. La culture de la terre s'impose. Les structures sociales, politiques et économiques apparaissent et la nourriture spontanément accessible disparaît complètement de la terre. Les « nouveaux » aliments comme le riz doivent être non seulement cultivés mais aussi cuits, et produisent, en plus de l'avidité, de l'orgueil, de la luxure, etc.

Même si ces récits n'étaient pas nécessairement les plus répandus concernant la nature et l'origine de la nourriture, le jeûne ou les restrictions alimentaires constituaient certainement un élément crucial de la vie des communautés ascétiques, comme celle des anachorètes *vaikhānasa,* ordre ascétique vishnouïte vivant dans la forêt, mentionné

---

41. Voir P. DUNDAS, *The Jains,* Londres – New York 2002, p. 179.
42. P. DUNDAS, *The Jains*, p. 179-180.
43. P. OLIVELLE, « From Feast to Fast », p. 29-31.
44. *Liṅgapurāṇa*, Bombay 1906, 1.39.

déjà dans le *Mahābhārata* et ailleurs[45]. Le jeûne représentait donc un retour à l'état originel et pur de l'homme, et par conséquent il pouvait purifier la personne des péchés liés (directement ou indirectement) à la nourriture. Cette vision du jeûne semble avoir été partagée par tous les courants religieux. Toutefois, la pratique ascétique de privation de nourriture comme mode de vie, afin d'obtenir une purification générale et la délivrance, demeurait un choix sans doute relativement rare, de même que le suicide religieux par le jeûne.

Au sein du shivaïsme, le jeûne était également vu comme une pratique potentiellement assez puissante pour effacer tous les péchés accumulés au cours d'une vie. Néanmoins, nous devons remarquer deux particularités importantes dans la vision shivaïte. D'abord, comme nous l'avons vu plus haut, ce n'est pas le jeûne en soi qui purifie l'adepte, mais les mantras shivaïtes qui incarnent la divinité. Pour cette raison, quand le *Niśvāsa* prescrit des pratiques grâce auxquelles on se débarrasse « de tous les péchés » (*mucyate sarvakilbiṣaiḥ*), le jeûne est toujours accompagné de la récitation des mantras appropriés[46]. Ensuite, il est rare que les observances ascétiques du jeûne soient destinées uniquement à assurer la délivrance ou la vision divine. Dans le passage du *Niśvāsa* cité, le texte promet la conquête de toutes les maladies au bout de deux nuits de récitation et de jeûne, et la purification de tous les péchés au bout de quatre nuits ; puis, plus loin, la conquête du monde entier au bout de cinq nuits, etc. Finalement, après des récitations innombrables, on verra le Seigneur. La promesse de divers pouvoirs surnaturels, qui précède la promesse de la rencontre avec Śiva, fait apparaître une autre fonction du jeûne, qui est associée plus couramment à l'ascèse puissante ou *tapas* et que nous examinerons plus loin.

Bien que les pratiques ascétiques extrêmes soient souvent associées à Śiva et au shivaïsme, le suicide par le jeûne ne semble pas une voie de délivrance généralement recommandée. Les *pāśupata,* adeptes d'un mouvement shivaïte prétantrique[47], pourraient toutefois être considérés comme prescrivant en quelque sorte, au dernier stade de leur observance, la mort par le jeûne. Les *pāśupata* n'étaient

---

45. Voir P. Olivelle, « The Renouncer Tradition »; p. 23-26. Il faut distinguer les anachorètes *vaikhānasa* de cette époque des *vaikhānasa* du mouvement vishnouïte plus tardif.
46. *Niśvāsa Guhyasūtra*, 17.37 *sq*.
47. L'émergence de ce mouvement peut être datée des IIe-IIIe siècles de notre ère.

pas tous des ascètes ; nous avons des inscriptions qui montrent qu'ils pouvaient remplir des fonctions diverses au sein de la communauté religieuse shivaïte, comme être officiant d'un temple par exemple. Leur écrit le plus connu intitulé les *Aphorismes des pāśupata*[48] est néanmoins destiné à des renonçants.

Au cours des observances prescrites, l'adepte doit se retirer de la société de telle sorte qu'à chaque étape le retrait soit plus accentué que le précédent. Dans l'avant-dernier stade (ch. 5), il habite dans une grotte ou un temple abandonné. Pensant sans cesse à Rudra (un autre nom de Śiva), et contrôlant ses sens, il obtiendra des qualités divines. Il se nourrit de l'aumône qu'il reçoit et boit quand il peut. Il ne sera souillé par aucun péché ou faute. Il doit sans cesse répéter des mantras shivaïtes, et il deviendra un voyant, un grand maître. Ensuite, dans le dernier stade, il doit habiter le champ crématoire et manger ce qu'il y trouve. En récitant mentalement le mantra de Rudra et en l'invoquant, il déracinera la cause de toutes les souillures et de tous les péchés. Il pourra ainsi atteindre le but ultime grâce à Śiva (*īśaprasādāt*) : la fin des souffrances (*duḥkhānta*), état qui est synonyme de la délivrance. Comme le commentateur l'explique, l'adepte doit se nourrir dans le champ crématoire, avec ce qu'il glane, sans en sortir, vivant du jour au lendemain juste pour se maintenir en vie. C'est à la fin de sa vie en ce lieu qu'il obtiendra l'union avec le Seigneur : il attend donc sa mort tout en méditant sur lui[49].

Même si le suicide par le jeûne n'est pas mentionné ici de manière explicite, l'idée principale est de réduire tout ce qui relie l'adepte à la vie. Les aliments qu'il trouve dans le champ crématoire, lieu de prédilection de Śiva, ne suffiront pas pour vivre très longtemps. Sans se suicider au sens propre, l'adepte précipite donc la fin de sa vie par une réduction maximale de sa nourriture, dans un lieu préféré du Seigneur, tout en se concentrant uniquement sur lui, afin de s'unir à lui lorsqu'il quitte le monde transmigratoire.

---

48. *Pāśupatasūtra* avec le commentaire de Kauṇḍinya, éd. R. A. Sastri, Trivandrum 1940.

49. Voir le commentaire de Kauṇḍinya *ad Pāśupatasūtra*, 5.32 : *tad yathālabdham annapānaṃ śmaśānād anirgacchatā | divase divase jīvamāyasthityarthaṃ tadupajīvan yathālabdhopajīvako bhavatīty arthaḥ* ||.

3. Le jeûne coercitif ascétique (*tapas*) et sa transformation shivaïte

Appartenant également aux pratiques ascétiques, le *tapas* (généralement traduit par « austérités »), qui est en grande partie constitué de jeûne, se distingue des jeûnes purificatoires pour plusieurs raisons.

Le *tapas*, comme mentionné plus haut, signifie littéralement « chaleur, énergie » et désigne un ensemble de pratiques d'austérité qui contribue à une accumulation d'énergie dans le corps. Le corps de l'ascète se dessèche ainsi, ses humeurs corporelles se réduisent ou disparaissent, et lui-même devient une masse d'énergie brûlante. La force qu'il gagne est plutôt destructrice, raison pour laquelle, dans la mythologie, les dieux craignent souvent les ascèses longues grâce auxquelles le pratiquant peut détruire le monde ou devenir plus puissant que les dieux eux-mêmes.

En quoi consiste le *tapas* ? Comme le dit la citation du *Mahābhārata* donnée plus haut, il n'existe pas d'ascèse (*tapas*) supérieure au jeûne (*upavāsa*), qui en constitue donc l'élément principal. Ce rôle important du jeûne s'observe également dans les diverses descriptions du *tapas*, dont les étapes sont le plus souvent définies par le type de jeûne pratiqué : ainsi, le *tapas* peut commencer par une étape où on ne se nourrit que de fruits (ou que de fruits et de racines) ; ensuite on continue par un régime de feuilles défraîchies, suivi lors d'une troisième étape par une abstinence complète à l'exception de l'eau ; en dernier, on aboutit à une période de privation complète de tout aliment, y compris l'eau[50]. En même temps, le *tapas* est loin de se limiter à un simple jeûne. D'autres formes de contrôle du corps y sont associées, comme le contrôle des sens, ou rester immobile, regarder constamment le soleil (qui assèche et qui contribue au contrôle des sens), ou bien tenir les bras immobiles en l'air (*ūrdhvabāhu*).

Les descriptions du *tapas* extrême, pratiqué pendant des millénaires, que l'on retrouve souvent dans des récits mythologiques, participent à la construction de l'image idéale de l'ascète. Il serait donc difficile d'établir ce que l'on peut considérer comme pratique éventuellement existante à l'époque : nous ne pouvons examiner que la

50. Voir par exemple les étapes du *tapas* d'Upamanyu dans le *Skandapurāṇa*, vol. 2B (*Adhyāyas* 31-52), éd. H. T. BAKKER *et al.*, Leyde – Boston 2014, 34.71.

représentation de l'ascèse et du jeûne ascétique. Explorer cette représentation est toutefois déterminant pour comprendre le rôle de la pratique du jeûne et des austérités qui lui sont associées.

Quel est le but du *tapas* ? Contrairement aux jeûnes examinés plus haut, le but principal ici n'est généralement pas la purification, même si une purification est obtenue accessoirement. L'effet purificatoire du jeûne ascétique est rarement mis en valeur[51] : un exemple connu est celui de l'épouse du sage Gautama. Dans ce récit, Indra, le roi des dieux, séduit la femme du sage. Quand Gautama apprend l'affaire, il maudit son épouse : « Tu vivras pendant des milliers d'années en ne mangeant que du vent, sans nourriture, pratiquant l'ascèse et allongée sur des cendres. Tu vivras inaperçue par les habitants de cet ermitage jusqu'à ce que Rāma, le vaillant fils de Daśaratha, entre dans cette forêt terrible. À ce moment-là, tu seras purifiée[52] ». La pénitence consiste en ascèse qui brûlera le péché de l'adultère grâce au jeûne (qui assèche et fait brûler) et à la chaleur des cendres brûlantes. Toutefois, l'arrivée de Rāma, incarnation du dieu Viṣṇu, est également nécessaire pour que la purification soit complète et que l'épouse, ainsi purifiée, puisse rejoindre son époux.

Généralement, plutôt qu'une purification, le *tapas* et le jeûne pratiqué dans le cadre du *tapas* fonctionnent principalement comme source d'énergie et de pouvoir surnaturel que l'ascète peut employer dans des buts variés. Comme le remarque John Brockington au sujet des épopées, à l'origine, le *tapas* est un pouvoir grâce auquel on peut contraindre même les dieux[53]. Il était très souvent utilisé pour réaliser un but mondain : afin de soumettre d'autres personnes à sa volonté (*vaśaṃ nī-*), pour obtenir des fils ou pour devenir invincible (*ajayatva*).

51. Dans un passage du *Mahābhārata* louant les vertus du *tapas*, sa fonction purificatrice est mentionnée aussi. Ainsi, selon ce passage, le *tapas* a le même pouvoir purificateur des péchés que le sacrifice (*yajña/krayu*) ou le don (*dāna*). Voir 14.30.4-5 : *tapobhiḥ kratubhiś caiva dānena ca yudhiṣṭhira | taranti nityaṃ puruṣā ye sma pāpāni kurvate || yajñena tapasā caiva dānena ca narādhipa | pūyante rājaśārdūla narā duṣkṛtakarmiṇaḥ.*

52. Voir *Rāmāyaṇa*, Baroda 1960-1975, 1.47.28c-30 : *iha varṣasahasrāṇi bahūni tvaṃ nivatsyasi || vāyubhakṣā nirāhārā tapyantī bhasmaśāyinī | adṛśyā sarvabhūtānām āśrame 'smin nivatsyasi || yadā caitad vanaṃ ghoraṃ rāmo daśarathātmajaḥ | āgamiṣyati durdharṣas tadā pūtā bhaviṣyasi.*

53. J. Brockington, *The Sanskrit Epics*, Leyde – Boston – Cologne 1998, p. 239 : « A form of power by which even the gods could be coerced ».

Dans le passage du *Mahābhārata* louant le jeûne comme la forme suprême du *tapas*, on dit que même les dieux ont obtenu le ciel grâce au jeûne, et les sages des pouvoirs surnaturels extraordinaires (*siddhi*)[54]. Ensuite, le texte énumère plusieurs personnages doués de voyance et devenus puissants grâce au jeûne, comme Viśvāmitra, Cyavana, Jamadagni et Gautama (que l'on vient de mentionner). Les récits au sujet de ces sages nous donnent plusieurs autres détails concernant les pouvoirs du *tapas* et du jeûne.

Curieusement certains sages, qui ne souhaitent pas obtenir des pouvoirs particuliers, les reçoivent tout de même. C'est le cas de Jamadagni, qui pratique du *tapas* et soumet les dieux à sa volonté ; puis, accessoirement, obtient la main de la princesse Reṇukā[55]. De même, Cyavana, qui reste immobile quand une princesse perce par erreur son œil, épouse finalement ladite princesse[56]. Finalement, le sage Gautama, qui condamne son épouse à cause de son adultère avec Indra comme nous l'avons vu plus haut, maudit le dieu Indra également : il fait tomber ses testicules[57]. Dans chaque cas, le sage ne pratique pas l'ascèse ou le jeûne pour obtenir la main d'une princesse ou pour punir un dieu, mais grâce au pouvoir extraordinaire accumulé, ses demandes sont accessoirement satisfaites.

Il est néanmoins plus courant que quelqu'un entreprenne du *tapas* afin d'obtenir une récompense particulière. Ainsi, Viśvāmitra, d'origine *kṣatriya*, pratique l'ascèse d'abord en ne mangeant que des fruits et des racines, afin de devenir brahmane[58] et pouvoir vaincre son ennemi Vasiṣṭha. Il doit finalement avoir recours à une ascèse plus difficile, en se tenant en permanence debout, les bras levés, sans aucun appui, ne se nourrissant que d'air et gardant le silence. Les dieux sont finalement contraints de lui donner le statut de brahmane, car sinon, grâce à son *tapas*, il pourrait détruire les trois mondes, secouer les océans, déchirer les montagnes, faire trembler la terre et causer des cyclones : il est devenu aussi puissant que le feu à la fin du monde[59].

---

54. *Mahābhārata*, 13.109.64 : *upoṣya vidhivad devās tridivaṃ pratipedire | ṛṣayaś ca parāṃ siddhim upavāsair avāpnuvan.*
55. *Mahābhārata*, 3.116.1-3.
56. *Mahābhārata*, 3.122-124.
57. *Rāmāyaṇa*, 1.47.27.
58. *Rāmāyaṇa*, 1.56.4 *sq*.
59. *Rāmāyaṇa*, 1.64.6-9.

Changer de statut social est impossible dans le système brahmanique et demande un pouvoir extraordinaire comme celui de l'ascète Viśvāmitra. D'autres personnages accomplissent des austérités semblables dans des buts également très difficiles à atteindre : les démons, comme Rāvaṇa dans le *Rāmāyaṇa* par exemple, souhaitent souvent devenir invincibles ; et Arjuna dans le *Mahābhārata* pratique l'ascèse pour obtenir des armes magiques, grâce auxquelles il pourra vaincre ses cousins[60]. Toutefois, il arrive également que l'ascète souhaite obtenir des récompenses plus communes, particulièrement avoir des fils (par exemple Kṛṣṇa dans le *Mahābhārata*[61] et le père de Kāṣṭhakūṭa dans le *Skandapurāṇa*[62]). Le cas le plus surprenant est peut-être celui d'Upamanyu, dévot shivaïte, qui habite dans un ermitage, se nourrit de racines et de fruits, et accomplit une ascèse sévère pour obtenir du lait[63].

Dans un grand nombre d'exemples, et surtout dans les parties plus anciennes des épopées, les ascètes pratiquent le *tapas* en jeûnant et en contrôlant leurs sens, sans vouloir invoquer un dieu en particulier. Quand ils ont accumulé ainsi une grande quantité d'énergie, les dieux commencent à s'inquiéter et envoient généralement Brahmā, qui offre une récompense au pratiquant pour l'interrompre dans son *tapas* et pour sauver le monde et les dieux de la destruction et de la menace. C'est le cas du sage Viśvāmitra dans le passage cité plus haut. Brahmā, qui représente l'orthodoxie et l'orthopraxie, porte lui-même des attributs de la chasteté brahmanique : la cruche des ascètes (*kamaṇḍalu*) et la peau d'antilope (*ajina*), qui sert de siège pour les pratiques d'austérité. Dans cette perspective, il est naturel que Brahmā soit le messager des dieux envoyé auprès d'un ascète.

La situation devient néanmoins très différente dans certains passages, généralement un peu plus tardifs, des épopées (vers les IIIe-IVe siècles) ainsi que dans les *purāṇa* shivaïtes (à partir des Ve-VIe siècles environ). Le *tapas* est entrepris en l'honneur de Śiva et comprend comme élément central la méditation constante sur Śiva. Le jeûne et d'autres formes d'austérité sont dédiés ou offerts à ce dieu, qui est la seule divinité que le dévot accepte comme dispensateur de récompenses. Un exemple classique et très populaire est celui

---

60. *Mahābhārata*, 3.163.
61. *Mahābhārata*, 13.14-18.
62. *Skandapurāṇa*, Adhyāya 52.
63. *Mahābhārata*, 13.14.74-197.

d'Upamanyu, dont l'histoire figure déjà dans une partie relativement tardive du *Mahābhārata*[64] avant d'être reprise maintes fois dans les textes purāṇiques[65].

Upamanyu vit dans un ermitage, ne se nourrit que de fruits et de racines, mais un jour il goûte le lait de vache alors qu'il participe à un sacrifice chez un parent[66]. Il demande à sa mère de lui donner du lait, elle mélange alors de la farine et de l'eau, car l'ermitage ne possède pas de vache. Upamanyu est déçu. Il décide alors de pratiquer une ascèse sévère pour satisfaire Śiva et obtenir du lait grâce à lui. Comme cela a été mentionné plus haut, cette ascèse est décrite comme une série de jeûnes, qui se succèdent dans un ordre qui va du plus aisé au plus extrême : dans un premier temps, on ne mange que des fruits ; ensuite on ne mange que des feuilles ; lors de la troisième étape, on se contente d'eau ; et enfin, en dernier, on ne se nourrit que de vent. Śiva, satisfait, veut néanmoins mettre son dévot à l'épreuve et apparaît devant lui sous la forme d'Indra. Upamanyu refuse de demander une récompense à un dieu autre que Śiva, qui est la cause ultime de tout et honoré par tous les dieux. Voyant cette dévotion, Śiva prend sa propre forme lumineuse, entouré par les dieux, demi-dieux et toute sa suite : il se révèle sous sa véritable forme divine devant Upamanyu, lequel chante sa louange. Śiva, fier, montre son dévot aux autres dieux, qui lui proposent de le récompenser. Śiva agit ainsi et Upamanyu dit : « Mon *tapas* a porté ses fruits aujourd'hui, car je vois mon seigneur satisfait devant moi ». Sa première requête est que sa dévotion à Śiva soit éternelle et constante. Deuxièmement, il souhaite connaître le passé, le présent et le futur. Troisièmement, il demande qu'il puisse toujours avoir à sa disposition du lait dans l'ermitage. Śiva, dans sa réponse, lui donne d'abord une vie éternelle, sans maladies, souffrances ou vieillesse. Upamanyu deviendra beau, vertueux et omniscient. Ensuite, il lui donne un océan de lait avec de l'ambroisie qui sera toujours disponible et dont il pourra

64. *Mahābhārata*, 13.14-17.

65. Voir par exemple *Skandapurāṇa*, 34, *Liṅgapurāṇa*, éd. GAṄGĀVIṢṆU, Bombay 1981 [1927[1]], réimp. Delhi 1989, 1996, I. 107-108. Voir également le *Haracaritacintāmaṇi*, chap. XIX. Comme le montre N. SUTTON, « A Note on the Development of Emotional Bhakti: Epic Śaivism in the Mahābhārata », *Annals of the Bhandarkar Oriental Research Institute* 86 (2005), p. 153-166, il est fort probable que la version du *Skandapurāṇa* soit plus ancienne que celle de l'épopée.

66. Ce résumé est fondé sur le *Mahābhārata*, 13.14.74-197.

jouir avec sa famille pendant une ère cosmique (*kalpa*), puis, à la fin, il rejoindra son Seigneur. De plus, Śiva promet de réapparaître devant lui chaque fois qu'il le souhaite.

Même si l'histoire du *tapas* commence par le souhait d'obtenir un objet spécifique, l'ascèse est dirigée, dès le début, vers Śiva. D'autres versions ajoutent qu'Upamanyu intensifiait sa dévotion à Śiva jour après jour, ou qu'il pensait sans cesse à Śiva[67], montrant ainsi que le jeûne en soi n'était pas suffisant. Par conséquent, quand le dévot voit un autre dieu lui proposer une récompense, il ne l'accepte pas. Le refus d'un autre dieu et la mise à l'épreuve du dévot deviennent des motifs récurrents dans ce type de récit. Finalement, la récompense devient shivaïte aussi, puisqu'Upamanyu obtient non seulement un océan de lait, mais d'autres pouvoirs également, et surtout il pourra rejoindre son Seigneur à la fin de l'ère cosmique. Après un *kalpa* de jouissance, il est délivré.

Le jeûne et l'ascèse d'Upamanyu illustrent bien le processus de transformation du *tapas* : une observance religieusement neutre, qui visait l'obtention de pouvoirs extraordinaires, se transforme en une pratique dévotionnelle, shivaïte. Le *tapas* neutre n'était dédié à aucun dieu, mais possédait un pouvoir coercitif qui pouvait invoquer et contraindre l'ensemble des dieux, avec Brahmā en tête. Le *tapas* d'Upamanyu, en revanche, est un acte dévotionnel dès le début ; l'ascèse est vue comme offrande qui peut satisfaire Śiva. Quand Śiva apparaît, ce n'est pas par peur de la puissance de l'ascète qu'il se manifeste devant lui, mais pour exprimer son plaisir. Sa venue signale déjà le succès de l'ascèse, car le dieu donne, de façon exceptionnelle, une vision de sa forme divine au dévot. Cette vision divine devient à ce moment-là le véritable but de l'ascèse, prenant plus d'importance que l'obtention d'une récompense particulière comme le lait. Pour cette raison, Upamanyu commence par une requête dévotionnelle : il souhaite que sa dévotion à Śiva soit immuable et éternelle. Sa deuxième demande n'exprime toujours pas son souhait initial, mais elle devient plus proche des requêtes habituelles. L'omniscience demandée est à la fois un pouvoir surnaturel (*siddhi*) dont l'adepte peut évidemment jouir personnellement, mais c'est également un trait divin, qui

---

67. Voir par exemple *Skandapurāṇa*, 34.70cd : *manasā cintayan nityaṃ praṇatārtiharam haram. Haracaritacintāmaṇi op. cit.* 19.20cd : *dinād dinaṃ prayatnena vardhayan bhaktivāsanām.*

représente donc aussi une assimilation à Śiva lui-même. Ce n'est que la troisième demande qui concerne le désir initial et particulier du dévot : l'obtention du lait sans limites. On note également que non seulement Śiva satisfait Upamanyu sur tous les points, mais il lui offre finalement la délivrance.

Vu le déroulement de l'histoire selon l'épopée, on se demande si elle ne concernait que l'acquisition du lait au départ, et si les détails dévotionnels ne furent pas rajoutés plus tard, au cours de la rédaction. En effet, la version du *Skandapurāṇa,* qui est probablement plus ancienne, se concentre davantage sur l'obtention du lait, même si quelques autres récompenses y figurent également. Quoi qu'il en soit, comparé aux récits non dévotionnels du *tapas*, il est remarquable que, dans ce mythe shivaïte, ce n'est pas la pratique de la privation et du contrôle qui procure un pouvoir surnaturel. C'est la foi en Śiva qui donne la force au dévot d'accomplir son ascèse ; et c'est cette foi et la dévotion qui sont récompensées à la fin par la divinité. Le jeûne ou l'ascèse en soi restent tout de même la preuve de la force de cette foi.

Quand Śiva apparaît déguisé en Indra pour mettre Upamanyu à l'épreuve, l'importance de la nature dévotionnelle de la pratique se manifeste pleinement : Upamanyu ne doit évidemment pas accepter une récompense de la part d'un autre dieu, et en cela, il se distingue des ascètes qui pratiquent le jeûne purement pour accumuler de l'énergie. Upamanyu n'utilise pas l'énergie accumulée pour contraindre qui que ce soit, mais pour l'offrir au dieu ascète Śiva.

4. Le jeûne dans les observances votives (*vrata*)

Les observances votives (pour reprendre la traduction de McGee du terme sanskrit *vrata*) sont principalement constituées de divers types de jeûne, observés afin qu'un souhait personnel soit exaucé, mais sans recourir à une ascèse sévère. Elles diffèrent des « vœux » au sens strict, dans la mesure où le dévot ne promet pas un service en contrepartie de l'aide divine mais entame une observance en espérant obtenir cette aide[68]. Le terme semble dériver du verbe *vṛ-* « choisir », montrant qu'il s'agissait peut-être d'une observance optionnelle, qui dépendait du choix et du but du pratiquant, au moins à l'origine.

68. Sur ce point ainsi que sur l'histoire du concept depuis le corpus védique, voir M. McGee, *Feasting and fasting*, p. 19 *sq.*.

Nombreux *vrata* post-védiques[69] sont prescrits, entre autres, dans les parties tardives de l'épopée et dans les premiers écrits shivaïtes. Le *Mahābhārata*[70] nomme ces *vrata upavāsavidhi*, « prescriptions de jeûne », signalant ainsi la nature de ces observances, décrites par Bhīṣma dans l'*Anuśāsanaparvan*. Une particularité de ces prescriptions, comme le remarque Yudhiṣṭhira en posant la question sur le sujet, est que le jeûne, contrairement aux sacrifices védiques, peut être pratiqué et apprécié par toutes les classes sociales et même par les étrangers (*mleccha*). Le texte mentionne plusieurs fois également que les femmes aussi bien que les hommes peuvent pratiquer les *vrata*[71]. La suite prescrit principalement des jeûnes dits *ekabhakta* (litt. « une nourriture »), pratiqués dans des mois différents, afin d'obtenir des fils, la bonne santé, la beauté, la richesse, etc. Ce jeûne, où l'on doit manger seulement un type de nourriture et/ou une seule fois par jour pendant tel ou tel mois, devient très répandu et populaire, emprunté et transformé dans des textes divers[72]. Après les différents *ekabhakta*, des jeûnes d'une durée plus longue sont énumérés avec leurs récompenses les plus importantes, notamment des milliers d'années passées dans des paradis divers. On note que la privation totale de nourriture ne peut pas durer plus d'un mois, et que le pratiquant ne doit souffrir d'aucune maladie[73].

Relevons également la façon dont Yudhiṣṭhira interroge Bhīṣma, dans le passage cité, sur une deuxième série de *vrata* : il lui explique que les pauvres n'ont pas les moyens de procéder aux sacrifices solennels enseignés par Brahmā, car ils nécessitent beaucoup d'instruments et de matériaux que seuls les rois et les princes peuvent se procurer. Quels sont donc les rites qui pourraient apporter les mêmes résultats pour les pauvres ? Bhīṣma énumère alors un grand nombre de *vrata* à l'usage des pauvres, dont le premier est toujours un jeûne des jours particuliers, le deuxième une offrande au feu pendant douze mois, et le troisième l'observance de certaines règles de comportement général comme dire la vérité, pratiquer la non-violence, la chasteté, etc. Ces *vrata* sont récompensés par le don de chars aériens (*vimāna*) de diverses

---

69. Nous ne pouvons pas esquisser l'histoire des *vrata* dans le cadre de cet article. Pour un traitement détaillé, voir M. McGee, *Feasting and fasting*.

70. *Mahābhārata*, 13.109.8-10.

71. Voir *Mahābhārata*, 13.109.23c : *naro vā yadi vā nārī* ; 13.109.24cd : *aiśvaryam atulaṃ śreṣṭhaṃ pumān strī vābhijāyate*.

72. *Skandapurāṇa*, 112, *Liṅgapurāṇa*, I.83.

73. *Mahābhārata*, 13.109.50-51.

sortes qui transportent le pratiquant au paradis, afin de folâtrer avec des filles divines pendant de longues périodes ; ou bien pour qu'il y vive simplement comme un dieu.

Dans les deux séries d'observances de jeûne, on promet des récompenses très générales (beaucoup d'enfants, vivre longtemps dans divers paradis) qui ne relèvent ni du shivaïsme, ni du vishnouisme en particulier. Toutefois, quelques promesses semblent suggérer un léger infléchissement shivaïte : on peut devenir le chef des *gaṇa* (*gaṇa* désignant normalement la suite de Śiva), on peut être conduit au ciel par des filles de Rudra-Śiva[74] ou être adoré par elles[75], des jeunes filles peuvent conduire le pratiquant à la demeure des Rudra au ciel où il vivra longtemps, tout en honorant Rudra-Śiva respecté par les dieux et les démons[76]. Cet infléchissement reste néanmoins peu remarquable, car la promesse du paradis de Brahmā (*brahmaloka*) ou de celui d'Indra (*indraloka*), où le pratiquant sera entouré des filles de ces dieux[77], apparaît également parmi les récompenses[78].

Notons donc que, de manière semblable au *tapas* ancien, le *vrata* de l'époque épique (avant le IVe siècle de notre ère), qui est principalement un jeûne, n'est pas une offrande à une divinité particulière. L'épopée met en valeur l'identité du jeûne ascétique (*tapas*) et du jeûne votif (*vrata*), quand, dans une louange générale du jeûne (*upavāsa*) qui se termine par la description des *vrata*, elle énumère différents sages (*ṛṣi*) qui ont été tous récompensés à la suite de leur *tapas*. Dans ce contexte, ascèse (*tapas*) et observance votive (*vrata*) sont vues comme deux versions de la pratique du jeûne : l'ascèse, plus difficile, est prescrite pour les sages exceptionnels, surhumains, tandis que les observances votives sont accessibles à tous, y compris aux femmes, aux basses castes et même aux étrangers. En d'autres termes, comme le

74. *Mahābhārata*, 13.110.38cd : *nīyate rudrakanyābhiḥ so 'ntarikṣaṃ sanātanam.*

75. *Mahābhārata*, 13.110.124cd : *rudradevarṣikanyābhiḥ satataṃ cābhipūjyate.*

76. *Mahābhārata*, 13.110.48-50b : *kumāryaḥ kāñcanābhāsā rūpavatyo nayanti tam | rudrāṇāṃ tam adhīvāsaṃ divi divyaṃ manoharam || varṣāṇy aparimeyāni yugāntam api cāvaset | koṭīśatasahasraṃ ca daśa koṭiśatāni ca || rudraṃ nityaṃ praṇamate devadānavasaṃmatam.*

77. Cette expression n'implique pas que ces filles soient engendrées par ces dieux, mais qu'elles habitent dans leurs paradis et qu'elles ont été créées par eux.

78. *Mahābhārata*, 13.110.17cd : *indrakanyābhirūḍhaṃ ca vimānaṃ labhate naraḥ* ; 13.110.41ab : *brahmakanyāniveśe ca sarvabhūtamanohare*. On peut également atteindre le monde de Varuṇa (13.110.73ab) : *sthānaṃ vāruṇam aindraṃ ca raudraṃ caivādhigacchati.*

fait remarquer Patrick Olivelle[79], nous voyons dans ce développement l'intégration de la vie ascétique dans la vie rituelle normale, la différence étant que les renonçants ou les ascètes pratiquent une version plus intense des jeûnes et des pénitences.

Comment ces *vrata* apparaissent-ils dans la littérature shivaïte ? Il est surprenant que les premières occurrences shivaïtes ne témoignent pas d'une adaptation particulière. Le *Skandapurāṇa*[80], par exemple, inclut une série très semblable d'observances *ekabhakta*, où les prescriptions diffèrent selon les mois, et qui sont censées procurer des récompenses diverses. Même si parfois on promet au pratiquant d'être chef des *gaṇa* ou atteindre le monde de Rudra-Śiva, les mondes d'autres divinités sont aussi mentionnés, et le passage ne semble contenir aucun élément spécifiquement shivaïte.

Deux détails sont remarquables, même s'ils restent en accord avec la version épique et ne représentent donc pas une nouveauté. De même que l'épopée, le *Skandapurāṇa* insiste sur la possibilité pour les serviteurs (*śūdra)* de pratiquer ces observances, mais sans les mantras. Ceci est curieux, car le chapitre ne mentionne pas de mantra à réciter pour les autres pratiquants. Selon ce passage, les *śūdra* seront purifiés de leurs péchés même sans utiliser de mantra, ce qui suggère également que c'est grâce à la purification de leurs péchés qu'ils pourront obtenir telle ou telle récompense. Alors, même si l'usage des mantras est en quelque sort envisagé, l'agent purificatoire, au moins pour les *śūdra*, demeure le jeûne lui-même. À côté des *śūdra*, les femmes peuvent également pratiquer ces observances.

De même, nous rencontrons, dans le corpus de textes shivaïtes, des jeûnes particuliers à observer lors de chaque mois, destinés aux non-initiés (*śivadharma)*[81]. La liste énumère les mois avec les dates précises de chaque jeûne et les récompenses promises, qui ne sont pas shivaïtes : le monde de Brahmā, la beauté, les récompenses des sacrifices védiques, etc.

---

79. P. Olivelle, « The Renouncer Tradition », p. 282-283.

80. *Skandapurāṇa*, chap. CXII.

81. *Umāmāheśvarasaṃvāda* 21.28-50, dans Y. Naraharinath, *Paśupatimatam śivadharmamahāśāstram paśupatināthadarśanam,* Bṛhadādhyātmikapariṣada, Kāṣṭhamaṇḍapa, saṃvat 2055 [=1998]. Transcription inédite par A. Kumar Acharya, IFP. Notons que plusieurs *vrata* de ce texte trouvent leurs origines dans le *Śivadharmaśātra*, voir N. Kafle, « The *kṛṣṇāṣṭamīvrata* in the *Śivadharmaśāstra* » *Indo-Iranian Journal* 62 (2019), p. 340-383.

Contrairement à ces sources shivaïtes relativement anciennes (des VIe-VIIe siècles environ), qui semblent emprunter les observances sous leurs formes non spécifiques (ou « non sectaires »), nous rencontrons une adaptation bien plus importante un peu plus tard. Car le *Liṅgapurāṇa*[82], texte composite qui peut être daté certainement plus tard que les deux sources mentionnées plus haut (VIIe-Xe siècle ?), mais qui reste toutefois proche pour plusieurs aspects du *Skandapurāṇa*, prescrit les jeûnes très différemment. En premier lieu, lors du jeûne appelé *naktabhojana*, on ne doit manger que la nuit pendant certains jours. Ce jeûne reçoit le nom shivaïte *śivavrata* ou observance de Śiva, à juste titre, car chaque jeûne doit être accompagné d'offrandes faites à Śiva (vaches, produits laitiers, etc.) en même temps que de son adoration (y compris le bain rituel donné à une image). Même si les premiers jeûnes sont récompensés par l'obtention du monde du Feu (Agni) ou de la Lune (Soma), à la fin de la série, c'est l'union avec Śiva (*śivasāyujya*) qui est promise. Le jeûne *naktabhojana* est suivi d'une deuxième série de jeûnes divers qui se nomme *umāmāheśvaravrata* : l'observance de la déesse Umā et du Grand Dieu Śiva. Ici aussi, le nom est signifiant, car les hommes qui accomplissent ce *vrata* obtiennent l'union avec Śiva, tandis que les femmes s'unissent à Bhavānī ou Devī, épouse de Śiva. Dans ce *vrata*, la distribution des récompenses, différentes selon le genre, est hors du commun et inhabituelle. En plus du jeûne, l'observance comprend généralement l'installation d'une image (*pratimā*) shivaïte ainsi que l'obligation de nourrir les brahmanes. Il est à noter également que ces jeûnes sont prioritairement destinés aux femmes, contrairement aux autres prescriptions, non shivaïtes, qui envisagent un pratiquant homme, même si les femmes ne sont pas exclues.

En plus de la promesse de la délivrance shivaïte (union avec Śiva ou Bhavānī), ce passage promet parfois également la purification des péchés : une femme peut ainsi se purifier du péché de l'avortement (litt. « meurtre de son embryon » : *bhrūṇahatyā*), même si elle a tué son embryon délibérément (*kāmataḥ*).

Ainsi, la version des observances votives dans le *Liṅgapurāṇa* semble présager une assimilation plus importante des *vrata*. D'abord, ils tendent à être associés à des divinités particulières, ce qui accentue

82. *Liṅgapurāṇa*, I.83. Pour une version antérieure, voir *Śivadharmaśāstra*, ch. X, dans Y. NARAHARINATH, *Paśupatimatam*. N. KAFLE et Cs. KISS préparent une édition critique de ce chapitre.

la dimension religieuse du jeûne, qui est transformé en un acte marqué par le courant dévotionnel. Ensuite, ils sont de plus en plus pratiqués, prioritairement par des femmes. Ces deux aspects seront renforcés plus tard, pour produire les jeûnes votifs tels qu'on les connaît aujourd'hui encore[83] : des actes dévotionnels dédiés à un dieu particulier et concentrés sur lui, et pratiqués majoritairement par des femmes[84].

Conclusion

À l'exception du jeûne de protestation, les autres observances de jeûne sont toutes accomplies dans un but religieux. Nous avons pu distinguer principalement deux objectifs différents : (1) la purification, qui peut être ponctuelle, qu'elle soit préparatoire – avant de célébrer un rite – ou expiatoire – pour réparer des fautes et péchés –, ou constituer un mode de vie ; (2) la réalisation d'un vœu, à l'origine par coercition, dans le cadre d'une pratique ascétique (*tapas*) ou dans le cadre d'une observance votive (*vrata*). Pour toutes ces formes de jeûne, que le shivaïsme s'est appropriées de diverses façons, nous avons observé qu'historiquement, ils n'étaient pas associés à une divinité particulière lors de leurs premières manifestations dans la littérature prescriptive.

Dans le cas du jeûne de purification, l'accent a été déplacé : dans le shivaïsme, ce sont les mantras shivaïtes qui possèdent la puissance purificatrice, le jeûne devient en quelque sorte secondaire, même s'il demeure indispensable, renforçant la purification mantrique. En réalité, c'est Śiva lui-même qui effectue la purification à travers les mantras.

La pratique ascétique du *tapas,* qui comprend comme élément principal le jeûne, est également fondamentalement transformée. Au départ, le *tapas* ne cible pas un dieu particulier, ou bien, c'est Brahmā

---

83. Voir M. McGee, *Feasting and fasting*,

84. Cette tendance peut être observée déjà dans la réécriture du *Skandapurāṇa*, ch. CXII. Voir *The Skandapurāṇa, vol. 5, Critical Edition with an Introduction and Annotated English Synopsis*, éd. P. C. Bisschop et Y. Yokochi, en collaboration avec S. Dokter-Mersch et J. Törzsök, Leyde – Boston 2021, p. 236-283. La version ancienne du texte (transmise dans des manuscrits népalais) contient des *vrata* neutres, non shivaïtes, cités plus haut. Mais les recensions plus tardives (appelées R et A) y ajoutent des *vrata* spécialement conçues pour des femmes (*strīvrata*), pour des buts « féminins » (obtenir un bon mari, etc.).

comme dieu de la chasteté, représentant l'ensemble des dieux, que le pratiquant souhaite contraindre. L'énergie accumulée par le jeûne réussit à forcer les dieux terrifiés d'exaucer un vœu. Contrairement à ce *tapas* neutre et coercitif, le *tapas* shivaïte n'est plus vu comme un pouvoir en mesure de contraindre la divinité suprême, mais comme une offrande faite à Śiva, lui-même dieu de l'ascèse. Ainsi, le *tapas* coercitif devient un acte dévotionnel, lors duquel le pratiquant souhaite tout d'abord obtenir la grâce divine (et la dévotion immuable), puis souvent, presque accessoirement, l'accomplissement de son vœu personnel.

Le jeûne au sein d'une observance votive (*vrata*) demeure, dans le shivaïsme aussi, la version domptée et moins sévère de l'ascèse ardue des renonçants. Les premiers emprunts shivaïtes de ces observances ne ciblent pas encore Śiva en particulier comme dispensateur des dons : on promet simplement qu'en pratiquant tel ou tel jeûne, on obtient la beauté, des richesses, etc. Dans ce contexte, les femmes semblent déjà être particulièrement envisagées pour pratiquer ces observances. Ensuite, de même que le *tapas* coercitif devient offrande à Śiva, les différents *vrata* adoptés dans le shivaïsme se transforment en acte dévotionnel. Tout en gardant les récompenses traditionnellement promises, on ajoute des éléments shivaïtes à la pratique du *vrata* : la récitation des mantras shivaïtes et la méditation sur le dieu. Parmi les promesses, figure également celle de devenir officiant (*gaṇa*) de Śiva. Nous pouvons donc remarquer non seulement une shivaïsation (usage des mantras shivaïtes, des cadres rituels shivaïtes, etc.), mais aussi un changement de perspective de ces observances de jeûne : leur but principal devient la satisfaction du dieu.

Il nous semble que la transformation dévotionnelle des *vrata* est également à l'œuvre au sein du vishouïsme ancien, par exemple dans l'observance célèbre de la onzième journée du calendrier lunaire (*ekādaśīvrata*). Ce *vrata* a été étroitement associé à Viṣṇu, mais il possède également une version non dévotionnelle (*smārta*). Une étude historique de cette observance du jeûne, très populaire aujourd'hui encore, dépasse le cadre de notre étude sur le shivaïsme, mais pourrait certainement apporter un éclairage supplémentaire à celle-ci.

– III –

Jeûnes d’islam

LA PART DU JEÛNE DANS LA CONSTRUCTION DE L'IDÉAL ASCÉTIQUE AUX PREMIERS TEMPS DE L'ISLAM

Lahcen Daaïf
Université Lyon 2, Ciham (UMR 5648)

S'IL EST SYSTÉMATIQUEMENT rendu par « ascèse » ou « ascétisme » dans les études orientalistes du fin XIXe et du début du XXe siècle[1], le vocable de *zuhd* est souvent traduit ces dernières années par le terme « renoncement » qui semble convenir mieux à la signification élargie que renferme cette notion dans la littérature religieuse musulmane. En effet, il s'agit d'une notion au sens étendu, qui n'est pas toujours aisée à cerner en raison de son évolution, notamment au cours des trois premiers siècles de l'islam, au cours desquels elle reçut des définitions variées de la part des renonçants. Celles-ci témoignent d'une constante évolution de ses acceptions vers un sens mystique de plus en plus intériorisé[2]. Cependant, il faut admettre que dès le temps du Prophète et ses Compagnons, le *zuhd* n'en renvoie pas moins à un sens commun dans lequel l'accent est mis particulièrement sur la tendance au renoncement à ce bas-monde dans lequel il faut se contenter de peu pour espérer mener une vie sans péchés. Durant les trois premiers siècles qui incluent la longue période des trois générations des Épigones (*tābiʿūn*)[3],

1. C'est le cas par exemple de R. A. NICHOLSON, *A Literary History of the Arabs*, Londres 1907, p. 229-230, I. GOLDZIHER, *Introduction to Islamic Theology and Law,* Princeton 1981, p. 121 et 141, et de L. MASSIGNON, *Essai sur les origines du lexique technique de la mystique musulmane*, Paris 1954, p. 190-191.
2. Pour plus de précisions sur les diverses définitions du *zuhd*, voir L. KINBERG, « What is meant by *zuhd* », *Studia Islamica* 61/1 (1985), p. 27-44, principalement p. 31-40 sur les définitions spécifiques du *zuhd*.
3. Les autorités de l'islam, selon les Sunnites, se divisent en trois catégories : les Compagnons, qui ont connu le Prophète et ont reçu son enseignement ; les Épigones, qui n'ont pas connu le Prophète, mais ont reçu l'enseignement de ses Compagnons ; et enfin les Suivants des Épigones, qui sont leurs élèves et donc leurs continuateurs.

10.1484/M.BEHE-EB.5.134772

auxquels est dédiée cette étude, le *zuhd* s'est trouvé dans son principe de base du renoncement enrichi de maintes autres valeurs morales et règles éthiques à observer.

Le terme *zuhd* ne saurait donc se réduire à ce sens général que se plaisent à lui donner certains traditionnistes et juristes formalistes tardifs pour lesquels il consiste en un état d'abstinence par rapport aux choses matérielles de la vie. Et partant, il correspondrait *grosso modo* à un état permanent d'indigence volontaire que s'imposait le renonçant (*zāhid*), ainsi qu'en témoigne la vie d'austérité et de dénuement de la plupart des figures marquantes parmi les premiers *zuhhād*. Pour autant le *zuhd* ne se borne pas uniquement à ces mesures d'indigence qui en constituent sans nul doute un des insignes aspects, qu'on laisse aux débutants et aux ignorants de « la réalité suprême » du *zuhd*. À cet égard, le renoncement au sens large du *zuhd* – dont le terme « ascétisme » ne rend ainsi qu'imparfaitement compte –, est susceptible de désigner tout obstacle à la « purification » de l'âme et à sa progression dans son cheminement dans la voie de Dieu. C'est cette dernière optique du *zuhd* qui figure en quelque sorte un préalable à l'avènement du jeûne (*ṣiyām*) en tant qu'exercice volontaire sur soi. D'abord, comme le stipulent les préceptes scripturaires[4], en s'abstenant complètement d'ingestion de nourriture, de boisson et de rapports sexuels ; ensuite en se privant progressivement du superflu en nourriture et vêtements ; et enfin en réduisant au strict minimum les besoins matériels vitaux. La voie est ainsi tracée en prévision de passions à juguler et de penchants blâmables à dompter, afin de parvenir en dernier ressort à la pureté liée au détachement et à une certaine maîtrise de soi – concernant les premiers renonçants –, et à un abandon sincère et plein de confiance en Dieu, auquel aspirent les renonçants à tendance mystique de l'islam.

La conduite de vie du sujet renonçant, en tant qu'homme, dans ses rapports horizontaux avec ses semblables, s'invite également dans cette vocation au jeûne pour plusieurs raisons dont la principale consiste à instruire celui-ci sur ces devoirs spirituels envers les gens en société. Ce processus, qui coïncide avec le cheminement éducatif

---

4. Principalement Coran II, 183-187. Voir, sur la progression de l'institution du jeûne, les versets abrogeants (*nāsiḫ*) et abrogés (*mansūḫ*), l'un des ouvrages les plus anciens qui nous soient parvenus : Abū ʿUbayd al-Qāsim b. Sallām, *Kitāb al-Nāsiḫ wa-l-mansūḫ* [Abū ʿUbayd al-Qāsim b. Sallām's *K. al-Nāsikh wa-l-mansūkh*], éd. J. Burton, Cambridge 1987, p. 12-24.

du *zāhid*, n'affecte pas trop son rapport vertical à Dieu, en raison de son penchant pour le repli sur soi qui peut conduire à des retraites intermittentes (*ʿuzla*), même si elles sont rarement transformées en réclusions.

C'est dans cette dernière attitude intérieure que le jeûne acquiert toute sa double dimension ascétique et spirituelle. Il s'agit comme on le verra plus loin, de parvenir à un point d'équilibre entre les deux dimensions sociale et individuelle en vue d'une finalité spirituelle. La constance qui s'impose dans cet exercice d'équilibre nécessite un double engagement : d'un côté, le maintien d'un mode d'être détaché que le jeûne sincère est supposé entretenir, de l'autre un état d'esprit nourri de valeurs morales et spirituelles auxquelles le renonçant se doit de rester fidèle. Dès lors, le jeûne (*ṣawm*), au lieu d'être assimilé à une pratique essentiellement ascétique, se décline sous des formes diverses, comme la voie par excellence vers une piété accomplie, celle-là même que certaines grandes figures de l'islam parmi les Compagnons et les Épigones, présentées comme les continuateurs du modèle prophétique, sont présumées avoir atteinte.

Pourtant, l'on ne peut éviter de s'interroger sur le peu d'intérêt que portent les chercheurs en Occident à l'étude du jeûne en général, et encore moins au rôle et aux formes de celui-ci au sein de l'univers des renonçants. Il est curieux que le *ṣawm* n'ait suscité leur curiosité que de manière superflue dans le cadre de travaux généraux sur l'islam[5].

---

5. Ainsi dans les publications tardives, le livre grand public d'A. RIPPIN, *Muslims. Their Religious Beliefs and practices,* 3e éd., Londres 2005, où le jeûne est abordé en tant qu'un des piliers de l'islam pendant le mois de ramadan, puis comme acte d'expiation et de rédemption (p. 112-114), et enfin (p. 263-265) dans sa dimension sociale dans les sociétés musulmanes contemporaines. Toutefois l'auteur ne s'attarde pas sur son aspect ascétique volontaire chez les premiers renonçants parmi les Compagnons et les Épigones tout en consacrant un chapitre entier au soufisme (p. 137-148), dont un paragraphe sur le *zuhd.* L'entrée *Ṣawm*, par C. C. BERG, dans l'*EI*2, IX, p. 98-100, s'est essentiellement intéressée au jeûne et ses modalités du point de vue strict du *fiqh*, n'abordant le jeûne volontaire que superficiellement en se référant à al-Ġazālī auquel est attribué tout le mérite de ses prédécesseurs. Quant à l'entrée *Zuhd*, traitée par G. GOBILLOT, dans l'*EI*2, XI, p. 605-607, même si elle fait la part belle aux renonçants des premiers temps de l'islam, le jeûne n'y est cité qu'une seule fois en tant que mortification extrême d'un saint, donc d'un soufi, du VIIe/XIIIe. Nombre de rôles et de conséquences du jeûne en lien direct avec l'objet de l'étude sont traités dans l'ouvrage de M. H. BENKHEIRA, *La maîtrise de la concupiscence. Mariage, célibat et continence sexuelle en Islam, des origines au Xe/XVIe siècle,* Paris 2017.

La phase soufie dès le IIIe/IXe siècle a fait presque systématiquement de l'ombre à toute la période qui la précède, celle des renonçants et des dévots (*ʿubbād*), dont le soufisme représente l'étape de la maturité[6].

1. Le jeûne : quel rôle dans le renoncement ?

Il est inconcevable, dans les milieux ascétiques des premiers temps de l'islam, de prétendre au renoncement et à l'abstinence de toutes les choses de ce monde comme à une haute vertu grâce à laquelle on obtient l'agrément de Dieu, sans la pratique du jeûne, même modérée. Si le dénuement (*faqr*) fait partie des règles inhérentes à la vie de renoncement, le jeûne (*ṣawm, ṣiyām*) y occupe un rôle majeur. Toutefois, il pourrait constituer la pièce maîtresse dans le comportement ascétique d'une poignée de *zuhhād* dont la vie était entièrement dédiée à l'indigence. Renoncer au monde immédiat (*dunyā*) au profit de l'autre monde (*āḫira*) et s'en détacher pour se consacrer sincèrement à Dieu, inclut toutes les formes du jeûne dans l'éthique des renonçants (*zuhhād*) de cette époque. Le jeûne ne consistait pas seulement à se priver de nourriture et de boisson, et à s'abstenir du commerce conjugal, mais surtout à se garder de toutes espèces d'habitudes susceptibles de provoquer un soupçon de plaisir, ou de nourrir la moindre once de satisfaction personnelle. Sous ce rapport, dans ses visées pieuses comme dans ses formes pratiques, le jeûne présente des caractéristiques semblables à celles observées chez les ascètes juifs et chrétiens, comme chez les ermites professant d'autres religions en Orient. La parole (*kalām*) à laquelle il faut substituer le silence en fait évidemment partie[7] suivant le degré d'implication des *zuhhād*, de même que la vue et l'ouïe qu'il faut dompter pour éviter de tomber dans l'illicite (*ḥarām*) et le répréhensible

---

6. Cette lacune vient fort heureusement d'être comblée par le récent ouvrage entièrement dédié à cette période de Ch. MELCHERT, *Before Sufism: Early Islamic renunciant piety,* Berlin – Boston 2020, particulièrement p. 20-91.
7. Le Coran fait allusion à ce type de jeûne dans les sourates mecquoises, par exemple dans la sourate de Marie (XIX), en référence au silence de celle-ci (XIX, 26) et au silence de Zacharie (XIX, 10). Voir Ch. MELCHERT, « Before *ṣūfiyyāt* », *Journal of Sufi studies* 5 (2016), p. 115-139 [p. 135]. Le cas de Wahb b. Ḥafṣ al-Baǧalī (m. 250/864) en témoigne : il aurait mené une vie vertueuse, d'une conduite ascétique irréprochable à un point tel qu'il se serait interdit d'adresser la parole aux humains durant une vingtaine d'années. Voir L. DAAÏF, « Dévots et Renonçants : L'autre Catégorie de Forgeurs de Hadiths », *Arabica* 57/2 (2010), p. 201-250 [p. 238].

(*makrūh*). La veille aussi est présentée comme étroitement liée au jeûne. Elle en serait même une conséquence directe, si l'on tenait le sommeil (*nawm*) pour l'objet du jeûne comme l'avaient été la nourriture et la boisson le jour[8]. La vie est trop courte pour céder au sommeil et ne pas consacrer ses nuits à la dévotion et au recueillement.

Bien plus. À la lumière de la courbe évolutive du jeûne vers une pratique d'intériorisation plus structurée, c'est toute activité physique, voire la plus infime action corporelle entreprise dans un but autre que celui de complaire à Dieu et de satisfaire à Ses obligations et recommandations, qui sont fortement à bannir. Le choix sémantique de la courbe évolutive est dicté ici par l'une des grandes difficultés auxquelles sont confrontées les études de toute doctrine éthico-morale en islam, à laquelle est étroitement lié le jeûne, qui tient à l'impossibilité d'établir une chronologie précise. Étant majoritairement postérieures à l'époque considérée, et parfois tardives, les sources biographiques présentent une vision naturellement retouchée, voire édulcorée des récits anciens concernant la pratique du jeûne chez les renonçants. Cela dit, il n'y a pas lieu de sous-estimer les résultats que permet parfois la comparaison de ces sources en mettant au jour une doctrine du jeûne qui paraisse la plus en adéquation avec les valeurs de son temps et son milieu.

Dans tous les cas, le jeûne de ramadan dans sa conception collective ou individuelle[9], comme le jeûne de certains jours recommandés par la *sunna* (lundi et jeudi par exemple) ainsi que le jeûne accompli à titre compensatoire et expiatoire institués par le Coran n'entrent pas en ligne de compte dans les observances à caractère ascétique qui, elles, s'inscrivent dans le registre des actions surérogatoires illimitées à accomplir à volonté sans limite du temps ni contrainte de l'espace[10].

Il est vrai que le jeûne dans le milieu des renonçants revêt des aspects pratiques multiples et variés dont il n'est pas possible de traiter dans le cadre de cette étude restreinte. Mais celle-ci se fixe pour objectif une réflexion globale sur les formes les plus marquantes

---

8. Sur ces trois abstinences, voir A. Schimmel, *Mystical Dimensions of Islam*, Chapel Hill 1975, p. 114-117.
9. Sur l'évolution de la conception du jeûne de ramadan et sa transformation d'individuel en collectif sous les Épigones, voir M. H. Benkheira, « Le jeûne de ramaḍān : la construction de la communauté des fidèles », *Studia Islamica* 114/2 (2019), p. 107-202 [p. 193-201].
10. Al-Huǧwīrī, *Kašf al-maḥǧūb*, trad. du persan I. ʿA. Qindīl, Le Caire 2007, II, p. 564 ; A. Schimmel, *Mystical Dimensions of Islam*, p. 115.

du jeûne adoptées par les personnages insignes du *zuhd*, les premiers soufis compris. Aussi, sur la base principalement de la durée et la continuité ainsi que l'intensité de la mortification qui en résulte, le jeûne peut-il être ramené à trois formes cardinales que justifient presque les mêmes raisons de piété religieuse, sans être motivées par des visées identiques qui évoluent en s'affinant au gré des expériences individuelles.

Jeûne extrême

Il s'agit d'un jeûne éprouvant pratiqué par quelques autorités ascétiques de cette période. Il était loin d'être régulièrement en conformité avec les prescriptions édictées dans le Coran qui en régule seul la pratique légale en ce temps lointain. Cette forme de jeûne se distingue des autres formes par son aspect extrême, que traduit une privation continue du corps de toute substance solide ou liquide de jour comme de nuit, durant plusieurs jours, voire plusieurs semaines. Elle peut devenir particulièrement éprouvante, surtout la forme de jeûne prônée et revendiquée par une fraction de renonçants rompus à la faim et à la soif. En somme, il s'agit de s'astreindre à une diète absolue sur une période d'au moins deux semaines qui peut s'étendre à quarante jours, voire davantage[11]. De là le jeûne dit *al-arbaʿīniyya* (les *arbaʿīniyyāt* au pluriel), qui est une référence au jeûne de quarante jours et quarante nuits continus, observé par le Prophète Moïse au Mont Sinaï en préparation à la réception des paroles de l'Alliance[12].

Il est curieux que la question du jeûne de plusieurs jours et nuits de suite, dit jeûne continu ou permanent, n'ait pas suscité l'ire des

11. Abū Ṭālib al-Makkī, *Qūt al-qulūb fī muʿāmalat al-maḥbūb*, éd. M. I. al-Riḍwānī, Le Caire 2001/1422, III, p. 1373.

12. Al-Huǧwīrī, *Kašf al-maḥǧūb*, II, p. 569. Contrairement à la Bible (*Exode* 34, 28) qui précise que Moïse a jeûné pendant ces quarante jours de retraite, le Coran (XVII : 142) les évoque mais sans faire état du jeûne, qui est mentionné cependant dans la tradition prophétique. Voir par exemple sur le jeûne de Moïse pendant cette période, l'exégèse d'Abū ʿAbd Allāh al-Qurṭubī, *al-Ǧāmiʿ li-aḥkām al-Qurʾān*, éd. A. al-Birdawnī et A. Aṭfīš, Le Caire 1384/1965, VII, p. 74-75. La symbolique de ce nombre de quarante n'est pas sans lien non plus avec le jeûne quadragésimal chrétien, mis à part les controverses dont a fait l'objet sa rupture quotidienne. S'il s'inspire des quarante jours de jeûne passés par Jésus dans le désert, ce nombre trouve également son origine dans les quarante jours de jeûne de Moïse au Mont Sinaï, voir E. Soler, *Le sacré et le salut à Antioche au* IV*e siècle apr. J.-C.*, Beyrouth 2006, p. 128b.

docteurs de la loi (*fuqahā'*) contemporains. Plus curieux encore d'apprendre que d'aucuns d'entre eux s'y adonnaient[13]. Ce jeûne passait aux yeux de certains juristes stricts postérieurs comme une transgression plutôt que comme une obéissance à la loi religieuse et aux enseignements du Prophète. D'autant que la tradition prophétique dont le corpus, il est vrai, était au début de sa formation à cette époque, insistait sur le jeûne à accomplir, tel qu'il le fut par le Prophète depuis qu'il fut institué durant le mois de ramadan dans le Coran[14]. On peut dire à la suite de certains soufis théologiens, comme Abū Ṭālib al-Makkī (m. 386/996-997)[15] et al-Ġazālī (m. 505/1111), que jeûner toute la vie (*ṣawm al-dahr*) ressortit à une forme de *ṣawm* qui, quoique débordant le cadre légal fixé par la loi religieuse, n'en demeure pas moins une des formes de jeûne la plus accomplie (*šāmil li-l-kull*)[16].

La littérature prosopographique fait état d'une minorité de renonçants (*zuhhād*) qui ont pratiqué ce type de jeûne extrême, parmi lesquels on rencontre des figures marquantes parmi les Épigones, particulièrement du Ḥiǧāz, de l'Iraq, de la Syrie et du Ḫurāsān. Les indications éparses qu'elle donne ont déjà le mérite de montrer l'importance prise par le jeûne permanent dès cette période lointaine. Ainsi s'inscrit dans cette catégorie de jeûneurs, le renonçant (*zāhid*) et

13. Nous en voulons pour preuve l'un des sept juristes les plus réputés de Médine, Sa'īd b. al-Musayyib (m. 96/715 ?) connu pour avoir pratiqué le jeûne permanent toute sa vie. Il ne le rompait que pendant les jours de *tašrīq*, c'est-à-dire les trois jours qui suivent la fête du sacrifice (*aḍḥā*). Voir Ibn Sa'd, *al-Ṭabaqāt al-kubrā,* éd. I. 'Abbās, Beyrouth 1968, V, p. 36.

14. Il s'agit d'une tradition rapportée dans plusieurs recueils de hadiths, dans laquelle le Prophète manifeste sa désapprobation à l'égard du jeûne continu. Voir al-Buḫārī, *Ṣaḥīh al-Buḫārī,* Damas 2002/1423, *Kitāb al-Nikāḥ,* p. 1292, hadith n° 5063. Selon cette tradition, l'un des Compagnons du Prophète, 'Uṯmān b. Maẓ'ūn (m. 2-3/624-625), connu pour son zèle en dévotion cultuelle et son ascèse excessive, avait entrepris de jeûner en permanence et de consacrer ses nuits au recueillement. Le Prophète l'a exhorté à prendre exemple sur lui et à ne pas sombrer dans le monachisme (*rahbāniyya*), pratique que Dieu ne lui avait pas prescrite. Voir entre autres sources de hadiths, Ibn Ḥanbal, *al-Musnad,* éd. Šu'ayb al-Arna'ūṭ, 'Ādil Muršid et *al.*, Beyrouth 1417/1997-1421/2001, 50 vol., XLI, p. 73-75, Ibn al-Ǧawzī, *Ṣifat al-ṣafwa,* éd. Ḫ. M. Ṭarsūsī, Beyrouth 1433/2012, p. 163, et M. H. Benkheira, *La maîtrise de la concupiscence*, spécialement le chapitre III, p. 172 et p. 181.

15. Un jeûne associant en même temps la privation extérieure à une conscience spirituelle intérieure, voir Abū Ṭālib al-Makkī, *Qūt al-qulūb*, I, p. 222.

16. Littéralement : « il contient tout ». Voir al-Ġazālī, *Iḥyā' 'ulūm al-dīn,* Beyrouth s.d., I, p. 37-38.

dévot (*ʿābid*) de Kūfa, réputé traditionniste fiable[17], Ibrāhīm b. Yazīd al-Taymī (m. 92-94/710-714), mort en prison dans les fers sur les ordres de al-Ḥağğāğ b. Yūsuf, gouverneur de l'Iraq[18]. Il aurait confié, lors d'un tête-à-tête, à son disciple le traditionniste al-Aʿmaš (m. 148/765-766), venu exprès s'enquérir auprès de lui de la véracité de son jeûne prolongé, qu'il se privait de nourriture un mois durant, voire deux mois d'affilée au point de ne plus pouvoir rien avaler qu'avec beaucoup de peine[19]. Son contemporain le Médinois, ʿUrwa b. al-Zubayr (m. 94/713-714 ?), à la piété marquée par le renoncement et la dévotion, qui constitue une source majeure dans les canaux de transmission des hadiths et des récits historiques, était également un adepte du jeûne permanent qu'il ne rompait que pendant les deux fêtes religieuses canoniques[20].

Abū al-Ḥakam ʿAbd al-Raḥmān b. Abī Nuʿm, de Kūfa également (mort après 100/732), l'un des dignitaires religieux les plus estimés pour leur renoncement, était de ceux qui affectionnaient le jeûne prolongé (*sard*) qu'il ne rompait que deux fois par mois[21]. Il pratiquait un jeûne continu (*yuwāṣil ṣawmahu*), y compris pendant le mois de ramadan, qu'il ne rompait ni par le manger, ni par le boire qu'une fois tous les quinze jours[22].

Manṣūr b. al-Muʿtamir al-Sulamī (m. 132/749-750), autre Épigone de Kūfa, est décrit avec insistance dans des récits hagiographiques comme un repentant permanent, constamment en larmes (*bukāʾ*)[23], notamment la nuit, mais aussi comme un jeûneur formidable. Selon les versions, il aurait mené une vie de jeûne diurne associé à des

---

17. Évalué sûr (*ṯiqa*) en tant que transmetteur de hadiths et mentionné dans les chaînes de transmission de hadiths (*asānīd*). Il figure dans les six recueils canoniques de hadiths.
18. Ibn Saʿd, *al-Ṭabaqāt al-kubrā*, VI, p. 85 ; al-Ḏahabī, *Siyar aʿlām al-nubalāʾ*, éd. Šuʿayb al-Arnāʾūṭ et *al.*, Beyrouth 1401-1408/1981-1988, V, p. 61.
19. Ibn Ḥanbal, *al-Zuhd,* éd. Y. Sous al-Azharī, 2e éd., Mansoura 2003, p. 600 ; al-Ḏahabī, *Siyar*, V, p. 61. Pour Abū Ṭālib al-Makkī, *Qūt al-qulūb*, III, p. 1377, al-Taymī rejoint dans cette pratique al-Ḥağğāğ b. al-Furāṣifa (mort après 140/757) et d'autres renonçants qui jeûnaient trente jours d'affilée. Voir Ch. Melchert, *Before Sufism*, p. 26.
20. Ibn Abī Šayba, *al-Muṣannaf,* éd. K. Y. al-Ḥūt, Riyad 1409/[1989], II, p. 328 ; Ibn Saʿd, *al-Ṭabaqāt al-kubrā*, V, p. 80 ; Ibn Ḥanbal, *al-Zuhd*, p. 616.
21. Al-Ḏahabī, *Siyar*, V, p. 63.
22. Abū Nuʿaym al-Iṣfahānī, *Ḥilyat al-awliyāʾ wa-ṭabaqāt al-asfiyāʾ*, Le Caire 1932-1938, V, p. 69.
23. Ibn Saʿd, *al-Ṭabaqāt al-kubrā*, VI, 337.

veilles nocturnes, durant quarante ans[24]. Selon un autre récit attribué à Sufyān Ibn ʿUyayna (m. 198/814), c'est sa vie durant, pendant plus de soixante ans, que Manṣūr a jeûné et veillé[25]. Tel un spectre, son corps hâve était tellement émacié par suite de jeûne et de veille qu'on croyait voir la nourriture le traverser quand il daignait ingérer un mets sobre[26]. Il ne concevait pas le jeûne sans un vœu de silence (*ṣamt*). C'est pourquoi il se plaisait à recommander aux jeûneurs qui s'emmuraient dans le mutisme comme lui, de s'impliquer davantage dans cette conduite éthique. Il exhortait, ceux d'entre eux qui venaient lui demander conseil, à ne pas critiquer les despotes parmi les détenteurs du pouvoir, alors qu'ils sont en état de jeûne. Mais paradoxalement, il tolérait la rupture du silence, pendant le jeûne, s'il s'agissait de critiquer les personnes de tendance chiite qui remettaient en cause la légitimité de Abū Bakr et ʿUmar, les deux premiers califes[27].

On peut compter en toute vraisemblance comme relevant de cette sphère de jeûneurs invétérés, l'adepte du célibat Ibrāhīm b. Adham (m. 163/779-780 ?), originaire de Ḫurāsān, dit le prince des ascètes, à tout le moins selon le récit d'al-Huǧwīrī (m. 464-68/1072-1076) qui ne cite pas souvent ses sources. À cette exception cependant, qu'Ibn Adham n'aurait pratiqué le jeûne continu que pendant le mois de ramadan. À un moment de sa vie, il l'aurait jeûné en entier d'une traite sans jamais se nourrir ni se désaltérer[28]. Mais, d'après al-Makkī, Ibn Adham, comme Sufyān al-Ṯawrī (m. 161/778), appartenait à cette catégorie de *zuhhād* qui après avoir observé un jeûne de trois jours consécutifs, le rompaient un seul jour, avant de le reconduire une nouvelle fois pendant trois jours[29].

---

24. Al-Iṣfahānī, *Ḥilya*, V, p. 40 ; Ibn al-Ǧawzī, *Ṣifat al-ṣafwa*, p. 567.
25. Al-Iṣfahānī, *Ḥilya*, V, p. 40-41 ; Ibn al-Ǧawzī, *Ṣifat al-ṣafwa*, p. 568.
26. Al-Iṣfahānī, *Ḥilya*, V, p. 40 ; Ibn al-Ǧawzī, *Ṣifat al-ṣafwa*, p. 568 : *yurā al-ṭaʿām fī maǧrāhu.*
27. Al-Iṣfahānī, *Ḥilya*, V, p. 41.
28. Al-Huǧwīrī, *Kašf al-maḥǧūb*, II, p. 567. Il semblerait que ce récit soit une version erronée de celui rapporté par al-Iṣfahānī, *Ḥilya*, X, p. 378 où il est fait état d'Ibrāhīm b. Adham pendant le ramadan en train de moissonner chaque jour et de veiller chaque nuit, passant ainsi le mois entier privé de sommeil, mais en prenant un peu de nourriture le soir. Ch. Melchert, « The Transition from Asceticism to Mysticism at the Middle of the Ninth Century C.E », *Studia Islamica* 83/1 (1996), p. 51-70 [p. 54].
29. Abū Ṭālib al-Makkī, *Qūt al-qulūb*, III, p. 1376.

Il en est de même d'un autre célèbre *zāhid* et mystique Sahl b. ʿAbd Allāh al-Tustarī (m. 283/896-897) l'abstinent célibataire que l'on peut ranger aussi bien dans la période de transition vers le soufisme que dans la vague des premiers soufis, selon que l'on s'intéresse à ses exercices d'abstinence en tant que renonçant ou à ses expériences spirituelles de tendance mystique. D'après les recueils hagiographiques soufis, al-Tustarī a pratiqué le jeûne permanent tout au long de sa vie. Selon une anecdote, il l'aurait commencé d'ores et déjà à sa naissance, car il n'aurait accepté d'être allaité par sa mère qu'à la fin de la journée, réalisant ainsi son premier jeûne diurne[30]. Il aurait aussi maintenu cette habitude de jeûne continu en ne s'autorisant à le rompre frugalement qu'une fois tous les quinze jours[31]. Dans le récit qu'il fait de son expérience du jeûne depuis sa tendre enfance, il disait l'avoir pratiqué d'abord en continu tous les trois jours, puis tous les cinq, ensuite tous les sept et enfin tous les quinze et vingt-cinq jours sur une durée de vingt ans[32]. Il s'acquittait avec davantage de rigueur de l'obligation de jeûne pendant le mois de ramadan, puisqu'il ne le rompait pas chaque soir comme le stipulent les textes, mais seulement une fois, lors de la fête de fin de ramadan (*ʿīd al-fiṭr*)[33]. D'après ses intimes, al-Tustarī recourait à une astuce pour éviter d'être accusé d'innovation blâmable, compte tenu du corpus des hadiths, dont la constitution était suffisamment avancée à son époque, ainsi que des écoles juridiques déjà formées, à l'exception peut-être du hanbalisme. Il s'agirait plus exactement d'un expédient juridique (*ḥīla*) auquel il recourait pour rester dans l'observance légale, autrement dit il rompait son jeûne (*ifṭār*) avec de l'eau fraîche chaque soir comme le recommande la tradition, tout en le poursuivant le lendemain et ainsi de suite jusqu'à la fin du ramadan[34].

---

30. Al-Huǧwīrī, *Kašf al-maḥǧūb*, II, p. 56.
31. Sirāǧ al-Dīn al-Ṭūsī, *al-Lumaʿ*, éd. ʿA. Maḥmūd et ʿA. Surūr, Le Caire 1380/1960, p. 217 ; al-Huǧwīrī, *Kašf al-maḥǧūb*, II, p. 567. Voir G. Bowering, *The Mystical Vision of Existence in Classical Islam: the Qurʾānic hermeneutics of the Ṣūfī Sahl at-Tustarī (d. 283/896)*, Berlin – New York 1980, p. 56.
32. Al-Qušayrī, *al-Risāla al-Qušayriyya fī ʿilm al-taṣawwuf*, éd. ʿA. Maḥmūd et M. Ibn al-Šarīf, Le Caire s.d., I, p. 60 ; Abū Ṭālib al-Makkī, *Qūt al-qulūb*, III, p. 1377 ; voir G. Bowering, *The Mystical Vision of Existence in Classical Islam*, p. 55.
33. Al-Huǧwīrī, *Kašf al-maḥǧūb*, II, p. 567 ; al-Qušayrī, *al-Risāla*, I, p. 70. Le récit rappelle ainsi que les traditions prophétiques proscrivent le jeûne pendant les deux fêtes religieuses, celle du *fiṭr* (rupture du jeûne justement) qui marque la fin du ramadan et celle du sacrifice (*aḍḥā*).
34. Al-Ṭūsī, *al-Lumaʿ*, p. 217.

Un jeûne en occulte un autre : la doctrine de la faim

Avant d'aborder la forme suivante du jeûne, il convient de rappeler que dans les enseignements et expériences ascétiques de certains renonçants, le jeûne extrême est associé bien souvent à la mortification par la faim, avec les mêmes buts recherchés que le jeûne : contrarier les inclinations et dresser le moi charnel en maîtrisant ses penchants. La faim étant inhérente à cette forme de jeûne, dans sa pratique continue, il y a forcément inanition imposée, comme en témoignent les propos rapportés des *zuhhād* ayant pratiqué l'une et l'autre, parfois en incluant l'une dans l'autre, à savoir en procédant au jeûne dans l'intention d'éprouver la faim. La distinction se fait d'un point de vue formel entre les deux régimes, par le biais de la pratique du jeûne en vue de l'inanition, et non l'inverse. Ce jeûne est susceptible d'être une forme de faim, mais l'inverse n'est pas à tout point vrai, car toute faim ne traduit pas forcément un jeûne selon les préceptes religieux. Al-Makkī insiste sur cette distinction entre d'un côté un jeûne religieux ordinaire qui prend fin le soir avec un repas (*ifṭār*) et de l'autre une vraie doctrine de la faim à laquelle s'astreint le *zāhid* dans l'intention d'apaiser l'âme (*iskān al-nafs*) et d'éteindre les penchants naturels (*iḫmād al-ṭabʿ*)[35].

Il reste toutefois que l'auto-mortification au moyen de l'inanition ainsi que l'entretien de la soif (*ẓamaʾ*) est caractéristique des renonçants adeptes de ce jeûne extrême. Aussi, les règles démesurées qui valent pour le jeûne extrême s'appliquent-elles éminemment à l'inanition. C'est la raison pour laquelle, semble-t-il, la plupart des écrits relatifs au *zuhd* et ses pratiques alimentaires abordent souvent, en parallèle à ce jeûne extrême, l'inanition (*taǧwīʿ*), à titre d'excès de faim que l'on s'impose sciemment en vue de l'éducation de l'esprit par la carence alimentaire infligée au corps. Il y a tout lieu de penser, à la lumière de plusieurs expériences relatées dans les recueils biographiques des *zuhhād,* que les deux doctrines du jeûne extrême et de l'inanition s'interpénètrent et se confondent quelquefois, mais en gardant pour fond commun des codes de comportement alimentaire et des règles de conduite ascétique.

Parmi les personnages versés dans l'ascèse alimentaire à cette époque, on décerne le titre de théoricien de la diète absolue comme règle de vie ascétique volontairement observée au mystique et

---

35. Abū Ṭālib al-Makkī, *Qūt al-qulūb*, III, p. 1374.

ascète ẖurāsānien Šaqīq al-Balẖī (m. 194/809-810). En fin connaisseur expérimenté des jeûnes de quarante jours (*arbaʿīniyya*), voire de soixante-dix jours (*sabʿīniyyāt*), il était l'un des premiers *zuhhād* à poser les fondements théoriques d'une alchimie de la faim. Celle-ci, endurée néanmoins avec le contentement (*surūr*)[36] que l'on tire du jeûne extrême de quarante jours et quarante nuits et plus a pour effet de transformer la noirceur du cœur en lumière (*nūr*)[37]. Sinon, que l'on soit en état de jeûne ou non, l'on peut entretenir la faim plus modérément. Il suffit pour cela de manger le moins possible, juste ce qui suffit pour la subsistance afin d'empêcher la survenue de toute sensation de rassasiement (*šibaʿ*), qui peut distraire de la dévotion[38]. Un siècle plus tard, la figure d'al-Tustarī, dont on a déjà évoqué le caractère extrême du jeûne qu'il prônait, apparaît comme un partisan de la faim. Il s'agit dans cette perspective de favoriser le renoncement à soi-même. Il voit dans la faim l'auxiliaire de la sagesse (*ḥikma*) et de la science (*ʿilm*), contrairement au rassasiement, qu'il tient pour l'origine de la désobéissance (*maʿṣiya*) et de l'ignorance (*ǧahl*)[39].

Jeûne intermédiaire

Il est une autre forme de jeûne que l'on qualifierait de médiane. Elle oscille entre la forme longue, sujette à la discorde entre juristes-théologiens et renonçants, et la forme courte, admise à l'unanimité et qui est identifiée à celle prescrite par les traditions sunnites tenues pour valides. Il s'agit d'un jeûne continu de quelques jours, y compris la nuit. Sa durée pourrait atteindre deux semaines, mais c'est selon les capacités physiques de chaque renonçant. On a déjà signalé qu'al-Tustarī observait un jeûne d'abord pendant une semaine, avant de passer à deux, ensuite quatre semaines[40]. Les sources narratives ne fixent pas la durée de ce jeûne, mais elles laissent supposer qu'elle serait inférieure à la moitié d'un mois, durée qui est présentée ailleurs comme le seuil le

36. AL-IṢFAHĀNĪ, *Ḥilya*, VIII, p. 60.
37. A. SCHIMMEL, *Mystical Dimensions of Islam*, p. 115.
38. P. NWYIA, *Exégèse coranique et langage mystique*, 2e éd., Beyrouth 1991, p. 216.
39. AL-QUŠAYRĪ, *al-Risāla*, I, p. 271 ; P. NWYIA, *Exégèse coranique et langage mystique*, p. 220. On attribue des sentences similaires à des *zuhhād* antérieurs dont par exemple Yūsuf b. Asbāṭ (m. 195/811), ascète de Kūfa, et les deux dévots syriens al-Sarī b. Yanʿum et Abū Ṣafwān al-ʿĀbid : voir IBN ABĪ AL-DUNYĀ, *al-Ǧūʿ*, éd. M. Ḫ. RAMAḌĀN, Beyrouth 1417/1997, p. 76-77.
40. AL-QUŠAYRĪ, *al-Risāla*, I, p. 60.

plus bas d'un jeûne extrême. S'il est rarement fait état de cette forme de jeûne dans les biographies et hagiographies dédiées aux renonçants, on peut penser qu'elle est pratiquée par ceux dont le corps est décrit comme foncièrement affaibli au point de ne plus avoir que la peau sur les os en raison d'un jeûne relativement prolongé (*ayyām mutawāliya*).

Pour illustrer la pratique de ce type de jeûne, on se bornera à évoquer quelques figures connues en matière de mortification physique.

Al-Aswad b. Yazīd (m. 75/694), de Kūfa, appartenant à la génération des Épigones (*tābiʿūn*), était un adepte du jeûne permanent[41]. Il observait un jeûne de plusieurs jours sans le rompre la nuit, à tel point qu'il faisait souffrir son corps qui changeait de couleur, passant du vert (*yaḫḍarr*) au jaune (*yaṣfarr*)[42]. Il poursuivait son jeûne pendant les trois jours qui suivent la fête du sacrifice (*tašrīq*)[43]. Plus les journées étaient chaudes, plus il trouvait le jeûne méritoire et gratifiant[44]. Il aurait même perdu un œil suite à ce jeûne[45].

Une femme nommée Zağla, qui était une cliente de Muʿāwiya (1er Calife umayyade, 660-680) et surnommée al-ʿĀbida, c'est-à-dire « la dévote », affirmait quant à elle à ses visiteurs qui tentaient de l'en dissuader, se priver pendant plusieurs jours de toute nourriture et de toute boisson. Elle s'engageait à jeûner pour Dieu tous les jours de sa vie, dans la mesure où le jeûne figure l'une des grandes initiatives (*mubādara*) à prendre dans cette vie au profit de l'autre[46]. D'après un récit rapporté par Abū ʿUtba al-Ḫawwāṣ (m. fin IIe/VIIIe siècle), lui aussi un dévot et un traditionniste, qui l'avait côtoyée par intermittence, la couleur de la peau de Zağla aurait viré au noir à la suite d'un jeûne rarement rompu pendant la nuit[47].

Mūriq al-ʿIğlī (m. 105/723-724), un Épigone de Baṣra et un dévot, considéré par la critique des autorités (*ʿilm al-riğāl*) comme un

---

41. IBN ABĪ ŠAYBA, *al-Muṣannaf*, II, p. 328.
42. IBN ḤANBAL, *al-Zuhd*, p. 578 ; AL-IṢFAHĀNĪ, *Ḥilyat*, II, p. 103 ; AL-ĠAZĀLĪ, *Iḥyāʾ*, IV, p. 9.
43. IBN ABĪ ŠAYBA, *al-Muṣannaf*, III, p. 435.
44. *Ibid.*, VII, p. 151.
45. *Ibid.*, VII, p. 150.
46. IBN AL-ĞAWZĪ, *Ṣifat al-ṣafwa*, p. 715. Sur le rang du jeûne dans les pratiques dévotionnelles des hommes et des femmes ascètes et soufis à partir des notices biographiques du livre d'Ibn al-Ğawzī, *Ṣifat al-ṣafwa,* voir Ch. MELCHERT, « Before *ṣūfiyyāt* », p. 126.
47. IBN AL-ĞAWZĪ, *Ṣifat al-ṣafwa*, p. 715.

transmetteur fiable de hadiths, appartient également à cette catégorie de jeûneurs ascètes. Menant une vie austère tout en ayant une activité commerciale, qu'il disait ne pratiquer que pour le profit des pauvres et des nécessiteux, Mūriq s'adonnait à un jeûne continu qu'il ne rompait au crépuscule qu'en mangeant deux petits pains (*qurṣayn ḫafīfayn*)[48].

On doit ranger dans cette même catégorie Yazīd b. Abān al-Raqqāšī (m. 119/737 ?), un renonçant de Baṣra. Tout en observant un jeûne perpétuel, il se serait exercé à la faim (*ǧū'*) et à la soif (*'aṭaš*)[49]. En plus de cette pratique, al-Raqqāšī était réputé également pour ses pleurs intarissables (*bakkā'*) en guise de pénitence. Il meurtrissait son corps car selon lui, le ventre (*baṭn*) en particulier est la source de tous les maux de l'âme[50]. On doit rappeler qu'al-Raqqāšī est l'un des rares renonçants à avoir combiné la doctrine de l'inanition associée à la soif, comme règle de vie ascétique, à celle du jeûne diurne observé au quotidien. Peu de renonçants en effet, parmi ceux qui se livraient au jeûne diurne en général, recherchaient systématiquement l'épreuve de la faim. La plupart d'entre eux, notamment ceux qui observaient le jeûne extrême, dont quelques-uns ont été passés en revue précédemment, procédaient à une inanition indifférenciée, dans la mesure où celle-ci est issue de ce jeûne prolongé[51].

Jeûne court

Si on l'avait qualifié de jeûne orthodoxe, on n'aurait pas eu tout à fait tort, dans la mesure où cette forme de jeûne a été peu critiquée par les autorités religieuses anciennes[52]. Mais il serait plus exact de le définir comme un jeûne traditionnel ordinaire relativement aux deux premières formes qui viennent d'être présentées, en raison du repas vespéral qui

---

48. Ibn Ḥanbal, *al-Zuhd*, p. 727.
49. Il aurait jeûné 42 années successives, sans plus d'informations sur de probables ruptures de jeûne à des jours précis. Voir al-Iṣfahānī, *Ḥilya*, III, p. 50, et Ibn al-Ǧawzī, *Ṣifat al-ṣafwa*, p. 652.
50. Il a pour règle d'ascèse de s'imposer la soif pendant les moments de haute chaleur à Baṣra, bien qu'il soit tout près des cours d'eau fraîche. Voir al-Iṣfahānī, *Ḥilya*, III, p. 50 : « Ceux qui s'infligent la faim pour complaire à Dieu, feront partie du premier groupe [accueilli par Dieu] au jour du Jugement dernier ». Ibn Abī al-Dunyā, *al-Ǧū'*, p. 181-182 et p. 187 ; Ibn al-Ǧawzī, *Ṣifat al-ṣafwa*, p. 652.
51. Voir *supra,* note 35.
52. Parmi ceux qui en contestent la validité religieuse : 'Āmir b. Šarāḥīl al-Ša'bī, Sa'īd b. Ǧubayr, Wakī' b. al-Ǧarrāḥ. Voir Ibn Abī Šayba, *al-Muṣannaf*, II, p. 328.

le ponctue. Bien qu'il s'agisse d'un jeûne diurne, qui ne s'achève qu'à la tombée de la nuit, le mérite n'en réside pas moins dans l'itération quotidienne du jeûne pour certains renonçants et dévots (*ʿābid*). C'est aussi là une des formes du jeûne perpétuel (*ṣawm al-dahr*) puisqu'il n'est rompu qu'au crépuscule, et de préférence de manière frugale.

Parmi les renonçants (*zuhhād*) qui ont approuvé ce type de jeûne et l'ont mis en pratique, on compte ʿĀmir Ibn ʿAbd Qays (m. 39/661 ou 60/680 ?, Baṣra), dit l'ermite (*rāhib*) de la communauté des musulmans et qui prônait publiquement le célibat. Tout au long de sa vie, parallèlement à une dévotion cultuelle intense[53], il aurait observé un jeûne diurne rompu par une collation vespérale constituée de deux pains[54]. Il déplorait lors de ses déplacements de ne pas éprouver une soif aussi vive que celle qu'il connaissait à Baṣra (*ẓamaʾ al-hawāǧir*)[55]. On doit également évoquer un autre Épigone de Baṣra et en même temps un des grands lecteurs du Coran (*qurrāʾ*) : Muḥammad b. Wāsiʿ (m. 123/740 ou 127/744). Son renoncement est cité en exemple en tant que principe de conduite en société. Il était réputé avoir observé toute sa vie un jeûne diurne de cette nature, sans que son entourage ne soit au courant[56]. Mentionnons en dernier al-ʿAlāʾ b. Ziyād (m. avant 95/714, Baṣra)[57], observant strict (*nusk*) et dont la piété était marquée par une crainte révérencielle (*ḫašya*). Il s'adonnait lui aussi à ce jeûne quotidien qu'il ne rompait qu'en mangeant un pain sec[58].

Une forme encore plus allégée : le jeûne davidien

À la différence de ces trois personnages aux caractéristiques ascétiques prononcées, il existe d'autres figures religieuses, tenues dans

53. AL-IṢFAHĀNĪ, *Ḥilya*, II, p. 88 : réputé accomplir pendant ses dévotions cultuelles des centaines d'inclinaisons (*rakʿa)*.
54. Dans IBN ḤANBAL, *al-Zuhd*, p. 389-390, on trouve détaillé son emploi du temps de la journée et de la nuit ; ABŪ ṬĀLIB AL-MAKKĪ, *Qūt al-qulūb*, II, p. 812 ; AL-IṢFAHĀNĪ, *Ḥilyat*, II, p. 87.
55. IBN ABĪ ŠAYBA, *al-Muṣannaf*, VII, p. 176.
56. AL-IṢFAHĀNĪ, *Ḥilya*, II, p. 51 ; IBN AL-ĞAWZĪ, *Ṣifat*, p. 643 ; AL-ḎAHABĪ, *Siyar*, VI, p. 122.
57. Sa mort serait survenue sous le gouvernorat d'al-Ḥaǧǧāǧ b. Yūsuf.
58. IBN AL-MUBĀRAK, *al-Zuhd wa-l-raqāʾiq*, 2e éd. Ḥ. AL-AʿẒAMĪ, Beyrouth 1425/2004, I, p. 289 § 965 (c'est le seul personnage mentionné comme jeûneur dans cet ouvrage) ; AL-IṢFAHANĪ, *Ḥilya*, II, 243. Ibn al-Ğawzī lui, mentionne deux pains (*raġīfayn*), *Ṣifat al-ṣafwa*, p. 634.

une estime égale, mais étrangères à ce renoncement tout en éprouvant une admiration pour les *zuhhād*. Il s'agit de personnages qui préfèrent observer un jeûne identique, leur vie durant, mais sous une forme encore plus atténuée. Il s'agit de jeûner un jour sur deux, comme le recommande une tradition prophétique, qui rattache cette pratique au prophète David (*ṣawm* Dāwud)[59].

Ibrāhīm al-Naḫaʿī (m. 95-96/716-717), l'ami des renonçants et autorité de Kūfa, est un des Épigones à avoir observé ce jeûne dit davidien, mais en se cachant[60]. Les notices biographiques dont on dispose à son sujet n'apportent aucune indication supplémentaire sur sa pratique, qu'il s'agisse des modalités de ce jeûne comme de sa durée. De toute évidence, il s'agit d'un jeûne diurne, rompu chaque soir comme le veut la norme traditionnelle qui n'était pas encore fixée par écrit[61].

Ibn Abī Ḏiʾb Muḥammad b. ʿAbd al-Raḥmān (m. 159/775-776), Épigone médinois, très scrupuleux, serait peut-être bien le seul à avoir procédé à ce jeûne alterné (*dāwudī*) durant une période, avant de le remplacer par un jeûne permanent rompu chaque soir. Ce changement subit de régime serait dû à une secousse tellurique (*rağfa*) qui se serait produite en Syrie. Ibn Abī Ḏiʾb en aurait été informé le jour où, n'étant pas en état de jeûne, il s'apprêtait à prendre son déjeuner, sans pouvoir s'y résoudre. Depuis cet instant, il s'en est tenu à un jeune diurne quotidien jusqu'à sa mort, ne prenant le soir qu'un mets frugal composé de pain sec assaisonné d'huile d'olive[62].

Muḥammad b. Sīrīn (m. 110/728), fameux Épigone de Baṣra, mettait en pratique, paraît-il, cette recommandation – à savoir le jeûne davidien – en sa qualité d'autorité traditionniste qu'il était. Ne se satisfaisant pas seulement de jeûner un jour sur deux comme le recommande vivement le hadith auquel il adhérait, il faisait en sorte, le jour où il était dispensé de jeûne, de sauter le repas du soir (*ʿašāʾ*) pour ne prendre qu'une collation austère à l'aube (*saḥūr*)[63].

---

59. Abū Ṭālib al-Makkī, *Qūt al-qulūb*, I, p. 221 ; al-Ġazālī, *Iḥyāʾ*, Beyrouth s.d., I, p. 38.
60. Les hanafites projetèrent les origines de leur école juridique sur ce personnage : voir G. H. A. Juynboll, *Encyclopedia of the Canonical Ḥadīth*, Leyde – Boston 2007, p. 239-240.
61. Ibn Saʿd, *al-Ṭabaqāt al-kubrā*, VI, p. 76 ; Ibn al-Ğawzī, *Ṣifat al-ṣafwa*, p. 555 ; al-Ḏahabī, *Siyar*, IV, p. 523 : *yaṣūm yawman wa-yufṭir yawman.*
62. Ibn al-Ğawzī, *Ṣifat al-ṣafwa*, p. 359.
63. Ibn Ḥanbal, *al-Zuhd*, p. 516 ; al-Iṣfahānī, *Ḥilyat*, II, p. 272.

On attribue une pratique similaire à ʿAbd Allāh b. ʿAwn (m. 151/768, Baṣra), homme pieux et scrupuleux (*wariʿ*)[64], qui, en plus d'être taciturne (*ṣamt*), aurait observé également ce jeûne alterné durant une longue période de sa vie[65].

Sans s'attarder sur d'autres personnages connus pour leur attachement à ce type de jeûne, il ne faut pas perdre de vue que ses adeptes n'appartiennent pas en majorité à l'univers du renoncement (*zuhd*), mais s'inscrivent plutôt dans le registre de la piété exemplaire, auquel adhéraient les autorités religieuses parmi les traditionnistes et les théologiens-juristes.

2. La discrétion comme éthique du jeûne

Tout comme le renoncement dans sa conception générale, le jeûne n'a pas échappé à la division tripartite chère aux théoriciens soufis, selon laquelle il existe pour toute prescription ou principe religieux, une conception destinée aux gens du commun (*ʿāmma*), une deuxième réservée aux élites (*ḫāṣṣa*) et une troisième propre aux élites des élites (*ḫāṣṣat al-ḫāṣṣa*). Ainsi selon le soufi Muẓaffar al-Qirmīsīnī (mort au IVe/Xe siècle), le jeûne est classé en trois catégories, dans un ordre descendant : le jeûne de l'esprit (*rūḥ*) qui consiste à abréger l'espoir ; celui de la conscience (*ʿaql*), qui vise à contredire la passion ; et celui de l'âme (*nafs*), qui revient à s'abstenir des choses illicites (*maḥārim*)[66]. Le premier jeûne mentionné ici fait écho à la définition du véritable renoncement selon Sufyān al-Ṯawrī (m. 161/778), qui l'associe à la réduction de l'espoir (*qiṣar al-amal*)[67].

On peut constater ainsi qu'à cette époque la pratique du jeûne a supplanté la conception primitive du renoncement, notamment grâce

64. G. H. A. JUYNBOLL, *Encyclopedia of the Canonical Ḥadīth*, p. 3-4.
65. IBN AL-ĞAWZĪ, *Ṣifat al-ṣafwa*, p. 661 ; AL-ḎAHABĪ, *Siyar*, VI, 366.
66. AL-SULAMĪ, *Ṭabaqāt al-ṣūfiyya*, éd. N. ŠURAYBA, Le Caire 1969, p. 396. Voir aussi l'excellente traduction de J.-J. THIBON dont nous nous sommes inspiré, *Les générations des soufis*, Leyde 2019, p. 306. AL-QUŠAYRĪ, *al-Risāla*, I, p. 27. Cette gradation s'enrichira d'amples développements chez AL-ĠAZĀLĪ, *Iḥyāʾ*, I, p. 34 ; IBN QUDĀMA AL-MAQDISĪ, *Muḫtaṣar Minhāğ al-qāṣidīn*, éd. ŠUʿAYB et ʿABD AL-QĀDIR AL-ARNAʾŪṬ, Damas 1398/1987, p. 44.
67. En référence à la sentence attribuée à Sufyān al-Ṯawrī (m. 161/778), voir WAKĪʿ B. AL-ĞARRĀḤ, *Kitāb al-Zuhd*, éd. ʿABD AL-RAḤMĀN AL-FARYAWĀʾĪ, Médine 1984/1404, p. 222 ; AL-IṢFAHĀNĪ, *Ḥilya*, VI, p. 386 ; AL-QUŠAYRĪ, *al-Risāla*, p. 40.

à la promotion d'une conduite morale, ayant pour but le perfectionnement de la pratique du jeûne en société. Ainsi il demeure prisé par une majorité de renonçants et de dévots, qui sont nombreux à lier sa pratique à une conduite exemplaire. Celle-ci vise à en atténuer les méfaits sociaux et les périls de l'âme, participant ainsi à établir sa validité spirituelle.

Cette conduite peut se réduire à une seule règle de vie, de prime abord d'ordre social, mais aux retombées spirituelles indéniables pour le jeûneur : la discrétion dans le jeûne, voire sa dissimulation totale. Vivement recommandée dans le milieu ascético-mystique dès la période de transition du renoncement vers le soufisme (fin IIe/IXe, début du IIIe/Xe siècle), cette discrétion se soucie principalement de favoriser l'humilité dans l'observance des pratiques de privation ascétique pour empêcher de tomber dans l'autosatisfaction et l'orgueil. Aussi est-il enseigné au travers de cette dissimulation du jeûne de faire acte de soumission au divin dans la satisfaction de l'humain, en partageant la pitance de son confrère et en acceptant l'invitation de son hôte. Au lieu de s'arc-bouter au quotidien à un principe de jeûne volontaire au mépris des conditions sociales défavorables, il est préférable d'en faire l'impasse à titre exceptionnel pour ne pas attirer l'attention sur soi, car toute notoriété en ascèse est indigne de celui qui en fait l'objet, même quand elle est amplement méritée. C'est en ce sens justement qu'il est fait allusion à cette discrétion dans le jeûne dans les propos de Muḥammad b. Wāsiʿ déjà nommé. Il faisait remarquer avec regret, qu'en dépit du nombre croissant des jeunes de sa génération qui vouaient leur jour au jeûne et leur nuit à la veille spirituelle, ils sont hélas pervertis par la fatuité (*ʿuǧb*) qu'ils en ressentent[68].

Quand on considère cette éthique du jeûne à l'état naissant on observe que sa ritualisation est rejetée par crainte de l'ostentation. Ibrāhīm b. Adham (m. 163/779-780 ?) s'était imposée à lui-même cette règle. En préférant ainsi manger lorsqu'il est en compagnie d'autrui, qu'il soit hôte ou convive, il opte pour garder secret son jeûne qu'il

68. AL-IṢFAHĀNĪ, *Ḥilya*, II, p. 52. Nous disions qu'il y a fait allusion dans ses propos, mais il ne l'avait pas apparemment mis en pratique en rompant son jeûne. Il aurait gentiment décliné l'invitation du prince Bilāl b. Abī Burda sans lui avoir révélé qu'il jeûnait. Cependant on peut mettre cette attitude de Muḥammad b. Wāsiʿ, qui refusa de toucher aux mets présentés aux convives, sur le compte de son *waraʿ*, scrupule religieux dont le principe veut qu'il évite une nourriture acquise grâce à des moyens illicites. Voir AL-ḎAHABĪ, *Siyar*, VI, p. 122.

sacrifie en le rompant, s'abstenant ainsi de le divulguer en tant qu'acte d'adoration. Cette même attitude fait écho à la sentence énoncée à la même époque par ʿAbd Allāh Ibn al-Mubārak (m. 180/796), qui n'est pas moins connu pour sa conduite ascétique mesurée, selon laquelle « le meilleur renoncement est un renoncement caché[69] ». Aussi, comme le jeûne au quotidien fait partie intégrante du *zuhd* aux yeux de certains *zuhhād*, il a davantage de mérite quand il est rompu par souci de sincérité, à des fins louables de discrétion.

Selon le soufi Bišr al-Ḥāfī (m. 227/841), son maître, al-Muʿāfā b. ʿImrān (m. 184-86/800-802), le traditionniste du Mossoul, avait exprimé cette préférence pour la discrétion à propos du cas de celui qui, observant un jeûne, reçoit des « frères en Dieu » : alors que d'un côté il voulait leur offrir un repas, de l'autre il tenait à ne pas dévoiler son jeûne. Comme il ne voulait pas rompre son jeûne, il préfère un mensonge pieux afin que ses convives aient droit à la table de leur hôte sans éprouver la moindre gêne face son jeûne. Ce dernier n'a donc plus qu'à les servir humblement en leur faisant croire qu'il avait déjà mangé avant leur arrivée. Et s'ils persistaient à l'interroger, alors qu'il n'hésite pas à leur cacher la vérité, en niant être en état de jeûne[70]. À vrai dire, ce qu'al-Muʿāfā laisse entendre à travers cette consigne, c'est qu'un jeûne sincère relève de la sphère privée du jeûneur et par conséquent, il doit rester tout d'abord une affaire personnelle entre le fidèle et son Seigneur, et enfin qu'en aucun cas le jeûne ne saurait être la cause d'une conduite dépourvue de charité et de générosité envers autrui.

Le Bagdadien Maʿrūf al-Karḫī (m. 200/815-816), adepte du célibat et renonçant à tendance mystique de la période de transition[71], avait pour principe, qu'il n'avait jamais imposé à personne, de garder le silence quant à son jeûne permanent. Sur son lit de mort, il n'aurait pas

---

69. IBN QUDĀMA, *Muḫtaṣar*, p. 330.
70. IBN ḤANBAL, *al-Zuhd*, p. 466.
71. Il convient de noter qu'Ibn Ḥanbal a exprimé son admiration pour Abū Maḥfūẓ Maʿrūf al-Karḫī. Il aurait pris sa défense contre une personne qui l'avait désigné en sa présence comme homme de peu de science, en lui rétorquant : « Il suffit ! Que Dieu te pardonne. Et espère-t-on de la science autre chose que ce à quoi est parvenu Maʿrūf ? (*Amsik ! ʿĀfāk Allāh. Wa-hal yurād min al-ʿilm illā mā waṣala ilayhi Maʿrūf*) » Voir IBN ABĪ YAʿLĀ, *Ṭabaqāt al-ḥanābila*, éd. M. ḤĀMID AL-FIQĪ, Le Caire 1371/1952, I, p. 382 ; AL-ḎAHABĪ, *Siyar*, IX, p. 340 ; N. HURVITZ, *The Formation of Ḥanbalism. Piety into Power*, Londres 2002, p. 94 ; Ch. MELCHERT, *Ahmad ibn Hanbal*, Oxford 2006, p. 114 ; Ch. MELCHERT, « The Ḥanābila and the Early Sufis », *Arabica* 48/3 (2001), p. 352-367 [p. 356].

hésité à tromper son interlocuteur qui l'interrogeait avec insistance sur son jeûne (*ṣawmuk*), en lui rappelant tantôt ce qu'est le jeûne de Jésus, tantôt en lui récitant des passages de hadiths sur le jeûne de Dāwud, à savoir un jour sur deux, le meilleur des jeûnes aux yeux du Prophète Muḥammad. Al-Karḫī finit par avouer à son interlocuteur indiscret qu'en ce qui le concernait, il se réveillait chaque matin observant un jeûne, qu'il n'hésitait pas à rompre s'il était invité à manger sans jamais dévoiler qu'il jeûnait[72]. Il a encore exprimé son fort attachement à ce principe de discrétion avec plus d'acuité lorsqu'une femme était venue, en présence de ses disciples, solliciter la charité : rien qu'un peu de nourriture pour rompre son jeûne. Et al-Karḫī de lui rétorquer en aparté : « Ô ma sœur ! Tu as divulgué un secret [que tu as confié à Dieu], et tu espères encore vivre jusqu'au soir[73] ». En soulignant ainsi la gravité du manquement à ce principe, al-Karḫī a inversement pointé du doigt la culpabilité de cette dernière pour avoir cédé à son désir de s'attribuer une réputation de pieuse dont elle n'était pas tout à fait digne en la divulguant.

Sahl b. ʿAbd Allāh al-Tustarī, mentionné plus haut, intègre parmi les cinq grandes qualités de la substance de l'âme (*ǧawhar al-nafs*), le fait pour un fidèle de ne pas laisser apparaître sa faiblesse physique à cause d'un jeûne diurne et de veillées nocturnes, pratiquées de façon continue[74]. Par conséquent, pour Tustarī, on doit mettre le jeûne à l'abri du regard des membres de la société en général, car il constitue un danger que seule la discrétion peut vaincre. On doit éviter au jeûneur sincère l'orgueil et la vanité.

Ce principe a été élevé au rang de règle de conduite à observer impérativement dans les milieux soufis. Abū al-Qāsim al-Ǧunayd (m. 298/910), dit « le maître de la communauté [soufie] » (*šayḫ al-ṭāʾifa*), réputé observer un jeûne permanent, a fait de cette mesure

---

72. Ibn Abī Yaʿlā, *Ṭabaqāt al-ḥanābila*, I, p. 86 ; Ibn al-Ǧawzī, *Manāqib Maʿrūf al-Karḫī wa-aḫbāruhu*, Le Caire s.d., p. 111, et *Ṣifat al-ṣafwa*, p. 422 ; al-Ḏahabī, *Siyar*, VIII, p. 87.

73. Ibn al-Ǧawzī, *Manāqib Maʿrūf*, p. 103, et *Ṣifat al-ṣafwa*, p. 422.

74. Al-Sulamī, *al-Futuwwa*, éd. I. Ḏ. al-Ṯāmirī et M. ʿA. al-Qadḥāt, Amman 1422/2002, p. 61 ; al-Qušayrī, *al-Risāla*, II, p. 133. C'est cette même conduite qui est observée par Manṣūr b. al-Muʿtamir dont nous avons évoqué le jeûne diurne permanent et les veillées nocturnes. Célibataire vivant avec sa mère, en quittant son domicile le matin, il mettait du khôl aux yeux (pour faire disparaître les marques des pleurs le soir), oignait ses cheveux et essuyait ses lèvres (pour dissimuler les traces extérieures du jeûne) : voir al-Iṣfahānī, *Ḥilya*, V, p. 41.

de discrétion, qu'il revêt d'un sens anagogique, l'un des préceptes de la doctrine éthique auquel doivent se plier scrupuleusement ses disciples et toute personne prétendant suivre la voie des soufis. À commencer par lui-même, il est vrai, alors que ses compagnons et confrères ne savaient jamais avec certitude, lorsqu'ils l'invitaient et qu'il acceptait leur invitation, s'il était en état de jeûne ou non. En dehors du ramadan, à des fins d'éducation spirituelle, tout jeûne entamé se doit d'être rompu au moment précis où le disciple est invité par un ou plusieurs de ses condisciples à partager leur repas[75]. Un tel enseignement sur le jeûne de la part d'al-Ǧunayd, pour qui la voie spirituelle (*ṭarīqa*) se résume pour moitié au jeûne[76], témoigne *mutatis mutandis* de la valeur inestimable accordée à la discrétion dans le jeûne pour des raisons de sociabilité.

Il est frappant d'apprendre que cette règle de discrétion remonte bien plus loin que ce que Huǧwīrī indiquait en la faisant remonter au Prophète Muḥammad comme une *sunna*. Selon une tradition, celui-ci aurait rompu son jeûne pour faire plaisir à deux de ses épouses, ʿĀʾiša et Ḥafṣa, qui lui offraient discrètement un mets qu'elles avaient mis volontairement de côté à son intention[77]. Or on ne manquera pas de relever l'origine de cette règle de discrétion ou à proprement parler de dissimulation du jeûne par l'apparence physique dans des propos attribués à Jésus (ʿĪsā). D'après Ibn al-Mubārak (m. 180/796) et Ibn Ḥanbal (m. 241/855) qui le rapportent suivant une chaîne d'autorités dignes de foi, Jésus avait pour habitude de donner pour consigne à ses disciples qui jeûnaient, avant de sortir, d'oindre leur barbe et leurs cheveux, et d'essuyer (*masḥ*) leurs lèvres pour que les gens ne sachent pas qu'ils jeûnaient[78]. Il est évident que cette sentence délivre le même enseignement qui correspond presque mot pour mot à celui rapporté dans l'Évangile *de Matthieu* : « Mais quand tu jeûnes, parfume ta tête et lave ton visage, afin de ne pas montrer aux hommes que tu jeûnes,

75. AL-ṬŪSĪ, *al-Lumaʿ*, p. 220 : « Être au service de ses frères (soufis), n'est pas moins méritant que le jeûne du jeûneur ».

76. AL-HUǦWIRĪ, *Kašf*, II, p. 564 : *al-ṣawm niṣf al-ṭarīqa*. Voir Ch. MELCHERT, « The Transition from Asceticism », p. 69.

77. AL-HUǦWĪRĪ, *Kašf al-maḥǧūb*, II, p. 564. Le hadith est rapporté par Muslim dans son *Ṣaḥīḥ*, éd. M. F. ʿABD AL-BĀQĪ, Le Caire 1412/1991, II, p. 808-809, § 169-§ 170. Il s'agit d'un plat appelé *al-Ḥays* composé de dattes, de beurre et du lait séché.

78. IBN AL-MUBĀRAK, *al-Zuhd*, p. 48 ; IBN ḤANBAL, *al-Zuhd*, p. 139, dans le chapitre intitulé « exhortations de Jésus (*mawāʿiẓ ʿĪsā*) ».

mais à ton Père qui est là dans le lieu secret ; et ton Père, qui voit dans le secret, te le rendra[79] ». Somme toute, comme l'enseignait Maʿrūf al-Karḫī, le message prêché est focalisé sur l'intériorisation du jeûne dont il ne faut révéler le secret à personne en dehors de Dieu, opérant ainsi un sens profond et mystique que lui avait imprimé au préalable Jésus dans les Évangiles.

Conclusion

L'histoire du renoncement (*zuhd*) nous est parvenue à travers une série de discours, certains empreints d'une naïveté imputable, en partie, à la vision piétiste des renonçants (*zuhhād*) des premiers temps de l'islam ainsi qu'à la vénération populaire dont ils étaient l'objet, d'autres non exempts de l'exagération à laquelle les recueils hagiographiques n'échappent pas.

Au cours des trois premiers siècles de l'islam, l'histoire du *zuhd* se démarque nettement de celle du jeûne dans les milieux ascétiques, car tous les renonçants ne portent pas tous le même intérêt pour le jeûne, ni ne le mettent en pratique suivant des modalités identiques. On sait que al-Ḥasan al-Baṣrī (m. 110/728), figure principale du *zuhd* au premier siècle de l'islam à laquelle on a l'habitude de rattacher diverses tendances et courants religieux de l'islam sunnite, en théologie, jurisprudence et enseignement ascético-morale[80], n'approuvait pas le jeûne permanent et ne consentait au jeûne que dans les limites prescrites par la tradition. Tout en cautionnant une faim modérée[81], il préférait au jeûne des prières accomplies secrètement lors de veillées nocturnes[82]. Il en est de même de renonçants ultérieurs et auteurs d'écrits sur le *zuhd*, tels Ibn al-Mubārak (m. 180/796) et Wakīʿ b. al-Ǧarrāḥ (m. 197/812-813). Le premier n'a consacré aucune entrée au jeûne dans son livre sur le *zuhd*, où on ne rencontre qu'une dizaine d'occurrences du terme *ṣawm*[83]. Ibn

---

79. Mt 6, 17-18.

80. L. Daaïf, « Dévots et Renonçants », p. 210 ; L. Massignon, *Essai sur les origines du lexique technique de la mystique musulmane*, p. 157.

81. Ch. Melchert, *Before Sufism: Early Islamic renunciant piety*, p. 24.

82. Ibn Ḥanbal, *al-Zuhd*, p. 442.

83. Plus précisément 12 occurrences dont 7 déjà sont dédiées au jeûne dans les traditions prophétiques et celles des Compagnons. Deux occurrences traitent du jeûne en tant que privation à des fins spirituelles, celle d'al-ʿAlāʾ b. Ziyād et celle de Jésus. Voir respectivement Ibn al-Mubārak, *al-Zuhd*, p. 289, § 965, et p. 48, § 150.

al-Ǧarrāḥ, quant à lui, l'a définitivement exclu de son ouvrage dédié au *zuhd*[84], confirmant par là les témoignages sur l'hostilité au jeûne que lui prêtent les sources doxographiques[85].

Toujours est-il que le jeûne évolue bel et bien sous des formes variées au sein de la sphère du *zuhd* qui en fait un instrument de lutte contre les penchants et les passions. Mais en parallèle on ne perdra pas de vue que l'intérêt pour le jeûne a donné lieu à une conception intériorisée dont les objectifs transcendent ceux que lui fixaient les renonçants dans leur conception rudimentaire : à l'épicentre du renoncement se trouve le jeûne articulé aux doctrines de la faim et de la soif, étendant ainsi son champ d'action dans une perspective mystique *via* un long processus. Il y aurait donc un point de jonction entre les deux conceptions, difficilement repérable certes, mais dont on peut entrevoir l'empreinte à travers la conduite de tel personnage ou les enseignements de tel autre (al-Taymī, al-Karḫī, Šaqīq, al-Tustarī). On peut avancer à propos de cette évolution que renoncement et jeûne semblent, à la lumière des expériences de quelques renonçants, non seulement converger, mais se joindre au point de se confondre et s'absorber l'un dans l'autre à travers l'éthique de la discrétion et de la dissimulation. Tout cela découle d'une dimension intériorisée orientée vers Dieu à l'exclusion de la société.

À considérer à ce titre le jeûne séparément, en l'étudiant sous son aspect légal d'un côté, et sous son aspect ascético-spirituel de l'autre, il n'en résultera qu'une vision bancale, insuffisante à rendre justice à sa dimension purement intérieure, au cours de la période des premiers renonçants à tendance soufie. Synonyme de privation et de mortification, le jeûne n'atteint son but que lorsqu'il remplit sa fonction plénière qui consiste à faire fi intérieurement de tout ce qui relie le fidèle à sa condition matérielle immédiate. On prêtait à Sālim b. ʿAbd Allāh (m. 106/725)[86] ce propos à l'adresse de ʿUmar b. ʿAbd al-ʿAzīz (m. 101/720)[87], au sujet de l'excellente conduite qui incombe au fidèle

84. Wakīʿ b. al-Ǧarrāḥ, *Kitāb al-Zuhd*, où on ne relève aucune occurrence du mot *ṣawm*.
85. Dont Ibn Abī Šayba, *al-Muṣannaf*, II, p. 274 et p. 328.
86. Petit-fils du second Calife ʿUmar b. al-Ḫaṭṭāb et renonçant notoire de la première génération des Épigones.
87. Calife omeyyade, de la branche marwānide, présenté comme un dévot et même un renonçant.

dans la vie d'ici-bas : « Si tu veux échapper au châtiment de Dieu, fais que cette vie-ci soit l'objet de ton jeûne et fais en sorte que ta seule rupture de ce jeûne soit la mort[88] ».

Alors qu'il n'est qu'un élément parmi d'autres pour les premiers renonçants, le jeûne devient essentiel pour les *zuhhād* de la génération suivante, qui l'identifie au degré le plus élevé de renoncement (*zuhd*). Aussi renoncer véritablement à ce bas-monde consiste à s'en détourner en jeûnant. Ainsi après une phase d'identification au jeûne et à la suite d'une période de transition marquée par une inflexion indéniable[89], le renoncement semble disparaître au profit d'un jeûne dont la dimension mystique est soulignée, favorisant ainsi une conception intérieure de la privation qui prévaudra progressivement dans les cercles soufis ultérieurs.

---

88. Ibn Qudāma al-Maqdisī, *Kitāb al-Tawwābīn,* éd. G. Makdisi, Damas 1961, p. 159. Cette sentence apparaît sous une forme plus courte, mais avec le même sens : *ṣum ʿan al-dunyā wa-l-yakun faṭruka al-mawt*, dans Ibn Ḥanbal, *al-Zuhd*, p. 590, où ʿAbd Allāh, le fils cadet de ce dernier, l'a mise dans la bouche d'une autorité religieuse difficile à identifier en raison du contexte imprécis dans le récit : ʿUṯmān b. Abī Dahraš ou ʿAmr b. Ḏarr ?
89. Dont il n'est pas aisé de retracer la courbe sur la base des notices biographiques et récits hagiographiques dont nous disposons.

LE TEMPS DU JEÛNE

Première partie : Débats anciens sur le calendrier

Hocine Benkheira
EPHE, Université PSL, GSRL (UMR 8582)

Un calendrier ne peut être une affaire privée. Il est par nature social et public[1] : car ce n'est rien d'autre que l'ordonnancement de la vie du groupe selon le temps[2]. C'est d'autant plus vrai d'un calendrier religieux, qui organise la vie d'une communauté de fidèles. Aussi qui en décide et comment en décide-t-on en islam ? De nos jours, et malgré les divergences (voir la seconde partie, plus loin), ce sont les gouvernements qui fixent le début du jeûne de ramaḍān comme sa fin, mais généralement en s'appuyant sur les autorités religieuses de chaque pays. Ce qui témoigne de la « nationalisation » du rite religieux. C'est pour cette raison qu'un grand désordre règne à l'échelle de la communauté musulmane mondiale : ainsi il est rare que l'Algérie et le Maroc, deux pays voisins et très proches sur le plan linguistique et culturel, débutent le jeûne du mois de ramaḍān en même temps. Est-ce la compétition entre les deux États qui expliquent une telle situation ? Peut-être

1. Une société secrète peut avoir son propre calendrier : il n'en reste pas moins celui d'une communauté d'adhérents. Quant au calendrier « individuel », il sélectionne des dates du calendrier collectif et se constitue donc par référence à ce dernier. Le calendrier individuel ne peut exister sans calendrier collectif, mais l'inverse va de soi.
2. Ce serait une erreur de penser que la dualité des calendriers dans le monde musulman (solaire/lunaire) serait une conséquence de l'occidentalisation récente. Il en a été ainsi depuis la diffusion de l'islam dans des régions qui possédaient déjà un calendrier solaire (Proche-Orient romanisé, Maghreb, Iran…), en raison de l'inadéquation du calendrier hégirien (strictement lunaire) sur le plan agraire ou du gouvernement. Par exemple, au Maghreb, le calendrier julien s'est maintenu et c'est à la colonisation française que l'on doit la domination actuelle du calendrier grégorien. Malgré tout, le calendrier julien n'a pas disparu complètement : non seulement il constitue toujours une référence dans le monde rural, mais il revit comme calendrier « berbère » !

10.1484/M.BEHE-EB.5.134773

que cela joue, mais à vrai dire dans chacun de ces deux pays la décision de débuter le jeûne est entre les mains des autorités religieuses nationales. Dans le cadre de la défunte « Organisation de la Conférence islamique », des pays membres ont essayé de s'entendre sur certains principes : ainsi des voix ont plaidé pour un usage modéré du calcul astronomique, sans jamais parvenir à un consensus. En conséquence, chaque année le début du jeûne diffère d'un pays à l'autre[3]. À la veille de chaque nouveau mois de ramaḍān, on voit souvent les partisans du recours à l'astronomie croiser le fer avec les adeptes de la procédure de l'observation à l'œil nu de la nouvelle lune[4]. Dans les pays du Maghreb, l'Administration religieuse désigne des comités régionaux constitués de personnalités irréprochables sur le plan religieux afin de remplir cette mission[5]. Une fois l'apparition de la nouvelle lune de ramaḍān établie, un communiqué officiel annonçant le début du jeûne de ramaḍān pour le lendemain est adressé à la presse, notamment aux télévisions, et, de nos jours, repris sur « les réseaux sociaux ». De plus les horaires de travail spécifiques à la période de jeûne entrent en application en même temps. Ainsi ce ne sont pas des agents ordinaires de l'État qui décident du début du jeûne, mais des oulémas, qui œuvrent en coordination avec le gouvernement. Dans ce cas précis l'Administration suit les autorités religieuses. Comme au sujet du reste du calendrier religieux, le gouvernement se contente de mettre en application les décisions des oulémas. Ceux-ci d'ailleurs associent parfois, comme dans la question du croissant de ramaḍān, de simples fidèles, qui se portent bénévoles. Dans les autres pays musulmans, les choses se passent grossièrement de façon identique. Il en est de même dans les pays où existent des minorités musulmanes organisées. Dans ce dernier cas cependant, les pouvoirs publics n'interviennent généralement pas et font seulement preuve de tolérance[6]. Si on se limite au cas le plus simple des pays majoritairement

---

3. C'est ce que relève R. Brunner, « Entre devoir religieux et repère d'identité : quelques observations autour du jeûne dans l'islam moderne », dans S. De Franceschi, D.-O. Hurel et Br. Tambrun (éd.), *Affamés volontaires. Les monothéismes et le jeûne*, Limoges 2020, p. 425-441, en particulier p. 428 et 434-436.
4. Il faut rappeler que dans le calendrier lunaire le jour débute après la coucher du soleil, lors de l'apparition de la lune. Par conséquent, le jour lunaire commence de nuit. Tout le problème c'est de décider si la nuit du 29e jour de šaʿbān est le début du 30e jour de ce mois ou au contraire le début du 1er jour de ramaḍān.
5. Selon Lahcen Daaif (Université Lyon 2), au Maroc on fait appel aussi aux unités de l'Armée royale qui sont dispersées sur tout le territoire (communication orale).
6. Dans de rares cas – quelques États asiatiques qui poursuivent une politique de

musulmans (Moyen-Orient, Maghreb, Afrique de l'Ouest, etc.), on observe que le jeûne de ramaḍān est décrété la veille, car son commencement n'est pas fixé *a priori*.

La présente contribution voudrait apporter des éléments à la compréhension de l'histoire de la procédure de déclaration du jeûne de ramaḍān, tout en sachant que cette histoire reste à faire[7]. Cette procédure qui associe gouvernement et oulémas n'est pas récente, elle plonge ses racines dans le passé lointain, comme on va le voir. Ce qu'on peut avancer c'est que le principe en a été défini sur le plan doctrinal dans ses grandes lignes dès les IXe-Xe siècles. Quel est ce principe ? L'essentiel réside dans le fait que un ou plusieurs musulmans honorables, c'est-à-dire fiables et inattaquables sur le plan religieux et moral, attestent, en présence des autorités officielles (Calife, sultan, émir, cadi), avoir observé le croissant lunaire du mois de ramaḍān. Ainsi ce n'est pas le chef politique ou ses agents qui se chargent de cette mission mais des personnes « privées », en fait des membres ou des délégués des autorités religieuses, et dont la principale qualité doit être l'honorabilité[8]. Ce faisant, cette procédure, qui a été pensée et inventée sans doute au cours du VIIIe siècle, conduit au transfert de l'autorité du Calife/Imām vers le groupe des oulémas. Aussi derrière l'innovation technique, il y a un enjeu politique et symbolique majeur. Du même coup, il apparaît que le Calife/Imām cesse d'être *la tête* de la communauté des fidèles, non pas directement au profit des oulémas ; car du côté du sunnisme qui commence à se constituer au cours du IXe siècle, c'est le Prophète *absent* qui occupe cette place grâce à sa *Sunna*[9]. Les pouvoirs publics, fondés

persécution de leurs minorités musulmanes (ex-URSS, Birmanie, RPC, l'Inde du PJB...) – la situation est plus complexe et parfois le jeûne lui-même est proscrit. Voir ici les contributions d'Anne Ducloux et de Gianfranco Bria.

7. On invite le lecteur à consulter la première partie de la notice *Hilāl* dans l'*Encyclopédie de l'islam*, seconde édition (*EI²*), Leyde 1954-2005, plusieurs vol. + suppléments, ainsi que H.-P.-J. Renaud, « Les lunes de ramaḍān », *Hespéris* 32 (1945), p. 51-68 (étude fondée sur des données marocaines d'époque moderne et contemporaine).
8. Cette procédure met en évidence la dualité organisation politique/communauté religieuse, si caractéristique du monde islamique, y compris de nos jours.
9. Du côté du zaydisme, on demeure formellement attaché à la vieille doctrine de l'Imām chef de la Communauté des fidèles. Après sa constitution, au cours du Xe-XIe siècle, l'imāmisme finit par rejoindre le modèle sunnite avec des spécificités (le chef de la Communauté est l'imām attendu). On observe une évolution similaire du côté de l'ibāḍisme.

principalement sur la force et souvent sur la terreur qu'ils exercent, ne peuvent cependant décider de leur propre chef de ce calendrier sans courir le risque de provoquer l'hostilité des fidèles. Néanmoins les oulémas ne les excluent pas totalement de la procédure d'établissement de l'apparition du croissant lunaire, en leur reconnaissant le pouvoir de récuser les « témoins ». Avec le temps, cette concession devient inutile.

À la différence de ce qui s'est passé pour d'autres tâches religieuses importantes, scruter le ciel afin d'y déceler le croissant lunaire à la veille de ramaḍān, ou à un autre moment, n'est pas devenu une fonction différenciée, comme le fait d'appeler à la prière pour le muezzin ou de contrôler les marchés pour le *muḥtasib*. On observe de plus que la procédure définie par les oulémas dès les IXe et Xe siècles exclut tout recours à l'astronomie, même si elle ne l'interdit pas explicitement. En tout cas, on a vu apparaître un système mixte : les autorités n'ont pas les mains libres et ne peuvent agir au nom de tous ; mais les hommes de religion, qui sont souvent légitimistes, ne peuvent rien faire sans le soutien et la collaboration des détenteurs du pouvoir. C'est donc aux oulémas d'organiser la surveillance du ciel et du croissant, avant de fixer la date du début du jeûne, les autorités entérinant *a posteriori* la décision prise. Un tel système cependant laisse la porte ouverte à la dissidence et à la contestation, pourvu que les oulémas et plus généralement les hommes de religion soient divisés. Ce qui était probablement le cas à Baġdād et dans plusieurs métropoles du monde islamique quand ce système a vu le jour.

Nous n'avons que peu d'éléments d'information sur la procédure en cours avant le IXe siècle. Toutefois il semble qu'au début le Chef de la Communauté prenait de lui-même sans le contrôle des fidèles la décision de déclarer le jeûne de ramaḍān. On peut en trouver un premier témoignage dans le Coran, mais surtout dans plusieurs traditions anciennes.

1. Le témoignage du Coran

Le Coran traite du jeûne prescrit dans un passage qui regroupe les versets **2**, 183-185 et **2**, 187. On serait bien en peine de trouver dans cet ensemble des indications sur la manière de répondre à la question embarrassante du calendrier. Si le verset **2**, 183, qui énonce la prescription de jeûner, ne donne aucune précision à ce sujet (il commande seulement de jeûner « quelques jours » ou « certains jours »), le verset **2**, 185 est le seul qui évoque le mois de ramaḍān en l'associant à l'obligation d'observer un jeûne. En fait le verset **2**, 185 est lu comme une continuation du verset **2**, 183 qui prescrit très explicitement le jeûne[10]. C'est seulement une partie qui va nous intéresser : 185b.

Rappelons brièvement le texte de ce verset : *man šahida minkum al-šahr fa-l-yaṣumhu.* Nous nous abstiendrons dans un premier temps d'en proposer une traduction étant donné que celle-ci dépend directement de sa compréhension. Quand on se penche sur le verset, on est confronté à plusieurs difficultés. Pourquoi le verset s'adresse-t-il à un destinataire individuel (« quiconque », « celui qui »), alors que souvent les prescriptions sont adressées à un destinataire collectif (« vous ») ? Que signifie le verbe *šahida* pas seulement du point de vue lexicographique, mais surtout en contexte ? Quelle est la référence du mot *šahr*, s'agit-il du « mois » ou du « croissant lunaire » ? Dernière difficulté : le syntagme *fa-l-yaṣum* – qu'on peut rendre par « qu'il jeûne » – est-il un commandement ?

La première difficulté concerne la forme syntaxique retenue. Les versets qui constituent cet ensemble qui concerne le jeûne prescrit aux fidèles s'adressent la plupart du temps, sous la forme directe, à un destinataire collectif (« vous »), exprimé souvent par le pronom affixe *-um* (*kunt-um, bik-um, mink-um*...). Or le verset 185b s'adresse sur le mode indirect à un destinataire individuel grâce au pronom *man*, « celui qui », « quiconque ». On doit noter que dans l'ensemble des versets concernant le jeûne on rencontre trois autres fois une formulation identique : *man kāna minkum marīḍan aw ʿalā safarin*, « celui qui est malade ou en voyage » (**2**, 184b et **2**, 185c) et *man taṭawwaʿa*, « celui qui volontairement surenchérit », « est volontaire » (**2**, 184d). Dans ces différents cas, il s'agit de souligner des situations individuelles et donc exceptionnelles. Cette interprétation ne pose pas de problème pour les versets **2**, 184b et **2**, 185c comme pour **2**, 184d. Dans les deux premiers cas, il s'agit des fidèles qui sont malades ou en voyage : en réalité le Coran ne s'adresse pas à un fidèle particulier, mais il envisage le cas du malade comme celui du voyageur, afin de

10. Voir H. Benkheira, « Le jeûne dans le Coran », dans S. De Franceschi, D.-O. Hurel et Br. Tambrun (éd.), *Affamés volontaires*, p. 43-61. J'ai jugé nécessaire de réviser ici la lecture que j'avais donnée du verset **2**, 185b.

les libérer de l'obligation du jeûne. L'allocutaire du discours coranique est constitué par l'ensemble des fidèles ; son destinataire c'est donc cet ensemble. Il ne s'adresse pas aux malades ou aux voyageurs directement car au moment de l'énonciation ils ne sont pas connus et identifiés. Comme il s'agit seulement d'évoquer une possibilité, il en parle à la troisième personne du singulier. D'ailleurs cela n'ajouterait pas grand-chose sur le plan sémantique si le discours était à la troisième personne du pluriel, étant donné que ce qui est vrai d'un individu vaut pour tout autre. Le malade et le voyageur sont des fidèles, membres à part entière du destinataire collectif de la prescription de jeûner ; leur unique particularité est de se singulariser par des traits qui les en excluent momentanément (la maladie, le voyage). C'est une manière pour le Coran de formuler une dispense relative dans ces deux cas : le malade comme le voyageur sont invités à reporter leur jeûne à un moment plus propice. Dans le second cas (**2**, 184d), il s'agit de celui qui est dans l'incapacité de jeûner pour des raisons physiques et qui est invité à se racheter en faisant une offrande alimentaire : il serait bien vu s'il offre plus que ce qui est exigé[11]. Là aussi c'est simplement une possibilité qui est envisagée ; il est compréhensible que ce cas soit envisagé à la troisième personne du singulier. Dans les trois cas qu'on vient d'examiner, des énoncés coraniques construits avec le pronom *man* sont seulement des situations exceptionnelles qui sont envisagées par le locuteur – c'est pour cette raison que l'énoncé 185b est à la troisième personne du singulier (comme les trois autres exemples). Si on applique cette interprétation à notre verset, on doit comprendre que la proposition (« celui qui [...] devra/pourra jeûner ») ne concerne pas la totalité des fidèles mais tous ceux d'entre eux qui seraient dans cette situation. Cela implique que tous ceux qui ne seraient pas dans cette situation sont libérés de l'obligation du jeûne. Ainsi on ne doit pas en tirer que le jeûne est un acte strictement individuel. Seulement, chaque fidèle agit selon sa propre situation. Pour mieux comprendre cet énoncé, il est indispensable de bien saisir le sens du verbe *šahida*.

Le verbe *šahida* signifie « être présent », de là « être témoin » ou « assister » à un évènement, un fait, une scène, etc.[12] Donc *stricto sensu* cela est différent de *šāhada*, qui est la 3e forme verbale de ce radical (sur

11. Le verset 184d fait suite au verset 184c. Au sujet de ce dernier voir notre étude sur les problèmes posés par son interprétation : « Interpréter le Coran *versus* défendre le *muṣḥaf* : l'exemple du verset 2, 184c », à paraître dans *Arabica* 70 (2023).

12. Plusieurs exégètes défendent une interprétation analogue : voir QURṬUBĪ, *al-Jāmiʿ*

le modèle de *fāʿala*) et qui lui peut signifier « voir » et « apercevoir[13] ». Du point de vue de la vocalisation, la principale différence tient à la voyelle de la première syllabe, dans un cas brève dans l'autre longue (*a*/ā). Cet argument n'est pas cependant très fort s'agissant du Coran. En effet, dans les premiers corans, on ne notait pas la distinction entre voyelle longue et voyelle courte. Aussi, il se peut fort bien que le *ductus* <*šhd*> se lisait au départ *šāhada*, et qu'ensuite ayant opté pour la vocalisation *šahida*, on l'a fixée explicitement dans la Vulgate, quand on a décidé de noter les voyelles. Les exégètes signalent les deux interprétations sans faire référence à une différence de vocalisation.

Certains traducteurs éminents (Blachère, Kazimirski, Masson) ont fait le choix de lire le verbe à la 3e forme verbale (*šāhada*) et donc de le rendre par « voir » et « apercevoir ». Cette lecture a été renforcée sans doute par l'expérience du monde musulman (avec les discussions répétitives sur le début du mois de ramaḍān) ainsi que par les nombreuses traditions qui font référence à l'observation individuelle à l'œil nu du croissant de ramaḍān. Cependant ces traditions, comme la littérature de *fiqh* qui s'est développée autour d'elles, sont postérieures au Coran. On ne peut donc y recourir pour comprendre un énoncé coranique, d'autant que, comme on va le voir dans un moment, des arguments plaident contre le choix de la lecture à la 3e forme verbale (*šāhada*).

Le premier concerne l'interprétation du mot *šahr*. Si on soutient la lecture *šāhada*, « voir », alors on tombe dans une contradiction. Rappelons le texte : *man šāhada minkum al-šahr fa-l-yaṣumhu*. Si on retient donc la lecture *šāhada*, on doit obligatoirement traduire *šahr* par « croissant lunaire ». Ce qui donnerait : « celui d'entre vous qui verra le croissant le jeûnera ». Dans le texte arabe, le pronom affixe *-hu* renvoie au mot *šahr*. Pourtant on se rend compte que cette traduction aboutit à un non-sens. On peut jeûner un mois, mais pas un croissant ! Autrement dit si on veut défendre cette lecture, il faudrait montrer que le pronom *-hu* renvoie au syntagme *šahr* ramaḍān, qui est l'incipit du verset 185, à condition qu'ici *šahr* signifie « mois ». Cela ne paraît pas crédible. En revanche, si on opte pour l'autre lecture (*šahida*), où le verbe signifie « être présent, témoin, d'un évènement », il n'y a pas de difficulté sur le plan logique dans la mesure où on peut rendre ainsi l'énoncé en cause :

---

li-aḥkām al-Qurʾān, 21 tomes, 10 vol. + 1 vol. d'index, Beyrouth 1996, vol. 2, p. 200 (*man šahida ay man ḥaḍara duḫūl al-šahr*).

13. La logique sous-entendue est que, parce qu'on est présent *hic et nunc*, on peut voir de ses yeux ou entendre.

« Celui d'entre vous qui est présent [au moment où débute] le mois [de ramaḍān], jeûnera ». Cependant on va le voir : si cette lecture est la plus vraisemblable, elle suppose que l'on essaie d'en comprendre le contexte pratique et technique : que veut dire pour un mois débuter ? Certains commentateurs parlent de *duḫūl*, « entrée ». On y revient plus loin.

Le second argument, qui a trait au vocabulaire du hadith, est bref. Alors que selon certains il faut lire le ductus *<šhd> šāhada*, au sens de « voir », le vocabulaire religieux ne confirme guère une telle interprétation. En effet dans le hadith la vision du croissant est toujours désignée par le mot *ruʾya* (du verbe *raʾā*). Le verbe *šāhada* n'est pas utilisé et si un verbe du même radical est utilisé c'est *šahida*, « être témoin ». De ce point de vue le *šāhid* (témoin) n'est pas n'importe quel individu pourvu d'une bonne acuité visuelle et capable de voir le croissant lunaire – cela est même négligé –, c'est celui qui possède les qualités pour faire un bon témoin (*ʿadl*). Nous sommes donc loin de l'idée de vision au sens physiologique, même si le témoignage de l'aveugle n'est pas recevable. Il en est différemment de l'information (*ḫabar*), puisqu'il est capable de transmettre ce qu'il a entendu dire.

Venons-en maintenant à un argument qui envisage l'énoncé du point de vue sémantique. Simplifions la traduction : <Quiconque verra le croissant jeûnera le mois>. Dit de cette façon, cela implique que ceux qui n'ont pas vu le croissant ne sont pas tenus au jeûne. Car dans ce cas l'obligation de jeûner dépendrait de l'observation *personnelle* du croissant lunaire. Est-ce vraisemblable ? Quelle que soit l'idée que l'on se fait des premières communautés de musulmans, à la fin du VIIe siècle, il est difficile de croire que la décision de jeûner était laissée à la libre appréciation de chacun. Le moins que l'on puisse imaginer est l'existence d'une autorité qui avait la haute main sur le calendrier et par conséquent sur le jeûne du mois de ramaḍān ; c'est cette autorité qui devait, sans doute après consultation d'experts (dont des astrologues), déterminer quel était le premier jour de jeûne, tout cela se passant à une échelle locale. C'est seulement une fois la décision prise, que les autorités faisaient appel à des intermédiaires – par exemple des crieurs publics (*munādī*)[14], mais aussi des muezzins – pour annoncer la nouvelle à

14. Voir à ce sujet Ibn Abī Šayba, *al-Muṣannaf fī-l-aḥādiṯ wa-l-āṯār*, 7 vol. + 2 vol. d'index, éd. M. ʿAbd al-Salām Šāhīn, Beyrouth 1995, vol. 2, p. 330, nº 9578, où l'on apprend que le *munādī* est chargé d'annoncer l'aube et ainsi le début de la journée de jeûne. Il pouvait annoncer d'autres nouvelles. Au XVe siècle en Ifrīqiya (Magrheb oriental), on sonnait de la trompe (*būq*), durant le mois de ramaḍān,

la population. L'idée que chaque fidèle devait scruter lui-même le ciel pour vérifier la position du croissant lunaire est un non-sens. Il s'agit d'une lecture individualiste, qui n'a pas lieu d'être. Car pour assumer cette tâche, il faut non seulement avoir les capacités physiques (une bonne vue), mais aussi posséder un savoir élémentaire (l'instant précis où rechercher dans le ciel le croissant lunaire, dans quelle direction regarder, la forme qu'il a, etc.). Cela implique un minimum de spécialisation. À partir de là, envisageons l'autre interprétation : « Quiconque sera présent lors de l'avènement du mois [de ramaḍān] jeûnera ». Cela est parfaitement compréhensible et surtout s'accorde avec le verset 185c qui invite le malade et le voyageur à accomplir le jeûne une autre fois. Quel lien y a-t-il entre cette présence (*šuhūd, ḥuḍūr*) et le début du jeûne de ramaḍān ? Il s'agit d'indiquer que le fidèle est présent quand on proclame officiellement que le mois de ramaḍān est là et que débute donc demain le jeûne. C'est ainsi qu'il faut entendre *šahida*. Il ne s'agit pas seulement d'être présent dans sa résidence habituelle quand arrive le mois de ramaḍān ; ce qui importe c'est *la proclamation officielle*, par les autorités, du début du jeûne de ramaḍān. C'est pour cette raison qu'au départ il a été déconseillé, voire défendu au fidèle de partir en voyage après cette annonce officielle, car cela pouvait s'apparenter à une forme de négligence. On déconseillait aussi à celui qui observe le croissant en voyage – ou qui apprend la nouvelle par d'autres voyageurs – d'observer le jeûne. Cela implique que non seulement seules les autorités en place étaient habilitées à déclarer le jeûne de ramaḍān, mais de plus on ne devait jeûner qu'avec sa communauté, *i.e.* les habitants de sa localité de résidence. Ainsi il semble que le voyageur ait été dispensé de jeûne, non parce que ce serait fatigant, mais parce qu'il n'est pas au sein de sa communauté locale. Plus tard quand le concept de *Umma* définit l'ensemble des musulmans et donc la communauté universelle, la dispense du jeûne pour le voyageur a été motivée par la longueur du voyage. C'est ainsi qu'on tenta de déterminer la durée nécessaire, sans parvenir

---

pour réveiller les fidèles afin qu'ils prennent la collation qui précède l'aube. Mais cet usage suscite l'hostilité, notamment à Kairouan. Voir à ce sujet M. TALBI, « Quelques données sur la vie sociale en Occident musulman d'après un traité de *ḥisba* du XVe siècle », *Arabica* 1/3 (1954), p. 294-306 [p. 301]. Dans la partie musulmane de l'Union soviétique, le régime communiste interdit l'usage du tambour pour signaler le début du mois de ramaḍān (F. GEORGEON, *Le mois le plus long. Ramadan à Istanul*, Paris 2017, p. 277-78).

à un consensus, pour être dispensé de jeûne au cours d'un voyage. Il faut ajouter qu'on a voulu également voir dans le verbe *šahida* une référence à l'opposition sédentaire/voyageur (ou nomade).

Autrement dit, on doit comprendre le verset 185b ainsi : celui d'entre vous qui est présent dans son lieu de résidence habituelle où on a proclamé l'arrivée du mois de ramaḍān devra prendre part au jeûne. Comme on a décidé d'introduire le jeûne de la totalité du mois de ramaḍān, on a édicté une règle simple : tous les fidèles présents dans une localité quelconque où on a décrété l'arrivée du mois de ramaḍān doivent se soumettre au jeûne. Cela n'a donc pas de sens de voir dans ce verset une référence à la vision individuelle du croissant lunaire. Si tel avait été le cas, cela aurait engendré très tôt des divergences et des conflits à ce sujet au sein de la même cité. Or on ne possède aucun témoignage dans ce sens. Si la décision de jeûner est liée à la vision du croissant lunaire, il ne s'agit donc pas d'une vision individuelle : celui qui voit ou ceux qui voient le croissant agissent en lieu et place de la communauté, ou à tout le moins pour son bénéfice. Cela suppose ainsi un minimum d'organisation et de structuration de la communauté. Pour que tous jeûnent ensemble, il faut qu'ils suivent une décision unique. C'est donc le Chef – de fait ou en droit – de la communauté qui décrète le jeûne. Mais cette communauté ne peut être que limitée au départ, à une cité ou à une cité et ses environs.

Si on admet la lecture que nous venons de proposer, il faut en tirer qu'au départ, ce sont les autorités qui était seules habilitées à décréter le commencement du jeûne de ramaḍān comme sa fin. Nous ne pouvons tirer rien d'autre du Coran, si ce n'est aussi qu'il est très vraisemblable qu'on recourait à des spécialistes de l'observation des astres, soit des astrologues, professionnels ou amateurs. On ne décèle pas dans le Coran une hostilité particulière à ce savoir.

On peut en outre se demander si le verset **2**, 185 n'est pas un rajout ultérieur, quand fut institué le jeûne de ramaḍān, en relation sans doute avec la commémoration de la « révélation » du Coran.

2. Le jeûne comme acte politique

Si l'interprétation du verset **2**, 185b exposée précédemment est correcte, il semble donc qu'au départ la décision de commencer le jeûne ou d'y mettre fin était une prérogative du Chef de la communauté des fidèles, autrement dit l'Imām ou Calife. Étant donné l'étendue géographique des territoires sur lesquels il exerçait le pouvoir, il déléguait ce pouvoir – de même que celui de diriger la prière du vendredi, rendre la justice, prélever l'impôt ou conduire la guerre – à ses émirs et autres représentants. C'est ce que confirment certaines traditions anciennes, mettant en évidence en même temps la possible existence de deux doctrines différentes. L'une, sans doute plus conforme à la période primitive, donne la précellence à l'Imām s'agissant de l'organisation de tout ce qui tient au culte public ; il est la seule autorité habilitée à décider dans cette matière. L'autre soutient un point de vue différent : c'est la collectivité qui est l'autorité que le fidèle doit suivre. L'hypothèse la plus probable est que cette seconde doctrine est la conséquence de la défiance qui a commencé à poindre parmi un certain nombre de proto-oulémas, qui ont pris leurs distances vis-à-vis des autorités en place[15]. On se demande si cette défiance vis-à-vis des autorités en place (les Califes et leurs gouverneurs) s'explique par le modèle de gouvernement mis en place, par les querelles théologico-politiques ou par l'émergence de la doctrine de l'autorité prophétique. Quel que soit leur rôle dans cette histoire, les tenants de cette dernière innovation ont pu trouver une opportunité pour répandre leurs idées, aggravant ainsi la crise du Califat umayyade et par là même conduisant à son remodelage.

La primauté de l'Imām.

La doctrine selon laquelle on doit, en matière de jeûne, suivre le Chef de la Communauté, à savoir l'Imām ou le Calife, ou son représentant, a été défendue à une époque primitive, rejoignant ainsi ce que l'on vient de suggérer pour le contexte coranique, concernant le verset **2**, 185b.

Ce n'est pas le lieu de discuter ici ce point, mais il est impératif de rompre avec le continuisme qui est le fondement de la construction imaginaire des débuts de l'islam, faisant de la courte période du Califat de ʿAlī (656-661) la matrice des grandes divisions religieuses. Il est plus que douteux que les premières dissensions, qui ont fait suite

15. Les traces de cette défiance se trouvent dans de nombreuses traditions hostiles aux Califes tardifs, recueillies non seulement par Nuʿaym b. Ḥammād (m. 843), *Kitāb al-fitan*, éd. Majdī b. Manṣūr, Beyrouth 1997, mais aussi par Ibn Ḥanbal, Muslim et d'autres compilateurs « canoniques ». La défiance est parfois associée à une résignation devant la tyrannie.

au décès de Muḥammad en 632, aient eu un contenu religieux, comme on a essayé de le faire croire ultérieurement et comme on continue parfois à la soutenir, y compris dans les milieux académiques. L'islam était encore « dans l'enfance », à peine constitué. Toutes ces disputes avaient pour objet le pouvoir et l'appropriation du butin. Tous les prétendants au pouvoir partageaient les mêmes conceptions fondamentales en matière de gouvernement. Ainsi, pour me limiter à un exemple, il est très peu probable que ʿAlī ait réclamé le pouvoir pour lui après la mort de son illustre cousin, car il connaissait les règles qui gouvernaient sa société, fondée principalement sur la parenté. Selon ces règles, la transmission aurait dû suivre l'ordre de précellence dans la lignée paternelle : le parent le plus proche du Prophète était al-ʿAbbās, son oncle paternel. C'est donc ce dernier qui aurait dû accéder au pouvoir dans un tel cas de figure – si le Prophète avait été effectivement le Chef de la Communauté et que celle-ci avait supplanté les vieilles formes politiques[16]. Le fait que Abū Bakr a été choisi pour succéder à ce dernier constitue un mystère qui n'a pas encore été éclairci. Les conflits religieux apparaissent sans doute sous les Umayyades ; c'est seulement à cette époque qu'ils se greffent aux rivalités politiques. Le concept d'imām, qui est l'islamisation du modèle impérial de gouvernement, est au départ une invention umayyade, dont leurs adversaires vont s'approprier, au prix de quelques réinterprétations. C'est précisément parce que les Umayyades ont cherché à donner une allure islamique à leur pouvoir qu'ils ont suscité une critique sévère de leur propre règne, au nom même d'un idéal islamique que chacun prétend représenter. De nombreuses traces de cette critique ont subsisté dans le hadith, lequel constitue également une tentative systématique de définition de cet idéal. C'est pour cela qu'il est erroné de voir dans les sunnites du IXe siècle les héritiers des Umayyades. Le concept de gouvernement mis en œuvre par ces derniers a été profondément révisé plus tard au sein du sunnisme, et paradoxalement n'a perduré, au moins sur le plan théorique, qu'au sein des courants minoritaires (imāmites, ismaéliens, zaydites, ibāḍites). La nouvelle définition adoptée par les théologiens-juristes sunnites (à partir du Xe siècle) n'évoque plus directement le rôle central de l'Imām.

Ainsi si l'on se reporte à l'époque comprise entre la fin du VIIe siècle et le début du VIIIe siècle (EC), le concept umayyade est toujours en

16. La prééminence du Prophète à cette époque primitive n'est pas du tout établie.

vigueur. La doctrine selon laquelle c'est à l'Imām qu'il revenait de décider du commencement comme de la fin du jeûne a été mise sur le compte de deux autorités irakiennes anciennes.

À Kūfa, al-Šaʿbī (m. vers 721-8) l'aurait défendue. Selon ce dernier, en matière de jeûne, il faut suivre le Chef de la Communauté, *i.e.* l'Imām :

> Évoquant le jour dont les gens disent qu'il fait partie de ramaḍān (*fī-l-yawm al-laḏī yaqūlu al-nās fīhi innahu min ramaḍān*), ʿĀmir (Šaʿbī) a dit : Ne jeûnez qu'avec l'Imām. [Faire le contraire] a été la première division (*kānat awwal furqa*) sur un sujet comme celui-ci[17].

La première partie est l'énoncé du problème : il s'agit de la discussion sur le premier jour de ramaḍān, donc aussi du jeûne. Le terme *nās* qui est souvent utilisé dans ce contexte est un collectif qu'on traduit par « les gens », mais qu'on pourrait très bien traduire par « le peuple » (sans aucune connotation). Généralement les termes arabes qui désignent un groupe humain appartiennent à une série où deux critères principaux sont déterminants : le degré de parenté qui unit les membres du groupe (par ex., *qawm*, *baṭn*, etc.) ainsi que la taille de celui-ci. Le terme *nās* désigne un groupe humain en général, par-delà tout lien de parenté. Mais il s'agit immanquablement d'un groupe de musulmans, important en nombre et de surcroît anonyme. Il est évident que, dans l'énoncé en cause ici, les « gens » (*nās*) dont il est question sont dépourvus de toute autorité pour statuer sur le début du jeûne. Ce faisant du reste la tradition fait référence au débat qui peut surgir au sujet du premier jour de ramaḍān, qu'on appelle parfois « jour du doute » (*yawm al-šakk*). On n'est pas sûr de sa place dans le calendrier ; c'est pour cela qu'on se dispute à son sujet. Ce qui est frappant c'est que la tradition envisage le cas où selon toute apparence un nombre important de fidèles – peut-être même une majorité – tient ce jour pour le premier du mois de jeûne. On ignore si ces gens, dont il est question, ont des arguments pour défendre ce qu'ils avancent, mais il ressort que selon al-Šaʿbī, même dans le cas contraire, il faut suivre l'Imām. Il va même plus loin, puisque dans la dernière partie du propos, il s'en prend explicitement à ceux qui ne suivent pas l'Imām. Il s'agit d'une forme de dissidence, qui doit être combattue ou au moins évitée.

---

17. Ibn Abī Šayba, *Muṣannaf*, vol. 2, p. 323, nº 9505.

En recommandant de suivre l'Imām au sujet du commencement du jeûne, Šaʿbī sous-entend qu'il officialise ce commencement grâce à des appels à la population. Ainsi on est bien dans le cadre d'une situation où l'Imām décide du début du jeûne, sans que la procédure soit pour autant explicitée.

La soumission à l'Autorité légitime passe avant l'examen réfléchi de la position de la lune dans le ciel. Il n'est question ni d'astronomie, ni même de témoins qui auraient ou non observé le croissant lunaire.

En somme, ce texte confirme que jusqu'au début du VIIIe siècle, l'Imām était tenu encore pour l'autorité suprême concernant le calendrier du jeûne. Mais il nous fournit en même temps un autre renseignement important : dès l'époque d'al-Šaʿbī, cette prérogative de l'Imām a commencé à être contestée. Des groupes de fidèles qui ne sont pas désignés ici de manière précise ont commencé à vouloir avoir le dernier mot au sujet du calendrier du jeûne. Il semble même qu'ils prenaient l'initiative de s'organiser pour surveiller la lunaison. Cela implique qu'ils scrutaient le ciel la nuit tombée, peut-être même en s'appuyant sur les connaissances astronomiques de certains d'entre eux. S'agissait-il d'adversaires des Umayyades ? Cela est probable. Toutefois il peut également s'agir de fidèles qui auraient jugé que les autorités ne prenaient pas très au sérieux le calendrier du jeûne. On peut déceler dans cette contestation un souci pour une meilleure observance, grâce à un plus grand respect du calendrier. Même si al-Šaʿbī parle de « la première division sur un sujet comme celui-ci », on ne voit pas à quel évènement précis il fait référence, si c'est le cas. Les chroniques connues et les compilations de hadiths ne font état d'aucune dispute au sujet de la lune de ramaḍān.

À la même époque mais à Baṣra, un point de vue identique à celui de Šaʿbī était défendu par Ibn Sīrīn (m. 728) :

> Asmāʾ b. ʿUbayd rapporte : Nous nous sommes rendus chez Muḥammad b. Sīrīn le jour du doute (*fī-l-yawm al-laḏī yušakk fīhi*). Nous lui dîmes : Comment fais-tu ? Il dit à son esclave (*ġulām*) : Va voir si l'Émir [de Baṣra] jeûne ou non. À l'époque l'Emir était ʿAdiyy b. Arṭā. A son retour l'esclave dit : Je l'ai trouvé ne jeûnant pas (*mufṭir*). Alors Ibn Sīrīn demanda son déjeuner (*ġidāʾ*) et nous déjeunâmes avec lui[18].

18. ʿAbd al-Razzāq, *al-Muṣannaf*, 11 vol., éd. Ḥ. al-Raḥmān al-Aʿẓamī, Beyrouth 1970-1972, vol. 4, p. 162, nº 7329.

Cette tradition porte explicitement sur le « jour du doute », expression qui est absente de la tradition précédente. Consulté à ce sujet, Ibn Sīrīn montre qu'il conforme sa conduite à celle de l'Émir de Baṣra. Il ne s'occupait pas lui-même de chercher à savoir si la nouvelle lune avait été vue ou non. Il suivait l'Émir parce que – cela est sous-entendu – il est plus à même d'avoir la bonne information sur la nouvelle lune. En le suivant, on est dans le vrai[19].

D'un autre côté, cette tradition nous donne une autre information : la veille du « jour du doute », les fidèles de Baṣra ignoraient comment ils devaient se conduire le lendemain. De plus si l'Émir possédait une information au sujet de la lunaison, il n'avait pas cherché à la diffuser – puisque Ibn Sīrīn, qui ne s'en préoccupe que parce que des visiteurs l'interrogent à ce sujet, n'en sait lui aussi rien et envoie son domestique s'informer à ce sujet auprès des personnels de l'Émir. Il est probable qu'on a voulu maladroitement insérer la doctrine d'Ibn Sīrīn dans un récit cadre. Il est possible que nous soyons en présence d'une tradition réécrite à une étape ultérieure, précisément quand la discussion sur le casus du « jour du doute » se répand. En tout cas, cette tradition confirme la précédente sur un point précis : s'il y a un « parti » qui défend l'obéissance au Chef de la Communauté, on voit apparaître un « parti » qui conteste l'autorité de ce dernier dans le domaine du culte.

Ainsi Ibn Sīrīn défend la même doctrine que al-Šaʿbī en la précisant : si on est tenu de suivre aveuglément l'Imām, on doit faire de même avec ses délégués dans les provinces, ce qui est le cas de l'Émir de Baṣra. Autrement dit, on peut suivre tous ceux qui sont ainsi délégués par l'Imām. En obéissant à l'Émir, c'est à l'Imām qu'on obéit. Si aucune dissidence n'est évoquée, le fait qu'un groupe de fidèles interroge Ibn Sīrīn ne signifie-t-il pas que l'on commence à se méfier des autorités officielles ?

Cette doctrine politique, qui a trouvé ensuite son expression dans plusieurs traditions prophétiques[20], et qui coïncide avec une vision autocratique, est tout à fait conforme aux traditions du Moyen Orient ancien. Non seulement le Chef politique est au-dessus du peuple,

---

19. Plus tard, ce légitimisme sera nuancé sur le plan théologique. Étant donné que le Chef est obéi, il est pleinement responsable devant Dieu pour son action ici-bas : voir par exemple Muslim, *al-Ṣaḥīḥ*, avec *al-Minhāj* commentaire de Nawawī, 18 tomes, 6 vol. + 1 vol. d'index, éd. ʿA. ʿAbd al-Majid Abū al-Ḫayr, Damas – Beyrouth 1998, vol. 7, p. 820b-821a, nº 4729, et p. 821a, nº 4731.
20. Muslim, *Ṣaḥīḥ*, nº 33/32, nº 33/35.

mais toute critique ou contestation met en danger la collectivité et son unité. De surcroît, cette conception dans le cadre d'un monothéisme débouche sur un pouvoir qui tend à se parer d'une auréole divine.

On trouve un témoignage paradoxal et en même temps tardif, qui va dans le sens que l'on vient d'indiquer, dans la compilation de l'imāmite al-Kulaynī (m. 329/940). Il rapporte un récit au sujet d'une rencontre entre le Calife ʿabbāside Abū l-ʿAbbās al-Ṣaffāḥ (m. 136/754)[21] et Jaʿfar al-Ṣādiq (m. 148/765) dans la ville d'al-Ḥīra. Le Calife lui demande :

> Que penses-tu du jeûne aujourd'hui[22] ? – C'est à l'Imām de décider. Si tu jeûnes nous jeûnerons et si tu manges nous mangerons. – Jeune homme, à table ! Jaʿfar poursuit : J'ai partagé son repas tout en sachant que ce jour faisait partie du mois de ramaḍān. Il ne s'agissait que d'une journée, sa compensation serait facile pour moi, plutôt qu'il me tranche la tête[23] !

Jaʿfar reconnaît l'autorité du Calife (qu'il appelle « Imām »), mais indique-t-il par peur. Mais tout de même, cela veut dire que cette doctrine vaut pour l'Imām s'il est légitime. Pourtant une telle doctrine a été abandonnée par les imāmites car leurs Imāms n'ont jamais exercé le pouvoir : ce qui n'est le cas ni des Zaydites ni des Ismaéliens, ni des Ibāḍites, qui sont étrangers au šīʿisme.

Une autre doctrine surgit, qui attribue l'autorité au groupe, désigné souvent par le terme déjà rencontré de *al-nās*, « les gens » ou bien les personnalités les plus en vue de la Communauté.

L'avènement de l'autorité du groupe.

Cette doctrine, qui est sans doute d'abord apparue à Kūfa, a pris deux formes différentes. Sous sa forme la plus vieille – attestée dès la fin du VIIe siècle –, elle cherche à prévenir la division de la collectivité, notamment en relation avec la controverse au sujet du premier jour de jeûne. La seconde forme – qui énonce l'autorité du groupe – s'est sans doute constituée dans une seconde étape. Il faut préciser que si une doctrine peut être rattachée à une époque particulière, cela ne signifie nullement que dès son apparition elle est adoptée par tous ou par la majorité. Cela prend du temps.

---

21. Qui est le premier Calife de cette dynastie.
22. Autrement dit : faut-il débuter le jeûne ce jour ?
23. KULAYNĪ, *Al-kāfī*, 8 vol., Téhéran 1924-1968, vol. 4, p. 82-83.

La peur de la division des fidèles.

Une des manifestations les plus anciennes de cette peur a été sans doute suscitée par la controverse sur « le jour du doute[24] ». On doit rappeler que la question du « jour du doute » fait suite à l'adoption du principe de la surveillance du ciel à l'œil nu. Quand celle-ci ne peut établir avec certitude que la lunaison a débuté ou non, le lendemain est considéré comme un jour de doute. Deux partis se sont opposés : ceux qui soutenaient que dans un pareil cas, on devait, par prudence, jeûner ; en face, s'opposaient à eux ceux qui soutenaient qu'on devait s'en abstenir et reculer donc le début du jeûne au surlendemain. Mais cette présentation, qui figure dans certaines compilations de traditions, a sans doute simplifié la question.

On doit le premier témoignage sur une telle préoccupation à Saʿīd b. Jubayr (m. 95/714), de Kūfa, et qui fut supplicié par al-Ḥajjāj, ce serviteur sanguinaire des Umayyades[25]. Tout en mettant l'accent sur le groupe, il insiste sur la nécessité d'éviter de le diviser : « Il détestait que l'on jeûne un jour au sujet duquel on se divisait[26] ». Il s'agit du « jour du doute ». Or selon une doctrine très répandue, le jeûne est défendu ce jour. En somme ce propos motive cette défense[27] : on ne doit pas jeûner un tel jour pour ne pas susciter de dissension entre fidèles. Autrement dit, les partisans du jeûne le jour du doute doivent abandonner leur doctrine et se ranger derrière le parti opposé. La défense de jeûner le jour du doute fut réitérée après Ibn Jubayr et même canonisée, en figurant en bonne place dans les grands recueils qui détaillent les préceptes de la *Sunna*. D'ailleurs, elle triompha

24. H.-P.-J. Renaud (1881-1945), qui a pris part à la conquête coloniale au Maroc, soutient que le « jour du doute », c'est celui qui suit une nuit claire et lors de laquelle, malgré l'absence d'obstacles manifestes, on ne voit pas la nouvelle lune (« Les lunes de ramadhan », p. 54). Ainsi selon lui, il faut distinguer les cas où la lune est impossible à voir même en cas de clarté du ciel et le cas du ciel couvert d'une couche dense de nuages. Il m'apparaît que cette distinction est fondée sur l'astronomie et qu'on ne peut l'introduire abusivement dans la pensée islamique, en particulier au cours de sa période de formation.

25. Ḏahabī, *Taḏkirat al-ḥuffāẓ*, 4 vol. + 1 vol. de suppléments, 5 tomes, éd. Z. ʿAmīrāt, Beyrouth 1998, vol. 1, nº 83 (troisième classe). On a parfois expliqué son exécution par sa participation à la rébellion d'Ibn al-Ašʿaṯ. Mais cela est discutable : car alors que le rebelle a été défait en l'an 82/701, la mort d'Ibn Jubayr ne survient que plus d'une décennie plus tard.

26. Ibn Abī Šayba, *Muṣannaf*, vol. 2, p. 323, nº 9501.

27. On peut remarquer qu'Ibn Jubayr parle de *karāhiya* et non de *ḥarām*.

tardivement sous une forme nouvelle : on proclama la présomption de continuité du mois, quand au soir du vingt-neuvième jour de šaʿbān, on ne voyait pas la nouvelle lune.

On sait qu'Ibn Jubayr était un adversaire des autorités umayyades. Cela explique-t-il son rejet du jeûne le jour du doute ? Cela ne semble pas être le cas. La menace de la division, sur laquelle il a attiré l'attention, est sans doute un des signes du début de la constitution d'une communauté des fidèles (qui ne s'appelle pas encore *Umma*). Le culte et notamment le jeûne de ramaḍān apparaissent comme des moyens de lui donner une réalité. Ibn Jubayr, comme peut-être certains de ses contemporains, commence à penser l'unité de la collectivité des fidèles indépendamment de la médiation du pouvoir et du Chef politique en particulier. Il ne s'agit pas ainsi de constituer un ensemble politique qui se définit par la sujétion à un Chef et à une famille dirigeante – en l'occurrence les Umayyades –, mais plutôt par la participation de chacun de ses membres au même culte et à des rituels communs. En tout cas, le processus qui conduira au bout du compte à cet important résultat trouve certaines de ses origines dans l'œuvre et l'action de cette génération qu'on appelle *Tābiʿūn* et dont Ibn Jubayr est un des membres.

L'autorité du groupe ne prend pas une forme positive, mais elle est déclinée sous une forme négative – la menace de la division. Peu importe l'orientation des tenants de cette manière de voir, elle tend à écarter les autorités en place, en jugeant leurs décisions illégitimes. Ainsi ce qui constitue la communauté des fidèles face au pouvoir impérial en place c'est le refus de la division de la première. Il apparaît ainsi que la question du calendrier du jeûne a joué un rôle non négligeable dans ce processus majeur.

La leçon d'Ibn Jubayr est qu'il faut éviter les polémiques de ce type parce qu'elles approfondissent la division, non parce qu'elles la créent. L'unité des fidèles est ainsi placée au-dessus du culte. On ne doit pas par conséquent viser une observance stricte au détriment de la survie du groupe. On peut observer qu'Ibn Jubayr intervient dans le débat non en défendant une doctrine particulière – donc au nom de la « vérité » –, mais un principe politique. À cette époque ancienne, le doute et la controverse sont encore associés à la dissension et à la destruction de la communauté des fidèles. Plus tard, le doute deviendra une catégorie « positive », de même que la controverse sous la forme euphémisée de la « divergence d'opinions » (*iḫtilāf*).

Quand la discussion sur « le jour du doute » a évolué, perdant de son aspérité, et quand aussi le jeûne ce jour fut admis comme une possibilité, on cessa d'en parler comme d'un jour cause de scission, mais seulement comme un jour marqué par l'incertitude. Des réserves sont demeurées mais tenues pour moins graves. On verra cela plus loin.

Même si la formulation adoptée par Ibrāhīm al-Naḫaʿī (m. 96/715) ci-après n'est pas explicite, on peut sans doute soutenir que lui aussi était préoccupé par l'unité du groupe :

> Al-ʿAzīz s'est rendu chez Ibrāhīm le jour du doute (*al-yawm al-laḏī yušakk fīhi*). Celui-ci lui demande : Sans doute jeûnes-tu ? Ne jeûne jamais si ce n'est avec un groupe *(illā maʿa jamāʿa)*[28] !

Le cadre casuistique est défini très clairement : comment se conduire le jour du doute ? Ibrāhīm qui était sans doute hostile au jeûne ce jour-là[29] ne se sert pas d'un argument d'autorité – du type « le Prophète a dit… » –, mais recourt à l'argument du primat de la collectivité : dans le culte, il faut agir comme le groupe, désigné ici par un terme appelé à prendre un contenu très précis (*jamāʿa*)[30]. Ce qui est déterminant ici c'est non la vision du croissant ou une autre circonstance liée au ciel, mais la conduite du groupe.

Dans le propos précédent on relève la formule « le jour au sujet duquel il y a un doute » (*al-yawm al-laḏī yušakk fīhi*), afin de désigner l'objet de la controverse, qui va avoir une fortune incontestable tout en évoluant vers une forme plus simple « le jour du doute » (*yawm al-šakk*). Il semble qu'avant l'apparition de cette formule ou peut-être en même temps, soit apparue une formule plus forte sans doute : *yawm yuḫtalafu al-nās fīhi*, à savoir le jour qui divise le groupe. Les deux formules sont mises en relation avec Šaʿbī :

> Rien ne m'est plus haïssable qu'un jour de jeûne qui pousse les gens à se diviser à son sujet (*mā min yawm aṣūmuhu abġaḍ ilayya min yawm yuḫtalafu al-nās fīhi*)[31].

Dans une variante on lit : *mā min yawm abġaḍ ilayya an aṣūmahu min al-yawm al-laḏī yušakk fīhi min ramaḍān*[32]. Cette variante rejoint la tradition précédente attribuée à Ibrāhīm (voir nº 9506). Il y manque

28. Ibn Abī Šayba, *Muṣannaf*, vol. 2, p. 323, nº 9498.
29. *Ibid.*, nº 9506. Voir l'énoncé complet attribué à Šaʿbī (nº 9496).
30. Il faut se garder d'une lecture anachronique : il est question d'un groupe indéfini (*maʿa jamāʿa*), non de la Communauté (***al-****jamāʿa*).
31. Ibn Abī Šayba, *Muṣannaf*, vol. 2, p. 323, nº 9496.
32. *Ibid.*, p. 324, nº 9504.

un membre important (comme dans le propos d'Ibrāhīm) : *yuḫtalafu al-nās fīhi*. Il s'agit sans doute du signe d'une évolution dans la discussion : la tradition nº 9496 a dû précéder la tradition nº 9504.

Il apparaît que Šaʿbī est sur la même ligne qu'Ibn Jubayr, alors qu'ils étaient aux antipodes relativement au pouvoir umayyade. Les partisans des Umayydes n'hésitaient donc pas eux aussi à se servir du thème de la division destructrice et mortelle, mais sans doute dans un sens différent. Il devait s'agir pour eux de défendre les autorités légales.

Il est probable donc qu'à cette époque ancienne l'interdiction ou la réprobation du jeûne le jour du doute dissimule la hantise de la division de la communauté.

Ne jeûner qu'avec le groupe

Au lieu de répondre à la question – jeûner ou ne pas jeûner –, Ibrāhīm (m. 96/715) et Šaʿbī (m. 103/721) proposent de surmonter la difficulté en s'appuyant sur la pratique majoritaire. Lune ou pas lune, on doit jeûner avec le groupe, et non en fonction des évènements qui surviennent dans le firmament. Ainsi on fait dire tant à Ibrāhīm qu'à al-Šaʿbī : « Ne jeûne qu'avec le groupe (*jamāʿat al-nās*)[33] ». On le voit, nous sommes loin du propos prophétique selon lequel il faut jeûner dès qu'on voit la lune de ramaḍān.

S'agissant d'Ibrāhīm, c'est le premier propos qu'on lui attribue dans ce dossier. Ce n'est pas le cas de son compatriote : on vient de voir que Šaʿbī aurait également défendu la doctrine qui fait de la proclamation du jeûne une prérogative de l'Imām. Cela ne peut que susciter la perplexité. Šaʿbī n'a pas pu défendre simultanément les deux doctrines. Présenté comme un fidèle des Umayyades, on aurait plutôt tendance à voir dans cette dernière attribution une interpolation[34].

Bien sûr, on pourrait défendre une explication : nous serions en présence de deux formulations d'une même doctrine. Aussi que l'on parle du groupe ou de l'Imām, cela reviendrait à la même chose. Pourtant, une telle interprétation des faits est difficilement défendable, au vu des textes. Leurs auteurs font la plupart du temps très attention aux mots qu'ils utilisent. Le propos attribué à Šaʿbī qui donne le rôle

---

33. *Ibid.*, p. 323, nº 9495.
34. Voir ce qu'en dit S. C. Judd, *Religious Scholars and the Umayyads*, Londres – New York 2014, p. 41-51.

prépondérant à l'Imām ne souffle mot du groupe ni des fidèles. Or il existe au moins une tradition, qui constitue une tentative maladroite et sans doute tardive de concilier les deux points de vue. On l'examinera plus loin.

On fait l'hypothèse ici que les traditions qui invoquent l'autorité du groupe sont très vraisemblablement l'indice qu'une partie plus ou moins importante des fidèles a commencé à se détacher, voire à s'opposer aux autorités en place. Ces dernières qui sont soumises au feu de la critique de la part de nombreux adversaires, y compris dans le domaine religieux et moral, constituent de plus en plus un repoussoir. C'est pour cela qu'on leur conteste leurs prérogatives dans les matières cultuelles. C'est dans ce sens qu'on a pu prescrire qu'il fallait suivre le groupe pour commencer le jeûne et non les recommandations des autorités légales. Il est possible que dès cet instant on a envisagé la constitution de groupes de fidèles qui se sont chargés de scruter le ciel à la tombée de la nuit. Des opposants aux Umayyades ont pu être à l'origine de certaines de ces initiatives. Même si les traditions examinées ici ne font pas état de ces dernières, il n'en demeure pas moins qu'elles affirment que le fidèle doit imiter la conduite de ses coreligionnaires. C'est sans doute de cette façon que le groupe a pu être érigé en source d'autorité. Et c'est aussi là qu'il faut voir une des origines lointaines du concept de « consensus » (*ijmāʿ*), non dans un quelconque emprunt au droit romain[35]. Cette « autonomisation » d'une partie des fidèles a pu constituer la matrice d'où est ensuite sorti le nouveau modèle, qui accorde la précellence aux docteurs de la Loi (oulémas). C'est là que s'enracine leur triomphe vers le milieu du IXe siècle, au cours duquel, on ira jusqu'à faire d'eux « les héritiers des prophètes ». Une telle titulature, on ne peut plus audacieuse, vise à vider de tout contenu théologico-politique la filiation qurayšite, y compris hāšimite (ce qui inclut les šīʿites).

35. Thèse défendue par I. Goldziher et reprise à son compte par J. Schacht, *The Origins of Muhammadan Jurisprudence*, Oxford 1953, p. 81. Les concepts théologiques et juridiques islamiques s'enracinent dans la vie des fidèles et trouvent leur nécessité dans la construction du système institutionnel de l'islam. C'est faire preuve de paresse intellectuelle que de vouloir expliquer les choses grâce aux notions d'influence ou d'emprunt. Comme l'ont montré E. Durkheim et M. Mauss, « De quelques formes primitives de classification », *L'Année sociologique* 6 (1903), p. 1-72, certains concepts, très abstraits, sont à mettre en relation avec la vie sociale.

Malheureusement, si nous sommes informés quelque peu sur certains débats théologiques à l'époque umayyade, nous ne savons quasiment rien des débats qui ont trait au culte, comme s'ils étaient passés inaperçus.

Comme cela arrive parfois, des doctrines apparues tardivement sont attribuées *a posteriori* à des figures anciennes. C'est le cas ici dans la mesure où la doctrine de l'autorité du groupe est attribuée dans une tradition au deuxième Calife, à savoir ʿUmar I. Ainsi on lui fait dire :

> Que chacun d'entre vous craigne de jeûner un jour de šaʿbān ou violer un jour de ramaḍān ! ou qu'il précède les gens [dans le jeûne] ! Mais qu'il rompe le jeûne si les gens ont rompu le jeûne[36].

Ce propos affirme trois choses : 1) il ne faut pas jeûner le dernier jour de šaʿbān – ou tout jour du même mois. 2) Il faut éviter de profaner un jour de ramaḍān en ne le jeûnant pas. 3) On ne doit pas débuter le jeûne de ramaḍān, ni l'interrompre avant le reste des fidèles. C'est ce dernier point qui doit être mis en relation avec la doctrine de l'autorité du groupe. Pour le début du jeûne comme pour sa fin, on doit suivre les fidèles (*al-nās*).

La figure de ʿUmar convoquée ici est sans aucun doute celle du Calife. C'est généralement le cas quand on lui fait tenir des propos sur tel ou tel point de doctrine, sauf quand il est en présence du Prophète ou de Abū Bakr, qui l'a précédé au Califat. C'est pour cela qu'on est surpris par le dernier propos : il faut rompre le jeûne avec le groupe. Pourquoi ne pas souligner le rôle dirigeant du Calife ? Il y a une différence entre jeûner sur injonction du Chef (Imām, calife) ou pour imiter le groupe (les gens). Non seulement il s'agit d'un propos apocryphe de ʿUmar I, mais il témoigne de la volonté d'opposer aux gouvernants en place un contre-modèle idéalisé.

Un autre Calife a été convoqué. Il s'agit de ʿUmar II :

> Muḥammad b. Suwayd al-Fahrī a rompu son jeûne ou procédé au sacrifice annuel (*ḍaḥḥā*) un jour avant les autres fidèles. ʿUmar II lui écrivit : Qu'est-ce qui t'a conduit à rompre le jeûne avant les gens (*mā ḥamalaka ʿalā an afṭarta qabl al-nās*) ? Muḥammad répondit en expliquant : Ḥizām b. Ḥakīm al-Qurašī a témoigné (*šahida*) avoir observé le croissant [...][37].

---

36. Ibn Abī Šayba, *Muṣannaf*, vol. 2, p. 323, nº 9507.
37. *Ibid.*, p. 321, nº 9474. Le texte est lacunaire : la fin a disparu.

Cette tradition affirme d'une part qu'on pouvait rompre le jeûne sans suivre le groupe, mais que d'autre part le Calife intervient dans l'organisation du même jeûne. En même temps, ce qui est surprenant, on fait d'un Calife umayyade un partisan de la doctrine de l'autorité du groupe. Il s'agit comme dans le cas précédent d'un apocryphe : ʿUmar II n'a jamais pu soutenir un tel point de vue. Mais cette tradition, comme la précédente, constitue un témoignage sur la tentative d'enrôler des personnages qui étaient perçus comme illustres au profit d'une doctrine apparue après leur disparition. L'enrôlement de ʿUmar II constitue d'ailleurs un bon repère : cela veut dire que cela a eu lieu après la disparition de ce dernier, soit après 101/720. Ce qui situe le cadre de cette « crise » vers la fin de la période umayyade.

À Baṣra, Ḥasan (m. 110/728) défendait lui aussi le point de vue selon lequel il faut imiter le groupe :

> Dans le cas d'un homme qui est seul à observer le croissant lunaire avant le reste des gens, Ḥasan a dit : Il ne doit jeûner qu'avec les gens et ne doit rompre le jeûne qu'avec les gens (*lā yaṣūm illā maʿa al-nās wa lā yufṭir illā maʿa al-nās*)[38]. Au sujet du même cas, on lui fait dire : *lā yultafat ilayhi*, « on ne doit pas prendre en considération ses déclarations (ou son témoignage)[39] ».

Le cas tel qu'il est posé dans cette tradition n'est pas arbitraire : il s'agit d'un cas d'école connu, celui du fidèle qui est seul à voir la nouvelle lune de ramaḍān. Que doit-il faire si le reste des fidèles ne la voient pas et donc n'entament pas le jeûne ? Selon une doctrine, qui a été défendue dès la fin du VIIIe siècle, on distingue deux situations : la nouvelle lune de ramaḍān et la nouvelle lune de šāwwāl. Dans la première situation, on tient qu'il devra entamer le jeûne, même seul, car si les autres fidèles n'ont pas vu la nouvelle lune, lui l'a vue. Si sa vision (*ruʾya*) ne peut obliger le reste des fidèles tant qu'elle n'est pas validée par les autorités, elle l'oblige lui. Aussi il ne peut invoquer le principe de la collectivité, pour se défausser. Cette doctrine singulière, qui est improbable dans le cas d'un groupe humain, cherche à tenir compte de l'injonction de jeûner dès la manifestation de la nouvelle lune qui figure dans la *Sunna* et est, comme le montre le propos de Ḥasan, très probablement tardive. Dans la seconde situation, la doctrine défendue est différente puisqu'il s'agit de la fin de ramaḍān : si un fidèle est le

38. *Ibid.*, p. 321, nº 9471.
39. *Ibid.*, p. 321, nº 9472.

seul apercevoir le croissant de šawwāl, il ne peut décider de rompre le jeûne, il doit le poursuivre avec le reste des fidèles, et même s'il doit jeûner un jour de plus. Ceci pour une raison d'ordre public, afin qu'il ne soit pas accusé d'hérésie et puni pour cela, ou que sa conduite ne suscite des troubles.

La doctrine classique distingue les deux situations parce qu'elles n'ont pas la même conséquence sur l'ordre public et donc sur la vie de groupe. Qu'un fidèle débute le jeûne avant les autres ne peut créer de soucis : qui peut s'émouvoir si son voisin ou un inconnu commence le jeûne de ramaḍān un jour à l'avance ? D'ailleurs comment savoir qu'il jeûne ? Il en est tout autrement si un fidèle cesse le jeûne avant les autres et, de plus, s'il rend publique sa décision, car en agissant ainsi il peut être la cause de troubles. Toutefois, certains juristes-théologiens n'ont pas hésité à défendre une variante de cette doctrine : selon eux, ce fidèle peut rompre le jeûne – puisqu'il a vu la lune de šawwāl –, mais il devra garder secrète sa pratique et ne pas la dévoiler[40].

Ḥasan al-Baṣrī semble tout ignorer de cette doctrine élaborée et subtile. Selon lui, il n'est pas question de jeûner seul même si on a vu le croissant lunaire. Il n'y a d'intérêt à jeûner que si l'on accompagne l'ensemble du groupe auquel on appartient. Ici il s'agit non de la grande communauté des fidèles, dont aucun fidèle n'a jamais fait l'expérience à cette époque, mais de la communauté locale, à l'échelle humaine d'une cité, d'un village ou même d'une localité plus petite encore. De plus, la règle est la même, que ce soit pour le début du jeûne ou pour y mettre fin : on ne doit jeûner ou rompre le jeûne qu'avec le groupe. On peut donc voir dans cette tradition une réaction à cette innovation doctrinale qu'on vient de présenter. On peut même y lire un refus complet de prendre en compte l'individu et son point de vue.

Ni Ibrāhīm al-Naḫaʿī, ni Ibn Jubayr, ni même Šaʿbī n'évoquent l'observation de la lune, comme si à leur époque la question n'était pas là. Il en est de même d'ailleurs d'Ibn Sīrīn. On ne rencontre une référence explicite que dans deux traditions : celle déjà rencontrée concernant ʿUmar II et celle-ci qui met en scène Ḥasan al-Baṣrī. Ne faut-il pas en déduire que l'insistance sur l'observation de la nouvelle lune a été envisagée comme une solution à la polémique entre fidèles,

40. Comme dans le cas du voyageur qui a rompu le jeûne dès le matin et qui rentre chez lui, avant le coucher du soleil, alors que les autres fidèles jeûnent toujours : il devra s'abstenir de montrer en public qu'il a rompu le jeûne.

ou entre les autorités (umayyades) et leurs opposants ? La proclamation du commencement du jeûne comme de sa fin n'était plus du ressort des autorités mais devait être une conséquence de l'observation du croissant lunaire. Or une telle tâche pouvait être assurée par n'importe quel membre du groupe pourvu qu'il remplisse certaines conditions. Ḥasan semble réagir ici aux conséquences de cette innovation, en insistant sur ce qui était la doctrine qui prévalait à son époque, à savoir que chacun devait suivre le groupe en évitant de se singulariser par son comportement ou de s'écarter de la pratique collective.

On ne doit pas voir pour autant dans cette nouvelle doctrine la manifestation d'un « individualisme » élémentaire ou primitif : il s'agissait seulement pour ses adeptes de tirer les conséquences de la règle selon laquelle on doit commencer le jeûne de ramaḍān dès qu'aura été aperçue la nouvelle lune de ce mois. Ce faisant on prend pour repère et référence non le groupe auquel on appartient mais le ciel. On peut y voir une forme d'*objectivation.* Aussi l'idée selon laquelle parce que le calendrier musulman est lunaire, l'observation de la lunaison a toujours été une préoccupation de *tous* les musulmans à l'approche du mois de ramaḍān, doit être révisée. Dans un premier temps, c'était la mission des autorités de proclamer le début du jeûne de ramaḍān. Plus tard, pour des raisons complexes – sans doute la différenciation de l'islam et sa métamorphose –, s'imposa la règle selon laquelle il fallait débuter le jeûne seulement après avoir aperçu la lune du mois de ramaḍān. Ce changement a conduit au déplacement du pouvoir de décision du Calife et ses agents vers la Communauté des fidèles en cours de constitution. On peut même dire que ce changement fait partie avec d'autres évènements similaires de ce processus majeur[41].

Avec le Mecquois ʿAṭāʾ b. Abī Rabāḥ (m. 114/732), qui défend une position proche de celle de Ḥasan al-Baṣrī, on perçoit une inflexion :

> Ibn Jurayj rapporte : J'ai demandé à ʿAṭāʾ : Que penses-tu du cas de l'homme qui voit le croissant de ramaḍān une nuit avant le reste des gens (*nās*), devra-t-il jeûner avant eux et cesser le jeûne avant eux ? Il a répondu : Non ! sauf si les gens le voient aussi. Je crains qu'il a seulement cru le voir (*aḫšā an yakūn šubbiha ʿalayhi*). Tant qu'ils ne sont

41. De ce processus relève l'élaboration du concept de *Sunna* – qui renvoie à l'autorité du Prophète. La prévalence du groupe sur l'individu va être formulée grâce à une opposition : « suivre » (*ittibāʿ*) *vs* « innovation » (*ibitidāʿ*).

pas deux ! Ibn Jurayj (?) a ajouté : Non ! sauf s'il l'a suivi pendant un moment (*sāʿa*). Il a répondu : Même si c'était le cas, tant qu'ils ne sont pas deux[42] !

Le point de vue de ʿAṭāʾ est très clair : la vision individuelle n'entraîne aucune obligation, y compris pour son auteur. Mais il précise tout de même qu'il n'en va pas de même si l'observation individuelle est confirmée par celle du reste du groupe, ou d'autres de ses membres. On voit même apparaître mais de manière confuse l'idée de deux observateurs, qui a été plus tard érigée en règle admise à peu près de tous. A-t-elle été défendue par ʿAṭāʾ ou s'agit-il d'une interpolation ? Si cette dernière éventualité doit être retenue, alors le geste est maladroit. On croit comprendre qu'Ibn Jurayj ou un autre estime qu'il suffit que l'observation de la nouvelle lune ne soit pas brève et dure un certain temps afin de n'être pas une illusion ou une erreur. À cela ʿAṭāʾ aurait répliqué en insistant qu'il fallait absolument avoir été deux à avoir observé la nouvelle lune.

ʿAṭāʾ invoque un argument pour rejeter la vision individuelle : le fidèle isolé peut se tromper, il peut être victime d'une illusion. C'est pour cela que sa vision ne peut être source d'obligation. ʿAṭāʾ ne le dit pas, mais il peut également sciemment mentir. Pour éviter tant l'erreur que le mensonge, on a besoin du témoignage d'autres fidèles. C'est là que s'accroche l'idée de deux observateurs, l'un contrôlant ou contrebalançant l'autre.

On est très clairement en présence de la superposition de deux idées différentes : la première, la vision du croissant doit être le fait de plusieurs fidèles, sans précision cependant d'un nombre ; la seconde, elle doit être le fait de deux fidèles au moins, sans autre indication. La question qui se pose à ce sujet est la suivante : est-ce ʿAṭāʾ qui a évolué dans sa pensée ou est-ce Ibn Jurayj qui est responsable d'une interpolation ? Le principe du double témoignage est peut-être un emprunt à la procédure judiciaire. En effet, dès le début du VIIIe siècle, cette nouveauté voit le jour à Kūfa. Avant, on estimait qu'il était souhaitable pour un plaignant d'appeler un grand nombre de témoins en sa faveur[43]. Cette innovation a-t-elle été étendue immédiatement à l'observation du croissant de lune ? C'est ce que cette tradition semble indiquer. On observe que le

42. ʿABD AL-RAZZĀQ, *al-Muṣannaf*, vol. 4, p. 167-168, n° 7348.
43. M. TILLIER, *L'invention du Cadi. La justice des musulmans, des juifs et des chrétiens aux premiers siècles de l'islam*, Paris 2017, p. 239.

principe du double témoignage a mis du temps à s'imposer, notamment à Baṣra. Or la tradition qui présente le point de vue de ʿAṭāʾ mêle les deux doctrines, dans le domaine cultuel. On doit ajouter une remarque supplémentaire : on n'exige pas que les deux témoins en question soient honorables, comme on le fera plus tard.

On peut se demander si invoquer l'autorité du groupe ne revient pas à invoquer l'autorité de l'Imām, dans la mesure où le groupe est le fruit de l'acceptation par chacun de la soumission à ce dernier. Il est possible que certains au départ n'aient pas réellement distingué entre les deux points de vue. Pourtant, quand l'on s'en tient à l'aspect strictement philologique, il apparaît que l'on est en présence de deux doctrines : l'une insiste sur la précellence du Chef, l'autre sur celle du groupe. Cette dernière paraît même avoir été avancée pour contrer la première. En effet, la vision individuelle n'acquiert un droit de cité que si on promeut l'autorité du groupe, dans la mesure où ce dernier est l'addition d'individus, dont chacun peut agir à un moment ou un autre comme représentant potentiel du groupe. Pour autant l'individu isolé n'est pas *a priori* un représentant du groupe ; il le devient seulement quand sa vision est validée par le groupe. Ce processus conduit à l'émergence d'une autorité religieuse, distincte des autorités politiques, et qui est constituée au départ par les juges (*qāḍī*, pl. *quḍāt*), avant d'être confondue plus tard avec le corps des oulémas en général, ensemble qui comprend les juges.

Une doctrine mixte : l'Imām + le Peuple

Un récit significatif met en scène ʿĀʾiša (m. 58/678), la fameuse épouse du Prophète :

> Masrūq accompagné d'un inconnu s'est rendu chez ʿĀʾiša le jour de ʿArafat. Elle appela son esclave pour lui demander de leur offrir une boisson sucrée (*sawīq wa ḥalliya*). « Si je ne jeûnais pas, a-t-elle dit, j'en aurais pris ». Les deux hommes dirent : « ô Mère des croyants, tu jeûnes, alors que nous sommes un jour de sacrifice (*naḥr*) ? – Le sacrifice [est obligatoire], quand le Chef (*imām*) l'accomplit en même temps que la grande masse des fidèles (*ʿuẓm al-nās*). De même la rupture du jeûne [s'impose] quand le Chef rompt le jeûne avec la grande masse[44] ».

44. ʿAbd al-Razzāq, *al-Muṣannaf*, vol. 4, p. 157, nº 7310. Peu importe que cette anecdote soit authentique ou non. Il est significatif que ʿĀʾiša n'invoque pas l'autorité de son époux.

Cette tradition fait référence au grand pèlerinage musulman. Le jour de ʿArafat est le 9e jour du mois. Les pèlerins doivent se tenir debout sur le mont ʿArafat, avant d'en dévaler les pentes pour rejoindre la plaine de Muzdalifa et procéder le 10e jour au sacrifice sanglant. La tradition semble confondre les deux temps ; mais sans doute cela s'explique-t-il par une mauvaise transmission.

La réponse de ʿĀʾiša rappelle une position déjà rencontrée. Tant que le Chef n'a pas procédé au sacrifice rituel de même que la grande majorité des fidèles, elle n'y procède pas elle-même. Ainsi quand son interlocuteur, qui était son fils adoptif[45], lui objecte qu'elle ne peut jeûner le jour du sacrifice (sous-entendu : un tel jeûne est proscrit), elle oppose que l'Imām n'a pas encore procédé au sacrifice solennellement. Cette situation n'est pas sans intriguer. En tout cas, cette anecdote permet de promouvoir la doctrine selon laquelle, en matière de culte, notamment s'agissant du jeûne de ramaḍān comme du sacrifice annuel, on doit conformer ses actes à ceux de l'Imām. C'est lui qui donne le *la*.

L'attribution à ʿĀʾiša d'une telle doctrine, qui ne coïncide pas avec l'enseignement dominant au sein de la Tradition prophétique (*Sunna*), peut surprendre dans la mesure où on donne souvent à ʿĀʾiša le rôle de porte-parole de la *Sunna*. C'est la preuve que cette tradition a précédé sans aucun doute les traditions plus conformes aux prescriptions de la *Sunna*.

On doit noter que la doctrine précise que ʿĀʾiša défend, combine deux autorités : celle de l'Imām (terme dont elle se sert dans la tradition) et celle du groupe (elle parle de *al-nās*). Cela traduit sans doute une volonté de la part de ceux auxquels on doit cette tradition de fusionner deux doctrines surgies très probablement de manière indépendante et en opposition l'une avec l'autre – ou bien l'on suit l'Imām, ou bien l'on suit le groupe. Dans un cas le modèle de conduite est défini par la façon d'agir du Chef, dans l'autre par la façon d'agir du groupe. En associant les deux modèles, on surmonte la divergence doctrinale.

On peut résumer ainsi la situation au début du VIIIe siècle. Pendant plusieurs années, voire des décennies, c'est le Chef (*Imām*) – ou ses délégués dans les provinces – qui déclarait le commencement du jeûne. Les fidèles devaient s'en tenir à sa décision ou celle de ses délégués, car le jeûne n'avait pas lieu partout à la même date. On n'était pas pourtant scandalisé par ces écarts. Plus tard, l'opposition aux

45. Selon ḎAHABĪ, *Taḏkirat al-ḥuffāẓ*, vol. 1, p. 40, nº 26.

Umayyades se manifesta sur le terrain cultuel, notamment celui du jeûne de ramaḍān. On contesta sans doute la légitimité des Califes umayyades à décréter le jeûne de ramaḍān. C'est sans doute pour cette raison que certaines traditions anciennes insistent tant sur l'obligation de les suivre et de leur obéir. Mais ces efforts, quelle que soit leur ampleur, furent vains. C'est pour cela sans doute qu'on mit en avant l'autorité du groupe et le devoir de le suivre et de l'imiter. Cela prit deux formes principales, qui sont les deux faces indissociables de la même attitude. D'un côté, on a cherché à susciter la peur de la scission, sous-entendant qu'elle pouvait conduire au malheur de tous. Le mot *fitna*, qui peut désigner la guerre civile, n'apparaît à aucun moment, mais on n'en est jamais loin. De l'autre, on a exalté le rôle de modèle et de guide du groupe. Si on suit le groupe, on peut se tromper mais on est sûr de ne pas le diviser et, ce faisant, de l'affaiblir. Pourtant malgré l'importance de ces conceptions, qui ont eu tout de même un rôle qui dépasse le simple problème du calendrier du jeûne de ramaḍān, on a été amené à esquisser une autre solution, en apparence seulement pratique : ce n'était plus la décision de l'Imām, ou de celui qui réclamait pour lui ce titre, de proclamer le début du jeûne qui devait prévaloir, mais seulement l'observation du croissant lunaire, exercice qui est à la portée de nombreux fidèles en principe. En apparence c'est un geste purement technique. Pourtant une telle innovation n'était possible qu'une fois que fut admis le concept de l'autorité du groupe comme « corps[46] ». C'est parce que la totalité du groupe ne peut prendre part à cette observation qu'on a envisagé une forme de représentation. Mais c'est seulement parce que le groupe est devenu *un corps*, qu'il peut être représenté par certains de ses membres. De tout cela découle également une autre conclusion, non moins importante, c'est que si indéniablement le Coran fait référence à un calendrier lunaire, il ne fait pas de la surveillance de la lunaison une phase préliminaire importante du jeûne de ramaḍān, comme pourrait le laisser croire une interprétation discutable sur le plan philologique du verset **2**, 185b (voir plus haut § 1).

---

46. La fabrication de ce concept s'est achevée quand on remplaça à la tête de la Communauté des fidèles l'Imām *vivant* par le Prophète *mort* et donc *absent*. Toutefois ce dernier était présent grâce à sa *Sunna*. On comprend donc l'importance cardinale de celle-ci et l'innovation que ce concept a constituée. Notons que dans le hadith sunnite dit canonique on rencontre des textes qui comparent la communauté des fidèles à un corps (*jasad*).

C'est là qu'intervient la Tradition prophétique. Elle va promouvoir une doctrine centrée sur l'observation de l'astre lunaire et de ses phases, abandonnant le rôle dirigeant de l'Imām de même que celui du groupe, il est vrai au seul profit de l'autorité prophétique. Désormais, l'autorité suprême est le Prophète lui-même grâce à la *Sunna.* Ainsi pour résoudre le conflit sur l'autorité légitime, tout en refusant de se joindre à la contestation des pouvoirs en place – umayyade et ʿabbāside –, les proto-sunnites élaborèrent une doctrine qui renvoie dos à dos les différents prétendants, en ne reconnaissant comme autorité prééminente que le Prophète, pas directement ou par l'intermédiaire de moyens « mystiques » ou « magiques », mais grâce à son enseignement recueilli dans des traditions. D'où l'importance que prirent ensuite ces dernières, en même temps que leurs dépositaires, transmetteurs et commentateurs. En attribuant l'autorité à la *Sunna*, on faisait de ces derniers les tuteurs de la Communauté et ses véritables dirigeants[47].

Il faut cependant noter qu'une telle évolution ne s'imposa pas de suite, mais demeura quelque temps incomprise ou se heurta à des résistances. On peut en voir la preuve dans la tradition suivante qui met en scène ʿUmar II, le fameux Calife umayyade :

> a) Alors qu'il était Calife, il tint [un jour] ce propos : « Surveillez le croissant (*hilāl*) de ramaḍān. Quand vous le verrez, jeûnez. Dans le cas contraire, achevez le décompte jusqu'au trentième jour ».
>
> b) Mais alors qu'on n'avait pas observé la nouvelle lune [la veille du jour du doute], les uns ont [entamé leur journée] jeûnant, les autres non (*minhum al-ṣāʾim wa-l-mufṭir*). Ensuite la nouvelle (*ḫabar*) leur parvint qu'on avait observé la nouvelle lune. Alors ʿUmar II s'adressa au peuple (*nās*) et envoya des gardes aux troupes [afin de les informer] :
> c) « Celui qui a commencé sa journée jeûnant, qu'il achève son jeûne, car il a vu juste. Celui qui n'a pas projeté de jeûner mais n'a rien mangé, qu'il achève ainsi sa journée [jeûnant]. Quant à celui qui a pris une collation le matin, qu'il s'abstienne de manger le reste de la journée (*fa-l-yutimma mā baqiya min yawmihi*) tout en compensant ce jour une autre fois. Quant à moi j'ai pris un peu de miel ce matin, je vais jeûner le reste de la journée et plus tard je remplacerai ce jour de jeûne par un autre[48] ».

---

47. Dans un premier temps le terme *ʿilm* qui est « la doctrine religieuse », qui vient du Ciel (voire les occurrences du verbe *ʿallama* dans le Coran), désigna les savoirs et les pratiques qui ont trait au hadith, qui constitue le noyau de la *Sunna*.
48. ʿAbd al-Razzāq, *al-Muṣannaf*, vol. 4, p. 160, nº 7321.

J'ai découpé ce texte en trois parties.

Dans la première, le Calife s'adresse aux fidèles pour les inviter à surveiller la nouvelle lune : on peut en déduire que nous sommes le soir du 29e jour de šaʿbān. Ses recommandations recoupent une tradition prophétique célèbre selon laquelle si parce que le ciel est couvert on ne peut savoir si la lunaison a commencé, on doit supposer que le mois de šaʿbān a trente jours et donc ne pas commencer le jeûne le lendemain. Ce qui est surprenant c'est qu'au lieu de prononcer un commandement, il s'adresse à eux comme si la décision était entre leurs mains. Il se conduit plus comme un « prophète » que comme un chef politique – ce qu'il est en principe. A-t-on voulu souligner l'ancienneté de l'adage qui a été ensuite, après une légère modification, mis sur le compte du Prophète ? Dès lors, s'agit-il d'une version ancienne de ce propos prophétique ? Ou cette tradition n'est-elle qu'une partie de ce projet de construire l'hagiographie de ʿUmar b. ʿAbd al-ʿAzīz, présenté comme Calife *idéal* au sein d'une dynastie détestable et vouée désormais aux gémonies ?

Dans la seconde partie, l'absence d'observation de la nouvelle lune conduit à la division de la communauté des fidèles : les uns jeûnent, les autres non. Cette division est la conséquence de l'absence de visibilité de la lune. On peut dans ce sens rapprocher cette partie des traditions qui évoquent « le jour qui divise les fidèles ». Comme précédemment, il est sous-entendu que nulle autorité n'a la prérogative de dire comment se conduire. C'est ainsi une manière de justifier la règle de la fiction d'un mois de trente jours pour sortir de la difficulté posée par un ciel voilé, cette règle faisant ainsi obstacle à la menace de la division.

La troisième partie est à rapprocher d'une tradition prophétique au sujet du jeûne de *ʿāšūrāʾ*, dont il existe plusieurs versions. Celle-ci distinguait seulement deux situations : ceux qui n'avaient rien mangé à leur réveil et ceux qui au contraire avaient déjà déjeûné. Ici la tradition distingue trois cas. Premier cas : celui qui a décidé de jeûner. Celui-là est dans le vrai *a posteriori*. Il est dans la situation de celui qui a fait un pari. Il pouvait se tromper. Second cas : celui qui a décidé de ne pas jeûner. Ce second cas se divise à son tour en deux sous-cas. Le premier est celui du fidèle qui n'a pas projeté de jeûner mais n'a rien pris le matin et apprend la nouvelle du début du mois de ramaḍān dans cet état. Celui-là continuera sa journée ainsi observant toutes les abstinences du jeûne. Le second sous-cas concerne celui qui, après avoir déjeûné le matin, apprend que l'on a vu la nouvelle lune. Il devra malgré tout observer les abstinences liées au jeûne le reste de la journée tout en rattrapant cette journée une autre fois.

Ce qu'on peut tirer pour commencer de cette tradition, c'est que le Calife n'intervient pas directement pour annoncer s'il faut jeûner ou non. Il fixe seulement la règle selon les cas. On observe ainsi que s'il envoie des gardes aux troupes (probablement à Damas et dans ses environs immédiats), car elles sont sous ses ordres, il n'envoie personne dans les autres régions de l'Empire. Le Calife intervient peut-être directement à Damas, mais non ailleurs. On peut supposer qu'ailleurs ce rôle est joué par les autorités locales, notamment les émirs. On observe que la tradition superpose deux idées différentes : celle selon laquelle la décision appartient au Calife et celle selon laquelle elle dépend de l'observation aléatoire de la nouvelle lune. Il ressort que ce ne sont pas des agents du Calife qui sont chargés de la surveillance de la lunaison, mais que la nouvelle se diffuse de manière anonyme et parvient ainsi jusqu'au Calife.

Cette tradition ignore ce qui est devenu par la suite une condition majeure du jeûne, à savoir la *niyya*, c'est-à-dire l'engagement sincère et résolu à observer le jeûne, terme qu'on traduit de manière un peu simple par « intention ». On sait que tout le problème est là du point de vue de la doctrine classique : si la veille on ne formule pas dans son for interne le *niyya*, le jeûne n'a aucune valeur si on décide en cours de journée de jeûner. Or ce texte semble indiquer qu'à l'époque où il a été élaboré – qui n'est pas forcément celle de ʿUmar II – la *niyya* n'est pas encore instituée, car à aucun moment il n'en est fait état. Si cette interprétation est bonne, alors l'information est importante. Cela est confirmé directement par le fait qu'il n'existe guère de traditions attribuées à des Épigones ayant trait à la *niyya*. Toutefois, on doit préciser que les ḥanafites sont les seuls à considérer que le dernier délai pour formuler la *niyya* est midi. Il est probable que cette doctrine originale soit née en relation avec la casuistique envisagée ici : si on apprend seulement le matin que la nouvelle lune a été aperçue, on peut alors formuler la *niyya* et entamer son jeûne.

Quant à l'idée selon laquelle ceux qui ont déjeûné le matin doivent observer les abstinences du jeûne le reste de la journée tout en compensant le jour de jeûne une autre fois, elle apparaît au début du VIIIe siècle[49].

---

49. Voir H. Benkheira, « Le jeûne de ramaḍān : la fabrication de la Communauté des fidèles », *Studia Islamica* 14/2 (2019), p. 107-204 [p. 147 et 173-176].

3. Promouvoir la *Sunna* : l'ascension des oulémas

La *Sunna* qui a été canonisée *a posteriori*, cela ne doit pas être oublié, a promu plusieurs idées à la fois : lier le commencement du jeûne à l'observation à l'œil nu de la nouvelle lune ; le double témoignage en relation avec cette observation ; la fiction d'un mois de trente jours en cas de couverture nuageuse ; etc. Toutes ces idées ont été avancées en même temps que plusieurs autres au cours du VIIIe siècle principalement, certaines seulement réussissant à recueillir l'assentiment d'une majorité d'hommes de religion, les autres demeurant minoritaires mais continuant à circuler malgré tout dans des cercles de plus en plus restreints ou plus à la marge.

Il semble que la première idée sur le plan logique – à distinguer du plan chronologique – est la condition de l'observation à l'œil nu de la nouvelle lune. Selon Abū Hurayra, le Prophète a dit au sujet du croissant de ramaḍān :

> « Quand vous le voyez, jeûnez ; et quand vous le voyez [de nouveau, c'est-à-dire à la fin du mois de ramaḍān] cessez le jeûne. Si le ciel est couvert, achevez trente jours. Votre jeûne [débute] quand vous jeûnez *tous* ; et la rupture de votre jeûne [a lieu] quand vous cessez *tous* de jeûner (*ṣawmukum yawm taṣūmūn wa fiṭrukum yawm tufṭirūn*) ». Ibn Jurayj, qui est un des transmetteurs, a ajouté : Votre sacrifice [a lieu] le jour où vous sacrifiez *tous*[50].

Ce texte rassemble plusieurs idées importantes. Premièrement, le commencement du jeûne comme sa fin dépendent de l'observation de la nouvelle lune. Mais on n'a aucune précision à ce sujet : qui est habilité à remplir cette mission ? Comment feront ceux qui se chargent de cette mission pour transmettre l'information au reste des fidèles ? Cela a donné lieu à une casuistique. Deuxièmement, on voit apparaître la fiction d'un mois de trente jours si les conditions atmosphériques rendent impossible la surveillance du ciel. La durée du mois est ainsi seulement présumée. Troisièmement, on retrouve l'idée que nous avons déjà rencontrée précédemment : on doit commencer et achever le jeûne en groupe.

Mais d'autres idées – comme celle de la formalisation d'une procédure fondée sur un témoignage simple ou double – ont été avancées avec succès, comme on va le voir.

---

50. ʿABD AL-RAZZĀQ, *al-Muṣannaf*, vol. 4, p. 156, nº 7304.

On vient de voir que selon une tradition ancienne, la proclamation du début du jeûne de ramaḍān a été au départ une prérogative du Chef de la Communauté. Or la *Sunna* n'a pas tardé à rompre avec une telle tradition. C'est ainsi qu'elle a promu une procédure qui repose sur le témoignage de fidèles. Ce faisant les tenants de la *Sunna* ont œuvré, délibérément ou non, afin de déposséder le Calife d'une prérogative religieuse (déclarer le jeûne de ramaḍān) au bénéfice de la collectivité et à travers elle de ceux qui parlent au nom de celle-ci. Cette transformation a pu passer inaperçue. C'est pour cette raison qu'il n'est pas illégitime d'y voir une des étapes « silencieuses » de la constitution d'une autorité religieuse, distincte du pouvoir califal. Car il ne faut pas s'y tromper : derrière la primauté donnée à la Communauté des fidèles et les témoins venus des rangs des fidèles ordinaires, il y a le corps des oulémas en constitution. Non seulement ce sont eux qui définissent les conditions d'une vision valide, mais de surcroît comme les juges, qui sont parfois issus de leurs rangs[51], ont la haute main sur la procédure, ce sont donc les docteurs de la Loi qui, en aval comme en amont, y président. En tout cas, cela devient le cas quand, d'une part la pénétration de la *Sunna* dans la doctrine est achevée, et d'autre part la séparation entre cadis et juristes tombe.

Toutefois les promoteurs de la *Sunna* ne s'en prennent pas directement à l'autorité du Chef politique. Ils ne soutiennent pas que ce n'est pas à lui de prendre la décision concernant le commencement du jeûne. Ils invoquent l'exemple prophétique – à *imiter* forcément – afin de montrer qu'il est nécessaire de s'appuyer sur le témoignage de fidèles. Ces derniers doivent attester grâce à un serment avoir vu le croissant lunaire. Une telle procédure est absente du Coran comme elle est introuvable au cours de la période primitive. Quand apparaît-elle ? Cette question ne doit pas seulement être envisagée d'un point de vue positiviste : définir une date. Il s'agit aussi et peut-être surtout de rechercher les conditions d'une telle possibilité, afin d'en saisir la signification profonde.

Si on procède à une lecture naïve des traditions à ce sujet, cette procédure serait apparue du vivant du Prophète. Cependant il ne l'aurait pas instituée délibérément ; elle serait apparue de manière aléatoire, le Prophète se contentant de la valider. D'autres traditions

---

51. Sous les ʿAbbāsides, les juges sont choisis exclusivement parmi des « juristes » en vue.

l'associent à des figures de son entourage comme ʿUmar b. al-Ḫaṭṭāb ou ʿAlī b. Abī Ṭālib, voire à des figures plus tardives comme le calife umayyade ʿUmar II. Cependant, il est très probable que son apparition a suivi la remise en question du pouvoir unilatéral des autorités califales dans cette matière sous la forme de la prévalence du point de vue de la communauté. L'idée de communauté – au sens d'organisation composée des seuls musulmans – se forme sans doute en même temps. Elle devient de plus en plus l'origine de la légitimité, alors que les doctrines politico-religieuses archaïques (umayyade, ʿabbāside, ʿalīde, ensuite les variétés de šīʿisme, l'ibāḍisme) mettaient toutes l'accent sur l'imām. Pour les Umayyades, les ʿAbbāsides ainsi que les ʿAlīdes, le pouvoir doit revenir à un individu issu d'une grande Maison qurayšite, les deux dernières insistant plus particulièrement sur la relation à la figure du Prophète. Le sunnisme qui se constitue tardivement n'est pas ainsi exclusivement une réaction à ces doctrines et à leurs succédanés, mais le produit d'un processus plus ancien. On peut dire que le sunnisme s'enracine dans la suprématie reconnue à la communauté des fidèles. En insistant sur la pratique de cette dernière comme critère et modèle à la fois, on prépare la voie à l'intervention sinon des simples fidèles du moins des hommes de religion. Cependant, en même temps, plusieurs idées – nouvelles ou non – sont également mises en avant. On va essayer de décrire ce processus complexe.

La Tradition prophétique (*Sunna*) a essentiellement imposé une idée : pour déclarer le jeûne de ramaḍān, les autorités officielles doivent s'appuyer sur le témoignage d'au moins *deux musulmans honorables*, c'est-à-dire irréprochables sur le plan religieux et moral. Il s'agit d'une véritable innovation, qui a d'ailleurs mis du temps à s'imposer et avec une certaine réticence. Cette manière d'agir revenait à assimiler l'opération à la procédure judiciaire et les deux musulmans attestant l'apparition du croissant de lune à des témoins, au sens technique. C'est pour cette raison que les oulémas reprenant cette idée l'ont enrichie en rajoutant l'idée d'honorabilité, absente de la *Sunna*. Celle-ci n'exige que deux conditions : les témoins doivent être des hommes de confession musulmane. De cette double condition, seule la seconde est clairement précisée. La masculinité est déduite par interprétation.

Cette innovation suscite une interrogation : ceux qui l'ont avancée ont-ils réellement voulu s'inspirer du modèle judiciaire ? Cela voudrait dire que la procédure judiciaire était déjà stabilisée, soit vers le milieu du VIIIe siècle[52]. Si on ne peut pas répondre très clairement à la question initiale, au moment où émerge la doctrine ḥanafite, soit vers la fin du VIIIe siècle, les tenants de cette dernière refusent souvent d'assimiler la procédure de la validation de la vision de la lune à un témoignage judiciaire : pour eux il s'agit d'une information (*khabar*), donc qui n'exige pas les mêmes conditions qu'un témoignage judiciaire. Ainsi Abū Ḥanīfa (m. 767) aurait soutenu que l'on peut accepter le témoignage d'un seul fidèle au sujet du croissant de lune. Šaybānī (m. 805), disciple du précédent, aurait de son côté indiqué : « S'il s'agit d'information et non de témoignage, le nombre n'est pas exigé dans l'information au sujet du culte (*al-diyānāt*)[53] ».

Un autre élément important est seulement implicite dans cette innovation : c'est l'idée de représentation. Les fidèles qui donnent leur témoignage en présence des autorités au sujet du croissant lunaire agissent comme des représentants de la totalité des musulmans de leur localité ou province. Donc en témoignant ce ne sont pas leurs personnes particulières qui sont en cause, mais l'ensemble de la communauté des fidèles de leur localité.

On ne s'attardera pas sur un premier groupe de traditions, selon lesquelles le Prophète aurait cherché à convaincre ses interlocuteurs et disciples que le mois en général dure 29 jours[54]. Ces traditions sont le plus souvent en relation avec la question du jeûne de ramaḍān. Signalons toutefois qu'al-Ḫaṭṭābī (m. 972) défend le point de vue opposé. Il soutient que si le mois peut comporter 29 jours, ce n'est toutefois pas la règle (*laysa yurīd anna kulla šahr tisʿa wa ʿišrūn*) car, indique-t-il, selon la règle coutumière et l'usage le mois comporte trente jours (*al-šahr fī-l-ʿurf wa ġālib al-ʿāda ṯalāṯūn*) – c'est pour cela qu'il était important de préciser les situations moins courantes (*fa-wajaba an yakūn al-bayān fīhi maṣrūfan ilā al-nādir dūna al-maʿrūf minhu*). Si un homme fait le vœu ou le serment de jeûner un mois déterminé (*šahr*

52. Selon M. Tillier, dès le début du VIIIe siècle (vers 700-710), et sans doute à partir de Kūfa, « le double témoignage […] se répandit dans l'Orient musulman » (*L'invention du Cadi*, p. 258).

53. Cité par KĀSĀNĪ, *Badāʾiʿ al-ṣanāʾiʿ fī tartīb al-šarāʾiʿ*, éd. M. AL-BUḤŪṮ WA-L-DIRĀSĀT, 7 vol., Beyrouth 1996, vol. 2, p. 121.

54. L'année lunaire comporte un peu plus de 354 jours. Comme elle a 12 mois, pour parvenir à un total de 354 jours, on a besoin de 6 mois de 30 jours et 6 mois de 29. Donc il y a parité. Aussi il est étonnant de voir la Tradition prophétique défendre l'idée que le mois a habituellement 29 jours.

bi-ʿaynihi) et que la durée de ce mois a été de 29 jours, il aura respecté son serment ou son vœu. Mais s'il s'engage à jeûner un mois sans préciser lequel (*lā yuʿayyinuhu*), il devra jeûner trente jours (*fa-ʿalayhi itmām al-ʿidda ṯalāṯūna yawman*)[55]. Dans le second cas, il s'agit de jeûner selon la situation dominante : un mois dure 30 jours. Comme il ne s'agit pas de jeûner un mois déterminé, le fidèle devra s'en tenir à la durée la plus courante.

Une fiction : un mois a trente jours quand on ne voit pas la nouvelle lune le soir du 29ᵉ jour

En relation avec le problème de la durée du mois et surtout avec la difficulté à observer le ciel, apparaît une idée singulière : dans ce cas on agira *comme si* le mois durait trente jours. On peut observer que confrontés à un problème pratique, les musulmans n'ont pas recherché une solution technique, mais plutôt une réponse institutionnelle. Nous allons voir cela de manière plus détaillée.

Quand le ciel est clair, en principe la vision du croissant lunaire est aisée. Le cas litigieux est le ciel nuageux, mais on envisage aussi d'autres situations (poussière, averses intenses, etc.)[56]. Dans toutes les situations où la surveillance du ciel devient impossible le vingt-neuvième soir du mois en cours, on doit envisager deux éventualités : soit le croissant de lune est apparu, soit il n'est pas apparu. Cependant, on est dans l'incapacité de le savoir. C'est pour cela que le lendemain a été appelé « jour du doute » (*yawm al-šakk*). Si on décide de commencer le jeûne le lendemain et que le croissant est réellement apparu, cette décision s'avérera juste. Si par contre il n'est pas apparu, la décision sera tenue pour erronée. On aura alors commencé un jour à l'avance le jeûne du mois de ramaḍān ; et on sera tenu de poursuivre son jeûne jusqu'à la fin du mois, même si dans les faits cela revenait à jeûner 31 jours !

On peut également envisager la possibilité opposée : le croissant n'est pas apparu. On fait cette hypothèse et donc le lendemain on ne débute pas le jeûne. Si la non-apparition du croissant est confirmée

55. A. S. AL-ḪAṬṬĀBĪ, *Maʿālim al-sunan šarḥ* Sunan *Abī Dāwūd*, éd. M. ʿABD AL-SALĀM ʿABD AL-ŠĀFĪ, Beyrouth 1996, vol. 1/2, p. 80.

56. On peut envisager des cas analogues, comme celui du fidèle fait prisonnier par des non-musulmans, envisagé par les traités de *fiqh*.

a posteriori, on aura bien fait de ne pas commencer ce jour le jeûne. Mais si on avait tort et si le croissant était apparu, on aura donc violé le premier jour de jeûne.

Quand on considère les deux choix, il ressort qu'il y a toujours deux éventualités contradictoires : soit la présomption retenue coïncide avec les faits – mais ce n'est qu'une présomption –, soit elle contredit les faits – on jeûne alors qu'il ne faut pas jeûner, ou alors on ne jeûne pas quand il le fallait. Ainsi il y a une probabilité seulement sur deux pour que le choix fait coïncide avec la vérité. Mais il y a également une probabilité sur deux que ce choix conduise à une erreur. Si le cas où la présomption coïncide avec la vérité ne crée aucune difficulté, il n'en est pas bien sûr de même dans l'autre éventualité. Dans un cas on commence trop tôt le jeûne, dans l'autre un jour en retard. C'est sans doute pour cette raison qu'on a rejeté ces solutions pour leur préférer la présomption de continuité ou fiction d'un mois de trente jours.

Selon cette solution, on considère que si on ne peut vérifier l'apparition de la nouvelle lune le vingt-neuvième soir de šaʿbān (ou de ramaḍān), on fait l'hypothèse que le mois en cours a une durée de trente jours et que par conséquent il se poursuit le lendemain. En conséquence, si on est pendant šaʿbān, le jeûne ne peut commencer le lendemain ; et si on est au cours de ramaḍān, le jeûne ne peut prendre fin le lendemain. L'un ou l'autre événement doit être reporté au surlendemain. Cette solution a été retenue alors même qu'on peut lui opposer des objections similaires à l'hypothèse selon laquelle la nouvelle lune n'est pas apparue. Certes on substitue la certitude fondée sur une fiction institutionnelle à l'incertitude liée à une simple probabilité, en elle-même fragile.

La solution « probabiliste » a sans doute été rejetée parce qu'elle hésite entre deux choix – débuter le jeûne le lendemain ou seulement le surlendemain – et de ce fait peut engendrer des désaccords entre fidèles. La fiction d'un mois de trente jours empêche un tel désordre : tous les membres d'une communauté locale sont ainsi tenus de prendre part en même temps au jeûne. On y reviendra plus loin, à l'époque prémoderne, il n'était pas possible d'envisager un jeûne unique à une grande échelle, par exemple pour tout l'Irak ou toute la péninsule Arabique. La fiction d'un mois de trente jours, dans la mesure où tout le monde y adhère, est source de certitude. Or le souci de la certitude liée au dogme et au culte commence à voir le jour et a ainsi pu jouer en faveur de la solution apportée par la fiction d'un mois de trente de jours en cas de difficultés.

Cependant si la fiction d'un mois de trente jours a été préférée à la solution probabiliste, pourquoi avoir choisi une durée de trente jours et non une durée de vingt-neuf jours ? Il semble qu'on ait jugé que démarrer le jeûne avec un jour de retard était moins grave que de le démarrer un jour à l'avance. Ce qui est peut-être en cause c'est l'intégrité du mois de ramaḍān considéré comme un ensemble singulier, voire une entité créée par Dieu. Cette conception a conduit à mettre l'accent sur la dissociation entre le mois de ramaḍān et les mois qui lui sont contigus. Dans ce sens on a estimé qu'en jeûnant le dernier jour de šaʿbān, on lui adjoignait ainsi un jour qui n'en faisait pas partie, portant par là même atteinte à son intégrité. Mais alors ne commet-on pas le même sacrilège quand on ne jeûne pas le premier jour en appliquant le principe de la fiction d'un mois de trente jours ? Il est déjà permis de ne pas jeûner certains jours pour un motif ou un autre, pourvu que cela soit strictement conforme aux règles établies. Aussi si on ne jeûne pas le premier jour en raison de l'application de la fiction de trente jours – recommandée par le Prophète lui-même –, on ne fait qu'obéir à ce dernier.

Toutefois il existe un motif qui a été souvent explicité par les juristes-théologiens à partir du IXe siècle : la fiction d'un mois de trente jours entraîne la certitude. Il semble que cette solution a été élaborée et mise en avant pour s'opposer à un courant qui défendait une autre solution qu'on peut résumer par une formule : « le principe de précaution ». En cas d'incertitude concernant la journée du lendemain, on jeûnerait par précaution. Or une telle précaution ne met pas fin à l'incertitude, mais repose plutôt sur une sorte de pari.

On peut bien sûr se demander : pourquoi ne pas avoir opté pour le recours au calcul astronomique ? C'est la meilleure façon de faire coïncider le mois astronomique avec le mois cultuel. Si on cherche à jeûner tout le mois de ramaḍān, sans erreur, n'est-ce pas la meilleure solution ? L'astronomie est apparue au Moyen Orient dès l'Antiquité. Quant aux Arabes eux-mêmes, ils avaient une grande connaissance du ciel et des astres. Donc si on n'a pas opté pour une solution astronomique, c'est qu'il y avait des raisons. On a préféré une réponse institutionnelle plutôt qu'une solution technique. À ce sujet, il faut prendre garde à l'anachronisme : à une époque ancienne, il est difficile de rencontrer une critique théologique de l'astronomie. Cela sera le cas après le IXe siècle. Aussi la seule raison est qu'on n'avait pas la confiance que nous avons aujourd'hui dans la science et la technique. On n'était pas convaincu qu'elles pouvaient procurer une grande certitude.

La recherche de la certitude a pu être accrue à cause de l'insistance mise dorénavant sur la formulation la veille de la *niyya*, cet engagement dans le for interne sans lequel aucun acte cultuel n'a de valeur. Cet engagement est devenu une condition dirimante, notamment du jeûne.

Le fait que pour surmonter la difficulté de surveiller la lunaison on n'ait pas recouru à l'astronomie n'a pas pu générer une organisation centralisée du culte par le Califat. Le décrochage entre Califat et communauté de fidèles s'est accentué, celle-ci s'organisant de plus en plus autour de son centre symbolique – la figure du Prophète et sa *Sunna* – et de ses principaux relais que sont les transmetteurs de ses enseignements.

Considérons maintenant certaines traditions.

Il y a deux variantes en relation avec le cas de l'impossibilité de voir le croissant. Selon la première, il est préconisé d'achever le décompte jusqu'à trente jours : il s'agit donc d'un mois qui aurait *fictivement* trente jours. Selon la seconde, on a à la place une formule plus obscure : *fa-qdurū lahu*, qui a donné lieu à une controverse exégétique, sur laquelle on revient plus loin.

Dans les textes suivants, on voit apparaître la solution de la fiction d'un mois de trente jours :

> ʿĀʾiša rapportait : L'apôtre de Dieu faisait attention à šāʿbān comme à nul autre [mois]. Ensuite il jeûnait quand il observait [le croissant du mois de] ramaḍān. Si le ciel était couvert (*in ġumma ʿalayhi*), il comptait trente jours et entamait le jeûne[57].
> Jeûnez quand vous le voyez et rompez [le jeûne] quand vous le voyez. Si [le ciel est voilé par] la poussière (*ġubbiya*), comptez trente [jours] pour šaʿbān[58].

57. Abū Dāwūd, *Sunan*, avec commentaires de Šams al-Ḥaqq al-ʿAẓīm Ābādī, ʿAwn al-maʿbūd, et Ibn Al-Qayyim Al-Jawziyya, 16 t. en 7 vol. + 2 vol. d'index, Beyrouth s.d., vol. 6, p. 318, n° 2322.

58. Buḫārī, *Ṣaḥīḥ*, avec le commentaire d'Ibn Ḥajar Al-ʿAsqalānī, *Fatḥ al-bārī*, 13 vol. + 1 vol. d'introduction, éd. M. Fuʾād ʿAbd al-Bāqī, Riyad – Damas 1997, vol. 4, n° 1909.

Le Prophète : « Si vous ne voyez pas le croissant de ramaḍān achevez trente jours pour šaʿbān. Si vous ne voyez pas le croissant de šawwāl, achevez trente jours pour ramaḍān[59] ».
L'apôtre de Dieu a dit : Ne commencez pas le mois [de jeûne] tant que vous n'avez pas vu le croissant ou achevez le décompte [des trente jours]. Après cela, jeûnez jusqu'à la vision du croissant ou la fin du décompte[60].
Le Prophète : Quand vous voyez le croissant, jeûnez ; et quand vous le voyez [de nouveau], cessez le jeûne. Si le ciel est couvert, jeûnez trente jours[61].

Dans la tradition suivante, le Prophète invite les fidèles à faire attention au mois de šaʿbān :

Surveillez le croissant de šaʿbān pour [préparer] l'observation (*ruʾyat*) [du croissant] du mois de ramaḍān. Quand vous le verrez, jeûnez. Quand vous le verrez [de nouveau] cessez le jeûne. Si le ciel est couvert, achevez le décompte[62].

Il est sous-entendu qu'il faut supposer que le mois en cours dure trente jours.

Le dit suivant débute par une référence explicite au Coran (**2**, 189) :

L'apôtre de Dieu a dit : Dieu a fait des croissants *des repères temporels pour les hommes* (*nās*). Jeûnez quand vous voyez [le croissant lunaire] et cessez le jeûne quand vous le voyez. Si le ciel est couvert, comptez (*ʿuddū*) trente jours[63].

Dans une variante, la référence au Coran disparaît et ne demeure que la présomption de continuité du mois[64].

Il est possible que la défense de faire précéder le jeûne de ramaḍān par un autre jeûne, même bref, soit liée à la discussion de ce cas. Car s'il est permis de jeûner avant le commencement de ramaḍān, alors pourquoi ne pas jeûner le jour dit du doute[65] ?

---

59. ʿAbd al-Razzāq, *al-Muṣannaf*, vol. 4, p. 155, nº 7301.
60. Abū Dāwūd, *Sunan*, vol. 6, p. 318, nº 2323.
61. ʿAbd al-Razzāq, *al-Muṣannaf*, vol. 4, p. 156, nº 7305.
62. *Ibid.*, p. 155, nº 7303.
63. *Ibid.*, p. 156, nº 7306.
64. *Ibid.*, p. 156, nº 7307.
65. Pour des raisons essentiellement pratiques, j'ai exclu de cette contribution la discussion sur « le jour du doute », car elle demande une recherche à part entière.

Ibn ʿAbbās (m. 687) est présenté comme un adepte de la présomption de continuité du mois en cours (fiction de trente jours) :

> Il désapprouvait que l'on devance (*taqaddama*) le jeûne de ramaḍān [par un autre jeûne] quand on n'avait pas observé le croissant du mois de ramaḍān. Il ajoutait que l'apôtre de Dieu avait dit : « Quand vous n'avez pas vu le croissant, achevez trente jours[66] ».

Si on opte pour la fiction d'un mois de trente jours, quand on ne peut voir le croissant à cause de la couverture nuageuse, est-ce une solution acceptable ? Car elle ne répond pas à la question factuelle : le croissant lunaire est-il là ou non ? Ce choix indique tout de même que le but n'est pas de dire la vérité sur la lunaison. Pourtant cela pose un problème qui n'est pas négligeable. Si par exemple on décide que le mois de šaʿbān a trente jours et qu'en réalité le mois de ramaḍān a débuté, cela va entraîner un décalage entre le mouvement réel de la lune et le calendrier. Il faudra introduire des rectifications, chaque fois qu'une « erreur » de ce type aura été commise. On peut dire que les erreurs inhérentes à ce système de comput basé sur l'observation à l'œil nu et sur des mois fictifs de trente jours auraient dû conduire logiquement à son abandon. Pourtant cela n'a pas eu lieu. Il a fallu attendre le XXe siècle et l'introduction de l'industrie et des techniques modernes pour qu'il soit définitivement relégué au domaine cultuel. À l'inverse, il ressort que si l'on a pu l'imposer avec un certain succès, c'est que les sociétés où il était en vigueur appartiennent au « monde de l'à-peu-près » bien décrit par Alexandre Koyré[67].

La fiction d'un mois de trente jours a une conséquence évidente : cela revient à faire le choix de ne pas jeûner « le jour du doute ». Cette fiction est donc une réponse à cette question.

À côté de ce premier ensemble de traditions qui énonce la présomption de continuité, on doit évoquer un second ensemble où apparaît une formule obscure et controversée. Ainsi les recommandations suivantes, érigées en hadiths, sont mises dans la bouche du Prophète lui-même :

---

66. ʿAbd al-Razzāq, *al-Muṣannaf*, vol. 4, p. 155, nº 7302.
67. A. Koyré, *Études d'histoire de la pensée philosophique*, Paris 1971 [1961[1]], p. 341-362.

> Quand vous voyez [le croissant de ramaḍān], jeûnez ; et quand vous le voyez [à la fin du mois], rompez le jeûne. Quand [le ciel] est couvert, *fa-qdurū lahu*[68].
> Ne jeûnez pas tant que vous n'avez pas observé le croissant et ne rompez pas le jeûne tant que vous ne l'avez pas observé. Si [le ciel] est couvert, *fa-qdurū lahu*[69].

Que signifie l'expression *fa-qudurū lahu* ? Le verbe *qadara* (*yaqdiru, yaqduru*) a, selon Kazimirski, plusieurs significations : 1. Pouvoir, etc. ; 2. Apprécier, estimer quelqu'un selon sa valeur ; 3. Fixer, déterminer ; 4. Déterminer selon une certaine mesure [...] 8. Fixer, établir d'une manière stable (à propos de la nouvelle lune)[70]. On peut proposer comme traduction : « Faites une estimation ». Cette formule est différente de celles rencontrées précédemment, qui invitent à achever le décompte jusqu'à trente. Les deux formulations se ressemblent mais ne disent pas en fait la même chose. Les formules invitant à achever le décompte, avec l'indication ou non du nombre de jours, ont pu être confondues avec celle que l'on considère, parfois de propos délibéré. Car, comme on va le voir, la formule *fa-qdurū lahu*, désigne très probablement le calcul astronomique.

On a ainsi deux manières d'interpréter cette formule obscure : il s'agit de faire référence soit au calcul astronomique ou quelque chose d'approchant, soit au décompte de trente jours complets. Cette dernière éventualité a séduit de nombreux commentateurs, surtout quand le recours à l'astronomie a commencé à friser l'hérésie.

Ainsi c'est le cas d'Ibn al-Aṯīr (m. 1208), spécialiste du vocabulaire du hadith : selon lui, la formule désigne le fait de poursuivre le décompte jusqu'à trente (*ay qaddirū lahu ʿadad al-šahr ḥattā tukammilūhu ṯalāṯīna yawman*)[71]. Il s'agirait donc d'une manière de désigner la fiction d'un mois de trente jours. Mais il s'agit d'une dénégation :

---

68. Buḫārī, *Ṣaḥīḥ*, IV, n° 1900. O. Houdas et W. Marçais traduisent la formule finale, qui est obscure, ainsi : « S'il y a des nuages, faites une supputation » (*Les Traditions islamiques*, Paris 1903, rééd. Paris 1977, vol. 1, p. 609).
69. Buḫārī, *Ṣaḥīḥ*, IV, n° 1906.
70. A. Kazimirski, *Dictionnaire arabe-français*, Paris 1860, réimpr. Beyrouth s.d., vol. 2, p. 685a-b.
71. M. Ibn al-Aṯīr, *al-Nihāya fī ġarīb al-ḥadīṯ wa-l-aṯar*, éd. Ṭ. Aḥmad al-Zāwī et M. Muḥammad al-Ṭanāḥī, 5 vol., Beyrouth s.d., vol. 4, p. 23.

Ibn al-Aṯīr écrit trois siècles après la compilation de ces traditions. On reviendra plus loin sur ce point quand on abordera la discussion du statut de l'astronomie dans ce débat.

Ibn ʿUmar (m. 692) et le jour du doute[72]

> (**a**) Après avoir cité le dit prophétique selon lequel en cas de couverture nuageuse, il faut attribuer au mois de šaʿbān trente jours (*fa-in ġumma ʿalaykum fa-qdurū lahu ṯalāṯīna*)[73], le narrateur poursuit : (**b**) Quand venait le vingt-neuvième jour de šāʿbān, il demandait qu'on scrute le ciel (*nuẓira lahu*). Si on apercevait le croissant, il commençait le jeûne ; si on ne l'apercevait pas alors qu'aucun nuage ou poussière n'empêchait cette observation, il mangeait le lendemain (*wa lam yaḥul dūna manẓarihi saḥāb wa lā qatara aṣbaḥa mufṭiran*). Si par contre il y avait des nuages ou de la poussière, il commençait son jeûne le lendemain. Le narrateur a ajouté : (**c**) Ibn ʿUmar jeûnait en même temps que les gens et ne tenait pas compte du calcul (*kāna bnu ʿUmar yufṭiru maʿa al-nās wa lā yaʾḫuḏu bi-hāḏā al-ḥisāb*)[74].

Cette tradition est constituée de trois parties distinctes. Dans la première (**a**), on a un exposé succinct de la doctrine du principe de continuité du mois (fiction d'un mois de trente jours). La seconde (**b**) expose sans doute une doctrine qui remet en cause la décision des autorités en matière de jeûne. Le vingt-neuvième jour de šāʿbān (et aussi de ramaḍān), Ibn ʿUmar demandait à l'un de ses domestiques de scruter le ciel et tenter d'apercevoir le croissant. Il s'agit là d'une procédure singulière. Elle implique toutefois que le fameux Compagnon ne faisait pas confiance aux autorités pour entamer ou achever son jeûne. En commandant à son domestique d'observer le croissant, il estimait qu'il s'agissait d'une décision individuelle ou que, en raison de son statut éminent, il n'était pas assujetti aux décisions des autorités. Si son domestique l'informait que le croissant de ramaḍān était présent, il commençait le lendemain son jeûne. S'il l'informait du contraire, il ne commençait son jeûne que le surlendemain. Il semblait

72. On peut noter qu'Ibn ʿAbbās et Ibn ʿUmar jouent un rôle important dans cette discussion, tout en ne défendant pas les mêmes positions.

73. Observons, soit dit en passant, que la formule *fa-qdurū lahu* est ici sans ambiguïté, puisqu'il est précisé qu'il s'agit de la fiction d'un mois de trente jours. Dans la plupart des versions, une telle précision fait défaut.

74. Abū Dāwūd, *Sunan*, vol. 6, p. 311-314, nº 2317.

ainsi ignorer la décision des autorités comme la conduite de ses coreligionnaires. Dans le cas d'un ciel couvert et de l'impossibilité de savoir si le croissant lunaire s'est levé ou non, il commençait le jeûne le lendemain. C'est pour cela qu'Ibn ʿUmar est rangé parmi les adeptes du point de vue selon lequel on doit jeûner le jour du doute comme s'il faisait partie du mois de ramaḍān. Cette doctrine a été combattue et en grande partie abandonnée, après avoir donné lieu à une importante controverse. Quant à la troisième et dernière partie (**c**), elle expose la doctrine selon laquelle il faut suivre les gens (*nās*) et non le calcul. Ces trois doctrines se contredisent et pourtant elles sont fusionnées dans le même texte, dans une vaine tentative de les concilier.

Ainsi la doctrine énoncée en (**b**) contredit celle qui est énoncée en (**c**) : alors que selon cette dernière, Ibn ʿUmar suivait la conduite du groupe, selon la première il ne s'en tenait qu'à l'observation de son serviteur. À leur tour, ces deux doctrines contredisent la troisième : en (**a**), il s'en tient au principe de continuité et à la fiction d'un mois de trente jours en cas d'impossibilité d'observation du ciel.

On est en pleine interpolation, destinée à atténuer l'antagonisme entre la doctrine exposée en (**b**) et d'autres traditions. Ibn ʿUmar est présenté à l'époque d'Abū Dāwūd comme un membre des « Pieux Ancêtres » (*al-salaf al-ṣalīḥ*), qui contribuent à la définition de la *Sunna* et qu'Ibn Ḥanbal et ses adeptes tiennent en haute estime[75]. On relève dans (**c**) le rejet du calcul. Il peut s'agir du calcul astronomique, mais cela n'est pas certain. Il est probable que cela renvoie à la fiction du mois de trente jours, défendue en (**a**).

La tradition suivante tente également de corriger la doctrine prêtée à Ibn ʿUmar :

> ʿAbbād b. Abī Mālik al-Ašjaʿī rapporte : Le gouverneur de La Mecque a prononcé un prône (*ḫaṭaba*) : L'apôtre de Dieu nous a commandé de débuter le pèlerinage (*nansuk*) en cas de vision [du croissant de ḏū al-ḥijja]. Si nous ne le voyons pas et si un témoin honorable (*šāhid ʿadl*) atteste (*šahida*) [l'avoir vu], nous devrons entamer le pèlerinage en nous appuyant sur leurs témoignages (*bi-šahādatihimā*). J'ai demandé à al-Ḥusayn b. al-Ḥāriṯ : Qui est le gouverneur de La Mecque ? Il m'a répondu : Je l'ignore. Plus tard, il me rencontra et me dit : Il s'agit de al-Ḥāriṯ b. Ḥāṭib, le frère de Muḥammad b. Ḥāṭib. Le gouverneur a poursuivi son propos : Il y en a parmi vous qui sont

75. C'est de là que vient l'appellation si répandue de nos jours de *salafiyya*, ceux qui se réclament des *salaf*. Seule l'interprétation de l'islam par ces derniers serait *vraie*.

> plus savants que moi pour ce qui concerne Dieu et Son Apôtre. Il a fait à cet instant un signe de la main en direction d'un homme. J'ai alors questionné, poursuivit al-Ḥusayn, un homme qui était à mes côtés : Qui est celui que le gouverneur a indiqué de la main ? – C'est ʿAbd Allāh b. ʿUmar. [L'inconnu a ajouté] : Il est plus savant que lui pour ce qui concerne Dieu. Ibn ʿUmar [prenant alors la parole] dit : En effet, c'est ce que nous a commandé l'apôtre de Dieu[76].

Cette tradition n'évoque pas le croissant de ramaḍān mais celui de ḏū al-ḥijja. Mais ce qui vaut pour ce dernier vaut pour le premier. Il semble y avoir *un lapsus*, à moins qu'il ne s'agisse d'une réécriture postérieure : le Gouverneur parle d'un témoin, or ensuite il est question de deux témoins (usage du duel). Selon cette tradition, en cas d'impossibilité de voir le croissant, si deux témoins crédibles attestent l'avoir vu, on les suivra. C'est une manière de corriger les doctrines attribuées précédemment à Ibn ʿUmar.

Le témoignage au sujet du croissant

On voit apparaître assez tôt le thème du témoignage au sujet du croissant lunaire, mais toujours en relation avec le personnage du Prophète, parfois en relation avec des Compagnons. À l'intérieur de ce thème important, un rôle de premier plan est donné à la figure du Bédouin, qui représente l'Arabe dans sa nature première, pas encore perverti par la civilisation de la ville et le mélange des cultures. C'est le cas de la tradition suivante :

> ʿIkrima rapporte qu'un Bédouin (*aʿrabiyy*) a témoigné (*šahida*) en présence du Prophète avoir observé le croissant (*ʿalā ruʾyat al-hilāl*). Le Prophète lui dit : Attestes-tu (*tašhadu*) qu'il n'y a de divinité que Dieu et que je suis Son apôtre ? – Oui, [j'atteste]. Le Prophète a alors commandé aux gens de commencer le jeûne[77]. Dans une variante, on lit : Le Prophète donna un ordre à Bilāl. Celui-ci appela les gens (*nās*) [à commencer] le jeûne[78].

Il existe plusieurs variantes de cette tradition. Le contexte de référence est médinois. Quant au Bédouin, il est déjà converti[79]. Le verbe utilisé à chaque fois est *šahida*, verbe qu'on utilise pour désigner le

76. Abū Dāwūd, *Sunan*, vol. 6, p. 332, nº 2335.
77. Ibn Abī Šayba, *Muṣannaf*, vol. 2, p. 320, nº 9464.
78. ʿAbd al-Razzāq, *al-Muṣannaf*, vol. 4, p. 166, nº 7342.
79. On fait ici référence à une famille de traditions dont le noyau est constitué par le

témoignage judiciaire, mais qui est aussi présent dans le Coran en relation avec le début du jeûne de ramaḍān (voir ici même, § 1). Il ressort du test que le Prophète fait subir au Bédouin qu'il suffit d'être un musulman – qui adhère au credo résumé par la double attestation – pour que son témoignage sur le croissant lunaire soit recevable. Il ressort également de cette tradition que nous avons bien affaire à un témoignage et que la condition unique de sa recevabilité est l'adhésion au credo (unicité de Dieu + apostolat de Muḥammad), alors que plus tard il faudra en sus remplir la condition de l'honorabilité (*ʿadāla*), qui est plus que l'appartenance à la communauté des fidèles. Dernier élément : il s'agit d'un témoignage unique. Nous sommes sans aucun doute en présence de la tradition la plus ancienne dans un ensemble varié, bien que le vocabulaire utilisé a pu être rectifié. On y parle de *ruʾyat al-hilāl*, expression standardisée tardive, qui désigne l'observation de la nouvelle lune. Les traditions précédentes, où il a été question de l'Imām ou du groupe, sont sans aucun doute plus anciennes. Le processus décrit est analogue à celui que prescrivent les traités de *fiqh* après le IXe siècle : un fidèle se rend de sa propre initiative auprès du Chef pour l'informer de l'apparition du croissant. Mais tout témoignage doit être validé par le Chef.

On relève dans la variante de la tradition un fait important : une fois confirmé le témoignage du Bédouin, le Prophète donne l'ordre à Bilāl, son muezzin officiel, d'appeler les fidèles à se préparer au jeûne pour le lendemain. Cela pourrait être un détail anecdotique. En fait on peut y voir soit la volonté de donner un rôle plus actif au muezzin dans l'annonce du commencement du jeûne de ramaḍān, soit il jouait déjà ce rôle et on a cherché à justifier cela en faisant remonter l'usage à l'époque prophétique[80].

Selon une autre version, la narration est mise sur le compte d'Ibn ʿAbbās, Le texte n'est pas fondamentalement différent de celui transmis par ʿIkrima, mais semble plus élaboré :

---

récit d'un bédouin qui se rend à Médine pour s'informer sur les obligations qui pèsent sur celui qui se convertit à l'islam.

80. Le rôle du muezzin est également évoqué à propos de l'apparition de l'aube (*fajr*), moment dans la journée où débute techniquement le jeûne diurne : « Que l'appel à la prière de Bilāl ne vous empêche pas de prendre votre repas (*saḥūr*) » (BUḪĀRĪ, *Ṣaḥīḥ*, vol. 4, p. 174, § 17). Ainsi afin que les gens sachent que l'aube est là et entament l'observance des interdits, on fit appel au muezzin. Selon d'autres traditions, il s'agissait aussi d'un crieur public (*munādī*).

> Ibn ʿAbbās rapporte qu'un Bédouin s'est rendu auprès du Prophète pour lui dire : ô apôtre de Dieu ! j'ai vu cette nuit le croissant (*innī raʾaytu al-hilāl al-layla*). – Attestes-tu qu'il n'y a de dieu que Dieu et que Muḥammad est son serviteur (*ʿabduhu*) et son messager (*rasūluhu*) ? – Oui, je l'atteste. Le Prophète dit alors [s'adressant à son muezzin] : ô Bilāl ! appelle les gens [à commencer] le jeûne dès demain[81] !

On relève quelques menues différences avec la précédente version :

1) La chaîne de transmission (*isnād*) est ici plus conforme à la doctrine : alors que le hadith de ʿIkrima est un *mursal* (il manque dans la chaîne des garants, le témoin direct), celui-ci est un *muttaṣil*, voire *musnad*. On a ajouté le Compagnon (absent dans le *mursal*) entre l'Épigone et le Prophète. Autrement dit ce hadith a été élaboré à une époque où la doctrine de la chaîne de transmission (*isnād*) a été achevée.

2) Le propos du Bédouin est rapporté sur un mode direct (il dit *innī*, « je »).

3) La double attestation de la foi est formulée sur un mode objectif : le Prophète se désigne par son *ism*. Mais la formule demeure tout de même pré-canonique : le terme *ʿabduhu*, « son serviteur », n'apparaît pas dans la formule définitive.

4) Comme dans la tradition compilée par ʿAbd al-Razzāq, le Prophète commande à son muezzin de diffuser l'information parmi les fidèles.

Dans une autre série de dits, apparaît le thème du double témoignage :

> Deux Bédouins se rendirent auprès du Prophète (*wāfidān*). Il leur demanda : Êtes-vous musulmans ? – Certes oui. – Avez-vous vu le croissant [de ramaḍān] (*ahlaltumā*) ? – Oui. Il commanda alors aux gens de jeûner ou de rompre le jeûne[82].

La fin indique que le but de cette tradition est doctrinal : que ce soit pour commencer le jeûne ou l'achever, il faut deux témoins, qui attestent avoir observé la nouvelle lune. Il ne leur fait pas prononcer la profession de foi mais se contente de leur demander s'ils sont musulmans.

Dans un autre hadith *mursal*, où donc le Compagnon n'est pas nommé (*ʿan baʿḍ aṣḥāb al-nabī*), il est question du croissant de la fin du jeûne de ramaḍān :

81. Ibn Abī Šayba, *Muṣannaf*, vol. 2, p. 320-321, nº 9467.
82. *Ibid.*, p. 321, nº 9468.

> Les fidèles (*nās*) se lèvent le matin poursuivant leur jeûne du vivant du Prophète (*ʿalā ʿahd al-nabī*)[83]. Vinrent alors deux Bédouins qui, après avoir attesté qu'il n'y a d'autre dieu que Lui seul (*šahida bi-llāh al-laḏī lā ilah illā huwa*), déclarèrent avoir vu le croissant la veille. Le Prophète a alors commandé aux fidèles de cesser le jeûne[84].

Dans une tradition analogue, le nombre des témoins est plus grand mais non précisé :

> [Le narrateur rapporte qu'il tient l'anecdote de ses oncles médinois :] Le ciel se couvrit pour nous et on ne put voir le croissant de šawwāl. Nous continuâmes notre jeûne le lendemain. À la fin de la journée une troupe (*rukab*) arriva chez le Prophète : ils attestèrent avoir vu le croissant la veille. Le Prophète commanda aux fidèles de cesser le jeûne le jour même et d'accomplir la prière de la fête le lendemain (*yuḫrijū li-ʿīdihim min al-ġad*)[85].

En vérité, il semble que cette tradition concerne moins le problème de l'annonce de la fin du jeûne que la prière de la fête de la rupture du jeûne (*ʿīd al-fiṭr*), qui a lieu le premier jour du mois de šawwāl. Le cas envisagé concerne le groupe de fidèles qui apprend tardivement dans la journée (en tout cas dans l'après-midi) que la nouvelle lune de šawwāl a été observée la veille. Deux règles sont énoncées. La première est qu'il faut immédiatement interrompre le jeûne, sans attendre. La seconde est que les fidèles ne peuvent procéder à la prière de la fête de la rupture du jeûne, parce que celle-ci ne peut se tenir que le matin, jamais l'après-midi. C'est pour cela qu'elle est repoussée au lendemain matin.

On rencontre d'autres traditions, qui fixent à un ou à deux le nombre de témoins indispensables pour commencer ou cesser le jeûne de ramaḍān.

Parmi celles qui prônent un seul témoin, il y a celle-ci. Selon Ibn Abī Laylā, ʿUmar I, le second calife, a admis le témoignage d'un seul homme au sujet du croissant lunaire (*ajāza šahādat rajulin fī-l-hilāl*)[86], que ce soit pour la fin du mois de jeûne ou du sacrifice[87]. Il ressort que l'idée qu'il faut deux témoins pour le croissant lunaire de

---

83. Cette formule indique une étape intermédiaire entre le *mursal* et l'*isnād* canonique avec le nom du Compagnon.
84. ʿAbd al-Razzāq, *al-Muṣannaf*, vol. 4, p. 164, nº 7335.
85. *Ibid.*, p. 165, nº 7339.
86. Ibn Abī Šayba, *Muṣannaf*, vol. 2, p. 320, nº 9465.
87. ʿAbd al-Razzāq, *al-Muṣannaf*, vol. 4, p. 166-167, nº 7343.

ramaḍān ou pour celui du mois de ḏū al-ḥijja, n'était pas répandue au départ. L'idée la plus ancienne est sans doute qu'un témoin suffisait[88]. C'est seulement quand on a commencé à assimiler le témoignage sur le croissant lunaire au témoignage judiciaire qu'on a posé qu'il fallait le même nombre de témoins, même si cette assimilation n'a jamais fait l'unanimité.

Dans la tradition qui suit, qui met également en scène ʿUmar I, celui-ci est présenté comme un adepte de la doctrine selon laquelle pour attester du croissant de šawwāl, il faut deux témoins mâles :

> Abū Wāʾil rapporte : Alors que nous étions à Ḫāniqāyn [localité sur la route de Hamadān au départ de Bagdad] nous vîmes le croissant de ramaḍān. Certains parmi nous jeûnèrent, les autres non. C'est alors que nous parvint un courrier (*kitāb*) de ʿUmar I : « Certains croissants sont plus grands que d'autres. Si vous voyez le croissant [de šawwāl] de jour, ne rompez pas le jeûne sauf si deux musulmans mâles témoignent l'avoir vu la veille[89] ».

Il y a deux parties dans cette tradition, qui ne sont pas forcément liées. Dans la première, il s'agit d'un groupe de fidèles qui voient le croissant de ramaḍān alors qu'ils sont en voyage. Tous n'observent pas le jeûne, en raison du caractère controversé du jeûne de ramaḍān en voyage. La seconde partie a trait au message du calife ʿUmar I et à ses instructions. Celles-ci ne concernent pas le jeûne au cours du voyage, mais l'observation du croissant de la fin du mois de ramaḍān de jour. Le Calife invite les fidèles à ne tenir compte de la nouvelle lune observée de jour pour mettre fin au jeûne que si cette observation est confirmée par deux témoins qui, eux, ont vu la nouvelle lune la veille au soir. Alors que la première partie évoque le début du jeûne, la missive du Calife a trait à la fin du mois de jeûne et surtout à un cas particulièrement disputé : faut-il tenir compte de la vision du croissant de šawwāl de jour et à quelles conditions ? On relève que le Calife exige qu'il y ait deux témoins ; qu'ils soient de sexe masculin ; et bien

88. Parmi les écoles théologico-juridiques, les ḥanafites soutiennent cette doctrine dans le cas d'un ciel clair. Dans le cas d'un ciel couvert, ils exigent un grand nombre de témoins. Les šāfiʿites admettent le témoignage d'un seul fidèle pour débuter le jeûne sans condition.
89. Ibn Abī Šayba, *Muṣannaf*, vol. 2, p. 321, nº 9473 ; ʿAbd al-Razzāq, *al-Muṣannaf*, vol. 4, p. 162-163, nº 7331 (version légèrement différente).

sûr qu'ils soient musulmans. Si la condition de l'appartenance à la communauté des fidèles semble être présente depuis le début de la discussion, on voit apparaître ici celle qui a trait au genre des témoins[90].

Dans la tradition suivante, où on retrouve le thème des deux témoins qui viennent de l'extérieur – ce ne sont pas des Bédouins, mais des voyageurs –, l'idée qu'on veut défendre est qu'il faut veiller à ne pas entrer en conflit ou en désaccord avec les autres fidèles :

> Deux voyageurs virent le croissant [de šawwāl]. Ils pressèrent le pas afin d'arriver à Médine le matin [avant midi] (*ḍuḥā*). Ils informèrent ʿUmar I. Le Calife demanda au premier : Jeûnes-tu toi ? – Oui. – Et pourquoi cela ? – Je redoutais de trouver les gens jeûnant alors que moi je l'aurais rompu (*karihtu an yakūn al-nās ṣiyāman wa anā mufṭirun*) et d'être ainsi en désaccord avec eux (*fa-karihtu al-ḫilāf ʿalayhim*). Il se tourna vers l'autre : Et toi ? – J'ai cessé le jeûne dès le [lendemain] matin (*aṣbaḥtu mufṭiran*). – Pourquoi cela ? – Comme j'ai vu le croissant, j'ai eu de la répugnance à jeûner. ʿUmar I lui dit : S'il n'y avait eu celui-là – c'est-à-dire celui qui a poursuivi le jeûne –, nous aurions rejeté ton témoignage et nous t'aurions fait donner des coups (*la-awjaʿnā raʾsaka*). Il commanda alors de cesser le jeûne et quitta [la salle][91].

Ce qui compte dans cette tradition, ce n'est pas l'honorabilité des témoins. Le cœur de ce récit est la « leçon » que donne le premier voyageur : il faut suivre le groupe même quand on a raison ! Le principe que la vision du croissant déclenche le début ou la fin du jeûne n'est ni absolu ni automatique. Ce principe ici est subordonné à un principe supérieur : sauvegarder l'unanimité de la Communauté. Cette tradition est ainsi à rapprocher de toutes celles, déjà examinées en début (voir § II), qui soulignent l'importance de suivre la pratique du groupe. Autrement dit la Communauté des fidèles ne repose pas sur des vérités établies ou vérifiables par le moyen de l'expérience sensible, mais sur le refus du différend et du conflit. Dans le cas présent, il s'agit d'un individu : il a raison mais supputant que le groupe suit une autre solution, il s'engage délibérément dans celle-ci, en sachant qu'elle contredit la vérité au sujet de la

---

90. Rappelons que le témoignage des femmes est admis de manière exclusive dans tous les procès qui mettent en cause la vie intime des femmes, de même que dans d'autres domaines qui concernent aussi bien les femmes que les hommes, mais refusé dans des domaines (par exemple, les questions financières) où elles seraient incompétentes. De plus les hanafites acceptent le témoignage des femmes et des esclaves au sujet de la nouvelle lune.

91. ʿAbd al-Razzāq, *al-Muṣannaf*, vol. 4, p. 165, nº 7338.

lunaison. Quant à ʿUmar I, il ne reproche pas à l'autre voyageur d'avoir rompu le jeûne, il lui reproche plutôt de ne pas avoir raisonné comme un individu inséré étroitement dans un groupe.

Même si elle est en faveur d'un témoignage unique, la tradition qui suit défend le même point de vue holiste :

> Un homme rend visite à ʿUmar I. Il lui rapporte qu'il a observé le croissant de ramaḍān. ʿUmar lui demande : Quelqu'un d'autre l'a observé avec toi ? – Non [personne]. – Alors comment as-tu agi ? – J'ai jeûné quand les gens ont jeûné (*ṣumtu bi-ṣiyām al-nās*). – Quelle intelligence tu as (*yā laka fiqhan*)[92] !

Ainsi ce fidèle a vu le croissant de ramaḍān avant les autres fidèles, mais au lieu d'entamer le jeûne, il fait le choix d'attendre l'ensemble du groupe. La leçon est claire : il faut jeûner avec le groupe et cesser le jeûne avec le groupe aussi.

Selon une tradition, ʿUṯmān b. ʿAffān, le 3e Calife, assassiné dans son palais, refusa de prendre en compte le témoignage du seul Hāšim b. ʿUtba al-Aʿwar au sujet du croissant de ramaḍān[93]. Selon ce témoignage, il ressort qu'il était partisan qu'il fallait plus d'un observateur, mais sans que le nombre soit précisé.

ʿAlī, le 4e Calife, lui aussi assassiné, aurait défendu très explicitement la doctrine des deux témoins nécessaires pour mettre fin au jeûne de ramaḍān : « Si deux hommes honorables (*rajulān ḏū ʿadl*) témoignent avoir vu le croissant, rompez le jeûne[94] ». Même si elle n'a trait qu'à la décision de cesser le jeûne de ramaḍān, cette tradition est sans aucun doute d'époque tardive pour deux raisons : elle exige d'une part deux témoins, d'autre part qu'ils soient honorables.

Parmi les autres Compagnons, on peut citer l'importante figure d'Ibn ʿUmar. Selon lui, un témoignage est suffisant, pour le début comme pour la fin du mois de jeûne :

> ʿAbd al-Malik b. Maysara rapporte avoir été témoin qu'à Médine pour ce qui concerne le croissant du jeûne ou de sa rupture (*hilāl ṣawm aw ifṭār*), un seul homme a témoigné et qu'Ibn ʿUmar a commandé aux habitants d'accepter son témoignage[95].

---

92. *Ibid.*, p. 168, nº 7349.
93. *Ibid.*, p. 167, nº 7347.
94. Ibn Abī Šayba, *Muṣannaf*, vol. 2, p. 321, nº 9469.
95. *Ibid.*, p. 320, nº 9466.

On ignore ce qui aurait autorisé Ibn ʿUmar à commander aux fidèles. Il n'a jamais occupé aucune fonction officielle. Il s'agit sans doute d'un trait hagiographique.

C'est à ʿUmar II qu'on attribue l'énoncé de la doctrine qui a réuni les faveurs d'une majorité de docteurs. Ainsi on rapporte : « ʿUmar II tenait pour valable le témoignage d'un seul homme (*rajul wāḥid*) sur le croissant [du début] du jeûne ; mais il exigeait deux hommes pour la rupture du jeûne (*fiṭr*)[96] ». Mais Ḥasan al-Baṣrī (m. 728) estimait de son côté qu'un double témoignage est impératif dans tous les cas : « Que ce soit pour le [début du] jeûne, sa fin ou le sacrifice, deux hommes sont nécessaires [comme témoins][97] ». Il en était de même pour ʿAṭāʾ b. Abī Rabāḥ (m. 732) : « S'agissant de la vision du croissant (*hilāl*), il faut deux hommes [en guise de témoins][98] ».

Au XVe siècle, Ibn Ḥajar (m. 1448) tient à apporter une précision. La formule *fa-lā taṣūmū ḥattā tarawhu*, « ne jeûnez pas tant que vous ne l'avez pas observé », désignant ainsi le croissant lunaire de ramaḍān – formule qu'on rencontre dans quelques dits prophétiques – ne signifie pas que la condition de l'observation vaut pour chaque fidèle pris individuellement (*laysa al-murād taʿlīq al-ṣawm bi-l-ruʾ-ya fī ḥaqq kull aḥad*)[99], mais il suffit que certains seulement l'aient observé (*bal al-murād bi-ḏālika ruʾyat baʿḍihim*)[100]. Un seul témoin suffit selon la grande majorité (*jumhūr*), mais deux selon d'autres[101].

4. Positions šīʿites

Il ne s'agit pas ici de développer la présentation des vues šīʿites sur le problème, mais seulement de donner quelques éléments d'informations, empruntés principalement à des compilations de traditions.

96. ʿAbd Al-Razzāq, *al-Muṣannaf*, vol. 4, p. 167, nº 7344.
97. *Ibid.*, p. 167, nº 7345.
98. *Ibid.*, p. 167, nº 7346.
99. C'est pourtant une telle interprétation qui est à la base de la doctrine seon laquelle si un fidèle observe le croissant de ramaḍān et que son témoignage est rejeté par les autorités, il est malgré tout tenu de débuter le jeûne de ramaḍān. Car si sa vision n'a pas de valeur pour le groupe, elle crée une obligation pour sa propre personne.
100. En arabe, *baʿḍ* est indéterminé et désigne toujours une partie d'un ensemble.
101. Ibn Ḥajar, *Fatḥ al-bārī*, vol. 4, p. 158.

Les Imāmites[102]

Plusieurs traditions insistent sur l'impératif de lier le début du jeûne à l'observation de la nouvelle lune. Ainsi ce propos attribué à Jaʿfar al-Ṣādiq (m. 765) : « Quand tu vois la nouvelle lune (*hilāl*) jeûne, et quand tu la vois [de nouveau] interromps le jeûne[103] » ; « les musulmans (*ahl al-qibla*) ne doivent s'en tenir qu'à l'observation [oculaire] (*ruʾya*)[104] ». On peut rapprocher ces deux propos de traditions présentes dans les compilations sunnites.

Un propos plus complexe est mis sur le compte de Abū Jaʿfar al-Bāqir (m. 733) : « Quand vous avez vu la nouvelle lune, jeûnez et quand vous la voyez [de nouveau] interrompez le jeûne. Vous ne devez pas agir sur la base du raisonnement ni de la présomption (*laysa bi-l-raʾy wa lā bi-l-taẓannī*). Quant à l'observation [recevable] ce n'est pas qu'au sein d'un groupe de dix [personnes], alors que l'un affirme [avoir observé la nouvelle lune], les neuf autres soutiennent le contraire. Mais quand l'un [d'entre vous] l'a observée, c'est comme si mille l'avaient observée (*lakin iḏā raʾāhu wāḥidun raʾāhu alfun*)[105] ». Outre le rappel de la nécessité de l'observation de la nouvelle lune, le propos exclut le recours au raisonnement mais admet le témoignage d'un unique fidèle, s'il n'est pas contredit.

On a envisagé des cas plus complexes. Après le coucher du soleil, on a distingué deux cas. 1) Le croissant de lune cesse d'être visible avant la tombée de la nuit. Selon Jaʿfar al-Ṣādiq, si le croissant de lune a cessé d'être visible alors que le ciel est encore rouge, il annonce le début du nouveau mois[106]. Cela signifie donc qu'on devra entamer le jeûne le lendemain s'il s'agit du mois de ramaḍān. 2) Le croissant lunaire ne cesse d'être visible qu'après la disparition de la rougeur du soir, le nouveau mois débutera la nuit prochaine[107]. Le jeûne devra débuter le surlendemain.

---

102. Je me limite dans ce paragraphe à la principale compilation de KULAYNĪ (m. 940), *al-Furūʿ min al-kāfī*. Pour des raisons pratiques, je n'ai pas eu accès à la littérature ibāḍite.
103. KULAYNĪ, *Al-Kāfī*, vol. 4, p. 76.
104. *Ibid.*, p. 77.
105. *Ibid.*, p. 77.
106. *Ibid.*, p. 77 et p. 78.
107. *Ibid.*, p. 77 et p. 78.

On a envisagé également un autre cas : l'apparition diurne de la nouvelle lune. Si elle apparaît avant midi (*zawāl*), cela signifie que le nouveau mois a débuté la nuit dernière. Si par contre elle paraît l'après-midi, cela signifie que le nouveau mois débutera la nuit prochaine[108].

Selon le même, il y a une autre manière de déterminer le début du jeûne, sans passer par l'observation de la nouvelle lune : on compte 59 jours en commençant par le premier jour du mois de rajab – et ce à condition que ce premier jour soit certain. Selon cette méthode, le premier jour de jeûne sera le 60e jour[109]. Cette méthode implique une régularité de la durée des mois : 30, 29, ou 29, 30. Autrement dit les deux mois qui précèdent le mois de ramaḍān devront être nécessairement de longueur inégale. Dans un autre de ses propos, il aurait recommandé ceci : si le soir du 29e jour de šaʿbān le ciel est couvert, on devra se lever le lendemain observant le jeûne (*aṣbaḥa ṣāʾiman*) ; mais si le ciel est dégagé et si après l'avoir scruté on ne voit rien, on devra se lever le lendemain ne jeûnant pas[110]. Cette dernière doctrine est en tout point identique à celle qui est attribuée dans les compilations sunnites à Ibn ʿUmar. Elle contredit la doctrine, plus répandue, selon laquelle quand le ciel est couvert le 29e soir, on présumera que le mois en cours a une durée de trente jours.

Selon Abū ʿAbd Allāh (Jaʿfar), le mois de ramaḍān a toujours une durée de trente jours, qui ne diminue jamais[111]. Dans une autre tradition, il affirme que le mois de šaʿbān dure toujours vingt-neuf jours tandis que ramaḍān ne diminue jamais et que šawwāl a une durée de vingt-neuf jours[112]. Cette doctrine d'une durée alternée des mois n'a pas réussi à s'imposer toutefois.

On attribue également à Abū ʿAbd Allāh le propos selon lequel il vaut mieux jeûner un jour de šaʿbān que de manger un jour du mois de ramaḍān[113]. Jeûner ainsi est licite et n'exige pas, contrairement à une doctrine qui circule, qu'il faut compenser malgré tout ce jeûne, car il n'y avait pas de certitude[114].

---

108. *Ibid.*, p. 78.
109. *Ibid.*, p. 77.
110. *Ibid.*, p. 77.
111. *Ibid.*, p. 78.
112. *Ibid.*, p. 78-79.
113. *Ibid.*, p. 81.
114. *Ibid.*, p. 81-82.

On attribue à ʿAlī (m. 661), le 4e Calife, la doctrine de deux témoins de sexe masculin honorables[115]. Le témoignage des femmes au sujet de la nouvelle lune est explicitement rejeté dans un propos anonyme[116]. Un propos de ʿAlī va dans le même sens : « Le témoignage des femmes au sujet de la nouvelle lune n'est pas recevable ; seul celui de deux hommes honorables l'est[117] ». L'attribution de la doctrine du double témoignage à ʿAlī est bien sûr une interpolation, car on l'a montré précédemment, cette doctrine est apparue tardivement, après la génération de ceux qu'on appelle Épigones (*tābiʿūn*).

Ainsi dans la compilation de Kulaynī, toutes sortes de traditions ont été recueillies, sans sélection aucune. Elles se contredisent ou divergent. Cela signifie sans doute qu'à l'époque de ce compilateur, mort en 940, la doctrine sur le sujet dans le smilieux imāmites n'était pas encore fixée. Cela ne sera le cas qu'avec Abū Jaʿfar al-Ṭūsī (m. 1068), surnommé « le Maître de la Communauté » (*šayḫ al-ṭāʾifa*).

Les Fāṭimides[118]

Le Qāḍi Nuʿmān (m. 974) aborde brièvement le sujet dans ses *Daʿāʾim*. Il commence par rapporter une tradition prophétique : « On ne peut observer un jeûne obligatoire (*farīḍa*) qu'avec conviction (*iʿtiqād*) et engagement (*niyya*). Quant à celui qui [s'engage dans un] jeûne sur la base du doute (*ʿalā šakk*), il pèche (*ʿaṣā*)[119] ». Il s'agit vraisemblablement de la variante d'une tradition qui figure dans certaines compilations sunnites et qui remonte sans aucun doute à un propos de ʿIkrima.

Quant à al-Bāqir, le VIe Imām, il lui fait dire : « Je préférerais rompre le jeûne un jour de ramaḍān plutôt que de jeûner un jour de šāʿbān, le rajoutant ainsi au mois de ramaḍān[120] ». Là aussi c'est un propos que l'on rencontre dans les compilations sunnites, avec la même préoccupation : il vaut mieux ne pas porter atteinte à l'intégrité du mois de ramaḍān plutôt que d'observer le jeûne. Autrement dit,

---

115. *Ibid.*, p. 76.
116. *Ibid.*, p. 77.
117. *Ibid.*, p. 77.
118. Les fāṭimides sont la seule branche ismaélienne à avoir exercé le pouvoir pendant une longue période et à avoir fondé un empire qui a pesé sur l'évolution du Proche-Orient. Je m'appuie ici sur la compilation théologico-juridique du QĀḌĪ NUʿMĀN, *Daʿāʾim al-islām*, éd. A. FYZEE, 2 vol., Le Caire 1960/1379.
119. QĀḌĪ NUʿMĀN, *Daʿāʾim al-islām*, vol. 1, p. 272.
120. *Ibid.*

l'acte de débuter le jeûne précisément le premier jour de ramaḍān n'est pas valorisé et on lui préfère de loin le fait de ne pas porter atteinte au mois de ramaḍān. On ne doit pas démembrer ce mois, sous prétexte d'observer un jeûne complet.

Le Qāḍī ismaélien commente ainsi ce propos : « C'est-à-dire qu'il jeûne ce jour, ignorant s'il fait partie du mois de ramaḍān, mais le [présumant dans] son engagement (*yanwī annahu min šahr ramaḍān*). Ceci n'est pas faisable, car c'est comme s'il avait fait un rajout dans une des obligations [cultuelles], alors qu'il n'est licite ni d'y rajouter ni d'en retrancher quoi que ce soit. Cependant il convient à celui qui doute du premier jour du mois de ramaḍān qu'il le jeûne comme un jour de šaʿbān et sur un mode facultatif (*taṭawwuʿan*). Si après il apprend qu'il coïncide avec [le début] de ramaḍān, il devra le compenser [...]. Il en sera récompensé deux fois[121] ». Ainsi la Qāḍī fāṭimide recommande de jeûner le jour de doute comme jeûne facultatif, reprenant ainsi une doctrine apparue dans les milieux proto-sunnites.

Le Qāḍī rejoint – mais est-ce étonnant pour un homme au service des Fāṭimides ? – la doctrine selon laquelle il faut suivre l'Imām. Selon lui, le fidèle est condamné à l'incertitude[122] si l'Imām fait défaut (*wa hadā idā lam yakun maʿa imām*). Quant à celui qui vit sous l'autorité de l'Imām ou, même s'il en est éloigné, les ordres de ce dernier lui parviennent, il devra jeûner en même temps que l'Imām et rompre le jeûne en même temps que lui (*yaṣūm bi-ṣawm al-imām wa yufṭir bi-ifṭārihi*). Car l'Imām examine ce problème et s'en occupe comme il s'occupe et examine les problèmes du culte (*dīn*) en général que Dieu l'a chargé (*qalladahu*) d'examiner. L'Imām ne jeûne, ne rompt le jeûne et ne commande rien aux fidèles à ce sujet qu'avec la certitude (*ʿalā yaqīn*) et ce qui est confirmé à ses yeux et selon tous ses prédécesseurs (*aʾimma*) qui veillent sur les affaires de ce monde comme de la religion de même que de l'islām et des musulmans[123]. On ne doit pas se tromper. Étant donné que l'ismaélisme a repris le concept politique de l'imām développé à l'époque umayyade, il en ressort que seul l'imām comme chef politique de la communauté des fidèles a la prérogative de proclamer le début du

121. *Ibid.*

122. Le Qāḍī met au coeur de sa présentation la notion de *yaqīn*, « certitude » (*yastaqīn, yatayaqqan, yaqīn*), qui est un des antonymes de šakk, « doute ».

123. Qāḍī Nuʿmān, *Daʿāʾim al-islām*, vol. 1, p. 272.

jeûne. À cela, le Qāḍī al-Nuʿmān insiste sur le fait que l'imām est un chef investi par Dieu Lui-même et qui pour cette raison ne peut errer (ce qui explique la référence à la notion de « certitude »).

Selon Maqrīzī (m. 1442), les fāṭimides fixaient le début du jeûne de ramaḍān (comme des autres mois) en se servant de tables établies préalablement – par des astronomes ? – et conservées par l'Imām ou ses secrétaires[124].

5. La controverse sur l'astronomie[125]

Alors que l'astronomie a été pratiquée et a connu des développements importants sous les ʿAbbāsides et leurs successeurs, la plupart du temps on a refusé d'y recourir pour établir le calendrier du jeûne de ramaḍān, notamment pour définir son début et sa fin. Comme on vient de le voir, les procédés préconisés par les docteurs de la Loi ignorent superbement le calcul astronomique. Cela n'a pas manqué d'ailleurs de donner lieu à une discussion qui a tourné parfois à la controverse.

Avant d'aller plus loin, précisons un certain nombre de points. Les hadiths qui définissent les procédés pour établir le début et la fin du mois de jeûne datent selon toute vraisemblance du VIIIe siècle, à cheval sur les périodes umayyade et ʿabbāside. Comme ces procédés ne font guère état du recours à l'astronomie, ne faut-il pas y voir un rejet obstiné de cette dernière ? Dans les compilations de hadith, il y a deux manières de comprendre cet ostracisme qui frappe l'astronomie. La première souligne l'obligation d'imiter la conduite du Prophète et des premiers musulmans, voire des anciens Arabes. Quant à la seconde, elle procède à la condamnation de l'astronomie, du moins dans certains de ses aspects.

Concernant l'imitation des premiers musulmans, il en a été largement question dans les pages précédentes, notamment dans des traditions qui montrent le Prophète et ses Compagnons statuer sur le début

124. Cité par R. Brunschvig, *Études d'islamologie*, éd. Abd al-Magid Turki, 2 vol., Paris 1976, vol. 1, p. 69. Voir également au sujet des conceptions ismaéliennes, D. de Smet, « Comment déterminer le début et la fin du jeûne de ramadan ? », dans U. Vermeulen et D. de Smet (éd.), *Egypt and Syria in the fatimid, ayyubid and mamluk eras*, Louvain 1995, p. 71-84.

125. La différence entre « astrologie » et « astronomie » est un fait de la science moderne. Pendant longtemps ces deux termes étaient quasi synonymes. On ne doit pas oublier que le grand astronome Kepler était aussi un astrologue.

ou la fin du mois de jeûne. Je vais me pencher exclusivement maintenant sur un thème singulier : « l'illettrisme » des anciens Arabes ; ensuite j'en viendrais à la dénonciation de l'astronomie dans les compilations de hadith.

Les Arabes : « une nation illettrée »

Les adversaires de l'astronomie s'appuient sur certains hadiths, notamment dans le propos suivant, attribué à Muḥammad :

> « Nous sommes une nation illettrée (*umma ummiyya*) : nous ignorons l'écriture et le calcul. Le mois est comme ceci et comme cela ». La troisième fois, il retint un doigt (*ʿaqada al-ibhām*). Il a ajouté : « Le mois est comme ceci, cela ou cela », c'est-à-dire trente jours complets[126], ou selon la version d'Abū Dāwūd, « vingt-neuf ou trente [jours][127] ».

On doit observer que les deux versions envisagent les deux durées possibles d'un mois. Comme on l'a indiqué précédemment, l'année lunaire durant 354 jours, six mois doivent durer 30 jours tandis que les six autres mois ne peuvent avoir qu'une durée de 29 jours. Le problème est la répartition des mois de l'une et l'autre durée au cours de l'année : alterneraient-ils avec régularité ou dans le désordre ? Il semble qu'on ait tenté de proposer un schéma du type a–b–a–b, etc. (voir plus haut, § « Les imāmites »). Mais un tel schéma est purement théorique et il n'est pas certain qu'il soit valable sur le plan empirique. Cette discussion a sans doute débuté tôt, au cours du VIIIe siècle, quand s'est formé un courant favorable au caractère invariable de la durée des mois de ramaḍān et ḏū al-ḥijja (mois du pèlerinage). On a alors attribué des propos au Prophète, selon lesquels les mois de ramaḍān et de ḏū al-ḥijja sont des mois sacrés qui ne peuvent voir leur durée diminuer, autrement dit, ils auraient toujours une durée de 30 (ou 29) jours[128]. Cela étant, même si une telle décision avait été prise, elle n'aurait eu d'impact que sur la fin du mois et le passage au mois suivant, non sur son début. Mais en décidant d'attribuer *a priori* à ces deux mois la longueur maximum, on influençait forcément la

---

126. IBN ABĪ ŠAYBA, *Muṣannaf*, vol. 2, p. 332, nº 9604 et nº 9607.
127. ABŪ DĀWŪD, *Sunan*, vol. 6, p. 310-311, nº 2316.
128. Dans un tel cas de figure, il ne peut être question d'alternance régulière puisque si ramaḍān est le neuvième mois, ḏū al-ḥijja est le douzième : dans ce cas il n'y a point de régularité.

longueur des autres mois. Là aussi une telle perspective, si elle a pu rencontrer un certain écho auprès de certains milieux, la doctrine qui a fini par s'imposer l'a écartée. On ne peut pas concilier la surveillance du ciel et de la lunaison avec une telle position *a priori*.

Dans la tradition précédente, le détail le plus important concerne l'illettrisme, qui est défini par l'absence de deux savoirs : l'écriture et le calcul. Le calcul n'est d'ailleurs qu'une forme particulière d'écriture. Une telle interprétation est défendue par al-Ḫaṭṭābī (m. 972), un des premiers commentateurs de la compilation de Abū Dāwūd. Il observe que l'on dit *ummī* pour celui qui ne sait ni écrire ni lire (*li-man lā yaktub wa lā yaqrā'*) – et non qui ne sait ni écrire ni compter – car on le rattache à la nation des Arabes (*li-annahu mansūb ilā ummat al-ʿarab*), qui ne savaient ni lire ni écrire. On dit aussi *ummī* (parce qu'on pense que ce mot est issu du mot *umm*, « mère ») pour signifier qu'il est demeuré dans l'état où sa mère l'a mis au monde, ne sachant ni la lecture ni l'écriture (*qīla lahu ummī ʿalā maʿnā annahu bāqi ʿalā al-ḥāl al-latī waladathu ummuhu lam yataʿallam qirāʾatan wa lā kitāban*)[129]. Même si le terme *ḥisāb* désigne le calcul astronomique dans certains contextes, cela ne semble pas être dans le cas considéré ici l'interprétation de Ḫaṭṭābī.

Ce n'est plus le cas d'un commentateur très tardif de Abū Dāwūd. Il s'agit de Ābādī, originaire du sous-continent indien : « Ce qui est visé ici c'est le calcul astronomique et le mouvement des astres (*wa-l-murād bi-l-ḥisāb hunā ḥisāb al-nujūm wa tasyīruhā*) car ils [= les Arabes] ne possédaient qu'un savoir réduit dans ce domaine. C'est pour cela qu'il a lié le jeûne à la vision [du croissant] afin de leur épargner la difficulté de s'occuper du calcul des mouvements [de la lune][130] ». Ainsi tardivement, le terme *ḥisāb* a désigné le calcul astronomique. En passant le commentateur reprend deux arguments largement exploités pas ses prédécesseurs : *primo*, les premiers musulmans, qui étaient des Arabes, n'avaient pas de connaissances solides en astronomie ; *secundo*, le calcul astronomique est source de difficultés.

---

129. Al-Ḫaṭṭābī, *Maʿālim al-Sunan*, 4 t. en 2 vol., vol. 2, p. 80.
130. Abū Dāwūd, *Sunan*, commentaire de Ābādī (ʿAwn al-maʿbūd), vol. 6, p. 310.

Le hadith et l'hostilité à l'astronomie

Quand on considère les compilations de hadith, l'astronomie n'y occupe pas une place importante. Quand elle est évoquée c'est souvent dans un contexte polémique et en association avec les sciences divinatoires (*kihāna*). Ainsi il est possible de soutenir que la condamnation de l'astronomie et sa mauvaise réputation dans certains milieux religieux dès le IXe siècle viennent essentiellement de cela, à savoir son utilisation comme science divinatoire (astrologie).

On rencontre des hadiths hostiles à la divination (*kihāna*) en général dans plusieurs compilations anciennes : Ibn Ḥanbal (m. 855), Muslim (m. 875) et Tirmiḏī (m. 875). Cette condamnation est confirmée par des compilations du siècle suivant. Bazzār (m. 904) a compilé plusieurs traditions qui vont dans ce sens, notamment avec la formule de l'anathème : « Celui qui a consulté un devin (*kāhin*) et a adhéré (*ṣaddaqahu*) à ses dires, mécroit en ce qui a été révélé à Muhammad[131] ». Le même dit a été rapporté par Ṭabarānī (m. 970), dans des versions différentes. On y trouve la distinction entre celui qui consulte le devin seulement et celui qui y croit : « Celui qui a consulté un devin et a adhéré à ses dires, s'est affranchi de ce qui a été révélé à Muḥammad. Celui qui n'a pas adhéré à ses dires, sa prière ne sera pas agréée durant quarante nuits[132] ». Ou encore : « Celui qui a consulté un devin, la repentance sera voilée pour lui [= il ne pourra pas se repentir] pendant quarante nuits. S'il adhère à ses dires, il mécroit[133] ». Ce dernier propos atténue la condamnation des usagers de l'astrologie : on n'excommunie pas tous ceux qui se rendent chez un astrologue ou le consultent, mais seulement ceux qui ajoutent foi ses dires. Dès le IXe siècle, on a associé la condamnation de la divination à celle de la magie (*siḥr*), ou comme chez Abū Dāwūd (m. 888) et Ibn Māja (m. 886), à celle de l'astronomie : « Celui qui a appris la science des astres, a acquis une branche de la magie (*šuʿba min al-siḥr*)[134] ».

---

131. Cité par Ibn Ḥajar al-Haytamī, *al-Zawājir ʿan iqtirāf al-kabāʾir*, éd. M. M. ʿAbd al-ʿAzīz, S. I. Ṣādiq et J. Ṯābit, 2 vol., Le Caire 1994, vol. 2, p. 233 et 234.
132. Cité par *Ibid.*, p. 234.
133. Cité par *Ibid.*, p. 234.
134. Ibn Māja, *Sunan*, avec le commentaire d'Abū al-Ḥasan al-Ḥanafī al-Sindī, 4 vol. + 1 vol d'index, Beyrouth 1997, vol. 4, p. 215, nº 3726. Abū Dāwūd, *Sunan*, vol. 10, p. 284, nº 3899. Cité par Ibn Ḥajar al-Haytamī, *al-Zawājir ʿan iqṭirāf al-kabāʾir*, vol. 2, p. 235.

Dans un autre hadith, compilé par Abū Dāwūd, le Prophète s'en prend à une croyance arabe ancienne, selon laquelle certaines étoiles apporteraient la pluie. On lui fait dire, rapportant des paroles de Dieu : « Parmi Mes serviteurs, il y a celui qui croit en Moi et il y a le mécréant. Quant à celui qui dit : "Par la grâce de Dieu et Sa miséricorde, nous avons reçu une pluie", il est croyant et mécroit dans [le pouvoir de] l'étoile (*kāfir bi-l-kawkab*). Mais celui qui dit "Nous avons reçu la pluie de telle ou telle étoile", celui-là mécroit en Moi et croit en l'étoile[135] ». Il s'agirait ici d'astrolâtrie : la cause de la pluie dont bénéficient les humains n'est pas une étoile mais Dieu.

Une expression du hadith : fa-qdurū lahu

On a déjà rencontré précédemment cette expression ; et on a vu qu'elle a été interprétée très tôt dans le sens d'un recours au calcul astronomique. C'est ce que pensaient aussi bien Ibn Qutayba qu'Ibn Surayj, à un siècle d'intervalle.

Si Ibn Qutayba (m. 889) est tenu généralement par les docteurs de la Loi pour un homme étranger à leur science et donc dont les prises de position ne comptent guère[136], il en est autrement d'Ibn Surayj (m. 918), dont on sait qu'il a été un temps le leader des šāfiʿites de Baġdād[137]. On cite en leur compagnie une autorité primitive : Muṭarrif b. ʿAbd Allāh, un Épigone de Baṣra, mort vers 714[138]. Il s'agit manifestement d'un amalgame. Muṭarrif était peut-être favorable à l'usage de l'astronomie, mais c'est un anachronisme de l'associer au débat sur l'interprétation d'un hadith, diffusé bien après sa disparition.

Parmi les premiers à citer ce trio, il y a l'Andalou Ibn ʿAbd al-Barr (m. 1071), auteur d'une importante encyclopédie doxographique ayant trait au culte et à la loi. Il y rapporte que selon Ibn Sīrīn (m. 728), qui est de Baṣra, un des grands Épigones prenait en compte la position des astres et les mansions lunaires (*iʿtibār al-nujūm wa manazil*

135.. Abū Dāwūd, *Sunan*, vol. 10, p. 284-286, nº 3900.

136. On connaît son célèbre *Muḫtalif al-ḥadīṯ* (traduit en français par G. Lecomte). On peut citer également son moins connu *Ġarīb al-ḥadīṯ* (éd. Zurzūr, 2 vol., Beyrouth 1988).

137. Voir à ce sujet Ch. Melchert, *The formation of* sunnī *Schools of Law*, Leyde 1997 (ch. V).

138. Il vécut donc toute la période où al-Ḥajjāj gouverna l'Irak d'une main de fer, et notamment la prise de Baṣra par le général insurgé Ibn al-Ašʿaṯ en 81/701.

al-qamar) de même que le calcul astronomique (*wa ṭarīq al-ḥisāb*). « Il eut mieux valu pour lui qu'il ne le fît pas », aurait déclaré à son sujet son compatriote et contemporain Ibn Sīrīn, refusant toutefois de le nommer. C'est Ibn ʿAbd al-Barr qui le dévoile ajoutant qu'il s'agit d'« un éminent Épigone de Baṣra » (*kāna min jillat tābiʿī al-baṣra al-ʿulamāʾ al-fuḍalāʾ al-ḥulamāʾ*)[139]. Selon Ibn ʿAbd al-Barr toujours, Ibn Qurayba interprétait l'expression *aqdirū lahu* comme voulant dire « estimez l'avènement du mois grâce aux mansions de la lune » (*qaddirū al-šahr bi-manāzil al-qamar*)[140].

Quant à Ibn Surayj (m. 918), il faisait de Šāfiʿī (m. 820) l'adepte d'une doctrine favorable à l'astronomie : « Celui qui acceptait la déduction (*istidlāl*) grâce aux positions des astres et aux mansions de la lune et qui ne peut observer le croissant lunaire alors que la position des astres montre le contraire, il lui est permis de prononcer la formule de l'intention et de commencer son jeûne ; il sera valable[141] ». Mais Ibn ʿAbd al-Barr conteste cette transmission : « Ce que nous lisons dans ses écrits [= Šāfiʿī] est que le mois de ramaḍān ne peut commencer que s'il y a eu (1) une observation notoire, (2) un témoignage fourni par des personnes honorables ou (3) l'achèvement de trente jours pour le mois de šaʿbān[142] ». Autrement dit, Ibn Surayj n'aurait pas transmis la « vraie » doctrine de Šāfiʿī. Pourtant si Ibn Surayj est un disciple irakien de Šāfiʿī du Xe siècle, Ibn ʿAbd al-Barr est un mālikite andalou du XIe siècle. Il est probable qu'entre Ibn Surayj et Ibn ʿAbd al-Barr, la doctrine de Šāfiʿī a été révisée par ses disciples. On observe qu'on ne voit pas ce qu'il entend par « une observation notoire » (*ruʾya fāšiyya*). Car dans ce cas, qui serait les auteurs de l'observation ? Il est vrai que cela peut renvoyer à l'autorité du groupe, qu'il s'agisse de l'acquiescement des chefs religieux à une telle nouvelle ou de la conduite même de la masse des fidèles.

Un autre élément de la doctrine d'Ibn Surayj est souvent mis en valeur. Selon Ibn al-ʿArabī (m. 1148), Ibn Surayj distinguait entre deux types de hadith. Alors que l'injonction *fa-qdurū lahu* (« faites une estimation ») propre à certains hadiths s'adresserait aux astronomes (*ḫiṭāb*

139. Ibn ʿAbd al-Barr, *al-Istiḏkār al-jāmiʿ li-maḏāhib fuqahāʾ al-amṣār wa ʿulamāʾ al-aqṭār*, 8 vol. + 1 vol. d'index, éd. S. M. ʿAṭā et M. ʿA. Muʿawwaḍ, Beyrouth 2000, vol. 3, p. 278.
140. *Ibid.*, p. 278.
141. *Ibid.*, p. 278.
142. *Ibid.*, p. 278.

li-man ḫaṣṣahu Allāh bi-haḏā al-ʿilm), la formule *akmilū al-ʿidda* (« achevez le décompte »), présente dans d'autres hadiths, serait un discours à l'adresse du peuple profane (*ʿāmma*), qui ignore tout de l'astronomie. Dès lors on aboutit à une situation ambivalente : le jeûne de ramaḍān oblige les uns en raison d'un calcul complexe qui a pour objet les astres et la lune, les autres sur la base d'un décompte simple des jours lunaires[143]. Si on admet une telle interprétation, cela voudrait dire les élites versées dans l'astronomie auraient un calendrier du jeûne différent de celui de la masse, qui s'appuierait sur la seule observation oculaire. Cela conduirait ainsi à une division de la communauté des fidèles.

Les šāfiʿites, qui tiennent à se présenter comme les parangons de la doctrine sunnite, ont été gênés par la position défendue par un des fondateurs de leur École à Baġdād. Certains d'entre eux, réservés sinon hostiles au recours à l'astronomie, se sont efforcés de rectifier l'image laissée par Ibn Surayj. On donne ici quelques exemples significatifs.

Ibn al-Ṣalāh (m. 1244), un šāfiʿite bien connu, surtout pour son manuel sur le hadith, distinguait entre d'une part la connaissance des phases de la lune et de ses mansions et d'autre part le calcul astronomique. Ainsi il estimait que si la connaissance des mansions de la lune, qui est identique à celle des phases de la lune, est accessible à tous ou presque (c'est un savoir empirique, fondé sur l'observation des constellations et des astres), le calcul est quant à lui une connaissance subtile (autrement dit, théorique), que seules quelques rares personnes maîtrisent. La connaissance des mansions lunaires est à la portée de celui qui surveille les étoiles : il s'agit d'une connaissance issue des sens (*maʿrifat manāzil al-qamar hiya maʿrifat sayr al-ahilla wa ammā maʿrifat al-ḥisāb fa-amr daqīq yaḫtaṣṣu bi-maʿrifatihi al-āḥād [...] fa-maʿrifat manāzil al-qamar tudraku bi-amr maḥsūs yudrikuhu man yurāqib al-nujūm*). Selon Ibn al-Ṣalāḥ, Ibn Surayj faisait référence à la situation de celui qui possédait un savoir dans cette matière (*wa hāḏā huwa al-laḏī arādahu Ibn Surayj wa qāla bihi fī ḥaqq al-ʿārif bihā fī ḫāṣṣati nafsihi*)[144]. Ainsi Ibn al-Ṣalāḥ cherche à concilier la position attribuée à Ibn Surayj, en faveur de l'astronomie, avec la doctrine sunnite majoritaire, hostile au calcul astronomique et donc à la prévision du premier jour de jeûne. On peut donc se fonder sur la connaissance des mansions lunaires mais non sur le calcul astronomique.

---

143. Cité dans Ibn Ḥajar al-ʿAsqalānī, *Fatḥ al-bārī*, vol. 4, p. 157.
144. *Ibid.*

Nawawī (m. 1273), théologien et juriste šāfiʿīte damascène renommé, commence par préciser que selon la doctrine en cause, il s'agit de déterminer la position de l'astre lunaire selon le calcul des mansions (*ḥisāb al-manāzil*)[145]. Mais il n'y est pas favorable : « Ils [= les docteurs de la Loi] ont soutenu qu'il n'est pas admissible qu'on veut entendre par là le calcul des astronomes. Si on imposait une telle tâche au peuple, elle serait trop lourde ; car seules quelques personnes possèdent cette science. Or la Loi n'exige des gens que les connaissances qui sont accessibles à leurs grandes masses » (*qālū wa lā yajūzu an yakūn al-murād ḥisāb al-munajjamīn li-anna al-nās law kullifū bihi ḍāqa ʿalayhim li-annahu lā yaʿrifuhu illā al-afrād wa-l-šarʿ innamā yuʿrifu al-nās bimā yaʿrifuhu jamāhīruhum*)[146]. L'argument de la division des fidèles apparaît sans doute la première fois chez Ibn al-ʿArabī, qui oppose le savant versé dans l'astronomie à la masse qui en ignore tout. Reprenant une telle interprétation, Nawawī lui donne un autre contenu : selon lui, les procédés fixés par la Loi doivent être communs à *tous* les fidèles sans distinction aucune. Il n'est pas question de distinguer ceux qui ont des connaissances en astronomie – qui sont forcément un petit nombre – de ceux qui en sont dépourvus – qui sont la grande masse des fidèles. Nawawī soutient que ceci serait contradictoire avec l'esprit de la loi religieuse, qui doit reposer sur le postulat selon lequel n'importe quel fidèle – y compris l'illettré – doit être en mesure de déterminer le début du jeûne. Ainsi c'est moins la science astronomique elle-même qui est en cause que les conséquences que son usage entraîne dans le corps de la communauté. De plus l'unité doit se faire « par le bas », qui est le plus général. Certes Nawawī – ou un autre – aurait pu envisager une autre solution. Comme il s'agit d'un savoir trop spécialisé et donc restreint à quelques rares individualités, on aurait pu doter chaque grande localité d'un astronome, qui aurait pu ensuite informer le reste des fidèles. Ce rôle aurait pu être rempli par le *muwaqqit*. Mais jamais – au vu de ce que disent les sources considérées ici – une telle piste n'a été envisagée. On voit par là que ceux qui recourent à cet argument pour s'opposer à l'astronomie excluent *a priori* la spécialisation d'un organe, auquel on aurait confié la mission de surveiller la lunaison.

Ibn Ḥajar (m. 1448) corrige les interprétations de ses prédécesseurs : « Il [= Ibn Surayj] n'a pas soutenu l'obligation [du recours au calcul]

145. Nawawī, *Al-Minhāj*, [Muslim], vol. 3, p. 155.
146. *Ibid.*

pour lui mais seulement que c'était permis » (*lam yaqul bi-wujūb ḏālika ʿalayhi wa innamā qāla bi-jawāzihi*). C'était aussi la solution choisie par al-Qaffāl (m. 976)[147]. Toutefois Ibn Ḥajar admet que de nombreux šāfiʿites excluent complètement toute validité du recours à l'astronomie. C'est le cas de Ibn al-Ṣabbāġ qui indique : « Le recours au calcul n'oblige personne selon l'unanimité des šāfiʿites (*bi-lā ḫilāf*)[148] ».

Toutes ces informations partielles et limitées à la seule école šāfiʿīte attestent en tout cas que le recours à l'astronomie et au calcul a été l'objet d'une polémique, après le Xᵉ siècle.

Le Coran, les Arabes et l'astronomie

Le courant le plus hostile à l'astronomie – bien représenté par Ibn Taymiyya – a toujours cherché à présenter son hostilité comme héritée des autorités de l'époque primitive. Ainsi, selon les membres de ce courant, seuls des innovateurs, peu soucieux de défendre l'intégrité de la doctrine première de l'islam, y auraient recouru à une époque tardive.

On vient de montrer qu'il y a eu des partisans – même très minoritaires – du recours à l'astronomie alors que celui-ci est loin d'avoir été diabolisé ou condamné. De plus, on ne peut présenter les anciens Arabes comme étrangers à tout intérêt pour l'astronomie comme le montrent plusieurs recherches[149]. Dans cet ordre d'idées, il est difficile de soutenir que le Coran condamne l'astronomie puisque, selon plusieurs passages, il se déclare favorable au recours aux astres pour se guider ou s'orienter. Ainsi le verset **2**, 189, évoquant les mouvements de l'astre lunaire, énonce : « Ils t'interrogeront sur les croissants de lune (*ahilla*). Dis : Ce sont des repères temporels (*mawāqīt*) pour les hommes […] ». Autrement dit, Dieu les a établis au service des humains afin qu'ils organisent le temps. Les étoiles ont un autre rôle : elles aident à se diriger dans l'obscurité, quand le soleil est absent, aussi bien sur terre que sur mer (**6**, 97 ; voir aussi **16**, 16). Ailleurs les

147. Ibn Ḥajar al-ʿAsqalānī, *Fatḥ al-bārī*, vol. 4, p. 157.

148. *Ibid.*, p. 158.

149. On peut renvoyer à deux études anciennes : Ch. Pellat, « Le traité d'astronomie pratique et de météorologie populaire d'Ibn Qutayba », *Arabica* 1/1 (1954), p. 84-88, et Ch. Pellat, « Dictons rimés, *anwāʾ* et mansions lunaires chez les Arabes », *Arabica* 2/1 (1955), p. 17-41. Ces études confirment que l'hostilité à l'astronomie est vraisemblablement étrangère à l'islam des premiers siècles.

étoiles servent dans le serment (**56**, 75). Tant la fonction de la lune que celle des étoiles est confirmée par les versets **7**, 54 et **16**, 12. Ailleurs, dans le verset **10**, 5, si le Coran oppose soleil et lune, comme la lumière qui s'origine dans le feu solaire et la lumière qui s'origine dans la clarté lunaire froide, il souligne particulièrement le rôle de la lune dans l'établissement du calendrier et la mesure du temps (*ʿadad al-sinīn wa-l-ḥisāb*) (voir aussi **36**, 39). Le verset **2**, 185 (voir plus haut) énonce que l'on doit commencer le jeûne dès lors que l'on est présent quand l'entrée du mois de ramaḍān est proclamée publiquement. Cependant comme on l'a déjà indiqué, le rapport direct entre vision oculaire de la nouvelle lune et jeûne n'est établi que dans la *Sunna*. On y recourt presque exclusivement au verbe *raʾā*, « voir », et au substantif *ruʾya*, « vision », « observation[150] ». Il est difficile de l'affirmer avec certitude, mais il est plus que vraisemblable qu'au cours des deux premiers siècles au moins 1) le jeûne était proclamé par les autorités ; et 2) on recourait aux astronomes afin de déterminer la position du croissant lunaire. Ce n'est donc qu'après cette période qu'on s'en est pris à l'astronomie, jusqu'à en faire une science diabolique.

On n'a pas de traités d'astronomie d'époque umayyade, ni même de citations sur le sujet des auteurs de cette époque, hormis le cas de Muṭarrif que l'on a évoqué plus haut. Les historiens contemporains des sciences dans le monde islamique font dater les débuts de l'astronomie de la période ʿabbāside. Cependant dans la mesure où l'astrologie est une des plus vieilles disciplines pratiquées autour du monde méditerranéen ancien, il est peu probable qu'elle ait été complètement absente sous les umayyades[151]. Nous savons en tout cas que plusieurs astronomes d'époque ʿabbāside et postérieurs ont composé des traités sur le problème de la visibilité du croissant lunaire en fin de mois. S'ils l'ont fait, il est très probable que c'était à la demande des gouvernants, qui étaient également leurs mécènes. Cela constitue une preuve

150. A. Kazimirski, qui signale l'expression *ruʾyat al-hilāl*, « vision de la nouvelle lune », écrit : « Action d'apercevoir, de découvrir la nouvelle lune aussitôt qu'elle paraît » (*Dictionnaire arabe-français*, vol. 1, p. 797b). Ibn al-Aṯīr cite une autre expression *tarāʾaynā al-hilāl*, à savoir le fait de scruter le ciel en groupe afin d'apercevoir ou non le croissant lunaire (*Nihāya*, vol. 2, p. 177). Voir aussi *EI*[2], notice *ruʾyat al-hilāl*.

151. Le Calife al-Manṣūr fit appel à des astrologues au moment de la fondation de Baġdād en 145/762.

que ce problème préoccupait les autorités, qui cherchaient sans doute à définir une méthode fiable pour organiser le calendrier du jeûne et d'autres évènements religieux importants comme le pèlerinage.

Un des premiers astronomes à avoir traité de la question est Ḥabaš b. Ḥāsib (m. après 859), qui fut au service d'al-Ma'mūn[152]. La solution qu'il proposa eut un certain succès : elle fut reprise plus tard sans modifications par al-Bīrūnī (m. vers 1050)[153]. Le problème de la visibilité du croissant lunaire le vingt-neuvième jour du mois fut également abordé par Ṯābit b. Qurra (m. 901), astronome irakien de langue syriaque mais qui écrivit en arabe. Il a consacré deux traités au problème[154]. Mais sa solution est plus complexe que celle de Ḥabaš[155]. Bien plus tard, l'astronome égyptien Ibn Yūnus (m. 399/1009), qui était au service des fāṭimides, insiste sur le rôle pratique de l'astronomie, notamment en relation avec les préceptes de la loi religieuse, comme « connaître le début des mois et quels sont les jours où intervient un doute[156] ». Rappelons que le changement de mois se fait dans le calendrier musulman, lorsque se produit « la visibilité du premier croissant lunaire sur l'horizon juste après le coucher du soleil[157] ». Régis Morelon indique que « la question posée aux astronomes est [...] celle de la possibilité de *prévoir* [souligné par moi] par le calcul la visibilité éventuelle du croissant lunaire, en un lieu choisi, le soir du vingt-neuvième jour du mois, quelle que soit la donnée du calendrier officiel[158] », autrement dit la question du jour du doute.

La polémique contre l'astronomie a donc sans doute vu le jour au cours du IXe siècle. Elle est fondée sur l'assimilation de ce savoir à la magie (*siḥr*) et à une forme de divination. Ce qui est en cause c'est la possibilité de la prévision. La connaissance de l'avenir est impossible, parce que celui-ci n'est connu que de Dieu. Or cela reviendrait à supposer que des humains peuvent partager cette connaissance avec Dieu.

---

152. R. MORELON, « L'astronomie arabe orientale entre le VIIIe siècle et le XIe siècle », dans R. RASHED (éd.), *Histoire des sciences arabes*, 3 vol., Paris 1997, vol. 1, p. 47, qui observe que « son innovation théorique la plus importante [...] se trouve dans son étude sur la visibilité du croissant lunaire ».
153. *Ibid.*, p. 49 et p. 68-69.
154. *Ibid.*, p. 55.
155. *Ibid.*, p. 56.
156. R. MORELON, « Panorama général de l'histoire de l'astronomie arabe », dans R. Rashed (éd.), *Histoire des sciences arabes*, vol. 1, p. 30-31.
157. *Ibid.*, p. 31.
158. *Ibid.*, p. 31.

Ce qui est un blasphème. Cette hostilité à l'astronomie ne pouvait que mettre dans l'inconfort les autorités qui s'appuyaient sur elle pour déterminer le début des mois (et pas seulement de ramaḍān). En diabolisant l'astronomie, non seulement on mettait à l'index un savoir utile, mais de surcroît on affaiblissait les gouvernants. S'ils ne pouvaient se reposer sur les astronomes, comment allaient-ils faire pour annoncer le début du jeûne ? Les oulémas avaient une solution, qu'ils pouvaient dès lors imposer aux autorités. Ce faisant ces dernières perdaient tout pouvoir décisionnel en matière de calendrier. Dans la mesure où les astronomes travaillent généralement pour des Califes ou des Émirs, qui sont seuls en mesure de les rémunérer et de leur donner les moyens de mener leurs recherches, en confiant aux astronomes le soin de définir le calendrier, on confie *ipso facto* cette prérogative à leurs employeurs, c'est-à-dire aux autorités. Or au cours du IXe siècle, l'hostilité à l'astronomie est surtout le fait du « parti », qui se réclame de la Tradition prophétique. Même s'il existe des hadiths pro-umayyades, comme des hadiths en faveur des ʿAbbāsides ou des ʿAlides, le Hadith a été une arme dirigée principalement contre les autorités en général, dont les Umayyades et leurs divers successeurs. Le Hadith marque sans doute la formation d'un groupe qui veut avoir la main sur toutes les questions qui mettent en cause la religion, y compris le culte.

Deux autres éléments ont pu intervenir dans l'avènement de cette hostilité à l'astronomie. D'une part, elle était souvent pratiquée par des non-musulmans, souvent de langue syriaque. D'autre part, les sources de cette science étaient la plupart du temps païennes. Mais je n'ai pas rencontré au cours de cette recherche ces arguments. Ont-ils pu jouer ? Il est difficile de répondre à cette interrogation.

De plus, je n'ai pas relevé dans les premières compilations produites par les théologiens-juristes une quelconque hostilité à l'astronomie. Il faudrait faire une enquête approfondie à ce sujet, en dépouillant de nombreuses sources existantes (hormis les compilations de hadith dont il a été question précédemment). Dans celles que j'ai pu dépouiller, c'est au XIe siècle qu'on voit apparaître – une des premières fois sans doute – la dénonciation de l'astronomie en relation avec le jeûne de ramaḍān, dans un manuel du cadi mālikite ʿAbd al-Wahhāb (m. 1032), qui était de Baġdād. Il écrit :

> Nous soutenons qu'on ne doit pas tenir compte de ce qui est affirmé par les astrologues et [les spécialistes du] calcul en raison du dit [prophétique] (*wa innamā qulnā innahu lā iʿtibār bi-qawl ahl al-nujūm wa-l-ʿadad li-qawlihi*) : « Celui qui a ajouté foi en ce qu'a dit un

devin ou un astrologue mécroit en ce qui a été révélé à Muḥammad (*man ṣaddaqa kāhinan aw munajjiman fa-qad kafara bimā unzila ʿalā muḥammad*) ». [...] Le Législateur (*ṣāḥib al-šarʿ*) [*i.e.* le Prophète] a limité [les méthodes] à la vision, au témoignage et à l'achèvement du décompte. Il n'est donc pas permis de recourir à [une autre méthode][159].

Selon ce même auteur, la vision à l'œil nu est sans aucun doute la méthode supérieure, source de certitude, les autres étant seulement des présomptions (*maqṭūʿ ʿalayhā wa mā ʿadāhā maẓnūn*)[160]. Selon lui si le témoignage a acquis le statut de méthode entraînant l'obligation de débuter le jeûne, c'est en raison de dits prophétiques (*aḫbār*), mais aussi du consensus de la Communauté (*ijmāʿ al-umma*). Une fois que l'on a admis cela, il découle selon lui qu'on ne peut accepter que le témoignage de deux musulmans honorables, de sexe masculin et de condition libre. On ne tient donc pas pour recevable le témoignage des femmes seules ou avec des hommes (*lā yuqbal fīhā al-nisāʾ bi-nfirādihinna wa lā maʿa al-rijāl*). On n'accepte pas non plus le témoignage d'esclaves, ni d'un seul musulman honorable. De même que contrairement aux hanafites on ne prend pas en considération le fait que le ciel soit couvert ou dégagé[161]. Si les femmes sont exclues c'est parce qu'il s'agit d'un témoignage de type judiciaire ; or dans ce dernier le témoignage des femmes n'est pas recevable dans les questions qui ont pour objet le corps physique (répudiation, affranchissement, homicide et châtiments corporels). Il est recevable accompagnant celui des hommes dans les questions financières[162]. Quant au témoignage des esclaves s'il est exclu, c'est parce que la servitude contredit l'honorabilité, qui est une détermination essentielle de la recevabilité d'un témoignage[163].

Ibn Taymiyya (m. 1328) est sans doute l'adversaire le plus intransigeant de l'usage de l'astronomie dans le domaine cultuel. Il s'exprime à ce sujet de manière tranchée :

---

159. Qāḍī ʿAbd Al-Wahhāb, *al-Maʿūna ʿalā maḏhab ʿālim al-Madīna*, 3 vol., Beyrouth s.d., vol. 1, p. 456, nº 6. Il écrit également que si l'on doit jeûner en respectant l'une des méthodes retenues, on ne doit nullement prendre en considération les déclarations des astrologues et de ceux qui procèdent à des calculs, *wa lā yaltafit ilā qawl al-munajjamīn [wa] ahl al-ḥisāb wa-l-ʿadad* (*al-Maʿūna*, vol. 1, p. 454, nº 2). C'est moi qui ai rétabli le *wa*.

160. Qāḍī ʿAbd Al-Wahhāb, *al-Maʿūna*, vol. 1, p. 454.

161. *Ibid.*, p. 454, nº 2.

162. *Ibid.*, p. 454-455, nº 3.

163. *Ibid.*, p. 455, nº 4 (« la liberté est, comme l'islām, une condition de l'honorabilité »).

> Nous savons de manière contrainte (*bi-l-iḍṭirār*) que dans la Loi (*dīn*) de l'islam la pratique de l'observation du croissant ne peut reposer sur l'information de l'astronome selon les calculs duquel le croissant sera visible ou ne le sera pas, qu'il s'agisse du croissant du jeûne, du pèlerinage, de la fin du délai de viduité (*ʿidda*), du serment de continence (*īlāʾ*) ou de toute autre règle qui dépend de la lune. Les textes qui énoncent cela provenant du Prophète sont nombreux. C'est aussi un point qui fait consensus parmi les musulmans. On ne connaît pas de divergence à ce sujet dans le passé comme dans les périodes récentes, exception faite qu'un juriste-théologien tardif (*mutaʾaḫḫirūn*) dans les années trois cents soutenait que si le croissant était rendu invisible [par la couverture nuageuse] il est permis à l'astronome d'y recourir pour son propre compte : si le calcul démontre la vision il devra jeûner, sinon il ne jeûnera pas[164].
> Même si cette doctrine dépend de la couverture nuageuse et est spécifique à l'astronome, elle est rare, et a été précédée par un consensus sur la doctrine opposée. Quant à suivre un tel point de vue quand le ciel est dégagé ou en faire dépendre les situations courantes aucun musulman ne l'a soutenu.
> Malgré tout cette doctrine [défendue par Ibn Surayj] se rapproche de ce que soutiennent certains Ismaéliens, qui recourent au calcul au lieu de l'observation du croissant (*al-ʿadad dūna al-hilāl*). Ils soutiennent aussi que Jaʿfar al-Ṣādiq usait d'une table (*jadwal*) [pour déterminer les dates du culte]. C'est celle que ʿAbd Allāh b. Muʿāwiya (m. vers 747)[165] a inventée en la lui attribuant. Toutes ces doctrines sont étrangères à la Loi de l'islam[166].

La question du recours à l'astronomie et au calcul a trait principalement à un problème : c'est celui de la prévision. La possibilité de celle-ci entre en conflit avec un dogme de la théologie sunnite : si on peut prévoir, alors on partage avec Dieu sa science du futur. C'est pour cela qu'on a cherché à distinguer le calcul prévisionnel de l'observation astronomique. Toutefois, ces premiers textes, élaborés au

---

164. Comme on l'a vu précédemment, il s'agit du šāfiʿite Ibn Surayj.
165. ʿAbd Allāh b. Muʿāwiya, qui était un descendant de Jaʿfar b. Abī Ṭālib – le frère de ʿAlī –, a été à la tête d'une révolte qui prit son départ à Kūfa en 744, alors que les Umayyades étaient divisés entre deux Califes (Marwān b. Muḥammad et ʿAbd Allāh fils de ʿUmar II). Il fait partie de ces insurgés dont se réclamèrent ensuite les doctrinaires šīʿites (voir H. LAOUST, *Les schismes dans l'islam*, Paris 1965, p. 35-36).
166. IBN TAYMIYYA, *Aḥkām al-ṣiyām*, Beyrouth 1986, p. 14-15. Voir plus haut note 115.

cours du VIIIe siècle et sans doute aussi au début du IXe siècle, ont été réinterprétés, en particulier de nos jours, dans une direction purement conservatrice – s'en tenir à ce qui a été décrété par le Prophète –, voire même « obscurantiste » si on considère la position des Wahhābites. Mais un enjeu demeure inchangé : la question du calendrier du jeûne c'est celle de la manière de construire (l'unité de) la communauté des fidèles.

La critique de l'astronomie est sans doute ancienne mais peut-elle expliquer le refus d'y recourir pour déterminer le début du mois de ramaḍān, défendu par une grande majorité de docteurs de la Loi ? D'une part, on a vu que ce recours a eu malgré tout quelques partisans. De plus cette hostilité, née sans doute dans les milieux qui sont derrière les hadiths que l'on a évoqués, n'a pas empêché le développement de l'astronomie comme l'atteste l'histoire des sciences dans le monde islamique. Ainsi le sultan du Maroc avait au XIXe siècle des astronomes à son service[167]. Mais le fait le plus important et en même temps qui ne peut manquer d'intriguer est que si le recours à l'astronomie a été rejeté pour déterminer le calendrier du jeûne de ramaḍān, il n'en a pas été de même pour la détermination des heures de la prière ou de la direction de la prière (*qibla*). Dans un premier temps, les heures de la prière ne sont pas déterminées par n'importe quel fidèle mais par le muezzin, qui se chargeait ensuite de transmettre l'information à la population. Au XIIIe siècle, on voit apparaître dans les sources la fonction de *muwaqqit*[168], qui se substitua au muezzin pour la détermination des heures de la prière. Cette nouvelle institution se diffusa ensuite dans l'ensemble du monde musulman. Pourtant on ne confia pas au *muwaqqit* la mission de surveiller la lunaison. Les autorités n'ont pas non plus désigné des astronomes dans les principales cités, qui auraient transmis leurs observations aux autres localités de moindre importance. Elles ne l'ont pas fait, même si l'astronomie n'a pas disparu du monde islamique. Le muezzin comme le *muwaqqit* s'appuyaient sur une certaine connaissance de l'astronomie. On a le sentiment que si le souci de l'exactitude a pris forme au sujet des heures de prière, il n'en fut pas de même pour le calendrier du jeûne de

167. H.-P.-J. Renaud, « Les lunes de ramaḍān », p. 55.

168. D. King le définit ainsi : « Un astronome professionnel attaché à une institution religieuse, dont la tâche principale était la réglementation des heures de prières » (« Astronomie et société musulmane », dans R. Rashed (éd.), *Histoire des sciences arabes*, vol. 1, p. 211).

ramaḍān. Cette ambivalence a été perçue par des oulémas. Ainsi d'un théologien du sous-continent indien du début du XVIIIe siècle, al-Sindī (m. vers 1725). Dans son commentaire de la compilation d'Ibn Māja (IXe siècle), il propose de distinguer entre deux savoirs astronomiques : la science condamnable est celle « qui informe au sujet des mystères (*muġībāt*) et du futur (*al-umūr al-mustaqbala*) grâce à l'examen de la situation des étoiles (*bi-wāsiṭat aḥwāl al-kawākib*) » ; « quant à la science qui permet de connaître les heures de la prière (*awqāt al-ṣalāt*) et la direction de la *qibla*, elle n'entre pas dans [le même registre][169] ». Ainsi il y a la bonne et la mauvaise astronomie. Il s'agit peut-être là d'un point de rupture. Pour statuer sur le recours à l'astronomie, il faut commencer par considérer ce qui est visé : seule la volonté de connaître « les mystères » du futur est condamnable. Or déterminer *a priori* le début du mois de jeûne en fait-il partie si les heures de la prière n'en font pas partie ?

6. La question de la distance entre contrées

Il s'agit d'un cas très controversé, y compris de nos jours. Quand le jeûne est lié à la vision directe du croissant, forcément plus la distance entre cités et contrées s'accroît moins il y a de chances que le croissant soit visible en même temps dans plusieurs localités au même moment. Les astronomes qui œuvraient dans le monde musulman médiéval en avaient parfaitement conscience, de même d'ailleurs que les docteurs de la Loi.

On sait que le problème est très tôt posé sous la forme suivante : l'observation du croissant de ramaḍān dans la contrée A oblige-t-elle les habitants de la contrée B ? Il ne s'agit pas de l'idée d'universalité du jeûne (qui n'a vu le jour que très récemment) mais d'une interprétation de la règle selon laquelle on doit débuter le jeûne quand on a vu le croissant. Si on se trouve dans le cadre d'une communauté locale, le seul problème est celui de la validité du témoignage de ceux qui affirment l'avoir vu. Mais on s'est en même temps posé la question : si l'observation d'un ou plusieurs musulmans résidant d'une même localité

169. IBN MĀJA, *Sunan*, avec le commentaire d'ABŪ AL-ḤASAN AL-ḤANAFĪ AL-SINDĪ, 4 vol. + 1 vol. d'index, éd. ḪALĪL MAʾMŪN ŠĪḤA, Beyrouth 1997, vol. 4, p. 215, commentaire (*šarḥ*).

oblige les autres résidants, *peut-elle obliger les résidants de localités voisines, voire éloignées ?* On va voir que dès l'époque de l'élaboration de la *Sunna*, on a tenté de répondre à la question.

Selon Ibn al-Mundir (m. 930), dans un premier temps on a répondu négativement à cette question : l'observation des membres d'un groupe n'oblige pas les membres des autres groupes. On l'a résumée grâce à un adage *li-kulli qawm ruʾyatuhum*, « à chaque groupe son observation », qu'Ibn al-Mundir attribue à ʿIkrima (m. 725)[170]. Cette doctrine a été aussi défendue à la même époque par Sālim b. ʿAbd Allāh (m. 725) et al-Qāsim b. Muḥammad (m. 725) – donc au tout début du VIIIe siècle et plus tard par Ibn Rāhūya (m. 852)[171].

La réponse positive à la question posée ci-dessus a été donnée plus tardivement après l'avènement des ʿAbbāsides. On l'attribue à Layt b. Saʿd (m. 791), Šāfiʿī (m. 820) et Ibn Ḥanbal (m. 855). Ils estimaient que s'il est établi que les habitants de la contrée A ont observé le croissant et non ceux de la contrée B, les premiers entamant le jeûne et non les seconds, ces derniers sont alors tenus à une compensation (*qaḍāʾ mā afṭarū*)[172]. Al-Ḫaṭṭābī (m. 998), qui cite Ibn al-Mundir, attribue cette doctrine également à Mālik (m. 795) et aux « adeptes de l'opinion » (*ahl al-raʾy*), expression qui sert souvent à désigner les juristes-théologiens de Kūfa[173].

Il ressort ainsi que la doctrine « à chaque peuple sa vision » est la plus ancienne[174]. Ce n'est que tardivement qu'on a cherché à lui substituer la doctrine selon laquelle la vision dans un lieu pouvait obliger les

170. IBN AL-MUNḎIR, *Al-Išrāf ʿalā maḏāhib al-ʿulamāʾ*, 9 vol. + 1 vol. d'index, éd. ABŪ ḤAMMĀD ṢAĠĪR AḤMAD AL-ANṢĀRĪ, Raʾs al-Ḫayma 2005, vol. 4, p. 112, nº 1124.

171. IBN AL-MUNḎIR, *al-Išrāf*, vol. 4, p. 112, nº 1124 ; IBN QUDĀMA, *Al-Muġnī*, 14 vol. + 1 vol. d'index, éd. ʿABD ALLĀH B. ʿABD AL-MUḤSIN TURKĪ et ʿABD AL-FATTĀḤ MUḤAMMAD AL-ḤILW, Le Caire 1986-1990, vol. 4, p. 328.

172. IBN AL-MUNḎIR, *al-Išrāf*, vol. 4, p. 112, nº 1124.

173. AL-ḪAṬṬĀBĪ, *Maʿālim al-sunan*, vol. 2, p. 84.

174. Le terme « peuple » rend le vocable *qawm*. Ce dernier mot qui appartient au vocabulaire arabe de la parenté désigne de manière courante le groupe auquel tout individu appartient. Ainsi ce qui lie les membres du *qawm* ce sont des liens de parenté, notamment de « consanguinité » (*nasab*). Ainsi si l'on peut parler de « société » à cette époque, il faudrait en conclure que celle-ci est constituée de *aqwām*, « peuples », alliés et concurrents en même temps. Un *qawm* n'est pas forcément lié à une portion de territoire, même si ses membres résident habituellement sur un territoire particulier.

habitants d'autres lieux. Chacune de ces doctrines a sa propre logique. La première doctrine présuppose une Communauté fractionnée sur le plan cultuel. Cela est vrai tant pour le jeûne que pour d'autres cérémonies comme la prière du vendredi ou celle des deux grandes fêtes (*ʿīd al-fiṭr*, *ʿīd al-aḍḥā*). Chaque groupe ou chaque localité s'auto-organise sur le plan cultuel. Il ne s'agit pas d'une position de principe affirmée explicitement, mais on ne voit nullement poindre à cette époque ancienne l'idée d'unifier le culte à l'échelle de la Communauté. Cela ne semble guère gêner les fidèles s'ils n'entament pas tous leur jeûne le même jour. De fait on comprend parfaitement que la règle édictée dans la *Sunna* selon laquelle on ne doit commencer le jeûne qu'après avoir observé le croissant, pousse en elle-même à un tel fractionnement. Mais cela n'entre-t-il pas en conflit avec le caractère collectif du jeûne de ramaḍān ? Au cours de cette période ancienne, il ressort avec clarté que pour que l'observation du croissant soit valide et ait des effets rituels, il faut que son auteur soit membre du même groupe que ceux sur lesquels ses effets s'exerceraient. Si on admet cela, cela implique que dans une telle situation chaque membre du groupe agit comme les yeux du groupe tout entier : en observant le croissant, c'est comme si chacun des membres du groupe l'avait observé. En multipliant le nombre d'observateurs, on ne remet pas en question cette conception. On a d'ailleurs préféré n'exiger que deux témoins, car ce qui compte ce n'est pas le nombre en lui-même – ils pourraient être dix, cela ne changerait rien à la discussion –, mais le principe de la représentation. On n'a pas voulu se limiter à un témoignage unique, car non seulement un seul individu peut se tromper ou délirer, mais aussi parce que le pluriel commence à partir du nombre deux. Si deux fidèles attestent la même chose c'est comme si la totalité des membres du groupe avaient produit la même attestation. Pour parachever la fiction de la représentation, on a exigé que le double témoignage au sujet de la nouvelle lune soit confirmé en public devant des autorités – Calife, émirs ou juges. Le modèle coranique du double témoignage qui venait de recevoir droit de cité dans la doctrine judiciaire a joué sans aucun doute un rôle. Mais on voit de suite qu'il s'agit de deux élaborations différentes. En se présentant devant les autorités du lieu, les deux fidèles qui ont observé la nouvelle lune transforment un acte privé en décision publique. C'est pour cela qu'il est possible de dire que les deux témoins ont agi en lieu et place de l'ensemble du groupe. Il en est autrement des deux témoins judiciaires, qui interviennent d'ailleurs au profit d'une des parties.

À une étape ultérieure, au cours de la seconde moitié du VIIIe siècle, sans doute plutôt vers la fin, on voit apparaître non pas l'idée d'un jeûne qui commencerait partout le même jour, mais celle selon laquelle la vision du croissant par un ou plusieurs musulmans obligerait les autres, au même titre que leurs « compatriotes » ou « contribules ». Dans cette seconde doctrine, ce qui compte, pour un témoin, ce n'est pas d'appartenir à un groupe particulier – une cité ou un groupe déterminé –, mais d'appartenir au groupe des musulmans. Si au cours de la période initiale, on prenait part au jeûne en tant que membre d'une entité politique déterminée, elle-même partie de la *Umma*, au cours de la période ultérieure, c'est vraisemblablement en tant que membre de cette dernière qu'on participe au jeûne. Ainsi il y aurait eu une évolution dans la conception de l'appartenance à l'islam.

Selon Ibn ʿAbd al-Barr, les mālikites se sont divisés au sujet de ce cas. Alors que selon les Égyptiens – à savoir Ibn al-Qāsim et ses disciples –, s'il est établi dans la localité A que les habitants de la localité B ont observé le croissant de ramaḍān, les premiers devront compenser le premier jour de jeûne, étant donné que les autres ont commencé le jeûne en s'appuyant sur une observation incontestable[175]. Cette même doctrine est également attribuée à Layṯ, Šāfiʿī, les docteurs de Kūfa (y compris les ḥanafites) et Ibn Ḥanbal[176].

Mais les mālikites de Médine ont transmis une doctrine différente : l'observation n'oblige que les habitants de la localité où elle a eu lieu (*al-ruʾya lā tulzimu ġayr ahl al-balad al-laḏī waqaʿat fīhi*) sauf si le Chef de la communauté (*imām*) pousse les gens à suivre l'observation d'une autre localité[177]. Quant au célèbre adage *li-kulli qawmin ruʾyatuhum*, « à chaque groupe son observation », Ibn ʿAbd al-Barr l'attribue à Ibn ʿAbbās. S'appuyant sans doute sur Ibn al-Munḏir, il rappelle qu'il avait également été adopté par ʿIkrima, al-Qāsim b. Muḥammad et Sālim b. ʿAbd Allāh ; et plus tard par Ibn al-Mubārak, Isḥāq b. Rāhūyah et tout un groupe de personnes (*ṭāʾifa*)[178].

La tradition la plus importante à ce sujet est mise sur le compte d'Ibn ʿAbbās :

175. IBN ʿABD AL-BARR, *al-Istiḏkār*, vol. 3, p. 282.
176. *Ibid.*
177. *Ibid.*
178. *Ibid.*

C'est Kurayb b. Abī Muslim al-Hāšimī (m. vers 716, sous le Califat de Sulaymān b. ʿAbd al-Malik, qui est mort en 717), un client (*mawlā*) d'Ibn ʿAbbās, qui est le narrateur. Umm al-Faḍl bt al-Ḥāriṯ[179], la mère de ce dernier et sœur de Maymūna, épouse du Prophète, lui a confié une mission à remplir en Syrie auprès de Muʿāwiya [alors que celui-ci est le gouverneur nommé par ʿUṯmān]. « Je suis arrivé en Syrie et j'ai rempli ma mission », dit Kurayb. « C'est alors qu'il est [je fus] surpris par [l'arrivée du mois de] ramaḍān (*istuhilla ʿalayhi ramaḍān*) alors que j'étais encore en Syrie[180]. Nous vîmes le croissant de lune la nuit du vendredi. À la fin du mois [de ramaḍān], je suis rentré à Médine. Ibn ʿAbbās m'a alors interrogé, notamment au sujet du croissant : Quand l'avez-vous vu ? – Je l'ai vu la nuit du vendredi. – Tu l'as vu toi ? – Oui [je l'ai vu moi] et les gens (*nās*) [aussi] l'ont vu. Ils ont jeûné de même que Muʿāwiya. – Nous ici, nous l'avons vu le samedi. Nous continuons notre jeûne jusqu'à l'achèvement de trente jours ou la vision du croissant[181]. – La vision et le jeûne de Muʿāwiya ne te suffisent-ils pas *(a-fa-lā taktafī bi-ruʾyat muʿāwiya wa ṣiyāmihi*) ? – Non ! car c'est ce que nous a commandé l'apôtre de Dieu[182] ».

Cette tradition ne fait aucune référence explicite à la différence de la visibilité de la lune entre deux cités éloignées comme Damas et Médine. Pourtant c'est la signification qu'on en a tirée plus tard (et jusqu'à nos jours), interprétation qui a rencontré un certain succès et qu'on a ensuite résumée en faisant référence à l'adage de ʿIkrima cité précédemment. Or il n'en est nullement question dans le récit que nous examinons : la formule de l'adage n'est pas citée, sauf dans certains commentaires. À son interlocuteur qui l'informe au sujet de la décision de Muʿāwiya (alors qu'il est seulement gouverneur de cette cité) et des habitants de Damas, Ibn ʿAbbās oppose le principe par excellence : *magister dixit.* Toute décision et toute pratique doivent

---

179. Selon Ibn Ḥibbān, elle serait morte pendant le Califat de ʿUṯmān. Voir Ibn Ḥajar al-Haytamī, *al-Iṣāba fī tamyīz al-ṣaḥāba*, avec en marge Ibn ʿAbd al-Barr, *al-Istīʿāb fī asmāʾ al-aṣḥāb*, 4 vol., Beyrouth 1359/1940, vol. 4, p. 461.

180. Cette phrase débute à la troisième personne (discours indirect) et se poursuit à la première personne (discours direct).

181. Il y a eu un jour de décalage entre les deux localités. Cependant Ibn ʿAbbās tient à préciser que le jeûne des Médinois doit se poursuivre tant qu'ils n'ont pas vu le croissant de šawwāl, qui marque la fin du mois de ramaḍān.

182. Abū Dāwūd, *Sunan*, vol. 6, p. 325, nº 2329. Le paragraphe est intitulé : « quand le croissant est aperçu dans une contrée une nuit avant les autres ». L'intitulé choisi par Tirmiḏī est plus conforme à l'exégèse dominante : « Au sujet de ce que les habitants d'une contrée ont leur vision » (*Sunan*, vol. 3, p. 171, § 9, nº 693).

être évaluées à cette aune. Au-dessus de l'Émir, représentant du Calife – qui est le Chef *vivant* de la Communauté –, il y a le Prophète, ou plutôt ses paroles, dûment enregistrées. On peut voir là sans doute un des mécanismes qui a conduit à forger le concept de *Sunna*. Quand on a refusé une obédience totale aux Califes umayyades et à leurs représentants, on a cherché une autre autorité supérieure que Dieu : certains l'ont trouvée dans un imām de remplacement (ibāḍītes, zaydites, etc.)[183], d'autres encore, qui avaient perdu toute confiance dans tout gouvernement humain, l'ont placée dans le Prophète. C'est dans cette déception initiale, à savoir que le gouvernement humain ne peut coïncider avec la recherche du salut, que s'enracine la tentative d'édifier une Cité « spirituelle », fondée sur la *Sunna*, au-dessus de la Cité soumise à la *libido dominandi*. Pour cette raison, les théologiens-juristes n'ont plus cherché à établir un régime politique qui associe les deux pôles, mais ont plutôt cherché à limiter les effets de la lutte pour le pouvoir sur les populations et surtout ils ont cherché à obtenir l'obédience des gouvernants à la loi religieuse. L'émergence du concept de *Sunna* au cours du VIIIe siècle se présente comme un processus discret et quasi silencieux. Plutôt que de surgir brutalement, il s'impose à l'issue d'un démantèlement méthodique et minutieux de la conception qui prévaut jusqu'à la fin des Umayyades. On peut voir ici quelles sont les conséquences de la *ru'yat al-hilāl* comme prérogative de tout fidèle en puissance : elle remet en question la centralité de l'Imām ou Calife.

On doit cependant observer que cette anecdote est peu vraisemblable sur le plan des faits. Les Umayyades étaient des despotes orientaux, qui voulaient être obéis, notamment dans tout ce qui touchait la religion. En ce sens, on doit les créditer de l'invention de la doctrine de l'imām, qui perdurera après leur disparition. L'imām n'était au fond pour eux que l'islamisation de la figure impériale, si répandue au VIIe siècle dans la région proche-orientale. C'est pour cela qu'il est peu vraisemblable qu'ils auraient accepté de voir leur autorité remise en question par Ibn ʿAbbās. Même s'il appartenait à une puissante famille (les Banū Hāšim), cela constitue sans aucun doute un trait hagiographique ultérieur. Kurayb fait mine de prendre parti pour

183. C'est pour cette raison que des courants religieux qui se sont séparés des oulémas proto-sunnites – ibāḍites, zaydites, imāmites et autres – ont continué à défendre, aux IXe-Xe siècles, une conception de l'imām analogue à celle des Umayyades, à laquelle ils sont demeurés attachés alors même que leurs adversaires sunnites l'ont abandonnée.

Muʿāwiya : il s'agit de permettre à Ibn ʿAbbās d'expliciter son point de vue. Nous sommes en présence d'un récit indubitablement forgé et qui a contribué de surcroît à l'hagiographie d'Ibn ʿAbbās. Une fois cela précisé, cet aspect n'est cependant pas décisif.

Aussi on peut lire le récit comme un témoignage sur une situation passée – les Califes et leurs représentants étaient seuls habilités à déclarer le jeûne – que l'on cherche à remettre en question et même à rectifier. Il faut se garder également de lire l'anecdote comme le combat de la périphérie contre le Centre. Ce schéma, qui ne voulait rien dire pour les protagonistes – apparents (Muʿāwiya, Ibn ʿAbbās, Kurayb et leurs contemporains) et « réels » –, doit être traduit dans le langage du conflit entre deux Maisons – Umayyades (*banū Umayya*) *vs* ʿAbbāsides (*banū al-ʿAbbās*). Les ʿAbbāsides, pour défaire leurs adversaires, ont fait alliance non seulement avec toutes sortes de groupes et de courants, dont les Alides, mais aussi avec une force montante dans le domaine religieux : un groupe qui a été désigné plus tard par l'expression *ahl al-ḥadīṯ*. Il s'agit de penseurs religieux qui ont exposé leur pensée non dans des traités ou des sermons, mais dans des traditions assez brèves, dont le matériau est souvent emprunté à la vie de la première communauté de Médine, autour de Muḥammad. Contrairement à ce qu'eux-mêmes et leurs thuriféraires prétendent, les *ahl al-ḥadīṯ* ne se sont pas contentés de collecter les récits sur les premiers musulmans. Ils en ont aussi fabriqué, de même qu'ils en ont réécrit d'autres. Et surtout ils ont instillé leurs idées dans ces traditions qu'ils se sont appliqué ensuite à diffuser, en les présentant comme l'enseignement sinon du Prophète lui-même, au moins comme ce que ses proches en ont retenu. Or sur le point précis qui nous concerne ici, leur point de vue est qu'on ne peut confier au seul Chef de la communauté le droit de déclarer le jeûne de ramaḍān. Il ne s'agit pas pour autant d'en faire des anarchistes. Ce sont souvent des défenseurs des autorités en place. Ils détestent le désordre et la « révolution ». Sur de nombreux points de la doctrine théologique et rituelle, ils veulent avoir le dernier mot. C'est ainsi que volontairement ou non ils ont préparé l'ascension des oulémas, qui se sont ensuite réclamés d'eux. Toutefois, on doit prendre garde à distinguer les deux groupes (*ahl al-ḥadīth* vs *oulémas*).

Selon Nawawī (m. 1273) quand le hadith dit *ṣūmū li-ruʾyatihi wa-fṭurū li-ruʾyatihi*, on entend par là seulement une partie des musulmans, non chaque personne (*al-murād ruʾyat baʿḍ al-muslimīn wa lā yuštaraṭ ruʾyat kull insān*). La vision de deux fidèles honorables – ou d'un seul en vérité – suffit à la totalité des fidèles concernant le commencement du jeûne (*yakfī jamī' al-nās ru'yat 'adlayn wa kaḏā 'adl 'alā al-aṣaḥḥ hāḏa fī-l-ṣawm*). Quant à la rupture du jeûne, la totalité des docteurs – à l'exception d'Abū Ṯawr (m. 854, Bagdad) – soutiennent qu'un seul témoignage n'est pas recevable[184].

Il est probable que la doctrine qui insiste sur l'observation oculaire du croissant lunaire, que ce soit pour commencer le jeûne ou y mettre fin, a été avancée pour contester la légitimité des autorités (Calife, émir, cadi) à proclamer le début et la fin du jeûne – ce qui était la pratique initiale. On a voulu grâce à une telle innovation confier cette mission à la Communauté et en son sein aux plus avertis et aux plus zélés. Y a-t-il eu également la volonté de remettre en cause le recours à des astrologues afin de déterminer la position du croissant lunaire ? C'est probable, quand on sait que les gouvernants de ces époques appréciaient la présence d'astrologues dans leur entourage. La critique que les théologiens musulmans adressent à l'astrologie n'a rien à voir avec leur savoir astronomique mais concerne exclusivement leur prétention à prédire l'avenir. Cela ne se peut pas. C'est pour cela qu'en insistant sur le principe de l'observation à l'œil nu du croissant, on a suggéré que cela pouvait être le fait de n'importe quel fidèle, dépourvu de tout savoir complexe. Sans doute que les traditions sur l'illettrisme s'inscrivent dans cette perspective : on a voulu montrer ainsi que pour observer le croissant lunaire on n'avait nul besoin de posséder un savoir élaboré et complexe. C'est seulement après qu'on a cherché à assimiler ceux qui observent le croissant aux témoins judiciaires, quand la doctrine à ce sujet a été fixée, qu'on a posé qu'ils devaient être honorables, limitant ainsi le nombre de ceux dont l'observation pouvait être valable. Même si on n'y fait pas référence, on a dû très probablement exiger une bonne acuité visuelle et une certaine habitude à observer le firmament et les astres.

7. La rupture du jeûne

Le témoignage sur le croissant de šawwāl, donc sur la fin du mois de jeûne, a été assez vite distingué du témoignage sur le début du jeûne. Mais tout ce débat, il faut le noter, a changé profondément, quand on a posé le postulat d'un jeûne collectif. Ainsi dans cet ordre d'idées, il y a deux possibilités dans le cas du croissant de ramaḍān :

---

184. Nawawī, *Al-Minhāj*, vol. 3, p. 155-156.

ou une partie des fidèles l'observe *avant* le reste de la communauté, ou elle l'observe *après* celle-ci. La question qui se pose est : faut-il jeûner avec la communauté ou selon son observation oculaire individuelle ? Au lieu d'adopter un principe unique absolu, on a opté pour une réponse selon le cas considéré : s'il s'agit du début du jeûne, une partie [ce peut être un individu] peut débuter le jeûne avant le reste des fidèles. En effet, dans le cas où le caractère collectif du jeûne prime, si un individu débute le jeûne avant les autres, cette conduite ne nuit pas gravement à ce caractère collectif. Toutefois le problème est différent s'il s'agit de la fin : en rompant le jeûne avant la majorité, surtout si la rupture est publique, on remet en question le caractère collectif du jeûne. La solution qui a été choisie afin de ne pas aboutir à ce résultat est soit de ne pas rompre le jeûne (primauté du groupe sur l'individu), soit – si on le rompt quand-même – de ne pas le faire en public.

On fait dire au Prophète : « La rupture du jeûne c'est quand vous le rompez tous (*fiṭrukum yawm tufṭirūna*)[185] ». On a soutenu, selon Tirmiḏī, que ce dit signifie que le jeûne et sa rupture doivent avoir lieu avec la communauté et le grand nombre (*al-ṣawm wa-l-fiṭr maʿa al-jamāʿa wa ʿuẓm al-nās*). On a également soutenu, selon al-Munḏirī, qu'il s'agit de déconseiller le jeûne le jour du doute par précaution (*iḥtiyāṭan*), mais qu'on doit jeûner le jour où les fidèles (*al-nās*) jeûnent. On a également soutenu qu'il s'agit d'une réfutation (*radd*) de celui qui affirme que quiconque est en mesure de prédire la lunaison grâce au calcul, il lui est permis de jeûner comme de rompre le jeûne, mais non celui qui n'a pas cette capacité (*fīhi al-radd ʿalā man yaqūlu inna man ʿarafa ṭulūʿ al-qamar bi-taqdīr ḥisāb al-manāzil jāza lahu an yaṣūm wa yufṭir dūna man lam yaʿlam*). On a également soutenu que cela signifie, dans le cas du témoin unique, dont le juge n'a pas retenu le témoignage (*lam yaḥkum al-qāḍī bi-šahādatihi*), qu'il n'a pas à jeûner ce jour de même qu'il ne l'est pas pour le reste des fidèles (*lā yakūn haḏā ṣawman kamā lam yakun li-l-nās*)[186]. Ibn al-Qayyim en déduit une règle générale : l'observation de l'individu isolé n'entraîne pas d'obligation pour lui dans le jeûne, comme sa rupture ou la station de ʿArafat (lors du pèlerinage annuel) – *a fortiori* pour le reste des fidèles (*wa fīhi dalīl ʿalā anna al-munfarid bi-l-ruʾya lā yulzimuhu*

185. Abū Dāwūd, *Sunan*, vol. 6, p. 316, nº 2321.

186. Ibn Al-Qayyim, commentaire d'Abū Dāwūd, *Sunan*, vol. 6, p. 317.

ḥukmuhā lā fī-l-ṣawm wa lā fī-l-fiṭr wa lā fī-l-taʿrīf)[187]. L'obligation, dans cette matière précise, suppose le nombre ou la validation par les autorités officielles.

Selon al-Ḫaṭṭābī, l'observation du croissant relève de l'*ijtihād*. Commentant l'unique hadith qui figure dans le chapitre intitulé « Du peuple, quand il erre au sujet du croissant lunaire », il écrit ceci :

> La signification de ce hadith est que l'erreur n'est pas comptée pour les gens s'il s'agit d'une affaire où ils doivent faire preuve d'initiative (*al-ḫaṭāʾ mawḍūʿ ʿan al-nās fīmā kāna sabīluhu al-ijtihād*). Ainsi si des fidèles font des efforts mais ne parviennent à observer le croissant de šawwāl [= celui de la fin du mois de jeûne] que le trentième jour en soirée, ne rompant pas ainsi le jeûne avant la fin du décompte, et s'ils apprennent après que la durée du mois n'était que de vingt-neuf jours, leur jeûne passé comme leur rupture du jeûne sont valides et on ne leur imputera aucune faute. Il en est de même s'ils se trompent sur le jour de la station de ʿArafa : ils ne sont pas tenus à recommencer le pèlerinage tandis que leur sacrifice *ḍaḥiyya* est valide. Ceci est un allègement (*taḫfīf*) de la part de Dieu et de la bienveillance pour Ses serviteurs (*rifq bi-ʿibādihi*). S'ils avaient été obligés en cas d'erreur de recommencer, ils ne seraient pas à l'abri d'une deuxième erreur, voire d'une troisième ou même d'une quatrième erreur. Une affaire dont l'issue nécessite le recours au raisonnement n'est pas à l'abri de l'erreur (*mā kāna sabīluhu al-ijtihād kāna al-ḫaṭāʾ ġayr maʾmūn fīhi*)[188].

En conclusion, on peut dire que la discussion sur le meilleur procédé pour établir le calendrier du jeûne du mois de ramaḍān est comme un miroir où peut se lire la mise en place d'un modèle qui articule le religieux et le politique, faisant ainsi de la communauté des fidèles un ensemble dont l'unité n'est pas la conséquence d'un commandement unique, représenté par un chef vivant, mais plutôt de la participation de tous au même culte.

---

187. *Ibid.*
188. AL-ḪAṬṬĀBĪ, *Maʿālim al-Sunan*, vol. 1/2, p. 82.

LE TEMPS DU JEÛNE

Deuxième partie : Vers l'idée d'un jeûne universel

Hocine Benkheira
EPHE, Université PSL, GSRL (UMR 8582)

DANS LA MESURE OÙ l'islam prescrit à ses adeptes de jeûner la totalité du mois de ramaḍān, la question du premier jour de jeûne a une importance évidente. Comme on peut le constater de nos jours, elle engendre tous les ans des discussions abondantes. Les musulmans peuvent être divisés à ce sujet en trois grandes tendances. Selon la première, il faut s'en tenir à la procédure « traditionnelle », à savoir l'observation à l'œil nu le soir du 29e jour du mois de šaʿbān pour constater ou non l'apparition du croissant de lune du mois de ramaḍān. Je mets des guillemets car cette procédure que ses tenants présentent comme seule conforme à la Loi, a été au départ une innovation (on l'a vu dans la première partie), qui a fini par s'imposer à peu près partout. Cependant, au sein même des communautés musulmanes partout dans le monde, s'élèvent des voix qui émettent des critiques et proposent de la réviser. La seconde tendance, très minoritaire, plaide pour un recours au calcul astronomique : ce qui reviendrait à prévoir l'apparition de la lune du mois de ramaḍān au lieu de scruter le ciel. C'est ainsi que tous les ans, en Europe et dans les Amériques, les associations musulmanes distribuent des calendriers qui annoncent la date du début et de la fin du jeûne de ramaḍān. Mais ces calendriers ne sont pas suivis par l'immense majorité des fidèles et ne servent que d'indications vagues. La troisième tendance est en faveur de la combinaison de la méthode « traditionnelle » et du calcul astronomique.

Voici ce qu'écrivait, il y a près d'un siècle, un observateur de la vie musulmane en Tunisie : « Le début du mois de Ramadan est déterminé empiriquement en Tunisie comme au Maroc, par l'apparition de

10.1484/M.BEHE-EB.5.134774

la lune. *Il serait facile et plus scientifique* (souligné par moi) de s'en rapporter aux annuaires astronomiques, mais ce point de vue n'a pas prévalu, et le Ramadan ne commencera que lorsque la lune aura été vue à Tunis ou sur un autre point de la Régence[1] ». Quelques années plus tard, un professeur de la Faculté de droit à Alger, très au fait des subtilités du *Fiqh* (théologie morale et juridique), notait que l'observation oculaire engendre « depuis *toujours* et dans *tous* les pays d'Islâm, des difficultés et de petits incidents sans cesse renouvelés chaque année[2] ». Plus près de nous, Rainer Brunner, envisageant le problème à l'échelle du Moyen Orient contemporain, souligne d'une part la discordance entre États, d'autre part un profond désaccord sur le recours à l'astronomie[3].

La règle qui veut qu'à la veille du mois de ramaḍān, l'arrivée de ce mois de jeûne doive être attestée par l'observation à l'œil nu du croissant lunaire peut surprendre au XXIe siècle. Nous vivons une époque où la Science et la Technique exercent une telle autorité que nous ne comprenons pas pourquoi on peut délibérément les ignorer, surtout dans un domaine où elles ont fait leurs preuves. Cette règle de l'observation à l'œil nu a sans doute pris corps dans de petites sociétés. Imaginons un petit village, qu'une seule personne peut parcourir en quelques minutes. Il y a parfois dans de tels lieux un homme plus versé dans les questions religieuses : c'est souvent celui qui enseigne le Coran aux enfants ou qui dirige la prière collective. A une telle époque, la communication entre localités prend du temps. Pour aller jusqu'au gros bourg d'à côté ou la grande ville voisine, il faut une demi-journée, voire une journée entière. Comme l'observation du croissant a lieu en début de soirée, après la tombée de la nuit, il n'est pas question de dépendre de la grande ville concernant le commencement du jeûne[4].

1. P. Marty, « L'année liturgique musulmane à Tunis », *Revue des Études islamiques* 1 (1935), p. 12-13.
2. G.-H. Bousquet, *Les grandes pratiques rituelles de l'islam*, Paris 1949, p. 55.
3. R. Brunner, « Entre devoir religieux et repère d'identité : quelques observations autour du jeûne dans l'islam moderne », dans S. De Franceschi, D.-O. Hurel et Br. Tambrun (éd.), *Affamés volontaires. Les monothéismes et le jeûne*, Limoges 2020, p. 425-441, en particulier p. 428 et 434-436.
4. Les choses ont commencé à changer avec le télégraphe et ensuite le téléphone : voir à ce sujet A. Jomier, « Islam, pureté et modernité », *Annales H.S.S.* 73/2 (2019), p. 385-410, en particulier p. 400-404 sur la dispute suscitée par l'usage du téléphone pour annoncer l'apparition du croissant lunaire dans le Mzab algérien, dans l'entre-deux-guerres.

Cela force à l'autonomie dans la prise de décision. Et contrairement à ce que l'on croit souvent, un savoir astronomique élémentaire est transmis de génération en génération. Quand on recherche dans le ciel le croissant du mois de ramaḍān, on regarde dans une certaine direction, car on sait depuis longtemps qu'en hiver c'est plutôt dans telle direction qu'il faut porter le regard[5]. Il y a une difficulté seulement quand le ciel est couvert, quand il pleut, qu'il y a de la brume ou tout autre obstacle qui rend l'observation du ciel difficile ou impossible. Des villages proches peuvent échanger des informations à ce sujet s'ils sont en bons termes. Quand on dit que c'est aux autorités – de fait ou de droit – de proclamer le début du jeûne, car ce sont elles qui sont en charge de recueillir les témoignages au sujet de l'observation du croissant lunaire, cela n'est exact que pour les agglomérations d'une certaine importance et où il existe un représentant des autorités centrales, comme par exemple un cadi. On est frappé par un fait : l'organisation du jeûne de ramaḍān aurait pu constituer un instrument de structuration « administrative » sur une base religieuse, mais cela n'a jamais eu lieu. Le meilleur moyen qu'on a trouvé pour surmonter les distances entre les grandes villes, où se prenait la décision de commencer le jeûne, et le pays environnant, a été de signaler le début du jeûne par des coups de canon. Dans une société éclatée en petites communautés et éloignées les unes des autres, il est difficile de concevoir un jeûne unique, réellement collectif. C'est pour cela que plus le pays est étendu, plus il y a de risques de discordance dans le culte. Mais ceci n'a jamais été considéré comme un mal auquel il faut remédier. On a vu précédemment que ce fait a été justifié grâce à un adage : « À chaque peuple son observation » (*li-kull qawm ruʾyatuhu*)[6]. Une telle conception est un frein évident à l'unification du jeûne.

Depuis que le jeûne de ramaḍān a été institué, et en raison des irrégularités des mois lunaires, un des grands soucis des fidèles a trait au début du jeûne et à sa fin. Un mois lunaire peut durer 29 ou 30 jours ; mais on ne peut prévoir à l'avance sa durée que si l'on recourt au calcul

---

5. C'est ce qu'on appelle en arabe *maṭlaʿ*, à savoir « levant », endroit du ciel où se lèvent le soleil, la lune et les étoiles, par opposition au *maġrib*, endroit du ciel où les objets célestes disparaissent.
6. Ibn ʿAbd al-Barr, *al-Istiḏkār al-jāmiʿ li-maḏāhib fuqahāʾ al-amṣār wa ʿulamāʾ al-aqṭār*, 8 vol. + 1 vol. d'index, éd. S. M. ʿAṭā et M. ʿA. Muʿawwaḍ, Beyrouth 2000, vol. 3, p. 283.

astronomique. Or les docteurs de la Loi ont très tôt rejeté un tel procédé, s'en tenant au principe de l'observation à l'œil nu ou à la fiction d'un mois de trente jours (voir Première partie). Parmi les oulémas contemporains certains sont favorables au recours à l'astronomie, à condition cependant de continuer à pratiquer en même temps l'observation à l'œil nu.

Un tel refus engendre de grandes difficultés. De la même façon que les musulmans ont à s'entendre sur le début du jeûne, ils ont également des difficultés à s'entendre sur le début de l'année hégirienne. S'il n'y a pas des rectifications et des ajustements permanents, les musulmans auront plusieurs calendriers en compétition[7]. C'est le constat que fait par exemple Ḫalīl al-Mumnī, un mufti marocain, qui a longtemps officié à Rotterdam à la fin du siècle dernier. Interrogé sur les désaccords entre musulmans au sujet du commencement du mois de jeûne, il déclare ceci :

> Le motif du désaccord entre musulmans et États musulmans au sujet du jeûne [de ramaḍān] et de sa rupture est plus politique que religieux (*siyāsī akṯar mā huwa šarʿī aw fiqhī*). À notre époque, nous vivons dans un monde qui est semblable à « un village unique[8] », grâce aux moyens de communication que Dieu a permis aux hommes d'avoir. Les moyens audiovisuels complètent d'autres moyens qui aident à [améliorer] l'observation comme les observatoires [astronomiques] et le calcul très précis qui aide à déterminer la position du croissant lunaire. Tous ces moyens existent et peuvent être utilisés. Malheureusement le désaccord entre musulmans subsiste au sujet de la définition du premier jour de l'année hégirienne, de même que pour le début du jeûne et sa fin. Il y a des désaccords même au sujet du jour de la station de ʿArafa [qui est une étape du rituel du pèlerinage] : les Orientaux ont leur jour et les Maghrébins le leur, comme cela est arrivé cette année[9]. Si tout cela a une signification, cela témoigne surtout de la fragmentation de la communauté musulmane [...][10].

---

7. Aucun « État » musulman ne s'appuie sur le calendrier hégirien ; ils recourent tous à un calendrier solaire, parfois double (associant un calendrier local avec le calendrier grégorien). C'est pour cela que le calendrier musulman qui est lunaire, rejetant le mois intercalaire ainsi que le recours à l'astronomie, ne peut être adapté à l'économie de marché et à la vie moderne en général.
8. Il s'agit d'une référence au « village mondial » de Marshall Mc Luhan.
9. On ignore de quelle année il s'agit.
10. Ḫalīl Mumnī, *al-Fatāwā al-badriyya*, 1998, p. 28-29.

Même si ce mufti peut être rangé comme « islamiste[11] », il semble plutôt favorable au recours au calcul et aux moyens techniques modernes pour établir le calendrier musulman.

Concernant le mois de ramaḍān, l'observation à l'œil nu engendre une double difficulté. *Primo*, comment être certain que les limites définies sont les bonnes ? Si par exemple le jeûne dans deux pays musulmans ne coïncide pas dans le temps exactement (par exemple, il y a un décalage d'un jour), cela implique que l'un sera forcément dans l'erreur, voire les deux, car il peut y avoir une autre date. Ce premier problème a des conséquences sur le calendrier, mais moins sur la validité du jeûne. Le jeûne de tous sera valide, même s'il n'y a pas coïncidence dans le temps. La conséquence du décalage sera que chacun aura son propre calendrier. *Secundo*, étant donné que la décision de débuter le jeûne est nationale, il faudrait que tous les pays utilisent le même procédé pour l'observation du croissant lunaire et que ce procédé soit irréprochable pour que les différents groupes nationaux parviennent à jeûner ensemble. Or on constate tous les ans qu'il n'en est rien. C'est donc que le procédé choisi – l'observation à l'œil nu – n'est pas efficace. Il faudrait établir un accord *a priori*. Mais cela ne s'est jamais réalisé[12].

Pour bien comprendre ce problème, il faut rappeler que le jeûne de ramaḍān est un acte cultuel obligatoire, auquel le fidèle ne peut nullement déroger. Il fait partie de ces quelques pratiques qui définissent l'appartenance à la communauté musulmane. Cependant pour être recevable le jeûne doit être formellement sans faute. Pour ce faire, le fidèle doit prononcer soit à la veille du début du mois de jeûne, soit à la veille de chaque jour de jeûne, une formule rituelle par laquelle il déclare s'engager à observer le jeûne avec sincérité et foi. C'est ce que l'on appelle la *niyya*, terme dont la traduction courante par « intention » amoindrit

11. Cette épithète est tout aussi vague que le terme « écrivain » appliqué à tous ceux qui publient des livres.

12. Je vais m'appuyer principalement sur la grande compilation de fetwas du saoudien Ibn Bāz, où la section consacrée au jeûne de ramaḍān comporte plusieurs centaines de pages. À titre secondaire, je me servirai d'autres compilations dont celle d'un autre saoudien ʿABD AL-ʿAZĪZ ĀL ŠAYḪ, *Min fatāwī al-ṣiyām*, Riyāḍ 2013. L'intérêt d'étudier des muftis saoudiens est qu'ils représentent le courant ultra-conservateur qui a le vent en poupe depuis déjà plusieurs années. Mais loin s'en faut, leur point de vue ne domine pas de manière exclusive. C'est pour cela que je m'appuierai sur d'autres muftis.

considérablement la signification. Formuler la *niyya* c'est s'engager à observer le jeûne pour Dieu seul et sans autre considération. C'est pour cela que de nombreuses traditions prophétiques présentent le jeûne comme une offrande faite à Dieu par le fidèle.

Or quand on fait une offrande, par exemple un sacrifice sanglant, on doit se garder d'offrir à Dieu une victime comportant un défaut quelconque. Ainsi le jeûne du mois de ramaḍān ne doit être entaché d'aucun doute. Précisément, il s'agit de jeûner non pas un mois en général mais *ce* mois précis, qui a lieu *telle* année déterminée. Il s'agit donc d'une période particulière et déterminée, qui ne doit se confondre avec aucune autre. On observe qu'il n'a pas été prescrit d'observer un jeûne de trente jours dans l'année, ce qui aurait été complètement différent. D'où l'importance de connaître non seulement sa durée exacte, mais surtout son commencement précis et sa fin tout aussi précise. Si sa durée est de trente jours, il n'est pas admissible de ne jeûner que vingt-neuf jours ; et à l'inverse si sa durée est de vingt-neuf jours, il n'est pas non plus admissible de jeûner trente jours. Mais on aurait tort de penser que c'est seulement de durée qu'il s'agit. La perfection, et donc la complète dévotion, dans l'observance du jeûne de ramaḍān, est de jeûner réellement ce mois et pas un autre ou le bout d'un autre. On peut comparer cela à un jeu dans lequel le joueur, dont les yeux sont bandés, est invité à manger parmi douze pommes, de poids et de couleurs différents, la seule pomme qui est rouge et pèse trente grammes. S'il prend une pomme rouge mais dont le poids est de vingt ou quarante grammes, il a échoué, de même que s'il a pris une pomme d'une autre couleur. Pour gagner il faut que sa main se pose sur l'unique pomme rouge qui pèse trente grammes. On voit bien que ce qui est important, c'est moins la durée du mois et donc du jeûne – d'ailleurs la différence est d'une journée, au pire de deux –, que la parfaite coïncidence entre le mois défini par le mouvement de la lune avec le mois défini par la relation au fidèle. Or parvenir à une telle coïncidence constitue une épreuve difficile. Pourquoi d'ailleurs rechercher une telle coïncidence ? Si on jeûne un jour trop tôt ou trop tard, on porte atteinte à l'intégrité du mois de ramaḍān, et pour cette raison l'offrande faite à Dieu sera imparfaite[13]. Ce sont principalement ces raisons qui justifient les débats qui ont lieu chaque année au sujet du début et de la fin du jeûne.

---

13. L'erreur, commise de bonne foi, n'invalide pas cependant l'acte cultuel, même si dans le cas du jeûne de ramaḍān, cela doit souvent conduire à compenser le

Ces débats récurrents, qui remplissent vraisemblablement une fonction rituelle passée inaperçue, ont fini par lasser. Certains se demandent pourquoi on ne recourt pas à l'astronomie et aux sciences modernes afin de résoudre une fois pour toutes cette question. Les tenants d'une telle solution ne sont pas forcément des esprits non religieux. Il y a eu des débats à ce sujet au sein de l'Organisation de la Conférence islamique, qui réunissait la plupart des pays musulmans ou qui contiennent une minorité musulmane importante. À une telle solution, un courant conservateur oppose la *Sunna*, autrement dit les nombreuses traditions prophétiques.

Il apparaît à la lumière de la Première partie de cette contribution que la doctrine la plus conservatrice et dont on va examiner le pourtour à travers deux de ses représentants contemporains est relativement tardive : *Primo* elle n'est pas coranique, mais est seulement attestée dans une partie de la *Sunna*, interprétée selon une ligne particulière. Or ce corpus n'a été constitué qu'au cours du VIIIe siècle, avant d'être fixé au IXe siècle. *Secundo*, il semble que la principale préoccupation n'était pas de jeûner tous ensemble, mais qui décide dans une région déterminée ou une ville du commencement et de la fin du jeûne. *Tertio*, les problèmes d'aujourd'hui sont liés à l'unification du monde et au développement des moyens de communication. Au VIIIe siècle, si on avait observé le croissant lunaire de ramaḍān à La Mecque, on ne pouvait prévenir les habitants de Damas qu'après quelques jours de marche. C'est pour cela que les docteurs de la Loi ont fait le choix de la doctrine « à chaque contrée, son observation ». Une telle doctrine pouvait très bien s'accorder avec l'observation oculaire, qui est aléatoire. Ils n'ont introduit que deux conditions : ceux qui déclarent avoir observé le croissant lunaire doivent être « honorables » c'est-à-dire irréprochables sur le plan religieux comme sur le plan moral. De plus ils ont exigé, que si un témoin suffisait pour débuter le jeûne, il fallait impérativement deux témoins pour l'interrompre.

Aujourd'hui le problème prend une signification politique : les musulmans n'arrivent jamais à se mettre d'accord sur le commencement du jeûne. D'ailleurs ils n'essaient même pas. En Afrique du Nord, on a créé l'Union du Maghreb Arabe, qui regroupe l'Algérie, la Lybie, le Maroc, la Mauritanie et la Tunisie. Ces cinq pays sont

jeûne manqué ou à se racheter d'une autre façon. Il en est bien sûr autrement de la transgression délibérée du jeûne.

rarement parvenus à se mettre d'accord sur quoi que ce soit. Leurs dirigeants ont beaucoup parlé, mais hormis de coûteux sommets cette Union n'a jamais accouché de rien. On aurait pu penser que s'entendre sur des dates communes en matière de jeûne aurait été facile. Pourtant il n'en a jamais été question. Si les pays du Maghreb, qui sont si proches sur le plan religieux, linguistique ou culturel, ne sont pas parvenus à un consensus à ce sujet, peut-on imaginer qu'il puisse s'en établir un entre les pays musulmans du monde entier, qui sont si divers et surtout si éloignés les uns des autres ?

Le lecteur doit se reporter à la Première partie, qui avait trait à la question du calendrier dans la période prémoderne. Mais il est utile de rappeler que les premières autorités de l'islam n'ont jamais plaidé pour l'unité sous cette forme, pas seulement parce qu'elle était techniquement inenvisageable. L'unité n'était pas recherchée dans les faits, mais seulement dans l'adhésion aux mêmes principes cultuels. De manière plus générale, la dénonciation de la désunion des musulmans est sans doute un phénomène contemporain, qui voit le jour vers la fin du XIXe siècle et qui a été partagée par presque tous les courants. Cette dispersion est critiquée dans tous les domaines. La valorisation de l'union de l'ensemble de la communauté des fidèles est ainsi un argument contemporain, qui était étranger à l'esprit des anciens oulémas, qui étaient plus préoccupés par la lutte contre les « erreurs », voire les « hérésies ». Ce souci de l'unité des rangs de la Communauté universelle, réduite ou non à sa composante sunnite, est un fait d'aujourd'hui. Quand certaines voix s'élevaient au cours des premiers siècles contre la division des fidèles, il s'agissait surtout de combattre les « hérésies » et les innovations « blâmables », qui pouvaient menacer la « vraie » religion. Préserver la bonne doctrine était perçu comme une condition indispensable de la préservation de l'unité de la communauté. Depuis la fin du XIXe siècle, ce n'est pas le problème du commencement du jeûne de ramaḍān qui est à l'origine de la dénonciation de la désunion des musulmans à ce sujet, c'est la critique de cette désunion qui éclaire d'un jour nouveau les discussions sur le début du jeûne et du même coup sur l'observation du croissant lunaire. C'est parce qu'on a envisagé un jeûne universel, auquel prendraient part tous les musulmans dans le monde, que les désaccords sur l'observation de la nouvelle lune sont apparus comme néfastes et devant être surmontés.

1. Le désir d'un jeûne universel

De nos jours, ce refus de la dispersion et du désaccord, en matière de jeûne ou non, tend à s'imposer parmi les fidèles. Il faudrait évidemment en faire l'histoire et en retracer la généalogie, les étapes et les transformations. Certains militent aujourd'hui pour un jeûne universel – tous les musulmans du monde devraient jeûner le même jour et célébrer la fête de la fin du jeûne également le même jour, comme le souhaite implicitement le mufti marocain cité plus haut –, mais ils butent sur de nombreux obstacles, parmi lesquels la forme étatique n'est pas un des moindres. La compétition entre nationalismes ou entre « États » plaide en faveur de la dispersion.

Le projet d'un jeûne universel n'a pas encore trouvé son expression doctrinale. Même si de temps à autre, il peut être défendu. Cette idée, on devrait plutôt parler d'un désir, est née sans doute du constat que les musulmans vivent actuellement dans un monde dominé par des puissances qui sont leurs ennemis déclarés : des États-Unis à la Chine, en passant par l'Europe de l'Ouest, la Russie et l'Inde, toutes ces puissances mènent des politiques hostiles envers leurs propres musulmans ou envers les pays musulmans dans le monde. On peut trouver ce constat discutable ; ce qui est déterminant c'est que pour une majorité de musulmans dans le monde il est avéré. Ce désir, qui est encore minoritaire, n'en est pas moins réel et s'exprime de manière récurrente. Dans le passé, un tel désir ne s'est pas exprimé avec tant de clarté parce que les conditions techniques d'une unification du jeûne et du culte n'étaient pas réunies comme elles le sont aujourd'hui.

C'est une des questions à laquelle a été confronté le shaykh saoudien Ibn Bāz (1910-1999), un des grands muftis du royaume et personnalité ayant une grande réputation dans les milieux sunnites, plutôt proches des wahhābites. Ainsi un de ses interlocuteurs lui adresse un jour la question suivante :

> Avec l'avènement de ce mois illustre, les gens naturellement discutent de l'observation [à l'œil nu]. On entend certains dire : « Si les musulmans se mettaient d'accord pour que le jeûne débute le même jour [pour tous] et finisse [aussi] le même jour ! » Ils considèrent que cela fait partie de l'unité des rangs et de l'unité des musulmans. Est-il possible qu'une telle situation soit réalisable[14] ?

---

14. IBN BĀZ, *Fatāwā Nūr ʿalā al-darb*, 32 vol., Riyad 2010, vol. 16, p. 51 (§ 21).

La réponse du shaykh consiste à montrer que ce désir contredit les principes religieux :

> Les actes cultuels ne dépendent pas des humains, de leurs choix et de leurs opinions. Les actes cultuels ont été établis [par Dieu] (*al-ʿibādāt tawqīfiyya*). Les musulmans les ont reçus de leur Seigneur dans son glorieux livre et de son noble messager dans sa *Sunna* authentique[15]. Il n'appartient à personne d'y apporter quelque chose de son invention et, ensuite, de réunir les fidèles autour d'une chose autour de laquelle ni Dieu ni son Messager ne les ont réunis. C'est Dieu le Tout-Puissant et le Très-Haut qui a commandé à son Messager de nous apprendre quand jeûner et quand cesser le jeûne. Aussi les hommes (*ʿibād*) doivent suivre le commandement de Dieu et celui de son Messager[16].

Le mufti rappelle un postulat théologique essentiel : c'est Dieu qui définit le culte ainsi que ses conditions. Autrement dit, les musulmans ne sont tenus que par les règles posées par Dieu, qui ne souffrent pas d'interprétation. S'il venait à l'esprit de quelques-uns de changer les règles posées par Dieu, les musulmans ne seraient pas obligés de les suivre. Ce qui revient à sous-entendre que le projet d'unifier le jeûne de l'ensemble des musulmans à l'échelle mondiale risque d'aboutir au résultat contraire à celui qui est recherché. Car nul ne pourrait imposer une telle innovation à tous les musulmans. Le mufti s'appuie pour étayer son point de vue sur des hadiths connus, lesquels insistent tous sur l'importance de l'observation oculaire de la nouvelle lune, soit pour entamer le jeûne soit pour y mettre fin. Cette prescription signifie que Dieu n'a pas voulu unifier le jeûne des musulmans. En faisant dépendre cette pratique de l'astre lunaire et comme celui-ci n'apparaît pas partout au même moment, c'est que Dieu n'a pas voulu que tous les musulmans jeûnent en même temps. Il s'agit comme on le voit d'un point de vue conservateur. Mais comme le problème est abordé, il n'est pas inenvisageable que les adeptes de l'idée de « mondialisation » du jeûne puissent développer des arguments conformes aux écritures de l'islam.

---

15. Le mufti ne veut pas dire qu'il y a deux types de règle : les unes étant promulguées par Dieu, les autres par le Prophète. Toutes les règles sont d'origine divine ; certaines sont exposées dans le Coran, les autres dans la *Sunna*. La différence entre les deux types tient à la source où elles figurent, non à l'autorité qui les a édictées.
16. Ibn Bāz, *Fatāwā*, p. 51-52.

Le shaykh est également hostile au recours à l'astronomie. Les musulmans, considère-t-il, doivent se limiter à l'observation à l'œil nu du croissant lunaire, surtout la veille du présumé trentième jour soit de šaʿbān soit de ramaḍān. En effet, on considère qu'un mois dure au moins vingt-neuf jours ; mais parfois il dure trente jours. Ce trentième jour est donc l'objet de controverses et aussi d'inquiétude. On doit attendre la veille du trentième jour pour surveiller le ciel le soir afin de voir la nouvelle lune ou de ne pas la voir. Bien sûr il y a la possibilité que le ciel soit couvert dans une localité, voire une région étendue, et que pour cette raison la nouvelle lune ne puisse être observée. La doctrine dans ce cas est de faire comme si le mois durait trente jours.

Cependant le mufti reconnaît qu'il y a une vieille controverse au sujet de savoir si l'observation oculaire de la nouvelle lune dans une contrée vaut pour d'autres contrées et les oblige. Il formule même ainsi le problème : tous les musulmans de la terre sont-ils tenus par l'observation d'une contrée particulière ? Il y a à ce sujet, rappelle-t-il, deux points de vue. Selon le premier, la réponse est affirmative. Si par exemple on observe la lune de ramaḍān en Arabie saoudite, Égypte, ou Syrie, et si cette observation est conforme à la Loi, les autres musulmans sont tenus de jeûner en même temps que les habitants de ces pays. La condition est que cette observation doit être confirmée par un « tribunal religieux » réputé et digne de confiance[17]. Mais selon le second point de vue, cette observation n'oblige en rien les autres pays musulmans. Chaque peuple est tenu par sa propre observation (*li-kull ahl balad ruʾyatuhum*), car les mansions lunaires diffèrent et s'éloignent les unes des autres souvent, comme c'est le cas entre l'Amérique et la péninsule Arabique, ou l'Amérique et l'Égypte et d'autre cas semblables[18]. Ce second point de vue s'appuie sur une opinion attribuée à Ibn ʿAbbās. Dans la mesure où le Prophète a commandé de ne débuter le jeûne ou de n'y mettre fin que s'il y a une observation avérée de la nouvelle lune, cela conduit à empêcher la centralisation de l'observation. En effet, chaque localité est tenue par sa propre observation dans la mesure où on n'était pas sans savoir que l'observation de la lune ne pouvait être identique partout. Toutefois Ibn Bāz semble pencher pour le premier point de vue. En tout cas il

17. *Ibid.*, p. 53. Le mufti parle de « tribunal religieux » parce que c'est à une telle institution qu'incombe la tâche de gérer le culte dans le royaume saoudien.
18. *Ibid.*, p. 53.

déclare que c'est celui vers lequel penchent le plus grand nombre de docteurs de la Loi. L'argument ici est syntaxique : le Prophète dans ses propos s'est adressé à la Communauté (*al-ḫiṭāb li-l-umma*), non aux seuls habitants de Médine, qui était son lieu de résidence[19]. L'observation doit donc avoir une validité universelle (*al-ʿumūm*)[20].

Cependant, admet le mufti, si certains fidèles suivent l'observation de la nouvelle lune dans certains États, d'autres la contestent car ils les accusent de s'appuyer sur le calcul astronomique, qui a été rejeté par le Prophète, les Compagnons et les autorités après eux. Le recours à ce calcul entre en conflit ouvert avec la *Sunna*. Car le Prophète n'a jamais commandé cela. S'il l'avait voulu, il n'aurait pas manqué de le faire[21]. Afin d'appuyer son hostilité au calcul astronomique, le mufti soutient que les musulmans dans leur majorité continuent d'ignorer le calcul astronomique – ce qui est bien sûr inexact. Car si cela est vrai de la majorité de la population, il existe partout quelques experts capables de s'y adonner. D'ailleurs, il précise que même si la moitié des fidèles dans un pays ou même le plus grand nombre d'entre eux connaît le calcul astronomique, il ne leur est pas permis d'y recourir, car ils sont tenus de suivre le Prophète et sa tradition, et non d'introduire des innovations (*ʿalayhim al-ittibāʿ lā al-ibtidāʿ*)[22]. Un de ses arguments est le fameux verset **4**, 59 qui énonce qu'il faut obéir à Dieu, ensuite au Prophète et enfin à ceux qui détiennent l'autorité. Le verset invite également les fidèles en cas de dissension à se tourner vers Dieu – ce que l'on comprend comme désignant le Coran –, ou à se tourner vers le Prophète – ce qui veut dire après sa disparition vers la *Sunna*, qui est la synthèse de son enseignement[23]. Ainsi le traditionalisme d'Ibn Bāz contrarie le désir d'un jeûne universel, qui passera, si un jour il est réalisé, par le recours au calcul astronomique, parce qu'il est neutre politiquement.

Si un gouvernement déterminé n'est pas satisfait par la décision d'un gouvernement voisin s'agissant du commencement du jeûne, il peut s'appuyer sur ses propres capacités et sur ses propres docteurs de la Loi. Tout gouvernement doit se fonder sur les recommandations des seuls docteurs de la Loi (*ʿulamāʾ al-šarʿ*). Car il n'est pas possible d'unir les

19. *Ibid.*, p. 54.
20. *Ibid.*, p. 54 et p. 55.
21. *Ibid.*, p. 55.
22. *Ibid.*, p. 56. L'opposition *ittibāʿ* vs *ibtidāʿ* est typique du courant conservateur.
23. *Ibid.*, p. 56-57.

cœurs et les intelligences des hommes. Celui qui est satisfait par la décision d'un gouvernement, il pourra le suivre. Mais celui qui ne l'est pas, car ce gouvernement tourne le dos à la *šarīʿa* ou pour d'autres motifs qui empêchent de le suivre, il peut s'appuyer sur les informations qui sont à sa disposition concernant l'observation de la nouvelle lune. Il n'y a pas de mal s'il commence son jeûne ou l'achève avant ou après. Seul importe le fait de demeurer attaché à la Loi (*šarʿ*)[24].

S'il est difficile de réunir les musulmans concernant la pratique du jeûne, chaque pays se singularisant par son propre calendrier, et si les musulmans ne sont rassurés que par un gouvernement dans lequel ils ont confiance et qui peut les réunir, « selon moi », n'hésite pas à déclarer le mufti, « seul le gouvernement saoudien est apte à occuper cette position », à savoir le gouvernement que n'importe quel musulman dans le monde peut suivre. Car les institutions de ce pays s'attachent à vérifier avec rigueur la fiabilité des témoins et ne se fondent que sur l'observation oculaire de la nouvelle lune. Aussi si les musulmans agissent conformément aux décisions des autorités saoudiennes, ils sauvegarderont leur religion et préserveront leur culte[25].

Un autre fidèle revient, une autre fois, sur le problème d'un jeûne universel. S'adressant au mufti, il lui attribue le propos suivant. « Vous avez dit : si tous les musulmans dans leur totalité jeûnaient le même jour, ce serait plus méritoire ». Or, observe cet interlocuteur, il y a une différence de sept heures entre les deux extrémités du monde musulman (entre l'orient et l'occident)[26]. En vérité, répond Ibn Bāz, la différence entre les mansions lunaires n'est pas un obstacle. Elle n'empêche pas vraiment l'ensemble des musulmans de jeûner ensemble. Toutefois, certains docteurs font observer que si les distances sont trop grandes, et si le jour devient nuit ou l'inverse, pour ce motif, il vaut mieux que chacun se fonde sur son observation particulière. Car, dit-il, « [ceux qui sont éloignés] ne prennent pas part avec nous à la nuit », autrement dit leur nuit ne coïncide pas avec la nôtre. Mais on a aussi défendu le point de vue selon lequel il leur est permis de jeûner en même temps que ceux qui sont éloignés d'eux, même s'ils ne partagent avec eux qu'une petite portion de la nuit. Par exemple si chez le peuple A', la nuit se lève alors

24. *Ibid.*, p. 57.
25. *Ibid.*, p. 58.
26. *Ibid.*, p. 60.

qu'elle est à sa fin chez le peuple A, les peuples A et A' partagent partiellement le jour. Il n'y a pas donc de mal si le peuple A' entame son jeûne en même temps que le peuple A[27].

Ainsi selon Ibn Bāz, il n'y a pas de mal si on entame le jeûne en se fondant sur l'observation de celui – individu ou groupe – en qui on a confiance dans un autre pays. Ce qui compte, insiste-t-il, c'est la confiance (*al-muhimm al-ṯiqa*). Si un gouvernement décrète le début du jeûne en se fondant sur l'observation oculaire (*bi-l-ruʾya*) et si ses témoins sont fiables, si de plus les gens commencent leur jeûne en suivant le gouvernement, alors il n'y a aucun mal à suivre ce gouvernement. Quant au jeûne fondé sur le calcul astronomique, cela n'est pas permis, chez la totalité des docteurs de la Loi. C'était le point de vue, tient à le rappeler le mufti, de Ibn Taymiyya, une des grandes références doctrinales de l'islam saoudien[28]. Le Conseil des grands oulémas du royaume saoudien a examiné cette question. Les membres de ce Conseil sont tombés d'accord à l'unanimité qu'on ne doit pas se fonder sur le calcul pour débuter le jeûne. Ils ont considéré que la différence des mansions et de l'observation ne constitue pas un obstacle à prendre part à la même pratique (*lā māniʿ min al-ʿamal bi-ḫtilāf al-ruʾya wa-l-maṭāliʿ*). Mais chaque contrée a sa propre observation, la lune n'apparaissant pas partout au même moment[29]. Jamais dans le passé il n'a été établi que les musulmans sont tombés d'accord sur une observation unique (*ruʾya wāḥida*), en raison des distances séparant les régions musulmanes entre elles (*li-tabāʿud al-aqṭār*). Si chacun des pays se fonde sur l'observation de ses habitants pour décréter le jeûne, il n'y a aucun mal. Mais si leur accord est possible autour d'une date commune, cela serait mieux et même plus conforme aux hadiths (*iḏā tayassara ijtimāʿuhum wa-ttifāquhum ʿalā ruʾya wāḥida fa-haḏā afḍal wa akmal wa awfaq li-l-aḥādīṯ*)[30].

Pour résoudre la difficulté d'établir un jeûne universel, un fidèle propose de tenir La Mecque pour le centre du Monde. Ce qui serait effectivement une solution. C'est déjà le cas pour les dates du pèlerinage. « Les géographes, écrit ce fidèle, sont unanimes pour considérer que

27. *Ibid.*, p. 61. Il s'agit de commencer le mois de jeûne, et non le jeûne quotidien qui, lui, dépend du lever et du coucher du soleil.
28. *Ibid.*, p. 61.
29. *Ibid.*, p. 61.
30. *Ibid.*, p. 62.

La Mecque bénie est située au centre du globe terrestre » : « Aussi quel est votre point de vue si les habitants de l'Est comme de l'Ouest de la Terre suivaient l'observation des habitants de La Mecque[31] ? » Étrange question, fondée sur un présupposé pseudo-scientifique, qui est un retour à l'idée prémoderne de Cosmos, doté d'un centre. La géographie est ainsi mobilisée au service d'un projet politico-religieux : donner la prévalence à La Mecque sur l'ensemble du monde musulman et par là même au royaume saoudien sur l'ensemble des gouvernements des pays musulmans. À cette question, qu'un fidèle fonctionnaire du royaume saoudien devrait recevoir favorablement, le mufti répond pourtant par le rejet. D'entrée, il déclare : « Cette [assertion] n'a pas de fondement (*laysa li-hadā aṣl*). Ce qui importe c'est l'observation oculaire (*al-muhimm al-ruʾya*)[32] ». En effet, peu importe le pays que l'on suivra, seul compte le fait si la décision de déclarer le jeûne découle de l'observation oculaire et non du calcul et si les témoins sont des personnes honorables et dignes de confiance. Car cela doit procurer la paix de l'esprit (*ṭumaʾnīna*)[33]. Si ce n'est pas le cas, on ne doit pas suivre ce pays. D'une certaine façon, Ibn Bāz estime que la paix de l'esprit du fidèle est plus importante qu'un jeûne universel réunissant tous les musulmans de la Terre. Il ne faut faire confiance qu'aux commandements prophétiques, non aux différences entre les mansions lunaires et au calcul astronomique (*al-muʿawwal ʿalā mā qālahu al-nabī...lā ʿalā iḫtilāf al-maṭāliʿ wa ʿalā al-ḥisāb*)[34]. On ne doit en aucun cas jeûner en se fondant sur le calcul, de même qu'on doit bien réfléchir avant de tirer des conclusions des différences entre les mansions lunaires (*laysa lanā an naʿmal bi-mujarrad iḫtilāf al-maṭāliʿ min ġayr naẓar*). On ne doit pas non plus négliger l'observation oculaire au profit de la considération des seules mansions de la lune[35]. Le mufti ne rejette pas la prise en compte des mansions lunaires, mais il soutient que l'observation oculaire doit prévaloir dans tous les cas. On ne peut en quelque sorte tirer argument des mansions lunaires pour contester ou rejeter une observation oculaire. On peut éventuellement remettre en question la crédibilité ou l'honorabilité des témoins, auteurs de l'observation ; ou bien on peut considérer que les

31. *Ibid.*, p. 62.
32. *Ibid.*, p. 62.
33. *Ibid.*, p. 62.
34. *Ibid.*, p. 62.
35. *Ibid.*, p. 63.

commandements prophétiques ne sont pas observés. D'ailleurs, observe le mufti : les mansions lunaires diffèrent même entre La Mecque et Riyad, voire entre La Mecque et une localité plus proche. C'est pour cette raison que si les Mecquois jeûnent en se fondant sur l'observation des habitants de Riyad, ou si ces derniers s'appuient sur l'observation des Mecquois, des Médinois, des Syriens ou des Égyptiens, il n'y a pas de mal. Ce qui est important c'est que l'observation oculaire (*ruʾyat al-ʿayn*) est avérée et que l'on n'a pas recouru au calcul[36]. Aussi quand l'observation oculaire dans le pays A est avérée et que les habitants du pays voisin B s'appuient sur elle, ils sont rassérénés, car ils la tiennent pour conforme à la Loi. Ils n'agissent ainsi que parce qu'ils savent que le pays A se soucie de l'observation oculaire comme il se soucie de la qualité des témoins et qu'on n'y recourt pas au calcul[37].

Les fidèles ne manquent pas de s'interroger sur le fait que souvent deux pays voisins, qui partagent une frontière commune, ne jeûnent pas en même temps. Le cas est explicitement soumis au mufti : « Quand deux pays sont collés l'un à l'autre, questionne un fidèle, et qu'ils ne jeûnent pas en même temps, cela peut-il avoir des conséquences ? » Non, répond le mufti, car chaque pays s'appuie sur sa propre observation qu'il tient pour valide (*lahum ruʾyatuhum*)[38]. C'est une forme de souveraineté qui est reconnue ici. Partant de l'exemple du Moyen Orient, Ibn Bāz rappelle que chaque pays est collé aux autres : par exemple, le royaume saoudien est collé à la Jordanie comme il l'est à la Syrie. Si chaque pays observe pour lui-même la nouvelle lune, manifestant ainsi son indépendance (*istaqallat*) relativement aux autres, cela tient à des motifs qui lui sont propres et à l'orientation de ses oulémas[39]. Ainsi aucun pays ne peut prétendre dicter aux autres quand débuter le jeûne et quand le finir. Il n'en est pas de même s'agissant du pèlerinage et du sacrifice annuel, qui a lieu le 10 ḏū al-ḥijja. Ce sacrifice qui a lieu d'abord à La Mecque, est accompli ailleurs dans le monde musulman par imitation des pèlerins. Pour cette raison il a lieu partout le même jour, en tout cas fictivement puisqu'il y a forcément un décalage horaire entre La Mecque et les autres régions du monde. C'est le seul rituel qui est déterminé par le calendrier mecquois.

---

36. *Ibid.*, p. 63.
37. *Ibid.*, p. 63-64.
38. *Ibid.*, p. 64.
39. *Ibid.*, p. 64.

Ainsi Ibn Bāz le répète à satiété : si chaque pays s'en tient à l'observation qui a eu lieu chez lui, par ses propres témoins, et qui est validée par ses oulémas, peu importe que le jeûne ne coïncide pas avec celui des pays voisins, y compris très proches, dont l'observation si elle est différente est également valide pourvu qu'elle respecte les mêmes critères. Le fondement scripturaire de cette doctrine est une tradition qui met en scène Ibn ʿAbbās et qui a été examinée dans la Première partie. Elle a trait à la différence entre le jeûne des gens de Damas et celui des Médinois. Après avoir rapporté le contenu de la tradition, Ibn Bāz indique qu'Ibn ʿAbbās a refusé de considérer que la recommandation prophétique avait un caractère universel (*lā taʿummu al-nās*), mais doit demeurer propre à chaque entité politique (*dawla*) et chaque pays, surtout si les pays sont suffisamment éloignés entre eux comme l'est la Syrie du Ḥijāz[40].

Nous avons déjà analysé cette tradition. Ibn Bāz en réduit la signification à une dimension unique. *Primo*, elle a un contenu politique patent dans la mesure où Ibn ʿAbbās est présenté comme un opposant à Muʿāwiya[41]. Ce qui donne sans doute une indication sur son contexte d'élaboration et de diffusion : le début de la période ʿabbāside. *Secundo*, l'usage à l'époque umayyade était que le Calife, en tant que Chef suprême (*imām aʿẓam*) de la Communauté des croyants, décrétait le début du jeûne, le peuple des fidèles devant le suivre. Ses gouverneurs pouvaient eux aussi agir de même. Il existe plusieurs textes qui vont dans ce sens[42]. La tradition à laquelle renvoie Ibn Bāz est dirigée contre cet usage umayyade : ce n'est pas au Calife et à ses délégués dans les provinces de décider, mais aux docteurs, en tant qu'héritiers du Prophète puisqu'Ibn ʿAbbās ne manque pas de rappeler un propos prophétique. On peut donc observer que, sur ce sujet précis, Ibn Bāz qui se réclame des « pieux Ancêtres » (*Salaf*) s'appuie en réalité sur une tradition relativement tardive, en tout cas bien postérieure

40. *Ibid.*, p. 64-65. Je renvoie le lecteur à la première partie de cette contribution (« Le temps du jeûne. Débats anciens sur le calendrier »).
41. Peu importe si dans le contexte narratif de la tradition il était seulement gouverneur de Damas et pas encore Calife.
42. Voir par exemple Ibn Abī Šayba, *al-Muṣannaf fī-l-aḥādiṯ wa-l-āṯār*, 7 vol. + 2 vol. d'index, éd. M. ʿAbd al-Salām Šāhīn, Beyrouth 1995, vol. 2, p. 323, nº 9505.

à la période umayyade. En saisit-il d'ailleurs la signification historique ? Je ne le crois pas. Ce qui compte à ses yeux c'est la référence par Ibn ʿAbbās à la Tradition prophétique.

L'autre problème posé par cette tradition est le suivant : a-t-on rejeté l'usage de décréter le début du jeûne par le Calife parce qu'il s'agissait d'une pratique umayyade ou parce qu'on a considéré qu'il s'agissait d'une faute sur le plan religieux ? On invite de nouveau le lecteur à se reporter à la première partie de cette contribution.

2. Technique ou fiction légale ?

Dans la discussion contemporaine au sujet du début du jeûne de ramaḍān, une question revient fréquemment : c'est celle qui concerne le recours aux observatoires astronomiques (*marāṣid falakiyya*), dont sont dotés maintenant la plupart des pays musulmans. La réponse du mufti est sans ambiguïté. On peut y recourir comme aide (*yustaʿān bihā*), mais ce ne peut être tenu pour une preuve (*lā yajib an tuttaḫaḏ ḥujja*)[43]. Autrement dit les observatoires doivent aider à la prise de décision, mais ils ne peuvent se substituer aux témoins honorables dont seule l'observation prévaut et emporte la décision. On ne peut opposer, précise le mufti, la conclusion de l'observatoire au témoignage des deux fidèles honorables qui ont observé la nouvelle lune. Ainsi on ne peut rejeter leur témoignage en invoquant l'observation astronomique. C'est ainsi que si deux témoins attestent avoir observé la nouvelle lune, on s'en tiendra à leur témoignage et on ne se tournera pas vers l'observatoire astronomique, qui ne saurait être érigé en autorité en la matière. Si les responsables de ce dernier affirment que les témoins se sont trompés et que la nouvelle lune n'est pas encore apparue, on devra considérer que l'observation oculaire des témoins passe avant les conclusions de l'observatoire astronomique (*šahādat al-ʿudūl muqaddama ʿalā al-mirṣad*)[44].

Le problème posé concerne le motif de la décision de décréter le début du jeûne : est-ce le fait de la nouvelle lune ou est-ce le témoignage de deux fidèles honorables ? Si l'on soutient que l'observation astronomique prévaut sur tout témoignage à l'œil nu, cela est certainement plus conforme à la raison ; car il s'agit de définir le début du mois

43. Ibn Bāz, *Fatāwā*, p. 65.
44. *Ibid.*, p. 65.

de ramaḍān, qui dépend des mouvements de la lune. Ces derniers sont objectifs et ne dépendent pas de la moralité ou de la piété de celui qui les observe. Pourquoi donc rejeter l'observation astronomique, qui peut être considérée comme supérieure à l'observation à l'œil nu ? Ce qui importe ce n'est pas d'établir avec une précision astronomique le début (ou la fin) du mois ; c'est que deux membres de la collectivité, définis par des caractéristiques religieuses et morales, attestent que la nouvelle lune est apparue. Il y a un refus évident de recourir à la technique et à la science[45].

3. Quand les musulmans sont minoritaires

Le mufti a reçu un jour une question d'un groupe de musulmans de l'Inde. Ils disent commencer le jeûne en même temps que les habitants du royaume saoudien ou d'un autre pays arabe, alors que leurs compatriotes musulmans de l'Inde commencent leur jeûne un jour différent, et suivent seulement leur propre observation de la nouvelle lune. Ces musulmans d'Inde prient le mufti de les instruire au sujet de ce cas[46].

Les musulmans de l'Inde, indique-t-il, comme ceux d'autres régions du monde doivent s'efforcer de s'enquérir avec sérieux du commencement du mois de jeûne comme de sa fin. C'est pour cela qu'ils doivent mettre en place des instances qui seront chargées spécialement de cette mission afin de désigner des individus chargés de surveiller la nouvelle lune et mettre en pratique les recommandations prophétiques. Ces derniers devront être honorables. Le plus important pour un musulman est de toujours accompagner « ses frères » musulmans, que ce soit pour commencer le jeûne ou pour le finir. Ils ne doivent pas se diviser ni s'opposer à ce sujet. Partout où il y a des musulmans dans le monde, ils doivent jeûner ensemble[47]. Ce principe prévaut surtout pour les minorités musulmanes : « Il t'incombe,

45. À la veille du ramaḍān de l'année 2020, un astronome algérien a publié un article dans la presse locale. Il a notamment indiqué que, alors même que la nouvelle lune allait apparaître, les observateurs désignés par le Ministère des Affaires religieuses ne pourraient pas la voir, car elle cesserait d'être visible dans le ciel algérien après le coucher du soleil, mais qu'elle le serait dans d'autres situations géographiques. Ainsi il avait annoncé le début du mois de ramaḍān selon le témoignage oculaire, erroné du point de vue astronomique, quelques jours avant.
46. Ibn Bāz, *Fatāwā*, p. 58.
47. *Ibid.*, p. 59.

poursuit le mufti, s'adressant directement à celui qui a soumis ce cas, de jeûner avec tes frères en Inde » : « Il en est de même en Amérique, en Europe et tous les pays où les mécréants sont majoritaires et les musulmans minoritaires (*aqalliyya*)[48] ». Si le mufti admet que des musulmans dans un pays où ils sont minoritaires peuvent jeûner en même temps qu'un pays musulman comme le royaume saoudien, il n'en recommande pas moins, quand cela est possible, que les musulmans d'une région donnée jeûnent ensemble : cela est meilleur et plus méritoire selon lui. « Car les musulmans constituent une entité unique (*li-anna al-muslimīn šay' wāḥid*)[49] ». Ibn Bāz va même jusqu'à interpréter dans un sens holiste les recommandations prophétiques en matière de jeûne, tirant argument du fait que les commandements sont au pluriel[50]. Pourtant une telle interprétation qui n'est pas entièrement fausse n'est pas non plus complètement justifiée. Les hadiths sont au pluriel car il s'agit de prendre tous les musulmans comme destinataires ; mais de cela, on ne peut déduire que le jeûne doive être holiste. Car, et c'est l'interprétation qui avait prévalu à l'époque prémoderne, si l'on s'en tient au commandement strict de conformer sa conduite aux mouvements de la lune, deux contrées éloignées – comme c'est le cas de deux pays comme l'Inde et la péninsule Arabique – ne peuvent entamer leur jeûne ensemble ni l'achever ensemble sauf fait rarissime. Or en faisant prévaloir le principe de l'unité de la communauté locale des fidèles, au sein d'un ensemble plus grand et *a priori* hostile, Ibn Bāz donne le pas au niveau politique sur le niveau herméneutique. Il apparaît que, selon lui, là où les musulmans sont minoritaires, il est préférable qu'ils s'entendent pour observer le jeûne ensemble et de manière synchronisée. Pour ce faire, ils doivent s'organiser et désigner des hommes pour unifier leurs rangs.

4. Le refus de la dissidence

Dans d'autres fetwas, Ibn Bāz va plus loin. Ainsi un correspondant, qui écrit d'Algérie, déclare ceci : « Cette année j'ai jeûné avec le Royaume [saoudien], alors que mon pays a entamé le jeûne après le second jour. J'ai pris connaissance du début du jeûne chez vous grâce

---

48. *Ibid.*, p. 59-60.
49. *Ibid.*, p. 60.
50. *Ibid.*, p. 60.

à votre radio. Mon jeûne est-il valide et, sinon, suis-je tenu à une pénitence (*kaffāra*) ? Car quelqu'un, qui est bien informé (*aḥad al-ʿārifīn*), m'a dit : Tu dois jeûner avec [les gens de] ton pays[51] ». Comme l'éditeur ne donne aucune indication chronologique sur les questions soumises au mufti saoudien, on ignore de quand date le courrier de cet Algérien à Ibn Bāz. Mais il pourrait s'agir de la période des années 1980, au cours de laquelle on a assisté en Algérie à une montée spectaculaire de l'influence wahhābite.

Ibn Bāz avait déjà traité précédemment ce cas. La position qu'il a formulée précédemment était qu'un musulman pouvait jeûner en suivant n'importe quel pays musulman pourvu que la décision de débuter le jeûne de ramaḍān dans ce pays soit conforme à la Loi et fondée sur l'observation oculaire par deux témoins honorables. Pour autant il était préférable selon lui de jeûner avec les habitants de son pays. Dans le cas des minorités musulmanes, il était particulièrement recommandé que leurs membres s'efforcent de s'organiser afin de jeûner ensemble. Le seul cas où le mufti recommande de ne pas suivre les décisions des autorités de son pays, c'est quand celles-ci ne se conforment pas aux préceptes de la loi religieuse.

Répondant à son interlocuteur algérien, Ibn Bāz commence par le rassurer. « Non, lui dit-il, tu n'es pas tenu à une pénitence » : « Mais tu dois jeûner avec tes compatriotes et interrompre le jeûne avec eux également ». Il cite à l'appui un dit prophétique : « Le jeûne [doit avoir lieu] quand vous jeûnez [tous] ; la fin du jeûne [doit avoir lieu] quand vous cesserez [de jeûner] [tous] ; le sacrifice [doit avoir lieu] quand [vous procéderez tous au] sacrifice[52] ». Autrement dit, le fidèle doit jeûner avec le groupe. Si le jeûne est une œuvre individuelle, pour laquelle on est récompensé ou puni à titre personnel, on doit veiller à jeûner avec ses coreligionnaires. Il précise que la divergence (*ḫilāf*) engendre un mal immense, car le conflit et la division sont néfastes. Il est indispensable que les habitants d'un même pays jeûnent ensemble et interrompent le jeûne également ensemble. Il est du devoir du gouvernement de s'en tenir au point de vue conforme à la loi religieuse. Si l'apparition de la nouvelle lune est établie conformément à la loi religieuse dans le pays ou dans un pays voisin et s'il est certain que l'on n'a pas eu recours au calcul astronomique, le fidèle peut jeûner en

51. *Ibid.*, p. 66.
52. *Ibid.*, p. 67.

suivant l'un ou l'autre des pays[53]. On peut ainsi jeûner selon le calendrier saoudien, car il est fondé sur des preuves conformes à la loi religieuse (*bayyina šarʿiyya*), non sur le calcul astronomique. L'observation de la nouvelle lune est conforme à la Loi quand elle est à l'œil nu ; elle est également avérée fictivement après le décompte trente jours[54]. Le mufti s'adresse ensuite directement à son interlocuteur :

> Si les habitants de ton pays jeûnent en se fondant sur leur propre observation [à l'œil nu] ou en raison d'une décision de leurs oulémas, il n'y a pas de mal [...]. Si les habitants du pays et son gouvernement s'appuient sur leurs oulémas et leurs institutions [religieuses] ; et si ces institutions ainsi que les oulémas estiment que le jeûne doit commencer un autre jour que celui du royaume saoudien ou d'un autre pays, tu dois t'appuyer sur la décision des institutions religieuses et des oulémas de ton pays. Ne te brouille pas avec les tiens ! Chaque musulman doit se conformer [aux décisions] de son pays concernant le début du jeûne et sa fin, afin qu'aucune dispute ne se manifeste. Dans chaque pays, le gouvernement doit y veiller[55].

Un habitant de la ville de Riyad, la capitale du royaume saoudien soumet au mufti un cas analogue. « Si le Dār al-iftāʾ[56] dans un pays musulman quelconque (A) annonce que l'observation de la nouvelle lune de ramaḍān n'est pas avérée alors qu'elle l'est dans un pays musulman voisin (B), que statuer si des habitants du pays (A) jeûnent en même temps que ceux du pays (B), alors qu'autour d'eux les gens n'observent pas le jeûne[57] ? » Il s'agit d'un cas de dissidence dans la pratique religieuse. La réponse du mufti à cette question est plus tranchée encore que précédemment : « Dans chaque pays musulman, [les habitants] doivent jeûner en même temps que leurs dirigeants. Si l'observation est avérée dans un pays donné, ses habitants doivent jeûner. Ils ne doivent pas suivre les autres. Car agir ainsi conduit à la divergence, au conflit et à des discours contradictoires[58] ». Si l'observation de la nouvelle lune est confirmée à Riyad, par exemple, par les tribunaux religieux, les habitants doivent jeûner, mais si elle

---

53. *Ibid.*, p. 67.
54. *Ibid.*, p. 67.
55. *Ibid.*, p. 67.
56. Il s'agit souvent de la plus haute instance des autorités religieuses dans le monde sunnite. Elle est toujours nationale.
57. Ibn Bāz, *Fatāwā*, p. 68.
58. *Ibid.*, p. 68.

n'est pas confirmée par les mêmes tribunaux à Riyad, alors qu'elle est confirmée en Égypte, « ils n'ont pas à jeûner suivant [la décision des autorités de ce dernier pays], car cela conduirait à la divergence et au conflit [...] » : « Il est du devoir de la population (*raʿiyya*) d'obéir à ceux qui sont au-dessus d'eux et les dirigent. Ils ne doivent pas s'en écarter. Le jeûne [commence] le jour où [les chefs] jeûnent et il cesse quand ils cessent[59] ». On revient ainsi à la vieille conception de l'époque umayyade.

Il admet cependant une exception : quand les dirigeants d'un pays décident de s'aligner sur la décision d'un autre pays, qui s'appuie sur l'observation oculaire, non sur le calcul astronomique : « Sauf, indique-t-il, si les dirigeants de l'Égypte décident de jeûner en même temps que le royaume saoudien, ou que les pays du Golfe, ou que les Émirats [Arabes Unis], ou que le Kuwait, ou si les gouvernants de ce pays décident de jeûner en même temps que l'Égypte, il n'y a pas de mal[60] ». On peut noter qu'il n'envisage pas que le royaume saoudien s'aligne pour le jeûne sur l'Égypte ou sur un autre pays. Car sans doute pour lui s'il y a un pays qui respecte scrupuleusement la loi religieuse, c'est le royaume saoudien. Aussi il est difficile pour lui d'envisager qu'un habitant de ce pays choisisse de jeûner avec les habitants d'un pays voisin. Sa réponse s'achève par un rappel : « Le devoir de tous les gouvernements islamiques est de craindre Dieu et d'agir selon la règle de l'Apôtre de Dieu concernant le jeûne en se fondant sur l'observation oculaire et non sur le calcul astronomique[61] ».

Un autre correspondant le questionne au sujet d'un cas similaire : « S'agissant de l'établissement de l'observation oculaire du croissant de ramaḍān l'an dernier, nous avons appris grâce à une radio arabe [d'un pays voisin] l'apparition [de la nouvelle lune] et nous avons jeûné sur cette base. Pourtant l'observation n'a pas eu lieu dans notre pays. Pour cette raison un désaccord (*ḫilāf*) a vu le jour parmi les gens. Certains objectaient que ce jour devait être considéré comme jour de doute (*yawm al-šakk*)[62]. D'où la question : est-ce que la personne

---

59. *Ibid.*, p. 68.
60. *Ibid.*, p. 68-69.
61. *Ibid.*, p. 69.
62. On appelle « jour du doute » l'éventuel trentième jour du mois, mais dont la certitude doit être établie par l'observation oculaire. Ce problème a donné lieu à une riche discussion. Voir la Première partie de ma contribution.

est obligée par [les décisions de] son pays et par l'observation qui y a été effectuée, ou bien par toute observation, quel que soit le pays musulman où elle a eu lieu[63] ? »

Le mufti répond :

> Jeûner avec ses compatriotes est préférable (*awlā*), pour éviter les désaccords et les divisions (*šiqāq*). [Le fidèle] doit commencer le jeûne en même temps qu'eux et le finir en même temps qu'eux s'ils respectent les prescriptions de la loi religieuse et s'ils prennent soin de l'observation de la nouvelle lune [...]. Si par contre, ils ne s'en soucient pas, il devra se fonder sur l'observation oculaire conforme à la loi religieuse de n'importe quel [autre] pays musulman[64]. [...] Si le gouvernement [de son pays] respecte la loi dans cette matière et s'il prend soin de l'observation, il jeûnera selon son observation et loué soit Dieu. Si les habitants de son pays se soucient de l'observation et en tiennent compte pour jeûner ou pour interrompre le jeûne, il doit les suivre. Il ne doit pas s'en écarter (šaḏḏa) et il ne doit pas y avoir de dissension (*fitna*)[65].

Ibn Bāz s'appuie une nouvelle fois sur la décision d'Ibn ʿAbbās de refuser l'autorité de l'Émir (ou du Calife) en matière de jeûne et il en fournit même un commentaire :

> Ibn ʿAbbās que Dieu l'agrée a considéré le jeûne des Médinois le samedi comme prévalant sur l'imitation de Muʿāwiya (*fa-jaʿala Ibn ʿAbbās raḍiya Allāh ʿanhumā ṣawm ahl al-madīna ʿalā al-sabt awlā min mutābaʿat Muʿāwiya*). La décision d'Ibn ʿAbbās est un argument en faveur de la doctrine selon laquelle à chaque contrée ou pays son observation de la nouvelle lune. Si les habitants d'un pays ou son gouvernement se préoccupent du respect de la loi religieuse (*yaʿtanūna bi-l-šarʿ*), autrement dit de l'observation oculaire, et si le musulman jeûne non selon l'observation dans son pays mais selon celle du pays voisin – qui a entamé le jeûne avant –, il est pour cette raison plus proche d'eux (*iḏā ṣāma bi-ruʾyatihim fa-huwa awlā lahum*). De cette façon la parole des musulmans sera une et ils seront unis autour de leur glorieux mois de ramaḍān. Mais si les habitants d'un pays jeûnent de leur côté en se fondant sur leur propre observation, sans suivre les autres pays, il n'y a pas de problème[66].

63. Ibn Bāz, *Fatāwā*, p. 70.
64. *Ibid.*, p. 70.
65. *Ibid.*, p. 70.
66. *Ibid.*, p. 71.

Récapitulant sa position, Ibn Bāz déclare :

> L'homme (*insān*) doit jeûner avec ses compatriotes (*ahl baladihi*) et interrompre le jeûne aussi avec eux s'ils se préoccupent de l'observation. Mais s'il jeûne avec d'autres que ses compatriotes quand ceux-ci ne se préoccupent pas de l'observation [de la nouvelle lune], c'est un devoir pour lui, car il doit respecter la *Sunna*. Par contre si ses compatriotes se préoccupent de l'observation ou du décompte [des jours du mois], il doit jeûner avec eux et interrompre le jeûne en même temps qu'eux afin d'éviter la division (*inšiqāq*) et la scission (*tafarruq*). S'ils ne se soucient pas de la nouvelle lune ou s'ils recourent au calcul astronomique pour jeûner, il ne doit pas jeûner avec eux. Dans cette éventualité, il doit plutôt jeûner avec ceux qui s'appuient sur l'observation oculaire[67].

Au lieu de faire l'unité de la communauté des fidèles en donnant la préséance au Chef vivant, le dit d'Ibn ʿAbbās semble préférer l'unification par l'intermédiaire du Chef mort (= le Prophète et sa Règle). Cette transformation a vu le jour vers la fin du VIIIe siècle et se manifeste par la montée en puissance du concept de *Sunna* (= Règle du Prophète), du hadith comme autorité scripturaire ainsi que du corps des oulémas, qui en sont les interprètes autorisés. La leçon qu'en tire Ibn Bāz est que la légitimité des décisions du gouvernement en matière de jeûne est conditionnée par leur conformité à la loi religieuse, notamment au non-recours au calcul et au strict respect des conditions de la recevabilité de l'observation à l'œil nu. La coïncidence entre le corps politique et le corps religieux ne va pas de soi : le second doit l'emporter sur le premier. S'il y a une crise et un conflit au sujet du début du jeûne comme de sa fin, cela peut venir soit de fidèles sectaires qui opposent corps religieux et corps politique, soit du gouvernement lui-même s'il néglige volontairement ou non les préceptes de la loi religieuse, agissant au détriment du corps religieux.

À un autre interlocuteur, Ibn Bāz répète la leçon qu'il ne cesse de prodiguer : « Tu dois jeûner avec ton gouvernement (*dawla*), si celui-ci observe le jeûne. Sinon jeûne avec un pays musulman où l'on aura effectivement observé la nouvelle lune ». Il conclut cependant : « La divergence [d'appréciation] (*iḫtilāf*) engendre le mal entre toi et ta communauté (*jamāʿa*)[68] ». On a l'impression que si dans certaines

67. *Ibid.*, p. 72.
68. *Ibid.*, p. 72.

fetwas, Ibn Bāz ne voit rien de mal dans le fait pour un individu ou même un groupe d'individus de ne pas jeûner en même temps que le reste de leurs compatriotes, dans d'autres il a fini par considérer que cela pouvait être nuisible. Ce qui semble être l'indice d'une évolution et de la prise de conscience d'une fracture en train d'apparaître dans le monde musulman.

Des fidèles qui se présentent comme des Bédouins (*ahl al-bādiya*) l'interrogent une autre fois. Ils affirment ainsi que, hommes et femmes, adultes et enfants, ils se sont réunis pour surveiller le soir requis (*laylat al-taḥarrī*) la nouvelle lune. Ils n'ont pu en constater l'apparition malgré leurs efforts, alors que le ciel était entièrement dégagé. Celui qui écrit au nom du groupe insiste sur le fait qu'il s'agit d'une vision à l'œil nu, sans intermédiaire aucun (*ruʾyat al-hilāl ʿalā al-ʿayn al-mujarrada*). Ils ont été ensuite surpris d'apprendre au milieu de la nuit, grâce aux moyens d'information actuels, que le croissant lunaire a été aperçu et l'observation validée par les autorités[69].

La question implicite qui est posée est celle de l'obéissance à une décision dont on doute de la sincérité. L'individu A, qui a respecté toutes les conditions nécessaires, n'a pu observer le croissant lunaire. Il est donc amené à penser que le jeûne de ramaḍān n'est pas pour le lendemain, mais pour le surlendemain. Or les médias officiels, dans le même pays, annoncent en cours de soirée que d'autres ont observé le croissant lunaire et que par conséquent le jeûne débute le lendemain. L'individu A doute ainsi de cette observation.

À ce délicat problème de théologie morale, Ibn Bāz répond très clairement. Si dans un pays deux témoins fiables (*t̲iqa*) attestent avoir observé le croissant lunaire à l'œil nu, ayant respecté les conditions requises par la loi religieuse (*ʿalā al-wajh al-šarʿī bi-ruʾyat al-hilāl bi-l-ʿayn*), le jeûne s'impose à celui auquel est parvenue la nouvelle et même si lui ne l'a pas observé. Car il y a des différences dans la vision (*al-baṣar yaḫtalifu*) de même qu'il y a des différences dans la façon de percevoir les positions de la lune. Voir le croissant lunaire ne suffit pas. Il faut être également en état d'en interpréter la position. Comme il y a des différences entre les individus concernant l'observation du croissant lunaire, ils doivent tenir compte de l'observation *instituée*, autrement dit celle qui est organisée par les autorités ou qui

69. *Ibid.*, p. 73.

reçoit l'aval de celles-ci. Cependant elle ne doit jamais être fondée sur le calcul astronomique[70]. Ceux des habitants qui ne l'ont pas vu sont tenus de suivre la décision des autorités[71]. Autrement dit, on ne peut décider seul quand commencer le jeûne ; on doit veiller à jeûner avec le groupe. La décision doit être prise par les autorités si elles respectent les préceptes de la loi religieuse. On doit les suivre même si on ne parvient pas à observer le croissant lunaire. Ainsi ce qui fait autorité ce n'est pas n'importe quelle observation, mais seule celle qui est validée par les autorités. Il n'y a pas donc de place pour une conception « anarchiste » de la pratique du jeûne, chacun jeûnant de son côté.

5. Celui qui observe seul le croissant lunaire

Il s'agit d'un cas ancien, discuté dès le VIIIe siècle et interprété sans doute à la lumière de hadiths qui évoquent l'obligation du jeûne. Selon cette interprétation, si un fidèle a été seul à voir le croissant lunaire, il est tenu tout de même au jeûne.

L'interlocuteur du mufti lui présente ainsi le cas : « J'ai observé le croissant lunaire mais personne d'autre n'a confirmé mon observation. Aussi dois-je jeûner trente jours alors que tous les autres jeûnent vingt-neuf jours[72] ? » Ibn Bāz lui répond en rappelant les principales options. Si un fidèle s'adresse au cadi ou au dirigeant pour lui apprendre qu'il a observé le croissant lunaire et que ce dernier refuse de prendre en considération son observation, ce cas divise les docteurs de la Loi. Selon l'option majoritaire, ce fidèle devra observer le jeûne car il est établi pour lui que le mois de ramaḍān est arrivé, en raison de son observation personnelle[73]. Ainsi il jeûnera et précédera les gens d'un jour. Mais il devra rompre le jeûne en même temps qu'eux. Selon la seconde option – moins répandue –, il ne doit pas jeûner si les autorités ne prennent pas en compte son observation : car cela revient à l'invalider. D'autant que selon la tradition prophétique, il faut jeûner avec le groupe. C'était l'opinion d'Ibn Taymiyya. Pour Ibn Bāz, cette option prévaut sur la première. Par conséquent, le témoignage d'un unique fidèle, quand il n'est pas validé par les autorités,

70. *Ibid.*, p. 73.
71. *Ibid.*, p. 74.
72. *Ibid.*, p. 74.
73. *Ibid.*, p. 74.

est sans effet aussi bien pour le groupe que pour son auteur. Toutefois, Ibn Bāz admet que l'on puisse suivre la première option, qui est majoritaire ; mais il tient la seconde pour meilleure et plus méritoire[74]. Même si le mufti saoudien tient que l'option à laquelle s'est rallié Ibn Taymiyya, qui est sa grande référence doctrinale, est justifiée par des traditions, il faut reconnaître une certaine rationalité à celle-ci. En effet, si on soutient que le groupe doit prévaloir dans le domaine du culte et que le témoignage sur la nouvelle lune doit être validé par une autorité légitime, le témoin, quand il est récusé, doit se soumettre en tant que simple membre du groupe à la décision de celui-ci. Cependant, cette argumentation renforce le caractère holiste de la conception du groupe et des rapports de chaque fidèle à celui-ci. Quant au cas lui-même, il fait sans aucun doute référence à une époque où même si le groupe avait un grand poids, le jeûne de ramaḍān n'avait pas encore reçu sa définition communautaire.

Cependant en aucun cas, l'observation individuelle ne doit être considérée comme supérieure à celle que le groupe valide. C'est le sens du cas suivant. « Ma grand-mère, rapporte un fidèle, ne jeûnait pas en même temps que le reste des gens. Elle disait [pour se justifier] : je ne jeûne que si je vois de mes yeux le croissant lunaire. Elle est morte sur cette position. Maintenant je m'attache à faire des aumônes aux pauvres en faisant cette prière : Seigneur ! fais que la récompense de cette aumône profite à ma grand-mère. Je demande aussi à Dieu le Très-Haut de lui pardonner ses péchés. Est-ce que ces prières lui seront bénéfiques et est-ce que les récompenses de ces aumônes lui profiteront[75] ? » Il est intéressant de relever que cette femme défendait une doctrine strictement « individuelle » du jeûne : pour elle, le fidèle ne devait commencer le jeûne que s'il avait observé lui-même, de ses propres yeux, le croissant lunaire. On ignore si elle pouvait suivre l'observation d'un proche – par exemple, son père, son frère ou son époux –, et ce qu'elle pensait de l'idée d'un jeûne collectif. Car si chacun ne se base que sur son observation personnelle, comment parvenir à un jeûne collectif ? On sent bien dans la question telle que la formule le petit-fils de la disparue qu'au reproche se mêle de l'inquiétude. Ibn Bāz répond avec une certaine dureté : « Elle est dans l'erreur à propos de ce culte. C'est une égarée et une ignorante. Quant à toi, tu

74. *Ibid.*, p. 75.
75. *Ibid.*, p. 75.

seras récompensé pour les aumônes que tu donnes pour la racheter. Si tu jeûnes à sa place pour rattraper les jours de jeûne manqués, tu seras également récompensé. Ses autres proches peuvent également jeûner à sa place ». À ce sujet, il cite un hadith connu, qu'on rencontre dans la compilation de Buḫārī. Mais cc sont toujours des parents proches qui doivent racheter le parent égaré et décédé : le fils ou la fille, le frère ou la sœur, ou un autre proche. Il faut accompagner ce jeûne compensatoire à la place de la défunte par des prières où l'on demande pardon pour elle et la miséricorde[76]. Les parents, notamment consanguins, sont tenus à la solidarité les uns envers les autres, aussi bien dans le domaine mondain (obligation alimentaire, prix du sang) que dans le domaine cultuel (prière rituelle, pèlerinage, jeûne). Quand on n'a pas de consanguins, on se retrouve isolé et démuni. S'agissant des ascendants ou des collatéraux, on n'est pour rien dans leur absence ou leur présence ; par contre, on peut se donner volontairement des consanguins en se mariant et en engendrant des enfants. Le devoir d'enfanter trouve ici une de ses racines.

Quelle est la différence entre le cas de celui qui s'appuie sur sa propre observation pour débuter le jeûne – il ne peut cependant y mettre fin de la même façon – et le cas de cette dame qui refuse de suivre les autres pour débuter le jeûne ? Dans le premier cas, on ne relève aucune intention de refuser la décision des autorités s'exprimant au nom de l'ensemble des fidèles. Quant à la dame, si on relève chez elle un refus explicite de se soumettre à la décision des autorités, ce n'est pas parce qu'elle ne les reconnaît pas, mais parce qu'elle refuse de baser son jeûne sur l'observation d'autrui, dans la mesure où cet autrui aurait pu se tromper. Sur le plan théologique, l'attitude de cette dame n'est pas indéfendable, mais elle l'est sur le plan juridique : en effet, pour débuter le jeûne, on admet le recours à une fiction légale. Dans la mesure où il est impossible que tous les fidèles soient réunis pour observer le ciel au moment critique ; dans la mesure aussi où on ne peut confier la décision de débuter le jeûne à n'importe qui, on accepte de confier cette mission aux autorités qui ont tous les moyens pour y parvenir correctement. Les autorités désignent des personnes fiables et honorables pour surveiller le ciel afin d'apercevoir le croissant lunaire. Pour débuter le jeûne, le témoignage d'un seul fidèle fiable et honorable est valable, mais pour mettre fin au mois

76. *Ibid.*, p. 76.

de jeûne, le témoignage de deux personnes est indispensable. Une fois l'observation faite, les autorités transmettent le résultat à la population. Quant à celle-ci elle devra s'y tenir, faute de quoi elle remet en question non les autorités elles-mêmes mais le principe d'un jeûne collectif et surtout les commandements prophétiques.

Ibn Bāz insiste sur le fait qu'il faut jeûner en même temps que le groupe auquel on appartient, voire il souhaite que tous les musulmans jeûnent ensemble. N'est-il pas contradictoire de formuler une telle orientation et en même temps de soutenir que celui qui a été seul à observer le croissant lunaire peut entamer seul le jeûne de ramaḍān ? Cela est patent. Mais Ibn Bāz, qui est un érudit, sait que cette solution a été défendue par à peu près tous les docteurs de la Loi, en tout cas sunnites. Même si elle est en contradiction quant au fond avec la doctrine dominante, parce que cette solution a été admise dans la Tradition, Ibn Bāz ne peut la remettre en question. De fait, les fidèles qui suivent cette solution doivent être sans doute extrêmement rares.

6. L'usage du calcul astronomique.

Un fidèle observe que dans plusieurs pays musulmans, on s'appuie non sur l'observation oculaire mais sur le calcul astronomique pour déterminer l'arrivée du mois de ramaḍān, ou de celui de šawwāl (qui suit ramaḍān), ou bien l'arrivée du mois de ḏū al-ḥijja (celui du pèlerinage), même si la décision est ensuite diffusée par les institutions religieuses dans ces pays. Doit-on prendre en compte le calcul astronomique ? Doit-on suivre les institutions religieuses qui répandent de telles nouvelles ou bien se référer de préférence aux radios des pays qui ne s'appuient que sur l'observation oculaire[77] ?

La réponse du mufti ne change pas : pour la détermination du croissant lunaire, que ce soit pour le mois de ramaḍān ou pour le mois du pèlerinage, on ne doit s'appuyer que sur l'observation oculaire[78]. Il cite dans ce sens des dits prophétiques. Quant au calcul, on ne doit pas y recourir ; cela n'est pas permis. « À ce sujet, nous avons prévenu

77. *Ibid.*, p. 77. Ce type de témoignage est la preuve qu'il s'agit d'interrogations qui ont été formulées sans doute vers la fin du XXe siècle, une époque où Internet n'était pas encore très répandu et encore moins le *social network*. On en était encore à la radio.

78. *Ibid.*, p. 77.

à plusieurs reprises et nous avons écrit de nombreuses fois », tient-il même à ajouter[79]. Il cite à l'appui Ibn Taymiyya, la référence centrale du wahhābisme :

> Les docteurs de la Loi sont unanimes pour considérer que le calcul astronomique n'est pas valable pour déterminer l'apparition des croissants lunaires, car on ne doit s'appuyer que sur l'observation oculaire ou sur l'achèvement du décompte (*ikmāl al-ʿudda*). Si [le soir du vingt-neuvième jour] de šaʿbān qui est un dimanche, on ne voit pas le croissant lunaire [annonçant le mois de ramaḍān], on devra considérer que le mois de šaʿbān se poursuivra. Dès lors, le jeûne ne commencera que le mardi, puisque le lundi est le dernier jour du mois de šaʿbān, et même si le soir du lundi on ne voit pas le croissant lunaire. Il en est de même si les astronomes (*ḥāsibūn*) affirment que le croissant lunaire apparaîtra le lundi, voire le mercredi. Aucun de leurs propos ne sera pris en compte. Le jeûne devra commencer le mardi car nous avons poursuivi le mois de šaʿbān jusqu'au trentième jour[80].

L'essentiel est qu'on ne doit pas s'appuyer sur le calcul et jamais sur les affirmations des astronomes (*ḥassābūn*) ; on ne doit s'appuyer que sur l'observation oculaire. Ibn Bāz insiste que tel est l'enseignement du Prophète. Selon lui, il y a un consensus à ce sujet. Qu'il existe des docteurs de la Loi, notamment parmi ceux d'époque tardive, qui soutiennent un point de vue divergent, on ne devra pas cependant les prendre en considération et même s'ils sont importants, leur point de vue ne doit pas être pris en compte dans cette matière, car ils s'opposent à la *Sunna*[81]. Car il n'est pas permis de s'appuyer sur ce qui la contredit[82]

Le recours aux lunettes astronomiques, voire aux télescopes, constitue-t-il une innovation blâmable ? « Si l'innovation blâmable (*bidʿa*), observe un fidèle, est tout acte auquel l'Apôtre de Dieu n'a jamais recouru, ni d'ailleurs ses Compagnons, ou bien toute nouveauté introduite seulement après sa disparition, alors qu'en est-il de l'observation de l'apparition du croissant lunaire grâce à une lunette grossissante quand il est difficile de procéder à l'observation à l'œil nu (*bi-l-ʿayn al-mujarrada*) ? Sachant qu'une telle lunette n'existait pas

79. *Ibid.*, p. 79.
80. Cité dans *Ibid.*, p. 79.
81. *Ibid.*, p. 79-80.
82. *Ibid.*, p. 81.

à l'époque de l'Apôtre et de ses Compagnons et qu'il disait : "Jeûnez et interrompez votre jeûne quand vous observez le croissant lunaire". N'est-il pas vrai que ce qui est visé dans ce propos c'est la vision à l'œil nu[83] ? » Cet interlocuteur est certainement hostile au recours aux moyens techniques modernes pour observer le croissant lunaire. Pour lui, comme ces moyens n'existaient pas à l'époque du Prophète, ils ne doivent pas être utilisés aujourd'hui. Qualifier cet usage de *bid'a* est une accusation très grave, voire un anathème. Techniquement, on appelle *bid'a* ce qui n'est pas conforme à la *Sunna*, « la règle prophétique », qui doit seule prévaloir, en particulier chez les sunnites. Selon un hadith fameux, suivre cette voie, c'est suivre la voie de la damnation.

Dans sa réponse, Ibn Bāz modère le jugement de son interlocuteur. Il commence par expliquer ce qu'est une *bid'a* : il s'agit, dit-il, des innovations dans le but de se rapprocher de Dieu (*al-bid'a hiya al-latī aḥdaṯahā al-nās taqarruban min Allāh*). Cela concerne donc seulement le culte au sens étroit. Plus loin il précise : il s'agit des actes d'adoration (*'ibādāt*) qui n'ont pas été prescrits par Dieu, comme l'édification de mausolées sur des tombes et leur utilisation comme oratoires (*al-binā' 'alā al-qubūr wa-ttiḫāḏ al-masājid 'alayhā*), ou la célébration de la naissance du Prophète, de la nuit de son voyage céleste (*isrā'*, *mi'rāj*) et autres choses analogues[84]. Or s'aider de lunettes ou télescopes dans l'observation du croissant lunaire ne fait pas partie des actes grâce auxquels on se rapproche de Dieu et donc cela n'a rien à voir avec les innovations blâmables dans ce sens précis. Recourir à de tels moyens est analogue au fait de s'aider en s'élevant sur une hauteur – comme un phare ou des lieux élevés – pour observer le croissant lunaire, ou fuir les endroits où l'observation est gênée par de la poussière[85]. Dans tous ces cas, l'observation se fait à l'œil nu, que l'on recoure ou non à la lunette astronomique. Il s'agit de s'aider dans l'observation ; cela ne peut donc invalider l'observation. Ibn Bāz rappelle que seul l'usage du calcul astronomique qui prédit l'apparition du croissant lunaire est prohibé[86]. Quant

83. *Ibid.*, p. 81.

84. On observe que la liste correspond à celle qui était déjà celle des premiers doctrinaires du wahhābisme.

85. Ibn Bāz, *Fatāwā*, p. 82.

86. Il n'explique jamais pourquoi le calcul est interdit, mais on peut penser que le motif est qu'il s'agit d'un pronostic, qui prétend décrire l'avenir. La connaissance du futur n'est à la portée d'aucun humain.

aux lunettes astronomiques et autres télescopes, ils sont comparables à tout autre moyen qui aide dans l'observation du croissant lunaire. Quant à l'innovation blâmable c'est tout ce qui a un lien direct avec les actes d'adoration de Dieu. Toutes les innovations qui ne concernent pas le culte mais la vie profane (*al-ʿādāt wa umūr al-dunyā*), même si elles sont postérieures au Prophète, comme l'automobile, l'avion, le téléphone, le train et tout ce qui est semblable, ne sont nullement blâmables sur le plan religieux (*lā tusammā bidʿa min ḥayṯu al-šarʿ*)[87].

Dans le même sens, le mufti est interrogé une autre fois au sujet des observatoires (*marāṣid*) et de leur rôle dans l'observation des croissants lunaires (*tatabbuʿi mawālid al-ahilla*)[88]. À cette occasion, Ibn Bāz précise mieux sa pensée. Selon lui, les observatoires astronomiques peuvent aider à l'observation du croissant lunaire, mais on ne peut s'y tenir. L'observatoire astronomique ne peut établir l'apparition du croissant lunaire, comme il ne peut non plus démentir l'observation oculaire[89]. Si un ou deux individus honorables attestent avoir vu de leurs yeux le croissant lunaire et si les personnes affectées à l'usage de l'observatoire astronomique déclarent le contraire, on ne tiendra pas compte des déclarations de ces dernières[90]. Le témoignage oculaire ne doit en aucun cas être subordonné à celui accompli grâce aux instruments présents dans un observatoire. Ainsi si des témoins honorables attestent n'avoir pas constaté l'apparition du croissant lunaire et si les gens de l'observatoire disent le contraire, on ne tiendra pas compte de l'avis de ces derniers. On ne tient pas non plus compte de leurs calculs. Cependant si l'observation grâce aux instruments astronomiques ou le calcul astronomique viennent en aide à l'observation à l'œil nu, cela est permis. De même si les personnes qui sont affectées à un observatoire sont en même temps des témoins honorables et dignes de foi, et si elles affirment avoir observé à l'œil nu le croissant lunaire et non grâce au calcul, leurs témoignages seront acceptés. Un seul témoin suffit pour attester de l'apparition du croissant du mois de ramaḍān, mais deux sont nécessaire pour celui de šawwāl, qui annonce la fin de la période de jeûne[91].

---

87. Ibn Bāz, *Fatāwā*, p. 83.
88. *Ibid.*, p. 83.
89. *Ibid.*, p. 83.
90. *Ibid.*, p. 83-84.
91. *Ibid.*, p. 84.

Dans une brève fetwa, il insiste sur la nécessité que les utilisateurs de l'observation astronomique soient également des témoins honorables et fiables[92].

7. Un autre muftī wahhābite.

On dispose d'un autre témoignage intéressant sur un autre mufti saoudien de la même tendance qu'Ibn Bāz. Il s'agit du shaykh ʿAbd al-ʿAzīz Āl Šayḫ, qui a présidé lui aussi le Conseil des Grands Oulémas et la « Commission permanente des Études légales et de la Consultation » du royaume saoudien. Il a été également Mufti général du royaume à la fin du XXe siècle.

Un fidèle lui demande : « Est-il obligatoire que l'observation du croissant lunaire ait lieu à l'œil nu ? Qu'en est-il de l'observation en s'aidant d'un télescope (*tiliskūb*) ? Qu'en est-il aussi de l'usage du calcul astronomique ? On sait que grâce à ce calcul on peut déterminer le lieu d'apparition du croissant lunaire. Vous n'êtes pas sans savoir également que pour qu'il soit visible, il faut attendre sept heures. Aussi si un individu prétend l'avoir vu avant l'écoulement de ce temps sera-t-il considéré comme un menteur[93] ? » Si le mufti admet l'usage d'instruments techniques, il rejette le recours au calcul et donc à la prévision. Ce dernier point fait selon lui consensus. Il s'agit d'un usage qui contredit la loi religieuse (*amr muḫālif li-l-šarʿ*)[94]. Il donne quelques lignes plus loin la motivation du rejet du calcul : « Il y a dans le calcul astronomique contradiction, désaccord, incertitude et difficulté ; de même, il y a une incapacité du plus grand nombre à le comprendre, à la différence de l'observation oculaire qui est manifeste et claire. C'est pour cela que notre pays – Dieu soit loué ! – continue d'appliquer cette règle[95] ».

Un musulman vivant en France reproche aux autorités religieuses musulmanes de ce pays de recourir au calcul astronomique : que faire dans ce cas, s'inquiète-t-il ? Le mufti l'invite à suivre les décisions saoudiennes en la matière, l'Arabie saoudite étant selon lui le seul pays à appliquer la loi religieuse concernant le calendrier religieux.

---

92. *Ibid.*, p. 84.
93. ʿAbd al-ʿAzīz Āl Šayḫ, *Min fatāwī al-ṣiyām*, Riyāḍ 2013, p. 15.
94. *Ibid.*, p. 15.
95. *Ibid.*, p. 16.

Cependant il reconnaît que si le fidèle craint la division de la communauté des musulmans, cela le dépasse et s'impose à lui[96]. Cela veut donc dire que la sauvegarde de l'unité des musulmans prévaut sur le respect des règles traditionnelles, y compris sur la *Sunna*.

Un musulman d'Afrique, sans autre précision, indique que certains jeunes dans son pays ne jeûnent pas en même temps que leurs concitoyens, mais s'alignent plutôt sur le calendrier saoudien en arguant que « notre » gouvernement n'applique pas la loi de Dieu. Le mufti répond que si cela n'entraîne pas la scission de la communauté des croyants et son éclatement, il n'y a pas de mal. Toutefois il faut faire des efforts pour empêcher l'apparition de conflits et de divergences[97].

8. Aḥmad Ḥammānī (1915-1998) : un mufti favorable au recours à l'astronomie

Aḥmad Ḥammānī a été pendant plusieurs années le président du Haut-Conseil islamique algérien, la plus haute autorité religieuse en Algérie, qui regroupe sunnites et ibāḍites. C'est ce HCI qui est habilité à émettre des fetwas à la demande du gouvernement ou un avis sur des aspects controversés de la législation, avec un pouvoir limité mais incontestable de censure.

Au début de l'année 1983[98], un de ses concitoyens lui a adressé une série de questions en relation avec le problème du calendrier du jeûne : « Il y a eu [ces dernières années] des querelles importantes à propos de la question du jeûne dans les milieux des musulmans. Certains parmi ces derniers jeûnaient suivant des États voisins, se différenciant ainsi de leurs compatriotes. Je crois que vous êtes au courant de cette affaire. Nous demandons une réponse précise aux interrogations suivantes : 1) Si l'observation du croissant lunaire est établie dans un pays, oblige-t-elle la population des autres pays ? 2) Est-il permis de recourir au calcul astronomique pour fixer le calendrier du jeûne, alors qu'il s'agit d'une adoration de Dieu[99] ? » Aḥmad Ḥammānī donne une réponse détaillée à cette question complexe et controversée.

96. *Ibid.*, p. 16.
97. *Ibid.*, p. 16.
98. La fetwa est datée du mois de février, sans autre précision.
99. A. Ḥammānī, *Fatāwā*, 2 vol., Alger 1993, vol. 1, p. 272.

> Premièrement, l'entrée du mois lunaire (*al-šahr al-qamarī*) est établie grâce à l'observation du croissant lunaire (*hilāl*) lors de sa première nuit ou par l'achèvement de trente jours pour le mois en cours. Si les musulmans observent le soir du 29e jour du mois en cours le croissant, cette observation entraîne que la durée de ce mois est de 29 jours seulement et que le lendemain commence le mois suivant. Si par contre ils n'observent pas le croissant, ils devront achever trente jours[100].

Le jour dans le mois lunaire débute le soir du dernier jour du mois en cours, à la tombée de la nuit, dès que le croissant lunaire devient visible à l'horizon. Alors que le jour astronomique moderne débute toujours à minuit, à la fin de la 24e heure, le début du jour lunaire varie selon les saisons. Si le premier est abstrait et se reproduisant à l'identique, rythmé par le seul mouvement des aiguilles de la montre, le second est entièrement relié au mouvement du soleil. S'il commence à la tombée de la nuit, c'est parce que le mois simule le mouvement de la lune. C'est donc pour cette raison principalement que c'est le soir du 29e jour du mois en cours – à savoir le mois de šaʿbān – que les musulmans doivent scruter le ciel pour vérifier si le croissant du mois de ramaḍān n'est pas visible. Comme l'observation à l'œil nu dépend de plusieurs facteurs – certains objectifs (par exemple la météorologie), d'autres subjectifs (la sincérité de l'observateur) – elle est soumise à des aléas et peut de ce fait être contestée. C'est pour cela d'ailleurs que le mufti parle de l'observation « des musulmans », comme s'il fallait convier la totalité des musulmans à s'adonner à cette tâche. On sait que la doctrine en la matière qui s'est imposée dès le IXe siècle est que le témoignage de deux musulmans honorables suffit aussi bien pour entamer le jeûne que pour y mettre fin. Parfois, on considère que pour le début du mois de jeûne, un seul témoin suffit. D'autres aspects sont discutés. Ainsi certains contestent que le témoignage d'une femme ou d'une personne de condition servile soit recevable.

> Deuxièmement, les docteurs de la Loi divergent sur le cas où les habitants d'un pays ont observé le croissant et ont entamé le jeûne, les habitants des autres pays devront-ils les imiter et entamer eux aussi le jeûne ? La doctrine de Mālik est que cela les oblige si les endroits du ciel où se lève le croissant lunaire concordent (*iḏā ittafaqat al-maṭāliʿ*). Si par contre ces lieux divergent et si les pays sont

100. *Ibid.*, vol. 1, p. 272.

éloignés, comme les pays du Maghreb avec l'Afghanistan, à chaque pays son observation (*li-kull balad ruʾyatuhu*). [Par conséquent] nous ne sommes pas tenus de les suivre[101].

La notion de *maṭlaʿ* indique que l'on peut recourir à un savoir élaboré comme l'astronomie. David King a rangé de tels usages dans ce qu'il appelle « astronomie populaire[102] », qui n'a rien de mathématique. Si le mālikisme, doctrine dominante au Maghreb, admet de suivre un autre pays en matière d'observation du croissant du mois de ramaḍān, il émet une condition difficile à réaliser pour cela.

Les doctrines šāfiʿite et ḥanbalite diffèrent de la doctrine mālikite : selon elles, chaque peuple (*qawm*) se spécifie par un endroit du lever du croissant dans le ciel et donc chacun a son observation (*ruʾya*) du croissant de ramaḍān. Aussi l'observation dans le pays A ne peut obliger les habitants du pays B, même en cas de concordance des lieux du lever du croissant et même si les pays sont proches (*law taqārabat al-diyār*)[103].

Troisièmement, les agissements de certains musulmans dans notre pays qui s'empressent soit à entamer le jeûne soit à le rompre, se séparant (*muḫālifīn*) ainsi de leurs frères [= leurs compatriotes], relèvent de l'épreuve (*fitna*) et du désordre (*šaġab*), non de l'effort d'interprétation (*ijtihād*). Notre point de vue est bâti sur des bases saines non sur une simple allégation (*daʿwā*). Si l'observation du croissant est bonne (*ṣaḥīḥa*) et ne constitue pas une simple allégation, nous agirons selon elle et nous nous accorderons avec autrui. Jusqu'ici, nous tombions le plus souvent d'accord avec la Tunisie, mais divergions avec le Maroc. Ce dernier a toujours entamé son jeûne après nous (*yataḫallaf ʿannā*)[104].

Autrement dit, on ne cherche pas à mettre en accord notre pratique du jeûne ; quand cela arrive, cela tient seulement aux circonstances, non à la volonté humaine. S'agissant du Maghreb, le mufti n'envisage pas que puisse se mettre en place une instance commune chargée du calendrier du jeûne, alors qu'à l'époque où il répond à cette question le projet de l'Union du Maghreb a commencé à se mettre en

---

101. *Ibid.*, p. 272.
102. D. King, « Astronomie et société musulmane », dans R. Rashed (éd.), *Histoire des sciences arabes*, 3 vol., Paris 1997, vol. 1, p. 173-211.
103. A. Ḥammānī, *Fatāwā*, vol. 1, p. 273.
104. *Ibid.*, p. 273.

place[105]. Mais le plus important n'est pas là : il est dans l'accusation de division des fidèles. Ceux qui sont visés sont les wahhābites locaux qui exercent une certaine influence sur une partie de la population et qui poussent parfois leurs fidèles à suivre les autorités saoudiennes en matière de calendrier du jeûne[106]. Cela suscite des débats au sein du peuple des fidèles, choqué que l'on puisse contester les dates officielles du jeûne de ramaḍān, mais aussi inquiet que les opposants puissent avoir raison. Il est intéressant d'observer que le mufti admet que, si l'observation du croissant de ramaḍān et la décision de proclamer le début du jeûne relèvent de l'*ijtihād* – donc de l'effort d'interprétation du docteur de la Loi –, il s'oppose à ce que cet effort conduise à diviser les rangs des fidèles. Autrement dit la limite que le *mujtahid* ne peut franchir est la sauvegarde de l'unité des fidèles.

Il poursuit ainsi

> Si cette observation qui a été rendue publique est impossible et ne peut avoir lieu (*mustaḥīla lā yumkinu an taqaʿ*), nous traiterons de menteur celui qui la proclame et n'ajouterons pas foi en lui. Dans une telle situation nous ne contredisons pas la loi (*mubṭilīn li-l-šarʿ*), car celle-ci ne repose pas sur l'impossible : comment peut-on observer le croissant à l'horizon alors qu'il est absent et n'est pas encore apparu[107] ? [...] Dans beaucoup de pays d'Orient (*šarq*), on se contente des allégations d'un seul individu, qui affirme avoir observé le croissant lunaire. Si on interroge des savants en astronomie (*ʿulamāʾ muḫtaṣṣīn min ahl al-falak wa-l-raṣd*) et s'ils nous disent qu'une telle observation est impossible car le croissant a cessé d'être visible avant le coucher du soleil ou en même temps, dans un pareil cas, le mois ne peut débuter le lendemain mais seulement la nuit suivante[108].

Ainsi la position de Ḥammānī est de placer tout de même les astronomes, simples observateurs ou spécialistes de la prévision grâce au calcul, dans une position d'arbitre de l'observation à l'œil nu. On recourt toujours à celle-ci, mais c'est l'astronomie qui a le dernier mot.

105. En 1965, le Marocain ʿAllāl al-Fāsī avait proposé un système pour unifier le jeûne à l'échelle du monde (voir annexes).

106. On trouvera quelques indications dans H. Benkheira, « Pourquoi la *salafiyya* ? Remarques sur le cas algérien à la fin du 20e siècle », dans J. Bauberot, Ph. Portier, et J.-P. Willaime (éd.), *La sécularisation en question*, Paris 2019, p. 297-316.

107. A. Ḥammānī, *Fatāwā*, vol. 1, p. 273.

108. *Ibid.*, p. 273.

Si l'observation à l'œil nu est contredite par l'astronomie on sera dans la même situation qu'un ciel couvert dans la doctrine archaïque. Toutefois, afin de ne pas donner le sentiment d'avoir troqué le principe de l'observation oculaire contre la prévision par le calcul astronomique, cette dernière ne peut être suffisante. Et le mufti tient clairement à préciser cela :

> Quatrièmement, nous ne nous fondons pas uniquement sur le calcul astronomique (*al-ḥisāb al-falakī*). Nous établissons un lien entre lui et les données scripturaires, par exemple le dit prophétique « commencez et cessez le jeûne chaque fois que vous observerez [le croissant lunaire] », qui a été rapporté par Buḫārī et Mālik dans son *Muwaṭṭa'*. Nous nous appuyons sur le calcul pour ce qui concerne la naissance du croissant, son apparition à l'horizon, son lever ainsi que son coucher, etc. Nous nous appuyons sur les données scripturaires s'agissant de son observation. Ainsi, si au moment de l'observation grâce à un télescope (*taraṣṣud*) on constate sa présence à l'horizon (*mawjūdan fī-l-ufuq*) de sorte que son observation à l'œil nu (*ru'ya*) serait possible s'il n'y avait pas eu d'obstacles (*law lā al-'awā'iq*), nous tiendrons qu'il est apparu et nous agirons en conséquence, et ce même s'il n'a pas été vu (*wa law lam yura*)[109].

Ainsi on peut aller plus loin que le simple rôle de contrôle de l'astronome : il peut pallier la faiblesse du regard humain.

> Si par contre, poursuit le mufti, quand on observe le croissant à l'aide d'un télescope, après le coucher du soleil, et qu'il n'est pas visible à l'horizon alors qu'on ne peut le voir non plus à l'œil nu, dans un tel cas nous accuserons de mensonge celui qui prétend l'avoir vu, et nous n'en tiendrons pas compte dans notre pratique (*lā na'malu bihi*). Dans cette situation nous sommes au summum de la précaution. L'imām Mālik a mis en doute le témoignage au sujet du croissant de deux [fidèles] honorables qui avaient affirmé avoir été les seuls à le voir, dans une grande cité, sans que nul autre ne le voie. Il a dit à leur sujet : Ce sont deux mauvais témoins (*humā šāhidā šū'*)[110]. [...] Comment ne pas mettre en doute, quant à nous, la vision d'un homme ou deux hommes qui prétendent avoir vu [le croissant lunaire] à la différence de dizaines de millions d'autres dans les différentes parties du monde, en particulier quand la science (*'ilm*) les dément en disant « sa vision est impossible car il n'est pas présent à l'horizon[111] » ?

109. *Ibid.*, p. 273.
110. A*Ibid.*, p. 273-274. Les anciens ḥanafites refusent le témoignage de deux fidèles si le ciel est dégagé.
111. *Ibid.*, p. 274.

Ce dernier propos est frappant : le témoignage de la science – de l'astronomie, en l'occurrence – l'emporte sur le témoignage de deux fidèles honorables. Ce faisant, le šayḫ Ḥammānī accepte de remettre en cause une procédure mise en place il y a plusieurs siècles, selon laquelle le témoignage de deux musulmans honorables, s'il est accepté par les autorités, suffit.

Le mufti algérien n'oublie pas qu'il est au service du gouvernement algérien :

> Cinquièmement, l'État algérien se préoccupe au plus haut point des questions du jeûne et de sa fin, du pèlerinage et des autres affaires liées au culte. Ainsi une commission a été constituée à l'échelle du monde islamique, qui se réunit une fois par an et qui décide pour chaque mois lunaire un début et une fin en se fondant sur la visibilité du croissant à l'horizon et sa possibilité [théorique][112].

Cette commission comprend des représentants des pays suivants : outre l'Algérie, il y a l'Indonésie, le Bangladesh, le Qaṭar, le Koweït, l'Irak, la Turquie, l'Égypte, la Tunisie et le royaume saoudien. Le mufti indique à son interlocuteur que tous ces pays sont d'accord sur le programme de travail et ses principes, mais une fois que les décisions sont prises apparaissent les désaccords.

> Nous ne pouvons rien imposer aux gens (*lā namlik al-sayṭara ʿalā al-nās*) [...]. Cependant nous sommes chagrinés par le désaccord parmi les enfants de notre patrie, qui méprisent la position de notre État. Nous ne leur pardonnons pas de [répandre] la division (*fitna*) et le doute sur nos bonnes décisions en matière de culte (*šarʿiyya*) ; car tout cela conduit à la destruction de la Communauté (*jamāʿa*) et le retour au désordre (*fawḍā*). Nous sommes un État musulman indépendant, qui agit sans être aligné sur quiconque, et qui [refuse de] sombrer dans l'erreur (*hawā*) ou l'imitation aveugle (*taqlīd aʿmā*), que ce soit dans la politique, l'économie ou la religion[113].

Pour finir il rappelle la règle ancienne :

> Pour ce qui concerne les prescriptions religieuses (*al-ḥukm al-šarʿī*), nul ne peut décider pour le public (*ʿumūm*) dans un domaine du culte comme ramaḍān si ce n'est le titulaire du pouvoir (*ūlī al-amr*)[114].

---

112. *Ibid.*, p. 274.
113. *Ibid.*, p. 274-275.
114. *Ibid.*, p. 275.

La question posée est celle de savoir si l'on doit choisir l'abstraction ou s'en tenir à l'inscription dans l'ordre naturel. On sent parmi les fidèles monter un désir qui ne pourrait se réaliser que si le choix de l'abstraction l'emportait. Certes il y a une manière de ne pas résoudre le problème en refusant l'abstraction et en se limitant à définir un lieu central, qui aura le statut de référence pour tous. On voit qu'un tel rôle pourrait être dévolu à La Mecque. Mais, une telle réforme qui était intellectuellement envisageable dans les siècles précédents mais techniquement impossible et du reste non recherchée, est devenue, de nos jours, impossible en raison de la compétition entre Etats. Faire de La Mecque une référence, c'est reconnaître un rôle dirigeant à la famille qui gouverne cette région du monde depuis plusieurs décennies, d'autant plus que le courant religieux auquel elle se rattache est particulièrement hostile aux autres courants religieux et ne dissimule guère son prosélytisme.

Une telle question peut paraître secondaire à certains esprits, voire sans intérêt. Pourtant à bien la considérer il est probable qu'elle puisse déclencher un processus de grande ampleur. En effet, l'islam est sans aucun doute, pour emprunter le vocabulaire de Fernand Braudel, une « religion-monde » et de nos jours elle est une religion « mondialisée ». Mais ce dont il s'agit avec la question, anodine en apparence, du calendrier du jeûne, c'est la tendance forte que l'on observe vers la construction d'une communauté œcuménique des fidèles.

Conclusion : qui jeûne ?

Cette question peut surprendre. Il ne s'agit pas de se pencher sur la casuistique du destinataire de la prescription du jeûne, mais d'interroger la dichotomie individu/groupe. Vivant dans un univers profondément marqué par l'individualisme, nous avons tendance à penser que cette séparation va de soi et qu'elle est même de l'ordre de la réalité physique. N'est-il pas vrai que nous n'avons affaire qu'à des individus, des êtres physiques qui sont distincts les uns des autres et qui ont la particularité d'être mortels ? Le Droit n'enregistre-t-il pas cette croyance en opposant des personnes *physiques* à des personnes *morales*, qu'on n'hésite pas à qualifier aussi de *fictives* ? Pourtant il faut se demander si l'individu comme postulat et principe premier, qui est de l'ordre de l'artifice, doit être l'alpha et l'oméga de la méthode scientifique. Une vision réductrice et erronée voudrait nous faire accroire que l'individu a existé de tout temps comme l'atome d'oxygène, mais ce sont les humains qui ont mis du temps à élaborer les outils intellectuels pour l'apercevoir et prendre ainsi conscience de son existence. Cette vision tend à *naturaliser* une invention institutionnelle. L'individu ne sort pas de l'opacité avec le cogito cartésien, comme les microbes sous le microscope ; car cela voudrait dire qu'il a toujours été là, mais que le regard humain déformé ou inadapté a mis du temps à le percevoir. Cette vision évolutionniste et précritique continue, il faut l'admettre, à tenir le haut du pavé. On a posé, d'ailleurs bien avant Descartes, que le monde devait être reconstruit sur ce postulat comme vérité fondatrice. On a du même coup traité les « entités collectives » comme des fictions, voire des erreurs. Non seulement cette vision doit être historicisée et dénaturalisée, mais elle ne peut être traitée comme un outil pour comprendre le passé de l'Occident, encore moins celui de l'islam et des mondes non occidentaux. L'individu est aussi bien une invention que la société anonyme, l'État moderne ou la Société des Nations. Aussi si l'on veut bien saisir le fond de la question posée ici au sujet du jeûne de ramaḍān on doit commencer par se départir de cette grille d'interprétation.

Certes, chaque individu responsable est tenu de jeûner, mais *en réalité, le sujet du jeûne est l'ensemble du corps collectif constitué par la Communauté des fidèles.* Le jeûne ne devient pas collectif, il l'est par principe. C'est en observant le jeûne, comme en s'associant à la prière quotidienne et hebdomadaire, ou en s'acquittant de l'impôt canonique, que l'on intègre la communauté des fidèles et reproduit cette appartenance.

Aussi si au départ, le jeûne de ramaḍān permet de fabriquer la Communauté des fidèles, plus tard il permet de la reproduire et de pérenniser son existence. C'est pour cela que jeûner en même temps que le groupe est si important.

Annexes

On trouvera ici ci-joint des textes trouvés sur internet, qui constituent un témoignage sur les débats contemporains au sujet du calendrier du jeûne. Je les reproduis tels quels.

I. Khalid Chraibi : « Ramadan : observation visuelle de la nouvelle lune ou calculs astronomiques[115] *? »*

La réforme du calendrier musulman

Autant que l'on puisse en juger, le Coran n'impose pas la méthode d'observation. Il dit simplement ce qui suit : « Le mois de Ramadan est celui au cours duquel le Coran a été révélé pour guider les hommes dans la bonne direction et leur permettre de distinguer la Vérité de l'erreur. Quiconque parmi vous aura pris connaissance de ce mois devra commencer le jeûne… » (*Coran*, « al-Baqara », **2** : 185). Le Prophète, pour sa part, dans le hadith qui sert de référence sur cette question, dit simplement à ses Compagnons de commencer le jeûne du mois de ramadan avec l'apparition de la nouvelle lune (au soir du 29e jour du mois de šaʿbān) et d'arrêter le jeûne avec l'apparition de la nouvelle lune (du mois de šawwāl, au soir du 29e jour du mois de ramaḍān). « Si le croissant n'est pas visible (à cause des nuages) comptez jusqu'à 30 jours ». Car, les Arabes savaient bien, à l'époque, que le mois avait une durée de 29 ou 30 jours, selon les cas. Ce hadith impose-t-il la méthode d'observation visuelle de la nouvelle lune pour déterminer le début du mois de ramadan (et plus généralement le début de tous les mois lunaires), à l'exclusion de toute autre méthode (telle que le calcul astronomique) ?

Les arguments en faveur de cette thèse

Le consensus des oulémas s'est solidement forgé, pendant quatorze siècles, autour du postulat selon lequel il ne faut pas aller à l'encontre d'une indication du Prophète. Ils estiment qu'il est illicite de recourir au calcul pour déterminer le début des mois lunaires, du moment que le Prophète a indiqué la procédure d'observation visuelle. Le ʿālim [docteur de la Loi] égyptien Muhammad Abduh, qui fut un des maîtres

115. https://oumma.com/ramadan-observation-visuelle-de-la-nouvelle-lune-ou-calculs-astronomiques/ [consulté le 23 avril 2020].

à penser du mouvement réformiste *al-Nahḍa* (« Renaissance ») à la fin du XIXe siècle et occupa en fin de carrière le poste de Grand Mufti d'Égypte, s'est clairement exprimé sur cette question dans une fatwa (opinion juridique) de 1902. Dans le cadre de l'exercice de ces dernières fonctions, il lui fut demandé, en effet, de dire si, sur le plan de la charia, il fallait obligatoirement utiliser la méthode d'observation de la nouvelle lune pour connaître le début des mois lunaires, ou bien s'il était possible d'utiliser le calcul. Il lui fut également demandé de préciser si la méthode d'observation était spécialement requise pour la détermination du début et de la fin du mois de ramadan, ou bien si elle devait s'appliquer à l'ensemble des mois de l'année. Le Grand Mufti Abduh répondit que, basé sur la charia, il fallait utiliser la méthode d'observation de la nouvelle lune pour connaître le début des mois lunaires. On ne pouvait pas se baser sur le calcul pour ce faire. Il ajouta que la méthode de l'observation s'appliquait de manière générale à l'ensemble des mois de l'année, et non au début des mois de ramadan et de šawwāl en particulier. Concernant l'utilisation du calendrier basé sur le calcul, il nota qu'il y avait des différences de points de vue sur la question parmi les oulémas de différents rites, mais qu'il ne fallait pas utiliser le calcul, parce que les règles de la religion sont basées sur ce qui est le plus facile à faire par les gens et à leur portée, dans quelque pays ou lieu qu'ils soient. De nombreux oulémas ajoutent, pour conforter leur position sur cette question, que le calendrier basé sur le calcul décompte les jours du nouveau mois à partir de la conjonction, laquelle précède d'un jour ou deux l'observation visuelle de la nouvelle lune. S'il était utilisé, le calendrier basé sur le calcul ferait commencer et s'achever le mois de ramadan, et célébrer toutes les fêtes et occasions religieuses, en avance d'un jour ou deux par rapport aux dates qui découlent de l'application du hadith du Prophète, ce qui, à leur avis, ne serait pas acceptable du point de vue de la charia. Cependant, ce dernier argument ne résiste pas à l'analyse. Comme il a été noté, le début des mois décrétés dans les pays musulmans diffère régulièrement d'un pays à l'autre (parfois avec un écart de deux à trois jours, sinon plus). En conséquence, l'argument de précision des mois basés sur l'observation de la nouvelle lune ne peut être retenu. De plus, l'examen des actions des États et communautés musulmanes en matière d'observation mensuelle de la nouvelle lune pour déterminer le début des mois démontre qu'il n'existe pas une position unique sur cette question. Les États musulmans utilisent, en effet, les méthodes les plus diverses pour essayer de déterminer avec plus de précision le début des mois lunaires, dont certaines n'ont plus grand-chose à voir, en vérité, avec la méthode d'observation, mais relèvent essentiellement du calcul. Ainsi, en Égypte, le nouveau mois débute après la conjonction, lorsque la nouvelle lune se couche 5 minutes au moins après le coucher du soleil. En Indonésie, en Malaisie et à Brunei, il débute après la conjonction, lorsque l'âge de la nouvelle lune est supérieur à 8 heures, l'altitude < 2° et l'élongation > 3°. Il débute, en Turquie, après la conjonction, quand la nouvelle lune forme un angle de 8° au moins avec le soleil, à une altitude d'au moins 5°. En Libye, sous l'ancien régime de Kaddhafi, le nouveau mois débutait si la conjonction se produisait avant l'aube (*fajr*), heure locale. L'étude de cas spécifiques démontre, à son tour, l'existence d'un écart important entre les règles que les différents États et communautés islamiques affirment appliquer et leurs pratiques.

Les arguments des critiques de cette thèse

De fait, depuis le début du XXe siècle, quelques penseurs islamiques, ainsi qu'une poignée d'oulémas de renom, remettent en cause les arguments en faveur de la méthode d'observation de la nouvelle lune pour la détermination du début des mois lunaires. À leur avis, le Prophète a simplement indiqué aux fidèles une procédure d'observation de la nouvelle lune, pour déterminer le début d'un nouveau mois. Les Bédouins étant habitués à se baser sur la position des étoiles pour se guider dans leurs déplacements à travers le désert et pour connaître le début des mois, le Prophète n'avait fait que les conforter dans leurs pratiques ancestrales en leur signifiant que ce qu'ils avaient toujours fait pour connaître le début des mois continuerait de s'appliquer pour connaître le début et la fin du mois de ramadan.

1) L'observation du croissant n'était en elle-même qu'un simple moyen, et non pas une fin en soi, un acte d'adoration (ʿibāda). C'est le jeûne du mois de ramadan qui constituait l'acte d'adoration, et non la méthode utilisée pour savoir quand le mois de ramadan commençait ou se terminait. Le hadith relatif à l'observation n'établissait donc pas une règle immuable. Il n'imposait pas la méthode d'observation visuelle de la nouvelle lune, à l'exclusion de toute autre méthode, pour connaître le début des mois lunaires. Autant que l'on puisse en juger,

rien dans sa formulation n'interdit, sous quelque forme que ce soit, le recours à d'autres méthodes alternatives de détermination du début des mois lunaires, telles que le calendrier basé sur le calcul astronomique.

2) Il faut d'ailleurs souligner que le hadith, dès ses premiers mots, explique que les Arabes sont illettrés, ne sachant ni écrire ni compter, et qu'ils doivent donc commencer le jeûne du mois de ramadan à l'apparition de la nouvelle lune. Ce qui laisse entendre que si les Arabes avaient été lettrés à l'époque de la Révélation, s'ils avaient su écrire et compter, alors la situation aurait été toute autre [...]. Quelle autre méthode aurait alors pu être utilisée pour connaître le début du mois de ramadan ?

3) Sur un autre plan, il faut noter que, d'après un consensus des juristes, le hadith du Prophète sur cette question ne préconise pas une observation visuelle de la nouvelle lune par chacun des fidèles, avant de commencer le jeûne du ramadan par exemple (ce qui relèverait du domaine de l'impossible), mais simplement l'acquisition de l'information que le mois a débuté, selon des sources fiables (telles que les chefs de la communauté, les autorités du pays, etc.). Ainsi, depuis quelques années, des dizaines de pays et communautés musulmanes à travers le monde ont commencé à débuter le jeûne du mois de ramadan et à célébrer la fête de l'aïd el-fitr (correspondant au 1er šawwāl) sur la base des annonces faites par les autorités saoudiennes. Un tel développement conforte la thèse soutenue dès 1965 par Allal el Fassi, un 'alem de l'université Qarawiyine de Fès et ministre marocain des affaires islamiques, dans le rapport sur « Le début des mois lunaires » qu'il a préparé à la demande du roi Hassan II. D'après lui, dans le but d'unifier les dates des célébrations à caractère religieux à travers le monde musulman, il fallait procéder à un « retour aux sources ». Ainsi, grâce aux technologies modernes de communication, la première observation d'une nouvelle lune où que ce soit sur Terre, confirmée par les autorités musulmanes compétentes du lieu d'observation, pourrait être très rapidement portée à la connaissance des autorités compétentes de tous les États et communautés musulmanes de la planète, à charge pour ces dernières de diffuser la nouvelle chacune dans son pays. Cette suggestion d'Allal el Fassi non seulement remettait à plat les données de base de la problématique du calendrier musulman, mais elle ouvrait également de toutes autres perspectives dans l'analyse de cette question : il ne s'agissait plus de voir par soi-même la nouvelle lune, mais simplement d'apprendre de source fiable qu'elle

avait été vue quelque part de par le monde. Les promoteurs modernistes de l'utilisation du calendrier basé sur le calcul utilisent une proposition similaire, se fondant sur la possibilité que la nouvelle lune puisse être vue « même à titre virtuel » quelque part sur Terre.

II. « Comment déterminer le début de Ramadan[116] *»*

> Les mois lunaires comptent 29 ou 30 jours. Ils ne comptent donc jamais 28 jours ni 31 jours. Mais la durée d'un mois lunaire ne peut être connue à l'avance. Le début et la fin du mois lunaire sont déterminés par la vision du croissant de lune et non par la naissance de la lune qui peut être déterminée par calcul. Il est un devoir communautaire pour les musulmans d'observer chaque mois le croissant de lune afin de déterminer le début des mois. Comme le mois fait au moins 29 jours, après le coucher du 29e jour du mois lunaire, les musulmans observent l'horizon Ouest. Si le croissant de lune est vu après le coucher du soleil par deux témoins justes (ʿadl), alors le lendemain sera le premier jour du mois suivant. Sinon, le lendemain sera le 30e jour du mois actuel. Le fait que l'on puisse calculer avec une grande précision l'instant de « naissance » de la nouvelle lune n'a donc aucune incidence sur la détermination du début du mois lunaire. Le Prophète Muḥammad a en effet lié la détermination du début du mois à la vision du croissant de lune et non à sa naissance. [...] Le Prophète [dans des hadiths] nous donne clairement comme condition la vision à l'œil nu du croissant lunaire. Il n'a pas parlé de la naissance de la lune. Pour l'adoration du jeûne, on ne prend donc pas en compte l'avis des astronomes puisqu'ils calculent les dates de naissance de la lune et ne peuvent pas déterminer une date précise de la vision à l'œil nu du croissant lunaire pour la première fois. [...] Pour déterminer le début du mois de Ramadan, les musulmans doivent observer le croissant de lune après le coucher du soleil du 29e jour du mois de Šaʿbān, le mois qui précède Ramadan. Si le croissant de lune est vu par un témoin juste (contrairement aux autres mois où il faut au moins deux témoins justes) après le coucher du soleil, le lendemain est confirmé comme étant le premier jour du mois de Ramadan. Sinon, le lendemain est le 30e jour du mois de Šaʿbān et le surlendemain est alors le premier jour du mois de Ramadan (le mois de Šaʿbān ne pouvant dépasser 30 jours). Ainsi, le jeûne de Ramadan devient obligatoire dans l'un des deux cas suivants : 1) Lorsque l'on aperçoit le croissant

116. Association des projets de bienfaisance islamiques en France, https://www.apbif.fr/comment-determiner-debut-de-ramadan/ [consulté le 5 août 2020].

de lune du mois de Ramadan, après le coucher du soleil du 29e jour de Šaʿbān, conformément à la parole du Prophète ou sinon : 2) Après avoir complété les trente jours du mois de Šaʿbān.

Le jour du doute

Si personne ne dit avoir vu le croissant de lune après le coucher du soleil du 29e jour, le lendemain est donc le 30 Šaʿbān sans être un jour de doute qu'il y ait des nuages ou pas. Par contre, si des gens parlent de la vision du croissant sans qu'aucun ne témoigne l'avoir vu ou bien si le croissant a été vu par des personnes dont le témoignage ne confirme pas le début du jeûne (par exemple, une personne qui commet de grands péchés (*fāsiq*), ou un enfant) alors, dans ce cas, le 30 Šaʿbān est un jour de doute selon l'école de l'imam al-Šāfiʿī. L'appellation « jour du doute » signifie qu'il y a un doute si le mois de Ramadan a commencé ou pas. Du point de vue de la loi de l'Islam, ce jour est considéré comme le 30e jour du mois de Šaʿbān. On ne jeûne donc pas ce jour.

LA FORME ET LE SENS : LES INVALIDATIONS DU JEÛNE DANS LE ḤANAFISME

Moussa Abou Ramadan
Université de Strasbourg, DRES (UMR 7354)

La présente contribution traite des invalidations du jeûne (*mufsidāt al-ṣawm*) chez les ḥanafites. Selon la doctrine ḥanafite il y a deux degrés d'invalidation du contrat ainsi que de l'engagement : le *fasād* et le *buṭlān*. Le *buṭlān* correspond à l'inexistence du contrat alors que le *fasād* correspond plutôt à une nullité absolue. Selon la *Majalla* (Code civil ottoman publié la première fois en 1877), le *fasād* correspond à une irrégularité dans la forme (*waṣf*) (article 109) alors que le *buṭlān* correspond à une irrégularité dans la substance (article 110)[1]. On doit remarquer que cette distinction dans le degré d'invalidation n'intervient pas dans le domaine du culte (*ʿibādāt*)[2]. Al-Ḥaṣkafī (m. 1088/1677) dit clairement que le *buṭlān* et le *fasād* sont une seule et même chose dans les *ʿibādāt*, qui est le domaine du culte et donc des relations à Dieu. Quant à Ibn ʿĀbidīn (m. 1252/1836), il ajoute que cette différence n'a de pertinence que dans les *muʿāmalāt*, qui sont le domaine des relations entre humains (obligations en général, comme les contrats)[3]. Ibn Nujaym (m. 970/1562) dit aussi que le *fasād* et le *buṭlān* dans les *muʿāmalāt* ont le même sens[4]. Le *buṭlān* ne laisse aucun effet et le *fāsad* laisse certains effets dans certains cas[5].

1. Sur la distinction entre *waṣf* et *aṣl*, voir Y. Meron, « Forme et substance en droit musulman », *Islamic Law and Society* 5/1 (1998), p. 22-34.
2. Comme les questions de purification (*ṭahāra*), prière (*ṣalāṭ*), aumône (*zakāt*), jeûne (*ṣawm*), pèlerinage (*ḥajj*), vœux, serments, sacrifices.
3. Ibn ʿĀbidīn, *Radd al-Muḥtār*, 6 vol., Beyrouth 1987, vol. 2, p. 394.
4. Ibn al-Nujaym, *al-Baḥr al rāʾiq šarḥ Kanz al daqāʾiq*, s.l.n.d., vol. 2, p. 291.
5. Voir l'usage de cette distinction dans le Code ottoman de la famille de 1917.

10.1484/M.BEHE-EB.5.134775

En plus de la dichotomie entre description (*waṣf*) et substance (*aṣl*), avec des conséquences sur le degré d'invalidité, l'école hanafite utilise une autre dichotomie qui oppose la forme (*ṣūra*) au sens (*maʿnā*). Ces termes, qui sont utilisés dans l'analyse juridique pour traiter de nombreux cas, permettent de donner plus de flexibilité à la doctrine, notamment pour en limiter le formalisme. C'est ce que je veux essayer de soutenir dans cet article. Après avoir cerné ces concepts de *ṣūra* et *maʿnā*, je les appliquerai à l'invalidation du jeûne.

1. Le concept de *ṣūra wa maʿnā* dans le *fiqh* hanafite

Les concepts de *ṣūra* et de *maʿnā* sont utilisés dans presque tous les chapitres du *fiqh*, qu'il s'agisse des *ʿibādāt* ou des *muʿāmalāt*. Avant d'aborder leur utilisation dans le domaine du jeûne, on examinera à partir de plusieurs exemples ce concept en partant du traité de Kāsānī (m. 587/1190).

Dans le domaine de la purification (*wuḍūʾ*), l'absence de l'eau peut permettre de faire les ablutions par *tayammum*, en remplaçant l'eau par le sable. Que faut-il entendre par absence de l'eau ? On parle de l'absence de l'eau *ṣūra wa maʿna* quand l'eau est éloignée de la personne qui veut procéder aux ablutions[6]. L'eau peut être absente du point de vue du sens (*maʿnā*), mais non de sa forme (*ṣūra*) : dans un tel cas, l'eau est proche, mais on ne peut l'utiliser en raison d'un empêchement, comme quand le fidèle qui est au bord d'un puits n'a pas d'instrument pour puiser l'eau ou, autre situation, quand il est séparé de l'eau par un ennemi ou un loup[7].

On peut aussi envisager la question du remplacement de l'imam qui dirige la prière collective (*istiḫlāf al-imām*). Il s'agit des cas où l'imam qui est en train de diriger la prière veut se retirer pour une raison quelconque, par exemple il ne remplit plus la condition de pureté (*ṭahāra*), et un autre le remplace. Du point de vue de la forme, il y a deux imams, mais sur le plan du sens il y a un seul imam[8].

6. AL-KĀSĀNĪ, *Badāʾiʿ al-ṣanāʾiʿ fī tartīb al-šarāʾiʿ*, s.l. 1986, vol. 1, p. 46.
7. *Ibid.*, vol. 1, p. 46.
8. *Ibid.*, vol. 1, p. 233.

S'agissant de l'aumône légale (*zakāt*), les hanafites autorisent à donner l'équivalent de la valeur de l'animal et non pas forcément l'animal lui-même. Dans ce cas, la *ṣūra*, c'est l'animal lui-même ; quant à la *maʿnā*, c'est la valeur de l'animal[9].

Le cas du co-allaitement envisagé comme cause d'empêchements matrimoniaux entre frère et sœur de lait est également éloquent. Dans le cas d'une femme dont le lait est mélangé avec une autre nourriture, al-Kāsānī distingue selon que le lait de la nourrice domine ou non. Dans le cas où la proportion de nourriture ajoutée au lait est plus importante que ce dernier, du point de vue de la *maʿnā*, il perd du même coup ses qualités essentielles, à l'origine des empêchements matrimoniaux[10].

Si un individu est absent alors qu'il possède un bien qui se détériore en raison de cette absence, le juge peut vendre ce bien. Du point de vue de la forme, c'est une vente, et on prive le propriétaire de sa propriété ; mais du point de vue du sens, on sauvegarde sa propriété[11].

Mettre en dépôt un bien chez un mineur sous curatelle (*ḥajr*), c'est comme faire perdre cette propriété du point de vue du sens (*maʿnā*), car il ne pourra pas en prendre soin, mais du point de vue de la forme, il s'agit bien d'un dépôt[12].

Envisager les choses du point de vue de la *ṣūra*, c'est considérer l'acte du point de vue exclusivement formel. Le considérer sous l'angle de la *maʿnā*, c'est réfléchir au but recherché par le sujet. Aussi même si la condition formelle n'est pas respectée, en prenant en considération le but, l'acte n'est pas invalidé. Al-Bābartī (m. 786/1384) dit explicitement que le *maʿnā* est la finalité (*maqṣūd*)[13], c'est-à-dire le but qu'on veut atteindre.

2. Le cas du jeûne

Le traitement du jeûne, de même d'ailleurs que celui des autres sujets, est un peu chaotique chez al-Šaybānī (m. 189/804, Irak). Le grand traité qui lui est attribué est plein de répétitions et parfois dépourvu de logique. Les justifications comme les explications des

9. *Ibid.*, vol. 2, p. 14.
10. *Ibid.*, vol. 4, p. 9.
11. *Ibid.*, vol. 6, p. 197.
12. *Ibid.*, vol. 6, p. 207.
13. AL-BABARTĪ, *al-ʿInāya Šarḥ al-Hidāya*, s.l.n.d., vol. 2, p. 330.

règles juridiques font souvent défaut[14]. Cela conforte la thèse de Wael Hallaq, selon qui des arguments et même certaines opinions voient le jour plus tard, mais sont prêtés rétrospectivement aux auteurs présentés comme les fondateurs de « l'École », tel Abū Ḥanīfa[15].

Avec al-Jaṣṣāṣ (m. 370/980, Perse, Irak), ces défauts sont presque éliminés. Il ne recourt pas encore à l'opposition *ṣūra/maʿnā*, mais il se sert du seul mot *maʿnā*. Celui qui a un rapport sexuel pendant le mois de Ramadan rompt le jeûne. Il y a à ce sujet un hadith. Al-Jaṣṣāṣ précise que les hanafites obligent celui qui a rompu le jeûne de cette façon à une peine expiatoire (*kaffāra*), car cette rupture est un péché quant à son sens (*maʿnā*). Il en est de même de la rupture du jeûne par absorption d'une nourriture solide ou d'une boisson ; c'est pour cela que la même règle est appliquée au boire et au manger[16]. En vérité, al-Jaṣṣāṣ pourrait aboutir à la même conclusion en recourant à la notion de *ʿilla*, qui désigne le facteur déterminant la règle. En effet, dans le raisonnement par analogie (*qiyās*), on recherche la *ʿilla* d'une règle dans un cas connu, afin de l'appliquer au cas dont on souhaite trouver la solution. Ici on possède un hadith qui fait autorité et qui impose une peine expiatoire à celui ou celle qui a rompu le jeûne à cause de rapports sexuels. Dans la mesure où, dans le cas de la rupture du jeûne à cause du manger ou du boire, on ne possède rien de tel, on peut procéder par analogie.

Le couple *ṣūra/maʿnā* n'apparaît qu'un siècle plus tard, pour la première fois, chez al-Saraḫsī (m. 483/1090, Transoxiane), mais ce dernier n'en use pas abondamment. Son usage devient plus systématique chez ses successeurs, notamment al-Samarqandī (m. 552/1157, Transoxiane) et al-Kāsānī (m. 587/1189, Transoxiane)[17]. Ainsi, selon al-Saraḫsī, en cas de rupture de jeûne, l'expiation devient obligatoire seulement lorsqu'il y a absence du « pilier du jeûne » (*rukn al ṣawm*) tant du point de vue de la forme que du sens (*ṣūra wa maʿnā*). Si quelqu'un avale une pierre, du point de vue de la forme, il s'agit bien d'un motif d'invalidation de son jeûne puisqu'il a introduit quelque chose dans son ventre – ce qui est défendu –, mais du point de vue du sens, une pierre ne constitue pas une nourriture. Al-Saraḫsī va même

---

14. Al-Šaybānī, *al-Aṣl*, Karachi s.d., vol. 2, p. 192-245.
15. W. B. Hallaq, *Authority, Continuity and Legal changes in Islamic Law*, Cambridge 2001.
16. Al-Jaṣṣāṣ, *Šarḥ Muḫtaṣar al-Ṭaḥāwī*, s.l.n.d., vol. 2, p. 416.
17. Al-Saraḫsī, *al-Mabsūṭ*, Beyrouth 1993, vol. 3, p. 78.

plus loin en énonçant un principe très important selon lequel, dans le domaine du culte (*ʿibādāt*), le sens prévaut sur la forme (*muraʿāt al-maʿānī fi bāb al-ʿibādāt abyan min muraʿāt al-ṣuwar*)[18].

Al-Samarqandī (m. 540/1145) a eu lui aussi recours à plusieurs reprises à ce couple conceptuel afin de traiter le problème de l'invalidation du jeûne[19].

On a considéré le grand traité (*Badāʾiʿ al-ṣanāʾiʿ fī tartīb al-šarāʾiʿ*) de al-Kāsānī comme un commentaire de la *Tuḥfat al-fuqahāʾ* de al-Samarqandī, qui était aussi son beau-père, alors que les principales caractéristiques du genre en sont absentes[20]. En tout cas, chez lui, le recours à la dichotomie *ṣūra/maʿnā* atteint son point de perfection. Il en fait même une présentation générale. On s'attardera sur l'analyse d'al-Kāsānī après avoir mentionné brièvement d'autres auteurs hanafites qui ont eux aussi développé cette approche.

D'autres auteurs hanafites ont eu recours à la dichotomie *ṣūra/maʿnā*, mais d'une manière moins systématique et moins claire. C'est le cas de al-Marġīnānī (m. 593/1197, Transoxiane)[21] et, plus tard, de ses commentateurs[22], ou des commentateurs du *Kanz al-daqāʾiq*, un abrégé composé par Nasafī (m. 710/1310, Transoxiane).

Al-Šurunbulālī (m. 1069/1659, Transoxiane) procède par énumération. Il distingue approximativement vingt-quatre cas qui n'invalident pas le jeûne[23], vingt-deux qui l'invalident avec obligation d'une expiation et d'un jeûne compensatoire[24], et cinquante-sept qui l'invalident mais sans obligation d'expiation[25]. Tout en énumérant les cas, il

---

18. *Ibid.*, p. 67.
19. AL-SAMARQANDĪ, *Tuḥfat al fuqahāʾ*, Beyrouth 1994, vol. 1, p. 351-358.
20. Voir l'*Encyclopédie de l'islam*, 2e éd. (*sub verbo*). Ainsi il n'y a pas dans les *Badāʾiʿ* les extraits du livre commenté (la *Tuḥfa*), suivis de leurs commentaires. Il s'agit d'un ouvrage indépendant. Il est possible qu'il ait été confondu avec un autre ouvrage du même al-Kāsānī, qui aurait été un commentaire du traité de son beau-père. Il y a une dernière éventualité : il pourrait s'agir d'un commentaire dans le sens d'une inspiration, car il y a une ressemblance dans l'ordre et la clarté de l'exposé.
21. AL-MARĠĪNĀNĪ (m. 593/1196), *al-Hidāya fī šarḥ Bidāya al-mubtadīʾi*, Beyrouth s.d., vol. 1, p. 120-123.
22. IBN AL-HUMĀM (m. 861/1457), *Fatḥ al-Qadīr*, s.l.n.d., vol. 2, p. 327-345 ; AL-BĀBARTĪ, *al-ʾInāya Šarḥ al-Hidāya*, vol. 2, p. 327-344.
23. AL-ŠURUNBULĀLĪ (m. 1069/1659), *Marāqī al-falāḥ Šarḥ matn Nūr al-īḍāḥ*, s.l. 2005, p. 244-247.
24. *Ibid.*, p. 247-249.
25. *Ibid.*, p. 251-255.

utilise parfois les concepts de *ṣūra* et de *maʿnā*. Ainsi celui qui mange ou boit en oubliant qu'il doit observer un jeûne n'est-il pas tenu de le compenser. Les rapports sexuels (*jimāʿ*) doivent être traités comme le manger et le boire. Ainsi de celui qui, au beau milieu d'un rapport sexuel, alors qu'il a oublié qu'il devait observer un jeûne, s'en souvient tout d'un coup avant de mettre fin au rapport : dans ce cas, il n'y a pas rupture du jeûne. Dans le cas de celui qui met fin aux relations sexuelles par crainte de l'arrivée de l'aube (*fajr*) – qui marque le début du jeûne –, mais qui éjacule malgré tout après s'être retiré, la conclusion est qu'une telle situation ne relève pas des relations sexuelles, tant sur le plan de la forme (*ṣūra*) que sur le plan du sens (*maʿnā*)[26].

Il faut considérer maintenant la doctrine défendue par al-Kāsānī (m. 587/1190). Il commence par définir les trois formes de rupture du jeûne : manger, boire ou avoir des rapports sexuels avec une femme avec pénétration. Ces trois actes invalident le jeûne. Il s'appuie pour cela sur le verset 187 de la sourate II. En effet, ce verset indique qu'il est permis de manger, de boire et d'avoir des relations sexuelles jusqu'à l'aube (*fajr*)[27]. Pour cette raison, al-Kāsānī tient l'évitement de ces trois actes pour le pilier du jeûne (*rukn al-ṣiyām*). C'est pourquoi si un fidèle accomplit n'importe lequel de ces actes, son jeûne est invalidé sans aucun doute. Mais la difficulté commence quand on envisage le cas d'actes différents, mais analogues : peut-on parler alors de rupture du jeûne ?

Ainsi des actes qui relèvent formellement (*ṣūra*) du boire et du manger. On ingère ce qui se mange en général (les aliments habituels) et qui nourrit le corps[28]. Pour ce qui concerne les rapports sexuels, il y a formellement rupture du jeûne quand il y a pénétration[29]. Du point de vue du sens (*maʿnā*), il y a rupture du jeûne seulement en cas d'éjaculation accompagnée de concupiscence ; il y a parfois aussi rupture du jeûne par la jouissance des femmes[30], ou encore par la satisfaction

---

26. *Ibid.*, p. 244.
27. « Maintenant, cohabitez avec elles et recherchez ce qu'Allah a prescrit pour vous. Mangez et buvez jusqu'à ce que se distingue pour vous le fil blanc du fil noir, à l'aube. Ensuite, faîtes jeûne complet jusqu'à la nuit », *Le Coran*, trad. française R. Blachère, Paris 1966, p. 55.
28. Al-Kāsānī, *Badāʾiʿ al-ṣanāʾiʿ fī tartīb al-šarāʾiʿ*, vol. 2, p. 93.
29. *Ibid.*, p. 100.
30. *Ibid.*, p. 100.

du désir sexuel (*qaḍāʾ al-šahwa*)[31]. Seule la pénétration de la femme par l'homme constitue tant du point de vue de la forme que du sens (*ṣūra al-jimāʿ wa maʿnāh*) un acte qui entraîne indéniablement la rupture du jeûne et impose une expiation[32].

Les abstinences caractéristiques du jeûne de ramadan doivent être observées tous les jours : la journée de jeûne débute ainsi immédiatement après la prière de l'aube (*fajr*) et cesse tout aussi immédiatement après l'appel à la prière qui suit le coucher du soleil (*maġrib*). L'invalidation du jeûne peut entraîner, soit une compensation – le jour de jeûne invalidé doit être rattrapé une autre fois – et une expiation (*kaffāra*), soit la seule compensation sans expiation. Il y a des actes qui tout en ressemblant à une rupture du jeûne n'en sont pas et n'entraînent donc ni compensation ni expiation.

Afin d'étayer sa conception, al-Kāsānī examine plusieurs cas avec leurs variantes.

L'oubli

Soit un fidèle qui a mangé parce qu'il avait oublié son jeûne. Si on applique strictement la règle, il y a rupture du jeûne. Pourtant, la règle n'est pas appliquée en raison d'un hadith (propos du Prophète), selon lequel c'est Dieu qui a donné à manger à celui qui a rompu son jeûne par oubli – c'est pourquoi il doit continuer son jeûne comme si de rien n'était. Selon al-Kāsānī, ce n'est pas le fidèle qui est responsable de l'oubli, mais c'est Dieu.

Dans le cas de celui qui a rompu le jeûne parce qu'il avait oublié qu'il jeûnait, al-Kāsānī explique que les hanafites n'appliquent pas la règle en raison d'un hadith considéré comme valide (*ṣaḥīḥ*) par Abū Ḥanīfa. Or, dans un tel cas de figure, à savoir un hadith dont la validité est établie par Abū Ḥanīfa lui-même, al-Kāsānī précise qu'on ne peut mettre en cause ce hadith.

Al-Kāsānī ajoute un autre argument. Selon lui, oublier qu'on observe un jeûne – en raison de la longueur de la journée de jeûne –, a tendance à être un fait très répandu. On ne peut le combattre afin d'y mettre fin qu'avec obstination.

31. *Ibid.*, p. 93 et p. 94.
32. *Ibid.*, p. 98.

Al-Marġinānī, qui était un contemporain al-Kāsānī, précise à ce sujet qu'on ne peut faire d'analogie avec le cas de l'oubli lors de la prière rituelle. Lors de celle-ci, si le fidèle, oubliant ce qu'il est en train de faire, se met à parler, sa prière est invalidée. Cela tient à la nature particulière de la prière : en l'accomplissant, le fidèle ne peut pas l'oublier. C'est pour cela qu'elle est dite *muḏākira* (« rappelante »), parce que l'action de prier suppose la conscience de l'acte accompli durant un moment extrêmement court, ou qui n'a en tout cas rien de comparable avec un jour de jeûne. De plus, alors que pour effectuer la prière, on doit cesser toute autre activité et ne se consacrer qu'à l'exercice du culte, le jeûne s'observe concomitamment avec toutes sortes d'activités profanes (travailler, échanger avec les autres, etc.)[33].

L'excuse de l'oubli s'applique-t-elle aussi aux rapports sexuels ? On attribue une opinion à ce sujet à ʿAṭāʾ b. Abī Rabāḥ (m. 114/732) et à Sufyān al-Ṯawrī (m. 161/777). Ces deux autorités anciennes auraient soutenu que l'on ne doit pas tenir compte de l'excuse de l'oubli dans le cas de rapports sexuels. À s'en tenir à un raisonnement par analogie (*qiyās*), on devrait invalider le jeûne aussi bien en cas de rapports sexuels que d'absorption de nourritures liquides ou solides, car dans les trois cas, le fondement du jeûne (*rukn al-ṣawm*) n'est pas respecté. Il y a toutefois un hadith du Prophète qui prévaut sur le raisonnement. Or ce hadith ne porte que sur le fait de manger et de boire et ne souffle mot des rapports sexuels (*jimāʿ*). Aussi l'excuse de l'oubli ne s'applique-t-elle pas à ces derniers.

Al-Kāsānī observe que le hadith concerne le boire et le manger, mais il est *maʿlūl bi maʿnā yūjad fī-l-kull*, c'est-à-dire que, même s'il est vrai que le hadith concerne le manger et le boire exclusivement, le motif (*ʿilla*) qui excuse le jeûneur frappé par l'oubli se retrouve également dans le cas des rapports sexuels. Ce motif est donc commun aux trois situations (manger, boire et avoir des rapports sexuels). Or la *ʿilla* est le facteur déterminant la règle dans l'analogie juridique. Par conséquent, si l'excuse de l'oubli vaut pour celui qui absorbe un aliment solide ou liquide, elle devrait également valoir pour celui qui a des rapports sexuels. Al-Kāsānī précise que, si le motif (*ʿilla*) est mentionné explicitement, la règle (*ḥukm*) inclut ce motif. Par conséquent, la règle doit être généralisée avec la généralisation du motif.

---

33. Al-Marġīnānī, *al-Hidāya fī šarḥ Bidāya al-mubtadīʾi*, vol. 1, p. 120.

Un argument supplémentaire est avancé par al-Kāsānī. La rupture du jeûne, même non voulue, engendre de l'embarras (*ḥaraj*) chez le fidèle, qu'elle résulte de l'absorption d'une nourriture, solide ou liquide, ou de rapports sexuels. Ce trait – l'embarras – est commun aux trois types d'actes. Comme il s'agit d'un trait commun aux trois types d'actes, il paraît évident qu'il convient d'étendre aux rapports sexuels la règle que l'on applique à l'absorption d'aliments. Selon al-Kāsānī, l'embarras est une autre variété de sens (*maʿnā*) dont on doit tenir compte dans le raisonnement.

Al-Kāsānī utilise le concept de *maʿnā* pour aller au-delà de la lettre du texte et saisir son esprit. Bien que le hadith mentionne uniquement le boire et le manger, al-Kāsānī conclut que le sens qui se trouve dans le manger, le boire et les relations sexuelles se manifeste dans deux éléments : (i) l'oubli est le fait de Dieu ; (ii) dans les trois cas, il y a un embarras (*ḥaraj*). Ainsi les trois situations comportent-elles des éléments communs.

La contrainte

Si le fidèle est contraint de manger ou de boire, son jeûne est invalidé d'après al-Kāsānī[34]. Ce n'est pas le point de vue de Zufar b. al-Huḏayl (m. 158/775), un des grands élèves de Abū Ḥanīfa : car la contrainte est une excuse plus valable que l'oubli. Celui qui est victime d'un oubli est malgré tout à l'origine de l'acte de manger ou de boire ; c'est le texte (i.e. un hadith) qui lève sa responsabilité. Il en va autrement dans la situation de la contrainte : le fidèle qui est contraint n'est pas à l'origine de son acte. Ainsi son excuse est-elle plus forte que dans le cas de l'oubli. Par conséquent, si on n'invalide pas le jeûne de celui qui a oublié, *a fortiori* ne doit-on pas prononcer l'invalidité du jeûne de celui qui agit sous la contrainte.

L'ingestion

Pour al-Kāsānī, le sens (*maʿnā*) du fondement (*rukn*) n'a pas été respecté si le fidèle avale un aliment. Si celui-ci a pénétré dans son ventre (*jawf*) d'une manière non usuelle et alors qu'il était possible de l'éviter, le but du jeûne, qui est son sens, n'est pas atteint : le but est de remercier Dieu, de faire preuve de piété et de contrôler sa nature.

---

34. AL-KĀSĀNĪ, *Badāʾiʿ al-ṣanāʾiʿ fī tartīb al-šarāʾiʿ*, vol. 2, p. 91.

Le fait de boire et de manger, c'est-à-dire d'absorber des liquides et des nourritures solides, toutes choses qui sont consommées habituellement, entraîne nécessairement l'invalidation du jeûne du point de vue de la forme (*ṣūra*). Du point de vue du sens (*maʿnā*), il faut non seulement absorber ces mêmes aliments, mais il faut encore qu'ils soient réellement utiles à l'organisme physique pour qu'il y ait rupture du jeûne. À partir de là, deux cas distincts sont envisagés. Le fait d'absorber une nourriture, liquide ou solide, ailleurs que par la bouche a-t-il les mêmes effets que de manger ou de boire au sens habituel et entraîne-t-il ainsi l'invalidation du jeûne ? De même le fait d'absorber des choses qui ne se mangent pas ou ne se boivent pas habituellement peut-il conduire à une invalidation du jeûne ? Dans le premier cas, c'est la forme qui disparaît ; dans le second, c'est le sens lui-même de l'acte de manger et de boire qui fait défaut.

Ainsi un des aspects du problème concerne-t-il la modalité de pénétration des aliments dans l'organisme : doit-on se servir exclusivement de la bouche ? Les juristes ont alors à l'esprit certains procédés médicaux, comme l'introduction par voie anale d'une substance purgative ou encore l'instillation de gouttes dans le nez ou dans les oreilles. Ces modes d'absorption sont formellement distincts de la bouche.

Par ailleurs, ces deux derniers modes (entrée par le nez ou l'oreille) posent problème : vers quelle partie du corps le liquide ainsi introduit se dirige-t-il ? Habituellement, on parle de pénétration dans le *jawf*. Dans le cas de l'être humain, ce terme désigne le ventre ou les entrailles (estomac et intestins). Mais plus généralement, il désigne l'intérieur de tout corps plein. De plus, selon la médecine de l'époque (ou ce qu'en savent les juristes), quand on instille des gouttes dans le nez ou les oreilles, ce liquide va dans le cerveau (*dimāġ*), qui est alors assimilé au ventre. En conséquence, tout ce qui arrive au cerveau a le même statut que ce qui arrive à l'estomac.

Il en découle ainsi que tout ce qui arrive dans le ventre et dans la tête par les orifices naturels (*maḫāriq aṣliyya*) – comme le nez, les oreilles ou l'anus – a pour effet d'invalider le jeûne. Selon al-Kāsānī, si la substance introduite parvient au ventre, elle a la forme (*ṣūra*) d'une nourriture. Quant à la tête, elle conduit au ventre : par conséquent ce qui parvient à la tête finit dans le ventre[35].

35. Al-Kāsānī, *Badāʾiʿ al-ṣanāʾiʿ fī tartīb al-šarāʾiʿ*, vol. 2, p. 93.

Le cas suivant concerne les substances qui pénètrent par d'autres voies que les orifices naturels, comme le fait de mettre un médicament sur une blessure du ventre (*jāʾifa*) ou de la tête (*ama*)[36]. Pour traiter ce cas, on doit considérer un autre aspect : la substance appliquée sur la blessure est-elle sèche ou humide ? Dans le premier cas, le jeûne n'est pas invalidé, car la substance appliquée ne pénètre ni dans le ventre, ni dans la tête. Selon Abū Ḥanīfa, si la substance médicale est humide, elle peut parvenir jusqu'au ventre. Dans le cas où elle est de nature sèche, cela n'est pas certain. Mais si on sait qu'elle y est parvenue, alors le jeûne est invalidé. Ce n'est pas le point de vue d'Abū Yūsuf et d'al-Šaybānī : selon eux, le jeûne n'est pas invalidé, car l'invalidation n'est avérée que si une substance pénètre dans le corps par les orifices naturels. Les substances ne parviennent dans le ventre avec certitude que par le moyen des orifices naturels ; par tout autre moyen, le fait est douteux. Or en cas de doute, estiment les deux grands disciples d'Abū Ḥanīfa, on ne peut se prononcer sur le statut légal (*ḥukm*) d'un acte.

Un autre cas envisagé est l'introduction d'une substance dans l'orifice du pénis. Alors que, selon Abū Ḥanīfa, une telle introduction n'invalide pas le jeûne, Abū Yūsuf et al-Šaybānī soutiennent le contraire. Al-Kāsānī se propose d'expliquer la raison de cette divergence. Elle a trait au processus d'émission de l'urine par l'orifice du pénis. Chacun des deux points de vue renvoie à une description singulière de ce processus. Selon Abū Ḥanīfa, le processus d'excrétion de l'urine doit être comparé à celui de l'émission de la vapeur par la glace (*ḫazaf*). C'est pour cette raison que, quand on instille une substance dans le pénis, celle-ci ne rejoint pas le ventre. Abū Yūsuf et al-Šaybānī décrivent un processus différent : selon eux, le fait que l'urine sort de l'orifice du pénis est la preuve qu'il y a une communication entre ce dernier et le ventre. Il en découle qu'instiller une substance dans l'orifice du pénis est comparable au cas où on la verse dans l'oreille. Or, on l'a vu précédemment, instiller des gouttes dans l'oreille engendre inévitablement la rupture du jeûne. On ne doit pas perdre de vue que l'orifice du pénis constitue une voie d'entrée naturelle dans le corps. Al-Kāsānī adhère au point de vue défendu par Abū Yūsuf et al-Šaybānī.

S'agissant du cas parallèle de l'introduction d'une substance dans le vagin de la femme, Abū Ḥanīfa comme Abū Yūsuf et al-Šaybānī défendent un point de vue unique. Selon eux, si on instille dans le sexe

---

36. Ibn al-Humām, *Fatḥ al-Qadīr*, vol. 2, p. 343.

de la femme une substance liquide, le jeûne est invalidé sans aucun doute. Car tous s'accordent sur le fait que, chez la femme, la vessie communique directement avec le ventre. Par conséquent, le cas est analogue au fait de verser des gouttes dans l'oreille.

Un dernier cas est envisagé, qui porte sur l'introduction d'une substance dans le corps humain par des voies qui ne sont pas naturelles. Il s'agit du cas de celui qui est atteint d'une flèche dans le ventre ou la tête. Si on retire le bout de la flèche, le jeûne n'est pas rompu. Dans le cas contraire, cette situation entraîne l'invalidation du jeûne.

Il y a également le cas des substances qui ne sont pas propres à être consommées par les humains. Ainsi du fidèle qui avale une pierre, ou le noyau d'un fruit, ou un morceau de bois, ou du cannabis (*ḥašīš*), ou d'autres choses semblables qui ne se mangent pas habituellement. Même si l'organisme n'est pas maintenu en vie grâce à l'absorption de telles choses (*lam yaḥṣul bihi qiwām al-badan*), le jeûne est invalidé, car du point de vue de la forme (*ṣūra*), il s'agit bien de manger[37].

3. Les effets de l'invalidation du jeûne

Selon al-Kāsānī, le manger et le boire sont définis, du point de vue de la forme comme du sens (*ṣūra wa maʿnā*), comme la pénétration par la bouche d'une ou plusieurs substances avec l'intention de s'alimenter ou de soigner l'intérieur de l'organisme, acte qui coïncide avec l'appétit alimentaire (*šahwat al-baṭn*) dans le premier cas. On note qu'al-Kāsānī associe le fait de s'alimenter et le fait de se soigner. Si, dans le premier cas, l'acte de se nourrir prend son point de départ dans le désir d'apaiser sa faim, dans le second cas, il s'agit d'ingérer un remède. Al-Kāsānī n'a pas séparé les deux situations parce qu'elles sont semblables formellement. Du point de vue de la forme, en effet, manger, c'est introduire une substance par la bouche de telle sorte qu'elle parvienne dans le ventre. Du point de vue du sens, c'est avoir pour but de s'alimenter ou de se soigner, et dans le premier cas de satisfaire ainsi son appétit. On peut naturellement s'interroger sur le fait de ranger sous une même rubrique l'acte de se soigner et l'acte de s'alimenter, car personne ne prend de remèdes pour apaiser sa faim. Il est d'ailleurs surprenant qu'al-Kāsānī n'ait pas vu que les deux actes

37. Al-Kāsānī, *Badāʾiʿ al-ṣanāʾiʿ fī tartīb al-šarāʾiʿ*, vol. 2, p. 93.

comportent un trait commun qui justifie leur association : dans les deux cas, il s'agit de veiller à la continuation du processus de la vie dans l'organisme humain.

Le coït vaginal

Quant à l'union sexuelle (*jimāʿ*), du point de vue de la forme comme du sens, il s'agit de la pénétration de la femme par l'homme, c'est-à-dire d'un coït vaginal. C'est à cette seule condition que le désir est pleinement satisfait selon al-Kāsānī. Dans ce cas, il n'y a pas de séparation entre la forme et le sens : alors que la pénétration vaginale correspond à la forme, la satisfaction du désir est le sens de l'acte.

L'invalidation du jeûne peut avoir deux conséquences, soit un jeûne compensatoire (*qaḍāʾ*), soit une expiation (*kaffāra*)[38].

Le jeûne compensatoire s'impose quelle que soit la cause de l'invalidation – en vertu de la forme et du sens, ou en vertu d'un seul des termes à l'exclusion de l'autre –, qu'elle résulte d'un acte délibéré ou qu'elle ait été le fruit d'une erreur, et même si le fidèle a une excuse. L'oubli n'est pas pris en compte, car comme on l'a déjà vu, il ne constitue pas un motif d'invalidation.

On exige une expiation en cas d'absorption d'une nourriture liquide ou solide ou de relations sexuelles – même si cette transgression est seulement formelle –, quand le fidèle a agi de manière délibérée, qu'il ne possède aucune excuse et qu'il n'y a pas d'ambiguïté (*šubha*).

L'invalidation du jeûne en cas de rapport sexuel doit s'analyser ainsi. Si un homme a un coït vaginal avec son épouse de jour, durant le mois de Ramadan, il est tenu à une expiation (*kaffāra*). Al-Kāsānī s'appuie ici sur un hadith connu. Un bédouin reconnaît en présence du Prophète avoir eu des rapports avec son épouse de jour pendant le mois de jeûne. Le Prophète lui fixe comme peine expiatoire d'affranchir un esclave ; en cas d'impossibilité, d'offrir à manger à soixante pauvres ; et si cela n'est pas dans ses moyens, d'observer un jeûne continu durant soixante jours[39].

Mais cette peine ne concerne que le mari. Son épouse est-elle tenue elle aussi à une expiation ? Selon al-Kāsānī, si la femme a accepté de bon gré les avances de son époux et n'a donc pas été forcée, elle aussi

38. *Ibid.*, p. 97.
39. *Ibid.*, p. 98.

est tenue à une expiation. Al-Kāsānī discute alors la position d'al-Šāfi'ī, auquel il attribue deux opinions différentes. Selon la première opinion, al-Šāfi'ī soutenait que l'épouse n'est tenue à aucune expiation. Dans ce cas, l'éminent juriste s'appuyait sur un texte qui ne fait état que d'une peine expiatoire imposée au mari. Il ajoute une autre considération au sujet du coït (*waṭ'*) : la femme y joue un rôle passif. Envisagé comme un acte de pénétration, le rapport sexuel ne peut être imputé qu'à l'homme, la femme n'y jouant qu'un rôle d'objet, donc passif. Selon la seconde opinion attribuée à al-Šāfi'ī, la femme elle aussi est tenue à une expiation, mais celle-ci incombe financièrement à l'époux. Ce second point de vue s'appuie également sur l'asymétrie homme/femme : étant donné que le coït est le fait de l'homme, c'est à lui de prendre en charge financièrement la peine expiatoire, de même que c'est à lui qu'incombe le prix de l'eau dont se sert son épouse pour se laver après les relations sexuelles.

Al-Kāsānī expose également les arguments des hanafites. Concernant le hadith mentionné précédemment, au sujet du Bédouin qui s'est uni à son épouse en plein jour de ramadan, il est déterminé par un élément qui se retrouve chez les deux partenaires (*ma'lūl bi-ma'nā yujad fīhimā*), dans la mesure où chacun des deux a pris part à l'invalidation d'un jour de jeûne. C'est pourquoi le motif (*'illa*) de l'invalidation est présent aussi bien chez l'homme que chez la femme. Pour Al-Kāsānī, la signification de l'action, qui est le motif de l'invalidation, est commune à l'homme et à la femme. On doit donc appliquer la même règle aux deux partenaires. Le sens de l'action permet de conclure à l'invalidation du jour de jeûne en raison d'une rupture effective du jeûne (*ifṭār kāmil*). C'est pourquoi les deux partenaires sont tenus à une peine expiatoire. Mais al-Kāsānī précise cette obligation en raison de la signification du hadith (*bi-dalālat al-naṣṣ*) – il ne raisonne donc pas ici par analogie (*qiyās*).

Le coït anal

Al-Kāsānī envisage ensuite le cas du coït anal (il parle de *al-mawḍi' al-makrūh*, « l'endroit haïssable » afin de désigner l'anus).

La doctrine d'Abū Ḥanīfa

Il existe au sujet de ce cas deux recensions de la doctrine d'Abū Ḥanīfa. Selon la première, transmise par al-Hasan al-Lu'lu'i (m. 204/820), il n'y a pas de peine expiatoire (ou pénitence). Car étant donné qu'il n'y a pas dans ce cas de peine légale (*ḥadd*), on ne peut réclamer une peine expiatoire. Ce qui est commun à la peine légale (*ḥadd*) et à la peine expiatoire (*kaffāra*), c'est que l'une et l'autre visent à mettre en garde (*zajr*) contre la commission de fautes. Mais on a particulièrement besoin de mises en garde dans le seul cas où le crime se répète souvent. Or la pratique du coït anal est loin d'être fréquente. Il n'y a donc nul besoin de mise en garde, et donc par voie de conséquence nul besoin de peine expiatoire. Abū Ḥanīfa classait d'ailleurs le coït anal dans la même catégorie que la nécrophilie.

Selon la seconde recension de la doctrine de Abū Ḥanīfa, transmise par Abū Yūsuf, ce qui compte c'est de considérer si formellement il y a eu pénétration. Celle-ci se matérialise par le fait que le gland (*ḥašfa*) cesse d'être visible. Dans ces conditions, l'homme est obligé de procéder à un bain rituel complet (*ġusl*), qu'il y ait eu éjaculation ou non. De plus, le coupable doit compenser le jeûne invalidé et faire pénitence. Cette dernière s'impose en cas d'invalidation complète du jeûne ; or l'invalidation est avérée, puisqu'il y a eu coït (*jimāʿ*) tant du point de vue formel que du point de vue du sens.

Dans la recension de la doctrine d'Abū Ḥanīfa transmise par Abū Yūsuf, l'opposition entre forme et sens (*ṣūra wa maʿnā*) n'a pas exactement le même contour que chez al-Kāsānī[40]. Il n'y a donc pas unanimité à ce sujet au sein de l'École ḥanafite.

La doctrine de Abū Yūsuf et de Šaybānī

Selon ces deux auteurs, le coupable est tenu à une peine expiatoire (*kaffāra*). Leur raisonnement repose sur une analogie. On applique la peine légale (*ḥadd al-zinā*) en cas de coït anal lors de relations extra-matrimoniales ; par conséquent, une peine expiatoire est le moins qu'on puisse exiger de celui qui rompt volontairement le jeûne de ramadan en s'adonnant à une relation contre-nature avec son épouse.

En cas de pénétration suivie d'éjaculation, le mari doit à la fois compenser le jour de jeûne invalidé et subir une peine expiatoire : car il y a eu coït tant du point de vue de la forme que du sens. Al-Kāsānī précise que l'éjaculation est la fin du coït. Si l'éjaculation a lieu en dehors du vagin (*farj*), le mari doit se limiter à compenser le jour de jeûne invalidé. Il n'est pas tenu à une expiation, car le coït est d'une

40. *Ibid.*, p. 100.

certaine façon incomplet. C'est pour cela qu'on considère que, si le coït est avéré du point de vue du sens (*maʿnā*), il est imparfait du point de vue de la forme (*ṣūra*)[41].

Si un fidèle avale une substance qui n'est ni un aliment, ni un médicament – comme une pierre, le noyau d'un fruit, du sable –, il doit rattraper son jour de jeûne sans être tenu à une expiation. Al-Kāsānī explique qu'il s'agit d'une rupture du jeûne du point de vue de la forme (*ifṭār ṣūra*), mais non selon le sens (*maʿnā*). Il faut entendre par « sens » ici le fait que le jeûne consiste à s'abstenir de boire et de manger en tant que de tels actes sont bénéfiques. Or tel n'est pas le cas ici. Avaler une pierre, ce n'est pas à proprement parler manger, mais est présente la forme du manger, qui désigne le fait d'avaler quelque chose par la bouche et que cette chose finit par rejoindre le ventre. Dans ce cas, le sens du manger fait défaut puisque manger, c'est avaler une substance qui a pour propriété d'alimenter le corps. Si ce qui est avalé ne réalise pas ce but, on n'est pas en présence de l'acte de manger. C'est ainsi qu'al-Kāsānī soutient qu'avaler de la pâte (*ʿajīn*) ou de la semoule (*daqīq*) – deux substances qui n'ont pas été transformées et ne constituent donc pas des aliments au sens habituel du terme – impose un jeûne compensatoire (*qaḍāʾ*), mais non une peine expiatoire (*kaffāra*)[42].

---

41. *Ibid.*, p. 100.
42. *Ibid.*, p. 99.

JEÛNER DANS LE DÉSERT : LES JURISTES DE L'OUEST SAHARIEN ET LA QUESTION DU RAMADAN (XVIIe-XXe SIÈCLES)

Ismail Warscheid
CNRS – IRHT

IL TIENT DES CARACTÉRISTIQUES de l'écriture jurisprudentielle de mettre à l'épreuve du fait singulier les constructions normatives et dogmatiques dont elle se revendique : si la loi stipule telle norme, quelles sont les modalités de son articulation dans les situations particulières innombrables sur lesquelles n'importe quel système de droit est amené à intervenir ? Pour les juristes musulmans (*faqīh*, pl. *fuqahā'*), la question se complexifie encore davantage, puisque, chez eux, le raisonnement casuistique propre à la jurisprudence se déploie dans le cadre plus large d'un modelage normatif du comportement humain à l'aune d'une doctrine du salut : expliciter aux hommes les règles (*aḥkām*, sg. *ḥukm*) contenues dans la Révélation islamique, qui régissent leurs rapports à Dieu (*al-ʿibādāt*) et les uns aux autres (*al-muʿāmalāt*). Mais cet élargissement du champ de l'enquête normative dans le droit musulman ne change rien à une donnée fondamentale : l'application d'une règle ou d'un principe requiert le cas d'espèce – fictif ou réel – et par là instaure nécessairement un dialogue entre le général et le spécifique.

Ce dialogue, les juristes musulmans l'ont mené avec rigueur et zèle au point de lui consacrer une pratique savante qui, jusqu'à nos jours, apparaît comme l'une des principales formes d'expression de la réflexion normative en Islam, à savoir l'émission d'avis juridico-religieux (*al-iftā'*)[1]. Elle repose sur le principe d'une question soumise

1. Pour un aperçu général, voir M. KHALID MASUD, Br. MESSICK et D. S. POWERS (éd.), *Islamic Legal Interpretation: Muftis and their Fatwas*, Cambridge (Mass.) 1996.

10.1484/M.BEHE-EB.5.134776

(*istiftāʾ*) à un juriste à laquelle celui-ci répond par une *fatwā*, une expertise argumentée. De la sorte, l'*iftāʾ* constitue l'outil discursif par excellence pour examiner les rapports entre le singulier et les normes qui entendent agir sur lui. L'immense diversité des sujets abordés reflète alors l'étendue de l'entreprise normative. De la question de l'impact d'un saignement gingival sur le jeûne pendant le ramadan – pour annoncer le thème de cette contribution – à la discussion de la légitimité du pouvoir politique : n'importe quel fait ou acte social peut devenir l'objet d'une consultation, pourvu qu'on puisse le penser, d'une manière ou d'une autre, comme un cas relevant du système de normes juridico-religieuses que désigne le terme *fiqh* en arabe.

Il devient dès lors aisé de comprendre pourquoi nombre d'islamologues et d'historiens, depuis les années 1970, se sont penchés sur l'immense littérature des recueils de *fatāwā*. Le dépouillement de ces *responsa* (*ajwiba*) leur a non seulement permis de sonder l'évolution des doctrines juridiques et théologiques[2] ou de reconstituer les différentes formes de leur mise en pratique, à commencer par la sphère judiciaire[3]. En parallèle avec l'exploration des archives des tribunaux de cadi, les recueils de *fatāwā* ont plus généralement fourni les matériaux nécessaires à l'écriture d'une histoire sociale et culturelle des sociétés musulmanes « au ras du sol », pour faire écho à un texte de Jacques Revel[4]. En prenant pour objet le cas d'espèce (*nāzila*) ou la question singulière (*masʾala*), ils ont donné à voir aux historiens les mécanismes locaux de la fabrique de normes et de relations sociales,

2. Voir, entre autres, H. GERBER, *Islamic Law and Culture: 1600-1840*, Leyde 1999, J. HENDRICKSON, *Leaving Iberia: Islamic Law and Christian Context in North West Africa*, Cambridge (Mass.) 2020, B. JOHANSEN, *Contingency in a Sacred Law: Legal and Ethical Norms in the Muslim Fiqh*, Leyde 1999, D. SERRANO, « Legal Pratice in an Andalusī-Maghribī Source from the Twelfth Century: The *Madhāhib al-Ḥukkām fī Nawāzil al-Aḥkām* », *Islamic Law and Society* 7/2 (2000), p. 187-234, E. TEREM, *Old Texts, New Practices: Islamic Reform in Modern Morocco*, Stanford 2014.

3. Voir notamment Chr. MÜLLER, *Gerichtspraxis im Stadtstaat Córdoba: zum Recht der Gesellschaft in einer mālikitisch-islamischen Rechtstradition des 5./11. Jahrhunderts*, Leyde 1999, D. POWERS, *Law, Society, and Culture in the Maghrib, 1300-1500*, Cambridge 2002, et I. WARSCHEID, *Droit musulman et société au Sahara prémoderne : la justice islamique dans les oasis du Grand Touat (Algérie) aux XVIIe-XIXe siècles*, Leyde 2017.

4. J. REVEL, « Préface. L'histoire au ras du sol », dans G. LEVI, *Le pouvoir au village : histoire d'un exorciste dans le Piémont du XVIIe siècle*, Paris 1989, p. I-XXXIII.

ainsi que la capacité d'agir des personnes ordinaires que les sources narratives (chroniques, récits, dictionnaires biographiques, etc.) ignorent en général, notamment dans le domaine des études de genre[5].

Une partie importante de ces travaux souvent innovateurs concernent les sociétés malikites de l'Occident musulman où le genre des recueils de *fatāwā* a en effet connu un développement particulièrement remarquable. Nous y observons, dès le XIe siècle environ, une production soutenue et régulière de ces collections. Elles apparaissent d'abord comme une sorte d'espace littéraire dédiée à la préservation de la mémoire de l'œuvre de grands juristes médiévaux. C'est ce qu'illustre avec force la vaste somme compilée par Aḥmad b. Yaḥyā al-Wansharīsī (m. 914/1508), *al-Miʿyār al-muʿrib wa-l-jāmiʿ al-mughrib ʿan fatāwī ʿulamāʾ Ifriqīyā wa-l-Andalus wa-l-Maghrib*, qui renferment des centaines de *fatāwā* et d'autres documents issus de la jurisprudence malikite de l'Espagne musulmane et du Maghreb[6]. Plus tard, à partir du XVe/XVIe siècle, la compilation des recueils de *fatāwā* devient l'une des principales caractéristiques de l'essor de traditions lettrées au sein des campagnes maghrébines et au Sahara. Dans des régions comme le Sous marocain ou les oasis du Touat en Algérie, mais aussi parmi les nomades de l'actuelle Mauritanie, nous observons une multiplication de ces corpus, notamment entre le XVIIe et le XIXe siècle, rassemblant les *responsa* de jurisconsultes locaux.

Bien entendu, l'intérêt pour les *fatāwā* de l'Occident musulman ne vient pas uniquement de la quantité des matériaux disponibles ou de la diversité des milieux sociaux dont elles émanent. C'est surtout leur orientation très prononcée vers le concret et le vernaculaire qui a attiré l'attention des chercheurs travaillant sur une partie du monde de

---

5. M. SHATZMILLER, *Her Day in Court: Women's Property Rights in Fifteenth Century Granada*, Cambridge (Mass.) 2007, J. TUCKER, *In the House of Law: Gender and Islamic Law in Ottoman Syria and Palestine*, Berkeley 1998, É. VOGUET, *Le monde rural du Maghreb central, XIVe-XVe siècles : réalités sociales et constructions juridiques d'après les Nawāzil Māzūna*, Paris 2014, A. ZOMEÑO, « The Stories in the Fatwas and the Fatwas in History », dans B. DUPRET, B. DRIESKENS et A. MOORS (éd.), *Narratives of Truth in Islamic Law*, Londres – New York 2008, p. 25-49.
6. Aḥmad b. Yaḥyā AL-WANSHARĪSĪ, *al-Miʿyār al-muʿrib wa-l-jāmiʿ al-mughrib ʿan fatāwī ʿulamāʾ Ifriqīyā wa-l-Andalus wa-l-Maghrib*, éd. M. ḤAJJĪ, 13 vol., Rabat 1981. Sur l'ouvrage, voir surtout V. LAGARDÈRE, *Histoire et société en Occident musulman au Moyen âge : analyse du « Miʿyār » d'Al-Wanšarīsī*, Madrid 1995, et D. POWERS, *Law, Society, and Culture in the Maghrib*.

l'Islam prémoderne pour laquelle les archives locales, comme celles des tribunaux de cadi, demeurent, sinon rares, du moins mal connues. Comme l'indique le nom par lequel ils sont communément appelés au Maghreb, *nawāzil*, il s'agit de collections de « cas d'espèce », documentant – avec une écriture aux allures parfois ethnographiques – l'intégration de la normativité du *fiqh* dans les modes et conditions de vie des populations locales. Par exemple, le lecteur est interpellé par le nombre élevé de ce que Wael Hallaq a appelé les « fatwas primaires » (*primary fatwas*), c'est-à-dire des consultations n'ayant pas subi le traitement d'anonymisation et d'abstraction qui est autrement la règle dans les recueils de *responsa* musulmans[7]. Souvent les noms de protagonistes, de lieux ou d'institutions vernaculaires ont été préservés, de même que le compilateur d'un recueil rajoute d'habitude à la collection de *fatāwā* des transcriptions de pièces notariales, de lettres ou de documents judiciaires. Cette proximité au terroir laisse apparaître ces textes comme une véritable archive littéraire des communautés de « l'intérieur du Maghreb », pour citer l'ouvrage-maître de Jacques Berque[8].

La littérature sur les recueils de *fatāwā* est donc riche. Dans son livre récent sur les *Nawāzil* d'Ibn Rushd al-Jadd (m. 520/1126), Camilo Gómez-Rivas va jusqu'à proposer le terme générique de *fatwa studies* pour rendre compte de son impact comme courant historiographique au sein du champ de la recherche sur le droit musulman[9]. Mais le foisonnement de publications, ces dernières décennies, intrigue aussi par une absence : celle d'études s'intéressant de près à la régulation normative d'actes dévotionnels qui s'exprime dans les *fatwas* rassemblées dans la partie dédiée aux « rites » (*al-ʿibādāt*). Même dans les quelques rares travaux se penchant sur ce type de consultation, l'enjeu est moins de réfléchir sur la mise en norme d'actes rituels que d'en tirer des conclusions à propos d'autres faits sociétaux qui s'y articulent, tels que les rapports entre le corps des oulémas et le pouvoir étatique à Cordoue au temps des taifas ou l'intégration des combattants almoravides venus du Sahara dans la société urbaine sophistiquée d'Andalousie du

7. Voir W. B. Hallaq, « From Fatwās to Furūʿ: Growth and Change in Islamic Substantive Law » *Islamic Law and Society* 1/1 (1994), p. 29-65.
8. J. Berque, *L'intérieur du Maghreb*, Paris 1978.
9. C. Gómez-Rivas, *Law and the Islamization of Morocco under the Almoravids. The Fatwās of Ibn Rushd al-Jadd to the Far Maghrib*, Leyde 2015, p. 6.

XIIe siècle[10]. Autrement dit, les *nawāzil* ont été avant tout envisagées comme des sources littéraires permettant d'appréhender l'histoire sociale, économique et politique de l'Occident musulman ainsi que de clarifier le rôle que les institutions judiciaires islamiques y tiennent.

Il s'agit, sans doute, d'un travail fondamental et nécessaire. En même temps, nous risquons de perdre de vue le fait qu'en Islam, la construction d'un droit pour la société relève de l'articulation normative plus large d'une doctrine de salut. Les recueils de *nawāzil*, à quelques exceptions près, débutent – comme la plupart des écrits casuistiques du *fiqh* – par l'explication de la pratique dévotionnelle (la pureté rituelle, la prière, l'aumône, le jeûne, etc.) pour seulement ensuite se tourner vers la gestion des rapports sociaux dans le domaine de la vie familiale, des transactions économiques ou des affaires publiques. Certes, les questions relevant des « interactions sociales » (*muʿāmalāt*) prédominent de loin dans les différents corpus, au moins pour ce qui est des périodes prémodernes. Toujours est-il que cet agencement presque invariable reflète à la fois une cohérence et une hiérarchie discursives qui traduisent l'ambition des juristes musulmans à réglementer tant la communication entre les hommes – si l'on accepte la proposition du sociologue allemand Niklas Luhmann, selon laquelle les rapports sociaux sont d'abord des actes de communication[11] – que celle avec le divin. Or, ne pas tenir compte de cette dimension de la jurisprudence islamique en écartant d'emblée les questions soi-disant « non-juridiques » ou bien en se contentant de les ramener à leur signification sociopolitique peut aboutir à une lecture en décalage avec l'univers historique de l'émergence des *nawāzil*, voire à des analyses anachroniques.

Dans cette contribution, je voudrais proposer la lecture d'un certain nombre de *fatāwā* malikites portant sur le jeûne pendant le mois de ramadan ou plutôt sur la possibilité de le rompre. L'enjeu sera précisément de sonder le traitement casuistique d'une obligation religieuse que les traditions musulmanes ont érigée comme l'un des cinq « piliers » sur lesquels les rites du culte, les *ʿibādāt*, sont censés reposer. J'espère montrer que la régulation normative d'un acte rituel peut s'analyser d'un point de vue d'histoire sociale et culturelle, sans

10. *Ibid.*, p. 76-79, et M. Marin, « Law and Piety: A Cordovan Fatwa », *Bulletin of the British Society for Middle Eastern Studies* 17/2 (1990), p. 129-136.

11. N. Luhmann, *Soziale Systeme: Grundriss einer allgemeinen Theorie*, Francfort-sur-le-Main 1984.

pour autant devenir le simple reflet de dynamiques sociétales se situant ailleurs. La rencontre, évoquée au début de ce texte, entre la norme et la spécificité du fait singulier ne s'y opère pas moins que dans les « cas d'espèce » relevant des *muʿāmalāt*. Définir les modalités de l'exécution d'un devoir rituel signifie aussi de confronter un principe normatif « universel » aux contextes socioculturels d'une certaine période et/ou d'un certain lieu. Il s'agira pour moi de mettre en relief quelques aspects de cette confrontation, tant en ce qui concerne l'inévitable « vernacularisation » des rites canoniques lors de leur intégration dans la vie communautaire, qu'au regard des conceptualisations juridico-théologiques réalisées par les jurisconsultes musulmans pour penser et rendre intelligible ce phénomène.

1. Les *nawāzil* de l'Ouest saharien

Pour m'atteler à la tâche, je me suis tourné vers la littérature jurisprudentielle qui s'est développée dans les étendues désertiques de l'Ouest saharien, couvrant de nos jours les territoires de la Mauritanie, du Mali et de l'extrême Sud algérien. Entre le XVIIe et les premières décennies du XXe siècle, cette vaste région s'est constituée comme l'un des principaux foyers d'érudition musulmane en Afrique de l'Ouest, ce dont témoigne un riche héritage textuel, à commencer par les célèbres collections de manuscrits de Tombouctou. Les recueils de *nawāzil* y tiennent une place particulière en raison à la fois de la quantité des corpus conservés – au moins une centaine dont les plus anciens semblent remonter aux XVIe/XVIIe siècles – et de cette dimension « ethnographique » de l'écriture jurisprudentielle malikite que je viens d'évoquer. Celle-ci est d'autant plus remarquable que les *nawāzil* sahariennes proviennent non seulement de milieux sédentaires oasiens, mais aussi de campements nomades et, de ce fait, constituent l'une de rares sources « internes » pour étudier les sociétés bédouines prémodernes. La recherche africaniste en a pris conscience, dans la mesure où les recueils ont donné lieu à un nombre désormais considérable de travaux mettant en exergue leur importance comme source d'histoire sociale et culturelle[12].

12. Une synthèse historiographique récente est fournie par I. Warscheid, « L'Islam saharien précolonial : portrait d'un champ de recherche », *Studia Islamica* 113/2 (2018), p. 244-265.

Néanmoins, comme dans les études portant sur les corpus maghrébins, les sections consacrées aux *ʿibādāt* ont jusqu'à présent été largement écartées de l'analyse. Cela peut surprendre, car il s'y exprime, avec une netteté saisissante, le problème de la norme universellement posée et du caractère forcément spécifique de sa mise en œuvre. En effet, lorsqu'il commence à feuilleter les diverses consultations discutant de la pratique dévotionnelle en milieu saharien, le lecteur est immédiatement interpellé par l'emprise des contraintes écologiques inhérentes à la vie au désert. Mentionnons pêle-mêle quelques cas de figure : l'accès difficile à l'eau entraîne une généralisation du recours aux « absolutions sèches » (*tayammum*), ce qui gêne considérablement les jurisconsultes locaux soucieux d'insister sur le fait qu'il ne peut s'agir que d'un pis-aller – en cas de nécessité. La dispersion des personnes dans l'immensité de l'espace est susceptible de rendre précaire l'institution de la prière du vendredi qui, en *fiqh* malikite, exige un minimum de douze participants masculins adultes habitant le même lieu[13]. Mais, de plus, par quels critères définir un tel « autochtone » ? Celui venu d'ailleurs pour étudier dans l'oasis ou le campement peut-il également être compté comme membre de la communauté ? Le paiement de l'aumône (*al-zakāt*), quant à lui, se heurte aux principes de l'économie pastorale des nomades. Il faut adapter les barèmes préconisés par les manuels juridiques supposant l'agriculture et les échanges monétarisés comme sources de revenu aux réalités locales d'une richesse fondée en premier lieu sur le bétail et les diverses contributions de groupes « clients[14] ». Enfin, pour venir au thème de mon exposé, comment s'acquitter du devoir du jeûne, quand le ramadan tombe en pleine période des chaleurs avec des températures frôlant parfois les cinquante degrés ? Nous lisons que, dans des régions oasiennes comme le Touat, les gens cherchent alors refuge dans des grottes, où, en effet, même pendant les mois d'été, règne une fraîcheur agréable. Plongés dans une obscurité profonde, ils se retrouvent toutefois devant le dilemme d'être incapables de définir les moments du début et de la rupture du jeûne…

Jeûner dans le désert n'est donc pas chose aisée. C'est cette tension entre le caractère péremptoire de la norme qu'énonce la parole coranique : « Ô vous qui croyez ! Le jeûne vous est prescrit comme il

---

13. Voir G.-H. Bousquet, *Les grandes pratiques rituelles de l'Islam*, Paris 1949, p. 45.
14. Remarquons que, dans les corpus consultés, les questions relatives au paiement du *zakāt* sont de loin les plus nombreuses dans les sections relatives aux *ʿibadāt*.

a été prescrit aux générations qui vous ont précédés » (s. 2/v. 183)[15], et les contraintes non moins lourdes de son application au Sahara, sur laquelle je voudrais me pencher. Les cas d'espèce que j'ai examinés à ce propos proviennent de six recueils, colligés entre la fin du XVIIe siècle et les années 1930. Deux corpus ont vu le jour dans les oasis du Touat en Algérie : les *Nawāzil* rassemblant les *responsa* du jurisconsulte Muḥammad al-ʿĀlim al-Zajlāwī (fl. 1750), originaire du ksar[16] de Zaglou situé une vingtaine de kilomètres au sud de l'actuelle ville d'Adrar, et l'imposante *Ghunyat al-muqtaṣid al-sāʾil fī-mā waqaʿa fī Tuwāt min al-qaḍāyā wa'l-masāʾil* (« Le moyen indispensable pour celui qui s'interroge sur les litiges et les questions juridiques advenus au Touat »), véritable archive littéraire de la jurisprudence locale, dont la constitution a été assurée par des savants de la famille al-Balbālī au premier tiers du XIXe siècle[17].

Si les matériaux du Touat restent circonscrits dans un milieu oasien essentiellement sédentaire, les autres recueils mis à contribution permettent d'observer la pratique du jeûne chez les nomades. Les *nawāzil* des jurisconsultes Ibn al-Aʿmash (m. 1107/1695-96), ʿAbd al-Raḥmān al-Anbūya (m. 1221/1806) et al-Qaṣrī b. Muḥammad al-Mukhtār (m. 1235/1819), proviennent certes de deux régions oasiennes de l'actuelle Mauritanie : Chinguetti et Oualata. Leurs consultations reflètent toutefois l'étroite symbiose entre la vie dans les ksour et « en brousse » (*al-bādiya*) qui caractérise le monde de l'Ouest saharien à la différence du profil nettement plus « citadin » (*ḥaḍarī*) des oasis du Touat[18]. Le recueil le plus récent que j'ai parcouru est, lui, entièrement

15. J'utilise la traduction de Denise Masson.
16. En milieu saharien et maghrébin, le terme dialectal *qṣar* (pl. *qṣūr*) désigne un village fortifié.
17. M. AL-BALBĀLĪ et A. AL-BALBĀLĪ, *al-Ghunyat al-muqtaṣid al-sāʾil fī-mā waqaʿa fī Tuwāt min al-qaḍāyā wa'l-masāʾil*, ms. privé, fonds *khizāna* Lemtarfa, Wilaya d'Adrar ; M. AL-ZAJLĀWĪ, *Nawāzil*, ms. privé, fonds *khizāna* Lemtarfa, Wilaya d'Adrar. Sur ces corpus et les milieux lettrés du Touat, voir I. WARSCHEID, *Droit musulman et société*.
18. ʿA. AL-ANBŪYA, *Majmūʿat al-Nawāzil*, édition supervisée par M. AL-MUKHTĀR AMBĀLA, 2 vol., Nouakchott 2017, Ibn al-Aʿmash, *Nawāzil*, ms. 1420, MARA, Institut de recherches en sciences humaines, Université Abdou Moumouni, Niamey, al-Qaṣrī b. Muḥammad al-Mukhtār, *Nawāzil al-Qaṣrī*, éd. ABŪ'L-FAḌL AL-DIMYĀṬĪ et AḤMAD B. ʿALĪ, 4 vol., Beyrouth 2009. Sauf erreur de ma part, aucun de ces corpus n'a pour l'instant donné lieu à une étude monographique. Pour l'étude générale des *nawāzil* mauritanniennes, voir R. OSSWALD, *Schichtengesellschaft und islamisches Recht: die Zawāyā und Krieger der Westsahara im Spiegel von*

un produit de la société pastorale de la *bādiya*. Il rassemble les *fatāwā* et correspondances de Muḥammad al-Ṣaghīr Bāy al-Kuntī (1865-1929), dernier grand savant de la famille des Kunta qui a passé toute son existence comme lettré nomade dans la région de l'Azaouad au nord de la boucle du Niger[19]. Pris ensemble, ces corpus reflètent donc à la fois la diversité des contextes écologiques de l'espace saharien et l'évolution d'une pensée jurisprudentielle « vernaculaire » sur environ trois siècles.

2. Les muftis sahariens et le ramadan

Un premier constat s'impose. Dans l'ensemble des recueils, le sujet du jeûne n'est abordé que de façon marginale. Les compilateurs du Touat ne lui consacrent même pas de chapitre particulier, mais l'intègrent aux questions liées aux serments (*Nawāzil al-Zajlāwī*) ou à l'aumône légale (*al-Ghunya*). À l'intérieur des autres corpus, le nombre de cas d'espèce est également plutôt limité. Seules les *Nawāzil* d'al-Qaṣrī et celles de Bāy al-Kuntī s'y intéressent plus en détail et, de ce fait, deviennent ma principale source d'information. En revanche, un leitmotiv du raisonnement se dégage nettement de toutes les consultations : rompre le jeûne ne peut se concevoir que sur le mode de l'exceptionnel. Lorsque Muḥammad al-Zajlāwī est approché par un homme se plaignant de troubles de vue causés par le jeûne, il l'interroge : « Ta vue est-elle aussi faible que la mienne ? » Son interlocuteur finit par concéder qu'elle est même mieux, ce à quoi le mufti

---

Rechtsgutachten des 16.-19. Jahrhunderts, Wiesbaden 1993 ; M. Wuld Saʿd, *al-Fatāwā wa'l-tāʾrīkh : dirāsa li-maẓāhir al-ḥayāt al-iqtiṣādiyya wa'l-ijtimaʿiyya fī Mawritāniyā min khilāl fiqh al-nawāzil*, Beyrouth 2000 ; Y. Ould El-Bara, « Fiqh, société et pouvoir : étude des soucis et préoccupations socio-politiques des théologiens-légistes maures (*fuqahā*) à partir de leurs consultations juridiques (*fatâwa*), du xviie au xxe siècle », thèse d'anthropologie sociale, École des Hautes Études en Sciences Sociales, Paris 1998.

19. Bāy b. ʿUmar, *Nawāzil al-shaykh Bāy*, ms. privé, fonds bibliothèque de la Madrasa Maṣʿab b. ʿAmīr, Aoulef, Wilaya d'Adrar. Le personnage de Bāy al-Kuntī, qui a joué un rôle politique clé lors de la conquête française du Sahara central au début du xxe siècle, a donné lieu à un certain nombre d'études. Sur ses *nawāzil* voir en particulier Br. S. Hall, *A History of Race in Muslim West Africa: 1600-1960*, Cambridge 2011, H. Touati et A. Belabid, « En Islam malien : Shaykh Bāy al-Kuntī (m. 1347/1929) et ses Nawāzil », *Cahiers d'études africaines* 224/4 (2016), p. 775-798.

rétorque : « Moi, pour ma part, je jeûne. Je ne le romps pas[20] ! » Une autre anecdote préservée dans le même recueil nous informe qu'al-Zajlāwī s'est également déclaré une fois incapable de trouver une permission (*rukhṣa*) pour des gens qui voulaient rompre le jeûne à cause de la chaleur accablante[21]. Une attitude similaire se décèle dans une réponse donnée par Bāy al-Kuntī :

> Ce qu'on nomme le ramadan n'a d'autre but que de faire souffrir les corps (*irtimāḍ al-ajsām*), en raison de ce qu'il implique de brûlures causées par la sévérité de la soif et de la faim qu'accompagne la chaleur. Les assouplissements (*tawassuʿ*) auxquels ont procédé quelques juristes tardifs (*baʿḍ al-mutaʾakhkharīn*) ne sont pas ancrés dans les textes du *fiqh*, ni ne peuvent se réclamer du sens manifeste de la Loi (*al-ẓawāhir al-sharʿiyya*) ou de ses objectifs légaux (*al-maqāṣid al-ḥukmiyya*)[22].

Nous verrons dans un instant qu'en réalité, cette intransigeance prévoit beaucoup de nuances. Mais la réponse de Bāy permet de mettre d'abord en exergue les principes épistémologiques sur lesquels repose le raisonnement des muftis sahariens en la matière. Les jurisconsultes musulmans au Sahara, à l'instar de l'ensemble de leurs collègues de l'époque, se sentent tenus dans leurs écrits par ce que certains islamologues appellent à la suite de Joseph Schacht le « régime du *taqlīd* », c'est-à-dire, ils s'efforcent d'appliquer les doctrines de leurs écoles respectives (*madhhab*, pl. *madhāhib*), « imitant » (*al-muqallidūn*) l'enseignement et la méthodologie de ceux qui, pendant les premiers siècles de l'Islam, « ont fait l'effort » (*al-mujtahidūn*) de dériver les normes directement des sources primaires de la révélation. Ce n'est pas le lieu ici de discuter une thématique aussi complexe. Il est, par contre, indispensable de comprendre que l'une des principales opérations herméneutiques dans lesquelles les juristes dits « postclassiques » s'engagent consiste à identifier des références textuelles appropriées au sein des traditions savantes du passé, afin de construire et de « prouver » leur point de vue. Cette quête référentielle (*baḥth* ou *mabḥath*) qu'évoque également Bāy al-Kuntī dans sa fatwa

---

20. Bāy b. ʿUmar, *Nawāzil al-Zajlāwī*, p. 14.
21. *Ibid.*
22. Bāy b. ʿUmar, *Nawāzil al-shaykh Bāy*, p. 299.

instaure ainsi un dialogue avec l'héritage littéraire pluriséculaire du *madhhab* et, plus généralement, de l'islam, dès lors que l'argumentation va au-delà du strict cadre de la réflexion jurisprudentielle.

Que l'on ne pense pas à un simple exercice de rabâchage scolastique auquel les premières générations d'islamologues tout comme les réformistes musulmans depuis Muḥammad ʿAbdūh (m. 1323/1905) ont réduit le raisonnement du *taqlīd.* C'est au contraire de la subtilité du jeu casuistique qu'émergent des possibilités d'aménager ou de reconsidérer les règles, ce qu'illustre un autre récit sur al-Zajlāwī faisant preuve cette fois de souplesse bienveillante : « Une femme l'a consulté à propos de sa sœur, laquelle a prêté serment d'observer un jeûne pendant un an. Il lui a alors ordonné de jeûner trois jours s'appuyant sur l'avis d'une des autorités de l'école (*al-āʾimma*) ». En même temps, le maître de Zaglou fait remarquer à son fils qui transmet l'anecdote : « Si j'avais eu recours dans ma fatwa à l'avis majoritairement suivi (*al-mashhūr*), elle aurait dû jeûner toute l'année[23] ». Adapter les positions *mashhūr* aux circonstances, faire valoir, ou pas, des dispenses (*rukhṣa*), donner la préférence à un avis sur d'autres (*tarjīh*) et établir des correspondances entre le cas présent et la mémoire jurisprudentielle de l'école : telles sont en effet les méthodes suivies par les juristes du temps dans leur raisonnement, tout comme celle d'une pédagogie par cas, exposant des questions « standard ». Un voyageur déclarant son intention de jeûner, alors qu'il en est en principe dispensé, peut-il revenir sur sa décision ? Une personne qui avance par négligence la date de l'Aïd-el-Fitr, est-elle obligée de compenser (*kaffāra*) le jour de jeûne qu'elle a raté par la prise en charge de la nourriture d'un pauvre ? Celui qui retient la salive dans sa bouche et l'avale ensuite, rompt-il son jeûne[24] ? Dans ces consultations, effectivement scolaires, la réponse du mufti procède le plus souvent par un rappel de la règle ou par un simple renvoi au manuel de base du malikisme de l'époque, l'*Abrégé* (*Mukhtaṣar*) de l'Égyptien Khalīl b. Isḥāq al-Jundī (m. 767/1374), et à ses divers commentateurs. Il s'agit à la fois d'instruire l'auditoire et de se replonger en quelque sorte dans des exercices intellectuels que la tradition casuistique du *madhhab* a instaurés et transmis.

Les choses se présentent autrement dès lors que la question soumise au mufti aborde des problèmes propres aux contextes locaux.

23. Bāy b. ʿUmar, *Nawāzil al-Zajlāwī*, p. 14.
24. Les trois exemples sont tirés des *Nawāzil* d'al-Qaṣrī, 1, p. 527-554.

Les réponses fournies en pareil cas reflètent un travail de lecture plus individualisé, procédant par sélection et comparaison où l'avis personnel du juriste décide de l'arrangement de l'appareil référentiel. Le contraste est particulièrement marqué dans les *Nawāzil* d'al-Qaṣrī. Ce jurisconsulte originaire de l'oasis de Oualata dans le sud de l'actuelle Mauritanie se contente le plus souvent pour des questions d'ordre général de citer uniquement un passage approprié tiré de l'ouvrage d'une autorité de l'École. Les commentateurs du *Mukhtaṣar* de Khalīl, comme ʿAlī Ajhūrī (m. 1066/1655), y prédominent alors. En revanche, quand la consultation semble porter sur des réalités sociales directement liées à l'environnement saharien, le mufti avance sa propre réponse pour laquelle il lui arrive même de ne pas fournir de référence glanée chez les juristes du passé.

3. Les peines du jeûneur saharien

Mais quelles sont ces questions liées à l'observation du ramadan qui mettent en cause les spécificités du terrain saharien ? On y voit surtout affleurer une demande considérable pour des « exceptions » rendant légitime la rupture du jeûne en raison des contraintes de vie en milieu désertique. En somme, il s'agit de savoir si celui « pris par une souffrance éprouvante (*mashaqqa shadīda*) lors du jeûne a le droit de l'interrompre[25] » ? En dépit des hésitations évoquées plus haut, les muftis répondent en général par l'affirmative. Al-Qaṣrī allègue à ce propos un passage trouvé dans le *Grand Commentaire* (*al-Sharḥ al-Kabīr*) de l'Égyptien Muḥammad Khirshī (m. 1101/1690) sur le *Mukhtaṣar* de Khalīl, dans lequel la personne risquant la mort (*al-halāk*) si elle continue son jeûne est associée au cas du malade[26]. Bāy al-Kuntī adopte le même point de vue, en rappelant toutefois que la nature précise d'une telle fatigue (*ḥāl al-mashaqqa*) doit être établie, afin de ne pas tomber dans la permissivité[27]. L'historien contemporain ne peut que s'en féliciter : les discussions casuistiques documentées dans les *nawāzil* lui permettent ainsi de faire ressortir une petite ethnographie de ces multiples « souffrances » que le jeûne au désert paraît causer.

---

25. al-Qaṣrī b. Muḥammad al-Mukhtār, *Nawāzil al-Qaṣrī*, 1, p. 536.
26. *Ibid.*
27. Bāy b. ʿUmar, *Nawāzil al-shaykh Bāy*, p. 299-300.

Restons avec les *Nawāzil* d'al-Qaṣrī du sud de la Mauritanie pour nous pencher d'abord sur l'épreuve de mobilité à laquelle les groupes pastoraux aux marges entre le Sahara et le Sahel sont régulièrement soumis :

> Question au sujet de la norme régissant la rupture du jeûne (*ḥukm al-fiṭr*) par des Bédouins (*ahl al-bādiya*) lors des jours de la levée du campement (*al-raḥīl*) pendant le ramadan. Est-elle permise ou non ? Est-il licite pour les gens de rompre en raison des travaux liés à la levée ou seulement à partir du moment où ils sont pris de soif (*ʿaṭash*) ? Enfin, une telle permission (*ibāḥa*), s'applique-t-elle de la même façon à ceux qui s'attellent aux travaux de départ et aux autres membres du groupe[28] ?

La réponse du mufti intrigue par son souci de tenir compte des différents aspects qu'implique la reprise de l'errance nomade :

> Celui parmi eux qui est occupé par les travaux de la levée du campement, en chargeant les montures, en faisant avancer les troupeaux, en assurant leur garde, etc., est autorisé de suspendre son jeûne, dès qu'il est pris par une soif diminuant sa capacité de protéger ses biens s'il ne l'interrompt pas. Cela résulte tant de l'obligation de chacun de veiller sur sa propriété que de la prohibition de dilapider celle-ci. Ne vois-tu pas que le moissonneur, le laboureur, celui qui bat le blé et celui qui le cultive ont tous été autorisés de rompre le jeûne pour protéger leurs biens quand ils ont été confrontés à une nécessité impérative (*al-ḍarūra*) causée par une soif accablante étant donné que toute dissipation [de leurs biens] (*iḍāʿa*) est proscrite, comme cela est rapporté dans les paroles des maîtres de notre École (*kalām al-āʾimma*) ? En revanche, celui qui ne prend pas une part active aux travaux liés au départ n'a pas le droit de rompre son jeûne, tant qu'il n'est pas assailli par cette soif intense qui rend licite la rupture, car elle est assimilée à un effort extrême (*al-juhd al-shadīd*), qu'il chevauche une monture ou qu'il marche[29].

Le parallèle établi entre les nécessités de la vie nomade et les contraintes des labours agricoles, rappelle avec force le principe sous-jacent du *taqlīd* qui consiste à lire les textes jurisprudentiels du *madhhab* à l'aune des enjeux du présent en procédant à une sorte de transfert normatif, ici de l'univers des sociétés sédentaires de la Méditerranée

---

28. al-Qaṣrī b. Muḥammad al-Mukhtār, *Nawāzil al-Qaṣrī*, 1, p. 535.
29. *Ibid.*

vers le monde bédouin du Sahara. Il se retrouve aussi dans d'autres corpus. Le compatriote d'al-Qaṣrī, ʿAbd al-Raḥmān al-Anbūya allègue, par exemple, un passage glané chez un des principaux commentateurs du *Mukhtaṣar*, Muḥammad al-Ḥaṭṭāb (m. 954/1547), qui, dans son *Mawāhib al-Jalīl*, va dans le même sens : toute personne risquant autrement de mettre en péril ses moyens d'existence (*maʿāsh*) a le droit de rompre le jeûne[30]. Le pragmatisme en la matière trouve un écho insoupçonné dans le récit du voyageur français René Caillé (1799-1838) sur ses pérégrinations dans les confins sahélo-sahariens entre 1824 et 1828. Avant d'entamer son célèbre périple vers Tombouctou, Caillé séjourne un certain temps chez les nomades arabophones de la région du Brakna dans le Sud mauritanien et fournit un panorama détaillé du mode de vie de ses hôtes bédouins dans lequel la pratique du jeûne ne saurait manquer :

> Comme le Ramadan arrive souvent dans la saison chaude, et que le jeûne est plus pénible à cause de la soif dévorante qu'on éprouve, les moins zélés choisissent cette époque pour voyager, parce qu'alors ils sont dispensés de jeûner. Voilà pourquoi, lors du vol des bœufs, il ne s'était trouvé que quelques hommes dans le camp ; tous étaient partis les jours précédents. [...] je voyais souvent des jeunes gens qui mangeaient pendant le jour. Quand je demandais pourquoi ils n'étaient pas, comme les autres, soumis au jeûne, on me répondait que la veille ils n'avaient pris que peu de choses pour souper, et qu'ils n'auraient pu passer la journée sans manger. Ce prétexte leur servait toutes les fois qu'ils voulaient se dispenser de jeûner[31].

Les observations de l'explorateur à propos de ces stratégies d'évitement expliquent peut-être pourquoi al-Anbūya fait précéder sa citation d'al-Ḥaṭṭāb par une mise en garde, selon laquelle « il ne convient pas aux gens de se charger de tâches manuelles (*ʿilāj al-ṣanʿa*) susceptibles de les empêcher d'accomplir leurs obligations rituelles (*al-farāʾiḍ*)[32] ». La fatwa d'un jurisconsulte du Touat conservée dans le corpus de la *Ghunya* m'a permis d'identifier l'assertion également comme un emprunt à la littérature malikite. Cette fois, la source est le commentaire du *Mukhtaṣar* par l'Andalou Muḥammad al-Mawwāq (m. 897/1492) qui reprend un avis attribué au fondateur même de

---

30. ʿA. al-Anbūya, *Majmūʿat al-Nawāzil*, 1, p. 163.
31. R. Caillé, *Voyage à Tombouctou*, 2 vol., Paris 1996, vol. 1, p. 169-171.
32. ʿA. al-Anbūya, *Majmūʿat al-Nawāzil*, 1, p. 163.

l'école, Mālik b. Anas (m. 193/795), et transmis par Abū'l-Qāsim Ibn Maḥriz (m. 450/1058), un juriste de Kairouan[33]. Mais le contexte de ce recours aux dires des autorités du *madhhab* est sensiblement différent. Dans la consultation du mufti oasien, l'enjeu est de savoir si le propriétaire d'un esclave peut contraindre celui-ci à ne pas suivre le jeûne, au cas où il risque autrement d'être incapable d'accomplir sa charge de travail (*khidma*).

Ces récits peuvent paraître anecdotiques. En vérité, ils mettent en exergue une problématique fondamentale de l'articulation des normes du *fiqh* dans les réalités de l'Ouest saharien. Face à l'instabilité et la précarité des ressources écologiques, dans un environnement climatique extrême, il s'agit de concilier deux impératifs : celui de respecter un pilier de la pratique rituelle islamique pour lequel toute dispense ne peut être qu'exceptionnelle et, par ailleurs, prête à la controverse, et celui d'assurer les moyens d'existence du collectif. S'occuper du troupeau et éviter soigneusement les pertes de bétail lors des mouvements transhumants sont des activités essentielles pour le maintien d'un équilibre économique bien fragile, comme l'ont amplement montré les études des anthropologues du fait pastoral dans des mondes sahélo-sahariens[34]. Des observations similaires pourraient être faites à propos des travaux liés à l'agriculture irriguée dans l'univers oasien[35].

La fatwa provenant du Touat laisse entrevoir un autre aspect encore plus décisif. La mobilisation de la force de travail pour affronter la dure vie au désert s'articule au sein de communautés profondément marquées par des rapports de dépendance. Les économies sahariennes prémodernes, qu'il s'agisse de contextes sédentaires ou nomades, reposent en large partie sur l'institution islamique de l'esclavage – c'est-à-dire régie par les normes du *fiqh* –, ainsi que sur des systèmes coutumiers de domesticité et de servage[36]. Autrement

33. M. AL-BALBĀLĪ et A. AL-BALBĀLĪ, *al-Ghunyat al-muqtaṣid al-sā'il fī-mā waqa'a fī Tuwāt min al-qaḍāyā wa'l-masā'il*, p. 34.
34. Voir les travaux de Pierre Bonte, André Bourgeot, Sébastien Boulay, Sophie Caratini, Mariella Villasante-De Beauvais, etc.
35. J. BISSON, *Le Gourara : étude de géographie humaine*, Alger 1957.
36. La littérature sur la question étant vaste, je me contente de citer uniquement quelques principaux travaux : R. ENSEL, *Saint and Servants in Southern Morocco*, Leyde 1999, R. OSSWALD, *Sklavenhandel und Sklavenleben zwischen Senegal und Atlas*, Würzburg 2016, Br. S. HALL, *A History of Race in Muslim West Africa*, M. VILLASANTE-DE BEAUVAIS (éd.), *Groupes serviles au Sahara : approche comparative à partir du cas des arabophones de Mauritanie*, Paris 2000.

dit, lorsqu'on interroge le mufti du Touat au sujet du droit de l'esclave au jeûne ou lorsqu'al-Qaṣrī valide la possibilité de rupture de jeûne pour le « berger pendant la saison des chaleurs et le journalier (*ajīr*)[37] », la question reflète nécessairement les relations de pouvoir dans ces sociétés fortement stratifiées et hiérarchisées. L'observation du ramadan serait-elle le privilège d'une minorité qui peut compter sur l'exploitation de la main-d'œuvre de divers groupes subalternes et serviles « dispensés » du devoir du jeûne ? Bien entendu, les *nawāzil* seules ne permettent pas d'y apporter une réponse. Tout au moins suggèrent-elles que la casuistique qui se développe autour de la mise aux normes de la pratique religieuse participe aussi de l'élaboration de l'ordre communautaire. Dès lors, l'apparent pédantisme de certaines consultations ne devrait pas nous dissuader de sonder leur ancrage dans des questionnements et des tensions que cette construction soulève aux échelles locales.

4. La crainte de la maladie

Les « peines » les plus fréquemment avancées pour faire valoir une dérogation à l'obligation du jeûne concernent néanmoins la crainte de la maladie (*al-maraḍ*) et le souci de protéger l'intégrité du corps humain. Cela n'a rien de surprenant : le malade figure parmi les personnes dispensées du jeûne que le texte coranique lui-même évoque dans la deuxième sourate versets 184 et 185 : « Celui qui est malade ou celui qui voyage jeûnera ensuite le même nombre de jours[38] ». De même, le risque de mettre en péril sa santé en observant le ramadan est généralement reconnu comme une excuse légitime. Toujours est-il que les différentes écoles de droit en Islam ont développé toute une casuistique pour élucider les modalités de l'application de ces principes, ce que reflètent aussi les *nawāzil* sahariennes.

On interroge ainsi al-Qaṣrī au sujet de la possibilité d'accorder une dispense au motif des peines causées par le jeûne à une femme allaitante (*murḍiʿ*) ou enceinte (*al-ḥāmil*), sans que celle-ci ait à craindre pour sa santé ni pour celle de son enfant. Le mufti établit alors ce qu'il considère comme étant la position de l'École en recourant d'abord à un avis du juriste kairouanais al-Lakhmī (m. 478/1006) transmis

37. al-Qaṣrī b. Muḥammad al-Mukhtār, *Nawāzil al-Qaṣrī*, 1, p. 533.
38. Traduction Denise Masson.

par al-Mawwāq dans son commentaire sur le *Mukhtaṣar* : « Le jeûne d'une femme enceinte si cela ne lui est pas pénible reste obligatoire. En revanche s'il est à craindre qu'il lui occasionne un mal (*ḥudūth ʿilla*) ou à son enfant [le jeûne] devient interdit. Si le jeûne lui cause des fatigues et des peines, sans qu'elle craigne pour autant d'en être affectée, elle a le choix entre le jeûne et la rupture (*al-khiyār bayna'l-ṣawm wa'l-fiṭr*)[39] ». Pour inclure le cas de figure de la femme allaitante, al-Qaṣrī rajoute encore une citation tirée du commentaire de l'Égyptien ʿAlī al-Ajhūrī (m. 1066/1655) sur la *Risāla* d'Ibn Abī Zayd al-Qayrawānī (m. 386/996), le principal manuel d'instruction religieuse à l'époque : « La femme enceinte et la femme allaitante ont le droit de rompre le jeûne à partir du moment où cela leur cause des peines même si elles ne craignent pas d'en tomber malades ou d'aggraver leur maladie [...][40] ».

La question devient toutefois nettement plus intéressante lorsqu'on regarde de près les différents « cas d'espèce » où, effectivement, le jeûne est soupçonné de causer des troubles de la santé. Les *nawāzil* laissent percevoir un jeu de correspondances intriguant entre l'abstinence alimentaire et l'apparition de diverses maladies. Il en ressort quelques renseignements précieux sur l'imaginaire médical des habitants du grand désert. D'un côté, nous constatons que les muftis et ceux qui les interrogent distinguent entre des maladies « canonisées » par la littérature savante arabo-musulmane et des maladies « vernaculaires » pour lesquelles le nom dialectal est même fourni dans certains cas. De l'autre, les rapports de causalité établis dans les consultations ne manquent pas parfois d'étonner le lecteur contemporain. Même si je ne dispose pas des compétences nécessaires pour m'atteler à une analyse approfondie des idées et croyances médicales qui s'y articulent, je voudrais les exposer ici, au moins sommairement, car elles permettent d'envisager sous un angle inhabituel le thème de la relation entre dévotion et corporalité.

Penchons-nous d'abord sur la question des maladies « générales », pour ainsi dire. Il y a une nette tendance à associer le jeûne du ramadan à l'apparition de troubles de la vue (*al-baṣar*). J'ai déjà évoqué une consultation du jurisconsulte touatien al-Zajlāwī à ce sujet. Son collègue de Chinguetti, Ibn al-Aʿmash a également été sollicité pour se

39. al-Qaṣrī b. Muḥammad al-Mukhtār, *Nawāzil al-Qaṣrī*, 1, p. 553.
40. *Ibid.*

prononcer « à propos de quelqu'un qui craint que s'il jeûne, cela porte préjudice (*ḍarar*) à sa capacité visuelle, voire qu'il devienne aveugle ». Ce à quoi le mufti répond : « Il lui est permis de rompre le jeûne. Il est même obligé de le faire, car le jeûne lui devient alors interdit (*yuḥarramu al-ṣawm ʿalayhi*)[41] ». Encore plus inouïes paraissent deux consultations de Bāy al-Kuntī, dans lesquelles le ramadan est mis en cause pour avoir provoqué ou aggravé des plaques de dartres (*bahaq*) sur les visages des jeûneurs. En se réclamant de l'enseignement des « Anciens » (*awāʾil*)[42], l'une exhorte qu'il « faut les soigner avant qu'elles ne se transforment en tâches de lèpre (*baraṣ*) qui, par la suite, risque de causer des lésions cutanées (*judhām*)[43] ». S'il est avéré que le jeûne empire l'état du malade, il convient de le rompre immédiatement. L'autre consultation analyse plus en détail l'impact du jeûne sur cette maladie apparemment assez répandue dans la région. Selon Bāy, il existerait différents types de dartres dont seulement certains s'aggravent en raison du jeûne. De même, leur capacité de nuire dépendrait des périodes et de l'état de santé des personnes concernées (*wa qad yaḍurruhu fī baʿḍ al-azmina wa fī baʿḍ al-aḥwāl*). Dans des cas graves, il faudrait en effet renoncer à observer le ramadan. Le mufti rajoute toutefois qu'il convient de rattraper le jeûne au cours de l'année « même un jour par mois, car remplir ses obligations cultuelles prévaut sur le soin des corps (*muʿālajat al-adyān awjab min muʿālajat al-abdān*)[44] ».

Bāy se tourne ensuite vers l'ancrage de sa position sur le sujet au sein de la tradition jurisprudentielle malikite, mais cette fois, ce sont des autorités familiales qui sont convoquées. L'un des ancêtres de Bāy, un certain ʿUmar b. ʿAlī, aurait abordé la question dans un traité consacré au principe juridique des exceptions (*al-tarkhīṣ*) en constatant qu'il existe des ambiguïtés (*shubha*) en la matière. Similairement, l'un des élèves d'un autre parent, Sīdī Bābā Aḥmad[45], aurait raconté

41. Ibn al-Aʿmash, *Nawāzil*, fº 5.
42. Je ne saurais malheureusement pas dire s'il s'agit ici d'une allusion aux traditions médicales arabo-islamiques ou à des formes de médecine coutumière transmises au sein des communautés locales.
43. Bāy b. ʿUmar, *Nawāzil al-shaykh Bāy*, p. 298.
44. *Ibid.*, p. 303.
45. Il s'agit d'un des fils d'al-Mukhtār al-Kuntī (m. 1226/1811), le fondateur de la maison de science des Kunta. Voir A. A. Batran, *The Qadiryya Brotherhood in West Africa and the Western Sahara: The Life and Times of Shaykh al-Mukhtar al-Kunti, (1729-1811)*, Rabat 2001.

à Bāy que celui-ci avait un jour enjoint à son fils ʿĀbidīn de rompre le jeûne lorsqu'il a vu apparaître, vers midi, sur son front des plaques de dartres. Bāy manifeste alors une certaine désapprobation. Bābā Aḥmad aurait dû attendre le coucher de soleil, étant donné que ce qui restait du jour n'aurait pas eu d'incidence (*ghayr muʾaththir*) sur l'état de santé de son fils[46]. L'anecdote illustre de nouveau que la légitimation de la rupture du jeune demeure un sujet délicat pour les juristes de l'époque. Tout en reconnaissant, les risques que fait courir à la santé la pratique du ramadan, ils n'entendent accorder que le minimum de concessions nécessaires pour leur faire face. La même prudence s'observe dans une autre consultation de Bāy al-Kuntī qui porte cette fois sur une maladie localement connue sous le nom de *bābūsh* provoquant, semble-t-il, des troubles neurologiques, dans la mesure où la fatwa vise à se prononcer sur le jeûne de celui que l'appétit sexuel fait qu'il s'agite (*amshar*)[47]. Le mufti appelle la personne qui souffre de ce mal à faire preuve d'application (*yajtahid*) et à ne rompre le jeûne qu'en cas de nécessité absolue. Après tout, le jeûne constitue l'un des fondements de la religion (*al-ṣawm qāʾida min qawāʾid al-dīn*). De plus, fait-il valoir, il a vu de nombreuses personnes atteintes de cette maladie respecter le jeûne « surtout lors des périodes où il fait frais » (*zamān bārid*).

Seules des enquêtes ethnographiques dans la région permettraient d'établir avec précision quels types de maladies se cachent derrière ces descriptions. Néanmoins, les consultations compilées dans les *nawāzil* fournissent parfois des détails pathologiques dont l'évaluation normative doit tenir compte. Abordant le cas d'une maladie locale appelée *jangūr*, Bāy informe d'abord son interlocuteur que quelqu'un « connaissant ses formes et ayant acquis de l'expérience à ce propos en se traitant lui-même ainsi que d'autres gens » a exclu la possibilité qu'une personne qui en est atteinte puisse jeûner. Il faudrait donc seulement reprendre le jeûne une fois guéri et à condition qu'il ne reste plus aucune séquelle (*tawābiʿ*). Si, par contre, cette reprise cause de la fièvre (*ḥarāra*), cela constituerait une raison d'interrompre de nouveau le jeûne étant donné le risque de rechuter (*jalb al-maḍarra*)[48].

46. Bāy b. ʿUmar, *Nawāzil al-shaykh Bāy*, p. 303.
47. *Ibid.*, p. 297-298.
48. *Ibid.*, p. 297.

Dans les *nawāzil* d'al-Qaṣrī aussi nous trouvons un cas d'espèce dont le début se lit comme un véritable récit médical :

> Question à propos du jeûneur qui sent descendre vers sa poitrine et son cou une fièvre qu'on appelle chez nous *al-miḥwar*. Cela dure environ trois jours et nuits sans que la personne en éprouve des douleurs. Par contre, après la disparation [de la fièvre], elle est prise par des suggestions diaboliques (*hamazāt*) et de l'angoisse (*ḍayq*) qui la tourmentent une partie du jour et de la nuit. Si la personne tente alors de vomir, cela la guérit (*bara'a*) immédiatement de la fièvre et la protège aussi contre les suggestions diaboliques et ce sentiment d'angoisse qui envahit sa poitrine et son âme, jusqu'à ce qu'elle mange ou boive autre chose. Est-il licite pour elle de se soigner de cette manière en provoquant des vomissements[49] ?

Le mufti de Oualata valide la procédure en raison « du savoir résultant de l'expérience » (*li-ʿilmihi bi-l-tajriba*) qui aurait prouvé son efficacité. Reste à définir son impact sur l'état rituel du jeûneur, car la demande de consultation (*istiftāʾ*) s'est terminée par la question de savoir si le vomissement rend nécessaire la pénitence (*kaffāra*) qui se rajoute au rattrapage (*qaḍāʾ*). Le cas d'espèce ancré dans l'univers vernaculaire des populations sahélo-sahariennes se mue alors en exercice d'école. Al-Qaṣrī a recours à un appareil référentiel important, qui va de la *Mudawwana* de Saḥnūn (m. 240/854-55), texte fondateur rassemblant l'enseignement de Mālik, aux obligatoires commentaires de la période dite postclassique, en passant par les avis des Tunisiens al-Lakhmī et Ibn Bashīr (m. 526/1131). Les différentes traditions citées établissent que le vomissement fait en effet perdre à la personne son statut de jeûneur, mais il suffit que celle-ci rattrape par la suite les jours concernés sans avoir à « expier » ses manquements. De fait, il ne saurait pas faire de doute que le traitement d'une maladie doit toujours être prioritaire vis-à-vis du jeûne qui, en pareilles circonstances, peut être légitimement interrompu.

Au fond, il n'y a rien dans la réponse du mufti pour nous surprendre. Toujours est-il qu'elle illustre utilement l'usage que font les jurisconsultes sahariens de l'héritage littéraire du malikisme, ce principe du *baḥth*, de la quête référentielle, que j'ai mentionné tout au début. Il me semble que cette pratique n'articule pas uniquement le recours technique aux dires des autorités du passé. Elle constitue une

---

49. al-Qaṣrī b. Muḥammad al-Mukhtār, *Nawāzil al-Qaṣrī*, 1, p. 537.

opération épistémologique plus fondamentale. C'est à travers elle que s'effectue l'inscription du regard normatif porté sur des réalités locales dans le projet transcendant de la régularisation des rapports humains auquel le *fiqh* aspire.

Conclusion

Ces dernières observations m'amènent à conclure cette brève enquête sur la question du jeûne dans les fatwas de l'Ouest saharien. Les différents cas d'espèce passés en revue laissent apparaître deux niveaux de discours qui semblent être engagés dans un dialogue intime. D'un côté, nous trouvons la mise en scène narrative d'une « réalité de vie », d'une *Lebenswelt*, où le souci du détail fait comprendre au lecteur la fragilité de l'homme face aux privations qu'impose l'écologie du désert. À cet égard, les *nawāzil* s'intègrent pleinement dans cette écriture jurisprudentielle malikite qui entend documenter avec précision ce qu'il faut évaluer. De l'autre côté, par un travail d'abstraction et de classification, l'événement spécifique est situé au sein du système normatif du *fiqh*. À travers des opérations herméneutiques que je me suis efforcé de reconstituer au risque d'avoir alourdi par moments mon propos, le problème particulier est rendu « traitable », pour ainsi dire. On lui assigne une ou plusieurs solutions en termes universels et absolus : sous de telles conditions, il est permis de rompre de jeûne, la protection contre la maladie l'emporte sur l'obligation du jeûne, etc.

Dans cette dialectique discursive qui soutient celle du simple échange entre questionneur et répondant, les deux niveaux sont inséparables l'un de l'autre. Le système du *fiqh* fournit aux muftis et aux *mustaftī*-s – c'est-à-dire ceux qui formulent les demandes de consultation – les moyens pour exprimer ce qu'ils perçoivent comme un problème à résoudre, une question à clarifier. À l'inverse, l'articulation des normes et leur application effective à l'échelle locale ne peuvent se passer d'une telle casuistique par laquelle le *shar*ʿ, la Loi sacrée, devient explicite. Il faut donner à la règle une forme concrète pour matérialiser l'idée qu'elle véhicule. C'est ainsi que l'imaginaire d'un Islam vernaculaire émerge, à mon avis. Il prend appui sur les multiples lectures pratiques d'un héritage littéraire dans lequel le discours normatif du droit et celui des autres champs du savoir musulman se déploient. L'analyse que j'ai proposée de la question du jeûne du ramadan m'incite alors à souligner de nouveau que le caractère jurisprudentiel de ce discours n'est au fond que l'effet secondaire d'une doctrine du salut. Comme les jurisconsultes sahariens ne cessent de le rappeler, le devoir de jeûner constitue le principe de base établi par une révélation. Ensuite, il revient aux hommes de s'exercer dans l'art de l'adapter aux circonstances contingentes de l'existence, et de léguer ainsi aux historiens ces images précieuses du jeûne au désert.

LE JEÛNE DU RAMADAN DANS LA POÉSIE SOUFIE SÉNÉGALAISE

Seydi Diamil Niane
Institut fondamental d'Afrique noire (IFAN – Ch. Anta Diop), Dakar

PILIER DE L'ISLAM, le jeûne du mois de Ramadan occupe une place centrale dans les traités juridiques mais aussi mystiques, et ce, depuis les premiers siècles de l'islam. Avec le développement de la poésie soufie, le Ramadan est aussi devenu un objet poétique. Dans cette contribution, il s'agit d'étudier la manière dont le mois de Ramadan est abordé dans la poésie soufie sénégalaise. Nous nous pencherons sur les poèmes de trois personnalités soufies : Elhadji Malick Sy (m. 1922) et son fils Serigne Babacar Sy (m. 1957), tous les deux figures de la confrérie soufie Tijāniyya[1], et enfin Cheikh Ahmadou Bamba Mbacké, fondateur de la confrérie mouride[2]. Pour montrer en quoi leurs manières d'aborder le jeûne et le Ramadan revêtent une originalité particulière, nous jugeons utile d'aborder la question du jeûne dans le soufisme classique (IXe-XIIIe siècles) dans un premier temps.

1. Fondée par Cheikh Aḥmad Tijānī (m. 1815, ʿAyn Māḍī, Algérie) en 1781, la Tijāniyya est l'une des confréries soufies les plus répandues au Maghreb et en Afrique au sud du Sahara. La tombe du fondateur, située dans la médina de Fès, fait l'objet de pèlerinages réguliers. Voir J.-L. TRIAUD et D. ROBINSON (éd.), *La Tijâniya : une confrérie musulmane à la conquête de l'Afrique*, Paris 2000 ; J. El ADNANI, *La Tijâniyya 1781-1881 : les origines d'une confrérie religieuse au Maghreb*, Rabat s.d.
2. Fondée par Cheikh Ahmadou Bamba, la Mouridiyya est une confrérie soufie d'origine sénégalaise mais qui, avec la migration, compte des disciples dans tous les continents aujourd'hui. Sur cette confrérie et son fondateur, nous renvoyons à O. J. M. GUEYE, *Ahmadou Bamba, le solitaire de Dieu*, s.l. 2014.

10.1484/M.BEHE-EB.5.134777

1. Le jeûne dans les premiers traités soufis (IXe-XIIIe siècles)

À sa naissance, la pratique du soufisme était synonyme d'ascétisme (*zuhd*). C'est en cela que le jeûne (*al-ṣawm*) occupait une place privilégiée dans les premiers traités soufis dont *Bad' man anāb ilā-llāh* (« Le début de celui qui chemine vers Dieu ») d'al-Muḥāsibī (m. 857, Bagdad) est l'un des plus anciens.

Dans ses conseils à celui qui « débute son cheminement vers Dieu » (*bad' man anāb ilā-llāh*), al-Muḥāsibī fait appel au jeûne comme outil d'éducation de l'âme de l'aspirant (*murīd*). Il résume cela en une phrase : « Éduque ton âme concupiscente par le jeûne (*addib nafsaka bi-l-ṣiyām)*[3] ». Chez-lui, le jeûne a comme vertu principale la possibilité de « châtier l'âme concupiscente » (*mu'āqabat al-nafs*)[4] en lui faisant subir faim et soif (*ağā'ahā wa a'ṭašahā bi ṣiyām*)[5].

Vers la même période, un autre soufi, al-Ḫarrāz (m. 890, Fusṭaṭ), va suivre al-Muḥāsibī dans la même orientation en associant le jeûne à l'ascétisme et à l'abandon des désirs de l'âme concupiscente. C'est en ce sens qu'il suggère au novice de se limiter au strict nécessaire en matière de nourriture, de boisson mais aussi de sommeil et de parole. L'abstinence vient alors accompagner l'ascétisme et le silence[6].

Au Xe siècle, le soufisme a connu une évolution dans la manière dont les traités sont rédigés. Les soufis commencent de plus en plus à recourir aux traditions prophétiques (*ḥadīṯ*) dans leurs écrits[7]. Abū Naṣr al-Sarrāğ (m. 988)[8] est l'un des premiers soufis à se classer dans cette catégorie.

C'est avec la célèbre tradition dite sainte (*ḥadīṯ qudsī*) qui fait dire à Dieu « le jeûne est à Moi et c'est Moi qui récompense le jeûneur » (*al-ṣawm lī wa anā ağzī bihī*) qu'al-Sarrāğ entame son chapitre sur le jeûne. Dans son commentaire, il juge que si Dieu a associé le jeûne à Lui-même, c'est parce que « le jeûne a une particularité qui le distingue des autres pratiques cultuelles obligatoires » : « Les

---

3. Al-Ḥāriṯ AL-MUḤĀSIBĪ, *Bad' man anāb ilā-llāh*, Le Caire 1991, p. 27.
4. *Ibid.*, p. 28.
5. *Ibid.*, p. 29.
6. 'Abd AL-Ḥalīm MAḤMŪD, *Al-Ṭarīq ilā-llāh : kitāb al-ṣidq li Abī Sa'īd Al-Ḫarrāz*, Le Caire 1988, p. 55.
7. On se référera à J.-J. THIBON, « Transmission du hadith et modèle prophétique chez les premiers soufis », *Archives de sciences sociales des religions* 178 (2017), p. 71-88.
8. Son lieu de décès est inconnu.

obligations religieuses sont toutes des actes qui impliquent le mouvement des membres du corps, ce que toute personne peut observer. En revanche, le jeûne est une adoration qui n'implique pas le mouvement des membres du corps[9] ». C'est en cela qu'il fait le lien entre le jeûne et le nom de Dieu *al-ṣamad* (« Celui qui se suffit à Lui-même »). « *Al-ṣamad* », dit-il, « est celui qui n'a pas de ventre et qui n'a besoin ni de nourriture ni de boisson[10] ». Avec al-Sarrāǧ, le jeûne commence à subir une interprétation allant dans un sens différent que celui de privation de nourritures et de boissons.

À côté de cette démonstration, al-Sarrāǧ fait aussi un lien entre le jeûne et l'endurance (*al-ṣabr*) : « les jeûneurs sont ceux qui endurent (*al-ṣā'imūn hum al-ṣābirūn*)[11] ». C'est ainsi qu'il voit que seuls les jeûneurs méritent les récompenses inestimables promises dans le verset 39, 10 du Coran : « Les endurants auront leur pleine récompense sans avoir de compte à rendre ». Il faut dire que cette lecture associant l'endurance au jeûne est adoptée par plusieurs exégètes musulmans[12].

Cette interprétation d'al-Sarrāǧ est partagée par Abū Ṭālib al-Makkī (m. 998, Bagdad) et Abū Ḥāmid al-Ghazālī (m. 1111, Ṭūs, Perse). Le premier fait du jeûne un synonyme d'endurance (*al-ṣawm ya'nī al-ṣabr*)[13]. Le deuxième voit que le jeûne est la moitié de l'endurance (*al-ṣawm niṣf al-ṣabr*)[14] laquelle endurance serait la moitié de la foi (*al-ṣabr niṣf al-īmān*)[15]. Al-Ghazālī suit aussi al-Sarrāǧ en faisant du jeûne une adoration sans acte. C'est ainsi qu'il le qualifie de pratique cachée (*bāṭin*) que seul Dieu peut voir (*wa-l-ṣawm lā yarāh illa-llāh 'azza wa ǧalla fa'innahū 'amal fī-l-bāṭin*)[16]. Le jeûneur, emprunte alors l'un des attributs de Dieu qu'est *al-ṣamadiyya*, celui qui se suffit à lui-même[17].

C'est aussi vers la fin du xᵉ siècle, notamment avec al-Makkī (m. 998), que les soufis commencent à distinguer le jeûne de la masse

9. Abū Naṣr al-Sarrāǧ al-Ṭūsī, *Al-Luma'*, Bagdad – Le Caire 1960, p. 116.
10. *Ibid.*
11. *Ibid.*
12. Voir Muḥammad b. Ǧarīr al-Ṭabarī, *Ǧāmi' al-bayān 'an ta'wīl āy al-qur'ān*, s.l.n.d., vol. 1, p. 617.
13. Abū Ṭālib al-Makkī, *Qūt al-qulūb fī mu'āmalat al-maḥbūb*, Le Caire 2001, vol. 1, p. 218.
14. Abū Ḥāmid al-Ghazālī, *Iḥyā' 'ulūm al-dīn*, Beyrouth 2005, p. 273.
15. *Ibid.*, p. 273.
16. *Ibid.*, p. 274.
17. *Ibid.*, p. 279.

des fidèles (*ṣawm al-ʿāmma*) du jeûne de l'élite spirituelle (*ṣawm al-ḫāṣṣa*)[18] que sont censés être les soufis. Cette distinction sera ensuite reprise par les soufis postérieurs.

La différence entre les deux est de l'ordre de l'interprétation du sens donné au jeûne. Pour la masse, jeûner c'est s'abstenir de toutes nourritures, boissons et relations sexuelles de l'aube au coucher du soleil. Les différentes définitions du jeûne de l'élite se résument au fait de détourner le cœur de l'aspirant de tout autre que Dieu[19]. C'est de ce jeûne qu'il est question dans ces vers d'Ibn ʿArabī (m. 1240) :

Abstiens-toi du monde et ne romps jamais cette abstinence
C'est ainsi que Dieu te demande de jeûner
En faisant ainsi, considère, dans ton cœur
Que c'est Dieu Lui-même qui te nourrit
Dans le jeûne il y a un secret, si tu le percevais
Plus aucune créature ne t'attirera[20].

De ce qui précède, nous constatons que les premiers soufis accordaient une certaine importance au jeûne, même s'ils ne traitaient pas uniquement le jeûne du Ramadan. Il faut rappeler que cela est une récurrence dans la littérature des VIIIe et IXe siècles dans laquelle les auteurs traitaient du jeûne du Ramadan mais aussi d'autres jeûnes. Pour ce qui est des textes soufis, le degré d'analyse varie de la simple abstinence du jeûne de la masse, au dépouillement total du monde qu'est censé représenter celui de l'élite spirituelle. Voyons maintenant ce qu'il en est du jeûne, et plus particulièrement du Ramadan, chez nos trois poètes soufis sénégalais de la Tijāniyya et de la Mourīdiyya.

2. Le Ramadan dans la poésie soufie sénégalaise

La production intellectuelle soufie au Sénégal est majoritairement poétique malgré l'existence d'un nombre de traités en prose. Cela a une explication pratique. La plupart des soufis sénégalais, qui ont eu à produire, étaient aussi dans une logique d'enseignement et de

18. Abū Ṭālib AL-MAKKĪ, *Qūt al-qulūb*, vol. 1, p. 222-224.
19. Abū Ḥāmid AL-GHĀZĀLĪ, *Iḥyāʾ ʿulūm al-dīn*, p. 235.
20. Muḥyī AL-Dīn IBN ʿARABĪ, *Al-Futūḥāt al-makkiyya,* Beyrouth 1999, p. 328 :
Ṣūmī ʿani-l-kawni wa lā tufṭirī***biḏā ilāhu-l-ḫalqi awlāki
Waʿnwī biḏā-l-ṣawmi min ḥayṯ hū***faʾinnahū bi-l-ṭabʿ ġazzāki
Fī-l-ṣawmi maʿnan law tadabbartihī***mā ḥalla maḫlūqun bi maġnāki

transmission. Aussi ont-ils composé des textes et poèmes dans des disciplines et thématiques allant du panégyrique à la jurisprudence en passant par la théologie, le soufisme, etc., dans le but d'en faciliter la mémorisation. Les trois poètes ici choisis, représentatifs du soufisme au Sénégal, se sont servi de la poésie pour faire l'éloge du Ramadan, qu'ils assimilent à un hôte porteur de grâces.

De l'accueil de l'hôte et de ses adieux

Chez nos trois poètes, le Ramadan est personnifié. Il prend l'image d'un visiteur qu'on s'impatiente d'accueillir[21]. Faudrait-il y voir une influence de la culture de la *terranga* (hospitalité) souvent associée au Sénégal ? Ou alors cette personnification du mois répondrait-elle à un besoin d'une réalisation spirituelle que l'exercice du jeûne est seul à pouvoir faciliter ? L'analyse des vers de nos trois poètes nous pousse plutôt vers la deuxième hypothèse.

Cheikh Ahmadou Bamba Mbacké

Commençons par Cheikh Ahmadou Bamba, fondateur du Mouridisme. Son célèbre poème *Yā ḫayra ḍayfin* (« Ô meilleur des hôtes ») est souvent chanté par les mourides à l'occasion du début de chaque Ramadan. Le contexte de sa composition pourrait être une piste d'explication de cet engouement mouride. Cheikh Ahmadou Bamba fait partie des marabouts qui ont vécu au Sénégal au début du XXe siècle, moment au cours duquel l'Administration coloniale avait mis en place une politique de surveillance renforcée de tous les marabouts. Elle témoignait d'une grande méfiance vis-à-vis de Cheikh Ahmadou Bamba car le nombre de ses disciples ne cessait de croître et elle craignait un soulèvement armé de leur part[22]. C'est pour cela qu'en 1895, l'Administration coloniale déporta le fondateur de la confrérie mouride au Gabon, puis 1903, en Mauritanie[23]. Cet épisode de la vie de Cheikh Ahmadou Bamba est encore fortement ancré dans la conscience collective des mourides.

21. On peut signaler qu'il en est de même du Maghreb où l'on parle de *Sīdnā Ramaḍān*.
22. Cette crainte était motivée par les souvenirs du XIXe siècle qui a vu beaucoup de marabouts, le plus connu étant Elhadji Oumar Tall de la Tijāniyya, entreprendre des djihads ou bien s'opposer militairement à l'entreprise coloniale.
23. On se référera à M. G. NDIAYE, *Al-Šayḫ Aḥmad Bamba – Sabīl al-salām*, Rabat 2011 ; M. L. DIOP, *Irwā' al-nadīm min 'aḏb ḥubb al-ḫadīm*, Dakar 2005 ; M. AL-B. MBACKÉ, *Minan al-Bāqī al-qadīm fī sīrat al-Šayḫ al-Ḫadīm*, Rabat 2012.

C'est lors du premier exil, au Gabon, qu'il a composé le poème *Yā ḫayra ḍayfin*. Il dit ainsi dans son introduction : « Seigneur voilà arrivé le mois de Ramadan de l'année 1315 de l'hégire [1898]. Je l'ai accueilli et l'ai salué avec ce poème. Seigneur, accepte-le et fais qu'il soit, pour moi, source de grâces et de bienfaits, qu'ici-bas et dans la vie future, abondent au-delà de ce que je peux imaginer. Seigneur, Dieu du mois de Ramadan, salue-le pour moi et salue-moi pour lui[24] ».

Le poème *Yā ḫayra ḍayfin* peut être divisé en quatre parties. La première, qui englobe les trois premiers vers, est l'occasion, pour le poète soufi sénégalais, d'accueillir son hôte de la manière que voici[25] :

Ô Éminent hôte, porteur de grâces et de bonheur,
Je te souhaite la bienvenue et te réserve une hospitalité sans restriction.
Tu restes et demeures un illustre hôte qui ne cesse de nous parvenir.
Il t'est réservé une hospitalité par des actes d'adoration et par la rectitude.
Tu es glorifié auprès de Dieu qui n'a point d'associé,
Aussi l'es-tu auprès des hommes de piété, de sciences et de droiture[26].

Une fois les mots de bienvenue adressés au mois de Ramadan, Cheikh Ahmadou Bamba passe à la deuxième partie du poème consacrée aux mérites spirituels de son hôte. Rien d'original en soi. Il y reprend des données de la tradition qui font du Ramadan un mois où Dieu pardonne les péchés et où le diable y serait enchaîné comme le déclare une tradition attribuée au Prophète selon laquelle « lorsque le Ramadan arrive, les portes du Paradis s'ouvrent, celles de l'Enfer s'enferment et Dieu enchaîne le diable[27] ». C'est en s'inscrivant dans cette dynamique que Cheikh Ahmadou Bamba compose :

---

24. Cheikh A. B. Mbacké, *Mağmū'a min qaṣā'id Ramaḍān al-mu'aẓẓam al-karīm,* s.l. 2018, p. 2.
25. Pour ce poème, et uniquement pour celui-ci, nous nous sommes inspirés de sa traduction par le mouvement Hizbu Tarqiyya, en y apportant des corrections là où nous l'avons jugé nécessaire. La traduction initiale est consultable via http://www.htcom.sn/la-vivification-du-ramadan-par-le-cheikh.html [visité le 10/05/20]. Toutes les autres traductions sont de l'auteur de l'article.
26. Cheikh A. B. Mbaké, *Mağmū'a min qaṣā'id Ramaḍ*ān, p. 2 :
*Yā ḫayra ḍayfin atā bi-l-bišri wa-l-madadi***ahlan wa sahlan wa tarḥīban bilā 'adadi*
*Lā zilta ḍayfan karīman zā'ran abadan***mukarraman bi qirā-l-ṭā'āti wa-l-sadadi*
*Mu'aẓẓaman 'inda rabbin lā šarīka lahū***wa 'inda ahli-l-tuqā wa-l-'ilmi wa-l-rašadi*
27. Cette tradition est jugée authentique par les sunnites pour être rapportée par les deux célèbres collecteurs de hadiths que sont Buḫārī (m. 870) et Muslim (m. 875).

Tu ne cesses d'être effaceur des péchés et réalisateur des vœux
De façon pérenne, tu es un rempart contre les vicissitudes !
Tu enchaînes les démons avec leurs machinations
Quant aux gens de bien, tu leur ouvres les portes des bienfaits
Tu es aussi le dissipateur permanent de tout chagrin des cœurs
À jamais, tu demeures celui qui chasse l'adversité.
Tu accrois chaque année à notre profit des dons
Découlant des largesses suffisantes du Généreux Seigneur qui accorde
Ses bienfaits[28].

Pour bénéficier des grâces spirituelles qui viennent d'être énumérées par le guide des mourides, Cheikh Ahmadou Bamba incite tout de même à associer des actes de dévotions à la pratique du jeûne, telles que la lecture du Coran et l'accomplissement de prières surérogatoires pendant les nuits du Ramadan. C'est dans un autre poème qu'il en parle[29] :

Est bienheureux celui qui fait vivre le Ramadan
Par la lecture du Coran et la prière nocturne[30].

Une fois les mérites spirituels du Ramadan chantés, Cheikh Ahmadou Bamba continue son poème *Yā ḫayra ḍayfin* par une requête directement adressée au mois du jeûne dans la quête de son intercession afin que ses péchés lui soient pardonnés. Cela doit être lu à la lumière de l'éducation spirituelle dans le soufisme dont le repentir (*tawba*) et la quête du pardon de Dieu (*al-ġufrān*) constituent le début comme l'affirment les traités soufis classiques[31]. L'hôte du poète devient son intercesseur sur la voie du pardon :

---

28. Cheikh A. B. MBAKÉ, *Maǧmū'a min qaṣā'id Ramaḍ*ān, p. 2 :
*Lā zilta māḥiya awzārin wa qāḍiya aw***ṭārin wa ṭārida aġyārin min al-ḫaladi*
*Wa ṣāfidan kulla šayṭānin bimā ma'ahū***wa mutḥifan li ḏawī-l-iḥsāni bi-l-ṣafadi*
*Wa muḏhiban kulla aḥzānin naḍīqu bihā***fī-l-dahri af'idatan yā muḏhiba-l-nakadi*
*Wa zā'idan kulla 'āmin mā nafūzu bihī***min ǧūdi muġnin karīmin nāfi'i-l-ziyadi.*

29. Il s'agit d'un poème de huit vers consacré au Ramadan. Le premier vers commence par š, le second par *h,* le suivant par *r,* puis c'est *r, m, ḍ, a, n*. Les lettres de début des vers additionnées forment le mot *šahr ramaḍān* qui veut dire le mois de Ramadan. Cheikh Ahmadou Bamba a plusieurs poèmes composés ainsi.

30. Cheikh A. B. MBAKÉ, *Maǧmū'a min qaṣā'id Ramaḍ*ān, p. 3 :
*Rabiḥa man yatlū-l-kitāba ḏā qiyām***bihī wa yuḥyī ramaḍāna bi ṣiyām*

31. Abd AL-Karīm al-QUŠAYRĪ , *Al-Risāla al-qušayriyya fī 'ilm al-taṣawwuf,* Le Caire 2009, p. 154 ; 'Alī b. 'Uṯmān AL-HUǦWIRĪ, *Kašf al-maḥǧūb*, Le Caire 2007, p. 106.

Ô mois du Généreux Seigneur, par toi, nous sommes gratifiés
De la Nuit de la détermination (*laylat al-qadr*) source de faveur et d'abondance.
Pour toi, je nourris un amour intimement profond
Par toi, je sollicite, auprès de mon Seigneur, bonheur sans peine !
Par toi, je me repens pour toujours de ce qui a précédé
Dans l'invocation, l'action de Grâce et la récitation du Coran à la gloire de Dieu.
Ainsi, auprès de Dieu, je me suis repenti de *rağab* au *ša'bān*[32]
En toi, je renouvelle mon repentir. De mon renoncement à toute futilité, sois donc témoin[33].

La partie conclusive du poème est aussi une occasion pour Cheikh Ahmadou Bamba de prendre le Ramadan pour témoin oculaire de sa sincérité dans la pratique spirituelle. Le soufi sénégalais s'adresse à son hôte en lui demandant de témoigner en sa faveur auprès de Dieu. Et comme s'il adressait à un intime, il finit par une déclaration d'amour au Ramadan :

Témoigne de mon attachement au Coran durant ton séjour
Et jusqu'à mon décès, qu'il advienne un samedi ou un dimanche.
Témoigne de l'amour profond que je voue pour toi
Ô mon espoir, demain, au jour de la grande terreur, demeure mon ami aimant.
Ô mois du jeûne, je t'aime et, sans tricherie, t'affectionne
Sois ainsi le bienvenu. L'hospitalité qui t'est réservée sera sans restriction[34].

Cheikh Ahmadou Bamba ne s'est pas uniquement contenté d'accueillir son hôte, depuis son exil au Gabon, avec le poème que nous

---

32. Rağab et ša'bān, respectivement septième et huitième mois du calendrier hégirien, sont les mois qui précèdent le Ramadan qui, lui, en est le neuvième.
33. Cheikh A. B. Mbaké, *Mağmū'a min qaṣā'id Ramaḍān*, p. 2 :
*Yā šahra rabbin karīmin fīka ğāda lanā***bi laylati-l-qadr ḏāti-l-faḍl wa-l-raġadi*
*Innī uḥibbuka ḥubba-l-ḏati 'an ṭalabin***min mālikī fīka is'ādan bilā awadi*
*Ḏā tawbatin fīka ayḍan māḍiyan abadan***bi-l-ḏikri wa-l-šukri wa-l-qur'āni li-l-aḥadi*
*Ilayhi qad tubtu fī ša'bāna 'an rağabin***mujaddidan fīka fa'šhad lī bi tarki dadi.*
34. *Ibid.* :
*Lī'šhad bi'ḥḏī kitāballāhi fīka hunā***ilā'rtihāliya yawam-l-sabti wa-l-aḥadi*
*Wa'šhad bi ḥubbika ḥubba-l-ḏāti yā amalī***wa kun ḥabībiya yawma-l-hawli wa-l-kamadi*
*Innī uḥibbuka yā šahral-l-ṣiyāmi bilā***ġiššin fa'ahlan wa tarhīban bilā 'adadi.*

venons d'analyser. La même année, à la fin du même Ramadan auquel son *Yā ḫayra ḍayfin* fut consacré, le fondateur du Mouridisme a composé un autre poème pour faire ses adieux au mois du jeûne du calendrier hégirien. Nous sommes toujours en 1898 lorsqu'il compose son *Yā ḏā-l-bushārāt* (« Ô porteur des bonnes nouvelles ») dans l'introduction duquel il dit : « Seigneur, mon ami et bien-aimé, le médecin de mon cœur, le mois de Ramadan s'apprête à me quitter ce mardi pour Te rejoindre bien que je n'arrive pas à me passer de lui. Ainsi, je lui fais mes adieux par cette *rā'iyya*[35] dans l'espoir qu'elle soit pour moi source de miséricorde et de grâces, dans cette vie et dans l'au-delà. Seigneur, accepte-le et couvre-le de Ta bénédiction. Fais que le fruit de ce poème dépasse le cadre limite de mes mots. Réalise tous mes vœux d'ici et de l'au-delà. Sois le témoin éternel de ma satisfaction envers Toi et Ton prophète[36] ». Avec cette introduction, Cheikh Ahmadou Bamba fait du mois de Ramadan un prétexte dans la quête de bénédictions et de miséricorde. Le Ramadan, chez-lui, se révèle alors une voie spirituelle dans le cheminement vers Dieu.

Contrairement à *Yā ḫayra ḍayfin*, entièrement orienté vers l'accueil du mois de jeûne, *Yā ḏā-l-bushārāt* n'est pas exclusivement consacré au Ramadan. Composé de soixante et un vers, ce poème aborde plusieurs sujets tels que l'éloge du Prophète, les souvenirs de son exil, sa certitude de vaincre ses adversaires [l'Administration coloniale], repentir et demande de secours adressée à Dieu, etc. Cela confirme notre hypothèse de départ. En chantant le Ramadan, Cheikh Ahmadou Bamba est dans la quête d'intercession. D'ailleurs, ces différents points ne sont abordés qu'à la suite des six premiers vers consacrés aux adieux du mois de jeûne :

> Ô toi qui, par les versets et les sourates, apportes de bonnes nouvelles
> Sois témoin que je suis serviteur de Celui qui a parfait notre création.
> Sois témoin que, durant ta présence, sans tricherie aucune
> Je n'ai cessé d'être serviteur de Dieu. Témoigne aussi de mon repentir.
> Retourne auprès du Seigneur qui, dans Sa royauté, n'a point d'associé
> À Lui seul la louange. Il est le Roi des génies et des hommes.
> Hôte béni aux bonnes nouvelles tu n'as cessé d'être
> À tout moment, annonçant l'excellente grâce.
> Sans adversité, ici et à ma demeure, tu m'as surpris

35. La *rā'iyya* désigne un poème dont tous les vers finissent par la lettre « r ». Ce qui est le cas de celui-ci.
36. Cheikh A. B. Mbaké, *Mağmū'a min qaṣā'id Ramaḍ*ān, p. 48.

Par la gaîté. Me voilà dissipé de toute impureté.
Aussi dis-je le cœur pur
Empli de satisfaction de Dieu, Décideur de notre sort, Créateur inimitable[37].

Tout ce que le poète soufi sénégalais dira ensuite dans les cinquante-cinq vers suivants, n'aura plus de lien avec le Ramadan proprement dit. Une fois ses adieux faits, Cheikh Ahmadou Bamba passe à la demande de pardon adressée à Dieu puis à d'autres points déjà énumérés. L'hôte devient ainsi porteur de messages du soufi adressé à Dieu.

Elhadji Malick Sy

Au milieu du XXe siècle, Elhadji Malick Sy est l'un des propagateurs les plus importants de la Tijāniyya au Sénégal. Il est aussi l'auteur d'une œuvre encyclopédique dans laquelle la spiritualité soufie occupe une place non négligeable[38]. C'est en ce sens que le Ramadan, comme opportunité de réalisation spirituelle, s'invite dans son œuvre.

C'est encore à l'image de l'hôte qu'Elhadji Malick Sy va avoir recours. Cependant, à la différence de Cheikh Ahmadou Bamba dont il vient d'être question, il ne semble pas avoir composé de poème pour accueillir le mois. Les deux poèmes, consacrés au Ramadan, et qui sont consignés dans son recueil, sont des messages d'adieu dans lesquels il chante les mérites du mois de jeûne.

---

37. *Ibid.*, p. 48-49 :
*Yā ḏa-l-bušārāti bi-l-āyāti wa-l-suwari***lī'šhad bi kawniya 'abda-l-muḥsini al-ṣuwari*
*Lī'šhad bi kwaniya 'abdallāhi fīka bila***ġiššin wa lī'šhad bi'annī tubtu min ḫawari*
*Sir ḏa qufūlin li rabbin lā šarīka lahū***fī-l-mulki wa-l-ḥamdi rabbi-l-ğinni wa-l-bašari*
*Lā zilta ḍayfan karīman qad yubašširunī***fī-l-sirri wa-l-ğahri bi-l-iḥsāni ḏā bušari*
*Fāğa'tanī yā ḫalīlī bi-l-surūri hunā***bilā 'idan fī turābī fa'ntafā kadarī*
*Fa qultu wa-l-qalbu minnī ṭayybun bi riḍan***'ani-l-karīmi-l-badī'-l-ṣun'i ḏī-l-qadari.*

38. Voir E. R. Mbaye, *Le grand savant Elhadji Malick Sy : pensée et action*, Albouraq 2003 ; S. D. Niane, *La voie d'intercession du Prophète dans la poésie d'Elhadji Malick Sy*, Paris 2016 ; S. D. Niane, « La poésie d'Elhadji Malick Sy. Entre désir, souffrance et cheminement spirituel », *Littérature et culture arabes contemporaine* 6 (2018), p. 191-203.

Le premier, commençant par *Ayā ḥibābī*, est composé de neuf vers. Leur analyse nous permet de diviser le poème en six parties dont la première n'est composée que du premier vers dans lequel l'auteur interpelle le mois de Ramadan qui s'apprête alors à partir :

Bien-aimé, tout le monde m'annonce ton départ alors que
Au moment où tu nous quittes, j'accomplis de mauvaises actions[39].

Une fois l'interpellation faite, le poète sénégalais exprime alors ses regrets de voir son hôte partir. Le temps, pour lui, a semblé passer aussi vite que l'éclair. Elhadji Malick Sy regrette à la fois le départ de l'hôte et le fait de n'avoir pas été à la hauteur dans son traitement. Il l'exprime dans la deuxième partie du poème qui commence du deuxième vers et se termine avec le quatrième :

Angoissé et fortement perplexe je suis
Rouge de honte et de timidité je suis devenu.
La vie, qui fut rose, inspire de l'ennui
Mon cœur s'enflamme et brûle.
Dans le traitement de l'hôte béni, j'ai eu des manquements
Et pourtant, dès son arrivée, il mérite bon traitement[40].

Vient ensuite la troisième partie des adieux du poète. Rien d'original en soi. En un vers, Elhadji Malick Sy chante les mérites du mois selon un procédé classique qui consiste à associer le Ramadan au Coran. Il s'agit en vérité d'une reprise du verset **2**, 185 qui fait du Ramadan le mois pendant lequel le Coran serait « révélé pour guider les hommes ». C'est ce qu'Elhadji Malick Sy exprime en vers dans la suite du poème :

Dieu l'a rendu particulier par le Coran
Qui guide et éclaire les ambiguïtés de la religion[41].

---

39. E. M. SY, *Dīwān Elhādji Malick Sy*, s.l.n.d., p. 236 :
*Ayā ḥibābiya qālū anta murtaḥilun***wa min ṣanī'iya ḏamun ḥīna tartaḥilu.*

40. *Ibid.* :
*Baqītu fī ḥayratin aḥzat wa fī kamadin***ḫaddī qad'iṣfarra muḫzī-l-'āri wa-l-ḫağali*
*Wa'iġbarra mūriqu 'ayšin kāna ḏā anaqin***wa awda'a-l-jamāratu-l-qalba yašta'ilu*
*Ğafawtu ḥaqqa nazīlin zā'irin karaman***ġibban fa ḥuqqa lahū-l-ta'ẓīmu iḏ yaṣilu.*

41. *Ibid.* :
*Wa ḫaṣṣahū-llāhu bi-l-qur'āni ğā'a hudan***wa bayyinātin limā li-l-dīni muštakilu.*

La quatrième partie est composée de deux vers dans lesquels notre poète évoque de nouveau ses regrets de n'avoir pas été à la hauteur de son hôte qui aurait mérité, à ses yeux, plus de considération de sa part :

> Béni soit ce noble mois
> Que les pieux glorifiaient et voilà que je l'ai délaissé
> Pour suivre mon âme concupiscente et ses désirs bassement mondains qui égarent.
> Chaque jour, je verse dans l'erreur[42].

Et Elhadji Malick Sy de saisir l'occasion, après avoir exprimé ses regrets, pour une requête d'intercession en s'adressant à Dieu afin qu'Il efface ses péchés. Et comme déjà vu plus haut, le repentir est le début du cheminement dans le soufisme. Le Ramadan devient alors un prétexte auquel le poète a recours dans la quête du pardon divin :

> Dieu, Seigneur, ô Créateur et Absoluteur
> Accorde-moi un repentir d'une sincérité absolue[43].

Le poème se termine par l'expression de la tristesse du poète qui se sent alors obligé de se séparer de son hôte. Un hôte qui a la particularité d'être, pour lui, source d'indulgence divine :

> Quelle tristesse ! Voilà que part le mois qui
> Efface les péchés au point de s'appeler Ramadan[44]. Bénis soient les justes[45].

L'autre poème consacré au Ramadan est plus court que celui qui vient d'être analysé. Il est composé de quatre vers dans lesquels Elhadji Malik Sy parle de la séparation d'avec l'hôte qu'il qualifie de « douloureuse ». Il en profite aussi pour rappeler un mérite spirituel

---

42. *Ibid.* :
*Yā ṭība šahrin 'aẓīmin kāna 'aẓẓamahū***al-muttaqūna wa innī 'anhu munšaġilu*
*Bi-l-nafsi wa-l-šahawāti-l-murdiyāti fatan***fī kulli yawmin u'ānī mā bihī-l-zalalu.*

43. *Ibid.* :
*Allāhu yā rabbi yā ḏa-l-'afwi ḫāliqanā***yā rabbi hab lī matāban mā bihī-l-ḫalalu.*

44. Le poète fait ici allusion à l'étymologie du mot Ramadan dont la racine trilittère *r.m.ḍ* renvoie à la forte chaleur qui brûle les pieds nus.

45. E. M. Sy, *Dīwān Elhādji Malick Sy*, p. 236 :
*Wāhan wa wāhan li šahrin rāmiḍin li ḏunū***binā'w du'ī ramaḍānan ni'ma man 'adalū.*

que la tradition musulmane associe au mois de jeûne et qui a déjà été évoqué, le fait d'enchaîner le diable pour laisser la voie libre aux pratiquants. Elhadji Malick Sy déclare ainsi :

> Est-il vrai que, bien-aimé, tu t'en vas ?
> Nul hôte n'est plus majestueux que toi
> Ô hôte qui, chaque année nous rend visite
> Si seulement tu restais sans jamais partir !
> À chaque fois que ce visiteur nous vient
> Dieu, le Proche des serviteurs, enchaîne le diable.
> Me séparer de toi, ô mon plus haut espoir
> M'est plus douloureux que marcher sur une flamme[46].

Outre ces deux poèmes exclusivement consacrés au Ramadan, Elhadji Malick Sy peut quelquefois profiter d'autres occasions pour donner des orientations à l'occasion du jeûne. C'est le cas notamment d'un poème de cinq vers adressé à ses disciples. Le contexte n'est pas donné. Le mot Ramadan non plus n'y figure pas. Cependant, la lecture du poème laisse penser qu'il l'avait écrit durant un mois du jeûne lors d'une rencontre avec quelques-uns de ses disciples occupés par une conversation qu'Elhadji Malick Sy jugeait alors sans valeur spirituelle. Nous nous contentons de citer les premiers vers :

> Balayer votre mosquée est, sans aucun doute,
> Plus salutaire que votre bavardage.
> Ô les miens, cessez le bavardage [futile] pendant le jeûne
> Cela en diminue la récompense et vous éloigne du but.
> L'âme est comparable à un enfant
> Si elle ne s'habitue pas au bien, elle finira par pourrir[47].

Quel est le but qu'Elhadji Malick Sy associe au Ramadan et pour l'atteinte duquel il met en garde contre le bavardage ? Il s'agit d'abord d'un ancrage dans la tradition sunnite. Un hadith rapporté entre autres

---

46. _Ibid._, p. 243 :
Afī ḥaqqin ḏihābuka yā ḥabībī***famā a'lāka min ḍayfin nağībi
Fayā ḍayfan yazūru bi kulli 'āmin***wadidnā an yuqīma bilā maġībi
Matā zāra-l-manāzila dūna raybin***fa li-l-iblīsi takbīlu-l-qarībi
Firāqī minka yā a'lā rağā'ī***ašaddu 'ala-l-fu'ādi mina-lahībi.
47. _Ibid._, p. 264 :
Wa kansu masğidikum afḍalu min***ḥadīṯikum bilā ḫilāfin qad zukin
Yā qawmanā da'ū-l-ḥadīṯa fī-l-ṣiyām***yanquṣu ağruhū wa yufqadu-l-marām
Wa-l-nafsu ka-l-ṭifli iḏa lam tušġali***bi-l-ḫayri tuṣbiḥu ṣāḥiban bi-l-ḫalal.

par Bukhārī recommande d'éviter tous propos ou actes indécents pendant le jeûne[48]. Aussi Elhadji Malick Sy invite-t-il les disciples à se concentrer sur l'action de jeûner. De plus, dans un autre poème adressé à ses disciples, il fait le lien entre le silence et la sainteté dont l'atteinte est un des objectifs du soufisme :

> Respectez les conseils d'un ami aimant
> Qu'il adresse d'abord à lui-même
> Est passé le temps de nos habitudes suivantes :
> Remplissage du ventre, sommeil, bavardage et compagnie des amis
> Les piliers de la maison que vous voulez pénétrer sont
> La faim, le silence, la solitude et les veillés nocturnes
> Ceux qui ne s'appuient pas sur ces piliers n'entreront pas
> Car la maison, sans piliers, ne saurait tenir[49].

Ces derniers vers, lus à la lumière de son appel à ses disciples de recourir au silence pendant le jeûne, nous permettent de mieux faire le lien entre le jeûne, le Ramadan et l'éducation spirituelle pour atteindre la station de la sainteté (*al-wilāya*). Aussi, loin d'être un simple hôte, le Ramadan se présente comme un guide spirituel qui visite et accompagne Elhadji Malick Sy chaque année. Voyons désormais ce qu'il en est de son fils, Serigne Babacar Sy.

Serigne Babacar Sy

À l'instar des poètes précédents, Serigne Babacar Sy s'est lui aussi servi de l'image de l'hôte dans sa poésie en l'honneur du Ramadan. En revanche, contrairement à son père Elhadji Malick Sy, Serigne Babacar Sy a accueilli le mois du jeûne par des vers. En tout, notre investigation nous a permis de repérer cinq poèmes qu'il a composés en l'honneur du Ramadan, trois pour l'accueillir, deux pour lui faire ses adieux. Nous commençons par analyser les poèmes d'accueil.

Les deux premiers sont des poèmes à neuf vers, écrits de la même manière. Dans les deux poèmes, les huit premiers vers sont écrits de

---

48. M. b. Ismā'īl AL-BUKHĀRĪ, *Al-Ǧāmi' al-musnad al-ṣaḥīḥ*, Le Caire 2012, vol. 4, p. 75.

49. E. M. SY, *Dīwān Elhādji Malick Sy*, p. 234 :
*Rā'ū waṣiyyata ḥibbin nāṣiḥin ḥāni***muqaddiama-l-nafsi fī-l-īṣā'i a'wāni*
*Ṭāla-l-wuqūfu binā yā iḫwatī šaba'an***nawman ḥadīṯan wa ta'nīsan bi'aḫdāni*
*Arkānu baytin turīdūna-l-duḫūla bihī***ǧū'un wa ṣumtun wa 'uzlun sahru aǧfāni*
*Wa ġayru musta'milī-l-arkāni mā daḫalū***wa-l-baytu lā yastawī min ġayri arkāni.*

la façon que voici : le premier vers commence par la lettre *š*, le second par *h,* le suivant par *r,* puis il fait appel à *r, m, ḍ, a* et enfin *n*. Les lettres de début de chacun des vers regroupées forment ainsi le mot *šahr ramaḍān* qui n'est rien d'autre que le terme arabe pour désigner le mois de Ramadan. Le premier poème est entièrement consacré aux mérites spirituels de l'hôte qui, pour Serigne Babacar Sy, multiplie les grâces et témoigne en sa faveur auprès Dieu. Rien d'original en soi alors. Pour bénéficier de la grâce de Dieu, le jeûneur se voit dans l'obligation de bien traiter son hôte. Et comme à son accoutumée, le dernier vers est une prière sur le Prophète :

> Un hôte béni, dès son apparition, reconnu
> A guéri tout cœur malade le transformant adorateur !
> C'est le visiteur réalisateur de vœux qui, à nous, fait parvenir
> Toutes sortes de miséricorde, de grâce, de bonheur et de droiture.
> Mystérieuse est la manière dont cet hôte éduque l'âme
> Sur l'ordre de Dieu, il témoignera du jeûne des hommes !
> C'est dans la glorification et le bon traitement de cet hôte
> Que la satisfaction et le don de Dieu sont obtenus.
> Je veux parler du mois [Ramadan] à la grande noblesse
> Par lui, l'Éternel récompensera.
> Auprès de Dieu, cet hôte multiplie nos récompenses
> Dieu Lui-même s'occupe de la récompense et nul autre que Lui.
> À son propos, affirme une tradition venant du meilleur des prophètes
> Muḥammad, le véridique, digne de louange, le prophète aux dons infinis :
> Est sauvé tout jeûneur qui, la nuit prie,
> Celui-là, auprès du Miséricordieux, bénéficiera du pardon éternel !
> Que paix et bénédiction de Dieu soient sur [Muḥammad] le détenteur de grâces
> La meilleure des créatures, sur sa famille et ses compagnons qui l'ont suivi[50].

50. S. B. Sy, *Dīwān*, s.l.n.d., p. 156 :
Šafā kulla qalbin ḏī salīmin ta'abbadā***mina-llāhi ḍayfun mukarramun šā'a iḏ badā.
Huwa-l-zā'irul ātī lanā kulla raḥmatin***wa ḫayrin wa sa'din wa-l-munā wa kaḏal-hudā
Riyāḍatu hāḏa-l-ḍayfi qalban 'ağībatun***wa min amri rabbī yušhidu-l-nāsa fī-l-adā
Riḍā-llāhi fī ta'ẓīmihī kulla sā'atin***wa ikrāmihī inna-l-muḍīfa lahū-l-ğadā
Murādī bihī-l-šahru-l-mu'aẓẓamu qadruhū***yaṯūbu bihī man bi-l-baqā'I tafarradā
Ḍafā-l-ağra li-l-taḍ'īfi 'inda ilāhina***fa bi-l-yadi lā tawkīlahū-l-ağra sarmadā

Le deuxième poème débute aussi par les premières lettres de l'expression *šahr ramaḍān*. Pour ce qui est du fond, nous pouvons diviser cette composition poétique en deux parties. La première, englobant les six premiers vers, est consacrée à l'annonce de la venue de l'hôte et à ses bienfaits. Là aussi, rien d'original. Serigne Babacar Sy suit les traces des poètes déjà cités. Il y est question de l'attribution de la révélation du Coran au mois du Ramadan, de sa fonction de témoin auprès de Dieu et de son pouvoir d'effacer les péchés afin de sauver les hommes. De ce point de vue, il puise dans la tradition musulmane classique les bases thématiques de sa poésie. C'est ainsi que, à l'annonce de l'arrivée du mois du Ramadan, il déclare :

> Le mois de Dieu est venu. Parmi ses dons
> Est le fait de pousser l'homme aux choses utiles.
> C'est dans ce mois que, sur le Prophète élu
> Le Coran fut révélé pour guider les hommes.
> Auprès de Dieu, je le prends témoin de tous mes actes
> Gracieux est l'acte dont il témoigne auprès de Lui.
> Le sauvetage des hommes, dans ce mois, est obtenu
> Seigneur, par la grâce du Prophète qui nous guide, sauve-nous.
> Sa venue, chaque année, est une bénédiction de Dieu
> Par la grâce du Prophète, nous l'avons obtenue.
> À son arrivée, les âmes sont dressées
> Celles-ci, dans les autres mois, sont endurcies[51].

Les trois vers qui suivent ceux qui viennent d'être cités résument la deuxième partie du poème. Après avoir adressé les mots de bienvenu à l'hôte, Serigne Babacar Sy s'adresse cette fois à Dieu. Et comme Elhadji Malick Sy et Cheikh Ahmadou Bamba, Serigne Babacar Sy

---

*Atā aṯarun fī-l-amri min ḫayri ruslihī***muḥammadini-l-maḥmūdi ḏī-l-ṣidqi wa-l-nadā*
*Nağā kullu mar'in ṣā'imin wahwa qā'imun***wa ḥāza min al-raḥmāni 'afwan mu'abbadā*
*'Aalā-l-munḥaminnā akrami-l-ḫalqi ğumlatan***salāmāni ma' ālin wa ṣaḥbin ḏawī'qtidā.*

51. *Ibid.*, p. 155 :
*Šahru-l-ilāhi atānā min ayādīhi***yuġrī-l-'ibāda ilā naf'in yunādīhi*
*Hāḏa-l-laḏī unzila-l-qur'ānu fīhi hudan***li-l-nāsi sayyidunā-l-muḫtāru ḥāwīhi*
*Rabbī ušahhiduhū-l-a'māla ğumlatahā***qad aḥsana-llāhu fi'lan kāna ya'tīhi*
*Riqābu ahli-l-hudā fī-l-'itqi fawzuhumū***yā rabbi a'tiq biman qad kāna tuhdīhi*
*Mağī'uhū kulla 'āmin rifqu mālikinā***bi ḥurmati-l-šāri'i-l-maḥmūdi qāḍīhi*
*Ḍanku-l-nufūsi bihī fī-l-'āmi kayfa turā***fī kulli šahrin atā amrun yuqāsīhī.*

donne au Ramadan une fonction d'intercesseur dont l'éloge est nécessaire, pour le poète, avant d'espérer une quelconque miséricorde pouvant venir de Dieu. C'est ainsi que les trois derniers vers sont des prières. Il demande d'abord la miséricorde divine, puis le pardon divin. Pour clôturer le poème, il prie sur le Prophète dans le dernier vers comme s'il espérait que ce dernier soit garant que sa requête sera exaucée :

Par Ton vêtement protecteur, Seigneur, couvre-nous
Ce serviteur, Tu es seul à pouvoir le couvrir de protection.
Par Ta pure bonté, nous espérons
L'accomplissement de nos prières et la multiplication de nos récompenses.
Seigneur, sur [Muḥammad] le Voyageur nocturne, fait descendre paix et bénédiction
Ainsi que sur sa famille et ses compagnons qui l'ont suivi[52].

Le troisième et dernier poème que Serigne Babacar Sy a consacré à l'accueil du Ramadan diffère des deux précédents quant à la forme. Il est plus court, ne comptant que cinq vers. De plus, il n'y suit pas la même logique concernant les lettres de commencement. En revanche, rien dans le fond ne diffère des autres poèmes déjà cités. Les thématiques sont les mêmes : l'accueil de l'hôte, ses bienfaits ainsi que son interpellation pour espérer son témoignage en sa faveur auprès de Dieu :

Un hôte, dont l'accueil est facilité par Dieu, notre Seigneur
Est venu. Nulle excuse quant à son accueil.
Je parle d'un mois, majestueux et béni
En notre faveur il témoignera. Quelle perte alors dans son accueil ?
Grâce à lui, Dieu multiple les récompenses
Pour quiconque l'accueille. Il lui pardonne aussi ses péchés.
Que le Seigneur des hommes continue d'agréer, chaque année, nos actes.
Aussi la victoire sera-t-elle toujours nôtre.

---

52. *Ibid.*, p. 155-156 :
Asbil 'alaynā ilāhī ṯawba sitrika yā***raḥmānu 'abduka hāḏa anta kāsīhi
Narǧū-l-qabūla bi maḥḍi-l-faḍli minka wa aḍ*** 'āfa-l-uǧūri wa man li-llāhi ya'wīhi
Yā rabbi ṣalli 'alā-l-musrā bihī wa 'alā***ālin wa aṣḥābihī kullun yuwāsīhi.

Je te supplie, hôte, pour la face de Dieu
Auprès de Lui, de témoigner éternellement en notre faveur[53].

De la même manière qu'il l'a accueilli avec les trois poèmes que nous venons de voir, Serigne Babacar Sy a aussi fait ses adieux au Ramadan. C'est à travers deux poèmes qu'il exprime la fin de la visite de son hôte.

Les deux poèmes ne se ressemblent pas quant à leurs formes. Le premier suit une méthode que nous avons déjà vue. En neuf vers, Serigne Babacar Sy exprime sa séparation d'avec le mois du jeûne en faisant commencer les vers avec les huit lettres qui composent le mot *šahr ramaḍān* à savoir *š*, *h*, *r*, *r*, *m*, *ḍ*, *a* et *n*. Le dernier vers est une prière sur le Prophète.

Pour ce qui est du fond du poème, Serigne Babacar Sy parle d'abord de son départ en appelant le jeûneur à multiplier les actes d'adoration :

Assez vite, prépare la provision pour la vie future
Puisque le mois [Ramadan] s'éloigne de nous[54] !

Voyant l'hôte s'en aller, le poète indique que les larmes de séparation témoignent de sa tristesse mais aussi de son amour :

Pour ses adieux, que tes larmes coulent en abondance
Les pleurs, qui coulent des yeux, sont des témoignages d'amour[55] !

Une fois sa tristesse exprimée, Serigne Babacar Sy revient sur les classiques de la poésie soufie sénégalaise dès lors qu'il s'agit de parler du Ramadan. C'est le moment d'évoquer les mérites spirituels du mois :

C'est de la brûlure des péchés que le Ramadan tire son nom[56]
C'est ainsi qu'il efface le péché des hommes !
Durant le mois, par la miséricorde divine

53. *Ibid.*, p. 158 :
*Atānā nazīlun fī ḍiyāfatihī yusru***mina-llāhī wa-l-mawlā fayā man lahū 'uḏru ?*
*'Anītu bihī šahran karīman mu'aẓẓaman***wa yušihduna hal fī ḍiyāfatihī ḫusru ?*
*Wa ḍā'afa mawlānā-l-uğūra bi faḍlihī***li kulli muḍīfin bal tuḥaṭṭu lahū wizru*
*Falā zāla rabbu-l-nāsi yarḍā bi fi'linā***ladā kulli 'āmin lā yazālu lanā naṣru*
*Wa'anša'tuka-llāha-l-karīma wa mālikan***iḏā ği'tahū waṣfa šahādatinā al-dahru.*

54. *Ibid.*, p. 157 :
*Šammir ayā šimmīru zāda ma'ādi***fa-l-šahru murtaḥilun li naḥwi bi'ādi.*

55. *Ibid.*, p. 157 :
*Hatnun bi 'aynika fī-l-widā'i fi'innamā***dam'u-l-ğufūni šahādatun bi widādi.*

56. Allusion à l'étymologie du mot Ramadan.

Le châtiment des pécheurs est suspendu !
Satan, le trompeur incitant à la diversion des croyants
Y est enchaîné. Cela est une grâce de Dieu[57].

Le poète fait ensuite part, encore une fois, de sa tristesse due à la séparation d'avec son visiteur. Impatient, il implore Dieu pour qu'Il lui permette de bénéficier de nouveau de la visite du Ramadan :

De la séparation d'avec cet aimant ami, l'hôte des aimés de Dieu
Les cœurs amoureux s'emplissent de tristesse !
Nous espérons le rencontrer chaque année
Seigneur, pour cela, allonge notre vie sur le droit chemin[58].

Qu'est-ce qui explique toute cette tristesse ? Les deux vers qui interrompent le poème suggèrent une réponse plausible. L'éloge du mois du Ramadan est un prétexte. La finalité du poète soufi semble être d'atteindre son but qui est le cheminement spirituel en quête du bonheur et de la miséricorde divine. C'est ce que laissent entendre les deux vers suivants où le poète évoque son cheminement vers Dieu avant de conclure le poème par une prière sur le Prophète. Cela pourrait aussi être interprété comme une demande auprès de Muḥammad afin qu'il intercède en sa faveur pour la réalisation de ses vœux :

Nous cheminons vers Toi, Seigneur, humbles aux pieds nus
En quête de Ta grâce, de Ta miséricorde, de Tes dons de bonheur !
Que la paix et la bénédiction de Dieu soient éternellement
Sur le meilleur des guides et les gens de droiture : sa famille et ses compagnons[59].

Le dernier poème est aussi un texte d'adieu du Ramadan composé par Serigne Babacar Sy. Plus court que le précédent, ce poème n'exprime que de la tristesse et une demande d'intervention auprès de

57. *Ibid.*, p. 157 :
*Rmaḍānu min ḥarqi-l-ḏunūbi sumātuhū***wa kaḏāka yarḥuḍu min ḏunūbi 'ibādi*
*Rufi'at bihī min raḥmati-l-mawlā 'uqū***bāti-l-'uṣāti li rāḥatin bi ṣafādi*
*Mannan mina-l-raḥmāni yukbalu ḫā'inun***yuġwī bi mūmini rabbihī li 'inādi.*

58. *Ibid.*, p. 157 :
*Ḍāqat qulūbu aḥibbatin min firqati-l***ḥibbi-l-ṣafiyyi la ni'ma ḍayfi murādi*
*Innā nawaddu liqā'ahū fī kulli 'ā***min rabbi ṭawwil 'umranā bi sadādi.*

59. *Ibid.*, p. 157 :
*Nas'ā ilayka raǧā'a ḫayrika ḥāfidī***na li raḥmatin wa sa'ādatin wa iyādi*
*Ṣallā 'alā-l-mawṣūli rabbī sarmadan***wa-l-āli wa-l-aṣḥābi yā la rašādi.*

Dieu. Composé de six vers, les trois premiers constituent une occasion, pour le poète, de faire état de son ressenti mais aussi des regrets pour n'avoir pas été à la hauteur de son hôte :

> Ma foi, cher hôte, nous quittes-tu vraiment ?
> Ainsi, tu nous laisses dominés par la tristesse !
> Jamais, nul ne peut être lassé
> De ta présence porteuse de grâces, de miséricorde et de bienfait.
> Hôte, à ta juste valeur nous ne t'avons pas traité
> Mais le meilleur témoignage te vient de Dieu, ton Seigneur[60].

Ses regrets exprimés, Serigne Babacar Sy demande tout de même à son hôte de lui porter un message que le poète adresse à Dieu. Le Ramadan devient ainsi l'intermédiaire entre le soufi et Dieu :

> Louange à la Majesté gracieuse auprès de Laquelle nul ne subit d'injustice
> Voilà un serviteur qui se hâte vers Ton pardon et Tes flux.
> Dis à [Dieu], Celui dont on espère le soutien, quand tu Le rencontreras
> Qu'Il efface tous mes péchés, les plus infimes et les plus graves.
> Nous faisons nos adieux au [Ramadan] bien-aimé qui nous quitte
> Et le laissons sous la protection de Dieu et Sa grâce[61].

Conclusion

À l'issue de cette analyse, nous avons mis plus de lumière sur la manière dont le jeûne du mois du Ramadan est abordé dans la poésie de trois soufis sénégalais que sont Cheikh Ahmadou Bamba Mbacké, Elhadji Malick Sy et Serigne Babacar Sy. Tous les trois partagent un point commun : ils ont tous personnifié le mois de Ramadan qui prend l'image d'un hôte dont les poètes se réjouissent de l'arrivée et

---

60. *Ibid.*, p. 157 :
Billāhi yā ḍayfu ḥaqqan anta murtaḥilun*** 'annā wa tatrukunā fī azmati-l-kamadi
Famā yamallu ṯawā'un fīka min minanin***wa raḥmatin wa min al-ḫayrāti fī-l-amadi
Lam nūfi ḥaqqaka fī ḥaqqi-l-ḍiyāfati lā***kinna-l-šahādata aḥsinhā ladā-l-ṣamadi.

61. *Ibid.*, p. 157 :
Qul ğalla rabbun karīmun lā yḍāmu lahū*** 'abdun yusāri'u li-l-ġufrāni wa-l-madadi
Fa'in laqīta bi marğuwwin ma'ūnatahū***fa-l-yamḥu min labadin fī-l-wizri min sabadi
Nastawdi'u-llāha min ḥibbin yuwādi'unā***fī ẓilli amri amāni-llāhi wa-l-raġadi.

s'attristent du départ. Tous les trois aussi louent les mérites spirituels du Ramadan et le prennent pour témoin auprès de Dieu. Le Ramadan devient alors un intercesseur entre l'aspirant et l'objet du désir.

C'est en ce sens que leurs productions sont à placer dans l'histoire générale de la littérature soufie. Cependant, notre analyse de la place du jeûne dans les traités soufis classiques nous a permis de déceler la différence entre les deux approches. Les traités classiques associent le jeûne du mois du Ramadan à l'endurance, à la lutte contre l'âme concupiscente et au dépouillement du monde en faisant du mois du jeûne une expérience ascétique. Cela ne se manifeste pas directement dans l'œuvre de nos trois poètes chez qui le Ramadan ressemble plus à un guide spirituel (*šayḫ*) dont la compagnie est source de grâces divines. Aussi pouvons-nous qualifier l'approche de nos trois poètes soufis d'original si nous la comparons aux traités des premiers siècles du soufisme.

Une étude plus avancée du Ramadan comme objet littéraire chez d'autres poètes soufis, sénégalais ou autres, permettra de mieux saisir dans quelle mesure il y a ou non une originalité absolue dans la manière dont Cheikh Ahmadou Bamba, Elhadji Malick Sy et Serigne Babacar Sy ont traité le Ramadan.

– INDEX –

Index thématique

Index des noms propres

BIBLIOTHÈQUE DE L'ÉCOLE DES HAUTES ÉTUDES, SCIENCES RELIGIEUSES *

vol. 176 (Série "Histoire et prosopographie" n° 13)
L. Soares Santoprete, A. Van den Kerchove (éd.)
Gnose et manichéisme. Entre les oasis d'Égypte et la Route de la Soie. Hommage à Jean-Daniel Dubois
970 p., 156 x 234, 2016, ISBN 978-2-503-56763-1

vol. 177
M. A. Amir-Moezzi (éd.), ***L'ésotérisme shi'ite : ses racines et ses prolongements / Shi'i Esotericism: Its Roots and Developments***
vi + 870 p., 156 x 234, 2016, ISBN 978-2-503-56874-4

vol. 178
G. Toloni
Jéroboam et la division du royaume
Étude historico-philologique de 1 Rois 11, 26 – 12, 33
222 p., 156 x 234, 2016, ISBN 978-2-503-57365-6

vol. 179
S. Marjanović-Dušanić
L'écriture et la sainteté dans la Serbie médiévale. Étude hagiographique
298 p., 156 x 234, 2017, ISBN 978-2-503-56978-9

vol. 180
G. Nahon
Épigraphie et sotériologie.
L'épitaphier des « Portugais » de Bordeaux (1728-1768)
430 p., 156 x 234, 2018, ISBN 978-2-503-51195-5

vol. 181
G. Dahan, A. Noblesse-Rocher (éd.)
La Bible de 1500 à 1535
366 p., 156 x 234, 2018, ISBN 978-2-503-57998-6

* Tous les ouvrages peuvent être commandés sur le site de Brepols :
https://www.brepols.net/series/behe

vol. 182
T. Visi, T. Bibring, D. Soukup (éd.)
Berechiah ben Natronai ha-Naqdan's Works and their Reception
L'œuvre de Berechiah ben Natronai ha-Naqdan et sa réception
254 p., 156 x 234, 2019, ISBN 978-2-503-58365-5

vol. 183
J.-D. Dubois (éd.)
Cinq parcours de recherche en sciences religieuses
132 p., 156 x 234, 2019, ISBN 978-2-503-58445-4

vol. 184
C. Bernat, F. Gabriel (éd.)
Émotions de Dieu. Attributions et appropriations chrétiennes (XVIe-XVIIIe siècles)
416 p., 156 x 234, 2019, ISBN 978-2-503-58367-9

vol. 185
Ph. Hoffmann, A. Timotin (éd.)
Théories et pratiques de la prière à la fin de l'Antiquité
398 p., 156 x 234, 2020, ISBN 978-2-503-58903-9

vol. 186
G. Dahan, A. Noblesse-Rocher (éd.)
La Vulgate au XVIe siècle. Les travaux sur la traduction latine de la Bible
282 p., 156 x 234, 2020, ISBN 978-2-503-59279-4

vol. 187
N. Belayche, F. Massa, Ph. Hoffmann (éd.)
Les « mystères » au IIe siècle de notre ère : un « tournant » ?
350 p., 156 x 234, 2021, ISBN 978-2-503-59459-0

vol. 188 (Série "Histoire et prosopographie" nº 14)
M. A. Amir-Moezzi (éd.)
Raison et quête de la sagesse. Hommage à Christian Jambet
568 p., 156 x 234, 2021, ISBN 978-2-503-59353-1

vol. 189
P. Roszak, J. Vijgen (éd.)
Reading the Church Fathers with St. Thomas Aquinas
Historical and Systematical Perspectives
520 p., 156 x 234, 2021, ISBN 978-2-503-59320-3

vol. 190
M. Bar-Asher, A. Kofsky
The 'Alawī Religion: An Anthology
221 p., 156 x 234, 2021, ISBN 978-2-503-59781-2

vol. 191
V. Genin
L'Éthique protestante ***de Max Weber et les historiens français (1905-1979)***
283 p., 156 x 234, 2022, ISBN 978-2-503-59783-6

vol. 192
V. Goossaert, M. Tsuchiya (éd.)
Lieux saints et pèlerinages : la tradition taoïste vivante /
Holy Sites and Pilgrimages: The Daoist Living Tradition
488 p., 49 ill. n/b + 26 ill. couleurs,156 x 234, 2022, ISBN 978-2-503-59916-8

vol. 193 (Série "Histoire et prosopographie" n° 15)
S. Azarnouche (éd.)
À la recherche de la continuité iranienne. De la tradition zoroastrienne
à la mystique islamique.
Recueil de textes autour de l'œuvre de Marijan Molé (1924-1963)
338 p., 3 ill. n/b, 156 x 234, 2022, ISBN 978-2-503-60022-2

vol. 194 (Série "Histoire et prosopographie" n° 16)
S. De Franceschi, D.-O. Hurel, B. Tambrun (éd.)
Le Dieu un : problèmes et méthodes d'histoire des monothéismes.
Cinquante ans de recherches françaises (1970-2020)
916 p., 156 x 234, 2022, ISBN 978-2-503-60112-0

vol. 195
A. Panaino
Le collège sacerdotal avestique et ses dieux. Aux origines indo-iraniennes
d'une tradition mimétique (Mythologica Indo-Iranica II)
332 p., 11 ill. couleurs, 156 x 234, 2022, ISBN 978-2-503-60241-7

vol. 198 (Série "Sources et documents" n° 3)
M. Terrier
Le guide du monde imaginal. Présentation, édition et traduction de la **Risāla**
mithāliyya (Épître sur l'imaginal) ***de Quṭb al-Dīn Ashkevarī***
546 p., 156 x 234, 2023, ISBN 978-2-503-60643-9

À paraître

vol. 196
M.-H. Deroche
Une quête tibétaine de la sagesse
Prajñāraśmi (1518-1584) et l'attitude impartiale **(ris med)**
728 p., 33 ill. couleurs, 30 ill. n/b, 156 x 234, 2023, ISBN 978-2-503-60337-7

vol. 197
A. Girard, B. Heyberger, V. Kontouma (éd.)
Livres et confessions chrétiennes orientales. Une histoire connectée entre l'Empire
ottoman, le monde slave et l'Occident (XVIe-XVIIIe siècles)
env. 492 p., 17 ill. couleurs, 1 carte n/b, 156 x 234, 2023, ISBN 978-2-503-60440-4

vol. 199 (Série "Histoire et prosopographie" n° 17)
D. Pelletier, Fl. Michel (éd.),
avec la collaboration de G. Cuchet, A. Guise-Castelnuovo, et I. Saint-Martin
Pour une histoire sociale et culturelle de la théologie. Autour de Claude Langlois
env. 412 p., 156 x 234, 2023, ISBN 978-2-503-60628-6

Réalisation : Cécile Guivarch
École pratique des hautes études